Zielgruppen Lebenslangen Lernens an Hochschulen

Andrä Wolter, Ulf Banscherus,
Caroline Kamm (Hrsg.)

Zielgruppen Lebenslangen Lernens an Hochschulen

Ergebnisse der wissenschaftlichen Begleitung
des Bund-Länder-Wettbewerbs
Aufstieg durch Bildung: offene Hochschulen

Band 1

Waxmann 2016
Münster • New York

Diese Publikation wurde im Rahmen der vom Bundesministerium für Bildung und Forschung (BMBF) beauftragten wissenschaftlichen Begleitung des Bund-Länder-Wettbewerbs *Aufstieg durch Bildung: offene Hochschulen* erstellt. Das BMBF hat die Ergebnisse nicht beeinflusst. Die in der Publikation dargelegten Ergebnisse und Interpretationen liegen in der alleinigen Verantwortung der Autorinnen und Autoren.

BEAUFTRAGT VOM

Bundesministerium
für Bildung
und Forschung

AUFSTIEG DURCH BILDUNG >>
OFFENE HOCHSCHULEN

Bibliografische Informationen der Deutschen Nationalbibliothek
Die Deutsche Nationalbibliothek verzeichnet diese Publikation in der Deutschen Nationalbibliografie; detaillierte bibliografische Daten sind im Internet über http://dnb.dnb.de abrufbar.

Print-ISBN 978-3-8309-3373-1

© Waxmann Verlag GmbH, Münster 2016
Steinfurter Straße 555, 48159 Münster

www.waxmann.com
info@waxmann.com

Umschlaggestaltung: Gregor Pleßmann, Ascheberg
Satz: Sven Solterbeck, Münster
Druck: Hubert & Co., Göttingen

Gedruckt auf alterungsbeständigem Papier,
säurefrei gemäß ISO 9706

FSC MIX Papier aus verantwortungsvollen Quellen FSC® C016439

Printed in Germany

Alle Rechte vorbehalten. Nachdruck, auch auszugsweise, verboten.
Kein Teil dieses Werkes darf ohne schriftliche Genehmigung des Verlages in irgendeiner Form reproduziert oder unter Verwendung elektronischer Systeme verarbeitet, vervielfältigt oder verbreitet werden.

Inhalt

Anke Hanft, Ada Pellert, Eva Cendon, Andrä Wolter
Executive Summary der wissenschaftlichen Begleitung 7

Andrä Wolter, Ulf Banscherus, Caroline Kamm
unter Mitarbeit von Johann Neumerkel
Zielgruppen Lebenslangen Lernens an Hochschulen: Einleitung 19

Lebenslanges Lernen als hochschulpolitisches Projekt

Ulf Banscherus, Andrä Wolter
Aufstieg durch Bildung: offene Hochschulen – Annäherungen an
ein Begriffspaar 31

Andrä Wolter, Ulf Banscherus
Lebenslanges Lernen und akademische Bildung als internationales
Reformprojekt 53

Ulf Banscherus, Johann Neumerkel, Rolf Feichtenbeiner
Die Förderung des Lebenslangen Lernens an Hochschulen als
strategisches Ziel der Hochschulpolitik
Eine Analyse der Maßnahmen und Initiativen von Bund und Ländern 81

Zielgruppen Lebenslangen Lernens an Hochschulen

Ulf Banscherus, Anne Pickert, Johann Neumerkel
Bildungsmarketing in der Hochschulweiterbildung
Bedarfsermittlung und Zielgruppenanalysen im Spannungsfeld zwischen
Adressaten- und Marktorientierung 105

Caroline Kamm, Susanne Schmitt, Ulf Banscherus, Andrä Wolter
unter Mitarbeit von Olga Golubchykova
Hochschulen auf dem Weiterbildungsmarkt: Marktposition und
Teilnehmerstruktur
Ergebnisse einer sekundäranalytischen Untersuchung 137

Caroline Kamm, Anna Spexard, Andrä Wolter
unter Mitarbeit von Olga Golubchykova
Beruflich Qualifizierte als spezifische Zielgruppe an Hochschulen
Ergebnisse einer HISBUS-Befragung 165

Alexander Otto, Caroline Kamm
„Ich wollte einfach noch eine Stufe mehr"
Vorakademische Werdegänge und Studienentscheidungen von
nicht-traditionellen Studierenden und ihr Übergang in die Hochschule 197

Gunther Dahm, Christian Kerst
Erfolgreich studieren ohne Abi?
Ein mehrdimensionaler Vergleich des Studienerfolgs von nicht-traditionellen
und traditionellen Studierenden 225

Stand spezifischer Angebote der Hochschulen für neue Zielgruppen

Anna Spexard
Flexibilisierung des Studiums im Spannungsfeld zwischen
institutioneller Persistenz und Öffnungsbedarfen 269

Ulf Banscherus, Caroline Kamm, Alexander Otto
Gestaltung von Zu- und Übergängen zum Hochschulstudium für
nicht-traditionelle Studierende
Empirische Befunde und Praxisbeispiele 295

Katharina Lenz, Susanne Schmitt
unter Mitarbeit von Johann Neumerkel
Anrechnung von außerhochschulisch erworbenen Kompetenzen als
Instrument zur Öffnung von Hochschulen
Potentiale und Realisierungshürden 321

Caroline Kamm, Katharina Lenz, Anna Spexard
Das Potential dualer Studiengänge zur Öffnung der Hochschulen
für neue Zielgruppen 345

Autorinnen und Autoren 369

Anke Hanft, Ada Pellert, Eva Cendon, Andrä Wolter

Executive Summary der wissenschaftlichen Begleitung

Im Rahmen der wissenschaftlichen Begleitung des Bund-Länder-Wettbewerbs *Aufstieg durch Bildung: offene Hochschulen* wurden in folgenden Teilprojekten von Herbst 2011 bis zum Jahresende 2015 drei zentrale Themenschwerpunkte bearbeitet:

- Humboldt-Universität zu Berlin: Heterogenität der Zielgruppen
- Carl von Ossietzky Universität Oldenburg: Organisation und Management
- Deutsche Universität für Weiterbildung: Zielgruppengemäße Studienformate

Die Ergebnisse der Teilprojekte bilden die Grundlage der Teilstudien der wissenschaftlichen Begleitung, die in drei Bänden vorliegen:

Band 1: Teilstudie der Humboldt-Universität zu Berlin
Herausgeber/-in: Andrä Wolter, Ulf Banscherus, Caroline Kamm
Titel: Zielgruppen Lebenslangen Lernens an Hochschulen

Band 2: Teilstudie der Carl von Ossietzky Universität Oldenburg
Autor/-innen: Anke Hanft, Katrin Brinkmann, Stefanie Kretschmer, Annika Maschwitz, Joachim Stöter
Titel: Organisation und Management von Weiterbildung und Lebenslangem Lernen an Hochschulen

Band 3: Teilstudie der Deutschen Universität für Weiterbildung
Herausgeberinnen: Eva Cendon, Anita Mörth, Ada Pellert
Titel: Theorie und Praxis verzahnen. Lebenslanges Lernen an Hochschulen

Band 1: Zielgruppen Lebenslangen Lernens an Hochschulen

Das übergeordnete Ziel des Bund-Länder-Wettbewerbs *Aufstieg durch Bildung: offene Hochschulen* besteht darin, Angebote Lebenslangen Lernens im deutschen Hochschulsystem stärker zu verankern und die Etablierung entsprechender Strukturen zu fördern. Damit sind bildungs- und arbeitsmarktpolitische Zielsetzungen verbunden, wie eine verbesserte Durchlässigkeit zwischen beruflicher und hochschulischer Bildung und die dauerhafte Sicherung eines ausreichenden Fachkräfteangebotes auch in Zeiten des demografischen Wandels. Der Bund-Länder-Wettbewerb basiert auf dem Prinzip der Zielgruppenorientierung. Deshalb fördert das Bundesministerium für Bildung und Forschung (BMBF) in diesem Rahmen vorrangig Projekte, in denen zielgruppenspezifische Studienangebote entwickelt und erprobt werden.

Diese richten sich insbesondere an folgende Adressatengruppen, wobei sich diese Gruppen teilweise überschneiden:

- Berufstätige, z.B. im Arbeitsleben stehende Bachelorabsolventinnen und -absolventen sowie beruflich Qualifizierte – auch ohne schulische Studienberechtigung
- Personen mit Familienpflichten
- Berufsrückkehrerinnen und -rückkehrer
- Studienabbrecherinnen und -abbrecher
- arbeitslose Akademikerinnen und Akademiker

Die unterschiedlichen Zielgruppen Lebenslangen Lernens an Hochschulen stehen im Zentrum des ersten Bandes, in dem die Ergebnisse der Teilstudie des Teams der Humboldt-Universität zu Berlin dargestellt werden. Diese werden ergänzt durch Befunde aus inhaltlich korrespondierenden Forschungsprojekten, in denen das Team der Humboldt-Universität mit anderen Forschungseinrichtungen, wie dem Deutschen Institut für Erwachsenenbildung (DIE) oder dem Deutschen Zentrum für Hochschul- und Wissenschaftsforschung (DZHW), zusammengearbeitet hat. Die einzelnen Beiträge des Sammelbandes setzen auf unterschiedlichen Ebenen an, die in der Zusammenschau einen detaillierten Überblick über das Themenfeld *Zielgruppen Lebenslangen Lernens* in seiner gesamten Breite bieten. Hierzu wird im ersten Teil des Bandes die Bedeutung des Konzeptes des Lebenslangen Lernens als hochschulpolitisches Projekt dargestellt. Daran schließen im zweiten Teil differenzierte Untersuchungen zu verschiedenen Zielgruppen an, bevor im dritten Teil bisherige Ansätze zur Öffnung der Hochschulen für neue Zielgruppen betrachtet werden.

Lebenslanges Lernen als hochschulpolitisches Projekt

Zielgruppen Lebenslangen Lernens stehen nicht nur im Mittelpunkt empirischer Studien, sondern auch im Zentrum vielfältiger hochschulpolitischer Reformbemühungen – sowohl im internationalen und europäischen Kontext als auch bundesweit und in den Ländern. Differenzierte Betrachtungen der Maßnahmen und Initiativen auf den unterschiedlichen Ebenen werden im ersten Teil der Teilstudie des Teams der Humboldt-Universität dargestellt. Für diesen Bereich gilt der übergreifende Befund, dass Deutschland im Bereich des Lebenslangen Lernens an Hochschulen im internationalen Vergleich zwar eher als ‚Nachzügler' zu betrachten ist, hier aber in den letzten Jahren viel in Bewegung gekommen ist – ausgelöst unter anderem durch vielfältige Förderprogramme von Bund und Ländern, einschließlich des Bund-Länder-Wettbewerbs *Aufstieg durch Bildung: offene Hochschulen* als dem bislang umfangreichsten Förderprogramm.

Zielgruppen Lebenslangen Lernens an Hochschulen

Um ihre konkreten Angebote möglichst optimal auf die anvisierten Zielgruppen abzustimmen, wurden in den Projekten der ersten Wettbewerbsrunde eigene Erhebungen zu den bestehenden Weiterbildungsbedarfen und den konkreten Anforderungen der angestrebten Adressatengruppen an die inhaltliche und organisatorische Ausgestaltung der Studienangebote durchgeführt. Deren Anlage und die damit verbundenen methodischen Vorgehensweisen und Schwierigkeiten wurden im Rahmen einer *Research Synthesis* untersucht, deren Befunde im ersten Beitrag des zweiten Teils vorgestellt werden. Im Ergebnis setzen die Untersuchungen der Projekte überwiegend auf einer qualitativen Ebene an, quantitative Bedarfs- bzw. Nachfrageprojektionen wurden allenfalls in Ansätzen durchgeführt. Dies hat unterschiedliche Gründe: zum Teil praktische Grenzen der Realisierbarkeit, zum Teil durch eine schwierige Stichprobenkonstruktion oder eine enge Zielgruppendefinition gesetzte Grenzen. Die stärker qualitativ ausgerichteten Ansätze, die oft in der Tradition der Erwachsenenbildungsforschung stehen, können wichtige Hinweise zu studienorganisatorischen, curricularen und didaktischen Aspekten der Angebotsplanung und -durchführung geben.

Die in den Projekten der ersten Wettbewerbsrunde bislang entwickelten Studienformate adressieren insbesondere die Gruppe der Berufstätigen, wobei allerdings viele Überschneidungen mit anderen Zielgruppen bestehen, insbesondere mit derjenigen der Personen mit familiären Verpflichtungen. Die Berufstätigen werden überwiegend als beruflich qualifizierte Fachkräfte betrachtet, die bereits über einen Hochschulabschluss verfügen oder einen solchen erwerben wollen und denen geeignete Angebote für den beruflichen Aufstieg über eine erste oder eine weitere akademische Qualifizierung unterbreitet werden sollen.

Empirisches Wissen zu den Teilnehmenden- und Adressatengruppen von Angeboten der Hochschulweiterbildung ist allerdings auch auf den Ebenen, die über ein konkretes Studienformat oder eine spezifische Hochschulregion hinausgehen, ein zentrales Desiderat von Hochschulpolitik und Hochschulforschung. Hier setzen die weiteren Beiträge des zweiten Teils des ersten Bandes an. Im Einklang mit den primären Zielgruppen der Projekte der ersten (und der zweiten) Wettbewerbsrunde wurden Studierende mit einer beruflichen Vorbildung sowie Hochschulabsolventinnen und -absolventen empirisch untersucht – mit einem besonderen Fokus auf die Teilnahmebereitschaft und Teilnahme an Angeboten der Hochschulweiterbildung. Hierfür wurden unterschiedliche methodische Zugangswege gewählt:

- Eine qualitative Panelbefragung von nicht-traditionellen Studierenden verdeutlicht, dass bei Studierenden ohne schulische Studienberechtigung unterschiedliche Studienmotive zu beobachten sind. Neben differierenden beruflichen Motiven, insbesondere des beruflichen Aufstiegs und besserer Verdienstmöglichkeiten sowie einer beruflichen Neuorientierung, ist für einen – kleineren – Teil der Studierenden auch das Ziel der persönlichen Weiterentwicklung ein wichtiger

Impuls für die Aufnahme eines Studiums. Ergänzende statistische Analysen zeigen, dass es sich bei der Gruppe der nicht-traditionellen Studierenden, die nach wie vor aber nur einen marginalen Anteil an den Studierenden in Deutschland insgesamt bildet, insofern um Bildungsaufsteigerinnen und -aufsteiger handelt, als diese überdurchschnittlich häufig nicht aus einem akademisch gebildeten Elternhaus stammen. Damit ist auch ein sozialer Öffnungseffekt verbunden.

- Auswertungen der amtlichen Hochschulstatistik sowie des Nationalen Bildungspanels zeigen, dass Studierende ohne schulische Studienberechtigung häufig ein Studienfach wählen, das ihrem erlernten Beruf fachlich entspricht. Den Daten ist ebenfalls zu entnehmen, dass nicht-traditionelle Studierende im Studium – gemessen an den Studienleistungen, dem Studienfortschritt sowie der subjektiven Anforderungsbewältigung – im Durchschnitt nicht weniger erfolgreich sind als Studierende, die über eine schulische Studienberechtigung verfügen. Allerdings ist das Abbruchrisiko bei den Studierenden ohne Abitur etwas höher, was neben leistungsbezogenen Faktoren (bei potenziellen Abbrecherinnen und Abbrechern) insbesondere auf Probleme der Vereinbarkeit des Studiums mit beruflichen und familiären Verpflichtungen zurückzuführen ist. Dieser Befund verweist auf die besondere Relevanz zielgruppenspezifischer, z.B. berufsbegleitender Studienformate, deren Entwicklung eines der Wettbewerbsziele ist.

- Die Ergebnisse einer HISBUS-Befragung von Studierenden, die vor Studienbeginn eine Berufsausbildung abgeschlossen haben, verdeutlichen die große Diversität dieser Studierendengruppe – nicht nur hinsichtlich des Alters und der Form der Studienberechtigung, sondern auch hinsichtlich der Studienmotive und -erfahrungen sowie der individuellen Lebenslagen. Von daher ist es wichtig, die Unterschiedlichkeit der Zusammensetzung und des Erfahrungshintergrunds nicht nur in der Gesamtgruppe aller Studierenden zu betonen, sondern auch innerhalb der Teilgruppe der Studierenden mit Berufserfahrung. Ein übergreifender Befund der Studie ist, dass Studierende mit einer beruflichen Vorbildung überdurchschnittlich häufig ein wirtschafts- oder ingenieurwissenschaftliches Fach wählen, häufiger berufsbegleitend studieren und neben dem Studium nicht selten einer umfangreichen Erwerbstätigkeit nachgehen.

- Sekundärauswertungen des Adult Education Survey (AES) und des DZHW-Absolventenpanels bestätigten nicht nur die bekannten Befunde, dass nur ein geringer Anteil des in Deutschland nachgefragten Weiterbildungsvolumens auf die Hochschulen entfällt und unter den Teilnehmenden an Angeboten der Hochschulweiterbildung Personen dominieren, die bereits ein Studium abgeschlossen haben. Sie erlauben darüber hinaus eine differenzierte Betrachtung der Weiterbildung an Hochschulen, beispielsweise zu den Präferenzen der verschiedenen Nutzergruppen hinsichtlich Themen, Dauer und Veranstaltungsformen. In begrenztem Maße ist auf Basis der durchgeführten Datenanalysen auch die Identifizierung von Faktoren möglich, die die Nutzung von Angeboten der Hochschulweiterbildung beeinflussen. Hierzu gehören unter anderem die Bildungsherkunft der Befragten, die Fachrichtung eines absolvierten Studiums sowie die berufliche Situation der (potenziellen) Teilnehmenden. Die Stärken von Hochschulen auf dem Weiterbildungsmarkt liegen vor allem in ihrem Monopol zur Vergabe von Abschlüssen sowie in ihrer Forschungskompetenz.

Stand spezifischer Angebote der Hochschulen für neue Zielgruppen

In anderen europäischen und außereuropäischen Ländern ist eine zielgruppenadäquate Ausgestaltung von Angeboten des Lebenslangen Lernens an Hochschulen bereits weiter verbreitet als dies in Deutschland derzeit der Fall ist – trotz zahlreicher Aktivitäten an einzelnen Hochschulen bzw. in einzelnen Studiengängen. Die deutsche bildungspolitische Debatte konzentrierte sich in der Vergangenheit sehr stark auf Fragen des Hochschulzugangs für Berufstätige. Es hat sich jedoch mehr und mehr gezeigt, gerade auch unter Berücksichtigung internationaler Erfahrungen, dass neben den ohne Zweifel zentralen Fragen des Zugangs zum Studium auch die Studienangebote selbst, insbesondere ihre Formate und Organisationsformen, eine zentrale Rolle spielen, um Berufstätige für ein Studium zu gewinnen. Auch dies ist daher ein Anliegen des Bund-Länder-Wettbewerbs. Im dritten Teil des Bandes des Teams der Humboldt-Universität werden daher die bisher in Deutschland gewonnenen Erfahrungen mit zielgruppenspezifischen Informations-, Beratungs- und Unterstützungsangeboten, Verfahren zur Anrechnung von außerhochschulischen Kompetenzen sowie einer flexiblen Studienorganisation reflektiert und unter Rückgriff auf einige Beispiele aus anderen Ländern kontextualisiert. Dieser Teil wird komplettiert durch einen Beitrag zur möglichen Rolle dualer Studiengänge bei der Öffnung der Hochschulen für nicht-traditionelle Zielgruppen.

Band 2: Organisation und Management von Weiterbildung und Lebenslangem Lernen an Hochschulen

Korrespondierend mit dem übergeordneten Ziel des Bund-Länder-Wettbewerbs *Aufstieg durch Bildung: offene Hochschulen*, Lebenslanges Lernen und Weiterbildung an den geförderten Hochschulen stärker zu verankern, wurden im Rahmen der Teilstudie der Carl von Ossietzky Universität Oldenburg über einen Zeitraum von knapp zwei Jahren sechs Projekte an sieben Hochschulstandorten begleitet, die sich die organisatorische Verankerung der Weiterbildungsstrukturen als Ziel gesetzt hatten. Dabei stand im Zentrum, Erfolgsfaktoren, aber auch Hemmnisse für die nachhaltige Implementierung von Weiterbildung und Lebenslangem Lernen zu identifizieren. Teil- und Zwischenergebnisse der Fallstudien wurden im Zuge der wissenschaftlichen Begleitung an weitere Projekte zurückgespiegelt, um auch deren Erfahrungen aufnehmen zu können. Daneben wurden umfangreiche Literatur- und Internetrecherchen sowie Dokumentenanalysen durchgeführt, um flankierende hochschul- und bildungspolitische sowie hochschulrechtliche Entwicklungen zu erfassen.

Im zweiten Band werden die Ergebnisse dieser Fallstudien auf drei Ebenen (Hochschulen, Projekte und Studienangebote) zusammengeführt. Im ersten Teil werden Weiterbildung und Lebenslanges Lernen auf Hochschulebene im Spannungsfeld von Hochschulkulturen, Strukturen, Strategien und Interessen sowie in Governance- und Steuerungsstrukturen betrachtet, bevor im zweiten Teil die Projektebene und damit insbesondere das Management von Projekten an Hochschulen und die damit verbundenen Herausforderungen und Rahmenbedingungen fokussiert werden. Auf Ebene der Studienangebote werden im dritten Teil ausgewählte Aspekte hinsichtlich der Planung, Entwicklung und des Managements von Studienangeboten an Hochschulen aufgezeigt. Ergänzend thematisieren die Fallberichte der an den Fallstudien teilnehmenden Hochschulen unterschiedliche Herangehensweisen an die organisatorische Verankerung von Weiterbildung und Lebenslangem Lernen an Hochschulen und zeigen spezifische Herausforderungen sowie gewählte Lösungswege auf. Die Teilstudie endet mit einer zusammenfassenden Betrachtung der wichtigsten Ergebnisse im Sinne von ‚Lessons learned'.

Weiterbildung und Lebenslanges Lernen an Hochschulen

Mit dem Bund-Länder-Wettbewerb *Aufstieg durch Bildung: offene Hochschulen* erfahren Weiterbildung und Lebenslanges Lernen an Hochschulen eine Neubewertung und eine Stärkung in der hochschulinternen Wahrnehmung. So konnte im Oldenburger Teilprojekt festgestellt werden, dass sich die Beziehungen zu wichtigen Stakeholder-Gruppen in den geförderten Projekten veränderten. Die auffälligste positive Veränderung war bei Hochschulleitungen zu beobachten, die den Themen Weiterbildung und Lebenslanges Lernen nun größere Aufmerksamkeit widmen, aber auch die Selbstverwaltungsorgane (Senat, Dekanat) zeigen sich nun offener gegenüber dieser Thematik. Als ein Indikator dafür kann gelten, dass Weiterbildung und Lebenslanges Lernen zunehmend in den Leitbildern und Profilen der Hochschulen an Relevanz gewinnen. Offenkundig erfährt Weiterbildung als Aufgabe von Hochschulen durch die geförderten Projekte eine Stärkung in der hochschulinternen Wahrnehmung.

Gleichzeitig ist beobachtbar, dass die mit dem Bund-Länder-Wettbewerb initiierten Weiterbildungsangebote in das Spannungsfeld eines Interessenausgleichs zwischen zentralen Weiterbildungseinrichtungen und den fachlich verantwortlichen Fakultäten geraten. Während auf der Ebene der Hochschulleitung die Verantwortung für Weiterbildung in der Regel bei den Vize-Präsidentinnen und -Präsidenten oder Pro-Rektorinnen und -Rektoren für Studium und Lehre liegt und damit klar geregelt ist, besteht die organisatorische Herausforderung für bestehende Weiterbildungseinrichtungen im Zuge des Bund-Länder-Wettbewerbs darin, ihre Kompetenzen auch im Bereich der berufsbegleitenden Studienangebote sichtbar zu machen.

Hochschulen erkennen, dass Weiterbildung als Aufgabenfeld organisatorisch zu verankern ist, es bleibt aber bislang offen, ob dies eher zentral oder dezentral erfolgen sollte. Die zumeist fakultätsnahe organisatorische Verankerung der Projekte ist daher mit Blick auf die dauerhafte Implementierung daraufhin zu prüfen, wo und wie die größtmögliche Professionalität in dem durch starken Wettbewerb geprägten Weiterbildungsmarkt gesichert werden kann.

Auch auf der hochschulpolitischen Ebene ist ein Bedeutungszuwachs von Weiterbildung und Lebenslangem Lernen beobachtbar. So zeigt eine Analyse der Landeshochschulgesetze (LHG), dass seit 2012 vier weitere Bundesländer genauere Regelungen zu diesen Themen vorgenommen haben. Auch die Analyse der Hochschulpakte macht deutlich, dass darin Weiterbildung und Lebenslanges Lernen seit 2012 vermehrt thematisiert werden und sie neben recht allgemeinen Verweisen auf die Notwendigkeit solcher Angebote mittlerweile auch spezifischere Aspekte, wie z.B. Fragen der Finanzierung, beinhalten.

Auf der Ebene Staat – Hochschulen ist mit Blick auf die Steuerungsinstrumente eine langsam wachsende Bedeutung von Weiterbildung und Lebenslangem Lernen zu verzeichnen. So ist Weiterbildung in der Leistungsorientierten Mittelvergabe (LOM) als Indikator in sieben Bundesländern vertreten. Aufgrund der Trägheit des Instruments LOM sind weitere Veränderungen und Anpassungen zur Stärkung der Rolle der Weiterbildung nur langfristig zu erwarten. Ein stärkerer Bedeutungszuwachs kann auch in den Ziel- und Leistungsvereinbarungen festgestellt werden, hier sind die Themen Weiterbildung und Lebenslanges Lernen mittlerweile häufiger Bestandteil und werden inhaltlich stärker präzisiert und ausdifferenziert.

Management von Projekten an Hochschulen

Jenseits aller politischen Rahmenvorgaben und steuernden Anreize scheint für die erfolgreiche Umsetzung der geförderten Projekte ein gut funktionierendes Projektmanagement eine wichtige Voraussetzung zu sein. Als wichtige Erfolgsfaktoren erwiesen sich der frühzeitige Aufbau einer klaren Projektstruktur, die Festlegung von Zielen und Verantwortungsbereichen sowie die Kommunikation mit allen Projektbeteiligten. So kam es in einzelnen Projekten durch die späte Einbindung wichtiger Stakeholder und die damit oftmals einhergehende zeitversetzte Einstellung von Personal sowie durch die teilweise zeitaufwendige Klärung von Verantwortlichkeiten zu einer deutlichen Verzögerung des Projektstarts.

Die Durchführung der Projekte war durch teilweise iterative und zirkuläre Prozesse geprägt, was zum einen in unklaren Kontextfaktoren (Sind Weiterbildung und Lebenslanges Lernen gewollt?), aber auch in nicht immer klaren Führungsstrukturen innerhalb der Projekte begründet war. Projektleitungen, die unter Nutzung ihrer Schnittstellenfunktionen als Macht- und Prozesspromotoren auf das Projektgeschehen und dessen Einbindung in die Hochschule Einfluss nahmen, erwiesen sich bei der Umsetzung der geplanten Zielsetzungen als besonders erfolgreich. Projektmanagementansätze und -methoden mussten an das jeweils spezifische Umfeld und die Kultur der Hochschulen angepasst werden. Im Vergleich zu klassischen Forschungsprojekten ging es vor allem darum, Methoden und Instrumente flexibel einzusetzen und den Schwerpunkt auf die stetige Kommunikation innerhalb des Projektes und in die Organisation hinein (Stakeholder-Management) zu legen. Situationsgemäßes Handeln in einem agilen Projektmanagement, das im Gegensatz zum klassischen Projektmanagement von festen Ressourcen- und Zeitvorgaben, aber variablen Anforderungen unter Beteiligung der relevanten Akteure und von deren Interessen ausgeht, scheint hierfür die geeignete Managementform.

Planung, Entwicklung und Management von Studienangeboten

Für die Entwicklung berufsbegleitender Studienangebote gilt die Kenntnis der von den Projekten oftmals als neu oder nicht-traditionell bezeichneten Zielgruppen als eine wichtige Voraussetzung. Die Annäherung an die Zielgruppen und ihre Bedarfe erfolgte trotz teilweise aufwendiger Bedarfs- und Zielgruppenanalysen vielfach entlang konkreter Erfahrungen in ersten Pilotphasen der Studienangebote. Die genauere Kenntnis der oftmals sehr heterogenen Voraussetzungen und Bedarfslagen der Teilnehmenden veranlasste die Projektdurchführenden dann, dies stärker bei der Entwicklung ihrer Angebote zu berücksichtigen.

Viele Hochschulen nutzen dabei die Möglichkeiten des Projektes, um aus dem engen Korsett der konsekutiven Regelungen auszubrechen und innovative Studienangebote zu planen. Die Gestaltung internetbasierter Lernumgebungen war dabei von großer Bedeutung und floss in didaktisch strukturierte Lernszenarien ein. Auch die Möglichkeiten der modularen Struktur wurden stärker als im grundständigen Bereich ausgeschöpft, indem Studiengänge nicht nur als curriculares Gesamtpaket, sondern auch als didaktisch geschlossene Einzelmodule geplant und angeboten wurden.

Als Hemmnis konnten sich Verwaltungs- und Gremienabläufe erweisen, die in der Regel nicht auf die Anforderungen innovativer Angebote zugeschnitten sind. Dies gilt auch für Fragen des Studierenden- und Lehrendensupports, die als wichtige Erfolgsfaktoren für die Umsetzung ihrer Vorhaben angesehen werden. Weitgehend offen blieben Aspekte der strukturellen und nachhaltigen Verankerung solcher Aufgaben über die Projektlaufzeit hinaus.

Insgesamt war beobachtbar, dass Überlegungen zur langfristigen finanziellen Absicherung der in den Projekten entwickelten Studienangebote in der ersten Förderphase von nachgeordneter Bedeutung waren. Preispolitische Fragestellungen, Kostenrechnungsmodelle und Überlegungen zum Risikomanagement wurden vor dem Hintergrund der gesicherten Anschubfinanzierung zunächst zurückgestellt. Auch Überlegungen zur Platzierung der Angebote am Markt, zu ihrem Profil und ihrer Gestaltung mit dem Ziel der Entwicklung einer Marke schienen eher nachrangig, obwohl sie unter dem Aspekt der Qualitätssicherung bereits in der Entwicklungsphase bedeutsam sind.

*Fallberichte zur organisatorischen Verankerung von Weiterbildung
und Lebenslangem Lernen an Hochschulen*

Die Fallberichte der sechs begleiteten Projekte erweitern die Perspektive der wissenschaftlichen Begleitung und geben Einblicke in die unterschiedlichen Herangehensweisen und Erfahrungen hinsichtlich der organisatorischen Verankerung von Weiterbildung und Lebenslangem Lernen an Hochschulen. Die Fallberichte bilden den ‚Status quo' der sechs Projekte zum Ende der ersten Förderphase ab und betrachten folgende Themenfelder:

- Anrechnung von Kompetenzen
- Planung, Entwicklung, Erprobung und Implementierung eines weiterbildenden Masterstudiengangs
- Ausbau des Lebenslangen Lernens zu einem strategischen Bestandteil der Hochschulen im Verbund
- Implementierung von wissenschaftlicher Weiterbildung und Lebenslangem Lernen
- Weiterbildung in einer öffentlich-privaten Struktur
- Schaffung einer fakultätsübergreifenden und profilstärkenden Struktur für die wissenschaftliche Weiterbildung

Insgesamt wird deutlich, dass die langfristige Implementierung von Strukturen Lebenslangen Lernens an Hochschulen sowie die Übergabe der Projektergebnisse und deren Integration in den Hochschulbetrieb befördert werden können, wenn es gelingt, relevante Stakeholder frühzeitig einzubinden und von der Notwendigkeit entsprechender Strukturen zu überzeugen. Auch wenn die Implementierung von Weiterbildung und Lebenslangem Lernen als Aufgabe aller Hochschulen politisch noch nicht vollständig umgesetzt ist, leisten die Projekte mit ihren Aktivitäten hier gleichwohl einen wichtigen Beitrag.

Band 3: Theorie und Praxis verzahnen. Lebenslanges Lernen an Hochschulen

Ein zentrales Ziel des Bund-Länder-Wettbewerbs *Aufstieg durch Bildung: offene Hochschulen* ist es, den Ansatz des Lebenslangen Lernens im deutschen Hochschulsystem stärker zu verankern. Zugehörige Teilziele sind, neues Wissen schnell in die Praxis zu integrieren und die internationale Wettbewerbsfähigkeit des Wissenschaftssystems beim berufsbegleitenden Studium zu stärken sowie eine verbesserte Durchlässigkeit zwischen beruflicher und hochschulischer Bildung vor dem Hintergrund des demografischen Wandels und der dauerhaften Sicherung eines ausreichenden Fachkräfteangebots zu ermöglichen. Die Arbeit mit heterogenen, zum Teil für die Hochschulen neuen Zielgruppen hat vielfältige Implikationen auch in Bezug auf die Gestaltung der Lehr-Lern-Formate.

Das berührt die Theorie-Praxis-Verzahnung, die Kompetenz- und Lernergebnisorientierung und die Rolle der Lehrenden. Diese drei Schwerpunkte stehen im dritten Band, der Teilstudie der Deutschen Universität für Weiterbildung (DUW), im Mittelpunkt. Sie werden jeweils mit einem theoretisch fundierten Beitrag eingeleitet und anhand eines projektbezogenen Beitrags sowie unter Einbezug der Perspektive (inter-)nationaler Kolleginnen und Kollegen dargestellt. Damit wurde bewusst den einzelnen Projekten der ersten Wettbewerbsrunde themenbezogen Platz eingeräumt. Der Grundsatz der Praxisforschung und damit der gemeinsamen Arbeit von Forschenden sowie Praktikerinnen und Praktikern war sowohl für die wissenschaftliche Begleitung des Bund-Länder-Wettbewerbs als auch für die daraus hervorgegangene Publikation der DUW handlungsleitend.

Praxisforschung

Als Forschungszugang für die wissenschaftliche Begleitung der Projekte wurde die Praxisforschung gewählt, da mit diesem Ansatz bereits über den Zugang zur Forschung und das Forschungsverständnis versucht wird, die Kluft zwischen Theorie und Praxis zu verringern. Gemeinsam mit Mitarbeiterinnen und Mitarbeitern aus den Förderprojekten – als Expertinnen und Experten ihrer eigenen Praxis – wurden relevante Themen gemeinsam er- und beforscht und praxisreflektierend weiterentwickelt sowie einer kritischen Analyse unterzogen. Beiträge aus dem angelsächsischen Raum bereichern den beschriebenen Zugang in der Arbeit mit Projekten, da dort andere Formen der produktiven Gestaltung des Theorie-Praxis-Verhältnisses praktiziert werden. Die Idee einer *Scholarship of Practice* etwa kann die Hochschulen, ausgehend von einer grundlegenden Forschungsorientierung, stärker an die Praxis heranführen. Auch Traditionen wie die Sokratische Methode, das Verändern durch Fragen, sind geeignet, Theorie und Praxis näher aneinander heranzuführen, wenn man sie etwa in den Lehr-Lern-Formaten in Weiterbildungsstudiengängen oder auch in der Personalentwicklung der Lehrenden einsetzt.

Theorie-Praxis-Verzahnung

Ein zentrales Spannungsfeld für die Hochschulen ist ihre Beziehung zu Praxisfeldern und berufserfahrenen Teilnehmenden. Die bisherige Realität der Theorie-Praxis-Verzahnung ist für deutsche Hochschulen durch eine besonders große Kluft zwischen dem akademischen und dem berufspraktischen System gekennzeichnet, weil beide Bereiche dazu neigen, sich voneinander abzuschotten.

Die zugrunde liegende Vorstellung einer Theorie-Praxis-Verzahnung muss an den Hochschulen gemeinsam betrachtet und auf ihre Eignung für das 21. Jahrhundert hin überprüft sowie in Hinblick auf die daraus folgenden Konsequenzen für den Bildungsauftrag der Hochschulen diskutiert werden. Denn diese Vorstellung hat Konsequenzen für die Arbeit mit den derzeit noch neuen Zielgruppen, die aber zunehmend ins Zentrum der Hochschulen rücken werden.

In den meisten Projekten wird bei der Entwicklung ihrer Studienangebote mit neuen Formen der Verzahnung von Theorie und Praxis experimentiert. Ein spezifisches didaktisches Modell stellt dabei das *Work-based Learning* dar. An englischen Universitäten hat dieses Modell bereits eine längere Tradition und schon einen wesentlich prominenteren Platz als in Deutschland und kann als Beispiel guter Praxis für deutsche Hochschulen dienen.

Kompetenz- und Lernergebnisorientierung

Dreh- und Angelpunkt aus didaktisch-inhaltlicher Sicht ist die Orientierung an Kompetenzen und Lernergebnissen. Die Auseinandersetzung mit und die Verwendung von Lernergebnissen finden sich in der Arbeit aller Projekte wieder und haben zu vielfältigen Handreichungen und Anleitungen für eine kompetenz- und lernergebnisorientierte Lehre in den Angeboten wissenschaftlicher Weiterbildung geführt. Die Lernergebnisorientierung sollte zwar auch das Lehrgeschehen im grundständigen Lehrbereich steuern, von besonderer Dringlichkeit ist sie aber, wenn die Zielgruppen heterogen und mit ganz unterschiedlichen Ausgangskompetenzen ausgestattet sind. Kompetenzorientierung hilft bei der adäquaten Bewältigung der geforderten Durchlässigkeit zwischen der beruflichen und der hochschulischen Bildung. Sie fand in den Förderprojekten u.a. Eingang in Verfahren der Kompetenzfeststellung, in kompetenzorientierten Lehr-Lern- und Prüfungsformaten sowie in (begleitenden) Methoden und Instrumenten der Kompetenzentwicklung. Kompetenzportfolios als wichtige Instrumente der Kompetenzorientierung unterstützen das selbstgesteuerte Lernen erwachsener Lernender in besonderem Maße. Insgesamt lassen sich in der Auseinandersetzung mit neuen Zielgruppen der Hochschulen aus der Orientierung an Kompetenzen und Lernergebnissen vielfältige didaktische Impulse auch für die grundständige Lehre ableiten.

Rolle der Lehrenden

Eine zentrale Rolle nehmen die Lehrenden und ihr Rollenverständnis für das Lehr-Lern-Geschehen ein. In der wissenschaftlichen Weiterbildung gibt es hierzu noch wenige Untersuchungen, daher wurde diesem Thema besondere Aufmerksamkeit gewidmet, vielfach gemeinsam mit den Projekten der ersten Wettbewerbsrunde: Welche sind die didaktischen Leitbilder, welches Grundverständnis von Lehren und Lernen besteht, wie sehen Unterstützungsangebote für Lehrende aus, und was sind die Konsequenzen aus der Digitalisierung? Mithilfe der sehr engagierten Projekte ist so eine Fülle von anschaulichen Beispielen aus der hochschulischen Umsetzung entstanden. Dabei wurden auch Lücken und Herausforderungen sichtbar – wie der adäquate Umgang mit Hochschullehrenden und mit Lehrenden aus der Praxis, die Frage nach geeigneten Unterstützungsformen und die Sensibilisierung der Lehrenden. Die Perspektive der Lehrenden auf ihre Rollen und ihr Lehrhandeln bietet hier interessante Anknüpfungspunkte sowohl für Rollendifferenzierungen als auch für entsprechende Supportstrukturen. Nicht zuletzt ist vor dem Hintergrund der Entwicklung neuer vernetzter digitaler Lernwelten die Frage nach den zukünftigen Rollen von Lehrenden in der Hochschul(-weiter-)bildung virulent.

Der Band schließt mit einem Ausblick auf eine mögliche Zukunft der Hochschulen als Hochschulen des Lebenslangen Lernens – hier ist wiederum der internationale Blick besonders inspirierend, vor allem im Hinblick auf die inhaltliche und zeitliche Erweiterung der Perspektive über den Bund-Länder-Wettbewerb hinaus. In diesen Beiträgen wird – ausgehend von der Beschreibung der gesellschaftlichen Situation – insbesondere auf die Ansprüche an die Didaktik, die vielfältigen Profile der Studierenden und ihre geänderten Ansprüche sowie auf die neuen Herausforderungen für die Lehrenden, aber auch auf die Konsequenzen für deren Grundverständnis und für die Aufgaben der Organisation Hochschule durch die Mission *Lebenslanges Lernen* eingegangen.

Andrä Wolter, Ulf Banscherus, Caroline Kamm
unter Mitarbeit von Johann Neumerkel

Zielgruppen Lebenslangen Lernens an Hochschulen: Einleitung

1   Ziele und Kontext des vorliegenden Bandes

Der vorliegende Band präsentiert in zwölf Artikeln Untersuchungsergebnisse aus dem Teilprojekt *Heterogenität der Zielgruppen* der wissenschaftlichen Begleitung des Bund-Länder-Wettbewerbs *Aufstieg durch Bildung: offene Hochschulen*, das in den Jahren 2011 bis 2015 von einer Forschungsgruppe der Humboldt-Universität zu Berlin bearbeitet wurde.[1]

Der Wettbewerb *Aufstieg durch Bildung: offene Hochschulen* wurde von Bund und Ländern im Jahr 2011 gestartet. Seine vorrangigen Ziele bestehen darin, den Ansatz des Lebenslangen Lernens im deutschen Hochschulsystem stärker zu verankern, die Durchlässigkeit zwischen beruflicher und hochschulischer Bildung zu verbessern sowie ein ausreichendes Fachkräfteangebot auch in Zeiten des demografischen Wandels zu sichern. Der Wettbewerb gliedert sich in zwei Runden, die jeweils in zwei Förderphasen unterteilt sind. Ziel der ersten Förderphase ist in beiden Runden die forschungsbasierte Entwicklung und Erprobung von Studienangeboten, die geeignet sind, die genannten Zielsetzungen zu realisieren. In der zweiten Förderphase steht die Vorbereitung der Implementation dieser Angebote im Vordergrund. Die erste Förderphase der ersten Wettbewerbsrunde, in der 26 Projekte an mehr als 50 Hochschulen gefördert wurden, erstreckt sich auf den Zeitraum von 2011 bis 2015.

Die in diesem Band präsentierten Beiträge gehen auf Untersuchungen zurück, die überwiegend im Rahmen der Begleitung der geförderten Projekte während der ersten Förderphase der ersten Wettbewerbsrunde durchgeführt wurden. Im Rahmen der internen Arbeitsteilung der wissenschaftlichen Begleitung[2] beschäftigte sich die Forschungsgruppe an der Humboldt-Universität primär mit den Zielgruppen des Wettbewerbs sowie den von den Projekten adressierten Teilnehmergruppen. Die explizite Zielgruppenperspektive ist die zentrale *differentia specifica*, die den Wettbewerb von anderen Förderprogrammen und Initiativen zur Öffnung der Hochschulen unterscheidet. Hauptzielgruppen des Wettbewerbs und der Projekte sind zum einen Berufstätige, die bereits ein Hochschulstudium abgeschlossen haben und zum Zwe-

---

1   Zum Hintergrund und zur Architektur des Wettbewerbs sowie zur wissenschaftlichen Begleitung vgl. den Beitrag von Wolter und Banscherus (2015).
2   Die drei Teilprojekte der wissenschaftlichen Begleitung des Bund-Länder-Wettbewerbs *Aufstieg durch Bildung: offene Hochschulen* werden in diesem Band in dem gemeinsamen Executive Summary vorgestellt. Dieses gibt auch einen Überblick über die wichtigsten Ergebnisse der drei Teilprojekte (vgl. Hanft et al. 2015).

cke der beruflichen Weiterqualifizierung weiterbildende Angebote der Hochschulen nachfragen, und zum anderen Berufstätige, die an der Hochschule eine akademische Erstausbildung absolvieren. Die letztere Gruppe setzt sich wiederum aus Personen zusammen, die entweder über eine der üblichen schulischen Formen der Hochschulreife verfügen und daran anschließend eine Berufsausbildung absolviert haben oder im Anschluss an die berufliche Bildung und eine Phase der Berufstätigkeit über nicht schulische, berufsbezogene Wege zur Hochschule gekommen sind.

Beide Personengruppen – wie auch die weiteren Zielgruppen des Wettbewerbs – haben gemeinsam, dass sie bislang – von einzelnen Ausnahmen abgesehen – eher am Rande der strategischen Bemühungen von Hochschulen um den Ausbau ihrer Studienangebote gestanden haben (und wohl immer noch stehen), die sich primär am Typus der ‚Normalstudierenden' (Studienaufnahme direkt oder kurz nach Erwerb der Studienberechtigung, ohne vorherige berufliche Qualifikation, Studium im Vollzeit-/Präsenzmodus) orientieren. Während die erste Gruppe – Berufstätige, die bereits über einen Hochschulabschluss verfügen – die ‚klassische' Zielgruppe wissenschaftlicher Weiterbildung an Hochschulen darstellt, hat die zweite Gruppe erst in den letzten zehn bis fünfzehn Jahren eine stärkere Aufmerksamkeit in Hochschulpolitik und Hochschulforschung gefunden. Berufstätige sind in der Praxis zwar keineswegs eine gänzlich neue Zielgruppe für die Hochschule, sie sind aber erst mit dem seit den 1990er Jahren anschwellenden nationalen und internationalen Diskurs über Lebenslanges Lernen stärker in den Fokus gerückt. Es sind vor allem drei gesellschaftliche Dynamiken gewesen, welche diese Öffnung befördert haben: (1.) der demografische Wandel, (2.) der von vielen Arbeitsmarktexpertinnen und -experten prognostizierte Fachkräftebedarf und (3.) die Forderung nach einer größeren Durchlässigkeit zwischen beruflicher und akademischer Bildung (vgl. die Beiträge von Banscherus/Wolter und Wolter/Banscherus in diesem Band).

Vor diesem Hintergrund bestehen die Ziele des vorliegenden Bandes darin, (1.) den bildungs- und hochschulpolitischen Kontext darzustellen, in den der Wettbewerb und das Zielgruppenkonzept als eines seiner spezifischen Ansätze einzuordnen sind, (2.) systematische Verfahren der Zielgruppenbestimmung und -analyse aufzuzeigen sowie (3.) empirisches Wissen über Zielgruppen Lebenslangen Lernens an Hochschulen zusammenzutragen, insbesondere zu ihrer Zusammensetzung, ihren vorakademischen Bildungs- und Berufsbiografien sowie den Studienverläufen. Von daher vereinigt der Band drei unterschiedlich angelegte wissenschaftliche Ansätze: (1.) stärker historisch-konzeptionell ausgerichtete Beiträge zum bildungspolitischen Kontext des Wettbewerbs, (2.) methodisch-konzeptionell orientierte Beiträge zur Zielgruppenbestimmung und Entwicklung von curricularen Komponenten zielgruppenspezifischer Studienganggestaltung (z.B. Anrechnungsverfahren oder flexible Studienformate) sowie (3.) empirisch basierte Beiträge zu einzelnen Zielgruppen, insbesondere Berufstätigen mit und ohne schulische Studienberechtigung.

Studierendenforschung ist eines der etablierten Felder der (empirischen) Hochschulforschung (Wolter 2015). Die Zahl der einschlägigen Veröffentlichungen ist hier kaum überschaubar. Auch in der Weiterbildungsforschung ist die Teilnehmer- und Adressatenforschung ein gängiges Feld; hier hat das didaktische Prinzip der Zielgruppenorientierung eine weit längere Tradition als in den üblichen Lehr- und Lernkonzepten der Hochschulen. Dagegen ist empirische Forschung zu Zielgruppen Lebenslangen Lernens, insbesondere zu Studierenden mit beruflicher Qualifikation und Erfahrung, im Kontext der Diskussion um eine Öffnung der Hochschulen ein zwar nicht ganz neues, aber doch noch eher überschaubares Forschungsfeld.

Viele Veröffentlichungen sind erst in den letzten Jahren im Zuge der neuen bildungs- und hochschulpolitischen Konjunktur dieses Themas entstanden oder verdanken sich zu einem beträchtlichen Teil direkt dem Bund-Länder-Wettbewerb *Aufstieg durch Bildung: offene Hochschulen*. Viele im Rahmen des Wettbewerbs geförderte Projekte haben zu den von ihnen adressierten Zielgruppen publiziert (z.B. Seitter/Schemmann/Vossebein 2015; Besters-Dilger/Neuhaus 2015; Schäfer/Kriegel/Hagemann 2015; Hanft/Kretschmer 2014). Untersuchungen zu diesem Thema knüpfen teilweise an ältere Studien zu Absolventinnen und Absolventen des Zweiten und Dritten Bildungswegs oder zu ‚doppelt qualifizierten' Abiturientinnen und Abiturienten im Hochschulstudium an, die insbesondere in den 1980er und 1990er Jahren durchgeführt wurden (z.B. Schulenberg et al. 1986; Kluge/Scholz/Wolter 1990; Wolter 1991; Mucke/Schwiedrzik 1997). Die einzelnen Beiträge in dem vorliegenden Band gehen punktuell auf den vorhandenen Forschungsstand ein, ohne damit allerdings den Anspruch zu verbinden, diesen systematisch aufzuarbeiten und zu dokumentieren. Im Vordergrund steht die Präsentation eigener Ergebnisse.

Die in der ersten Runde des Bund-Länder-Wettbewerbs *Aufstieg durch Bildung: offene Hochschulen* geförderten Projekte haben sich in ihrer ersten Förderphase primär auf die zielgruppenorientierte Entwicklung neuer Studienangebote konzentriert, noch nicht auf deren Implementation. So liegen aus den Projekten zwar in der Regel Informationen über die anvisierten Zielgruppen vor, aber bisher kaum Erfahrungen mit oder Daten zu der realisierten Nachfrage, den tatsächlichen Teilnehmerinnen und Teilnehmern sowie deren Zusammensetzung. Dies wird sich erst mit der zweiten Förderphase der Projekte ändern, die aufgrund des zeitlichen Ablaufs – die erste Förderphase wurde im März 2015 abgeschlossen – nicht mehr Gegenstand der Beiträge dieses Bandes ist. Eine empirisch orientierte Zielgruppenanalyse kann sich deshalb bislang kaum auf Ergebnisse und Erfahrungen aus den Förderprojekten stützen, sondern muss methodisch andere Wege gehen.

Die in diesem Band enthaltenen Beiträge sind daher entweder direkt aus der Arbeit der wissenschaftlichen Begleitung hervorgegangen oder aus thematisch benachbarten Forschungsprojekten, die an der Humboldt-Universität zu Berlin (HU) durchgeführt wurden (und teilweise noch werden). So finden sich in diesem Band sowohl Beiträge, die sich mit den Ansätzen und Verfahren der Projekte zur Identifizierung und Rekrutierung von Zielgruppen befassen (vgl. den Beitrag von Banscherus/Pickert/Neumerkel in diesem Band), als auch solche Beiträge, die sich mit diesen Zielgruppen – zum Beispiel den Biografien vor Aufnahme des Studiums und den Studienverläufen – detaillierter auf der Basis anderer, nicht aus dem Wettbewerb stammender Studien und Datenbestände auseinandersetzen. Dazu gehören zum einen Untersuchungen, an denen die HU-Forschungsgruppe direkt beteiligt ist (oder beteiligt gewesen ist), wie die Studien zu dualen MINT-Studiengängen (vgl. den Beitrag von Kamm/Lenz/Spexard in diesem Band), zu erwachsenen Lernenden an Hochschulen (vgl. den Beitrag von Spexard in diesem Band) und zu nicht-traditionellen Studierenden (vgl. die Beiträge von Otto/Kamm und Dahm/Kerst in diesem Band). Zum anderen wurden weitere Datensätze herangezogen und sekundäranalytisch ausgewertet. Dabei handelt es sich um Daten des Adult Education Survey (AES) und der Absolventenstudien des Deutschen Zentrums für Hochschul- und Wissenschaftsforschung (DZHW), bei deren Auswertung die Gruppe der Teilnehmerinnen und Teilnehmer an postgradualer Weiterbildung im Mittelpunkt steht (vgl. den Beitrag von Kamm et al. in diesem Band), sowie einer HISBUS-Befragung, die die Heterogenität von beruflich Qualifizierten und Berufstätigen in der akademischen Erstausbildung verdeutlichen (vgl. den Beitrag von Kamm/Spexard/Wolter in diesem Band).

Gerahmt beziehungsweise ergänzt werden diese Beiträge, die sich primär der empirischen Analyse von Zielgruppen Lebenslangen Lernens an Hochschulen widmen, durch einige weitere Beiträge, die stärker den bildungspolitischen Kontext des Bund-Länder-Wettbewerbs *Aufstieg durch Bildung: offene Hochschulen* in den Blick nehmen (vgl. die Beiträge von Banscherus/Wolter, Wolter/Banscherus und Banscherus/Neumerkel/Feichtenbeiner in diesem Band). Diese rekonstruieren die problem- und begriffsgeschichtliche Entwicklung der beiden zentralen Termini des Wettbewerbs – ‚Aufstieg durch Bildung' und ‚Offene Hochschulen' – aus einer historischen Perspektive, betrachten die Entwicklung des Konzeptes des Lebenslangen Lernens im Hochschulsystem von seinen internationalen Ursprüngen und Impulsen her und ordnen den Wettbewerb in den bildungspolitischen Gesamtzusammenhang einer seit einigen Jahren veränderten Öffnungspolitik von Bund und Ländern ein.

2 Die Beiträge im Einzelnen

In diesem Abschnitt sollen die insgesamt zwölf Beiträge des vorliegenden Bandes kurz vorgestellt werden. Diese gliedern sich in drei Teile: (1.) Lebenslanges Lernen als hochschulpolitisches Projekt, (2.) Zielgruppen Lebenslangen Lernens an Hochschulen und (3.) Stand spezifischer Angebote der Hochschulen für neue Zielgruppen.

2.1 Lebenslanges Lernen als hochschulpolitisches Projekt

Im ersten Teil des vorliegenden Bandes erfolgt eine Kontextualisierung der Fragestellungen des Teilprojektes sowie des Wettbewerbs insgesamt. Der erste Artikel dieses Teils *Aufstieg durch Bildung: offene Hochschulen – Annäherungen an ein Begriffspaar* von Ulf Banscherus und Andrä Wolter betrachtet die Bedeutung dieser beiden Konzepte und deren Veränderung aus einem begriffsgeschichtlichen Blickwinkel. Beide Begriffe spielen zwar in der Qualifizierungsinitiative von Bund und Ländern aus dem Jahr 2008 und im Bund-Länder-Wettbewerb *Aufstieg durch Bildung: offene Hochschulen* eine zentrale Rolle, bleiben aber in den dazugehörenden bildungspolitischen Dokumenten eher vage. Dabei macht der Artikel deutlich, dass es keine allgemeingültige Definition dieser Begrifflichkeiten gibt, sondern ihre Bedeutung(en) vielmehr einem historischen Wandel unterliegen und unterschiedliche Interpretationsansätze eine breite Spannweite an Definitionsmöglichkeiten zulassen.

Lebenslanges Lernen ist ein weiterer Schlüsselbegriff des Bund-Länder-Wettbewerbs *Aufstieg durch Bildung: offene Hochschulen*. Andrä Wolter und Ulf Banscherus greifen daher in ihrem Beitrag *Lebenslanges Lernen und akademische Bildung als internationales Reformprojekt* die historischen Ursprünge auf und zeichnen die Entwicklung dieses Konzeptes nach. Dabei wird auch auf die Bedeutung von Lebenslangem Lernen für die Hochschulpolitik Bezug genommen; außerdem werden die verschiedenen Entwicklungslinien, Kontexte und Bedeutungen systematisch dargestellt. Auf diese Weise kann gezeigt werden, dass das Konzept des Lebenslangen Lernens im Hochschulsektor nicht erst in den letzten Jahren aufgekommen ist, sondern in den politischen Reformdiskussionen bereits seit den späten 1960er Jahren eine Rolle gespielt hat, wenn auch zunächst eher am Rande. Dennoch ist Lebenslanges Lernen in seinen verschiedenen Facetten – Angebote/Programme, Zielgruppen, Förder- und Unterstützungsmaßnahmen – auch heute noch nicht wirklich zu einem zentralen Anliegen der Hochschulen geworden, obgleich es inzwischen weithin als eine Zukunftsaufgabe erkannt worden ist.

Der Beitrag *Die Förderung des Lebenslangen Lernens an Hochschulen als strategisches Ziel der Hochschulpolitik* von Ulf Banscherus, Johann Neumerkel und Rolf Feichtenbeiner basiert auf den Ergebnissen eines studentischen Forschungsprojektes an der Humboldt-Universität zu Berlin. In diesem Artikel werden die Strategien der Bundesländer zur Förderung des Lebenslangen Lernens an den Hochschulen im Zeitraum zwischen 2008 und 2013 untersucht. Dieser Beitrag zeigt, dass in allen Ländern im Untersuchungszeitraum eine Vielfalt an und eine Vielzahl von Aktivitäten zur Förderung des Lebenslangen Lernens an Hochschulen zu beobachten gewesen sind. Dabei folgten die Länder im Großen und Ganzen einer gemeinsamen strategischen Zielsetzung, haben aber Maßnahmen ergriffen, die sich in ihrer Stoßrichtung, Intensität und Reichweite deutlich unterschieden haben.

2.2 Zielgruppen Lebenslangen Lernens an Hochschulen

Im Beitrag *Bildungsmarketing in der Hochschulweiterbildung. Bedarfsermittlung und Zielgruppenanalysen im Spannungsfeld zwischen Adressaten- und Marktorientierung* von Ulf Banscherus, Anne Pickert und Johann Neumerkel, durch den der zweite Teil des vorliegenden Bandes eröffnet wird, werden Möglichkeiten zur bedarfsbasierten Planung von zielgruppenorientierten Angeboten der Hochschulweiterbildung vorgestellt und diskutiert. Dabei werden sowohl eine erziehungswissenschaftliche als auch eine betriebswirtschaftliche Perspektive auf Marketingansätze im Kontext der (Hochschul-)Weiterbildung beschrieben. Wichtig ist, dass sich Bildungsmarketing nicht – einem verkürzten Verständnis nach – mit ‚Werbung' gleichsetzen lässt, sondern vor allem auch eine umfassende strategische, zielorientierte Bedarfs-, Nachfrage- und Angebotsermittlung meint. In diesem Rahmen werden außerdem die Ergebnisse einer Metaanalyse von Nachfrage-, Bedarfs- und Zielgruppenanalysen vorgestellt, die von geförderten Projekten im Rahmen der ersten Förderphase der ersten Runde des Bund-Länder-Wettbewerbs *Aufstieg durch Bildung: offene Hochschulen* durchgeführt wurden.

Der Artikel *Hochschulen auf dem Weiterbildungsmarkt: Marktposition und Teilnehmerstruktur. Ergebnisse einer sekundäranalytischen Untersuchung* von Caroline Kamm, Susanne Schmitt, Ulf Banscherus und Andrä Wolter thematisiert die Frage, welche Rolle Hochschulen auf dem durch Pluralität und Wettbewerb gekennzeichneten Weiterbildungsmarkt in Deutschland einnehmen und wie sich ‚Marktanteil' und Zusammensetzung der Teilnehmerinnen und Teilnehmer darstellen. Dabei wird schwerpunktmäßig auf die für die postgraduale Weiterbildung an Hochschulen zentrale Zielgruppe der Hochschulabsolventinnen und -absolventen eingegangen. Die Grundlage dieser Analyse bilden Auswertungen des DZHW-Absolventenpanels und des AES. Auf diese Weise kann verdeutlicht werden, dass Hochschulen auf dem Weiterbildungsmarkt nach wie vor eine eher randständige Position einnehmen. Selbst Personen mit Hochschulabschluss nehmen deutlich seltener an Hochschulweiterbildung teil als an außerhochschulischen Weiterbildungsangeboten.

Daran schließt ein Beitrag über die Gruppe der beruflich qualifizierten Studierenden insgesamt an – also aller Studierenden, die, unabhängig von der Art des Hochschulzugangs beziehungsweise der Hochschulzugangsberechtigung, vor Aufnahme ihres Studiums eine berufliche Ausbildung abgeschlossen haben. Die präsentierten Befunde des Artikels *Beruflich Qualifizierte als spezifische Zielgruppe an Hochschulen* von Caroline Kamm, Anna Spexard und Andrä Wolter basieren auf Auswertungen einer HISBUS-Befragung des DZHW zum Thema *Studium und Beruf*, in deren Rahmen auch eine größere Stichprobe beruflich qualifizierter Studierender erfasst wurde. Im Zentrum des Beitrags stehen die spezifischen Anforderungen jener Personengruppe an die Studiengestaltung, ihre Studienerfahrungen und Studienschwierigkeiten. Darüber hinaus werden die unterschiedlichen Zugangswege zum Hochschulstudium, die beruflichen Werdegänge und die Studienmotive betrachtet, welche die große Heterogenität innerhalb der Gruppe der beruflich Qualifizierten aufzeigen. Als übergreifendes Ergebnis wird die Notwendigkeit eines Ausbaus flexibler Studienangebote als Voraussetzung für eine stärkere Gewinnung dieser Zielgruppe für ein Hochschulstudium deutlich.

In dem Beitrag *„Ich wollte einfach noch eine Stufe mehr". Vorakademische Werdegänge und Studienentscheidungen von nicht-traditionellen Studierenden und ihr Übergang in die Hochschule* von Alexander Otto und Caroline Kamm wird eine der zentralen Zielgruppen des Wettbewerbs, beruflich Qualifizierte ohne herkömmliche schulische Studienberechtigung, hier als ‚nicht-traditionelle Studierende' bezeichnet, auf der Basis qualitativer Befunde (aus Interviews) und quantitativer Daten (aus dem Nationalen Bildungspanel, NEPS) genauer beschrieben. Neben der sozialstrukturellen Zusammensetzung dieser Gruppe geht es dabei vor allem um ihre bildungs- und berufsbiografischen Werdegänge, Studienmotive sowie den Übergang vom Beruf in die Hochschule. Grundlage sind Befunde aus dem bundesweit angelegten Forschungsprojekt *Nicht-traditionelle Studierende zwischen Risikogruppe und akademischer Normalität*, welches an der Humboldt-Universität zu Berlin in Kooperation mit dem DZHW durchgeführt und durch das Bundesministerium für Bildung und Forschung gefördert wird. Nicht-traditionelle Studierende lassen sich, so ein zentrales Ergebnis dieses Beitrags, als eine Studierendengruppe charakterisieren, die sich nicht nur formal durch das fehlende Abitur, sondern auch durch vielfältigere biografische Vorerfahrungen (Berufsausbildung, Erwerbstätigkeit, Weiterbildung) von der Mehrzahl der Studierenden unterscheidet.

Der zweite Teil des Bandes zu den Zielgruppen Lebenslangen Lernens wird abgeschlossen durch den Beitrag von Gunther Dahm und Christian Kerst *Erfolgreich studieren ohne Abi? Ein mehrdimensionaler Vergleich des Studienerfolgs von nicht-traditionellen und traditionellen Studierenden.* Dieser ist ebenfalls aus dem Projekt *Nicht-traditionelle Studierende* hervorgegangen. Er beschäftigt sich mit den Studienverläufen und dem Studienerfolg dieser Studierendengruppe. Die Auswertung beruht auf Daten aus dem Studierendenpanel des NEPS. Das Besondere dieses Datensatzes besteht darin, dass es sich, erstens, um Längsschnittdaten handelt, die perspektivisch den gesamten Studienverlauf erfassen (bislang bis zum 5. Hochschulsemester), der, zweitens, im Vergleich von nicht-traditionellen Studierenden mit anderen Studierendengruppen, insbesondere jenen Studierenden mit Abitur (mit und ohne berufliche Qualifikation), untersucht werden kann. Damit werden Aussagen zu den Studienverläufen und zum Studienerfolg von nicht-traditionellen Studierenden möglich, deren Reichweite über die bisherigen Studien zu dieser Personengruppe weit hinausgehen. Die Ergebnisse zeigen, dass es keine Hinweise auf eine mangelnde Studierfähigkeit nicht-traditioneller Studierender gibt. Dies gilt in besonderem Maße für die erzielten Studiennoten und mit Blick auf den Studienfortschritt. Nicht-traditionelle Studierende brechen allerdings etwas häufiger das Studium ab, wobei es hier gilt, die besonderen Gründe zu berücksichtigen, die in diesem Beitrag ebenfalls dargestellt werden.

2.3   Stand spezifischer Angebote der Hochschulen für neue Zielgruppen

Der dritte und letzte Teil des vorliegenden Bandes beschäftigt sich mit dem aktuellen Stand der Umsetzung von Angeboten für neue Zielgruppen. Der erste Artikel *Flexibilisierung des Studiums im Spannungsfeld zwischen institutioneller Persistenz und Öffnungsbedarfen* von Anna Spexard analysiert die bisherige Umsetzung flexibler Studienstrukturen in Deutschland vor dem Hintergrund der insbesondere in der europäischen Bildungspolitik weit verbreiteten Forderung nach solchen Formaten. Er basiert zum Teil auf einem von der Humboldt-Universität gemeinsam mit dem Deutschen Institut für Erwachsenenbildung durchgeführten, aus EU-Mitteln geförderten international-vergleichendem Projekt mit dem Titel *Opening Higher Education to Adults*. Zusätzlich verdeutlichen ausgewählte Befunde aus europäischen sowie Fallbeispiele aus außereuropäischen Ländern, auf welche Weise eine Umsetzung der angestrebten Flexibilisierung von Studienstrukturen an Hochschulen erfolgreich durchgeführt werden kann. Der Beitrag macht insgesamt deutlich, dass in zahlreichen europäischen Ländern, darunter auch Deutschland, trotz einer Vielzahl von Policy Papers mit entsprechenden Handlungsempfehlungen noch Nachholbedarf bei der Entwicklung und Implementierung flexibler Studienangebote besteht.

Der Beitrag *Gestaltung von Zu- und Übergängen zum Hochschulstudium für nicht-traditionelle Studierende. Empirische Befunde und Praxisbeispiele* von Ulf Banscherus, Caroline Kamm und Alexander Otto berichtet über die Ergebnisse einer Recherche zu den an Hochschulen bereits bestehenden Informations-, Beratungs- und Unterstützungsangeboten unter besonderer Berücksichtigung dieser Zielgruppe. Ergänzt werden die Ausführungen durch eine Auswahl von aktuellen Praxisbeispielen, welche in erster Linie auf Erfahrungen der Projekte aus der ANKOM-Initiative und dem Bund-Länder-Wettbewerb *Aufstieg durch Bildung: offene Hochschulen* basieren. Des Weiteren wird der Blick auf Ansätze zur Gestaltung von Zu- und Übergängen für nicht-traditionelle Studierende in Kanada und Großbritannien gerichtet. Die Autoren kommen zu dem Schluss, dass in Deutschland erst wenige Hochschulen spezifische Unterstützungsangebote für nicht-traditionelle Studierende bereitstellen, die über allgemeine Orientierungsangebote und zwar fach-, aber nicht zielgruppenspezifische Vor- und Brückenkurse hinausgehen.

Eine zentrale Maßnahme zur Flexibilisierung von Studienstrukturen sind Verfahren zur Anrechnung außerhochschulischer Kompetenzen, die durch berufliche Fortbildung oder Lernen im Prozess der Arbeit erworben werden, auf Studienanforderungen. In den vergangenen Jahren sind in Bund und Ländern zahlreiche Projekte durchgeführt und in den Hochschulgesetzen die rechtlichen Möglichkeiten für Anrechnungsverfahren geschaffen worden. Der Artikel *Anrechnung von außerhochschulisch erworbenen Kompetenzen als Instrument zur Öffnung von Hochschulen. Potentiale und Realisierungshürden* von Katharina Lenz und Susanne Schmitt greift diese Entwicklung auf und analysiert, inwiefern Anrechnung zur Öffnung der Hochschule beitragen kann beziehungsweise bereits beiträgt. Dabei wird neben dem aktuellen Umsetzungsstand in Deutschland auch auf Probleme und Hürden bei der Implementierung von Anrechnungsverfahren in den Hochschulen eingegangen. Während politische Akteure das Instrument der Anrechnung oft als Element zur Öffnung der Hochschulen und der Durchlässigkeit zwischen beruflicher und akademischer Bildung vorantreiben und fördern, ist von Seiten vieler Hochschulen noch große Zurückhaltung zu spüren.

Dem dualen Studium wird in der hochschulpolitischen Diskussion eine kontinuierlich wachsende Bedeutung zugeschrieben, allerdings erfolgt dies weitgehend ohne eine breitere wissenschaftliche Fundierung. Einen Beitrag zur Schließung dieser Forschungslücke leistet eine Untersuchung zum dualen Studium im MINT-Bereich (Wolter et al. 2014), die Grundlage für den Beitrag *Das Potential dualer Studiengänge zur Öffnung der Hochschulen für neue Zielgruppen* von Caroline Kamm, Katharina Lenz und Anna Spexard ist. Die Autorinnen kommen zu dem Fazit, dass das duale Studium aufgrund seiner besonderen Studienorganisation durchaus Potentiale für eine Öffnung der Hochschulen aufweist und auf unterschiedliche Weise einen Beitrag zur Erhöhung der Durchlässigkeit zwischen akademischer und beruflicher Bildung leisten kann, indem es Personengruppen anspricht, die ansonsten aufgrund fehlender Praxisnähe oder aus finanziellen Gründen eher auf ein Studium verzichten würden. Dabei werden neben der Zielgruppe der beruflich Qualifizierten auch Personen mit einer nicht akademischen Bildungsherkunft sowie Studienabbrecherinnen und -abbrecher ‚regulärer' Studiengänge betrachtet. Dennoch ist das Öffnungspotential dieser Studienform begrenzt, unter anderem weil bislang Abiturientinnen und Abiturienten die Kernzielgruppe dualer Studiengänge bilden und sich nicht alle Studienfächer beziehungsweise Studiengänge für das duale Studienformat eignen.

3   Fazit

Die in diesem Band vorgelegten Beiträge erlauben für den Bund-Länder-Wettbewerb *Aufstieg durch Bildung: offene Hochschulen* zusammengenommen drei Schlussfolgerungen. Erstens bedarf es weiterer Anstrengungen, methodisch solide und zugleich praktisch realisierbare Wege der Zielgruppenanalyse zu entwickeln und zu erproben. Bedarf und Nachfrage nach Studienangeboten für Berufstätige müssen systematisch eruiert und nicht nur behauptet werden, um Fehlplanungen und Enttäuschungen zu vermeiden, insbesondere bei solchen Studiengängen oder Programmen, die nicht aus der direkten Kooperation mit ‚Abnehmern' hervorgehen. Zweitens gilt es, sich dem Umstand zu stellen, dass nicht nur Studierende generell, sondern gerade auch die Teilgruppe der Studierenden mit beruflicher Vorbildung und/oder einer zum Teil im Studium fortgesetzten Berufstätigkeit eine nach individuellen Voraussetzungen, Bildungs- und Berufswegen, Studienmotiven und -erwartungen ebenso wie nach ihren Lebens- und Studienbedingungen und damit auch in ihren Anforderungen an die Studiengestaltung sehr heterogene Gruppe sind. Diese unterscheidet sich nicht nur in vielen Merkmalen von den Studierenden des ‚Normaltypus' (gemeint sind diejenigen mit einem Abitur und ohne Berufsbiografie), sondern zeigt auch innerhalb dieser Gruppe vielfältige Differenzierungen. Diese Vielfalt macht – drittens – die Entwicklung und Implementation zielgruppenspezifischer Studienangebote und -formate erforderlich, auch wenn sich ein Teil der Studierenden mit beruflicher Erfahrung bewusst für ‚reguläre' Studienangebote interessiert und entscheidet. Insofern kann der Wettbewerb auch als eine Art Fallstudie zu Berufstätigen im Studium betrachtet werden, deren Ergebnisse weit über diese Zielgruppe hinausgehen. In gewisser Weise ist der Bund-Länder-Wettbewerb *Aufstieg durch Bildung: offene Hochschulen* eine Art Studienreformlaboratorium für die Hochschulentwicklung in Deutschland, in dem Modelle für den Zusammenhang zwischen individuellen, biografischen Studienvoraussetzungen und institutionellen Studienstrukturen entwickelt werden – ein Thema, das generell für die Studienreform und Studiengangentwicklung von zentraler Bedeutung ist.

Literatur

Besters-Dilger, J./Neuhaus, G. (Hrsg.) (2015): *Modulare wissenschaftliche Weiterbildung für heterogene Zielgruppen entwickeln. Formate – Methoden – Herausforderungen.* Freiburg: Rombach.

Hanft, A./Kretschmer, S. (2014): Öffnung der Hochschulen für neue Zielgruppen. In: *REPORT – Zeitschrift für Weiterbildungsforschung.* 37(4). S. 15–27.

Hanft, A./Pellert, A./Cendon, E./Wolter, A. (Hrsg.) (2015): *Weiterbildung und Lebenslanges Lernen an Hochschulen. Ergebnisse der wissenschaftlichen Begleitung zur ersten Förderphase der ersten Wettbewerbsrunde des Bund-Länder-Wettbewerbs „Aufstieg durch Bildung: offene Hochschulen".* Oldenburg.

Kluge, N./Scholz, W.-D./Wolter, A. (Hrsg.) (1990): *Vom Lehrling zum Akademiker. Neue Wege des Hochschulzugangs für berufserfahrene Erwachsene.* Oldenburg.

Mucke, K./Schwiedrzik, B. (Hrsg.) (1997): *Studieren ohne Abitur. Berufserfahrung – ein „Schrittmacher" für Hochschulen und Universitäten.* Bielefeld: W. Bertelsmann.

Schäfer, M./Kriegel, M./Hagemann, T. (Hrsg.) (2015): *Neue Wege zur akademischen Qualifizierung im Sozial- und Gesundheitssystem. Berufsbegleitend studieren an Offenen Hochschulen.* Münster: Waxmann.

Schulenberg, W./Scholz, W.-D./Wolter, A./Mees, U./Füllgraf, B./Maydell, J. von (1986): *Beruf und Studium. Studienerfahrungen und Studienerfolg von Berufstätigen ohne Reifezeugnis.* Bonn: Bock.

Seitter, W./Schemmann, M./Vossebein, U. (Hrsg.) (2015): *Zielgruppen (in) der wissenschaftlichen Weiterbildung – Empirische Studien zu Bedarf, Potential und Akzeptanz.* Wiesbaden: Springer VS.

Wolter, A. (Hrsg.) (1991): *Die Öffnung des Hochschulzugangs für Berufstätige. Eine bildungspolitische Herausforderung.* Oldenburg.

Wolter, A. (2015): Hochschulforschung. In: Reinders, H./Ditton, H./Gräsel, C./Gniewosz, B. (Hrsg.): *Empirische Bildungsforschung – Gegenstandsbereiche* (2. Auflage). Wiesbaden: Springer VS. S. 149–164.

Wolter, A./Banscherus, U. (2015): Der Bund-Länder-Wettbewerb „Aufstieg durch Bildung: offene Hochschulen" im Kontext der (inter-)nationalen Diskussion um lebenslanges Lernen. In: Klages, B./Bonillo, M./Reinders, S./Bohmeyer, A. (Hrsg.): *Gestaltungsraum Hochschullehre. Potenziale nicht-traditioneller Studierender nutzen.* Opladen: Budrich. S. 17–35.

Wolter, A./Kamm, C./Lenz, K./Renger, P./Spexard, A. (2014): *Potenziale des dualen Studiums in den MINT-Fächern. Eine empirische Untersuchung.* München.

Lebenslanges Lernen
als hochschulpolitisches Projekt

Ulf Banscherus, Andrä Wolter

Aufstieg durch Bildung: offene Hochschulen – Annäherungen an ein Begriffspaar

1 Einleitung: ‚Aufstieg durch Bildung' und ‚Offene Hochschule' im Kontext des Wettbewerbs

Im Oktober 2008 haben die Regierungschefs von Bund und Ländern bei ihrem Treffen in Dresden eine gemeinsame Qualifizierungsinitiative vereinbart und diese unter das Motto ‚Aufstieg durch Bildung' gestellt. Teil dieser Vereinbarung ist auch der zwei Jahre später ausgeschriebene Bund-Länder-Wettbewerb *Aufstieg durch Bildung: offene Hochschulen.* Wie der Begriff ‚Aufstieg durch Bildung', so wird auch der Begriff ‚Offene Hochschule' weder in der Dresdner Vereinbarung noch in den Dokumenten des Wettbewerbs genauer definiert, sondern eher durch eine Vielzahl geplanter oder vereinbarter Maßnahmen umschrieben – also gleichsam enumerativ definiert. Mit der Kombination der beiden Begriffe knüpft der Wettbewerb an eine lang zurückreichende Diskursgeschichte an, die dadurch gekennzeichnet ist, dass beide Termini auf historisch spezifische Traditionslinien zurückweisen, in ihren jeweiligen bildungspolitischen Kontexten unterschiedlich verwendet wurden und sich ihre Bedeutung im Zeitverlauf stark verändert hat. Angesichts der Zentralität beider Begriffe für den Wettbewerb und insbesondere auch dessen öffentliche Wahrnehmung soll in diesem Beitrag versucht werden, die Bedeutung beider Termini begriffsgeschichtlich zu rekonstruieren. Dabei wird deutlich werden, dass es auch heute kaum möglich ist, sich auf eine einzige gültige oder anerkannte Definition zu verständigen. Vielmehr ist beiden Begriffen eigen, dass sie je nach bildungspolitisch-programmatischen Referenzpunkten unterschiedliche Auslegungen zulassen und von daher eine große Spannbreite von Bedeutungen umfassen, die von kontroversen gesellschaftspolitischen Wertvorstellungen geprägt sein können. Im ersten Abschnitt wird zunächst der ältere der beiden Begriffe, ‚Aufstieg durch Bildung', in seiner historischen Entwicklung nachgezeichnet, danach erfolgt eine Einordnung des Begriffs der ‚Offenen Hochschule'.

2 Aufstieg durch Bildung: ‚Aufstieg für alle' oder ‚Aufstieg der Begabten'?

2.1 Aufstieg durch Bildung als bildungspolitische Zielsetzung

Liest man das Beschlussdokument des Dresdner Bildungsgipfels, dann wird deutlich, dass hier weniger ein realisierter sozialer Aufstieg durch die Beteiligung an Bildungsprozessen im Vordergrund steht, sondern vielmehr die individuellen Chancen betont werden, aufgrund eigener (Weiter-)Bildungsanstrengungen die Möglichkeit zu erhalten, einen solchen Aufstieg perspektivisch zu erreichen:

> „Für persönliche Lebenschancen und Chancengerechtigkeit in einer Wissensgesellschaft ist Bildung der Schlüssel. ‚Aufstieg durch Bildung' ist die Strategie, damit die Herkunft von Menschen nicht über ihre Zukunft entscheidet. Ein gerechter Zugang zu Bildung und Durchlässigkeit der Bildungssysteme sind Leitprinzip verantwortlicher Bildungspolitik." (Bundesregierung/Regierungschefs der Länder 2008, S. 4)

Dieser Ansatz knüpft an das historisch überlieferte meritokratische Versprechen an, dass „die individuelle Leistung den Status und den Erfolg einer Person bestimmt" (El-Mafaalani 2014, S. 11). Dieses Verständnis ist insgesamt kennzeichnend für marktwirtschaftlich verfasste (Leistungs-)Gesellschaften, in denen, der meritokratischen Logik folgend, individuelle Chancen unmittelbar an individuelle Begabungen und Leistungen geknüpft sein sollen. Die Vereinbarungen der Qualifizierungsinitiative gehen zum einen davon aus, dass grundsätzlich gilt: „Jede und jeder soll die Chance zum Aufstieg durch Bildung haben." Auch wird betont, dass „[j]eder und jede, die oder der beruflich weiter lernen und aufsteigen will, […] eine Chance auf Unterstützung haben" soll (Bundesregierung/Regierungschefs der Länder 2008, S. 11). Zum anderen wird diese Chance aber an eine Art Leistungsbedingung zurückgebunden. So wird der Bezug von Stipendien für beruflich qualifizierte Studieninteressierte von einer besonderen Eignung abhängig gemacht. Die Möglichkeiten zum Hochschulzugang sowie zur Anrechnung von beruflichen Kompetenzen auf die Anforderungen eines Studiengangs sollen außerdem vorrangig für Personen bestehen, die im Bereich der beruflichen Aus- und Fortbildung sowie in der Berufstätigkeit eine hohe Leistungsfähigkeit bewiesen haben.

Die (bildungs-)politische Formel vom ‚Aufstieg durch Bildung' steht dabei in einer weit zurückreichenden Diskursgeschichte, die von teilweise heftigen Kontroversen begleitet wurde. Diese Kontroversen kreisen um zwei Themen. Umstritten waren (bzw. sind) entweder das meritokratische Prinzip selbst oder die Hürden, die seine gesellschaftliche Realisierung erschweren oder verhindern. Es geht nicht nur um den Zusammenhang von Chancen und Leistung auf der individuellen Ebene, sondern auch darum, dass „nicht nur formal, sondern auch real […] gleiche Chancen bestehen [müssen]", damit dieses Leitmotiv eine allgemeine Gültigkeit beanspruchen kann (El-Mafaalani 2014, S. 11). Die empirische Bildungsforschung hat jedoch insbesondere durch die zahlreichen vergleichenden Schulleistungsstudien vielfältige institutionelle und individuelle Mechanismen der sozialen Schließung beschrieben, zum Teil sichtbare, zu einem großem Teil aber ‚unsichtbare Barrieren', die einen sozialen Aufstieg trotz erwiesener Lern- und Leistungsbereitschaft erschweren oder sogar verhindern können.

Neben dieser Linie der Kritik, die eine meritokratische Vergabe von Bildungs- und Lebenschancen nicht grundsätzlich in Frage stellt, sondern deren Umsetzung kritisch hinterfragt, sind vor allem aus der stärker bildungstheoretisch orientierten akademischen Gemeinschaft weitergehende Argumente zu vernehmen, die das Prinzip selbst in Frage stellen. Aus dieser Perspektive wird das meritokratische Versprechen eines möglichen Aufstiegs durch Bildung grundsätzlich mit gerechtigkeits- und gleichheitstheoretischen Argumenten kritisiert, denn:

> „Bezugnahmen auf ‚die Bildung' rechtfertigen den Aufstieg derer, die bereits aufgestiegen sind und sie legitimieren den Ausschluss derer vom Aufstieg, die nicht aufgestiegen sind und mit empirisch bestimmbarer Wahrscheinlichkeit auch nicht aufsteigen werden."
> (Heid 2009, S. 7)

2.2 Phasen der bildungspolitischen Debatte

Die bildungspolitische Debatte um die Möglichkeiten eines Aufstiegs durch Bildung und deren Realisierungsbedingungen stehen – wie zuvor ausgeführt – im Spannungsfeld von politischen Grundüberzeugungen, die zumeist entweder an stärker *egalitäre* oder *meritokratische* Grundsätze anschließen. Dabei ist im Zeitverlauf keineswegs eine eindeutige Unterscheidung zwischen den politischen Parteien oder Interessengruppen möglich. Vielmehr sind die zu einer bestimmten Zeit jeweils vorherrschenden Programmatiken von einer Vielzahl gesellschaftlicher Faktoren abhängig, wozu unter anderem auch die wirtschaftliche Entwicklung und die jeweils prominenten Ansätze und Ergebnisse der Bildungsforschung beigetragen haben und beitragen.

2.2.1 Kaiserreich, Weimarer Republik und frühe Bundesrepublik

Ein Aufstieg durch Bildung war für Menschen, vor allem Männer, die als besonders begabt galten, schon in weit zurückreichenden Zeiträumen möglich, beispielsweise über Klosterschulen, den Eintritt in den kirchlichen Dienst oder die Tätigkeit als Hausgelehrte. Der Zugang zu privilegierten Positionen blieb ihnen jedoch in aller Regel versperrt, da diese dem Adel und später auch dem Besitzbürgertum vorbehalten waren (Friedeburg 1997 [1989]). An der Schwelle vom 18. zum 19. Jahrhundert wurde Bildung zu einem wichtigen Bestandteil des bürgerlichen Emanzipationsstrebens, das allerdings mit der Vorstellung einer „natürlichen Verschiedenheit der Menschen und der bedarfsangemessenen Begrenzung höherer Bildung" verbunden war und deshalb im Aufbau eines ständisch geschichteten Schulwesens seine Umsetzung fand, aus dem später das gegliederte Schulsystem hervorging (Büchner 2003, S. 9; Friedeburg 1997 [1989]). Damit verbunden war im Bereich der höheren Bildung eine klare Absage an eine soziale Öffnung ‚von unten', die zugleich mit einer Begrenzung des privilegierten Zugangs zu höheren beruflichen und gesellschaftlichen Positionen über gestufte Bildungsabschlüsse und damit verbundene unterschiedliche Berechtigungen einherging. Die Geschichte des Abiturs, insbesondere in der Phase seiner Etablierung zwischen 1788 und 1834, zeigt dies sehr deutlich (Wolter

1987). Basierend auf den unterschiedlichen Beteiligungsmöglichkeiten an höherer Bildung entstand mit der Distinktion zwischen ‚Gebildeten' und ‚Ungebildeten' eine scharfe gesellschaftliche Trennungslinie; hierbei verfügte insbesondere das staatsnahe akademische Bildungsbürgertum nicht nur über Deutungsmacht, sondern auch über Gestaltungsmacht zur Entwicklung des Bildungswesens. Dies mündete in den Widerspruch, dass einerseits ein individueller Aufstieg durch Bildung möglich sein sollte, größere gesellschaftliche Verschiebungen andererseits aber gerade durch die strukturelle Ausgestaltung des Bildungswesens verhindert werden sollten (Wollersheim 2014).

Der Befund einer kollektiven Benachteiligung großer Bevölkerungsgruppen im und durch das Schulsystem – durch bildungshistorisch-statistische Untersuchungen von Kaelble (1975) oder Lundgreen, Kraul und Ditt (1988) auch wissenschaftlich bestätigt – schlug sich im späten 19. und frühen 20. Jahrhundert in der bildungspolitischen Programmatik der SPD (und der Arbeiterbewegung insgesamt) nieder:

> „Die Benachteiligung von ‚Begabten' aus einfachen Verhältnissen sollte überwunden [werden, Einf. d. Verf.], sie sollten auch gegen rechtliche oder materielle Hindernisse aufsteigen können." (Schwan 2011, S. 62)

Die Vorstellung eines Aufstiegs durch Bildung hat ihre historischen Ursprünge vor allem im Umfeld der Arbeiterbewegung und des ‚linken' Liberalismus, zum Teil auch der katholischen Soziallehre. In der Zeit vor dem Ersten Weltkrieg wurden im politischen Raum – vor allem von sozialdemokratischen und liberalen Parteien – verstärkt Forderungen nach einem ‚Aufstieg der Begabten' erhoben, wobei sich ‚Begabung' in der individuellen Leistung und Tüchtigkeit und somit unabhängig von der Herkunftsfamilie äußern sollte (Wollersheim 2014; vgl. Abschnitt 3.2). Diese Forderungen blieben auch in der Weimarer Republik und in der Zeit nach dem Zweiten Weltkrieg aktuell, als trotz anderslautender Reforminitiativen vor 1933 und nach 1945 die strukturellen Selektionsmechanismen beim Zugang zu höherer Bildung nicht beseitigt wurden (Keim 2000). Von daher lässt sich übergreifend für die bildungspolitische Diskussion um einen Aufstieg durch Bildung bis in die Zeit der frühen Bundesrepublik feststellen:

> „Es geht um die Herstellung von Chancengleichheit, schichtübergreifend. Aber dieses Programm hat eine Prämisse, von 1916 bis zur SPD von 1963 und ihrem bildungspolitischen Kongress ‚Aufstieg durch Bildung': Es soll zwar eine umfassende gesellschaftliche Veränderung sein, aber es bedeutet keine Aufhebung von Klassen- oder Schichtstrukturen. Sondern es geht um individuelle Begabungen, Hochbegabungen und ihre Förderung." (Tenorth 2008, S. 37)

2.2.2 Ende der 1950er bis Mitte der 1970er Jahre

Seit den späten Fünfzigerjahren gewann die Bildungspolitik für die SPD im Kontext ihrer programmatischen Modernisierung an Gewicht. In dieser Zeit wurde Bildungspolitik quasi zum ‚Signum' dieser Partei, und ‚Aufstieg durch Bildung' zu einer Zielvorstellung, in der sich verschiedene Perspektiven bündelten. Erklärtes Ziel war es, „die Verkrustungen und Blockaden des überkommenen Bildungswesens zu lösen, neue Wege sozialen Aufstiegs zu eröffnen und damit zugleich auf die steigenden Qualifikationserfordernisse der modernen Industriegesellschaft zu reagieren" (Rudloff 2007, S. 241). Unter dem Eindruck der anschwellenden öffentlichen Bildungsdiskussion, über die Medien wirkungsmächtig durch Stichworte wie ‚deutsche Bildungskatastrophe' (Picht) und ‚Bürgerrecht auf Bildung' (Dahrendorf) verbreitet, trat die ökonomische Bedeutung von Bildung und deren Funktion als Vehikel sozialen Aufstiegs auch in der Programmatik der CDU stärker in den Vordergrund, ebenso in anderen Parteien (Gauger 2011). Die CDU knüpfte dabei an eine Aussage des damaligen Bundeskanzlers Ludwig Erhard aus dem Jahr 1963 an. Dieser hatte erklärt, „daß die Aufgaben der Bildung und Forschung […] den gleichen Rang besitzen wie die soziale Frage für das 19. Jahrhundert" (zitiert nach Gauger 2011, S. 49).

Neben sozialen Erwägungen (Chancengleichheit und Durchlässigkeit) waren es vorrangig ökonomische Motive, die in den 1960er Jahren zu Initiativen zur Modernisierung und Expansion des Bildungswesens in Deutschland beitrugen. Vor dem Hintergrund des internationalen Trends zum Ausbau der Bildungssysteme, der Ergebnisse erster internationaler Leistungsvergleiche und eines befürchteten Rückstands im Bereich naturwissenschaftlich-technischer Intelligenz (befördert durch die Prognose eines drohenden Fachkräftemangels, insbesondere bei akademisch qualifizierten Arbeitskräften) breitete sich in Deutschland die Sorge aus, aufgrund veralteter Strukturen des Bildungswesens ökonomisch ins Hintertreffen zu geraten (Massing 1984). Auf Basis dieser Argumentation bildete sich Mitte der 1960er Jahre ein breiter bildungspolitischer Konsens heraus, demzufolge das deutsche Bildungssystem an die Anforderungen einer modernen Industriegesellschaft angepasst werden sollte. Das nunmehr parteienübergreifend dominierende Modernisierungspostulat zielte auf eine verbesserte Leistungsfähigkeit der Bildungsinstitutionen, nicht nur der Schulen, sondern auch der Hochschulen. Dies sollte unter anderem durch eine vermehrte Begabtenförderung erreicht werden, mit der auch erweiterte Spielräume für den individuellen Aufstieg durch Bildung verbunden sein sollten (Friedeburg 1997 [1989]; Massing 1984). Im Zentrum stand, basierend auf der Annahme, dass viele Begabungen – insbesondere in den Reihen der Industriearbeiterschaft und der Landbevölkerung – noch nicht entdeckt und ausgeschöpft würden, die Frage, wie eine Erschließung der bestehenden ‚Begabungsreserven' in der Bevölkerung möglich sein könnte.

In diese Zeit fiel auch ein Paradigmenwechsel in der Begabungsforschung, die sich seit den frühen 1960er Jahren mehr und mehr von einer genetischen Begabungsvorstellung verabschiedete und mit dem psychologisch-empirischen Nachweis, wie stark die individuelle Begabungsentwicklung auch von einer gezielten Förder- und Anregungskomponente abhängt, der bildungspolitischen Forderung eines ‚Aufstiegs durch Bildung' eine zusätzliche psychologische Legitimation verschaffte

(Rudloff 2014; Wollersheim 2014). Ende der 1960er und Anfang der 1970er Jahre dominierte der vom Göttinger Pädagogen Heinrich Roth geprägte ‚pädagogische Begabungsbegriff' die bildungspolitische Debatte in Deutschland, der im Unterschied zum bisherigen (genetischen) Verständnis davon ausging, dass ‚Begabungen' durch individuelle Förderung ‚geweckt' werden können (Wollersheim 2014). Bildungsungleichheiten wurden in der Folge von den bildungspolitisch Verantwortlichen mehrheitlich nicht länger als Folge individueller Ungleichheiten (im Sinne von Begabungen) betrachtet. Vielmehr galten diese nunmehr als Resultat bestehender sozialer Ungleichheiten, die über Familie und Schule und andere Einrichtungen gleichsam kulturell ‚vererbt' wurden. Das Schulsystem sollte deshalb nicht mehr nur für ‚Startchancengerechtigkeit' sorgen, um den Einfluss der sozialen Herkunft einzudämmen. Es sollte weit darüber hinaus aktiv dazu beitragen, gesellschaftliche Chancengleichheit herzustellen (Rudloff 2014).

Bildung wurde in diesem Kontext parteiübergreifend als umfassende gesellschaftspolitische Aufgabe verstanden und sollte die individuelle Chancengleichheit und Selbstbestimmung fördern. Hierzu sollten vor allem weiterführende Bildungswege für breitere Bevölkerungsschichten geöffnet werden (Rudloff 2007, 2014; Massing 1984). Außerdem sollten Schulorganisation und Didaktik so verändert werden, dass sie die optimale individuelle Förderung aller Kinder und Jugendlichen ermöglichen und zugleich Lernwege möglichst lange offen halten (Keim 2000). Vor diesem Hintergrund wurde aus dem bisher vorrangig „auf Individuen zugeschnittenen Aufstiegsprojekt der Anspruch kollektiver Egalisierung durch Bildung gemacht", der seinen Ausdruck fand in der „Rede vom kollektiven Aufstieg und der ‚Beseitigung gesellschaftlicher Ungleichheit durch Bildung'" (Tenorth 2008, S. 37).

2.2.3 Mitte der 1970er bis heute

Vor dem Hintergrund ökonomischer Schwierigkeiten, unter anderem einer zunehmenden Arbeitslosigkeit, verschob sich etwa seit der zweiten Hälfte der 1970er Jahre das bildungspolitische Interesse. Insbesondere im Hochschulbereich ging es jetzt primär um die Folgen einer wachsenden Nachfrage nach Hochschulbildung. Einerseits sollten die Hochschulen offen gehalten werden für alle Personen, die über eine Studienberechtigung verfügten und eine Studierabsicht hatten. Andererseits wurde nach einer verfassungsrechtlich konformen und möglichst verfahrensrationalen Steuerung des Hochschulzugangs beziehungsweise der Hochschulzulassung gesucht (vgl. Abschnitt 3.2). An die Stelle des bisherigen Paradigmas ‚Aufstieg durch Bildung' traten jetzt bildungspolitische Motive, die wieder stärker die Unterschiede zwischen den Individuen betonten und weniger auf umfassende Förderung als vielmehr auf Mechanismen wie Wettbewerb und Differenzierung setzten. Wurde die Bildungsexpansion in den 1960er und frühen 1970er Jahren noch stark von arbeitsmarktpolitischen Zielen – Sicherung des Fachkräftebedarfs – begleitet, die für viele Menschen die Chance für einen individuellen Aufstieg durch Bildung in sich bargen, so wich dies jetzt einer eher zurückhaltenden bis pessimistischen Einschätzung, die eher auf eine – insbesondere an meritokratischen Argumentationsmustern orientierten – Steuerung der Bildungsnachfrage (z.B. Stärkung der beruflichen Bildung anstelle akademischer Bildung, die neue Fokussierung auf ‚Hochbegabung') als auf weitere Expansion setzte. Damit verlor das Konzept ‚Aufstieg durch Bildung' eine Zeitlang seine Bedeutung. Mit der Wiedervereinigung verschoben sich etwa bis in die zweite Hälfte der 1990er Jahre die bildungspolitischen Prioritäten noch einmal (Rudloff 2014; Wollersheim 2014).

Trotz der kontinuierlich fortschreitenden Bildungsexpansion, die ihren Ausdruck vor allem in der massiven Zunahme der Zahl der Studienberechtigten und – mit einer gewissen zeitlichen Verzögerung – auch in der Zahl der Studienanfängerinnen und -anfänger gefunden hat, ist letztlich bis heute ein weitgehendes Fortbestehen herkunftsbedingter Ungleichheiten in der Bildungsbeteiligung, gerade auch an der Schwelle zur Hochschule, zu konstatieren. Die empirische Evidenz hierzu ist überwältigend. Durch verfeinerte Erhebungs- und Analyseverfahren konnte in den vergangenen Jahren vor allem gezeigt werden, dass die Zuordnung von Personen zu Bildungswegen und Bildungseinrichtungen nicht mit der gemessenen kognitiven Kompetenz korrespondierte. Die sozialen Disparitäten in der Bildungsbeteiligung entsprachen also nicht dem Prinzip der Leistungsgerechtigkeit beziehungsweise meritokratischen Kriterien. Eine neue Diskussion um die unterschiedlichen Bildungschancen und die nach wie vor beträchtlichen Hürden für einen Bildungsaufstieg innerhalb des deutschen Bildungssystems wurde durch die öffentliche Rezeption der internationalen PISA-Studien ab dem Jahr 2001 angestoßen, wobei in dieser Diskussion der Aspekt der internationalen Wettbewerbsfähigkeit zwischen den Bildungssystemen eine wichtige Rolle einnahm (Büchner 2003). Als weiterer Einflussfaktor kann sicher der seit einigen Jahren vor dem Hintergrund des demografischen Wandels (erneut) prognostizierte Fachkräftebedarf gelten, zu dessen Bewältigung das Thema der ‚Erschließung von Begabungsreserven' wieder stärker ins Zentrum des Interesses gerückt ist (Wollersheim 2014). Diese Entwicklung wurde auf europäischer Ebene unterstützt durch eine – seit der im Jahr 2000 vereinbarten Lissabon-Strategie – erneut zu beobachtende Ausrichtung bildungspolitischen Handelns, einschließlich des Lebenslangen Lernens, auf wirtschaftspolitische Ziele (vgl. den Beitrag von Wolter/Banscherus in diesem Band).

Dass seit den 1990er Jahren in vielen Fällen, beispielsweise bei der Vereinbarung mehrerer hochschul- und wissenschaftsbezogener ‚Pakte' oder im Rahmen der Bund-Länder-Qualifizierungsinitiative *Aufstieg durch Bildung*, wieder eine parteiübergreifende Zusammenarbeit in bildungspolitischen Fragen möglich ist, liegt sicher nicht zuletzt daran, dass zwischen den Parteien ebenso wie zwischen maßgeblichen gesellschaftlichen Interessensorganisationen zwar weiterhin Unterschiede bei der Bewertung von Bildungschancen und ihren Realisierungsbedingungen bestehen, sich die Akteure heute zum überwiegenden Teil aber nicht mehr ‚antipodisch' gegenüberstehen. ‚Aufstieg durch Bildung' ist dadurch zu einer weithin geteilten programmatischen Zielsetzung geworden, die allerdings nicht mehr so eng wie in früheren Zeiten mit dem Versprechen eines sozialen Aufstiegs verknüpft wird. Die lange unter Bildungsreformerinnen und -reformern verbreitete Hoffnung, über Bildung gesellschaftliche Ungleichheit abbauen zu können, ist einem nüchternen Interesse an den arbeitsmarkt- und qualifikationspolitischen Anforderungen gewichen, ohne dass das Motiv der Teilhabegerechtigkeit ganz verschwunden wäre. Dabei spielen auch wirtschaftliche Interessen und die demografische Entwicklung eine keineswegs unwichtige Rolle.

Die starke Betonung von Zugangsmöglichkeiten zu den verschiedenen Stufen des Bildungswesens und des Ziels einer Förderung der Durchlässigkeit zwischen den einzelnen Bereichen im Beschlusstext stellt sicher eine wesentliche Voraussetzung für das Zustandekommen einer gemeinsamen Qualifizierungsinitiative von Bund und Ländern dar. Nicht zu unterschätzen sind auch die Diskussionen um die langfristige demografische und ökonomische Entwicklung. Offenbar sind es gerade Phasen eines prognostizierten Fachkräftemangels, in denen aus Sicht der beteiligten Akteure parteienübergreifende Bündnisse und Strategien ein gangbarer Weg sind, um die Möglichkeit für einen Aufstieg durch Bildung zumindest für einen Teil der Bevölkerung zu sichern – oder zumindest einen denkbaren Abstieg zu vermeiden.

2.3 Individuelle und gesellschaftliche Verantwortung in der Hochschulweiterbildung

In der politischen Diskussion um einen ‚Aufstieg durch Bildung' kommt der Frage nach Reichweite und Grenzen von individueller und gesellschaftlicher Verantwortung für die Realisierungsbedingungen von Beteiligungschancen ebenfalls eine hohe Bedeutung zu. Diese Aspekte wurden in verschiedenen zeitlichen Phasen ganz unterschiedlich wahrgenommen und diskutiert. Mit dem Bedeutungsgewinn von beruflicher und nicht berufsbezogener Weiterbildung wurde die ursprünglich stärker auf Schule und Hochschule gemünzte Idee eines ‚Aufstiegs durch Bildung' mehr und mehr auch zu einem Auftrag an die Weiterbildung. Dies gilt auch für das Feld der Hochschulweiterbildung und somit für den engeren Bereich des Bund-Länder-Wettbewerbs *Aufstieg durch Bildung: offene Hochschulen*. Ausgehend von ersten Ansätzen im 19. Jahrhundert, die sich in Form von „volkstümliche[n] Hochschulkurse[n]" in erster Linie an „ein bildungsbeflissenes Publikum außerhalb der Universität" richteten und von ihrer Reichweite her sehr begrenzt blieben, wurden in der Phase des massiven Hochschulausbaus in den 1960er und 1970er Jahren an vielen Hochschulen zentrale Einrichtungen für wissenschaftliche Weiterbildung gegründet, die die schrittweise Institutionalisierung der Hochschulweiterbildung einleiteten (Wolter 2011, S. 12, 13).

Ab Ende der 1960er Jahre waren auch die Aktivitäten im Bereich der Hochschulweiterbildung im Kontext der damaligen Bestrebungen zu einer Demokratisierung von Bildung „stark von Öffnungsstrategien der Universität bestimmt, die auf einem

Bildungsverständnis basierten, welches einen aufklärerisch orientierten Wissenschaftsbegriff, der die Unterscheidung zwischen Experten und Laien überwinden wollte, in eine externe Öffentlichkeit transferieren wollte" (Wolter 2011, S. 15). Aus diesen Prozessen und der verstärkten Einbindung von Hochschulen in gesellschaftliche Prozesse entwickelte sich aus Sicht der damals handelnden Akteurinnen und Akteure auch ein Bewusstsein der gesellschaftlichen Verantwortung (Schulenberg), das den Bereich der Weiterbildung ausdrücklich einschloss. Aus dieser Perspektive „ist die Etablierung der Hochschulweiterbildung […] ein Teil jenes Prozesses, in dem sich die Universität ihrer aufklärerischen Aufgabe annimmt und aktiv an der Entwicklung einer demokratischen Kultur mitwirkt" (Wolter 2001, S. 36).

Der Gedanke einer weitgehenden (Mit-)Verantwortung der Hochschulen für die Herstellung von Chancengleichheit als übergeordnetem gesellschaftlichen Ziel der Bildungspolitik findet sich auch in der Begründung des Gesetzentwurfs für ein Hochschulrahmengesetz aus dem Jahr 1973, durch das – 1976 endgültig beschlossen – die Weiterbildung als Regelaufgabe der Hochschulen verankert wurde. Dort heißt es:

> „Nicht nur Hochschulabsolventen sind nach Eintritt in den Beruf auf die Erneuerung ihrer wissenschaftlichen Ausbildung angewiesen; entsprechende Möglichkeiten müssen ebenso anderen im Beruf stehenden Personen zur Verfügung stehen, soweit sie die erforderliche Eignung und Erfahrungen erworben haben. Auf diese Weise soll die schon lange angestrebte Öffnung der Hochschule für weitere Bevölkerungskreise erreicht werden. Den Hochschulen fällt damit auch in der Weiterbildung ein wesentlicher Beitrag zur gerechteren Verteilung von Bildungschancen zu." (Deutscher Bundestag 1973, S. 50)

Weiterbildungsaktivitäten von Hochschulen sollten also ganz explizit einen Beitrag zur Öffnung der Hochschulen und zur Verbesserung der individuellen Realisierungschancen für einen Aufstieg durch Bildung leisten, indem die Angebote des weiterbildenden Studiums auch von Interessierten genutzt werden können, die nicht über einen Hochschulabschluss verfügen. Darüber hinaus sollten sich die Hochschulen auch im Bereich der allgemeinen Weiterbildung engagieren, durch eigene Angebote, die in erster Linie erwachsenenpädagogisch ausgerichtet sein sollten, sowie in Zusammenarbeit mit anderen Einrichtungen der Erwachsenen- und Weiterbildung. Dieses mehrdimensionale Verständnis der Hochschulweiterbildung findet sich ebenfalls in zeitgenössischen Positionspapieren der Hochschulrektorenkonferenz und des Wissenschaftsrates (Schäfer 1988).

Für die 1970er und 1980er Jahre lässt sich also insgesamt ein Verständnis von Hochschulweiterbildung konstatieren, das einen humanistischen Anspruch auf Persönlichkeitsbildung mit einem kritisch-aufklärerischen Impetus verband, darüber hinaus aber auch den Hochschulen im Weiterbildungsbereich eine wichtige Funktion zur Förderung des individuellen sozialen Aufstiegs zuschrieb. Dieser programmatische Bezug zu übergreifenden Ansätzen der Bildungs- und Studienreform wurde in den 1980er Jahren zunehmend überlagert durch neue Aufgabenzuschreibungen, die eher arbeitsmarktpolitisch motiviert waren oder Weiterbildung im Kontext von Ansätzen des Wissens- und Technologietransfers primär aus einer ökonomischen Perspektive betrachteten. Im Zentrum stand somit immer weniger die Idee eines intensiven und vor allem gleichberechtigten Austausches zwischen Wissenschaft und gesellschaftlicher Praxis im Medium von weiterbildenden Angeboten von Hochschulen, sondern immer stärker ein Verständnis von Weiterbildung als Beitrag zur Entwicklung des individuellen und volkswirtschaftlich verfügbaren Humankapitals (Schäfer 1988, 2012).

Im Zeitverlauf wurde das Leitbild der gesellschaftlichen Verantwortung für weiterbildende Angebote an Hochschulen gerade auch in politischen Konzeptpapieren und programmatischen Schriften überlagert durch das Postulat der individuellen Verantwortung für die eigene Bildungs- und Berufsbiografie. Dazu haben nicht zuletzt auch stark auf das Individuum bezogene Ausdeutungen des Konzepts des Lebenslangen Lernens beigetragen, die kontinuierliche Weiterbildung gleichsam als eine individuelle Verpflichtung betrachteten. Staat und Gesellschaft wurde nun nicht länger die primäre Verantwortung für die Sicherung von Beteiligungschancen an (Weiter-)Bildungsprozessen zugeschrieben, sondern die Einzelnen wurden unmittelbar in die Pflicht genommen, wie es beispielsweise die Kultusministerkonferenz (KMK) im Jahr 2001 in aller Deutlichkeit formuliert hat:

> „Dem Recht auf freie Entfaltung der Persönlichkeit und der Mitverantwortung jedes Mitglieds der Gesellschaft für das Gemeinwohl entspricht die Verantwortung des Einzelnen für die eigene Weiterbildung. […] Eine Kultur des lebenslangen Lernens kann nur entstehen, wenn Bürgerinnen und Bürger selbständig und selbstverantwortlich lernen, unterschiedliche Lernzusammenhänge miteinander zu verknüpfen und die Fähigkeit zur Auswahl zwischen verschiedenen Formen des Lernens zu entwickeln." (KMK 2001, S. 6f.)

Im Unterschied zu Ansätzen der 1970er und 1980er Jahre werden weiterbildende Aktivitäten von Hochschulen im aktuellen hochschulpolitischen Diskurs also nicht mehr nur als Beitrag der Hochschulen zur Erfüllung ihrer gesellschaftlichen Verantwortung betrachtet – auch für Chancen auf einen individuellen Aufstieg durch Bildung. Stattdessen wird die primäre Verantwortung für die Teilnahme an Angeboten der Hochschulweiterbildung ein Stück weit individualisiert, und das Verständnis von gesellschaftlicher Verantwortung verschiebt sich deutlich in Richtung Fachkräfte- und Bedarfssicherung. Der Begriff ‚Aufstieg durch Bildung' erfährt dadurch eine Auslegung in Richtung beruflicher Fortbildung und beruflichen Aufstiegs, während traditionell eher ein sozialer Aufstieg im Zentrum stand.

3 Offene Hochschule: Vom Hochschulzugang zum integrierten Studienkonzept

3.1 Offene Hochschule im Kontext des Wettbewerbs

Anders als der Terminus ‚Aufstieg durch Bildung', der bereits auf eine längere Ideen- und Begriffsgeschichte zurückblicken kann (vgl. Abschnitt 2), ist der Begriff ‚Offene

Hochschule' jüngeren Datums, auch wenn sich einige Aspekte, die sich mit dieser Vorstellung verbinden, historisch ebenfalls schon weiter zurückführen lassen. Eine Schlüsselrolle in der Semantik des Begriffs ‚Offene Hochschule' kommt der gemeinsamen Vereinbarung von Bund und Ländern auf dem Dresdner Bildungsgipfel im Oktober 2008 zu. Dieser Text wählt, wie bereits erwähnt, ‚Aufstieg durch Bildung' als Titel der gesamten Vereinbarung und der dort vereinbarten Maßnahmen, während der Begriff ‚Offene Hochschulen', weniger prominent platziert, nur an einer Stelle auftaucht (Bundesregierung/Regierungschefs der Länder 2008, S. 11). In der Vereinbarung wird in einem Unterpunkt festgehalten, dass „Bund und Länder beabsichtigen, im Jahr 2010 einen Wettbewerb ‚Lebenslange wissenschaftliche Qualifizierung' (Arbeitstitel) zu starten, durch den die Entwicklung von praxisnahen und ausbildungsbegleitenden Studiengängen an den Hochschulen gefördert und die Integration von Berufstätigen und beruflich Qualifizierten in die Hochschulbildung erhöht wird." Im nächsten Unterpunkt ist dann, inhaltlich nicht ganz trennscharf, die Rede davon, dass die Länder darauf hinwirken, „dass die Hochschulen berufsbegleitende Studien- und Weiterbildungsangebote ausbauen. Dazu gehören auch virtuelle Lehrangebote und ‚Offene Hochschulen'" (Bundesregierung/Regierungschefs der Länder 2008, S. 11). Durch die Verknüpfung mit virtuellen Hochschulen erweckt diese Textpassage den Eindruck, dass der Begriff ‚Offene Hochschulen' hier noch eher in der angelsächsisch geprägten, aber auch in anderen Staaten auffindbaren Tradition der ‚Open Universities' als Synonym für Fernhochschulen oder Fernstudiengänge verstanden wird. Gegenüber dieser engeren Bedeutung ist das Begriffsverständnis des Wettbewerbs deutlich weiter gezogen. Denn dort sind Fernstudienangebote, online-basierte oder Blended-Learning-Angebote ja nur ein Format neben einer Vielfalt weiterer Formate.

Mit der von der Gemeinsamen Wissenschaftskonferenz (GWK) vorbereiteten Bund-Länder-Vereinbarung über den Wettbewerb *Aufstieg durch Bildung: offene Hochschulen* vom Mai 2010 wird der Terminus ‚Offene Hochschulen' in einer gegenüber der Dresdner Vereinbarung erweiterten, wenn auch begrifflich ebenfalls nicht eindeutig definierten Weise eingeführt (GWK 2010). Innerhalb des Wettbewerbs lässt sich die Bedeutung des Begriffs mit mehreren konstitutiven Zielsetzungen und Handlungsansätzen umschreiben, die primär darum kreisen, die Hochschule in stärkerem Umfang für neue Zielgruppen zu öffnen – oder anders formuliert: für Zielgruppen, die Angebote Lebenslangen Lernens in der Hochschule nachfragen.

Dazu gehören, dem Wortlaut der Wettbewerbsdokumente (z.B. BMBF 2011, 2013) nach, mindestens folgende Komponenten:

- Primäre Zielgruppe sind Berufstätige, mit schulischer oder mit alternativer Zugangsberechtigung.
- Es sollen neue Studienformate entwickelt werden wie berufsbegleitende oder duale Studiengänge oder Zertifikatsprogramme, die den besonderen Bedürfnissen von Berufstätigen entgegenkommen.

- Es kann sich um Studienangebote in der akademischen Erstausbildung oder in der akademischen Weiterbildung handeln.
- Diese sollen durch zielgruppenspezifische Maßnahmen (wie z.B. Anrechnung, medienbasiertes Lernen, Unterstützungsangebote) ergänzt werden.
- Insgesamt sollen Strukturen Lebenslangen Lernens stärker an den Hochschulen verankert werden,
- insbesondere soll auf diese Weise die Durchlässigkeit zwischen beruflicher und akademischer Bildung vergrößert werden.

Durch die Zusammenschau dieser Komponenten lässt sich der Begriff ‚Offene Hochschule' innerhalb des Wettbewerbs in einer ersten Annäherung genauer umreißen. Dennoch bleibt der Befund, dass dieser Begriff bildungspolitisch unterschiedlich auslegbar ist. Über den Wettbewerb hinaus ließen sich in einer stärker systematisierenden Form mehrere Definitionsansätze unterscheiden, die allerdings keineswegs trennscharf sind, sondern vielmehr eine breite Zone der Überschneidung aufweisen:

- Zugangsbasierter Ansatz: Offene Hochschule als offenere Formen des Hochschulzugangs, insbesondere für Berufstätige ohne herkömmliche schulische Studienberechtigung (‚Widening Participation');
- systemischer Ansatz: Offene Hochschule als Konzept zur Überwindung der institutionellen Segmentierung (bzw. zur Förderung der Durchlässigkeit) zwischen beruflicher und akademischer Bildung;
- nachfrageorientierter Ansatz: Offene Hochschule als Konzept zur Erschließung neuer Zielgruppen für eine akademische Ausbildung mit dem Ziel, die Beteiligung an Hochschulbildung zu erhöhen (‚Increasing Participation');
- formatorientierter Ansatz: Offene Hochschule als Strategie zur Entwicklung und Implementation flexibler Studienstrukturen jenseits des herkömmlichen Vollzeit-Präsenzmodells;
- medienbasierter Ansatz: Offene Hochschule als technologiebasierter Ansatz zur Förderung selbstgesteuerten Lernens;
- weiterbildungsorientierter Ansatz: Offene Hochschule als Strategie zum Ausbau der Angebote im Bereich der wissenschaftlichen Weiterbildung und des Lebenslangen Lernens an Hochschulen;
- gleichheits-/gerechtigkeitstheoretischer Ansatz: Offene Hochschule als Ansatz zur Reduzierung sozialer Disparitäten in der Beteiligung an akademischer Bildung oder zur Korrektur einer nicht leistungs- oder kompetenzgerechten Allokation im Bildungssystem.

Diese verschiedenen, hier idealtypisch differenzierten Ansätze stehen jeweils in ganz unterschiedlichen bildungspolitischen oder bildungswissenschaftlichen Traditionslinien. Der zugangsorientierte und der systemische Ansatz entsprechen primär der Forderung nach einer Öffnung der Hochschulen für qualifizierte Berufstätige, die keine schulische Hochschulzugangsberechtigung erworben haben. Der nachfrageorientierte Ansatz greift dagegen eher auf bildungsökonomische, komparative und demografische Argumentationen zurück, wonach Deutschland im internationalen Vergleich eine höhere Studienanfängerquote benötigt, oder die Hochschulen neue Potentiale angesichts der zu erwartenden demografisch bedingten rückläufigen Studiennachfrage erschließen müssen. Der format- und der medienbasierte Ansatz stehen wiederum eher in der Tradition der Distance-Learning- und Open-University-Bewegung, die sich in Deutschland zunächst lange Zeit unter dem Stichwort ‚Studium neben dem Beruf' entfaltete. Der weiterbildungsorientierte Ansatz knüpft an die Entwicklungslinie von der volkstümlichen Hochschulbildung über die universitäre Erwachsenenbildung bis zur wissenschaftlichen Weiterbildung an (Wolter 2011). Möglicherweise wird die Offene Hochschule in dieser Perspektive zum Inbegriff der vierten Entwicklungsstufe in der Geschichte der Hochschulweiterbildung. Der gleichheits- beziehungsweise gerechtigkeitstheoretische Ansatz schließlich weist starke Parallelen zum Diskurs über einen möglichen sozialen Aufstieg durch Bildung auf.

Unter diesen verschiedenen Ansätzen haben der zugangs- und systemisch orientierte Ansatz ebenso wie der nachfrage- beziehungsweise zielgruppenorientierte Ansatz für das Verständnis und die Begründung des Konzeptes ‚Offene Hochschule' eine besondere Bedeutung gewonnen. In dieser Perspektive ist ‚Offene Hochschule' primär ein Konzept zur Erschließung neuer Zielgruppen für ein Hochschulstudium, unter denen die Berufstätigen, darunter wiederum diejenigen ohne schulische Studienberechtigung, ein besonderes Augenmerk finden. Damit rückt auch die Frage der Durchlässigkeit zwischen beruflicher und akademischer Bildung ins Zentrum der Betrachtung. Der historische Ursprung dieses Ansatzes ist in der Frage des Zugangs für Personen zu sehen, die nicht über eine schulische Studienberechtigung, in der Regel das Abitur, verfügen.

3.2 Historische Ursprünge der Idee einer Offenen Hochschule

Die Idee einer Offenen Hochschule hat ihre Ursprünge ungefähr in der Zeit des Ersten Weltkriegs, allerdings noch nicht unter dieser Bezeichnung. Basierend auf der Etablierung der Reifeprüfung in Deutschland im Zeitraum zwischen 1788 und 1840 vollzog sich bis zum Ausgang des 19. Jahrhundert stufenweise die nahezu vollständige Bindung der Zulassung zum Universitätsstudium für alle akademischen und staatlichen Studiengänge an das Abitur. Zwischen 1910 und 1920 setzte dann eine bildungspolitische beziehungsweise -wissenschaftliche Debatte zu einer Öffnung des Hochschulzugangs für Personen ohne formale Studienberechtigung ein, die aus zwei Linien bestand.

Der eine, stark reformpädagogisch geprägte Diskurs kreiste um solche Topoi wie ‚Aufstieg der Begabten' oder ‚Freie Bahn dem Tüchtigen' (Petersen 1917; Titze 1990; Wolter 1990; vgl. Abschnitt 2.2.1). Er fand seinen Ausgangspunkt in der kritischen Beobachtung, dass das bürokratisch regulierte System der Übergänge im deutschen Bildungssystem mit hohen Hürden verbunden sei, welche die vorhandenen Begabungspotentiale eher zu verschütten als zu fördern schienen. Eine zweite Linie ging vom berufspädagogischen Diskurs (z.B. Kerschensteiner, Fischer) über das Verhältnis von allgemeiner und beruflicher Bildung aus. In diesem Kontext setzte sich Eduard Spranger (1917) als einer der ersten für einen besonderen Zugangsweg zur Hochschule für Bewerberinnen und (im zeithistorischen Kontext) vor allem Bewerber mit beruflicher Vorbildung ein, die nicht über das Abitur verfügten.

Vorbereitet von der Reichsschulkonferenz (1920) wurden dann in der Zeit der Weimarer Republik verschiedene Maßnahmen zur Öffnung des Hochschulzugangs ergriffen, die von den meisten Universitäten massiv bekämpft wurden. Dabei handelte es sich zum einen um alternative Wege zum Abitur wie Arbeiterabiturientenkurse, Sonderreifeprüfungen für den Übergang von Fachschulen zu Universitäten, Ergänzungsreifeprüfungen für Volksschullehrerinnen und -lehrer zur Aufnahme eines Universitätsstudiums oder die Einführung des Abendgymnasiums. Zum anderen wurde 1923/24 zunächst in Preußen, nachfolgend in einigen anderen Ländern die Zulassung zum Universitätsstudium für Bewerberinnen und Bewerber ohne Reifezeugnis geöffnet, die allerdings nur über eine scharfe, in ihrer Wirkung höchst selektive Aufnahmeprüfung an der Universität führte (Wolter 1990).

Leitbild dieser Prüfung war ein charismatisches Hochbegabungsmodell, das sich in der häufigen Verwendung des Attributs ‚besonders' (besondere Eignung, besondere Persönlichkeit) ausdrückte und das Otto Benecke (1925, S. 7), damals persönlicher Referent des preußischen Kultusministers, eine „kleine Pforte zur Universität für die naturgemäß wenigen, die man mit Fug als Hochbegabte bezeichnen kann", nannte. Dementsprechend war dieser Weg bis 1933 bestenfalls von marginaler Bedeutung (Wolter 1990; Schwabe-Ruck 2010). Von daher wundert es nicht, dass sich hierfür der Begriff ‚Begabtenprüfung' einbürgerte. Dieser Weg prämierte nicht berufliche Qualifikation oder Erfahrung, sondern war ein Angebot für Personen, die trotz herausragender (‚besonderer') Eignung aus persönlich nicht zu verantwortenden Gründen die Hochschulreife nicht auf dem ‚normalen' Wege erwerben konnten.

Nach der Instrumentalisierung dieses Zugangsweges durch den Nationalsozialismus (u.a. als internes Ausleseinstrument für Partei, Militär und Staat) kam es nach dem Ende des Zweiten Weltkriegs in den Ländern der Bundesrepublik Deutschland nur zu bescheidenen Neuansätzen – unter anderem an einigen neuen Hochschulen (wie der Akademie für Gemeinwirtschaft in Hamburg oder der Hochschule für Sozialwissenschaften in Wilhelmshaven) und in wenigen Ländern, zum Beispiel in Niedersachsen. Die 1959 erstmals von der KMK vorgenommene bundesweite Rahmenregelung für die *Prüfung für den Hochschulzugang von besonders befähigten Berufstätigen* bezog sich nunmehr zwar auf Berufstätige, steht aber ansonsten, unschwer am Titel erkennbar, in der alten Tradition des ‚Besonderheitenmythos'. Bis heute – zuletzt wurde diese Regelung 2010 novelliert – ähnelt dieser Weg eher einem ‚Ersatzabitur', als dass er etwas mit der Anerkennung beruflicher Kompetenzen zu tun hätte. Von daher änderte sich auch an der marginalen statistischen Bedeutung dieses Zugangsweges wenig. In einigen Ländern kam es in den 1960er Jahren zu geringfügig erweiterten Regelungen, meist im Zeichen des Lehrermangels. Seit 1971 gab es in Niedersachsen dann eine relativ liberale Regelung, die sich auch zahlenmäßig niederschlug und später mal eingeschränkt, dann wieder erweitert wurde (Wolter 1990; Gierke 2013). Seit dieser Zeit gilt Niedersachsen unter den Ländern als Vorreiter bei der Öffnung des Hochschulzugangs.

In den 1970er Jahren tauchte der Begriff ‚Öffnung der Hochschule' in einem ganz anderen Kontext auf. Mit der Einführung und Verschärfung des Numerus clausus seit Anfang der 1970er Jahre wurde mit diesem Begriff, zum Teil mit Rücksicht auf verfassungsrechtliche Urteile, eine Politik bezeichnet, die deutschen Hochschulen grundsätzlich für alle Studieninteressentinnen und -interessenten offen zu halten. Dieses gipfelte in einem 1977 gefassten Beschluss von Bund und Ländern zur Öffnung der Hochschule, der das Ziel hatte, den Numerus clausus auf ein Minimum zu reduzieren. Angesichts der anhaltenden Expansion der Nachfrage nach akademischer Bildung hat sich bis heute in der deutschen Hochschulpolitik die Anschauung gehalten, eine der zentralen Herausforderungen der Hochschulentwicklung bestünde darin, die extreme Anspannung der Studienplatzkapazitäten unter Wahrung des verfassungsrechtlich verbürgten individuellen Studienrechts (bei Vorliegen der erforderlichen Voraussetzungen) zu meistern.

In den 1980er Jahren führten dann einige Länder Einstufungsprüfungen oder das Probestudium als neue Wege des Hochschulzugangs für Berufstätige ein. Schließlich kam Ende der 1980er Jahre mit dem Postulat der Gleichwertigkeit von allgemeiner und beruflicher Bildung ein neues Paradigma auf, das die Forderung nach erweiterten Zugangswegen nun nicht mehr primär hochschulpolitisch, sondern berufsbildungspolitisch begründete. Der aktuelle Hintergrund bestand in der Befürchtung, das duale System der Berufsausbildung gerate angesichts des wachsenden Zustroms zum Gymnasium in eine dramatische Nachfragekrise. Die Anbindung des Hochschulzugangs an die berufliche Bildung wurde in dieser Situation als ein Instrument zur Stärkung der Attraktivität der beruflichen Bildung gesehen. So kam es in diesem Zeitraum in einzelnen Ländern zu – in der Regel sehr vorsichtigen – Maßnahmen zur Öffnung des Hochschulzugangs, die jedoch weitgehend keine quantitative Bedeutung hatten.

Ein größerer Durchbruch wurde erst in den Jahren nach der Jahrtausendwende erreicht. Seitdem hat der Begriff ‚Offene Hochschule' seine Semantik tiefgreifend verändert. Jetzt geht es nicht mehr primär um die ‚Milderung' von Zulassungsbeschränkungen, sondern um die Aktivierung neuer Zielgruppen für eine Studienaufnahme. Damit setzte sich mehr und mehr eine fundamentale Bedeutungsverschiebung oder zumindest -erweiterung des Begriffs ‚Offene Hochschule' durch – von der ursprünglichen Bedeutung des Offenhaltens der Hochschulen angesichts ausufernder Zulassungsbeschränkungen hin zu einer aktiven Politik der Öffnung für neue Zielgruppen. In mehreren Ländern wurden zwischen dem Ausgang der 1990er Jahre und dem Jahr 2009 erweiterte Regelungen für den Hochschulzugang

Berufstätiger (ohne herkömmliche schulische Hochschulzugangsberechtigung) getroffen (Ulbricht 2012).

Verschiedene Beweggründe kommen hier zusammen. Erstens führt die demografische Entwicklung voraussichtlich zu einer rückläufigen Studiennachfrage, sodass vielfach mittelfristig eine Unterauslastung der Hochschulen befürchtet wird, insbesondere in ökonomisch und demografisch schrumpfenden Regionen. Zweitens wird im arbeitsmarktpolitischen Kontext von vielen Seiten ein Fachkräftemangel, insbesondere im Segment hochqualifizierter Fachkräfte, erwartet, weil mittelfristig größere Alterskohorten aus dem Arbeitsleben ausscheiden als in dieses eintreten und diese Diskrepanz zusätzlich noch durch einen steigenden Bedarf infolge eines anhaltenden Qualifikationsstrukturwandels mit einer Tendenz zur Höherqualifizierung verschärft wird. Im berufsbildungspolitischen Kontext steht – drittens – nach wie vor die Gleichrangigkeit von allgemeiner und beruflicher Bildung beim Hochschulzugang im Zentrum des Interesses, die durch die zahlreichen Reformen in der Berufsausbildung nicht an Virulenz verloren hat. Viertens wird hochschul- und arbeitsmarktpolitisch von verschiedenen Akteuren eine Steigerung der Studienanfängerquote in Deutschland für sinnvoll gehalten, oft unter Berufung auf internationale Vergleiche. So sprach sich der Wissenschaftsrat in seinen Empfehlungen zum demografie- und arbeitsmarktgerechten Ausbau des Hochschulsystems im Jahr 2006 dafür aus, in Deutschland eine Studienanfängerquote von deutlich über 40 Prozent eines Altersjahrgangs anzustreben (Wissenschaftsrat 2006). Zwei Jahre später erklärten die Regierungschefs von Bund und Ländern anlässlich des Dresdner Bildungsgipfels im Oktober 2008, dass es ein gemeinsames Ziel von Bund und Ländern sei, die Studienanfängerquote auf diesen Wert zu steigern (Bundesregierung/ Regierungschefs der Länder 2008). Die Öffnung der Hochschule für Berufstätige galt beziehungsweise gilt als eines von mehreren Instrumenten, um dieses Ziel zu erreichen.

Erheblichen Rückenwind hat das Thema der Öffnung und Durchlässigkeit des Hochschulzugangs in Deutschland schließlich von der europäischen Bildungspolitik erfahren, die maßgeblich dazu beitrug, Durchlässigkeit als einen zentralen Aspekt Lebenslangen Lernens zu einem hochschulpolitischen Thema werden zu lassen. Eine besondere Bedeutung haben hier der Bologna- und der Kopenhagen-Prozess sowie die Bemühungen um einen Europäischen Qualifikationsrahmen (EQF) gewonnen. Unter ‚Lebenslangem Lernen' wird im Bologna-Prozess weniger postgraduale Weiterbildung (im herkömmlichen Verständnis) als vielmehr eine umfassende hochschulpolitische Strategie begriffen, Hochschulen für neue Zielgruppen zu öffnen, das Studium zu flexibilisieren und auf die spezifischen Bedürfnisse einer veränderten Klientel auszurichten (Banscherus 2010). Auch die ebenfalls international geführte Diversity-Diskussion mit ihrem Fokus auf kulturelle und soziale Vielfalt in der Zusammensetzung der Studierenden hat diese Entwicklung verstärkt.

3.3 Neuansätze: Von der Öffnung des Hochschulzugangs zur Offenen Hochschule

Infolge dieser Entwicklungen kam es in Deutschland zu drei grundlegenden Neuerungen: (1.) einer Neuregelung des Hochschulzugangs für Berufstätige ohne schulische Hochschulzugangsberechtigung, (2.) einer Ausrichtung der Öffnungspolitik auf die Erschließung neuer Zielgruppen sowie (3.) einer Erweiterung des Handlungsrahmens über den Hochschulzugang hinaus auf das Studium.

Einen wesentlichen Neuansatz beim Hochschulzugang für Berufstätige stellt der Beschluss der KMK vom 6. März 2009 zum *Hochschulzugang für beruflich qualifizierte Bewerber ohne schulische Hochschulzugangsberechtigung* dar (KMK 2009), der im Kern bereits beim Bund-Länder-Bildungsgipfel 2008 vereinbart wurde (Bundesregierung/Regierungschefs der Länder 2008). Der wichtigste Aspekt dieses Beschlusses besteht darin, dass Inhaberinnen und Inhabern beruflicher Fortbildungsabschlüsse (z.B. Meister-/Technikerabschluss und gleich gestellte Abschlüsse) der allgemeine Hochschulzugang für alle Studienfächer eröffnet wird und damit eine Fortbildungsprüfung faktisch dem Abitur gleichgestellt wird. Dies ist insbesondere aus berufsbildungspolitischer Sicht ein wichtiger Schritt zur Gleichrangigkeit zwischen allgemeiner und beruflicher Bildung.

Darüber hinaus definiert der Beschluss die Voraussetzungen, unter denen beruflich Qualifizierte ohne Fortbildungsabschluss den fachgebundenen Zugang zur Hochschule erhalten, dies aber immer noch in einer eher eng geführten Weise. Sie müssen nicht nur eine abgeschlossene Berufsausbildung und eine mehrjährige Berufstätigkeit nachweisen, sondern auch ein Eignungsfeststellungsverfahren an der Hochschule absolvieren, das durch ein Probestudium ersetzt werden kann. Zudem ist die Studienberechtigung an die ‚Affinität' zwischen Berufsausbildung und Studiengang gebunden, das heißt eine Bewerberin oder ein Bewerber kann sich in diesem Fall nur für solche Studienfächer bewerben, die einen fachlichen Bezug zur absolvierten Berufsausbildung aufweisen.

Mit diesem Beschluss wollte die KMK die bereits in den meisten Ländern bestehenden Möglichkeiten des Hochschulzugangs für beruflich Qualifizierte harmonisieren, zum Teil auch erweitern. Nach 2009 haben alle Länder ihre landesrechtlichen Regelungen an den KMK-Beschluss angepasst. So wie es vor diesem Beschluss unterschiedliche Regelungen in den Ländern gab, so ist die Rechtslage aber auch nach diesem Beschluss in den Details immer noch uneinheitlich (Duong/Püttmann 2014; Ulbricht 2012; KMK 2014). Neben engeren Auslegungen finden sich auch weitergehende Regelungen. Insgesamt hat der KMK-Beschluss von 2009 eine weitere formale Öffnung des Hochschulzugangs für beruflich Qualifizierte (ohne schulische Hochschulzugangsberechtigung) bewirkt. Allerdings bleibt der Anteil der Studienanfängerinnen und -anfänger mit beruflicher Qualifikation (ohne schulisch erworbene Studienberechtigung) an allen Studienanfängern auch nach der Neuregelung noch recht gering (vgl. den Beitrag von Otto/Kamm in diesem Band).

Der Bund-Länder-Wettbewerb *Aufstieg durch Bildung: offene Hochschulen* hat – ähnlich wie andere Förderprogramme von Bund und Ländern – mit dem Zielgruppenkonzept über die bisherige Kerngruppe, Berufstätige ohne schulische Studienberechtigung, hinaus weitere Gruppen in den Blick genommen. Diese Zielgruppen entsprechen nicht oder nur teilweise dem traditionellen Bild von ‚Normalstudierenden', das immer noch stark auf diejenigen Abiturientinnen und Abiturienten ausgerichtet ist, die unmittelbar oder kurz nach dem Schulabschluss ein Vollzeit-Präsenzstudium aufnehmen und in der Regel noch über keine berufliche Qualifikation verfügen. Eine große Zahl der im Rahmen des Wettbewerbs geförderten Projekte priorisiert zwar die Gruppe der beruflich qualifizierten Bewerberinnen und Bewerber ohne schulisch erworbene Studienberechtigung, insgesamt erstreckt sich der Wettbewerb aber auf alle Gruppen.

Diese erweiterte Zielgruppenperspektive ergibt sich aus einer Zusammenschau demografischer Trends mit hochschul- und arbeitsmarktpolitischen Entwicklungen. So wird wegen der Geburtenentwicklung die Zahl der jüngeren Personen deutlich abnehmen, aus denen die Studienanfängerinnen und -anfänger in den nächsten Jahren kommen werden. Auch wenn die Bildungsbeteiligung in den zur Hochschulreife führenden Schulen weiter ansteigt, kann dieser Effekt die niedrigeren Geburtenzahlen nur teilweise ausgleichen. Die Hochschulen in Deutschland müssen also mittelfristig damit rechnen, dass die Zahl der Studienanfängerinnen und -anfänger selbst dann rückläufig ist, wenn der Anteil an den Altersjahrgängen, der ein Studium aufnimmt, weiter anwächst (Hanft et al. 2015). Diese Entwicklung wird regional nicht einheitlich verlaufen; Hochschulen in demografisch und/oder ökonomisch schrumpfenden Regionen sind davon tendenziell stärker betroffen. Grundsätzlich haben sich aber alle Hochschulen dieser Herausforderung zu stellen. Hier ist ein wesentliches Motiv für den Bund-Länder-Wettbewerb *Aufstieg durch Bildung: offene Hochschulen* zu sehen.

Die demografische Entwicklung hat für Arbeitsmarkt und Hochschulen eine weitere Konsequenz: Der Weiterbildungsbedarf wird unter den im Erwerbsleben stehenden Alterskohorten erheblich zunehmen. Aufgrund des engen Zusammenhangs von Schul- und Berufsbildung einerseits und der Weiterbildungsbereitschaft andererseits wird als Folge der Bildungsexpansion in den nächsten Jahrzehnten auch die Nachfrage nach Weiterbildung in der erwerbstätigen Bevölkerung weiter anwachsen. Das schließt auch die Hochschulen und damit den Bedarf an Weiterbildung durch Hochschulen ein. Der Bund-Länder-Wettbewerb *Aufstieg durch Bildung: offene Hochschulen* ist somit auch eine Reaktion auf diesen veränderten Weiterbildungsbedarf.

Der dritte wichtige Neuansatz aus den letzten Jahren besteht in der Perspektivenerweiterung vom Hochschulzugang auf das gesamte Studium, hin zu Studienangeboten und -formaten sowie unterstützenden Maßnahmen. Dieser erweiterte Handlungsrahmen kommt ebenfalls in den Förderschwerpunkten des Wettbewerbs zum Ausdruck. Dieser Ansatz beruht auf der Erfahrung, dass Reformen, die sich auf die Öffnung des Hochschulzugangs beschränken, in der Vergangenheit kaum zu statistisch relevanten Effekten geführt haben und deshalb um Maßnahmen zur Flexibilisierung der Studienangebote und -formate ergänzt werden müssen. Eine Studienaufnahme von Angehörigen ‚neuer' Zielgruppen setzt nicht nur offenere Verfahren der Zulassung voraus, sondern insbesondere ein zielgruppenentsprechendes Studienangebot, dessen Organisation an den spezifischen Bedürfnissen von Berufstätigen oder Älteren orientiert ist (vgl. Hanft et al. 2015).

Öffnung und Durchlässigkeit werden daher im Rahmen des Bund-Länder-Wettbewerbs *Aufstieg durch Bildung: offene Hochschulen* als ein erweitertes, mehrstufig angelegtes Konzept verstanden, das die verschiedenen Stufen des Übergangs vom Beruf in die Hochschule ebenso wie die institutionellen Gestaltungsspielräume und die Studienbedingungen an der Hochschule einbezieht (vgl. Abbildung 1).

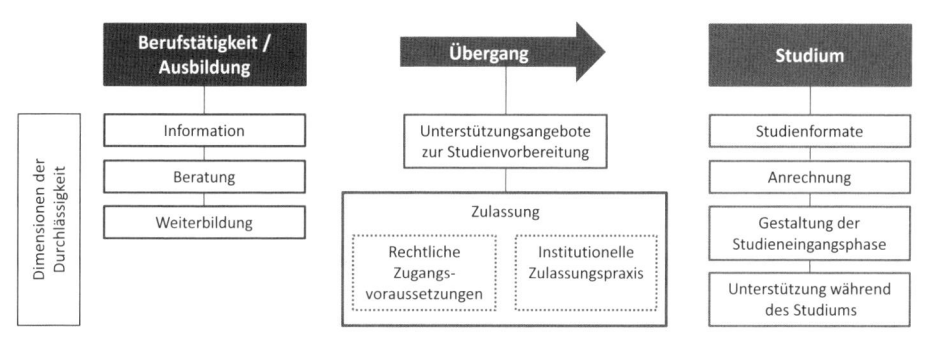

Quelle: Wolter et al. 2014, S. 23

Abbildung 1: Komponenten der Durchlässigkeit zwischen beruflicher Bildung und Hochschulbildung

Der Begriff ‚Offene Hochschule' bezeichnet in diesem Verständnis ein Konzept, das sich auf den gesamten Prozess des Übergangs vom Beruf bis in das Studium hinein, unter Einschluss (mindestens) der Studieneingangsphase, erstreckt und die Studienvorbereitung ebenso wie die Studienbedingungen und Verfahren der Anrechnung beruflicher Kompetenzen auf Studienanforderungen einschließt. Von großer Bedeutung sind neben studienbegleitenden Unterstützungsmaßnahmen vor allem die Studienformate, insbesondere das Angebot von flexiblen Studienformen, die auf die spezifischen zeitlichen Bedürfnisse dieser Personengruppe abgestimmt sind, die häufig Erwerbstätigkeit, Studium und Familie vereinbaren will oder muss, weshalb insbesondere berufsbegleitenden Studienformaten eine besondere Relevanz zukommt.

4   Fazit

Die vorstehende Analyse zeigt, dass sich die beiden hier betrachteten Begriffe in ihrer Bedeutung nicht nur historisch erheblich verändert haben, sondern dass auch in beiden Fällen unterschiedliche Interpretationsansätze nebeneinander stehen und zum Teil auch miteinander konkurrieren. Im Ergebnis deutet sich an, dass der Begriff ‚Aufstieg durch Bildung' durch seine Rückbindung an unterschiedliche gesellschaftspolitische Vorstellungen stärker normativ aufgeladen und auch kontroverser ist als der Begriff der ‚Offenen Hochschule', der ganz überwiegend in einem engeren hochschulpolitischen Kontext steht. Steht ‚Aufstieg durch Bildung' in einem Spannungsfeld zwischen individualisierten und stärker sozialstrukturell-gruppenbezogenen Auslegungen, die eng mit divergenten gesellschaftspolitischen Ordnungs- und Reformkonzepten verbunden sind, so liegt der Begriff ‚Offene Hochschule' eher auf einer Ebene, auf der primär die verschiedenen Wege beziehungsweise Instrumente ihrer Umsetzung oder Realisierung zur Diskussion stehen. Dass sich Bund und Länder jenseits solcher Kontroversen gemeinsam auf ein Programm ‚Aufstieg durch Bildung', beginnend mit der Qualifizierungsinitiative und unter anderen in den Wettbewerb einmündend, verständigt haben, ist auch darauf zurückzuführen, dass in diesem bildungspolitischen Zusammenhang der Terminus ‚Aufstieg durch Bildung' von einem weitreichenden gesellschaftspolitischen Anspruch auf ein engeres Verständnis von beruflichem Aufstieg und beruflicher Weiterentwicklung durch (Weiter-)Bildung zurückgenommen wurde. Die Offene Hochschule dagegen bewegt sich eher in einem Gestaltungsfeld zwischen Hochschulzugang und Studienorganisation, gewiss kontroversen, aber deutlich weniger gesellschaftspolitisch umstrittenen Themen.

Literatur

Banscherus, U. (2010): Lebenslanges Lernen im Bologna-Prozess. In: Wolter, A./Wiesner, G./Koepernik, C. (Hrsg.): *Der lernende Mensch in der Wissensgesellschaft. Perspektiven lebenslangen Lernens.* Weinheim: Juventa. S. 221–237.

Benecke, O. (1925): *Studium ohne Reifezeugnis in Preußen.* (2. Auflage). Berlin: Weidmann.

Büchner, P. (2003): Stichwort: Bildung und soziale Ungleichheit. In: *Zeitschrift für Erziehungswissenschaft.* 6(1). S. 5–24.

Bundesministerium für Bildung und Forschung (BMBF, 2011): *Bekanntmachung von Richtlinien zum Wettbewerb Aufstieg durch Bildung: offene Hochschulen.* Berlin.

Bundesministerium für Bildung und Forschung (BMBF, 2013): *Richtlinien zur zweiten Wettbewerbsrunde des Bund-Länder-Wettbewerbs Aufstieg durch Bildung: offene Hochschulen.* Berlin.

Bundesregierung/Regierungschefs der Länder (2008): *Aufstieg durch Bildung. Die Qualifizierungsinitiative für Deutschland.* Dresden.

Deutscher Bundestag (1973): *Gesetzentwurf der Bundesregierung. Entwurf eines Hochschulrahmengesetzes (HRG)* (Drucksache 7/1328). Bonn.

Duong, S./Püttmann, V. (2014): *Studieren ohne Abitur: Stillstand oder Fortentwicklung? Eine Analyse der aktuellen Rahmenbedingungen und Daten* (CHE-Arbeitspapier Nr. 177). Gütersloh.

El-Mafaalani, A. (2014): *Vom Arbeiterkind zum Akademiker. Über die Mühen des Aufstiegs durch Bildung.* Sankt Augustin: Konrad-Adenauer-Stiftung.

Friedeburg, L. von (1997 [1989]): *Bildungsreform in Deutschland: Geschichte und gesellschaftlicher Widerspruch.* (6. Auflage). Frankfurt am Main: Suhrkamp.

Gauger, J.-D. (2011): *Kontinuität und Wandel – Bildungsbegriff und Bildungssystem in den Grundsatzerklärungen der CDU zwischen 1945 und 2011.* Sankt Augustin: Konrad-Adenauer-Stiftung.

Gemeinsame Wissenschaftskonferenz (GWK, 2010): *Bund-Länder-Vereinbarung gemäß Artikel 91b Absatz 1 Nummer 2 des Grundgesetzes über den Wettbewerb „Aufstieg durch Bildung: offene Hochschulen" zur Förderung von Wissenschaft und Forschung an deutschen Hochschulen.* Bonn.

Gierke, W. B. (2013): Wege an die Hochschule für beruflich Qualifizierte – Geschichtliche Aspekte der Entwicklung unter besonderer Berücksichtigung Niedersachsens und der Carl von Ossietzky Universität Oldenburg. In: Hanft, A./Brinkmann, K. (Hrsg.): *Offene Hochschulen. Die Neuausrichtung der Hochschulen auf Lebenslanges Lernen.* Münster: Waxmann. S. 80–96.

Hanft, A./Pellert, A./Cendon, E./Wolter, A. (2015): *Weiterbildung und Lebenslanges Lernen an Hochschulen. Ergebnisse der wissenschaftlichen Begleitung zur ersten Förderphase der ersten Wettbewerbsrunde des Bund-Länder-Wettbewerbs: „Aufstieg durch Bildung: offene Hochschulen".* Oldenburg.

Heid, H. (2009): Aufstieg durch Bildung? Zu den Paradoxien einer traditionsreichen bildungspolitischen Parole. In: *Pädagogische Korrespondenz.* 22(40). S. 5–24.

Kaelble, H. (1975): *Probleme der Modernisierung in Deutschland. Sozialhistorische Studien zum 19. und 20. Jahrhundert.* Opladen: Westdeutscher Verlag.

Keim, W. (2000): Die uneingelöste Gleichheit – Rückblick auf 50 Jahre bundesdeutscher Bildungspolitik. In: Himmelstein, K./Keim, W. (Hrsg.): *Gleichheit und Ungleichheit in der Pädagogik* (Jahrbuch für Pädagogik). Frankfurt am Main: Peter Lang. S. 125–147.

Kultusministerkonferenz (KMK, 2001): *Vierte Empfehlung der Kultusministerkonferenz zur Weiterbildung. Beschluss der Kultusministerkonferenz vom 01.02.2001.* Bonn.

Kultusministerkonferenz (KMK, 2009): *Hochschulzugang für beruflich qualifizierte Bewerber ohne schulische Hochschulzugangsberechtigung. Beschluss der Kultusministerkonferenz vom 06.03.2009.* Bonn.

Kultusministerkonferenz (KMK, 2014): *Synoptische Darstellung der in den Ländern bestehenden Möglichkeiten des Hochschulzugangs für beruflich qualifizierte Bewerber ohne schulische Hochschulzugangsberechtigung auf der Grundlage hochschulrechtlicher Regelungen.* Bonn.

Lundgreen, P./Kraul, M./Ditt, K. (1988): *Bildungschancen und soziale Mobilität in der städtischen Gesellschaft des 19. Jahrhunderts.* Göttingen: Vandenhoeck u. Ruprecht.

Massing, P. (1984): Die Bildungspolitik. In: Glaeßner, G.-J./Holz, J./Schlüter, T. (Hrsg.): *Die Bundesrepublik in den siebziger Jahren. Versuch einer Bilanz.* Opladen: Leske und Budrich. S. 197–216.

Petersen, P. (1917): *Der Aufstieg der Begabten.* Leipzig: Teubner.

Rudloff, W. (2007): Bildungspolitik als Sozial- und Gesellschaftspolitik. Die Bundesrepublik in den 1960er- und 1970er Jahren im internationalen Vergleich. In: *Archiv für Sozialgeschichte.* (Bd. 47). S. 237–277.

Rudloff, W. (2014): Ungleiche Bildungschancen, Begabung und Auslese. Die Entdeckung der sozialen Ungleichheit in der bundesdeutschen Bildungspolitik und die Konjunktur des „dynamischen Bildungsbegriffs" (1950 bis 1980). In: *Archiv für Sozialgeschichte.* (Bd. 54). S. 193–244.

Schäfer, E. (1988): *Wissenschaftliche Weiterbildung als Transformationsprozeß*. Opladen: Leske und Budrich.
Schäfer, E. (2012): Wissenschaftliche Weiterbildung im Kontext sich wandelnder Hochschulstrukturen und -kulturen. In: *Bildung und Erziehung*. 65(2). S. 183–194.
Schwabe-Ruck, E. (2010): *„Zweite Chance" des Hochschulzugangs? Eine bildungshistorische Untersuchung zur Entwicklung und Konzeption des Zweiten Bildungswegs*. Düsseldorf.
Schwan, G. (2011): *Bildung: Ware oder öffentliches Gut?* Berlin: Vorwärts-Buch.
Spranger, E. (1917): *Begabung und Studium*. Leipzig: Teubner.
Tenorth, H.-E. (2008): Aufstieg durch Bildung – was das heißen kann und was nicht. Ein Gespräch mit dem Erziehungshistoriker Heinz-Elmar Tenorth. In: *Frankfurter Allgemeine Zeitung* vom 16. September 2008. S. 37.
Titze, H. (1990): *Der Akademikerzyklus*. Göttingen: Vandenhoeck und Ruprecht.
Ulbricht, L. (2012): Öffnen die Länder ihre Hochschulen? Annahmen über den Dritten Bildungsweg auf dem Prüfstand. In: *die hochschule*. 21(1). S. 154–168.
Wissenschaftsrat (2006): *Empfehlungen zum arbeitsmarkt- und demographiegerechten Ausbau des Hochschulsystems* (Drucksache 7083/06). Berlin.
Wollersheim, H.-W. (2014): Traditionslinien der Begabungsdiskussion im zwanzigsten Jahrhundert. Hintergründe und Anmerkungen aus bildungshistorischer Sicht. In: Hackl, A./Imhof, C./Steenbuck, O./Weigand, G. (Hrsg.): *Begabung und Traditionen (Karg Hefte: Beiträge zur Begabtenförderung und Begabungsforschung, Heft 6)*. Frankfurt am Main. S. 30–38.
Wolter, A. (1987). *Das Abitur – Eine bildungssoziologische Untersuchung zur Entstehung und Funktion der Reifeprüfung*. Oldenburg.
Wolter, A. (1990): Die symbolische Macht höherer Bildung. Der Dritte Bildungsweg zwischen Gymnasialmonopol und beruflicher Öffnung. In: Kluge, N./Scholz, W.-D./Wolter, A. (Hrsg.): *Vom Lehrling zum Akademiker. Neue Wege des Hochschulzugangs für berufserfahrene Erwachsene*. Oldenburg. S. 49–116.
Wolter, A. (2001): Hochschule, Weiterbildung und lebenslanges Lernen. Was kann die Bundesrepublik Deutschland aus internationalen Erfahrungen lernen? In: Busch, F. W./Wätjen, H.-J. (Hrsg.): *Zum Funktionswandel der Hochschulen durch lebenslanges Lernen. Zwei Vorträge in memoriam Wolfgang Schulenberg* (Oldenburger Universitätsreden Nr. 130). Oldenburg. S. 29–71.
Wolter, A. (2011): Wissenschaftliche Weiterbildung in Deutschland. In: *Beiträge zur Hochschulforschung*. 33(4). S. 8–35.
Wolter, A./Banscherus, U./Kamm, C./Otto, A./Spexard, A. (2014): Durchlässigkeit zwischen beruflicher und akademischer Bildung als mehrstufiges Konzept: Bilanz und Perspektiven. In: *Beiträge zur Hochschulforschung*. 36(4). S. 8–39.

Andrä Wolter, Ulf Banscherus

Lebenslanges Lernen und akademische Bildung als internationales Reformprojekt

1 Einleitung: Lebenslanges Lernen im Kontext des Wettbewerbs *Aufstieg durch Bildung: offene Hochschulen*

Lebenslanges Lernen ist ein Schlüsselbegriff für den Bund-Länder-Wettbewerb *Aufstieg durch Bildung: offene Hochschulen*. „Die Stärkung der internationalen Wettbewerbsfähigkeit des Wissenschaftssystems durch nachhaltige Profilbildung im lebenslangen wissenschaftlichen Lernen und beim berufsbegleitenden Studium" wird als eines der zentralen Ziele des Wettbewerbs genannt. Den Hochschulen werden im Rahmen eines Wettbewerbsverfahrens umfangreiche Mittel zur Verfügung gestellt, um Konzepte zu fördern, „die auf den Auf- und Ausbau von Studienangeboten im Rahmen des lebenslangen wissenschaftlichen Lernens zielen".[1] Auch andere Ziele wie die Öffnung der Hochschulen für neue Zielgruppen oder die Erhöhung der Durchlässigkeit zwischen beruflicher und akademischer Bildung stehen in einem engen Zusammenhang mit der Förderung des Lebenslangen Lernens an Hochschulen. Auch wenn dies nicht explizit in den Ausschreibungen genannt wird, kann man das übergreifende bildungspolitische Ziel des Wettbewerbs durchaus als einen Ansatz zur Implementation von Strukturen Lebenslangen Lernens im deutschen Hochschulsystem charakterisieren. Dieser Begriff taucht auch in vielen Präsentationen und Veröffentlichungen der geförderten Projekte sowie in nahezu allen Publikationen der wissenschaftlichen Begleitung des Wettbewerbs auf (Hanft et al. 2015).

Die Prominenz dieses Begriffs kontrastiert damit, dass Lebenslanges Lernen sowohl im bildungspolitischen Diskurs als auch in der wissenschaftlichen Forschung ein eher schillernder, mehrdeutiger Begriff ist, oft eher ein Schlagwort als ein theoretisch fundiertes oder operationales Konzept.

> „The term 'lifelong learning' refers to a wide range of concepts and is not restricted to the pure meaning of learning across the lifespan. Even if we narrow it down to lifelong learning in higher education, it still has a wide array of notions." (Spexard 2015, S. 267)

Auf der anderen Seite hat der Begriff eine längere Vorgeschichte, für die eine sehr enge Wechselbeziehung zwischen Bildungspolitik und Wissenschaft charakteristisch ist. Dabei ist zu berücksichtigen, dass das Konzept des Lebenslangen Lernens nicht in Deutschland entstanden ist, sondern vorrangig durch internationale Initiativen und Aktivitäten geprägt wurde. Ohne diesen internationalen Kontext wird der Begriff nicht verständlich. Seit den Anfängen haben dabei supranationale Organisa-

---

1 Zitate aus den Bekanntmachungen des Bundesministeriums für Bildung und Forschung zum Wettbewerb *Aufstieg durch Bildung: offene Hochschulen*.

tionen eine wichtige Rolle gespielt (OECD, UNESCO), seit den 1990er Jahren auch die Europäische Union (EU). Natürlich ist das Bewusstsein, dass Lernen ein die Lebensspanne begleitender Prozess ist, wesentlich älter als der Begriff des ‚Lebenslangen Lernens'. Dieser Befund hat schon das Bildungsverständnis des deutschen Bildungsidealismus nachhaltig beeinflusst. Der Terminus selbst kommt als neues bildungswissenschaftliches und -politisches Konzept etwa in der Zeit um 1970 auf und hat in den letzten vier Jahrzehnten eine Entwicklung erlebt, die als ‚Karriere einer Leitidee' (Kraus 2001) hin zu einem ‚Global Policy Consensus' (Field 2002) bezeichnet werden kann.

Obwohl der Eindruck weit verbreitet ist, dass Hochschulen erst relativ spät als Einrichtungen des Lebenslangen Lernens ‚entdeckt' wurden, fanden sie bereits in den frühen Konzepten Berücksichtigung, wenngleich ihnen angesichts der starken Zentrierung des Verständnisses von Lebenslangem Lernen auf Erwachsenenbildung und Weiterbildung – primär außerhalb der Hochschulen – lange Zeit eher eine periphere Bedeutung zukam. Dennoch lässt sich sagen, dass der Hochschulbereich von Anfang an in den Konzeptionen zum Lebenslangen Lernen mitbedacht wurde, die Bedeutung der Hochschulen als Einrichtungen des Lebenslangen Lernens aber erst über die Jahrzehnte schärfer ins Bewusstsein (und vor allem in die akademische Praxis) trat. Deutschland ist bei der Implementation von Strukturen des Lebenslangen Lernens im Hochschulsystem im internationalen Vergleich insgesamt eher eine ‚Delayed Nation' (Wolter 2012).

Angesichts der Zentralität dieses Begriffs für den Wettbewerb, auch in Verbindung mit dem Zielgruppenkonzept, das im Ansatz des Lebenslangen Lernens von Anfang an fast immer mitbedacht wurde, soll in diesem Beitrag der Versuch unternommen werden, die Entwicklung und die Konturen dieses Konzepts genauer zu umreißen. Angesichts der begrifflichen und konzeptionellen Vielfalt in diesem Themenfeld kann es dabei nicht das Ziel sein, eine neue Definition vorzuschlagen. Stattdessen sollen die verschiedenen Entwicklungslinien, Kontexte und Bedeutungen stärker systematisiert dargestellt werden. Dies soll in folgenden Schritten erfolgen: Zunächst sollen (1.) die ‚Frühgeschichte' dieses Konzeptes in den 1960/70er Jahren und die weitere Entwicklung bis in die 1990er Jahre dargestellt werden (Abschnitt 2). Dann soll (2.) auf seine Rezeption in der europäischen Bildungs- und Hochschulpolitik eingegangen werden (Abschnitt 3), nicht zuletzt deshalb, weil der Bund-Länder-Wettbewerb *Aufstieg durch Bildung: offene Hochschulen* ebenfalls in diesem Kontext steht. Im Anschluss daran sollen (3.) verschiedene Ansätze zum Verständnis des Lebenslangen Lernens systematisiert werden, die sich in der bildungspolitischen oder wissenschaftlichen Debatte identifizieren lassen (Abschnitte 4 und 5). Der Wettbewerb schreibt unter seinen Zielgruppen den Berufstätigen mit oder ohne schulische Hochschulreife eine besondere Bedeutung zu, gleichsam als den ‚Repräsentantinnen und Repräsentanten' Lebenslangen Lernens an Hochschulen. Da sich auch hier oft eine gewisse begriffliche Unschärfe findet – zum Beispiel hinsichtlich des ebenfalls aus der internationalen Debatte abgeleiteten Begriffs der

‚nicht-traditionellen Studierenden' – soll diese Frage (4.) ebenfalls aufgegriffen werden (Abschnitt 6).

2 Ursprünge und Entwicklung des Konzeptes des Lebenslangen Lernens

Bereits in den 1960er Jahren begann im Rahmen der UNESCO eine Diskussion über die Möglichkeiten zur Stärkung der außerschulischen Bildung sowie der Erwachsenenbildung, die zugleich Vorüberlegungen für eines der ersten Konzepte zum Lebenslangen Lernen enthielt, das im Jahr 1972 von der UNESCO unter dem Titel *Learning to Be* (UNESCO 1972) vorgelegt wurde, weithin als Faure-Bericht bekannt (Singh 2002; Holzer 2004). Der Ansatz einer Lerngesellschaft und der lebenslangen Bildung (‚Lifelong Education') gilt als ein Bildungsreformprogramm, das die Vision eines individualisierten, selbstbestimmten und selbstorganisierten Lernens in einer demokratischen Gesellschaft entwarf, durch das ein Beitrag zur individuellen Emanzipation und Persönlichkeitsbildung geleistet werden soll (Kuhlenkamp 2010). Der Faure-Bericht neigt bereits zu einem weiten Verständnis Lebenslangen Lernens im Sinne einer lernenden Gesellschaft. Sein bleibendes Verdienst ist die Ausweitung von Bildung und Lernen einerseits über Kindheit und Jugend hinaus auf alle Lebensphasen, andererseits über formale Bildung(-sinstitutionen) hinaus auf alle Lernsituationen und -kontexte.

Unter dem Eindruck der Vorüberlegungen zu diesem Konzept stand offenbar bereits eine internationale Konferenz der UNESCO zum Hochschulzugang im Jahr 1967. Hier finden sich bereits Vorstellungen einer kontinuierlichen Bildungsbiografie, die weit über die frühe Erwachsenenzeit hinausgeht, und einer stärkeren Orientierung der Hochschulen an den Bedürfnissen von Erwachsenen. Auch werden den Mitgliedsstaaten ganz konkrete Maßnahmen zur Ausweitung der Beteiligungschancen an Hochschulbildung vorgeschlagen – sowohl für unterrepräsentierte Gruppen als auch für Menschen mit beruflicher Vorbildung, die nicht über eine traditionelle Form der Studienberechtigung verfügen (UNESCO 1968).

Mit dem Ansatz der ‚Recurrent Education' wurde 1973 von der OECD ein zweites international maßgebliches Konzept zum Lebenslangen Lernen vorgelegt, das aber im Unterschied zur UNESCO weniger auf die (allgemeine) Erwachsenenbildung ausgerichtet war, sondern stärker auf die Anforderungen der beruflichen (Fort-)Bildung und des Arbeitsmarktes (Holzer 2004). Die OECD-Studie präsentierte ein stark von skandinavischen Erfahrungen und Konzepten geprägtes Organisationsmodell für den periodischen Wechsel (‚Alternation') zwischen Arbeit und (Weiter-)Bildung in vollzeitlicher Form, das die nachfolgende Diskussion lange Zeit beeinflusste (vgl. Schuetze/Istance 1987; Schuller/Schuetze/Istance 2002). Durch die Implementierung eines „Systems von Bildung und Arbeit im periodischen Wechsel" (Schuetze 2005, S. 227) sollten eine engere Kooperation von beruflicher Bildung, Hochschulbildung und Erwachsenenbildung sowie eine wechselseitige Durchlässigkeit und Anerkennung erreicht werden (Kuhlenkamp 2010). Retrospektiv betrachtet sind solch ambitionierte Konzepte der Bildungsreform, wie sie der UNESCO-Bericht von 1972 oder die OECD vorgeschlagen haben, nicht realisiert worden. Insbesondere die OECD hat neben der UNESCO aber seit den 1970er Jahren eine wichtige Schrittmacherrolle in der internationalen Diffusion Lebenslangen Lernens übernommen (Jakobi 2006).

Im Kontext der Diskussionen um Recurrent Education und das Verhältnis zwischen Bildung und Arbeit diskutierte die OECD ab Mitte der 1970er Jahre auch verstärkt Fragen des Hochschulzugangs und der Hochschulzulassung – sowie übergreifend die Flexibilisierung des postsekundären Bildungswesens insgesamt (Papadopoulos 1996). Bereits hier wurden viele Themen behandelt, die – wenngleich oft in veränderter Form – auch die aktuelle Diskussion bestimmen, nicht zuletzt im Kontext des Bund-Länder-Wettbewerbs *Aufstieg durch Bildung: offene Hochschulen*. Ende der 1970er Jahre rückten verstärkt nicht-traditionelle Studierende in den Fokus der OECD, vor allem ältere Studierende und erwachsene Lernende sowie Studieninteressierte mit beruflicher Vorbildung, die nicht über eine traditionelle Studienberechtigung verfügen. Es wurde danach gefragt, wie für diese Gruppen der Übergang zur Hochschule und ein Hochschulstudium erleichtert werden und welche Rolle ein Ausbau des Fern- und Teilzeitstudiums dabei spielen könnten. Zu dieser Zeit wurde auch bereits über die Schaffung von Möglichkeiten zur „Übertragbarkeit von erworbenen Leistungsnachweisen" beraten (Papadopoulos 1996, S. 181) – offenbar im zeitlichen Vorgriff auf die seit den 1990er Jahren verstärkt geführte Diskussion über die wechselseitige Anerkennung von Leistungen zwischen den Teilsystemen des Bildungswesens im Rahmen von Anrechnungsverfahren (vgl. den Beitrag von Lenz/Schmitt in diesem Band).

Die Beteiligung von beruflich qualifizierten beziehungsweise berufstätigen Studierenden blieb auch in den folgenden Jahren ein wichtiges Thema der OECD, so im Rahmen einer bildungspolitischen Konferenz im Jahr 1981 zur Situation in Westeuropa (OECD 1981). Etwas später standen diese Gruppen im Mittelpunkt einer breit angelegten international vergleichenden Studie der OECD zu *Adults in Higher Education*, die Mitte der 1980er Jahre durchgeführt (OECD 1987) und bei einer internationalen Tagung in Stockholm im Jahr 1987 breit diskutiert wurde (Slowey 1988; Schuetze 1988). In diese Studie war auch die Bundesrepublik Deutschland einbezogen. Diese frühe Analyse wies bereits auf deutliche Unterschiede im Grad der Offenheit für ältere Studierende beziehungsweise erwachsene Lernende, die überwiegend über eine berufliche Vorbildung verfügen, hin. In der Studie wurden für die USA und Schweden ein hohes Maß an Zugänglichkeit des Hochschulwesens für diese Studierendengruppen sowie für Australien, Kanada, Neuseeland und Großbritannien gute Ansätze festgestellt. Ein geringes Maß an Offenheit wurde dagegen Irland, Japan, Österreich und Deutschland attestiert. Diese Befunde wurden in Folgeuntersuchungen, ebenfalls mit deutscher Beteiligung (Wolter 2000, 2012), insgesamt bestätigt (Schuetze/Slowey 2000; Slowey/Schuetze 2012). Auch wenn das

Beteiligungsniveau nicht-traditioneller Studierendengruppen in vielen Ländern angestiegen ist, blieben die Abstände doch im Großen und Ganzen erhalten. Diese aneinander anknüpfenden drei Studien dokumentieren, welche Veränderungen sich in den beteiligten (zuletzt 14) Staaten hinsichtlich der Etablierung von Strukturen Lebenslangen Lernens im Hochschulsystem im Verlauf der letzten Jahrzehnte vollzogen haben (Schuetze 2014).

Ein dritter zentraler Ansatz für das Lebenslange Lernen war bereits im Jahr 1971, und somit vor den zuvor genannten, vom Europarat vorgestellt worden. Der Europarat sprach sich darin für ein Modell der ‚Permanent Education' aus, das insbesondere eine flexible Ausgestaltung von Bildungsprozessen mit einer möglichst großen Offenheit nach außen (durch erleichterte Zugangsmöglichkeiten) wie nach innen (durch eine möglichst große Wahlfreiheit der Teilnehmenden) vorsah (Kuhlenkamp 2010). Der frühe Ansatz des Europarates zum Lebenslangen Lernen wurde auch von einer bildungspolitischen Arbeitsgruppe der Europäischen Kommission (der sogenannten Janne-Kommission) aufgegriffen. Deren Arbeit fand in einer besonderen Entwicklungsphase der europäischen Bildungspolitik statt (Corbett 2003; Moschonas 1998; Field 1998), in der sich das Interesse der Europäischen Gemeinschaft (EG) an bildungspolitischen Fragen vor allem auf den Aspekt der Humankapitalbildung konzentrierte, während später auch soziale Aspekte der Chancenverteilung eine gewisse Rolle spielen sollten.

Nachdem die Mitgliedsstaaten der EG zuvor ihre Alleinzuständigkeit für alle bildungspolitischen Fragen, die sich nicht explizit mit der arbeitsmarktpolitisch relevanten beruflichen Bildung beschäftigten, also alle Fragen der ‚allgemeinen' Schul-, Hochschul- und Erwachsenenbildung eifersüchtig verteidigt hatten, war die große Relevanz aller Bereiche von Bildung und Ausbildung für die ökonomische Entwicklung seit Anfang der 1970er Jahre verstärkt auch in den politischen Diskussionen im Kontext der EG präsent (Field 1998). Die ersten Ansätze einer europäischen Bildungspolitik stießen in den Mitgliedsstaaten noch auf teilweise heftige Kritik. In Deutschland erwies sich insbesondere die Kultusministerkonferenz als Antipodin einer erweiterten europäischen Kompetenz in der Bildungspolitik.

In der für die Gestaltung internationaler politischer Prozesse vergleichsweise kurzen Zeit zwischen 1971 und 1978 entstanden trotz der fehlenden formalen Zuständigkeit der EG für Fragen der Schul-, Hochschul- und Erwachsenenbildung gerade in diesen Bereichen zwei wichtige Dokumente europäischer Bildungspolitik. Zum einen erstellte die Janne-Kommission einen Bericht, in dem sie Eckpunkte einer europäischen Bildungspolitik skizzierte (Janne 1973), wobei sie den Ansatz der ‚Permanent Education' des Europarates aufgriff und in diesem Zusammenhang auch die Frage der Öffnung der Hochschulen für ältere beziehungsweise erwachsene Lernende thematisierte – sowohl im Bereich des grundständigen wie auch des weiterbildenden Studiums. Zum anderen vereinbarten die europäischen Bildungsministerinnen und -minister 1976 das erste bildungspolitische Aktionsprogramm, das über Fragen der beruflichen Bildung hinausging (Corbett 2003; Moschonas 1998; De

Wit/Verhoeven 2001). In diesem Dokument findet zwar der Hochschulzugang keine explizite Erwähnung, es enthält aber ein klares Bekenntnis zur Chancengleichheit in allen Bildungsbereichen (Rat der Europäischen Union 1976).

Nach dieser ersten Hochphase der internationalen Diskussion um Lebenslanges Lernen in den 1970er Jahren ist für die 1980er Jahre ein deutliches Abflachen der Intensität zu verzeichnen, auch wenn die Diskussion nicht vollständig verebbt ist. Als Ursachen hierfür werden meist die Folgen der ökonomischen Krisen in den 1970er und 1980er Jahren angeführt, die zu veränderten Prioritätensetzungen auf der internationalen politischen Agenda beigetragen haben (Singh 2002).

Die vielfältigen programmatischen Initiativen internationaler Organisationen zur Unterstützung und Verbreitung ihrer Ansätze zur Förderung des Lebenslangen Lernens in den 1970er Jahren haben in keinem Land zu einer fundamentalen Umgestaltung des Bildungssystems nach den Prinzipien des Lebenslangen Lernens geführt (Alheit/Dausien 2002; Schuetze 2005). Gleichwohl sind in einzelnen Ländern durchaus einzelne Veränderungen im Sinne der genannten Reformkonzepte zu verzeichnen. Dabei handelt es sich unter anderem um eine Ausweitung und Pluralisierung von Bildungsangeboten, eine Verbesserung der Zugänglichkeit von Bildungseinrichtungen beziehungsweise -abschnitten sowie eine Flexibilisierung der Bildungsorganisation (Rasmussen 2009; Schuetze 2005). Die Reichweite entsprechender Maßnahmen blieb allerdings auf einzelne Staaten und einzelne Bildungsbereiche begrenzt, sodass die internationale Diskussion um Lebenslanges Lernen in den 1970er und 1980er Jahren allenfalls eng begrenzte Wirkungen gezeigt hat.

Offenkundig ist die Entwicklung des Konzeptes ‚Lebenslanges Lernen' in Konjunkturen verlaufen. Kjell Rubenson hat zwischen Konzepten der ersten Generation in den 1970er Jahren und der zweiten Generation seit Mitte der 1990er Jahre unterschieden (nach Schemmann 2002). Stärker noch als die erste Generation tendieren die späteren Konzepte und Denkschriften – erstens – dazu, dem Lebenslangen Lernen eine Schlüsselfunktion für die zukünftige gesellschaftliche Entwicklung und die Bewältigung der damit verbundenen Herausforderungen zuzuweisen. Lebenslanges Lernen wird hier zum bildungspolitischen Pendant der aufkommenden Wissensgesellschaft beziehungsweise ‚Knowledge Based Economy' (Wiesner/Wolter 2005; Jakobi 2006). Zweitens setzt sich mehr und mehr ein systemisches Verständnis Lebenslangen Lernens durch, das nicht nur die Weiterbildung, sondern jetzt alle Sequenzen der Bildungsbiografie und alle Institutionen des Bildungssystems einbezieht. „Lifelong learning has become an all-encompassing concept." (Schuller/Schuetze/Istance 2002, S. 9) Mit dieser biografischen und institutionellen Ausweitung kam nun noch deutlicher als bisher auch die Hochschule ins Blickfeld.

Für die in den 1990er Jahren neu einsetzende Welle stehen vor allem zwei 1996 vorgelegte Studien, welche den internationalen Diskurs in den folgenden Jahren stark beeinflussten. Unter dem Titel *Learning – The Treasure within* legte die UNESCO eine neue Denkschrift vor, die von der sogenannten Delors-Kommission ausgearbeitet wurde (UNESCO 1996). Daneben publizierte die OECD (1996) ihre Studie

Lifelong Learning for All, in der Lebenslanges Lernen als zentrales gesellschaftspolitisches Konzept (weiter-)entwickelt wird. Deutlicher als in den 1970er Jahren spiegeln die neueren Konzepte das Bewusstsein wider, dass Bildung und Lernen in den Kontext massiver gesellschaftlicher Umbrüche und Problemlagen eingebunden sind und Lebenslanges Lernen zunehmend Teil einer tief greifenden gesellschaftlichen Modernisierungsdynamik wird. Während der Ansatz der OECD deutlich von den Motiven Chancengleichheit und Humankapitalentwicklung als den beiden ‚klassischen' Referenzpunkten der internationalen Diskussion um Lebenslanges Lernen geprägt ist, legte die UNESCO ein programmatisches Konzept zur Lernfähigkeit vor, dem aufgrund der starken Betonung von Selbstbestimmung und der Rolle einer aktiven Bürgerschaft teilweise ein eher utopischer Charakter zugeschrieben wird. Für den Hochschulbereich sah die Kommission offene Universitäten als Bestandteile einer offenen Gesellschaft vor, die sich durch ein breit gefächertes Bildungsangebot sowie flexible Formate und Organisationsformen auszeichnen sollten.

3   Lebenslanges Lernen an Hochschulen im europäischen Kontext seit den 1990er Jahren

Anfang der 1990er Jahre wurde die Idee des Lebenslangen Lernens zu einem Grundmotiv europäischer Bildungspolitik, wobei die Europäische Kommission eine wesentliche treibende Kraft war. Dies wurde möglich, nachdem die Kommission in den 1980er Jahren durch mehrere Entscheidungen des Europäischen Gerichtshofs und als Folge der Zuständigkeit für das ERASMUS-Programm als bildungspolitischer, vor allem als hochschulpolitischer Akteur deutlich gestärkt worden war (Schink 1993; De Wit/Verhoeven 2001). Zwar verblieb die Bildungspolitik weiterhin in der primären Zuständigkeit der Mitgliedsstaaten, sodass dieses Politikfeld auch in den 1990er Jahren nach wie vor als Arena von Konflikten und Kontroversen zu betrachten ist (Field 1998), gerade auch in einem kulturföderalistischen System wie Deutschland.

Mit dem Maastrichter Vertrag aus dem Jahr 1992 erhielt die Europäische Kommission auch offiziell die Aufgabe, die Bildungspolitik der Mitgliedsstaaten zu koordinieren und zu unterstützen – ein Mandat, das sich als offen für Interpretationen hinsichtlich der Grenzen der bildungspolitischen Aktivitäten der Kommission erwies (De Wit/Verhoeven 2001; Field 1998). Ihre vertraglich abgesicherten bildungspolitischen Kompetenzen nutzte die Kommission unter anderem in den Jahren 1993 und 1995 zur Veröffentlichung von zwei Weißbüchern, in denen unter dem Leitmotiv des Lebenslangen Lernens eine programmatische Verknüpfung von Lernen, ökonomischer Entwicklung und Beschäftigung hergestellt wurde (Kuhlenkamp 2010). Bildung soll in diesem Verständnis einen Beitrag zu Wachstum und Beschäftigung leisten und so bei der Überwindung von Arbeitslosigkeit helfen sowie sozialer und ökonomischer Ausgrenzung vorbeugen (Brine 2006; Kuhlenkamp 2010).

Insbesondere das White Paper *Teaching and Learning – Towards the Learning Society* (Europäische Kommission 1995) spielte eine gewisse Rolle im Diskurs über die ‚lernende Gesellschaft', ein Begriff der ebenso mehrdeutig ist wie der des Lebenslangen Lernens. Das EU-Papier ordnet Lebenslanges Lernen eher eindimensional in den Kontext des Übergangs von der alten Industriegesellschaft in die neue postindustrielle Gesellschaft ein und sieht die damit verbundenen Herausforderungen in erster Linie im technologischen und ökonomischen Wandel sowie in der Sicherung der Beschäftigungsfähigkeit. Damit korrespondiert ein verengtes Verständnis sowohl von Lerngesellschaft als auch von Lebenslangem Lernen (Wiesner/Wolter 2005). In den bildungspolitischen Ansätzen der Kommission zeigt sich ein deutlicher wirtschafts- und arbeitsmarktpolitischer Einfluss, der vor dem Hintergrund eines in den 1990er Jahren weit verbreiteten ökonomischen Krisendiskurses gesehen werden muss. Lebenslanges Lernen wurde vorrangig zu einem strategischen Element der Sicherung der Wettbewerbsfähigkeit der europäischen Staaten im Kontext der wachsenden Globalisierung der Märkte und der Zukunft der Arbeit in einer zunehmend wissensbasierten Ökonomie (Field 1998; Singh 2002; Kuhlenkamp 2010). Vor diesem Hintergrund wurde der Steigerung des Anteils hochqualifizierter Beschäftigter eine zentrale Bedeutung zur Sicherung von ökonomischer Prosperität und sozialer Kohäsion zugeschrieben. Europas Volkswirtschaften sollten sich deshalb aus Sicht der Europäischen Kommission zu lernenden Gesellschaften entwickeln (Field 1998). Zur Unterstützung und Verbreiterung der öffentlichen Wahrnehmung wurde das Jahr 1996 zum Europäischen Jahr des Lebenslangen Lernens ausgerufen. Ein Jahr später wurde das Ziel des Lebenslangen Lernens auch prominent in der Präambel des Amsterdamer Vertrags verankert (Davies 2003).

Durch die Schwerpunktsetzung der Kommission auf das Ziel einer Ausweitung des hochqualifizierten Arbeitskräftepotentials kamen auch die Hochschulen verstärkt ins Blickfeld der europäischen Bildungspolitik. In diesem Zusammenhang wurde die Ausweitung der Beteiligung an einem Hochschulstudium auf der einen Seite als Beitrag zur Sicherung des volkswirtschaftlich notwendigen Bedarfs an Humankapital und auf der anderen Seite zugleich als Beitrag zur Vermeidung sozialer Exklusionsrisiken betrachtet (Brine 2006; Davies 2003). Die Europäische Kommission hatte bereits im Jahr 1991 in einem Memorandum zur Hochschulbildung diese Entwicklung antizipiert und ihre Anforderungen an die Ausgestaltung der europäischen Hochschulsysteme im Kontext einer Strategie des Lebenslangen Lernens formuliert. Neben Empfehlungen zur Mobilität von Hochschulangehörigen und zur internationalen Kooperation enthält dieses Dokument ein klares Plädoyer für eine stärkere Bildungsbeteiligung von unterrepräsentierten Personengruppen sowie für eine Ausweitung nicht-traditioneller Hochschulzugangswege und eine höhere Durchlässigkeit der Bildungssysteme (Schink 1993). Dafür wurde ein Maßnahmenbündel vorgeschlagen, das die Konturen einer weitreichenden Bildungs- und Hochschulreform annahm.

Neben der EU brachten sich zu diesem Zeitpunkt, wie bereits erwähnt, OECD und UNESCO in die wieder auflebende Diskussion um Lebenslanges Lernen ein und präsentierten neue Konzepte zu einer Bildungsreform im Zeichen des Lebenslangen Lernens. Trotz dieser erneut maßgeblich von inter- beziehungsweise supranationalen Organisationen getragenen Reformkonzepte zur Realisierung Lebenslangen Lernens wurde – wie bereits in den 1970er Jahren – kein nationales Bildungssystem tatsächlich so umgestaltet, dass von einer systemischen Verankerung Lebenslangen Lernens gesprochen werden könnte. Allerdings sind in diesem Zusammenhang in einigen Ländern wie Großbritannien, Irland, Schweden, Dänemark sowie den USA und den Niederlanden partikulare Maßnahmen und Initiativen entstanden, die die Ziele einer Ausweitung der Beteiligungschancen an hochschulischer Bildung und einer Flexibilisierung der Studienorganisation verfolgten (Osborne 2003; Davies 2003; Schuetze 2005).

Ein weiterer wichtiger Impuls in der internationalen Diskussion über Lebenslanges Lernen ging im Jahr 2000 von dem von der Europäischen Kommission vorgelegten *Memorandum über Lebenslanges Lernen* (Europäische Kommission 2000) aus. Dieses steht in enger Verbindung zur im gleichen Jahr formulierten Lissabon-Strategie, mit der die volkswirtschaftliche Wettbewerbsfähigkeit der europäischen Staaten vor dem Hintergrund der Herausbildung einer globalisierten wissensbasierten Ökonomie gesichert werden sollte. Bildung wird in diesem Kontext wieder primär als strategisches Instrument für den Erhalt von Wettbewerbsfähigkeit, Wachstum und Beschäftigung betrachtet. Mit diesen für die EU formulierten Zielen korrespondieren auf der individuellen Ebene die Ziele Beschäftigungsfähigkeit, Teilhabe am ökonomischen und sozialen Leben sowie aktive Staatsbürgerschaft (Becker/Primova 2009; Kuhlenkamp 2010). Damit ist das EU-Memorandum nicht ganz so eindimensional ökonomisch ausgerichtet wie andere Dokumente:

> „Die lebenslange Weiterbildung ist ein ganz wesentliches Mittel, um gesellschaftliche Teilhabe, sozialen Zusammenhalt und die Beschäftigung weiterzuentwickeln […] Wir können heute eine deutliche Neuorientierung hin zu stärker integrierten politischen Konzepten beobachten, die soziale und kulturelle Zielsetzungen mit wirtschaftlichen Argumenten für lebenslanges Lernen verknüpfen" (Europäische Kommission 2000, S. 6, 9).

Die Kommission knüpft inhaltlich an die Diskussionen der 1990er Jahre an, setzt aber durchaus auch neue Akzente – insbesondere mit der Berücksichtigung unterschiedlicher Lernformen durch die konzeptionelle Öffnung über das formale Lernen hinaus in Richtung des non-formalen und des informellen Lernens, was auch eine deutliche Zunahme der Relevanz von Anerkennungs- beziehungsweise Anrechnungsmodellen einschließt. Im Memorandum wird außerdem erneut die Bedeutung von institutionen- und lebensphasenübergreifenden Ansätzen für die Ausweitung von Beteiligungschancen für möglichst viele Menschen betont. Dies schließt aus Sicht der Kommission ausdrücklich auch den Hochschulbereich ein:

> „Die derzeit in den Mitgliedstaaten geführte Debatte über die Zukunft der Hochschulen ist ein Beispiel dafür, wie sich politisches Denken zunehmend den praktischen Implikati-

onen dieser Vision [des lebenslangen Lernens, Anm. d. Verf.] zuwendet. Das Hochschulstudium für neue, breitere Kreise zu öffnen kann nur dann erreicht werden, wenn sich die Hochschuleinrichtungen selbst ändern – und zwar nicht nur intern, sondern auch in ihren Beziehungen zu anderen ‚Lernsystemen'" (Europäische Kommission 2000, S. 12).

Eine wichtige Bedeutung kommt im Memorandum neben der Verbesserung der Durchlässigkeit auch dem Nachholen schulischer und beruflicher Qualifikationen sowie der kontinuierlichen beruflichen Weiterqualifikation zu, wobei den Hochschulen als (Aus-)Bildungseinrichtungen hochqualifizierter Arbeitskräfte eine besondere Rolle zugeschrieben wird. Hier deutet sich bereits eine diskursive Verbindung zum etwa zeitgleich beginnenden Bologna-Prozess an, durch den eine Harmonisierung und zugleich eine Modernisierung der europäischen Hochschulsysteme angestrebt wird.

Im Rahmen des Bologna-Prozesses haben sich seit 1999 mehr als 40 europäische Regierungen dazu bekannt, durch die Koordinierung ihrer Bildungspolitiken einen einheitlichen europäischen Hochschulraum schaffen zu wollen. Einige Beobachterinnen und Beobachter sehen in dieser intergouvernementalen Initiative eine bewusste Gegenbewegung zu den zunehmenden Aktivitäten der Europäischen Kommission im Bereich der Hochschulpolitik (Teichler 2010). Andere betonen die große thematische Kontinuität zwischen den von den europäischen Bildungsministerinnen und -ministern definierten Zielen und früheren Schwerpunkten, die auf europäischer Ebene gesetzt wurden, sowie die Fortschreibung der bereits zuvor bestehenden „polyzentrische[n] Konstellation der hochschulpolitischen Akteure" (Walter 2007, S. 31). Wieder andere weisen auf die aktive Rolle der EU-Kommission hin, durch die sich „die EU als Institution inzwischen große hochschulpolitische Einfluss- und Gestaltungsmöglichkeiten sozusagen ‚durch die Hintertür' erarbeitet" habe (Becker/Primova 2009, S. 23).

Unabhängig davon, welche Rolle der Kommission ganz konkret zukommt, ist spätestens seit der Aufnahme der EU als Vollmitglied des Bologna-Prozesses im Jahr 2003 ihre aktive Beteiligung an den Aktivitäten zur Schaffung eines europäischen Hochschulraums nicht zu übersehen (Walter 2007). Neben den klassischen Themen der europäischen Hochschulpolitik wie Fragen der internationalen Mobilität, der Wettbewerbs- und Beschäftigungsfähigkeit sowie der Ausgestaltung der Studienstrukturen avancierte auch die Förderung des Lebenslangen Lernens seit der Prager Nachfolgekonferenz 2001 zu einem wichtigen Anliegen der europäischen Bildungsministerinnen und -minister, dessen Bedeutung seither auf nahezu allen folgenden Konferenzen von Berlin (2003) bis Jerewan (2015) bestätigt wurde. Auch wenn Lebenslanges Lernen, so gesehen, eine Art „Eckpfeiler" (Banscherus 2010, S. 224) des Bologna-Prozesses geworden ist, zeichnet sich seine Programmatik doch faktisch eher durch die Wiederholung derselben, inhaltlich oft vagen Formulierungen aus.

Lebenslanges Lernen gilt im Bologna-Prozess als eine der sogenannten ‚Overarching'-Leitideen, als „cross-cutting issue, inherent in all aspects of the Bologna process" (zitiert nach Spexard 2015, S. 268). Im Zentrum stehen hierbei Aspekte wie die Gestaltung von nicht-traditionellen Hochschulzugangswegen und von Anrechnungsverfahren für außerhalb der Hochschule erworbene Kompetenzen ('Recognition of Prior Learning'), wobei Anrechnung nicht nur formales, sondern auch non-formales und informelles Lernen einschließt, ferner die flexible Gestaltung der Studienstrukturen (vgl. die Beiträge von Lenz/Schmitt und Spexard in diesem Band). Übergreifende Ziele sind die Ausweitung der Beteiligungschancen von unterrepräsentierten Personengruppen, oft mit dem Begriff 'Widening Participation' zusammengefasst, sowie eine höhere Durchlässigkeit zwischen den Bildungs(sub-)systemen (Jakobi/Rusconi 2008; Banscherus 2010; Spexard 2015). An dieser Stelle zeigt sich eine gewisse Konvergenz mit dem parallel laufenden Kopenhagen-Prozess in der europäischen Berufsbildungspolitik.

Der im Rahmen des Bologna-Prozesses verfolgte Ansatz zur Förderung des Lebenslangen Lernens steht also ganz in der diskursiven Tradition europäischer und internationaler Konzepte und Diskussionen, die sich bis in die 1960er Jahre zurückverfolgen lassen. Allerdings konzentriert sich Lebenslanges Lernen im Verständnis des Bologna-Prozesses im Kern auf die Öffnung und Reform der akademischen Erstausbildung. Dies steht wiederum in einem engen Zusammenhang mit dem Bologna-Diskurs über die soziale Dimension des Europäischen Hochschulraums; beide Felder eint das übergreifende Anliegen 'Widening Participation'. Lebenslanges Lernen als postgraduale Weiterbildung für Erwerbstätige, die bereits über einen Hochschulabschluss verfügen, ist dagegen bislang noch kein bedeutsames Thema des Bologna-Prozesses, obgleich in vielen Teilnehmerstaaten inzwischen gut ein Fünftel oder mehr der erwerbstätigen Bevölkerung über einen akademischen Grad verfügen und es sich bei ihnen in allen Ländern um die weiterbildungsaktivste Gruppe handelt.

Bestandsaufnahmen zur Implementation Lebenslangen Lernens im Europäischen Hochschulraum zeigen eine uneinheitliche Entwicklung auf allen Ebenen: inter-/national, inter- und intrainstitutionell (Spexard 2015; Wolter 2015). Umfang und Typus der unter dem Signum 'Lebenslanges Lernen' geplanten und ergriffenen Maßnahmen variieren nicht nur zwischen den Staaten des Bologna-Raums erheblich, sondern auch innerhalb der Staaten, zwischen den Hochschulen und innerhalb der Hochschulen (z.B. zwischen Disziplinen oder Fakultäten). Zwar ist für die Mehrzahl der Staaten und Hochschulen „a general trend regarding lifelong learning as an institutional policy or mission" erkennbar (Spexard 2015, S. 274). Aber von einer Entwicklung und Implementation von „all-encompassing institutional lifelong learning strategies" (ebd.) kann bislang kaum die Rede sein, und auch die konkreten Maßnahmen in den zentralen Handlungsfeldern – Anrechnung, Studiengänge und Programme, Gestaltung des Zugangs und so weiter – variieren beträchtlich. So zeigen sich bei statistischen Indikatoren für die Realisierung Lebenslangen Lernens in den nationalen Hochschulsystemen auch keine einheitlichen Entwicklungen (Wolter 2015). Spexard (2015, S. 280) resümiert daher: „The overall results indicate that the best of intentions exist at European, national and institutional level, the actual realization of these intentions is, however, far from complete."

4   Systematische Ansätze Lebenslangen Lernens

Wie der historische Rückblick zeigt, ist der Begriff des Lebenslangen Lernens inzwischen – national wie international – zu einem festen Bestandteil des zeitgenössischen Bildungsdiskurses und der bildungspolitischen Rhetorik geworden. Von Beginn an stehen dabei zwei unterschiedliche Ambitionen nebeneinander. Zum einen sind einige Konzepte, insbesondere der UNESCO und der OECD, mit dem weitreichenden Anspruch einer Art Masterplan für eine weltweite Bildungsreform entworfen worden, der je nach nationalem Kontext von der Durchsetzung einer Grundbildung für alle bis hin zu einer integrierten Reform der Bildungssysteme reichte. Hochschulen sind hier ein Teil des Gesamtsystems. Enger gefasste Konzepte widmeten sich dagegen primär dem nachhaltigen Ausbau institutionalisierter Weiterbildung, wobei die Hochschule dann entweder gar nicht in den Blick kommt oder nur ganz am Rande. In Anlehnung an Arthur Cropley bezeichnet Günther Dohmen (1996, S. 18) diese beiden Ansätze als das „minimalistische" oder „maximalistische" Verständnis Lebenslangen Lernens. Nach Cropley (1979) sieht eine maximalistische Perspektive Lebenslanges Lernen als Element einer fundamentalen gesellschaftlichen Transformation. Lebenslanges Lernen gewinnt hier die Bedeutung eines gleichsam universalistischen gesellschaftlichen Lern- und Entwicklungskonzeptes. Die minimalistische Perspektive identifiziert Lebenslanges Lernen dagegen im Kern mit Erwachsenenlernen und Weiterbildung. Während in den Anfängen der Debatte um Lebenslanges Lernen noch beide Ansätze nebeneinander standen, hat sich inzwischen eine kontinuierliche Ausweitung in Richtung der maximalistischen Perspektive vollzogen.

Mit dem Konzept des Lebenslangen Lernens verbinden sich unterschiedliche, zum Teil sogar konfligierende Ziele. So wird Lebenslanges Lernen

- erstens als eine Strategie aktiver Arbeitsmarktpolitik, als Antwort auf den mit dem Wandel beruflicher Arbeit verbundenen Qualifikationsstrukturwandel gesehen, gekennzeichnet unter anderem durch Wissensintensivierung, Höherqualifizierung und die Notwendigkeit der ständigen Weiterbildung zum Zwecke des Erhalts der beruflichen Qualifikation und der Beschäftigungsfähigkeit. Diese Zielsetzung findet sich prominent in den meisten OECD- und EU-Dokumenten ebenso wie in der politischen Rhetorik zum Lebenslangen Lernen.
- Zweitens ist damit die Hoffnung verbunden, frühere Bildungsbenachteiligungen kompensieren und die soziale Ungleichheit in den Bildungschancen nachträglich korrigieren zu können. Auch dieses Ziel ist ein fester Bestandteil des Diskurses zum Lebenslangen Lernen (OECD 1996).

- Lebenslanges Lernen gilt drittens als Epiphänomen einer fortschreitenden Individualisierung sozialer Beziehungen – als Medium von Identitäts- und Persönlichkeitsentwicklung, auch als biografische Chance einer neuen Identitätskonstruktion. Diese Perspektive ist insbesondere in Diskursen zur Öffnung des Hochschulzugangs zu finden, in denen ein Studium (auch) als eine Chance zur Korrektur der ursprünglichen Berufswahl oder zur Neustrukturierung der eigenen Biografie gesehen wird (vgl. den Beitrag von Otto/Kamm in diesem Band).
- Viertens wird Lebenslanges Lernen gelegentlich, so etwa in Theorien der Risikogesellschaft, als eine Bewältigungsstrategie für wachsende Unübersichtlichkeiten, Unsicherheiten, Komplexitäten und Risiken im öffentlichen Raum, in der Erwerbsarbeit sowie in der individuellen Lebenswelt verstanden.
- In den letzten Jahren ist – fünftens – ein demografisches Argument hinzugekommen, wonach sich in den entwickelten Gesellschaften angesichts niedriger Geburtenraten und einer ‚Ageing Society' eine Funktionsverlagerung von der Grundbildung zur Weiterbildung vollzieht.
- Schließlich trägt sechstens die Globalisierung nicht nur des Kapital- und Warenverkehrs und des Arbeitsmarktes, sondern auch der Informationsströme und Kommunikationswege dazu bei, Lebenslanges Lernen als Bestandteil globaler Vernetzung zu sehen. Diese Perspektive ist insbesondere in Konzepten technologie- und medienbasierten Lernens weit verbreitet.

Waren die in den 1970er Jahren präsentierten Konzepte stark von Motiven der Egalität, Chancengleichheit und Emanzipation geprägt, schoben sich insbesondere in den 1980er und 1990er Jahren ökonomische Zielsetzungen in den Vordergrund (Schuetze 2005), während seit Mitte der 1990er Jahre viele Konzepte wieder eher die Zielpluralität und Mehrdimensionalität Lebenslangen Lernens betonen. Boshier und Huang (2010, S. 76) haben den Begriff ‚Lifelong Learning' als „a signifier for adapting to the 'needs' of the global economy" kritisiert. „Lifelong learning is mostly nested in an ideology of vocationalism." Ohne Zweifel hatte (und hat) die in den 1960er Jahren aufgekommene Humankapitaltheorie, wonach Bildung und Bildungsinvestitionen zentrale Ressourcen volkswirtschaftlicher und wohlfahrtsstaatlicher Entwicklung sowie der individuellen Beschäftigungsfähigkeit sind, einen starken Einfluss (Schuetze 1995). Andere Autorinnen und Autoren sehen im Konzept des Lebenslangen Lernens dagegen eher eine Zielpluralität angelegt: „education for a more highly skilled workforce; personal development leading to a more rewarding life; and the creation of a stronger and more inclusive society" (Aspin et al. 2001, S. 21).

Dieser Pluralismus führt dazu, dass sich – mindestens – vier theoretische Konzepte Lebenslangen Lernens (und ähnlich auch der lernenden Gesellschaft) in der internationalen Debatte unterscheiden lassen (Schuetze 2007; Wiesner/Wolter 2005):

1. *ein egalitäres, partizipatorisches Modell*, das an sozialen Gerechtigkeits- oder Gleichheitsvorstellungen orientiert ist und in dessen Mittelpunkt die Auswei-

tung der Beteiligung an (Weiter-)Bildung insgesamt (‚Increasing Participation') und der Ausgleich von sozialen Unterschieden in den Chancenstrukturen (‚Widening Participation') stehen;
2. *ein nicht utilitaristisches kulturelles Modell*, in dem Lebenslanges Lernen als ein Weg der subjektiven Aneignung von Bildungswissen und kulturellen Beständen, der individuellen Selbstverwirklichung, persönlichen Weiterentwicklung und Identitätsfindung gilt;
3. *ein postmodernes Modell*, das Lebenslanges Lernen als zeitgemäßes, netzwerkförmig organisiertes, offenes Lernsystem entwickelter Gesellschaften sieht, das auf selbstgesteuertem Lernen basiert und die Potentiale der neuen Medien und Informationstechnologien einschließt, sowie
4. schließlich der *Humankapitalansatz*, der permanentes Lernen zum einen makroökonomisch als Faktor steigender Arbeitsproduktivität, wirtschaftlichen Wachstums und volkswirtschaftlicher Wettbewerbsfähigkeit, zum anderen mikroökonomisch entweder als individuelle Strategie gegen Dequalifizierung, als Voraussetzung für den Erhalt der individuellen Beschäftigungs- und Wettbewerbsfähigkeit oder als Medium des beruflichen Aufstiegs durch Fortbildung sieht.

Im Zuge seiner Entwicklungsgeschichte hat das Konzept des Lebenslangen Lernens einen starken Bedeutungswandel erfahren. Lebenslanges Lernen hat inzwischen mehr und mehr die Konturen eines systemischen Konzeptes gewonnen, welches das Bildungssystem und die dadurch strukturierten Bildungsverläufe insgesamt in den Blick nimmt (vgl. OECD 2001). Als ein inklusives Konzept erstreckt sich Lebenslanges Lernen auf alle Institutionen des Bildungssystems und auf alle biografischen Sequenzen – und damit auch auf Studium und Hochschule. Lebenslanges Lernen wird zu einer Art Querschnittsaufgabe, einem ‚Overarching Principle' für die Organisation pädagogischer Institutionen, insbesondere für die Gestaltung von Übergängen. Mit Lebenslangem Lernen verbindet sich die Vision eines relativ offenen, flexiblen und transparenten Systems mit vielfältigen Eingängen und Ausgängen, mit hoher Durchlässigkeit und ohne Sackgassen. Nicht Segmentierung von Institutionen und Bildungswegen, sondern Vernetzung, Kooperation und Offenheit sind die leitenden Prinzipien. Diese Perspektive ist gerade für die Fragen des Zugangs zum Studium und der Durchlässigkeit zwischen beruflicher und akademischer Bildung von herausragender Bedeutung. Diese weit ausgreifende Ambition, die das Konzept des Lebenslangen Lernens enthält, hat John Field zu Recht veranlasst, von einer ‚New Educational Order' zu sprechen – „lifelong learning as a way of thinking about and structuring our society's approach to education" (Field 2002, S. 8).

Eine der wichtigsten Ergebnisse aus der Ideengeschichte Lebenslangen Lernens ist die Pluralisierung der Lernorte, insbesondere die Aufwertung non-formellen und informellen Lernens gegenüber dem formellen Lernen (Dohmen 2001; Livingstone 2001; Straka 2000, 2009). Lebenslanges Lernen schließt die ganze Vielfalt von Lernorten ein, wobei meist dem Lernen am Arbeitsplatz und dem selbstgesteuerten

Lernen eine besondere Bedeutung zugeschrieben wird. Zwar gehört die Erkenntnis, dass nicht nur in organisierten Bildungseinrichtungen – mit dem Ziel des Erwerbs regulärer Zertifikate –, sondern auch in informellen Lernumgebungen gelernt wird, schon seit Jahrzehnten zu den Grundannahmen der sozial- und bildungswissenschaftlichen Sozialisationsforschung. Jedoch wird in der Perspektive Lebenslangen Lernens die Frage nach der Relevanz informellen Lernens (als intentional-reflexive Aktivität, unterschieden von einem bloß beiläufigen und unbeabsichtigten Erfahrungslernen) radikaler gestellt.

Die Herausforderung gerade für das etatistisch verfasste und hochgradig ‚verr(i)egelte' deutsche Bildungssystem, das in erster Linie auf einer Berechtigungslogik basiert, besteht darin, neue Bewertungs-, Anerkennungs- und Zertifizierungsverfahren für informelle Lernprozesse und deren Ergebnisse zu entwickeln, vor allem an den Übergangsstellen, an denen eine Äquivalenz zu formeller Bildung angestrebt wird. Der mit Lebenslangem Lernen verbundene Perspektivenwechsel, „the shift in perspective from an institutional and formal one to a learner-centred one" (Schuetze 2005, S. 97), kollidiert mit der gerade im deutschen Bildungssystem ausgeprägten Angebotsorientierung. Im Zentrum Lebenslangen Lernens stehen nicht die Institutionen mit ihren spezifischen Anforderungen, in der Regel curricular fixiert, sondern die ‚Lernenden' mit ihren unterschiedlichen Voraussetzungen und Bedürfnissen. Der Brennpunkt verschiebt sich von den mehr oder weniger kanonisierten Anforderungen und Angeboten von Institutionen auf die individuelle Nachfrage nach und den gesellschaftlichen Bedarf an Bildung. Das ist insbesondere für die Hochschulen eine große Herausforderung bei der Etablierung von Angeboten des Lebenslangen Lernens.

Das Prinzip der Nachfrage- und Teilnehmerorientierung ist leitend für Konzepte Lebenslangen Lernens. Dieser Paradigmenwechsel manifestiert sich auch in der Bedeutung, die der Kompetenzbegriff im Diskurs über Lebenslanges Lernen gewonnen hat. Denn damit geht eine Konzentration auf die Lernergebnisse, auf die durch Lernen, auch informelles, tatsächlich erworbenen Kompetenzen (,Outcomes') einher. Kompetenzen sind im Verständnis des Lebenslangen Lernens allerdings weiter definiert als in der stark kognitionstheoretisch, psychometrisch und diagnostisch geprägten Kompetenzforschung und umfassen mehr als kontextspezifische kognitive Leistungsdispositionen (Klieme/Hartig 2007). Kompetenzen werden hier primär handlungstheoretisch als generative und transferierbare, situationsunabhängige Fähigkeiten verstanden und beziehen neben kognitiven eine Vielfalt anderer Kompetenzen (Schlüssel-, Sozial-, Methoden-, Sach- und Handlungskompetenzen) ein.

5   Hochschule und Lebenslanges Lernen

Wenn Lebenslanges Lernen als eine übergreifende bildungspolitische Strategie verstanden wird, die das gesamte Bildungswesen sowie den gesamten individuellen Lebenszyklus einschließt, dann gilt dies auch für das Hochschulwesen. Traditionell haben sich Hochschulen nicht als Einrichtungen des Lebenslangen Lernens gesehen, und in vielen Ländern hat sich an dieser Situation wenig geändert. Viele Hochschulen, insbesondere solche, die sich selbst als ‚World Class Universities' sehen oder die Ambition verfolgen, zu diesem Kreis zu gehören, konstruieren einen Gegensatz zwischen akademischen Exzellenzansprüchen und dem Lebenslangem Lernen inhärenten Anliegen der Öffnung und der Ausweitung. In zahlreichen Ländern haben Hochschulen aber auch Impulse aus dem internationalen Diskurs über Lebenslanges Lernen aufgenommen und ihr Selbstverständnis (‚Mission') und ihre Angebote in unterschiedlichem Umfang entsprechend erweitert. „The ongoing policy debate (on lifelong learning) has brought a new dynamic to the discourse about the future mission of, and necessary reforms in higher education." (Schuetze/Slowey 2000) In einzelnen Fällen versuchen Hochschulen sogar, Lebenslanges Lernen explizit in eine Strategie der institutionellen Profilbildung zu integrieren und mit dem Anspruch auf akademische Exzellenz auszubalancieren.

Mit den oben genannten Konzepten des Lebenslangen Lernens korrespondierend lassen sich im Hochschulbereich mehrere Ansätze unterscheiden.

- Der *Inklusionsansatz*, der im Zeichen des Lebenslangen Lernens eine Öffnung der Hochschule (‚Widening Participation') für neue Zielgruppen, zum Beispiel nicht-traditionelle Studierende, mit dem Ziel anstrebt, eine höhere Bildungsbeteiligung mit einem Ausgleich (oder zumindest einer Annäherung) in den Chancenstrukturen zwischen den sozialen Gruppen zu verbinden;
- ein *holistischer Ansatz*, der Lebenslanges Lernen an der Hochschule als einen ganzheitlichen Prozess der Persönlichkeitsentwicklung im Medium kultureller Wissensbestände versteht, weniger den Ausbildungs- als den Bildungsauftrag der Hochschule fokussiert und eher allgemeinbildende Angebotsformate wie zum Beispiel das Studium generale oder nachberufliche Studien präferiert;
- ein ‚*Delivery*'-*Ansatz*, der auf neue technologie- und medienbasierte Lehr- und Lernformen wie Blended Learning, online-basiertes Studium oder selbstgesteuertes Lernen setzt, auch in der traditionellen oder in einer weiterentwickelten Form des Fernstudiums;
- und schließlich ein *Arbeitsmarktansatz*, der Lebenslanges Lernen an Hochschulen primär als berufliche Fortbildung zum Zwecke des beruflichen Aufstiegs oder des Erhalts der beruflichen Qualifikation durch Weiterbildung versteht.

Auch die Hochschulen sollen sich, dem übergreifenden Ziel des Lebenslangen Lernens folgend, für bislang unterrepräsentierte beziehungsweise faktisch ausgeschlossene Gruppen öffnen und ihre Angebote entsprechend flexibel und zugänglich ausgestalten. Die Umsetzung eines offenen Hochschulzugangs im Sinne des Prinzips der Realisierung von Chancengleichheit stellt in vielen Ländern jedoch nach wie vor ein ungelöstes Problem dar, da immer noch vielfältige Barrieren, sowohl formale als auch unsichtbare, aber effektive Hürden den Zugang zu den Hochschulen beschränken. In Richtung auf Ansätze des Lebenslangen Lernens zielende Initiativen haben in vielen Ländern aber auch zu einer wachsenden Zahl nicht-traditioneller

Studierender oder Weiterbildungsstudierender beigetragen. Solche Ansätze gingen in der Regel mit Änderungen in der Studienorganisation einher, beispielsweise dem Ausbau von Teilzeit- oder Fernstudienangeboten, der verstärkten Nutzung von neuen Informations- und Kommunikationstechnologien oder auch mit der Schaffung von Anrechnungsmöglichkeiten für außerhalb von Hochschulen erworbenen Kompetenzen (Slowey/Schuetze 2012; Wolter et al. 2014; Dollhausen et al. 2013). Während man in Deutschland oft eine starke Konzentration auf Fragen des Hochschulzugangs beobachten kann, geht es, international gesehen, bei der Implementation Lebenslangen Lernens neben Fragen des Zugangs und der Zulassung vor allem um die nachfrage- und bedürfnisorientierte Ausgestaltung der Studienangebote und -formate (vgl. den Beitrag von Spexard in diesem Band).

In Deutschland ist der Begriff des Lebenslangen Lernens erst relativ spät und oft von kritischen Kommentaren begleitet rezipiert worden, primär in der minimalistischen Variante als eine Art Legitimationsbegriff für die Förderung der Erwachsenen- beziehungsweise Weiterbildung. Ein starker Impuls ging von der Erweiterung des Lernverständnisses durch die Berücksichtigung und Anerkennung des informellen Lernens aus. Die weitverbreitete Zurückhaltung gegenüber diesem Begriff hatte mehrere Gründe: die vor allem unter den Einrichtungen der Weiterbildung vorhandene Sorge um eine Entinstitutionalisierung des Weiterlernens durch die Einbeziehung des informellen Lernens, die Verknüpfung vieler Programme des Lebenslangen Lernens mit arbeitsmarktpolitischen Maßnahmen zum Erhalt der Beschäftigungsfähigkeit – als eine „Totalverzweckung von Menschen für ökonomische Ziele" (Holzer 2004, S. 96) diskreditiert –, die Skepsis gegenüber der politischen Instrumentalisierung des Konzeptes oder dessen gesellschaftspolitische Einordnung als „postmodernes (neoliberales) Machtspiel" (Alheit 2009, S. 86), als eine neue Herrschaftstechnik zur Sozialdisziplinierung, zur Durchsetzung eines neuen Lebenslaufregimes oder zur meritokratischen Legitimation sozialer Unterschiede (Alheit 2009; Rothe 2009).

Auch in die Hochschulpolitik fand der Begriff hierzulande relativ spät Eingang, hauptsächlich im Kontext des Bologna-Prozesses. Traditionell klassifizieren die Hochschulen ihre Angebote und Aktivitäten in der Weiterbildung eher unter dem Begriff der wissenschaftlichen Weiterbildung. In der ‚alten' Studiengangarchitektur der Hochschulen besteht wissenschaftliche Weiterbildung im Kern aus postgradualen Angeboten, die zwar häufig offen für andere Interessierte sind, deren Hauptzielgruppe aber Hochschulabsolventinnen und Hochschulabsolventen bilden, die zum Zwecke der Fortbildung an die Hochschule zurückkehren. Dabei kann es sich um sogenannte ‚Degree-Courses' (Studiengänge) oder ‚Non-Degree-Programs' (Zertifikatsprogramme oder länger dauernde Programme ohne Zertifizierung) handeln, auch um kürzere Angebote wie Wochenendkurse oder einzelne Kurse. In jedem Fall waren solche weiterbildenden Angebote, abgesehen von öffentlichen Angeboten wie Ringvorlesungen oder Bürgeruniversitäten, abgegrenzt von Studienangeboten in der akademischen Erstausbildung.

In der Perspektive des Lebenslangen Lernens werden die Grenzen aber fließend, und Weiterbildung wird jetzt nicht mehr primär über die Art des Studiengangs, sondern von der Zielgruppe und deren vorangegangenen Bildungs- und Berufsbiografien her definiert. Studiengänge in der akademischen Erstausbildung, die sich an Berufstätige wenden, sind dann – biografisch gesehen – ein Weiterbildungsangebot. Diese erweiterte Perspektive rechnet Fernstudienangebote für Berufstätige oder andere berufsbegleitende Studienangebote also auch dann zur Weiterbildung, wenn sie zu einem *ersten* akademischen Abschluss führen. Referenzpunkt ist nicht mehr die Studiengangsystematik, sondern der Bildungs- und Lebensverlauf. Innerhalb des Bund-Länder-Wettbewerbs *Aufstieg durch Bildung: offene Hochschulen* sind beide Angebotsformen vertreten: postgraduale weiterbildende Studienangebote und weiterbildende Formate in der akademischen Erstausbildung. Der Wettbewerb hat hier eine durch das Konzept Lebenslangen Lernens angeregte Erweiterung des Weiterbildungsverständnisses aufgenommen.

6 Zielgruppen Lebenslangen Lernens und nicht-traditionelle Studierende

Mit dem Wandel des Weiterbildungsverständnisses im Kontext der Diskussion um Lebenslanges Lernen gewinnt auch die Frage der Zielgruppen und ihrer jeweiligen biografischen Voraussetzungen an Bedeutung. Hinsichtlich der Bezeichnung dieser ‚neuen' Zielgruppen ist die Terminologie uneinheitlich, international wie national. Das gilt in besonderer Weise für den Begriff der ‚nicht-traditionellen Studierenden', der nicht in Deutschland kreiert, sondern aus international-vergleichenden Studien übernommen wurde. International sind Bezeichnungen wie ‚Adult', ‚Mature' (OECD 1987; Kasworm 1993) oder eben ‚Non-traditional Students' oder – in einer sehr weiten Fassung – ‚Lifelong Learners' vorzufinden (Schuetze 2014), wobei der Begriff der ‚nicht-traditionellen Studierenden' noch am häufigsten vorkommt. Von daher kann es nicht überraschen, dass weltweit ganz unterschiedliche Definitionen von nicht-traditionellen Studierenden anzutreffen sind (Slowey/Schuetze 2012). Dabei werden zum Teil (1.) das Alter zum Zeitpunkt der Studienaufnahme (z.B. älter als 25 Jahre), (2.) das Kriterium geringer oder unterdurchschnittlicher Partizipation an Hochschulbildung, (3.) die Lebensverläufe vor dem Studium (linear oder diskontinuierlich), (4.) reguläre oder alternative Wege des Hochschulzugangs oder (5.) das Studienformat (Fern- oder Teilzeitstudium) als definierende Merkmale herangezogen (Wolter 2012; Lübben/Müskens/Zawacki-Richter 2015).

Bei nicht-traditionellen Studierenden kann es sich dann um Studierende handeln, die älter sind als die typischen Studienanfängerinnen und -anfänger (z.B. ‚Mature Students' in Großbritannien und Irland), die einer bestimmten Personengruppe angehören, die an den Hochschulen eines Landes unterrepräsentiert ist (z.B. ethnische Minderheiten oder Studieninteressierte aus sozial benachteiligten Milieus – bis vor einigen Jahrzehnten auch Frauen), oder um Studierende mit einer anderen als der im jeweiligen Land üblichen Vorbildung (z.B. Studienberechtigungen des Dritten Bildungswegs in Deutschland oder vergleichbare Regelungen in Österreich und der Schweiz) (Teichler/Wolter 2004; Schuetze/Slowey 2002). Hier zeigt sich, dass die nationalen Definitionen nicht unabhängig von der Zusammensetzung der Studierenden und der demografischen Struktur der Bevölkerung sind. Oft finden sich eine eher enge und eine eher weite Definition der ‚nicht-traditionellen Studierenden'. Beide Ansätze verweisen auf unterschiedliche hochschulpolitische und wissenschaftliche Diskurskontexte. So können alle zuvor genannten fünf Kategorien additiv oder nur einzelne Merkmale herangezogen werden. Das enger gefasste Verständnis von ‚nicht-traditionell' bezieht sich auf die Gruppe der in der Regel älteren Studierenden mit einer Berufsausbildung/-tätigkeit (auch Familientätigkeit) vor der Studienaufnahme und häufig alternativen Wegen des Hochschulzugangs. Hier werden also die Kriterien Lebensverlauf/Vorqualifikation und Zugangsweg zusammengefasst. Andere Gruppen weisen einen ‚Zwitterstatus' auf, so zum Beispiel Studierende des Zweiten Bildungswegs in Deutschland, die über eine nicht-traditionelle Biografie, aber eine herkömmliche schulische Studienberechtigung verfügen.

Slowey und Schuetze (2012) haben in einer neueren international-vergleichenden Studie den Begriff ‚Lifelong Learners' in den Mittelpunkt gestellt. Aber wie der Begriff ‚nicht-traditionell' weist auch dieser Terminus Unschärfen auf: „An exact definition of 'lifelong learners' remains elusive – understandably so in light of the vagueness and breadth of the concept of lifelong learning" (Schuetze 2014, S. 39). Slowey/Schuetze (2012, S. 15f.) unterscheiden sieben, sich teilweise überlappende Typen von ‚Lifelong Learners':

1. *Second Chance Learners*, wobei es sich in erster Linie um Studieninteressierte mit einer untypischen, häufig beruflichen Vorbildung handelt, die nicht auf dem regulären schulischen, von der Mehrzahl der Studierenden beschrittenen Weg zur Hochschule gekommen sind, sondern auf einem alternativen Weg, oft über spezielle Auswahl- oder Anerkennungsverfahren und zumeist zu einem späteren biografischen Zeitpunkt;
2. *Equity Groups*, die im Hochschulsystem im Verhältnis zu ihrem Bevölkerungsanteil (oder anderen Kriterien) unterrepräsentiert sind, wie zum Beispiel ethnische Minderheiten, Personen mit niedriger Bildungsherkunft oder niedrigem sozioökonomischen Status, Ältere, Migrantinnen und Migranten oder Personen mit einer Behinderung;
3. *Deferrers*, wobei es sich primär um Personen handelt, die zwar über eine allgemein übliche Form der Studienberechtigung verfügen, aber erst mit einiger zeitlicher Verzögerung ein Studium aufnehmen, weil sie zunächst andere Ausbildungs- oder Lebenswege beschreiten;
4. *Recurrent Learners*, in der Regel Personen, die bereits über einen Studienabschluss verfügen und die für ein weiteres Studium an die Hochschule zurückkehren, in der Regel um einen weiteren Abschluss (z.B. einen Mastergrad) zu erwerben;

5. *Returners*, ehemalige Studierende, die ihre Hochschule aus unterschiedlichen Gründen zunächst ohne Abschluss verlassen haben und ihr Studium nach einer längeren Unterbrechung wieder aufnehmen; Studienabbrecherinnen und -abbrecher sind ein immer wieder angeführtes Beispiel, sie werden dann zu ‚Unterbrechern';
6. *Refreshers*, Erwerbstätige oder andere Personen, die bereits über einen Studienabschluss verfügen und zum Zwecke der beruflichen Fortbildung an die Hochschule zurückkehren, wobei es sich in der Regel um die Teilnahme an kürzeren Weiterbildungsangeboten handelt; diese Gruppe repräsentiert (neben der vierten) das ‚klassische' Weiterbildungsklientel der Hochschule; sowie
7. *Learners in Later Life*, wobei es sich zumeist um Personen handelt, die in ihrer nachberuflichen Lebensphase an gesonderten Bildungsangeboten der Hochschulen teilnehmen, ohne einen Studienabschluss anzustreben, zum Teil aber auch an regulären Studiengängen mit einer Abschlussintention. Als Konsequenz aus der demografischen Entwicklung und früheren Wellen der Bildungsexpansion wird dieses Nachfragepotential zukünftig stark anwachsen.

Die seit den 1970er Jahren vorgelegten Konzepte zum Lebenslangen Lernen adressieren in erster Linie die ersten drei Typen, wenn in ihnen eine Öffnung für neue Zielgruppen beziehungsweise bislang unterrepräsentierte Personengruppen gefordert wird (OECD 1981). Dabei kommt insbesondere dem zweiten Typus, den ‚Equity Groups', eine stärkere Bedeutung zu, als dies später, insbesondere seit den 1990er Jahren häufig der Fall gewesen ist. In den 1970er und frühen 1980er Jahren standen neben Studieninteressierten mit einer beruflichen Vorbildung, die nicht über die übliche Form der Studienberechtigung verfügen, unter anderem Frauen, Angehörige unterrepräsentierter sozialer Milieus und ethnischer Minderheiten sowie insgesamt ältere Personengruppen im Zentrum der Diskussion (Schuetze/Slowey 2002; OECD 1981). Allerdings haben sich mit der Hochschulexpansion die Beteiligungsstrukturen an Hochschulbildung teilweise deutlich verändert. Die anderen Typen – mit Ausnahme der ‚Returners' – stellen eher Beispiele für Angebote von Hochschulen im Bereich der Erwachsenen- beziehungsweise Weiterbildung dar, die (mit Ausnahme der letzten Gruppe) zu einem nicht unerheblichen Teil vom Motiv einer dauerhaften Sicherung des gesellschaftlichen Fachkräftebedarfs sowie der individuellen Beschäftigungsfähigkeit getragen werden.

Beide unter dem übergreifenden Konzept des Lebenslangen Lernens formulierten Zielsetzungen, die Ausweitung der Beteiligungschancen an akademischer Bildung für unterrepräsentierte Zielgruppen einerseits und das verstärkte Engagement der Hochschulen im Bereich der Weiterbildung andererseits, ziehen sich kontinuierlich durch nahezu alle entsprechenden Äußerungen internationaler Organisationen seit dem Beginn der Diskussion um das Lebenslange Lernen in den späten 1960er Jahren. Beide Zielsetzungen laufen in vielen Dokumenten – insbesondere in denen aus dem OECD- und EU-Kontext – zusammen in Konzepten, Berufstätige, beruflich Qualifizierte oder nicht-traditionelle Studierende in diesem Verständnis als neue Zielgruppen für ein Studium zu gewinnen. Die ‚Equity Groups' treten demgegenüber im Lauf der Zeit (zunächst) in den Hintergrund (Schuetze/Slowey 2002); Weiterbildungsstudierende, die bereits über einen Hochschulabschluss verfügen, spielen im Bologna-Prozess bestenfalls eine sekundäre Rolle.

Mit der Zeit wurde die Semantik des Begriffs ‚nicht-traditionell', auch die der Forderung nach ‚Widening Participation', wieder stärker auf andere Gruppen ausgeweitet. In diesem weiten Verständnis wird das Adjektiv ‚nicht-traditionell' auf (fast) alle Merkmale in der Zusammensetzung der Studierenden bezogen, bei denen sich Abweichungen gegenüber dem Konstrukt des ‚traditionellen' Studierenden finden. Gelegentlich wird das Attribut ‚nicht-traditionell' zum Synonym für die wachsende Heterogenität und Vielfalt der Studierenden. Je nach Blickwinkel fallen dann von ‚First-Generation-Studierenden', Studierenden mit Migrationshintergrund oder ‚First-Nation-Studierenden', älteren und/oder berufserfahrenen, erwerbstätigen Studierenden, Studierenden in Fern- oder Teilzeitstudien bis hin zu Studierenden mit einer Behinderung, gelegentlich sogar internationalen Studierenden, sehr unterschiedliche Gruppen unter diese Kategorie. Ihre Gemeinsamkeit besteht dann lediglich darin, sich in irgendeiner Form vom faktisch kaum noch existierenden ‚Normaltypus' zu unterscheiden.

Mit diesem weiten Verständnis geht die Gefahr einher, dass der Begriff ‚nicht-traditionell' tendenziell eher an analytischer Schärfe verliert, weil er nicht (mehr) einen bestimmten eingrenzbaren Personenkreis bezeichnet, sondern eine ihrerseits wieder höchst heterogen zusammengesetzte Gruppe, bei der verschiedene Merkmale aus unterschiedlichen Diskurskontexten – von der Internationalisierung über Chancengleichheit und Gender Mainstreaming bis zur Inklusion – zusammengefasst werden. Die Definition dieses Begriffs hat aber sowohl statistische als auch hochschulpolitische Konsequenzen. Eine weite Definition führt naturgemäß dazu, dass der Anteil nicht-traditioneller Studierender unter allen Studierenden höher ausfällt; eine enge Definition bewirkt das Gegenteil. Mit dem statistischen Volumen ändern sich auch die hochschulpolitischen Schlussfolgerungen: Wenn in einem Land mehr als die Hälfte der Studierenden bereits ‚nicht-traditionell' sind, gibt die Forderung nach stärkerer Öffnung der Hochschulen für diese Zielgruppe nur noch wenig Sinn. So lässt die amerikanische Hochschul- und Weiterbildungsforscherin Carol Kasworm (2012, S. 178) bei der häufig zitierten Feststellung, dass in den USA mehr als 70 Prozent der Studierenden ‚nicht-traditionell' sind, Skepsis anklingen, da einige „key characteristics of the adult student […] have not been adequately addressed".

Zu berücksichtigen ist hier, dass die Definition von ‚nicht-traditionell' und deren Differenzierung gegenüber ‚traditionell' stark von den jeweiligen nationalen Bildungs- und Qualifikationsstrukturen beeinflusst werden. In den verschiedenen Ländern bestehen ganz unterschiedliche Formen des Hochschulzugangs, die jeweils einer spezifischen System- und Verfahrenslogik folgen, mit denen häufig besondere Zulassungsverfahren korrespondieren. In vertikal organisierten Bildungssystemen, in denen nur ein bestimmter institutioneller Zweig (,Track') zum Erwerb einer Studienberechtigung führt (wie in Deutschland und einigen anderen europäischen Staaten), fällt die Definition anders aus als in horizontal gegliederten Bildungssystemen, in denen sich die große Mehrzahl der Schulabgängerinnen und Schulabgänger grundsätzlich um die Aufnahme eines Studiums bewerben kann und dann weitere Auswahlverfahren durch die Hochschulen greifen (wie in den USA).

Angesichts der unterschiedlichen begrifflichen Abgrenzungen muss der Begriff der ‚nicht-traditionellen Studierenden' nicht nur auf Strukturmerkmale der Bevölkerung und der Studierenden rückbezogen werden, sondern auch auf den jeweiligen nationalen Kontext und die spezifischen Strukturen nationaler Qualifizierungssysteme (Schuetze 2014). Auch in Deutschland koexistieren eine enge und eine weite Definition des Begriffs ‚nicht-traditionell'. Häufig wird dieser mit allen beruflich qualifizierten Studierenden identifiziert, auch denjenigen, die ihre Studienberechtigung über das Abitur erworben haben. Legt man dieses Kriterium zugrunde, beträgt der Anteil nicht-traditioneller Studierender an deutschen Hochschulen zirka 22 Prozent – an Universitäten 13 Prozent, an Fachhochschulen 42 Prozent (Middendorff et al. 2013). Das wäre im internationalen Vergleich ein recht hoher Anteil, sodass das deutsche Bildungs- und Hochschulsystem als ein gegenüber beruflichen Qualifikationen und Erfahrungen vergleichsweise offenes, durchlässiges System zu gelten hätte.

Das Gegenteil ist jedoch der Fall, wenn man die spezifische Konstruktion des Hochschulzugangs in Deutschland mit der engen Bindung an das Abitur und der lange Zeit nahezu vollständigen Abkopplung der beruflichen Bildung im Auge hat, die überhaupt erst in jüngerer Zeit durchbrochen wurde. Die deutsche Tradition, gymnasialer Bildung gegenüber der beruflichen Bildung eine Art kulturelle Hegemonie zu attestieren, hat sich historisch in der institutionellen Ordnung des Hochschulzugangs deutlich niedergeschlagen. So erfolgt die Selektion nicht beim Hochschulzugang, sondern bereits im Schulsystem, indem die Studienberechtigung exklusiv an eine bestimmte Institution gebunden wird – das Gymnasium (oder andere Schulen, die eine Studienberechtigung vermitteln). Zugleich wurde die berufliche Bildung vom Hochschulzugang lange Zeit fast vollständig ausgeschlossen, sofern nicht gleichzeitig ein (Fach-)Abitur vorlag.

Diese institutionelle Verfassung des Hochschulzugangs ist eine historische Erbschaft. Mit der Einführung des Abiturs zu Beginn des 19. Jahrhunderts wurde die Hochschulreife – in ihrer doppelten Bedeutung: als formale Studienberechtigung und als Studierfähigkeit – zum Monopol des Gymnasiums. Da sich die Regulierung des Hochschulzugangs bildungstheoretisch im Kontext der verschiedenen Strömungen des deutschen Bildungsidealismus vollzog, wurde nicht nur das Abitur gleichsam zum Merkmal einer gebildeten Persönlichkeit stilisiert, sondern auch eine tief greifende, bildungstheoretisch überhöhte Schranke gegenüber der beruflichen Bildung errichtet. Die scharfe bildungstheoretische Trennungslinie, die der deutsche Bildungsidealismus zwischen allgemeiner und beruflicher Bildung zog, hatte zur Folge, dass sich für den Hochschulzugang über das Gymnasium eine eigene institutionelle Ordnung ausbildete, welche die berufliche Bildung ausgrenzte. Baethge (2007) hat diese Segmentierung als das ‚deutsche Bildungs-Schisma' bezeichnet.

Diese Erbschaft des 19. Jahrhunderts wirkt in Deutschland noch heute nach und bringt es mit sich, dass direkte Übergänge vom Beruf in die Hochschule einem besonderen Legitimationsdruck ausgesetzt sind, für den die Frage der Studierfähigkeit zum Schlüsselthema geworden ist. Als legitimer Weg für Berufstätige zur Hochschulreife wurden am ehesten die Einrichtungen des Zweiten Bildungswegs (Abendgymnasien und Kollegs) betrachtet, die mit dem nachträglichen Erwerb des Abiturs das Stigma der *nur* beruflichen Qualifikation tilg(t)en. Vor diesem historisch-strukturellen Hintergrund bietet sich für Deutschland eine enge Definition des Begriffs ‚nicht-traditionell' an, die sich auf diejenigen Zugangswege zur Hochschule konzentriert, die nicht über eine schulisch vermittelte Studienberechtigung führen, sondern in unterschiedlichen Formen über eine berufliche Qualifikation – heute oft unter dem Begriff des ‚Dritten Bildungswegs' eingeordnet (Wolter 1990; Teichler/Wolter 2004; Dahm et al. 2013).

Eine weite Definition würde das Ausmaß an Offenheit und Durchlässigkeit im deutschen Bildungssystem erheblich überschätzen und die institutionelle Segmentierung zwischen gymnasialer und beruflicher Bildung als ein charakteristisches Merkmal des deutschen Bildungssystems ignorieren. Aus demselben Grund ist die ebenfalls häufig anzutreffende Kategorie der ‚beruflich Qualifizierten' problematisch, weil hier begrifflich nicht mehr zwischen denjenigen mit einer schulischen Studienberechtigung und denjenigen unterschieden wird, die über hochschulrechtlich geregelte Zugangswege oder die Anerkennung ihrer beruflichen Qualifikation zum Studium gekommen sind. Bildungspolitisch kontrovers war bis in die jüngste Gegenwart immer nur der Weg zur Universität ohne Abitur beziehungsweise in die Hochschule ohne eine schulische Studienberechtigung – überwiegend mit dem Argument der fehlenden Studierfähigkeit, die eine berufliche Bildung nicht vermitteln könne. Der Begriff der beruflich Qualifizierten verwischt diese im Bildungssystem institutionalisierte Distinktion, die gleichsam eine Konsequenz aus der kulturellen und bildungstheoretischen Hierarchisierung zwischen allgemeiner (=gymnasialer) und beruflicher Bildung bedeutet.

7   Schlussfolgerungen

In diesem Beitrag wurde gezeigt, dass das Konzept des Lebenslangen Lernens in der Hochschulpolitik und Hochschulentwicklung keineswegs eine ‚Neuerfindung' aus den letzten zehn bis 15 Jahren, der Zeitspanne des Bologna-Prozesses, ist. Vielmehr ist die Hochschule als eine Einrichtung Lebenslangen Lernens bereits in frühen Entwürfen und Konzeptionen präsent, wenn auch eher am Rande. Das gilt selbst für solche Komponenten wie Anrechnung und die Öffnung für neue Zielgruppen, etwa nicht-traditionelle Studierende, die oft auf den Bologna-Prozess zurückgeführt werden. Die historische Rekonstruktion zeigt aber bis in die Gegenwart hinein, dass in diesem Themenfeld nicht nur ein hohes Maß an begrifflicher Unbestimmtheit und Inkonsistenz vorhanden ist, sondern sowohl für Lebenslanges Lernen im Allgemeinen als auch für seine hochschulpolitische Rezeption ganz unterschiedliche, zum Teil konkurrierende Ansätze und Konzepte zu beobachten sind. Sie variieren nicht nur in den Zielbestimmungen, sondern auch in ihrer Reichweite – von Masterplänen zur Reform des gesamten Bildungssystems bis hin zu einem ‚Anbau' namens wissenschaftliche Weiterbildung an die bestehenden Hochschulstrukturen.

Unübersehbar ist aber, dass mit dem Diskurs über Lebenslanges Lernen ein neuer Impuls, vielleicht sogar eine neue Dynamik in die deutsche Hochschulpolitik hineingekommen ist, der beziehungsweise die sich in einer Vielzahl von Maßnahmen niedergeschlagen hat: von einer Neuregelung des Hochschulzugangs für Berufstätige ohne schulische Studienberechtigung auf Länder- und länderübergreifender Ebene (vgl. den Beitrag von Banscherus/Neumerkel/Feichtenbeiner in diesem Band) bis hin zum Bund-Länder-Wettbewerb *Aufstieg durch Bildung: offene Hochschulen*. Verstärkt wurde dieser Trend durch Anstöße, die eher aus der Berufsbildungspolitik kamen, insbesondere zur Durchlässigkeit zwischen beruflicher und akademischer Bildung. Begünstigt wurden diese Tendenzen durch parallel laufende Entwicklungen und Debatten, zum Beispiel über die Folgen der demografischen Entwicklung für die Hochschulen oder einen möglicherweise drohenden Fachkräftemangel unter anderem bei hochqualifizierten Arbeitskräften. Es bleibt aber der Befund (und zugleich die anhaltende hochschulpolitische Aufgabe), dass Lebenslanges Lernen in seinen verschiedenen Facetten – Angebote/Programme, Zielgruppen, Förder- und Unterstützungsmaßnahmen – auf der praktischen noch stärker als auf der programmatischen Ebene noch immer nicht zu einem zentralen Anliegen der Hochschulen geworden ist, sich vielmehr das vorhandene und tendenziell wachsende Engagement der Hochschulen in diesem Handlungsfeld durch ein hohes Maß an Differenz auszeichnet. Hier ist auch die wesentliche Funktion des Bund-Länder-Wettbewerbs *Aufstieg durch Bildung: offene Hochschulen* zu sehen, Lebenslanges Lernen stärker als bisher an den Hochschulen zu verankern und flächendeckend zu einem Anliegen der Hochschulen werden zu lassen.

Literatur

Alheit, P. (2009): „Diskurspolitik": Lebenslanges Lernen als postmodernes Machtspiel? In: Alheit, P./Felden, H. von (Hrsg.): *Lebenslanges Lernen und erziehungswissenschaftliche Biographieforschung. Konzepte und Forschung im europäischen Diskurs*. Wiesbaden: VS Verlag für Sozialwissenschaften. S. 77–88.

Alheit, P./Dausien, B. (2002): Bildungsprozesse über die Lebensspanne und lebenslanges Lernen. In: Tippelt, R. (Hrsg.): *Handbuch Bildungsforschung*. Opladen: Leske und Budrich. S. 565–583.

Aspin, D./Chapman, J./Hatton, M./Sawano, Y. (2001): Introduction and Overview. In: Aspin, D./Chapman, J./Hatton, M./Sawano, Y. (Hrsg.): *International Handbook of Lifelong Learning*. Part 1. Dordrecht: Springer Netherlands. S. 16–40.

Baethge, M. (2007): Das deutsche Bildungs-Schisma: Welche Probleme ein vorindustrielles Bildungssystem in einer nachindustriellen Gesellschaft hat. In: *Wirtschaft und Erziehung*. 59(1). S. 3–11.

Banscherus, U. (2010): Lebenslanges Lernen im Bologna-Prozess. In: Wolter, A./Wiesner, G./Koepernik, C. (Hrsg.): *Der lernende Mensch in der Wissensgesellschaft. Perspektiven lebenslangen Lernens*. Weinheim: Juventa. S. 221–237.

Becker, P./Primova, R. (2009): *Die Europäische Union und die Bildungspolitik* (Diskussionspapier 7/2009 der Stiftung Wissenschaft und Politik). Berlin.

Boshier, R./Huang, Y. (2010): Better City, Better Life: Lifelong Learning with Canadian Characteristics. In: *Lifelong Education*. 8(3). S. 70–80 [Part 1] und 8(4). S. 13–22 [Part 2].

Brine, J. (2006): Lifelong learning and the knowledge economy: those that know and those that do not – the discourse of the European Union. In: *British Educational Research Journal*. 32(5). S. 649–665.

Corbett, A. (2003): Ideas, Institutions and Policy Entrepreneurs: towards a new history of higher education in the European Community. In: *European Journal of Education*. 38(3). S. 315–330.

Cropley, A. (1979): Lifelong Education: Some Theoretical and Practical Considerations. In: Cropley, A. (Hrsg.): *Lifelong Education. A Stocktaking*. Hamburg: UIE. S. 99–115.

Dahm, G./Kamm, C./Kerst, C./Otto, A./Wolter, A. (2013): Stille Revolution? – Der Hochschulzugang für nicht-traditionelle Studierende im Umbruch. In: *Die Deutsche Schule – Zeitschrift für Erziehungswissenschaft, Bildungspolitik und pädagogische Praxis*. 105(4). S. 382–401.

Davies, P. (2003): Widening Participation and the European Union: direct action – indirect policy? In: *European Journal of Education*. 38(1). S. 99–116.

De Wit, K./Verhoven, J. C. (2001): The Higher Education Policy of the European Union. With or against the Member States? In: Huisman, J./Maassen, P./Neave, G. (Hrsg.): *Higher education and the nation state*. Oxford: Elsevier-Pergamon for IAU. S. 175–233.

Dohmen, G. (1996): *Lifelong Learning. Guidelines for a Modern Education Policy*. Bonn.

Dohmen, G. (2001): *Das informelle Lernen*. Bonn.

Dollhausen, K./Wolter, A./Lattke, S./Scheliga, F./Banscherus, U./Spexard, A. (2013): *Opening higher education to adults. Final Report*. Brüssel.

Europäische Kommission (1995): *Weißbuch zur allgemeinen und beruflichen Bildung Lehren und Lernen – Auf dem Weg zur kognitiven Gesellschaft*. Luxemburg.

Europäische Kommission (2000): *Memorandum über Lebenslanges Lernen*. Brüssel.

Field, J. (1998): *European Dimensions. Education, Trainings and the European Union*. London: Jessica Kingsley Publishers.

Field, J. (2002): *Lifelong Learning and the New Educational Order*. (2. Auflage). Stoke on Trent: Trentham.

Hanft, A./Pellert, A./Cendon, E./Wolter, A. (2015): *Weiterbildung und Lebenslanges Lernen an Hochschulen. Ergebnisse der wissenschaftlichen Begleitung zur ersten Förderphase der ersten Wettbewerbsrunde des Bund-Länder-Wettbewerbs: „Aufstieg durch Bildung: offene Hochschulen"*. Oldenburg.

Holzer, D. (2004): *Widerstand gegen Weiterbildung. Weiterbildungsabstinenz und die Forderung nach lebenslangem Lernen*. Wien: LIT.

Jakobi, A. P. (2006): *The worldwide norm of lifelong learning: a study of global policy development.* Dissertation. Universität Bielefeld.

Jakobi, A. P./Rusconi, A. (2008): *Opening of higher education? A lifelong learning perspective on the Bologna process* (WZB Discussion Paper SP I 2008–502). Berlin.

Janne, H. (1973): For a Community policy on education. In: *Bulletin of the European Communities.* 1973(10). S. 2–60.

Kasworm, C. E. (1993): Adult higher education from an international perspective. In: *Higher Education.* 25(4). S. 411–423.

Kasworm, C. E. (2012): United States of America: adult higher education of lifelong learning in the USA: perplexing contradictions. In: Slowey, M./Schuetze, H. G. (Hrsg.): *Global Perspectives on Higher Education and Lifelong Learners.* London: Routledge. S. 173–192.

Klieme, E./Hartig, J. (2007): Kompetenzkonzepte in den Sozialwissenschaften und im erziehungswissenschaftlichen Diskurs. In: Prenzel, M./Gogolin, I./Krüger, H.-H. (Hrsg.): *Zeitschrift für Erziehungswissenschaft.* (Sonderheft 8. Schwerpunkt Kompetenzdiagnostik). S. 11–32.

Kraus, K. (2001): *Lebenslanges Lernen – Karriere einer Leitidee.* Bielefeld: W. Bertelsmann.

Kuhlenkamp, D. (2010): *Lifelong Learning, Programmatik, Realität und Perspektiven.* Münster: Waxmann.

Livingstone, D. (2001): *Adults' informal learning: definitions, findings, gaps und future research* (NALL Working Paper 21/2001). Toronto.

Lübben, S./Müskens, W./Zawacki-Richter, O. (2015): Nicht-traditionelle Studierende an deutschen Hochschulen. Implikationen unterschiedlicher Definitions- und Einteilungsansätze. In: Hanft, A./Zawacki-Richter, O./Gierke, W. B. (Hrsg.): *Herausforderung Heterogenität beim Übergang in die Hochschule.* Münster: Waxmann. S. 29–51.

Middendorff, E./Apolinarski, B./Poskowsky, J./Kandulla, M./Netz, N. (2013): *Die wirtschaftliche und soziale Lage der Studierenden in der Bundesrepublik Deutschland 2012. 20. Sozialerhebung des Deutschen Studentenwerks durchgeführt durch das HIS-Institut für Hochschulforschung.* Berlin.

Moschonas, A. (1998): *Education and Training in the European Union.* Aldershot: Ashgate.

Organisation for Economic Co-operation and Development (OECD, 1981): *Policies for higher education in the 80s. Intergovernmental Conference: Access to higher education.* Paris.

Organisation for Economic Co-operation and Development (OECD, 1987): *Adults in Higher Education.* Paris.

Organisation for Economic Co-operation and Development (OECD, 1996): *Lifelong learning for all.* Paris.

Organisation for Economic Co-operation and Development (OECD, 2001): *Lifelong Learning for All: Policy Directions. Education Policy Analysis.* Paris.

Osborne, M. (2003): Increasing or Widening Participation in Higher Education? – a European overview. In: *European Journal of Education.* 38(1). S. 5–24.

Papadopoulos, G. S. (1996): *Die Entwicklung des Bildungswesens von 1960 bis 1990. Der Beitrag der OECD.* Frankfurt am Main: Peter Lang.

Rasmussen, P. (2009): Lifelong Learning as Social Need and as Policy Discourse. In: Dale, R./Robertson, S. (Hrsg.): *Globalisation and Europeanisation in Education.* Oxford: Symposium. S. 85–99.

Rat der Europäischen Union (1976): *Entschließung des Rates und der im Rat vereinigten Minister für Bildungswesen.* Brüssel.

Rothe, D. (2009): Lebenslanges Lernen als Regierungsprogramm: Der deutsche bildungspolitische Diskurs in gouvernementalitätstheoretischer Perspektive. In: Alheit, P./Felden, H. von (Hrsg.): *Lebenslanges Lernen und erziehungswissenschaftliche Biographieforschung*. Wiesbaden: VS Verlag für Sozialwissenschaften. S. 89–110.

Schemmann, M. (2002): Lifelong Learning as a Global Formula. In: Harney, K./Heikkinnen, A./Rahn, S./Schemmann, M. (Hrsg.): *Lifelong Learning: One Focus, Different Systems*. Frankfurt am Main: Peter Lang. S. 23–32.

Schink, G. (1993): *Kompetenzerweiterung im Handlungssystem der Europäischen Gemeinschaft: Eigendynamik und „Policy Entrepreneurs". Eine Analyse am Beispiel von Bildung und Ausbildung*. Baden-Baden: Nomos.

Schuetze, H. G. (1988): The Context of Adult Participation in Higher Education: An Overview of the CERI/OECD Project. In: Abrahamsson, K./Rubenson, K./Slowey, M. (Hrsg.): *Adults in the Academy. International Trends in Adult and Higher Education*. Stockholm: Swedish National Board of Education. S. 8–18.

Schuetze, H. G. (1995): Weiterbildung im bildungspolitischen Kontext der OECD. Grundlagen der Weiterbildung. In: Bartz, R./Bungenstab, K. E. (Hrsg.): *Grundlagen der Weiterbildung – Praxishilfen*. Neuwied: Luchterhand.

Schuetze, H. G. (2005): Modelle und Begründungen lebenslangen Lernens und die Rolle der Hochschule – Internationale Perspektiven. In: Wieser, G./Wolter, A. (Hrsg.): *Die lernende Gesellschaft. Lernkulturen und Kompetenzentwicklung in der Wissensgesellschaft*. Weinheim: Juventa. S. 225–243.

Schuetze, H. G. (2007): Utopie oder Option? Überlegungen zu einer Politik lebenslangen Lernens. In: *Zeitschrift für Hochschulrecht, Hochschulmanagement und Hochschulpolitik*. 6(6). S. 177–188.

Schuetze, H. G. (2014): From adults to non-traditional students to lifelong learners. In: *Journal of Adult and Continuing Education*. 20(2). S. 37–55.

Schuetze, H. G./Istance, D. (1987): *Recurrent Education Revisited. Modes of Participation and Financing*. Stockholm: Almqvist & Wiksell.

Schuetze, H. G./Slowey, M. (2000): *Higher Education and Lifelong Learning: International Perspectives on Change*. London: Routledge.

Schuetze, H. G./Slowey, M. (2002): Participation and exclusion: A comparative analysis of non-traditional students and lifelong learners in higher education. In: *Higher Education*. 44(3). S. 309–327.

Schuller, T./Schuetze, H. G./Istance, D. (2002): From Recurrent Education to Knowledge Society. An Introduction. In: Istance, D./Schuetze, H. G./Schuller, T. (Hrsg.): *International Perspectives on Lifelong Learning*. Buckingham: The Society for Research into Higher Education and Open University Press. S. 1–22.

Singh, M. (2002): The Global and International Discourse of Lifelong Learning from the Perspective of UNESCO. In: Harney, K./Heikkinen, A./Rahn, S./Schemmann, M. (Hrsg.): *Lifelong Learning: One Focus, Different Systems*. Frankfurt am Main: Peter Lang. S. 11–22.

Slowey, M. (1988): The New Policy Arena of Adult and Higher Education Background to the Conference. In: Abrahamsson, K./Rubenson, K./Slowey, M. (Hrsg.): *Adults in the Academy. International Trends in Adult and Higher Education*. Stockholm: Swedish National Board of Education. S. 2–7.

Slowey, M./Schuetze, H .G. (2012): All change – no change? Lifelong learners and higher education revisited. In: Slowey, M./Schuetze, H.G. (Hrsg.): *Global perspectives on higher education and lifelong learners*. London: Routledge. S. 3–22.

Spexard, A. (2015): Higher Education and Lifelong Learning in the 21st Century: Policies and the Current State of Realization in Europe. In: Zgaga, P./Teichler, U./Schuetze, H. G./Wolter, A. (Hrsg.): *Higher Education Reform: Looking Back – Looking Forward*. Frankfurt am Main: Peter Lang. S. 321–341.

Straka, G. A. (2000): Lernen unter informellen Bedingungen. Begriffsbestimmung, Diskussion in Deutschland, Evaluation der Desiderate. In: Arbeitsgemeinschaft Qualifikations-Entwicklungs-Management (Hrsg.): *Kompetenzentwicklung 2000*. Münster: Waxmann. S. 15–70.

Straka, G. A. (2009): Informal and implicit learning: concepts, commonalities and differences. In: *European Journal of Vocational Training*. 48(3). S. 132–145.

Teichler, U. (2010): Europäisierung der Hochschulpolitik. In: Simon, D./Knie, A./Hornbostel, S. (Hrsg.): *Handbuch Wissenschaftspolitik*. Wiesbaden: VS Verlag für Sozialwissenschaften. S. 51–70.

Teichler, U./Wolter, A. (2004): Zugangswege und Studienangebote für nicht-traditionelle Studierende. In: *die hochschule*. 13(2). S. 64–80.

United Nations Educational, Scientific and Cultural Organization (UNESCO, 1968): *Access to higher education in Europe. Comparative background documents and report of the conference*. Vienna.

United Nations Educational, Scientific and Cultural Organization (UNESCO, 1972): *Learning to be. The world of education today and tomorrow*. Paris.

United Nations Educational, Scientific and Cultural Organization (UNESCO, 1996): *Learning: The treasure within. Report to UNESCO of the International Commission on Education for the Twenty-first Century*. Paris.

Walter, T. (2007): Der Bologna-Prozess im Kontext der europäischen Hochschulpolitik. Eine Genese der Synchronisierung internationaler Kooperation und Koordination. In: *die hochschule*. 16(2). S. 10–36.

Wiesner, G./Wolter, A. (Hrsg.) (2005): *Die lernende Gesellschaft. Lernkulturen und Kompetenzentwicklung in der Wissensgesellschaft*. Weinheim: Juventa.

Wolter, A. (1990): Die symbolische Macht höherer Bildung. Der Dritte Bildungsweg zwischen Gymnasialmonopol und beruflicher Öffnung. In: Kluge, N./Scholz, W.-D./Wolter, A. (Hrsg.): *Vom Lehrling zum Akademiker. Neue Wege des Hochschulzugangs für berufserfahrene Erwachsene*. Oldenburg. S. 49–116.

Wolter, A. (2000): Non-traditional students in German higher education. In: Schuetze, H. G./Slowey, M. (Hrsg.): *Higher Education and Lifelong Learners. International Perspectives of Change*. London: Routledge. S. 48–66.

Wolter, A. (2012): Germany: from individual talent to institutional permeability: changing policies for non-traditional access routes in German higher education. In: Slowey, M./Schuetze, H. G. (Hrsg.): *Global perspectives on Higher Education and Lifelong Learners*. London: Routledge. S. 43–59.

Wolter, A. (2015): Massification and Diversity: Has the Expansion of Higher Education Led to a Changing Composition of the Student Body? European and German Evidence. In: Zgaga, P./Teichler, U./Schuetze, H. G./Wolter, A. (Hrsg.): *Higher Education Reform: Looking Back – Looking Forward*. Frankfurt am Main: Peter Lang. S. 149–171.

Wolter, A./Banscherus, U./Kamm, C./Otto, A./Spexard, A. (2014): Durchlässigkeit zwischen beruflicher und akademischer Bildung als mehrstufiges Konzept: Bilanz und Perspektiven. In: *Beiträge zur Hochschulforschung*. 36(4). S. 8–39.

Ulf Banscherus, Johann Neumerkel, Rolf Feichtenbeiner

Die Förderung des Lebenslangen Lernens an Hochschulen als strategisches Ziel der Hochschulpolitik

Eine Analyse der Maßnahmen und Initiativen von
Bund und Ländern

1 Einleitung[1]

In den vergangenen Jahren ist die Förderung des Lebenslangen Lernens auf der hochschulpolitischen Prioritätenliste deutlich nach oben gerückt. Hierzu haben unter anderem die Zielsetzungen des Bologna-Prozesses, zu denen seit 2001 auch explizit das Lebenslange Lernen gehört (Wolter 2011; Faulstich/Oswald 2010; Banscherus 2010; vgl. die Beiträge von Wolter/Banscherus und Spexard in diesem Band), und die stärkere Thematisierung einer Öffnung der Hochschulen und eines Ausbaus der Weiterbildungsangebote im Rahmen der Diskussion um die gesellschaftliche Verantwortung und die ‚Third Mission' der Hochschulen (Berthold/Meyer-Guckel/Rohe 2010; Henke/Pasternack/Schmid 2015) beigetragen. Aber auch die zunehmende Betrachtung der Weiterbildung als neues Geschäftsmodell der Hochschulen seitens der Politik und wissenschaftspolitischer Gremien (Dobischat/Ahlene/Rosendahl 2010; Faulstich/Oswald 2010; vgl. den Beitrag von Banscherus/Pickert/Neumerkel in diesem Band) sowie verschiedene Prognosen und Projektionen zur Entwicklung des Fachkräftebedarfs und des demografischen Wandels sind als Einflussfaktoren zu nennen (Wolter 2013; Wolter et al. 2014). Demgegenüber standen die Hochschulen – bis auf einige durchaus relevante Ausnahmen – den Zielsetzungen des Lebenslangen Lernens lange Zeit eher unbeteiligt bis ablehnend gegenüber, was vor allem auf die in Deutschland vorherrschende Tradition der ‚Forschungsuniversität' zurückzuführen ist (Wolter 2011; Hanft/Zilling 2011; vgl. den Beitrag von Kamm et al. in diesem Band).

Um die als gesellschaftlich relevant betrachteten Zielsetzungen in die hochschulpolitische und vor allem hochschulische Praxis umzusetzen, stehen der Politik unterschiedliche Instrumente zur Verfügung, insbesondere die Festlegung gesetzlicher Regelungen, der Abschluss von Zielvereinbarungen mit den Hochschulen sowie die Schaffung von Anreizen, beispielsweise durch die Förderung von Modellprojekten, oder auch durch größere Förderprogramme wie den Bund-Länder-Wettbewerb

---

1 Dieser Beitrag basiert auf der Studie *Strategien zur Förderung des Lebenslangen Lernens in Bund und Ländern. Ergebnisse eines studentischen Forschungsprojektes an der Humboldt-Universität zu Berlin* (Feichtenbeiner/Neumerkel/Banscherus 2015), die als thematischer Bericht der wissenschaftlichen Begleitung des Bund-Länder-Wettbewerbs *Aufstieg durch Bildung: offene Hochschulen* erschienen ist.

Aufstieg durch Bildung: offene Hochschulen und entsprechende regionale Initiativen. Aufgrund der verfassungsmäßig garantierten Kulturhoheit kommt den Ländern auch bei der Förderung des Lebenslangen Lernens im Hochschulwesen die primäre Regelungskompetenz zu; allerdings kann der Bund in Abstimmung mit den Ländern Förderprogramme initiieren. Dabei stehen direkte Eingriffe in die Eigenständigkeit der Länder und Hochschulen wie Gesetze und Verordnungen unter einem stärkeren Begründungszwang als kooperative und indirekte Steuerungsansätze wie Zielvereinbarungen und finanzielle Fördermaßnahmen (Müller et al. 2010; Banscherus/Reiß 2012).

In diesem Beitrag werden vor diesem Hintergrund hochschulpolitische Ansätze zur Förderung des Lebenslangen Lernens untersucht, wobei der Schwerpunkt bei den Maßnahmen und Initiativen liegt, die seitens der Länder ergriffen wurden. Der Untersuchungszeitraum beginnt im Oktober 2008, ist auf fünf Jahre angelegt und endet demnach im Oktober 2013. Am 22. Oktober 2008 wurde auf dem als *Dresdner Bildungsgipfel* bekannten Treffen der Regierungschefs des Bundes und der Länder die Qualifizierungsinitiative *Aufstieg durch Bildung* vereinbart (vgl. den Beitrag von Banscherus/Wolter in diesem Band). Diese hat eine ganzheitliche Förderung des deutschen Bildungssystems zum Ziel, um einen Beitrag zur Bewältigung der gesellschaftlichen Herausforderungen der Globalisierung, des demografischen Wandels und des prognostizierten Fachkräftemangels zu leisten. In dieser Vereinbarung heißt es: „Jede und Jeder soll die Chance zum Aufstieg durch Bildung haben" (Bundesregierung/Regierungschefs der Länder 2008, S. 11), wobei die Durchlässigkeit von der beruflichen Bildung in die akademische Bildung als ein wesentlicher Beitrag verstanden wird und durch ein ‚Aufstiegspaket' gefördert werden soll. Zu diesem gehört auch der gemeinsam vom Bund und den Ländern getragene Wettbewerb *Aufstieg durch Bildung: offene Hochschulen*.

2   Anlage der Untersuchung

Im Rahmen eines studentischen Forschungsprojekts an der Humboldt-Universität zu Berlin wurden parlamentarische Dokumente aus den Landesparlamenten sowie Zielvereinbarungen und weitere Veröffentlichungen der Wissenschaftsministerien der Länder inhaltsanalytisch ausgewertet (Feichtenbeiner/Neumerkel/Banscherus 2015). Im Vordergrund stand die Frage, welche Maßnahmen die Länder im Bereich des Lebenslangen Lernens an Hochschulen ergriffen haben und welche politischen Strategien aus diesen Aktivitäten erkennbar werden. Daneben wurden ergänzend auch Aktivitäten auf der länderübergreifenden Ebene, insbesondere der Kultusministerkonferenz (KMK) sowie Initiativen des Bundes und der Gemeinsamen Wissenschaftskonferenz von Bund und Ländern (GWK) in die Betrachtung einbezogen.

Unter einer Strategie wird üblicherweise das planvolle Handeln von Akteuren zur Erreichung bestimmter Ziele verstanden (vgl. Raschke/Tils 2013). Dies ist grundsätzlich auch in diesem Beitrag der Fall. Die inhaltsanalytischen Auswertungen der relevanten hochschulpolitischen Dokumente haben allerdings gezeigt, dass die Ziele, die in den Ländern mit der Förderung des Lebenslangen Lernens an Hochschulen verbunden werden, in aller Regel auf einer vergleichsweise unbestimmten Ebene verbleiben. Als Argumente für hochschulpolitische Aktivitäten von Landesregierungen und Landesparlamenten wurden zwar häufig die Ziele der Förderung der Chancengleichheit und der Durchlässigkeit zwischen den Systemen der beruflichen und der hochschulischen Bildung, der Sicherung des Fachkräftebedarfs in Wirtschaft und Gesellschaft sowie teilweise auch der Gestaltung des demografischen Wandels genannt; weitergehende Differenzierungen oder Konkretisierungen erfolgten jedoch kaum. Demgegenüber wurden die geplanten beziehungsweise durchgeführten Initiativen und Maßnahmen in den ausgewählten Dokumenten recht umfassend beschrieben. Die Länder unterscheiden sich hinsichtlich ihrer Strategien zur Förderung des Lebenslangen Lernens an Hochschulen also weniger auf der Ebene der übergreifenden Ziele, sondern vielmehr auf der Ebene konkreter Maßnahmen, beispielsweise in unterschiedlichen gesetzlichen Regelungen oder bei der Bereitstellung von Förderprogrammen.

Zu den für die Untersuchung der Aktivitäten der Länder zur Förderung des Lebenslangen Lernens an Hochschulen ausgewählten parlamentarischen Dokumenten gehören unter anderem Gesetzentwürfe, Protokolle von Plenardebatten, Kleine und Große Anfragen sowie sonstige Beschlüsse. Die verabschiedeten Gesetze wurden vor allem auf die Reichweite ihrer Inhalte hin untersucht. Als Referenzpunkte dienen hier unter anderem die in einem späteren Abschnitt vorgestellten KMK-Beschlüsse. Die Landesregierungen können außerdem mit den Hochschulen des jeweiligen Landes Zielvereinbarungen abschließen und auf diese Weise Einfluss auf die Entwicklung der Hochschullandschaft nehmen. Somit stellen Zielvereinbarungen als Dokumententyp eine zweite wichtige Erkenntnisquelle für die Untersuchung dar. Außerdem können die Länder spezifische Förderprogramme auflegen, um über die Bereitstellung von Fördergeldern Pilotprojekte zu initiieren. Informationen über entsprechende Förderaktivitäten lassen sich vor allem in Programmausschreibungen, auf eigens für diese Projekte eingerichteten Homepages und in Pressemitteilungen der zuständigen Landesministerien finden.

Zur Analyse des Materials nutzte das Forschungsteam die Methode der qualitativen Inhaltsanalyse nach Mayring (2010). In einem ersten Schritt wurden aus der Literatur und dem thematischen Vorwissen des Forschungsteams heraus deduktiv vorläufige Kategorien festgelegt, deren genauere Definition anschließend aus dem Material heraus erfolgte. Das so entstandene Kategorienschema wurde im Verlauf des Forschungsprozesses induktiv um weitere Kategorien ergänzt. Inhaltlich zusammenhängende Kategorien wurden schrittweise zu Dimensionen verdichtet.

- So bezieht sich die Dimension *Durchlässigkeit* auf die Offenheit des Zugangs für neue Zielgruppen zu Angeboten der Hochschulbildung. Sowohl die rechtlichen Aspekte des Hochschulzugangs zu grundständigen oder weiterbildenden Studienangeboten und zur Anrechnung von Kompetenzen als auch die unterstützenden Angebote der Hochschulen vor und während des Studiums sowie Maßnahmen der Öffentlichkeitsarbeit wurden zu dieser Dimension zusammengefasst (vgl. Nickel/Leusing 2009; Nickel/Duong 2012; Duong/Püttmann 2014; Ulbricht 2012; Banscherus 2015; Buhr et al. 2008; Freitag et al. 2011; Hanft/Maschwitz/Hartmann-Bischoff 2013; Banscherus/Pickert 2013; Banscherus/Kamm/Otto 2015).

- Die Dimension *Studienorganisation* umfasst die studienorganisatorischen Maßnahmen, durch die eine Flexibilisierung des Studiums für neue Zielgruppen erreicht werden soll. Hierzu zählen insbesondere berufsbegleitende Studiengänge und das Teilzeitstudium (vgl. Minks/Netz/Völk 2011; Hanft/Knust 2010; Bargel/Bargel 2014; Maschwitz/Brinkmann 2015).
- Die Dimension *Studienformate* bezieht sich auf bestimmte Lehr- und Lernformen, die als besonders geeignet für neue Zielgruppen gelten. Sie umfasst E-Learning und Blended Learning sowie das Fernstudium (vgl. Zawacki-Richter 2012; Kerres/Lahne 2009; Kerres 2012).
- Die Aktivitäten im Bereich der *Wissenschaftlichen Weiterbildung* stellen mit eigenen abschluss- und nicht abschlussbezogenen Angeboten in Form von Studiengängen und Zertifikatsstudien eine eigene Dimension dar (vgl. Wanken et al. 2011; Wolter 2011; Faulstich/Oswald 2010; Dobischat/Ahlene/Rosendahl 2010; Hanft/Zilling 2011).

Die inhaltsanalytisch gebildeten Dimensionen dienten als wesentliche Grundlage, um die unterschiedlichen Schwerpunktsetzungen der Länder bei der Förderung des Lebenslangen Lernens an Hochschulen herauszuarbeiten. Auf dieser Basis wurden die in einem späteren Abschnitt beschriebenen Ländercluster gebildet, die unterschiedliche Strategien der Länder zur Förderung des Lebenslangen Lernens verdeutlichen. Erkennbare inhaltliche Zusammenhänge der Maßnahmen oder deren Begründung durch politische Akteure waren Anhaltspunkte für latent vorliegende oder sich manifest äußernde Strategien. Weitere Kriterien bei der Clusterbildung waren die Reformintensität, die Reichweite der Maßnahmen – zum Beispiel bei über die KMK-Beschlüsse hinausgehenden Aktivitäten – sowie die Höhe der investierten Fördergelder.

3 Maßnahmen und Initiativen auf länderübergreifender Ebene

Einige Maßnahmen und Initiativen auf länderübergreifender Ebene stellen relevante Rahmenbedingungen für die Aktivitäten der Länder zur Förderung des Lebenslangen Lernens an Hochschulen dar. Hierzu gehören vor allem Ansätze von KMK und GWK sowie flankierende Initiativen des Bundes.

3.1 Aktivitäten des Bundes

Die Qualifizierungsinitiative für Deutschland *Aufstieg durch Bildung*, die den maßgeblichen Referenzrahmen für die Aktivitäten des Bundes bildet, basiert auf einer von den Regierungschefs von Bund und Ländern auf dem Dresdner Bildungsgipfel unterzeichneten Vereinbarung. Bereits im Januar 2008 hatte die Bundesregierung ein Konzept zum selben Thema veröffentlicht, in dem Maßnahmen im Zuständigkeitsbereich des Bundes thematisiert wurden.

Zur Förderung der individuellen Beteiligung an Angeboten des Lebenslangen Lernens hat der Bund zwei Stipendienprogramme aufgelegt beziehungsweise modifiziert. Durch das zum Wintersemester 2008/2009 gestartete ‚Aufstiegsstipendium' können besonders leistungsstarke Absolventinnen und Absolventen einer Berufsausbildung finanzielle Unterstützung bei der Aufnahme eines Hochschulstudiums erhalten. Das Studium kann sowohl in Vollzeit als auch berufsbegleitend absolviert werden und richtet sich vor allem an Personen ohne schulische Hochschulzugangsberechtigung, schließt aber auch Berufstätige mit regulären Studienvoraussetzungen nicht aus. Das Aufstiegsstipendium ist einkommensunabhängig und sieht keine spezifische Altersgrenze vor. Das ‚Weiterbildungsstipendium' existiert bereits seit 1991, im Jahr 2012 wurde der maximale Förderbetrag von 5.100 Euro auf 6.000 Euro für insgesamt drei Jahre erhöht. Durch dieses Programm können neben Aufstiegsfortbildungen, Sprachkursen und technischen Anpassungsqualifizierungen auch berufsbegleitende Studiengänge gefördert werden. Die Förderung wird leistungsbasiert vergeben. Außerdem sind von den Bewerberinnen und Bewerbern einige Kriterien zu erfüllen, um eine mögliche Unterstützung zu erhalten. Unter anderem dürfen die Bewerberinnen und Bewerber im Regelfall nicht älter als 25 Jahre sein und müssen eine wöchentliche Arbeitszeit von mindestens 15 Stunden nachweisen oder bei der Arbeitsagentur als arbeitssuchend gemeldet sein.

Die Initiative *Anrechnung beruflicher Kompetenzen auf Hochschulstudiengänge* (ANKOM) wurde bereits im Jahr 2005 gestartet. Sie wurde aus Mitteln des Bundesministeriums für Bildung und Forschung (BMBF) finanziert und hatte die Verbesserung des Übergangs beruflich qualifizierter Studienbewerberinnen und -bewerber ohne schulische Studienberechtigung in ein Hochschulstudium zum Ziel. In der ersten Förderrunde wurden von 2005 bis 2008 insgesamt elf Projekte gefördert, welche sich primär mit der Entwicklung geeigneter Verfahren zur Anrechnung von beruflich erworbenen Qualifikationen, insbesondere von beruflichen Fortbildungsabschlüssen, auf Bachelor- und Masterstudiengänge beschäftigten (Buhr et al. 2008; Freitag et al. 2011; vgl. den Beitrag von Lenz/Schmitt in diesem Band). Aufbauend auf den gewonnenen Erkenntnissen wurde 2011 eine weitere Förderrunde gestartet, durch die unter anderem Maßnahmen zur zeitlichen und räumlichen Flexibilisierung des Studienangebotes sowie zur Entwicklung von Kompetenzfeststellungsverfahren und zur Implementierung von Brückenkursen gefördert wurden (vgl. den Beitrag von Banscherus/Kamm/Otto in diesem Band). Diese Initiativen wurden durch Instrumente zur Anrechnung von außerhochschulisch erworbenen Kompetenzen ergänzt und verknüpft (Freitag et al. 2015).

3.2 Bund-Länder-Wettbewerb *Aufstieg durch Bildung: Offene Hochschulen*

Die GWK ist für alle Bund und Länder gemeinsam berührenden Fragen der Wissenschafts- und Forschungsförderung zuständig und somit auch für den Bund-Länder-Wettbewerb *Aufstieg durch Bildung: offene Hochschulen*. Dieser ist Teil der Qualifizierungsinitiative *Aufstieg durch Bildung* und soll die Durchlässigkeit zwischen beruflicher und akademischer Bildung stärken sowie die hochschulische Weiterbildung fördern. Damit einhergehend soll eine dauerhafte Sicherung des Fachkräftebedarfs gewährleistet werden. Grundlage des Wettbewerbs ist eine Bund-Länder-Vereinbarung vom 28.05.2010. Dieser lag die Regelung des Artikels 91b Absatz 1 des Grundgesetzes in der damaligen Fassung zu Grunde, derzufolge der Bund mit Zustimmung aller Länder die Hochschulen thematisch und zeitlich begrenzt finanziell unterstützen konnte. Im Rahmen des Wettbewerbs werden den Hochschulen durch das BMBF finanzielle Mittel für die Anschubfinanzierung von innovativen, nachfrageorientierten sowie nachhaltig angelegten Angeboten des Lebenslangen Lernens zur Verfügung gestellt. Durch diese Initiative fördert das BMBF in den Jahren 2011 bis 2020 bundesweit Projekte, in denen Studienprogramme für Berufstätige und andere Zielgruppen entwickelt werden. Hierfür stehen insgesamt 250 Millionen Euro zur Verfügung, wobei bei der ersten Wettbewerbsrunde ein Finanzierungsanteil von mehr als 50 Prozent der entstehenden Kosten aus dem Europäischen Sozialfonds (ESF) stammt (Deutscher Bundestag 2014). In der ersten Wettbewerbsrunde, welche 2011 startete, wurden und werden insgesamt 26 Projekte, davon 16 Einzel- und 10 Verbundvorhaben – längstens bis 2017 – gefördert. Eine zweite Runde startete im Jahr 2014. In diesem Rahmen werden, ebenfalls über maximal sechs Jahre bis 2020, 37 Einzelprojekte und 10 Projektverbünde gefördert (Wolter/Banscherus 2015; Stamm-Riemer/Tillack 2012; Stamm/Tillack 2014).

3.3 Beschlüsse der Kultusministerkonferenz

Im Rahmen der KMK koordinieren die Länder ihre bildungspolitischen Aktivitäten. In Bezug auf das Lebenslange Lernen an Hochschulen hat die KMK mehrere Beschlüsse gefasst. Bereits 2002 wurde im Beschluss zur *Anrechnung von außerhalb des Hochschulwesens erworbenen Kenntnissen und Fähigkeiten* vorgesehen, dass im Rahmen von Anrechnungsverfahren bis zu 50 Prozent der geforderten Studienleistungen durch außerhalb der Hochschule erworbene Kompetenzen ersetzt werden können. Im Jahr 2008 hat die KMK die Hochschulen in einem weiteren Beschluss dazu aufgefordert, von den bestehenden Anrechnungsmöglichkeiten verstärkt Gebrauch zu machen und Anrechnungsverfahren zu implementieren. Im März 2009 folgte ein

Beschluss zum *Hochschulzugang für beruflich qualifizierte Bewerber ohne schulische Hochschulzugangsberechtigung*. Dieser sieht vor, dass Absolventinnen und Absolventen einer beruflichen Aufstiegsfortbildung ohne weitere Voraussetzungen über eine allgemeine Hochschulzugangsberechtigung verfügen sollen. Darüber hinaus beinhaltet der Beschluss eine fachgebundene Hochschulzugangsberechtigung für beruflich qualifizierte Bewerberinnen und Bewerber, die nach der Berufsausbildung eine mehrjährige Berufspraxis nachweisen können. Diese wird im Regelfall durch eine erfolgreiche Eignungsfeststellungsprüfung erworben. Mit diesem Beschluss hat die KMK als Gremium erstmals berufliche Zugangswege zum Hochschulstudium, die in einigen Ländern in ähnlicher Weise schon lange Zeit vorhanden waren, offiziell anerkannt und somit die seit 1959 bestehende restriktive Beschlusslage, nach der eine Studienzulassung ohne schulische Studienberechtigung nur durch das Bestehen einer stark selektiv ausgerichteten ‚Begabtenprüfung' erfolgen konnte, aufgeweicht (Schwabe-Ruck 2010; Banscherus 2015; vgl. die Beiträge von Kamm/Spexard/Wolter, Dahm/Kerst und Otto/Kamm in diesem Band). Die konkrete Ausgestaltung der Hochschulzugangswege ohne schulische Studienberechtigung erfolgt durch die Hochschulgesetze der Länder, in denen sich teilweise deutliche Unterschiede zur Reichweite der Zugangsregelungen und zum betreffenden Personenkreis finden. Ein weiterer für das Lebenslange Lernen an Hochschulen relevanter Beschluss ist die im Jahr 2010 vereinbarte Neufassung der *Ländergemeinsamen Strukturvorgaben für die Akkreditierung von Bachelor- und Masterstudiengängen*, wodurch den Ländern die Möglichkeit eingeräumt wird, beim Zugang zu weiterbildenden Masterstudiengängen den im Regelfall als Zugangsvoraussetzung geforderten ersten Hochschulabschluss durch eine erfolgreiche Eignungsprüfung zu ersetzen.

4 Ländercluster zu Strategien zur Förderung des Lebenslangen Lernens

Auf Basis der in Abschnitt 2 beschriebenen Dokumentenanalyse wurden umfangreiche Berichte zu den Strategien der Bundesländer zur Förderung des Lebenslangen Lernens an Hochschulen erstellt. Im Rahmen der Zusammenfassung der erarbeiteten Kategorien zu den Dimensionen Durchlässigkeit, Studienorganisation, Studienformate und wissenschaftliche Weiterbildung erfolgte auch eine inhaltliche Verdichtung der Länderberichte zu Länderprofilen. Bei der Erstellung der Länderprofile wurde der Fokus eng auf die unmittelbaren Aktivitäten der Länder gelegt, ein weitergehendes Engagement einzelner Hochschulen im Rahmen ihrer strategischen Entwicklungsplanung wurde also nicht berücksichtigt. Gleiches gilt für Projekte, die durch Förderprogramme des Bundes (z.B. ANKOM) oder länderübergreifende Initiativen wie den Bund-Länder-Wettbewerb *Aufstieg durch Bildung: offene Hochschulen* unterstützt und teilweise auch erst angestoßen wurden. Dieses Vorgehen liegt vor allem in der Fragestellung der Untersuchung begründet, die die eigenständigen Aktivitäten der Bundesländer ins Zentrum stellt.

Hinzu kommt die aus der Anlage der Untersuchung resultierende Auswahl der analysierten Dokumente. Diese haben sich ganz überwiegend auf Maßnahmen und Initiativen bezogen, die von Landesregierungen und Landesparlamenten angestoßen wurden. In diesen Dokumenten sind keine Aussagen enthalten, die eine flächendeckende systematische Analyse mehrerer Handlungsebenen, hier also von Hochschul- und Landesebene sowie der länderübergreifenden Ebene, erlaubt hätten. Die Länderprofile enthalten außerdem keine Aussagen zu den Folgen beziehungsweise Wirkungen der geplanten Aktivitäten zur Förderung des Lebenslangen Lernens in den Bundesländern. Eine solche Evaluation ist schon allein aufgrund der Vielzahl der Einzelmaßnahmen und der beteiligten Akteure im gegebenen Rahmen nicht zu leisten gewesen. Es sei außerdem ausdrücklich betont, dass aufgrund dieser Auswahl trotz einer großen Intensität der Recherche unter Umständen nicht alle Aktivitäten der Länder ermittelt und somit in die Analyse einbezogen werden konnten. Die Ergebnisse dieser Arbeit sind daher in erster Linie aus der gewählten Forschungsperspektive zu betrachten.

Auf Basis der Auswertungen der hochschulpolitischen Aktivitäten konnten in einem weiteren Arbeitsschritt Länder mit ähnlichen Ansätzen zu Clustern zusammengefasst werden, um Gemeinsamkeiten und Unterschiede zwischen den gewählten Maßnahmen und Initiativen aufzuzeigen. Auf diese Weise konnten insgesamt drei Ländercluster gebildet werden. Die Cluster sind wiederum in mehrere Teilcluster unterteilt, die (graduelle) Unterschiede zwischen den Ländern abbilden sollen. Die drei grundlegenden strategischen Ansätze, die auch die Basis für die Bildung der Ländercluster darstellen, sind (1.) Initiativen zur Unterstützung der Aktivitäten der Hochschulen im Bereich des Lebenslangen Lernens, (2.) Maßnahmen und teilweise flankierende Angebote, die auf eine Öffnung des Hochschulzugangs für beruflich qualifizierte Studieninteressierte ohne schulische Studienberechtigung abzielen und (3.) die Initiierung und Unterstützung des Engagements der Hochschulen bei der Flexibilisierung der Studienorganisation.

4.1 Cluster 1: Unterstützung der Aktivitäten der Hochschulen

Bei einem Teil der Länder des ersten Clusters (Teilcluster 1a) liegt der Aktivitätsschwerpunkt bei der Aufnahme von Lebenslangem Lernen und Weiterbildung in die Zielvereinbarungen, die mit den Hochschulen abgeschlossen werden. Die formulierten Zielsetzungen in diesem Bereich werden allerdings selten durch konkrete Maßnahmen untersetzt. Bei den anderen Ländern dieses Clusters (Teilcluster 1b) ließen sich in den Zielvereinbarungen zwar konkretere Ansätze zur Förderung des Lebenslangen Lernens und von Weiterbildungsaktivitäten finden, diese beziehen sich aber jeweils nur auf einzelne Hochschulen oder Teilbereiche. Hinzu kommt ein Einzelfall (1c), der eine Strategie abbildet, die zwar hochschulübergreifend angelegt ist, sich aber nur auf einen Teilaspekt, in diesem Fall E-Learning-Aktivitäten, bezieht.

4.1.1 Teilcluster 1a: Lebenslanges Lernen und Weiterbildung als Gegenstand von Zielvereinbarungen

In *Schleswig-Holstein*, *Sachsen-Anhalt* und dem *Saarland* wurden die KMK-Vereinbarungen zum Hochschulzugang für beruflich Qualifizierte ohne schulische Studienberechtigung im Untersuchungszeitraum weitgehend umgesetzt. Außerdem wurden Lebenslanges Lernen und die wissenschaftliche Weiterbildung als übergreifende Ziele der Hochschulentwicklung in den Zielvereinbarungen aufgeführt.

Schleswig-Holstein hat im Untersuchungszeitraum die rechtlichen Regelungen zum Hochschulzugang, zur Anrechnung und zum weiterbildenden Masterstudium im Sinne der KMK-Vorgaben angepasst. Darüber hinaus konnten weitere punktuelle Aktivitäten des Landes verzeichnet werden: In den Zielvereinbarungen für vier der acht Hochschulen finden sich Ansätze zur Flexibilisierung der Studienorganisation. Diese Initiativen richten sich auch an beruflich Qualifizierte ohne schulische Studienberechtigung und sollen deren besondere Studieninteressen und -motive berücksichtigen. Aus der Analyse der Zielvereinbarungen wurde ebenfalls ersichtlich, dass im Untersuchungszeitraum vier der acht Hochschulen in Schleswig-Holstein ihre Angebote im Bereich der wissenschaftlichen Weiterbildung ausbauen wollten.

Auch *Sachsen-Anhalt* hat im Untersuchungszeitraum die Vorgaben der KMK zum Hochschulzugang, zur Anrechnung und zum weiterbildenden Masterstudium umgesetzt. Weitergehende Maßnahmen zur Förderung des Lebenslangen Lernens bestanden vor allem in der gesetzlichen Verankerung des Teilzeitstudiums und der Einbeziehung von wissenschaftlicher Weiterbildung und E-Learning in die Zielvereinbarungen. Verabredungen zur Einführung von berufsbegleitenden Studiengängen ließen sich allerdings lediglich in der Zielvereinbarung mit der Hochschule Harz finden. Die wissenschaftliche Weiterbildung wurde in sechs von sieben Zielvereinbarungen behandelt. Dabei wurden sowohl der Ausbau beziehungsweise die Entwicklung von weiterbildenden Studiengängen, Zertifikatskursen und Einzelveranstaltungen, als auch Maßnahmen zur Bedarfsermittlung sowie der Aufbau eigener Organisationseinheiten thematisiert.

Im *Saarland* bezogen sich die Maßnahmen zur Förderung des Lebenslangen Lernens im Untersuchungszeitraum vor allem auf die rechtliche Fixierung der Möglichkeiten zum Hochschulzugang für beruflich Qualifizierte im Sinne der Vorgaben der KMK. Durch die Neuregelungen des Hochschulzugangs wurde aus Sicht der saarländischen Landesregierung „dem Erfordernis der Verbesserung der Durchlässigkeit zwischen beruflicher und akademischer Bildung Rechnung getragen und eine wesentliche Zielsetzung der von Bund und Ländern gemeinsam erarbeiteten Qualifizierungsinitiative *Aufstieg durch Bildung* umgesetzt." (Landtag des Saarlandes 2009, S. 2). Im Hochschulentwicklungsplan des Landes und in den Zielvereinbarungen wurden vereinzelt weitere Ziele formuliert und Maßnahmen gefördert. Beispielsweise wurde zwischen dem Land und der Hochschule für Technik und Wirtschaft des Saarlandes die Einrichtung von berufsbegleitenden Bachelor- und Masterstudiengängen sowie von Teilzeitstudienmöglichkeiten vereinbart. Die

Schaffung der Möglichkeiten zur Anrechnung von Kompetenzen und zu alternativen Zugangswegen zu weiterbildenden Masterstudiengängen ist erst außerhalb des Untersuchungszeitraums im Jahr 2014 erfolgt.

4.1.2 Teilcluster 1b: Gezielte Förderung einzelner Hochschulen bei der Erreichung ihrer Ziele

Mecklenburg-Vorpommern, Brandenburg und *Thüringen* setzten im Berichtszeitraum in ihren Strategien auf die gezielte Unterstützung einzelner Hochschulen. Auch wurde in diesen Ländern der KMK-Beschluss zum Hochschulzugang umgesetzt, soweit die dort beschriebenen Regelungen weitreichender als der bisherige Stand der gesetzlichen Regelungen waren.

Mit einer Novelle des Hochschulgesetzes im Jahr 2010 hat *Mecklenburg-Vorpommern* die Vorgaben der KMK zum Zugang zu grundständigen Studiengängen und zur Anrechnung von Kompetenzen im Wesentlichen umgesetzt. In den Zielvereinbarungen sind außerdem Maßnahmen in den Bereichen Studienorganisation, Studienformate und wissenschaftliche Weiterbildung enthalten. Zudem wird betont, dass eine Implementierung von Teilzeitstudiengängen notwendig sei. Dieses Ziel steht allerdings unter der doppelten Einschränkung, dass die den Hochschulen zur Verfügung stehenden Ressourcen dies einerseits zulassen und andererseits eine ausreichende Nachfrage für Teilzeitstudienangebote erkennbar sein muss. In der Zielvereinbarung mit der Hochschule Wismar findet sich das Ziel eines Ausbaus von berufsbegleitenden Weiterbildungsangeboten. Zwischen dem Wissenschaftsministerium und der Hochschule Neubrandenburg wurde vereinbart, ein *Institut für Weiterbildung und Lebenslanges Lernen* zu gründen, welches prüfen soll, ob neben Weiterbildungsangeboten in Vollzeit auch Maßnahmen in berufsbegleitendem Format realisierbar wären. Der Antwort der Landesregierung auf eine Kleine Anfrage konnte zudem entnommen werden, dass die Hochschule Wismar im Untersuchungszeitraum für den Ausbau ihrer *net.uni* vom Land Mecklenburg-Vorpommern 200.000 Euro aus Mitteln des Hochschulpaktes erhielt. Die *net.uni* ist eine zentrale wissenschaftliche Einrichtung der Hochschule Wismar zur Unterstützung des E-Learnings. Außerdem stellte das Land der Universität Rostock im Rahmen der ab 2011 gültigen Zielvereinbarung für die Förderung des Online-Studiums bis Ende 2013 jährlich 60.000 Euro zur Verfügung.

Durch die Novelle des Hochschulgesetzes im Jahr 2010 wurde in *Brandenburg* die Anrechnung von außerhalb der Hochschule erworbenen Kompetenzen auf bis zur Hälfte der Leistungsanforderungen eines Studiengangs zu einer Pflichtaufgabe der Hochschulen. Der Hochschulzugang für beruflich Qualifizierte ohne schulische Studienberechtigung ist dagegen im Zuge der Novelle nicht an den KMK-Beschluss angepasst worden. Zu Beginn des Jahres 2014 – und somit außerhalb des Untersuchungszeitraums – wurde allerdings ein Gesetzentwurf in die parlamentarische Beratung eingebracht, der die Zuerkennung einer allgemeinen Hochschulzugangsberechtigung für Absolventinnen und Absolventen einer beruflichen Aufstiegsfortbildung vorsah. Im Rahmen des INNOPUNKT-Programms des brandenburgischen Ministeriums für Arbeit und Soziales wurde im Jahr 2009 der Ideenwettbewerb *Mehr Durchlässigkeit in der Berufsbildung – Brandenburg in Europa* gestartet, welcher die Durchlässigkeit zwischen beruflicher und akademischer Bildung erhöhen sollte. Bis Ende September 2012 wurden ausgewählte Projekte mit insgesamt drei Millionen Euro gefördert. Der Schwerpunkt lag bei der Entwicklung von Anrechnungsverfahren und der Sensibilisierung für nicht-traditionelle Studieninteressierte. Im Jahr 2013 wurde eine weitere Förderrunde ausgeschrieben. Die Technische Hochschule Wildau hat im Untersuchungszeitraum mit dem Land das Ziel vereinbart, die bestehenden Angebote im Bereich von Blended Learning und E-Learning auszubauen. Zusätzlich sollten Weiterbildungsangebote für Lehrende entwickelt werden. Das Land förderte diese Bemühungen in den Jahren 2010 bis 2012 mit jeweils 50.000 Euro. Durch die Gesetzesnovelle aus dem Jahr 2010 ist in Brandenburg zudem das individuelle Teilzeitstudium rechtlich verankert worden. Darüber hinaus wurde in der Zielvereinbarung mit der Fachhochschule Potsdam der Ausbau von Teilzeitstudiengängen festgelegt. Hierfür stellte das Land der Hochschule in den Jahren 2010, 2011 und 2012 jeweils 140.000 Euro zur Verfügung. In dieser Zielvereinbarung findet sich ebenfalls die Förderung einer flexiblen Studienorganisation. In der Vereinbarung mit der Fachhochschule Brandenburg wurde die Absicht formuliert, verstärkt flexible Studienangebote vorzuhalten, die in besonderer Weise auf die Bedürfnisse der ‚neuen' Zielgruppen abgestimmt sind.

Bereits vor dem Untersuchungszeitraum bestanden in *Thüringen* Möglichkeiten zum Hochschulzugang für beruflich qualifizierte Studieninteressierte ohne schulische Studienberechtigung, die im Wesentlichen den KMK-Vorgaben von 2009 entsprachen. Die Zugangsregelungen zum weiterbildenden Master sowie zum Probestudium wurden außerhalb des Untersuchungszeitraumes im Jahr 2014 spezifiziert. Seither können die thüringischen Hochschulen Personen, die eine Berufsausbildung erfolgreich abgeschlossen haben und über eine mehrjährige Berufspraxis verfügen, nach Bestehen einer Eignungsprüfung zum weiterbildenden Masterstudium zulassen. Der Freistaat Thüringen förderte zwischen 2001 und 2009 mit jährlich 166.000 Euro das *Bildungsportal Thüringen*, ein gemeinsames Internetportal der thüringischen Hochschulen, das Informationen über Angebote der wissenschaftlichen Weiterbildung enthält. Das Ziel des Auf- und Ausbaus von Angeboten der wissenschaftlichen Weiterbildung ist außerdem in allen Zielvereinbarungen enthalten, in denen auch die geplanten Maßnahmen detailliert beschrieben wurden. In den Zielvereinbarungen für die Jahre 2012 bis 2015 haben sich Land und Hochschulen außerdem das Teilziel gesetzt, verstärkt studienwillige Personen aus ‚bildungsfernen' Schichten zu erreichen. Im Jahr 2014 und somit außerhalb des Untersuchungszeitraumes wurden auch die gesetzlichen Regelungen für berufsbegleitende Studiengänge verändert. Seitdem können die Hochschulen berufsbegleitende, weiterbildende Bachelorstudiengänge anbieten. Diese können gebührenpflichtig sein und sollen nur dann eingerichtet werden, wenn es an der Hochschule bereits ein dem Studiengang inhaltlich weitgehend entsprechendes Studienangebot gibt, das in Vollzeit- und Präsenzform angeboten wird.

4.1.3 Einzelfall 1c: Konzentration auf die Ausweitung von E-Learning-Angeboten

Die sächsische Wissenschaftspolitik setzte im Berichtszeitraum vor allem auf den Ausbau von E-Learning-Angeboten an den Hochschulen. Daneben wurden 2013 die KMK-Vorgaben zum Hochschulzugang weitgehend umgesetzt und zwischen Land und Hochschulen in einigen Bereichen die Etablierung von berufsbegleitenden Formaten und weiterbildenden Fernstudienangeboten vereinbart. Die Möglichkeit zur Anrechnung von Kompetenzen wurde bereits im Jahr 2008 geschaffen.

Im Untersuchungszeitraum zeigte sich in *Sachsen* ein starkes Engagement im Bereich des E-Learning. Dies drückte sich einerseits in der Bereitstellung von Fördermitteln im Umfang von einer Million Euro aus, die von den Hochschulen zwischen 2009 und 2011 zur strategischen Weiterentwicklung von E-Learning-Angeboten eingesetzt werden konnten. In den Jahren 2012 und 2013 wurden den Hochschulen weitere Mittel in Höhe von jeweils 700.000 Euro zur Verfügung gestellt, um die Akzeptanz und Verbreitung von E-Learning in der Lehre zu erhöhen. Darüber hinaus zeigt sich an einigen Hochschulen und in einzelnen Fächern auch im Bereich der wissenschaftlichen Weiterbildung, die im Rahmen der Initiative *ESF Hochschule und Forschung* des ESF gefördert wurden, eine Verzahnung mit und ein Einsatz von E-Learning- und Blended-Learning-Angeboten.

Seit der Hochschulgesetznovelle von 2013 können weiterbildende Studiengänge auch als Fernstudiengänge angeboten werden, was aufgrund der Kostenpflichtigkeit jener Angebote als zusätzliche Einnahmequelle für die Hochschulen verstanden wird. An sieben Hochschulen wurden zwischen 2009 und 2011 im Rahmen einer weiteren Förderung aus dem Programm *ESF Hochschule und Forschung* 16 postgraduale Studienangebote entwickelt. Im gleichen Zeitraum wurde aus ESF-Mitteln ebenfalls ein Projekt an der Hochschule Mittweida gefördert, das darauf abzielte, beruflich qualifizierte Studieninteressierte ohne schulische Studienberechtigung durch ‚Access Courses' auf eine Hochschulzugangsprüfung vorzubereiten.

4.2   Cluster 2: Ausweitung des Hochschulzugangs

Den Ländern des zweiten Clusters ist gemeinsam, dass sie die Zugangsmöglichkeiten zu einem grundständigen Studium für beruflich qualifizierte Interessierte ohne schulische Studienberechtigung im Berichtszeitraum vergleichsweise stark ausgeweitet haben. Dies gilt insbesondere für Absolventinnen und Absolventen einer Berufsausbildung nach einer Phase der Berufstätigkeit. Unterschiede zwischen den diesem Cluster zugeordneten Ländern ließen sich einerseits im Grad der Unterstützung nicht-traditioneller Studieninteressierter beobachten, der in einem Teil der Länder (Teilcluster 2a) vergleichsweise stark ausgeprägt ist. Andererseits hat nur ein Teil der Länder dieses Clusters (Teilcluster 2b) von der Möglichkeit Gebrauch gemacht, beruflich qualifizierten Studieninteressierten, die nicht über einen ersten Hochschulabschluss verfügen, die Option zu verschaffen, nach Bestehen einer Eignungsfeststellungsprüfung einen Zugang zu weiterbildenden Masterstudiengängen erhalten zu können.

4.2.1 Teilcluster 2a: Weitgehende Öffnung des Zugangs zu grundständigen Studiengängen

Der Hauptbestandteil der (hochschul-)politischen Strategien zur Förderung des Lebenslangen Lernens an den Hochschulen in *Niedersachsen* und *Nordrhein-Westfalen* war im Untersuchungszeitraum die deutliche Ausweitung der Zugangswege für beruflich Qualifizierte ohne schulische Studienberechtigung. Beide Länder sind in der Neuregelung der hochschulrechtlichen Bestimmungen in relevantem Maße über die Situation in vielen anderen Ländern hinausgegangen. Dies gilt insbesondere für Absolventinnen und Absolventen einer Berufsausbildung, denen nach einer Phase der Berufstätigkeit eine Studienberechtigung für solche Fächer zuerkannt wird, die ihrem Ausbildungsberuf fachlich entsprechen. Hinzu treten Maßnahmen, die beruflich qualifizierte Studieninteressierte ohne schulische Studienberechtigung bei der Realisierung ihres Studienwunsches unterstützen sollen – beispielsweise im Bereich der Studienberatung, der Ausweitung von berufsbegleitenden Studienformaten beziehungsweise des Teilzeitstudiums oder von E-Learning-Angeboten.

Niedersachsen verfügt über eine lange Tradition bei der Zulassung von Studieninteressierten ohne schulische Studienberechtigung. Wichtige Instrumente sind in diesem Zusammenhang die bereits in den 1970er Jahren geschaffenen Möglichkeiten zum ‚Studium ohne Abitur' und die vergleichsweise enge Zusammenarbeit zwischen Hochschulen und Einrichtungen der Erwachsenenbildung. Durch die Änderung des Hochschulgesetzes im Jahr 2010 hat das Land Niedersachsen seine Hochschulen im zuvor beschriebenen Sinne weiter geöffnet. Das Land hat im Untersuchungszeitraum außerdem zahlreiche Projekte unterstützt und diese teilweise erst initiiert. Zwischen 2009 und 2012 wurden beispielsweise vom Land jährlich 400.000 Euro für acht kooperative Modellprojekte zur regionalen Bildungsberatung bereitgestellt. Zusätzlich wurden Kooperationen mit Einrichtungen der Erwachsenenbildung und der Wirtschaft unterstützt, um den Übergang in ein Studium für beruflich Qualifizierte ohne schulische Studienberechtigung attraktiver zu gestalten. Für diese Maßnahmen stellte das Land 275.000 Euro zur Verfügung. Eine wichtige Rolle kam im Untersuchungszeitraum dem Förderprogramm *Offene Hochschule Niedersachsen* zu, das zugleich ein übergreifendes Dach für die unterschiedlichen Initiativen und den Kern einer umfassenden Strategie des Landes Niedersachsen zur Förderung des Lebenslangen Lernens an Hochschulen bildete, die durch die Einrichtung der *Servicestelle Offene Hochschule Niedersachsen* institutionalisiert wurde. Im Zeitraum von August 2012 bis Ende 2013 wurden in diesem Rahmen vor allem Projekte an vier Hochschulen mit insgesamt 3,2 Millionen Euro gefördert, die unter anderem das Ziel verfolgten, beruflich qualifizierte Studieninteressierte ohne schulische Studienberechtigung gezielt auf das Studium vorzubereiten. Auch die Einrichtung von Brückenkursen und Unterstützungsangeboten für Personen ohne schulische Hochschulzugangsberechtigung wurde gestärkt.

Nordrhein-Westfalen verfügt mit der Fernuniversität in Hagen seit den 1970er Jahren über die bundesweit größte Fernstudieneinrichtung, die Berufstätige bereits seit den 1980er Jahren als wichtige Zielgruppe betrachtet und versucht, diese durch das Format des Fernstudiums anzusprechen. Im Untersuchungszeitraum wurde in Nordrhein-Westfalen der Hochschulzugang für beruflich qualifizierte Personen ohne schulische Studienberechtigung zu grundständigen Studienangeboten vergleichsweise weitgehend geöffnet. Flankiert wurde diese Maßnahme zur Erhöhung der Durchlässigkeit zwischen beruflicher und hochschulischer Bildung durch die Einrichtung eines Studienberatungsnetzwerkes und die Förderung von Vor- und Brückenkursen, die auf der Basis von ‚Online-Self-Assessment-Tests' entwickelt wurden. Das Land investierte 2012 und 2013 jeweils 1,5 Millionen Euro in ein entsprechendes landesweites, webbasiertes Informations- und Beratungsportal. Mit Hilfe der Auswertungen dieser Tests sollen die Hochschulen gezielte Informationen über das Vorwissen der Studieninteressierten erhalten, um auf dieser Basis unter anderem Vor- und Brückenkurse konzipieren zu können. Zur Zielgruppe zählen hierbei ausdrücklich auch beruflich Qualifizierte ohne schulische Studienberechtigung. In den Zielvereinbarungen sind vor allem Vereinbarungen zum Ausbau von Teilzeitstudiengängen und Angeboten der wissenschaftlichen Weiterbildung zu finden, die zumindest zum Teil auch auf die speziellen Bedürfnisse von beruflich qualifizierten Studieninteressierten ausgerichtet sein sollten.

4.2.2 Teilcluster 2b: Ausweitung des Zugangs zu grundständigen und weiterbildenden Studiengängen

Auch in *Berlin* und *Rheinland-Pfalz* wurden die Zugangsbedingungen zu einem grundständigen Studium für die Absolventinnen und Absolventen einer beruflichen Aufstiegsfortbildung, aber auch auf Basis einer Berufsausbildung in Kombination mit einer mehrjährigen Berufstätigkeit deutlich ausgeweitet. Beide Länder haben darüber hinaus die Möglichkeit geschaffen, dass Studieninteressierte aufgrund einer beruflichen Vorqualifikation auch ohne ersten Hochschulabschluss zu einem weiterbildenden Masterstudium zugelassen werden können. Die Ausweitung der Durchlässigkeit zwischen beruflicher und hochschulischer Bildung kann also auch hier als wesentliches Element der hochschulpolitischen Strategien zur Förderung des Lebenslangen Lernens betrachtet werden. Diesem Cluster wurde außerdem *Ham-*

burg zugeordnet, da hier eine lange Tradition des Hochschulzugangs für beruflich Qualifizierte ohne schulische Studienberechtigung besteht und im Berichtszeitraum die hochschulrechtliche Möglichkeit für eine Zulassung für Personen ohne ersten Hochschulabschluss zu einem weiterbildenden Masterstudium geschaffen wurde.

In *Rheinland-Pfalz* verfügen seit dem Jahr 2010 Personen mit einer abgeschlossenen Berufsausbildung und einer mindestens zweijährigen Berufserfahrung über eine Fachhochschulzugangsberechtigung sowie eine fachgebundene Zugangsberechtigung für ein universitäres Studienfach, das inhaltlich an den erlernten Beruf anschließt. Zur Erprobung neuer Modelle des Hochschulzugangs für beruflich Qualifizierte ohne schulische Studienberechtigung können die Hochschulen in Abstimmung mit dem Wissenschaftsministerium auf die Zulassungsvoraussetzung einer mindestens zweijährigen Berufspraxis verzichten. Rechtliche Grundlage hierfür ist eine ‚Experimentierklausel' im Hochschulgesetz. Auf dieser Basis hat das Wissenschaftsministerium im Jahr 2011 das Modellprojekt *Beruflich Qualifizierte an rheinland-pfälzischen Hochschulen* initiiert, in dessen Rahmen sich Studieninteressierte ohne schulische Studienberechtigung direkt im Anschluss an ihre Berufsausbildung in siebzehn Studiengänge an fünf Hochschulen immatrikulieren konnten. Ziel dieses bis 2014 angelegten Modellprojektes war es herauszufinden, ob die eigentlich vorgesehene zweijährige Berufspraxis einen Einfluss auf den Studienerfolg hat. Zum Projekt gehörte eine umfangreiche Begleitforschung zu Studienverlauf und Studienerfolg der ‚Modellstudierenden', die auch eine Evaluation einschloss (Berg et al. 2014; Lübbe/Berg 2014).

In *Hamburg* besteht beim ‚Hochschulzugang ohne Abitur' eine lange Tradition, die vor allem mit der ehemaligen Hochschule für Wirtschaft und Politik, die 2005 in der Universität Hamburg aufgegangen ist, eng verbunden ist. Dies drückt sich insbesondere in erweiterten Zugangs- und Zulassungsmöglichkeiten für den Studiengang Sozialökonomie aus. Für beruflich qualifizierte Studieninteressierte bestand also bereits vor 2008 ein vergleichsweise hohes Maß an Durchlässigkeit zwischen beruflicher und hochschulischer Bildung, was sich im Bundesländervergleich auch in entsprechenden Anteilswerten bei den Studienanfängerinnen und Studienanfängern ohne schulische Studienberechtigung niederschlug. Durch eine Gesetzesänderung im Jahr 2010 ist der Hochschulzugang im Sinne des betreffenden KMK-Beschlusses erweitert worden. Der Zugang zum weiterbildenden Master wurde im Zuge dessen ebenfalls angepasst und nutzt seitdem die im selben Jahr durch die Veränderung der KMK-Strukturvorgaben geschaffenen Möglichkeiten. Im Juli 2013 ist ein weiterer Gesetzentwurf zur Reform des Hochschulgesetzes in die Hamburgische Bürgerschaft eingebracht worden, der außerhalb des Untersuchungszeitraums im Jahr 2014 verabschiedet wurde. Durch diese Novelle ist die Förderung von beruflich Qualifizierten ohne schulische Studienberechtigung als gemeinsame Aufgabe aller Hochschulen gesetzlich verankert worden.

4.3 Cluster 3: Flexibilisierung des Studienangebots

Die (hochschul-)politischen Strategien der Länder des dritten Clusters zur Förderung von Lebenslangem Lernen an Hochschulen zeichneten sich im Untersuchungszeitraum durch das Ziel einer Flexibilisierung der Studienorganisation aus. Deshalb ließen sich hier besonders häufig Zielvereinbarungen und flankierende Initiativen finden, die auf den Ausbau von berufsbegleitenden Studienformaten beziehungsweise Angeboten der wissenschaftlichen Weiterbildung sowie des Teilzeitstudiums ausgerichtet waren (Teilcluster 3a). Hinzu kommt in diesem Cluster ein Einzelfall (3b), der sich dadurch auszeichnet, dass zusätzlich zu den Initiativen zur Flexibilisierung der Studienorganisation flankierende Maßnahmen gefördert wurden, die insbesondere den Aufbau von spezifischen Beratungs- und Unterstützungsangeboten für nicht-traditionelle Zielgruppen vorsahen.

4.3.1 Teilcluster 3a: Einrichtung und Ausbau von berufsbegleitenden und Teilzeitstudienangeboten

Die Strategien zur Förderung des Lebenslangen Lernens an den Hochschulen in *Hessen*, *Bayern* und *Baden-Württemberg* setzten im Untersuchungszeitraum in erster Linie auf eine Flexibilisierung der Studienorganisation. Hierbei spielten der Ausbau von berufsbegleitenden Studienprogrammen und Studienmöglichkeiten in Teilzeit eine wichtige Rolle. Diese wurden begleitet durch eine Ausweitung der Zugangsmöglichkeiten im Rahmen der Umsetzung der entsprechenden KMK-Vorgaben.

Die Hochschulen in *Baden-Württemberg* wurden im Jahr 2012 gesetzlich verpflichtet, Studiengänge so zu organisieren, dass sie auch in Teilzeit absolviert werden können. In diese Richtung geht auch das 2013 gestartete Programm *Initiativen zum Ausbau berufsbegleitender Masterstudiengänge*, durch das die Hochschulen zur Konzeption von Angeboten angeregt werden sollen, die die spezifischen Anforderungen von Berufstätigen an die Studienorganisation berücksichtigen. Gefördert werden unter anderem neue Studienstrukturen, professionelle Betreuungsmaßnahmen und methodisch-didaktische Ansätze, die auf die besonderen Lernerfordernisse der Zielgruppe fokussieren. Das Ministerium unterstützt diese Vorhaben mit insgesamt zehn Millionen Euro, verteilt auf fünf Jahre. Zur Förderung von Angeboten zur Information, Beratung und Unterstützung von Studierenden hat das Land außerdem im Dezember 2009 das Programm *Studienmodelle individueller Geschwindigkeiten* gestartet, für das über eine Laufzeit von drei Jahren fünf Millionen Euro zur Verfügung gestellt wurden. Dieses Programm sollte die Hochschulen dabei unterstützen, den unterschiedlichen Bedürfnissen der Studierenden gerecht zu werden. Ziel war die Förderung von Modellen, die vorwiegend in der ersten Studienphase ansetzen und zum Beispiel Brückenkurse und Beratungsangebote, aber auch Teilzeitstudienmöglichkeiten beinhalten. Den Studierenden sollte dies erlauben, je nach Qualifikation, Art der Hochschulzugangsberechtigung und Neigung auf unterschiedliche Art und Weise zu studieren.

Die Strategie zur Förderung des Lebenslangen Lernens an den Hochschulen in *Hessen* lässt sich mit einem Zitat aus der Antwort der Landesregierung auf die Kleine Anfrage eines Landtagsabgeordneten zusammenfassen, in der es heißt: „Die hessische Landesregierung hält es für erforderlich, Menschen ohne schulische Hochschulzugangsberechtigung unter klar definierten Voraussetzungen ein Studium zu ermöglichen. Sie hat diesbezüglich sowohl gesetzliche Grundlagen geschaffen als auch inhaltlich Maßnahmen der Hochschulen in diesem Bereich unterstützt." (Hessischer Landtag 2012, S. 2). In diesem Zusammenhang kommt zielgruppenspezifischen, flexiblen Angebotsformen, vor allem dem Teilzeitstudium sowie E-Learning und Blended Learning, eine besondere Bedeutung zu. Seit 2007 können die hessischen Hochschulen Fördermittel für Maßnahmen zur Verbesserung der Lehr- und Studiensituation erhalten. Beispiele hierfür sind die Projekte *Einsatz digitaler Medien in der Fern- und Präsenzlehre* der Hochschule Fulda und *E-Learning Plattform Lebenswissenschaften* der Universität Gießen. Im Zuge der Hochschulgesetzänderung von 2010 sind auch die Möglichkeiten für ein Teilzeitstudium verbessert worden. Zwischen 2009 und 2013 wurden im Rahmen eines Modellversuchs zur Förderung des Teilzeitstudiums dreizehn Projekte an sechs Hochschulen mit mehr als 900.000 Euro unterstützt. Daneben wurde in Hessen auch die Entwicklung berufsbegleitender Studiengänge gefördert. Zum Beispiel erhielt ein Verbund der Fachhochschulen in Darmstadt, Fulda und Wiesbaden in den Jahren 2011 und 2012 mehr als 200.000 Euro für das Projekt *Berufsbegleitende Weiterbildungsstudiengänge Informatik der hessischen Fachhochschulen*.

In der *bayerischen* Strategie zur Förderung des Lebenslangen Lernens spielten im Untersuchungszeitraum berufsbegleitende Studiengänge eine große Rolle, die seit der Änderung des Hochschulgesetzes im Jahr 2011 angeboten werden können. Die Hochschulen müssen dabei gewährleisten, dass das Studium parallel zu einer Berufstätigkeit durchgeführt werden kann. Hierfür sind organisatorische Vorkehrungen wie eine Konzentration der Präsenzveranstaltungen auf die Abendstunden und Wochenenden, das Angebot von Blockkursen oder der Einsatz von virtuellen Lehr- und Lernformen erforderlich. In dieser Novelle wurde ebenfalls festgelegt, dass Hochschulen für berufsbegleitende Studiengänge Gebühren erheben können. Im Jahr 2010 erhielten fünf Hochschulen eine Anschubfinanzierung zur Einrichtung berufsbegleitender Bachelorstudiengänge. Auf diese Weise sollten Erfahrungen mit diesem Studienmodell gesammelt werden. Im Jahr 2011 wurden weitere acht Hochschulen gefördert, die berufsbegleitende Bachelorstudiengänge in betriebswirtschaftlichen und ingenieurwissenschaftlichen Fachbereichen konzipiert haben. Seitens der politischen Akteure wird mit berufsbegleitenden Bachelorstudienangeboten das gesellschaftspolitische Ziel einer ‚leistungsorientierten Durchlässigkeit' verfolgt, durch das individuelle Bildungschancen erhöht und der Hochschul- und Wirtschaftsstandort Bayern gestärkt werden sollen (Hochschule Bayern 2010).

4.3.2 Einzelfall 3b: Angebot flexibler Studienformate und Ausbau flankierender Beratungsstrukturen

Auch in *Bremen* stand die Flexibilisierung der Studienorganisation im Berichtszeitraum weit oben auf der hochschulpolitischen Agenda. Zentrale Maßnahme bildete hierbei das Förderprogramm *Offene Hochschulen Bremen*, in dessen Rahmen unter anderem der Ausbau der wissenschaftlichen Weiterbildung sowie von Beratungsangeboten und Brückenkursen unterstützt wurde. Im Fokus standen grundständige und weiterbildende, berufsbegleitende und Teilzeitstudiengänge sowie Zertifikatskurse. Ein Teilprojekt des Landesprogramms *Offene Hochschulen Bremen* fokussierte auf die Anrechnung von Kompetenzen. In den Bereichen Informatik, Informationstechnik und Digitale Medien ist zudem ein ‚Beratungswegweiser' realisiert worden, der Auskunft über Anrechnungsmöglichkeiten von Berufs- und Weiterbildungsabschlüssen sowie Modulen aus weiterbildenden Zertifikatsangeboten auf Bachelorstudiengänge gibt. Einige weitere Teilprojekte setzten auf den Einsatz von zeitlich und räumlich flexiblen Studienformaten, die im Wesentlichen auf E-Learning- oder Blended-Learning-Ansätzen basieren. Außerdem wurden unterstützende Maßnahmen im Bereich Öffentlichkeitsarbeit, insbesondere der Aufbau einer gemeinsamen Homepage sowie einer Anlauf- und Beratungsstelle gefördert. Die besondere Relevanz der flexiblen Studienorganisation in der Strategie Bremens lässt sich auch in den im Untersuchungszeitraum gültigen Zielvereinbarungen wiederfinden, in denen ein besonderer Schwerpunkt auf den Auf- und Ausbau von entsprechenden Studienangeboten gelegt wurde. Diese Aktivitäten wurden durch weitere Maßnahmen wie die Umsetzung der KMK-Vorgaben zum Hochschulzugang und die Ausweitung der rechtlichen Möglichkeiten zum Teilzeitstudium flankiert.

5 Schlussbetrachtung

Die differenzierte Analyse der Strategien der Länder zur Förderung des Lebenslangen Lernens an Hochschulen im Zeitraum von 2008 bis 2013 hat gezeigt, dass zwischenzeitlich alle Länder die Beschlüsse der KMK zum Hochschulzugang für beruflich qualifizierte Studieninteressierte ohne schulische Studienberechtigung und zur Anrechnung von Kompetenzen im Wesentlichen umgesetzt haben, einige allerdings erst nach Ende des Untersuchungszeitraums. Dabei haben sich einige Länder eng am Wortlaut der Vereinbarungen orientiert, während andere den Sinn der Beschlüsse recht weit interpretiert und beispielsweise zusätzliche Zugangsmöglichkeiten geschaffen oder auf eine enge Bindung der zur Wahl stehenden Studienfächer an die Fachrichtung der Berufsausbildung verzichtet haben. Unterschiede bestehen auch im Grad der Verbindlichkeit von Anrechnungsverfahren. In einigen Ländern haben die Hochschulen weitgehende Entscheidungsmöglichkeiten, ob und inwieweit sie das Instrument Anrechnung nutzen wollen, in anderen Ländern sind sie zur Anrechnung gleichwertiger Kompetenzen verpflichtet und müssen teilweise sogar nachweisen, dass die Gleichwertigkeit nicht gegeben ist, wenn sie erreichte Lernziele nicht auf die Studienanforderungen anrechnen wollen. Erhebliche Unterschiede sind auch bei der Förderung von Unterstützungsmaßnahmen beim Übergang zur Hochschule wie Brückenkursen oder besonderen Beratungsangeboten für beruflich qualifizierte Zielgruppen ohne schulische Studienberechtigung zu beobachten.

Hinsichtlich der angestrebten Flexibilisierung von Studienorganisation und Studienformaten haben es einige Länder bei der Schaffung der rechtlichen Rahmenbedingungen für die Einrichtung von berufsbegleitenden Studiengängen und für das Teilzeitstudium belassen, während andere die Entwicklung entsprechender Studienangebote mit Mitteln in relevanter Höhe unterstützt haben – teilweise im Rahmen von Zielvereinbarungen, teilweise aber auch durch besondere Förderprogramme. Ähnlich stellte sich die Situation im Untersuchungszeitraum auch hinsichtlich der Flexibilisierung der Studienformate durch den Einsatz von Blended Learning und E-Learning dar. Einige Länder verfolgten in enger Zusammenarbeit mit den Hochschulen einen integrierten Ansatz, der onlinebasiertes Lehren und Lernen mit den organisatorischen Ansätzen des berufsbegleitenden (Teilzeit-)Studiums bereits in der Konzeptionsphase verband, während andere Länder sich auf den Ausbau einer für Blended Learning und E-Learning geeigneten Infrastruktur beschränkten und die Entwicklung sowie die Umsetzung didaktischer und curricularer Initiativen in diesem Bereich recht weitgehend den Hochschulen überließen.

Kein einheitlicher Befund ergibt sich auch für den Bereich der wissenschaftlichen Weiterbildung. Hier haben einige Länder mit den Hochschulen detaillierte Verabredungen zum Ausbau von weiterbildenden Studiengängen beziehungsweise nicht abschlussbezogenen Angeboten getroffen, während andere Länder und Hochschulen es bei der gemeinsamen Abgabe von übergreifenden Absichtserklärungen belassen haben. Wieder andere Länder haben Ressourcen in relevantem Umfang für den Auf- beziehungsweise Ausbau von entsprechenden Angeboten und teilweise auch von Organisationsstrukturen für die wissenschaftliche Weiterbildung bereitgestellt.

Übergreifend lässt sich festhalten, dass den Vereinbarungen der KMK bei der Entwicklung von Strategien zur Förderung des Lebenslangen Lernens durch die Bundesländer und ihrer Umsetzung in geeignete Maßnahmen und Initiativen eine wichtige Katalysatorfunktion zugekommen ist. Insbesondere durch die Beschlüsse zum Hochschulzugang und zur Anrechnung, aber auch zum weiterbildenden Masterstudium wurden gemeinsame Standards definiert, an denen sich die Aktivitäten der Länder orientieren konnten. Eine kaum zu unterschätzende unterstützende Wirkung ging auch von dem maßgeblich durch den Bund ausgestalteten Wettbewerb *Aufstieg durch Bildung: offene Hochschulen* aus – zum einen durch die Bereitstellung von finanziellen Mitteln für konkrete Projekte an Hochschulen, zum anderen durch die Verankerung des Lebenslangen Lernens auf der hochschulpolitischen Agenda, sowohl auf der Ebene der Hochschulen als auch auf den verschiedenen Ebenen der Hochschulpolitik.

Insgesamt lässt sich konstatieren, dass in allen Ländern im Untersuchungszeitraum, der mit dem Dresdner Bildungsgipfel im Oktober 2008 begann und sich über die Dauer von fünf Jahren erstreckte, Aktivitäten zur Förderung des Lebenslangen Lernens an Hochschulen zu beobachten waren. Dabei folgten die Länder im Großen und Ganzen einer gemeinsamen strategischen Zielsetzung, ergriffen aber Maßnahmen, die sich in ihrer Intensität und ihrer Reichweite deutlich unterschieden haben, woraus eine teilweise recht disparate Befundlage in den vier Analysedimensionen Durchlässigkeit, Studienorganisation, Studienformate und wissenschaftliche Weiterbildung resultiert.

Literatur

Banscherus, U. (2010): Lebenslanges Lernen im Bologna-Prozess. In: Wolter, A./Wiesner, G./Koepernick, C. (Hrsg.): *Der lernende Mensch in der Wissensgesellschaft. Perspektiven lebenslangen Lernens.* Weinheim: Juventa. S. 221–237.

Banscherus, U. (2015): Der Dritte Bildungsweg: Schnittstelle im Widerspruch zur Systemlogik. In: Müller, H.-P./Reitz, T. (Hrsg.): *Klassenbildung und Bildungspolitik. Kritische Perspektiven auf eine Leitinstitution der Gegenwart.* Weinheim: Beltz-Juventa. S. 153–178.

Banscherus, U./Kamm, C./Otto, A. (2015): Information, Beratung und Unterstützung von nicht-traditionellen Studierenden. Angebote der Hochschulen und deren Bewertung durch die Zielgruppe. In: Hanft, A./Zawacki-Richter, O./Gierke, W. B. (Hrsg.): *Herausforderung Heterogenität beim Übergang in die Hochschule.* Münster: Waxmann. S. 81–96.

Banscherus, U./Pickert, A. (2013): *Unterstützungsangebote für nicht-traditionelle Studieninteressierte: Stand und Perspektiven.* Thematischer Bericht der Wissenschaftlichen Begleitung des Bund-Länder-Wettbewerbs Aufstieg durch Bildung: offene Hochschulen. Berlin.

Banscherus, U./Reiß, M. (2012): Das sächsische Hochschulrating als Beispiel für einen evidenzbasierten Ansatz in der Hochschulentwicklungsplanung – Ein Werkstattbericht. In: *Beiträge zur Hochschulforschung.* 34(3). S. 72–91.

Bargel, T./Bargel, H. (2014): *Studieren in Teilzeit und Teilzeitstudium. Definitionen, Daten, Erfahrungen, Positionen und Prognosen.* Bielefeld: Universitätsverlag-Webler.

Berg, H./Grendel, T./Haußmann, I./Lübbe, H./Marx, A. (2014): *Der Übergang beruflich Qualifizierter in die Hochschule. Ergebnisse eines Modellprojektes in Rheinland-Pfalz* (Mainzer Beiträge zur Hochschulentwicklung, Bd. 20). Mainz.

Berthold, C./Meyer-Guckel, V./Rohe, W. (2010): *Mission Gesellschaft. Engagement und Selbstverständnis der Hochschulen. Ziele, Konzepte, internationale Praxis.* Essen.

Buhr, R./Freitag, W. K./Hartmann, E. A./Loroff, C./Minks, K.-H./Mucke, K./Stamm-Riemer, I. (2008): *Durchlässigkeit gestalten. Wege zwischen beruflicher und hochschulischer Bildung.* Münster: Waxmann.

Bundesregierung/Regierungschefs der Länder (2008): *Aufstieg durch Bildung. Die Qualifizierungsinitiative für Deutschland.* Dresden.

Deutscher Bundestag (2014): *Antwort der Bundesregierung auf die Kleine Anfrage der Abgeordneten Nicole Gohlke, Diana Golze, Dr. Rosemarie Hein, weiterer Abgeordnete und der Fraktion DIE LINKE. Zwischenbilanz des Förderprogramms „Aufstieg durch Bildung: offene Hochschulen".* (Drucksache 18/2412).

Dobischat, R./Ahlene, E./Rosendahl, A. (2010): Hochschulen als Lernorte für das lebensbegleitende Lernen? Probleme und Perspektiven für die (wissenschaftliche) Weiterbildung In: *REPORT – Zeitschrift für Weiterbildungsforschung*. 33(2). S. 22–33.

Duong, S./Püttmann, V. (2014): *Studieren ohne Abitur: Stillstand oder Fortentwicklung? Eine Analyse der aktuellen Rahmenbedingungen und Daten* (CHE-Arbeitspapier Nr. 177). Gütersloh.

Faulstich, P./Oswald L. (2010). *Wissenschaftliche Weiterbildung* (Böckler-Arbeitspapier Nr. 200). Düsseldorf.

Feichtenbeiner, R./Neumerkel, J./Banscherus, U. (2015): *Strategien zur Förderung des lebenslangen Lernens in Bund und Ländern. Ergebnisse eines studentischen Forschungsprojektes an der Humboldt-Universität zu Berlin*. Thematischer Bericht der Wissenschaftlichen Begleitung des Bund-Länder-Wettbewerbs Aufstieg durch Bildung: offene Hochschulen. Berlin.

Freitag W. K./Buhr R./Danzeglocke, E.-M./Schröder, S./Völk, D. (2015): *Übergänge gestalten. Durchlässigkeit zwischen beruflicher und hochschulischer Bildung erhöhen*. Münster: Waxmann.

Freitag, W. K./Hartmann, E. A./Loroff, C./Stamm-Riemer, I./Völk, D./Buhr, R. (2011): *Gestaltungsfeld Anrechnung. Hochschulische und berufliche Bildung im Wandel*. Münster: Waxmann.

Hanft, A./Knust, M. (2010): Berufsbegleitendes Studieren. Bildungspolitische Anforderungen und internationale Praxis. In: *Zeitschrift für Soziologie der Erziehung und Sozialisation*. 30(1). S. 43–59.

Hanft, A./Maschwitz, A./Hartmann-Bischoff, M. (2013): Beratung und Betreuung von berufstätigen Studieninteressierten und Studierenden zur Verbesserung des Studienerfolgs. In: Hanft, A./Brinkmann, K. (Hrsg.): *Offene Hochschulen. Die Neuausrichtung der Hochschulen auf Lebenslanges Lernen*. Münster: Waxmann. S. 110–119.

Hanft, A./Zilling, M. (2011): Lebenslanges Lernen und Weiterbildung an Hochschulen – Deutsche Hochschulen im internationalen Vergleich. In: *Beiträge zur Hochschulforschung*. 33(4). S. 84–103.

Henke, J./Pasternack, P./Schmid, S. (2015): *Viele Stimmen, kein Kanon. Konzept und Kommunikation der Third Mission von Hochschulen* (HoF-Arbeitsbericht 2/2015). Halle-Wittenberg.

Hessischer Landtag (2012): *Kleine Anfrage des Abgeordneten Marcus Bocklet (Bündnis 90/ Die Grünen) betreffend studieren in Hessen ohne Abitur und Antwort der Ministerin für Wissenschaft und Kunst*. (Drucksache 18/6200).

Hochschule Bayern (2010): *Präsidenten der bayrischen Hochschulen für angewandte Wissenschaften tagen im Vöhlinschloss Illertissen*. Pressemitteilung vom 30.06.2010.

Kerres, M. (2012): *Mediendidaktik. Konzeption und Entwicklung mediengestützter Lernangebote* (3. Auflage). München: Oldenbourg Wissenschaftsverlag.

Kerres, M./Lahne, M. (2009): Chancen von E-Learning als Beitrag zur Umsetzung einer Lifelong-Learning-Perspektive an Hochschulen. In: Apostolopoulos, N./Hoffmann, H./ Mansmann, V./Schwill, A. (Hrsg.): *E-Learning 2009. Lernen im digitalen Zeitalter*. Münster: Waxmann. S. 347–357.

Landtag des Saarlandes (2009): *Gesetzentwurf der Regierung des Saarlands zur Änderung des Universitätsgesetzes, des Fachhochschulgesetzes sowie anderer Vorschriften*. (Drucksache 13/2392).

Lübbe, H./Berg, H. (2014): Modellprojekt „Beruflich Qualifizierte an rheinland-pfälzischen Hochschulen". Abschlussbericht. Mainz.

Maschwitz, A./Brinkmann, K. (2015): Das Teilzeitstudium – Ein zeitgemäßes Studienmodell? In: *Beiträge zur Hochschulforschung*. 37(1). S. 52–69.

Mayring, P. (2010): *Qualitative Inhaltsanalyse. Grundlagen und Techniken.* (11. Auflage). Weinheim: Beltz.

Minks, K.-H./Netz, N./Völk, D. (2011): *Berufsbegleitende und duale Studienangebote in Deutschland: Status quo und Perspektiven* (HIS-Forum Hochschule 11/2011). Hannover.

Müller, U./Michalke, J. P./Behm, B./Ziegele, F. (2010): *„Was macht eigentlich das Ministerium?" Überlegungen zu Wissenschaftsministerien von morgen* (CHE-Arbeitspapier Nr. 132). Gütersloh.

Nickel, S./Duong, S. (2012): *Studieren ohne Abitur: Monitoring der Entwicklungen in Bund, Ländern und Hochschulen* (CHE-Arbeitspapier Nr. 157). Gütersloh.

Nickel, S./Leusing, B. (2009): *Studieren ohne Abitur: Entwicklungspotenziale in Bund und Ländern. Eine empirische Analyse* (CHE-Arbeitspapier Nr. 123). Gütersloh.

Raschke, J./Tils, R. (2013): *Politische Strategie. Eine Grundlegung.* (2. Auflage). Wiesbaden: Springer VS.

Schwabe-Ruck, E. (2010): *„Zweite Chance" des Hochschulzugangs? Eine bildungshistorische Untersuchung zur Entwicklung und Konzeption des Zweiten Bildungswegs.* Düsseldorf.

Stamm-Riemer, I./Tillack, D. (Red.) (2012): *Auftakt des Bund-Länder-Wettbewerbs „Aufstieg durch Bildung: offene Hochschulen". Berlin, 9. Dezember 2011 – Dokumentation.* Bonn.

Stamm, I./Tillack, D. (Red.) (2014): *Auftakt zur 2. Wettbewerbsrunde des Bund-Länder-Wettbewerbs Aufstieg durch Bildung: offene Hochschulen. Berlin, 7. Oktober 2014 – Dokumentation.* Bonn.

Ulbricht, L. (2012): Öffnen die Länder ihre Hochschulen? Annahmen über den Dritten Bildungsweg auf dem Prüfstand. In: *die hochschule*. 21(1). S. 154–168.

Wanken, S./Kreutz, M./Meyer, R./Eirmbter-Stolbrink, E. (2011): *Strukturen wissenschaftlicher Weiterbildung – Wissenschaft und Praxis* (Wissenschaft und Praxis Nr. 43). Trier.

Wolter, A. (2011): Die Entwicklung wissenschaftlicher Weiterbildung in Deutschland. Von der postgradualen Weiterbildung zum lebenslangen Lernen. In: *Beiträge zur Hochschulforschung*. 33(4). S. 8–35.

Wolter, A. (2013): Gleichrangigkeit beruflicher Bildung beim Hochschulzugang? Neue Wege der Durchlässigkeit zwischen beruflicher Bildung und Hochschule. In: Severing, E./Teichler, U. (Hrsg.): *Akademisierung der Berufswelt?* (Berichte zur beruflichen Bildung). Bielefeld: W. Bertelsmann. S. 191–212.

Wolter, A./Banscherus, U. (2015): Der Bund-Länder-Wettbewerb „Aufstieg durch Bildung: offene Hochschulen" im Kontext der (inter-)nationalen Diskussion um lebenslanges Lernen. In: Klages, B./Bonillo, M./Reinders, S./Bohmeyer, A. (Hrsg.): *Gestaltungsraum Hochschullehre. Potenziale nicht-traditionell Studierender nutzen.* Opladen: Budrich. S. 17–35.

Wolter, A./Banscherus, U./Kamm, C./Otto, A./Spexard, A. (2014): Durchlässigkeit zwischen beruflicher und akademischer Bildung als mehrstufiges Konzept: Bilanz und Perspektiven. In: *Beiträge zur Hochschulforschung*. 36(4). S. 8–39.

Zawacki-Richter, O. (2012): Die Entwicklung internetbasierter Studienangebote und ihr Beitrag zum lebenslangen Lernen. In: Kerres, M./Hanft, A./Wilkesmann, U./Wolff-Bendik, K. (Hrsg.): *Studium 2020 – Positionen und Perspektiven zum lebenslangen Lernen an Hochschulen.* Münster: Waxmann. S. 249–257.

Zielgruppen Lebenslangen Lernens an Hochschulen

Ulf Banscherus, Anne Pickert, Johann Neumerkel

Bildungsmarketing in der Hochschulweiterbildung

Bedarfsermittlung und Zielgruppenanalysen im Spannungsfeld zwischen Adressaten- und Marktorientierung

1 Einleitung

Weiterbildungsaktivitäten von Hochschulen unterliegen traditionell einer „doppelte[n] Systembindung", da sie einerseits den (Qualitäts-)Standards des Hochschul- und Wissenschaftssystems unterworfen sind, andererseits aber auch den Anforderungen des in erster Linie bedarfs- und nachfrageorientierten Weiterbildungssektors genügen müssen, in dessen weitgehend marktförmigen Strukturen zahlreiche privatrechtlich verfasste Einrichtungen miteinander konkurrieren (Wolter 2005, Zitat: S. 107; Jütte/Schilling 2005). Seit den 1990er Jahren ist in der Hochschulweiterbildung – wie auch in der Weiterbildung insgesamt – infolge einer rückläufigen öffentlichen (Grund-)Finanzierung sowie der Übertragung der Prinzipien des ‚New Public Management' auf die Sektoren der Hochschul- und Weiterbildung ein stärkerer Wettbewerbsdruck und eine zunehmende Marktorientierung zu beobachten (Lohr/Peetz/Hilbrich 2013; Faulstich/Graeßner/Schäfer 2008; Hippel/Fuchs/Tippelt 2008).

Weiterbildung an Hochschulen wird vor diesem Hintergrund sowohl als Möglichkeit zur institutionellen Profilbildung als auch als Potential zur Realisierung zusätzlicher Einnahmen in Zeiten sinkender öffentlicher Zuschüsse und einer aus demografischen Gründen perspektivisch sinkenden Zahl von Studierenden im grundständigen Studium betrachtet (Wolter 2005; Graeßner 2007). Zu dieser Einschätzung tragen nicht nur die gewandelten Rahmenbedingungen zur Ausgestaltung des Weiterbildungsangebots an Hochschulen bei, die sich aus der Reorganisation der Studienstruktur im Rahmen des Bologna-Prozesses und der damit verbundenen konsequenten Modularisierung ergeben (Faulstich/Oswald 2010; Wolter 2005), sondern auch die Erwartung einer wachsenden Nachfrage nach akademischer Weiterbildung infolge einer zunehmenden Bedeutung wissensintensiver Tätigkeiten innerhalb des Beschäftigungssystems sowie des steigenden Anteils von Hochschulabsolventinnen und -absolventen in der Gesamtbevölkerung und der deutlich überdurchschnittlichen Weiterbildungsaktivitäten dieser Personengruppe (Wolter 2005, 2013). Die Weiterbildungsaktivitäten von Hochschulen können also sowohl kompensatorischen als auch expansiven Motivlagen entspringen, gemeinsam ist beiden Ansätzen die Notwendigkeit einer starken Nachfrage- und Zielgruppenorientierung, um hinreichend viele Adressatinnen und Adressaten zur Teilnahme an den in aller Regel kostenpflichtigen Weiterbildungsangeboten zu motivieren (vgl. Reich-Claassen/Hippel 2011; Jütte/Schilling 2005).

Aufgrund der wachsenden Abhängigkeit von privater Finanzierung durch die Entgelte beziehungsweise Gebühren der Teilnehmerinnen und Teilnehmer sind Weiterbildungseinrichtungen zunehmend davon abhängig, Marktentwicklungen zu antizipieren und ihre Angebote entsprechend zu konzipieren (Höffer-Mehlmer 2011). Hierbei kommt Marketingansätzen[1] eine hohe Relevanz zu, die weit über Werbemaßnahmen hinausgehen und die strategische Ausrichtung der Einrichtungen aus dem Blickwinkel des übergeordneten Ziels der Absatzförderung und Kundengewinnung betrachten; insbesondere indem sie ein Instrumentarium bieten, das sowohl dazu beitragen soll, die Positionsbestimmung auf dem Weiterbildungsmarkt zu optimieren als auch die Wirtschaftlichkeit und die internen Abläufe zu verbessern (Schöll 2011; Barz 2010). Bei der Übertragung von Marketingansätzen und -instrumenten auf den Bildungsbereich stellt sich allerdings immer die Frage, in welcher Form dies erfolgen kann, ohne die besonderen Bedingungen zu negieren, unter denen Lern- und Bildungsprozesse erfolgen. Dies gilt insbesondere für die interaktive und interdependente Beziehung zwischen Lehrenden und Lernenden, die ungleich komplexer ist als beispielsweise die eindeutig komplementäre Verkäufer-Kunden-Beziehung auf dem Gütermarkt (Barz 2010; Sloane 1997).

Angesichts der skizzierten Entwicklungen werden in diesem Beitrag Möglichkeiten zur Bedarfsermittlung für zielgruppenorientierte Angebote der Hochschulweiterbildung sowie zu deren Planung diskutiert. Hierzu werden zunächst die Entwicklung von übergreifenden Zielsetzungen und Finanzierungsmodellen von weiterbildenden Angeboten an Hochschulen im Zeitverlauf kurz umrissen (Abschnitt 2) und daran anknüpfend erziehungswissenschaftliche und betriebswirtschaftliche Perspektiven auf Marketingansätze im Bildungsbereich skizziert, die konkurrierende Referenzsysteme für die (Hochschul-)Weiterbildung darstellen (Abschnitt 3). Danach werden mit Ansätzen aus der Erwachsenen- und Weiterbildung, dem strategischen Management sowie übergreifenden Nachfrage- und Bedarfsprojektionen drei grundlegende Perspektiven auf Bedarfsermittlung und Angebotsplanung vorgestellt (Abschnitt 4). Anschließend werden die Ergebnisse einer Metaanalyse von Nachfrage- und Bedarfs- sowie Zielgruppenanalysen, die im Rahmen von Projekten der ersten Förderphase der ersten Runde des Bund-Länder-Wettbewerbs *Aufstieg durch Bildung: offene Hochschulen* durchgeführt worden sind, differenziert beschrieben (Abschnitt 5).

---

1 Der Begriff des ‚Marketings' wird in diesem Beitrag gemäß der üblichen Verwendung in den Wirtschaftswissenschaften gebraucht. „Marketing besteht demnach aus einem systematischen Entscheidungs- und Gestaltungsprozess, der die Berücksichtigung der Kundenbedürfnisse bei allen marktgerichteten Unternehmensaktivitäten sicherstellt, um hierüber die Unternehmensziele zu erreichen. Die Bedürfnisbefriedigung der Kunden wird als Mittel zur Erreichung primär ökonomischer Unternehmensziele verstanden." (Meffert/Burmann/Kirchgeorg 2012, S. 10)

2 Leitbilder und Finanzierungsmodelle von Angeboten der Hochschulweiterbildung im Wandel

In den 1970er Jahren wurde Weiterbildung (zumindest normativ) als Aufgabe der Hochschulen anerkannt, unter anderem durch die Berücksichtigung im Hochschulrahmengesetz. Ausgehend von demokratischen Impulsen wurden über diesen Weg eine Öffnung des Hochschulzugangs und die Verbesserung der Beteiligungsmöglichkeiten an hochschulischer Bildung für breitere Bevölkerungsgruppen angestrebt (vgl. den Beitrag von Banscherus/Wolter in diesem Band). Weiterbildung an Hochschulen galt in diesem Zusammenhang als „Beitrag zur Studienreform und zur Demokratisierung der Hochschulen" (Faulstich/Oswald 2010, S. 7). Ein wesentliches Ziel hochschulischer Weiterbildungsaktivitäten wurde darin gesehen, „wissenschaftliche Kompetenzen für die Lösung gesellschaftlicher, institutioneller und individueller Probleme zur Verfügung zu stellen, Praxis und Gesellschaft miteinander ins Gespräch zu bringen sowie die Prozesse der Umsetzung kognitiv erworbenen Wissens in Handeln reflexiv zu begleiten" (Schäfer 1988, S. 214). Dieses ‚klassische' Verständnis von Weiterbildung an Hochschulen basierte auf einem „aufklärerisch orientierten Wissenschaftsbegriff, der die Unterscheidung zwischen Experten und Laien überwinden wollte", und wurde stark vom Motiv einer Öffnung der Hochschulen bestimmt. Es sollten neue Zielgruppen gewonnen werden, die bislang von akademischer Bildung faktisch ausgeschlossen gewesen waren (Wolter 2011, Zitat: S. 15).

Demgegenüber ist heute eine veränderte Perspektive zu konstatieren: Hochschulweiterbildung wird zumeist enger – und wohl auch weniger emphatisch – definiert als Fortsetzung organisierten Lernens nach Abschluss einer ersten Bildungsphase und in der Regel nach Aufnahme einer Erwerbs- oder Familientätigkeit, auf dem fachlichen und didaktischen Niveau der Hochschule (Kultusministerkonferenz, KMK 2001; Faulstich/Oswald 2010). Sie wird nunmehr weniger als Teil eines bildungstheoretischen und gesellschaftspolitischen Bildungsauftrags der Hochschulen verstanden, sondern vielmehr im Kontext von Bildungsmanagement, Organisationsentwicklung und neuer Hochschulsteuerung interpretiert. Es gilt der Befund: „Das aus den 1970er Jahren stammende Leitbild der öffentlich verantworteten Weiterbildung ist heute durch das des Weiterbildungsmarktes abgelöst worden, in dem der Staat nur noch eine ‚Mitverantwortung' trägt" (Faulstich/Oswald 2010, S. 12).

Hinsichtlich der Finanzierung von Angeboten der Hochschulweiterbildung ist ebenfalls ein erheblicher Wandel festzustellen. Lange Zeit dominierten hier Mischfinanzierungsmodelle, in denen die entstehenden Kosten teilweise durch Gebühren und Entgelte der Teilnehmenden oder aus Beiträgen von Unternehmen, teilweise aus öffentlichen Mitteln (z.B. im Rahmen von Förderprogrammen), teilweise aber auch durch Haushaltsmittel der Hochschulen gedeckt wurden (Faulstich/Graeßner/Schäfer 2008). Aus Gründen der wissenschaftlichen oder gesellschaftlichen Relevanz wurde bei manchen Angeboten, die in erster Linie bildungs- oder sozialpolitisch motiviert waren, eine Unterdeckung der Durchführungskosten in Kauf genommen, wobei versucht wurde, diese durch eine marktorientierte Finanzierung bei Angeboten mit einer hohen Nachfrage zumindest in Teilen zu kompensieren (Graeßner 2007). Außerdem erfolgte die Preisgestaltung häufig unsystematisch, beschränkte sich in der Regel auf die direkten Durchführungskosten ohne Berücksichtigung eines ‚Overheads' und basierte zumeist auf Schätzungen (Barz 2010). Dies lag einerseits im weitgehenden Fehlen von betriebswirtschaftlichen Instrumenten zur Kostenberechnung in den Weiterbildungseinrichtungen begründet, andererseits aber auch am Mangel von Anreizen zur Generierung von Mehreinnahmen aufgrund der Ausgestaltung der kameralistischen Haushaltssystematik (Schöll 2011).

Aktuell zeigt sich bei der Finanzierung von Weiterbildungsaktivitäten an Hochschulen ein anderes Bild: Zwar sind immer noch Förderprogramme in relevantem Umfang vorhanden, ansonsten sind die öffentlichen Zuschüsse in diesem Bereich aber seit Langem rückläufig. Die politischen Vorgaben der Länder sind recht eindeutig: Hochschulweiterbildung soll überwiegend privat finanziert werden – und zwar kostendeckend (Faulstich/Oswald 2010; Fischer 2012). Hierbei bleibt jedoch weitgehend unklar, wie die notwendige Vorfinanzierung von Entwicklungs- und Markteinführungskosten erfolgen soll und wie das Angebot von gesellschaftlich relevanten Veranstaltungen, die nicht kostendeckend angeboten werden können, gesichert werden kann (Faulstich/Oswald 2010). Insbesondere aus einer konsequenten Durchsetzung des Prinzips der Vollkostendeckung dürfte eine ‚radikalisierte' Nachfrageorientierung resultieren, wonach „die Definierung eines Angebots nicht aus einer wissenschaftsimmanenten disziplinären Logik heraus [erfolgt], sondern aus einem sensiblen, fragilen, ständigen Wandlungsprozessen unterliegenden Abstimmungsprozess möglichst mit realen und nicht imaginierten Adressaten und Nachfragern" (Seitter 2014, S. 143). In der Regel wissen Weiterbildungseinrichtungen allerdings nur sehr wenig über die Kaufkraft und die tatsächliche Zahlungsbereitschaft ihrer Zielgruppen. Die Anbieter verfügen heute zwar über betriebswirtschaftliche Instrumente der Kostenermittlung, gleichzeitig fehlen aber nach wie vor häufig Informationen darüber, wie viel der oder die Einzelne zu investieren bereit ist (Schöll 2011). In diesem Kontext haben dann Bedarfs- und Zielgruppenanalysen, Fragen der Praxispassung und des Transferbezugs, der Zeit- und Organisationsgestaltung sowie des Bildungsmarketings insgesamt einen herausragenden Stellenwert (Seitter 2014; Barz 2010).

3 Erwachsenenbildung und Betriebswirtschaft: konkurrierende Referenzsysteme für die (Hochschul-)Weiterbildung

Ansätze des Bildungsmarketings verfügen mit der Erziehungswissenschaft auf der einen und den Wirtschaftswissenschaften auf der anderen Seite über zwei Referenzsysteme, mit denen jeweils unterschiedliche Perspektiven und Begriffsdefinitionen verbunden sind. Aus einer ökonomischen Perspektive gilt Bildung in erster Linie als

Produkt, was weitgehende Implikationen für das Verständnis von beziehungsweise Interesse an Bildung mit sich bringt:

> „Nimmt man die normativ-leitende Funktion eines Marketingkonzeptes ernst, so impliziert die Maxime der Kunden- und Marktorientierung vorrangig, daß das Produkt aus den Marktinformationen heraus generiert wird. Das Bildungsangebot legitimiert sich mithin über den Markt und aus den Interessen der Nachfrager nach Bildung heraus. Dies bedeutet wiederum, daß eine bildungstheoretische Begründung pädagogischer Ideen und Maßnahmen nicht zwingend erfolgen muß." (Sloane 1997, S. 39)

Demgegenüber betrachtet es die Erziehungswissenschaft gerade auch als ihre Aufgabe, unabhängig von Nutzenerwägungen Interesse zu wecken, die Bildungsbereitschaft zu erhöhen und zum Abbau von Bildungsbarrieren beizutragen. In diesem Verständnis ist die Förderung des Lebenslangen Lernens aller Personengruppen – auch im Kontext der Weiterbildungsaktivitäten von Hochschulen – „nicht nur eine ökonomische, sondern auch eine moralische, die Chancengerechtigkeit betreffende Frage" (Hippel/Tippelt 2011, Zitat: S. 809).

Weiterbildung, sowohl an den Hochschulen als auch darüber hinaus, steht somit in einem Spannungsfeld zwischen pädagogischen und ökonomischen Rationalitäten, die sich teilweise kaum vereinbaren lassen. Dies gilt beispielsweise für die Anforderungen, mit den Angeboten zugleich eine individuelle Lebensweltorientierung zu erreichen und der Kostendeckungsvorgabe gerecht zu werden oder gleichzeitig einen bildungspolitischen Auftrag zu erfüllen, sich an pädagogischen Leitbildern zu orientieren und ein marktentsprechendes Verhalten an den Tag zu legen (Hippel/Fuchs/Tippelt 2008). Hier wird nicht selten ein struktureller Widerspruch zwischen dem gesellschaftlichen Auftrag, (benachteiligte) Zielgruppen zu erreichen, und einer zurückgehenden öffentlichen Finanzierung gesehen, ein „Auseinanderklaffen von Mandat (gesellschaftlicher Auftrag) und Lizenz (gesellschaftlicher Erlaubnis, formaler Berechtigung)", da die Ressourcen, die für das Erreichen der formulierten Ziele erforderlich sind, nicht zur Verfügung stehen (Hippel 2011, Zitat: S. 53). Ein weiteres Spannungsfeld wird im Bereich der Hochschulweiterbildung darin gesehen, dass „die berechtigte Zuspitzung auf eine Nachfrage- und Kundenorientierung die Gefahr in sich [birgt], die eigentlichen Stärken und Charakteristika […] aus den Augen zu verlieren", da „diese spezifische Weiterbildung nur dann glaubwürdig und erfolgreich ‚vermarktet' werden kann, wenn sie auf der nachgewiesenen Wissens- und Forschungskompetenz der jeweiligen Hochschule basiert" (Jütte/Schilling 2005, S. 151). Die Komplexität der Situation erhöht sich weiter durch die eher marktskeptische Grundhaltung vieler Weiterbildnerinnen und -bildner (Hippel/Fuchs/Tippelt 2008). Diese rekrutieren sich vor allem aus dem Milieu der Postmateriellen und angrenzenden Milieus, woraus vielfach nicht nur eine deutliche Distanz zu einem marktorientierten Verständnis von Weiterbildung resultiert, sondern teilweise auch eine erhebliche Milieudifferenz zu Teilnehmer- und Adressatengruppen (Reich-Claassen/Hippel 2011).

Aufgrund der an sie gerichteten widersprüchlichen Anforderungen stehen öffentliche Weiterbildungseinrichtungen, die Hochschulen in staatlicher Trägerschaft eingeschlossen, also insgesamt „vor der Herausforderung, die heterogenen Erwartungen der konkurrierenden Referenzsysteme Ökonomie und Pädagogik auszubalancieren" (Hippel 2011, S. 52). In dieser Situation erscheinen Ansätze des Bildungsmarketings sowohl als ‚Teil des Problems' als auch als ‚Teil der Lösung'. Auf der einen Seite werden entsprechende Kenntnisse immer wichtiger für die strategische Ausrichtung von Bildungseinrichtungen, die langfristige Sicherung der Finanzierung sowie die frühzeitige Identifizierung von Entwicklungstrends, Akquisemöglichkeiten und neuen Zielgruppen. Auf der anderen Seite ist die Tatsache, dass „Bildung […] gerade kein ‚Produkt wie andere auch' ist, […] der zweite Teil der Wahrheit. Damit ist auch die schwierige Beziehung des Bildungsbegriffs zum Kundenbegriff angesprochen" (Barz 2010, S. 416).

4 Ansätze zur Bedarfsermittlung und Angebotsplanung

Bedarf, Nachfrage und Angebot sind im Bereich der Hochschulweiterbildung alltägliche Begriffe, können aber je nach Perspektive der beteiligten Akteurinnen und Akteure mit einer ganz unterschiedlichen Bedeutung verbunden sein. Dies ist nicht überraschend, sind diese Begriffe doch auch in den Referenzdisziplinen der Erziehungs- und Wirtschaftswissenschaften ganz unterschiedlich definiert. Hinzu kommt insbesondere im (hochschul-)politischen Raum eine polit-ökonomische Makroperspektive, wenn zum Beispiel gesamtgesellschaftliche Größen wie der zu erwartende Fachkräftebedarf oder die Entwicklung der Studiennachfrage insgesamt diskutiert werden. Diese drei Perspektiven werden in den folgenden Abschnitten zum besseren Verständnis der verschiedenen Ansätze zur Bedarfsermittlung und Angebotsplanung in aller Kürze dargestellt.

4.1 Zugänge aus Sicht der Erwachsenen- und Weiterbildung

In der Erwachsenen- und Weiterbildung wird der Begriff ‚Bedarf' häufig mit den Lernbedürfnissen potentieller Adressatengruppen gleichgesetzt (Jechle/Kolb/Winter 1994). Diesem Verständnis nach kann Bedarf verstanden werden als die potentielle Nachfrage nach Weiterbildungsangeboten (im Sinne einer freiwilligen Teilnahme). Bedarfsermittlung bedeutet dann, „Prognosen darüber anzustellen, welche Angebote zustande kommen könnten, um sie ins Programm aufzunehmen" (Höffer-Mehlmer 2011, S. 998).

Dem Versuch einer Quantifizierung des Weiterbildungsbedarfs wird seitens der Erwachsenen- und Weiterbildung ein erhebliches Maß an Skepsis entgegengebracht. So handle es sich hierbei um keine eindeutige Größe, weshalb bereits auf der Ebene einzelner Unternehmen die Ermittlung von Weiterbildungsbedarfen als eine der schwierigsten Aufgaben der betrieblichen Personalwirtschaft zu betrachten sei. Auf diese Weise könne auch allenfalls der kurzfristige Bedarf nach bestimmten Qualifikationsanpassungen ermittelt werden, es sei jedoch kaum möglich, langfristige Entwicklungen zu prognostizieren. Deshalb resultiere das bestehende „Prognosedefizit der bisherigen Bedarfsforschung" nicht nur aus schier unlösbaren methodischen Fragen, sondern auch aus dem Risiko, „den lediglich ‚nachgefragten' Bedarf" zu ermitteln und eine potentialorientierte Ermittlung des Weiterbildungsbedarfs zu verfehlen (Arnold/Lermen 2004, S. 13). Ob für ein geplantes Angebot ein tatsächlicher Bedarf besteht, könne letztlich nicht durch die Durchführung von Prognosen, sondern „nur dadurch verifiziert werden, daß ein Anbieter mit seinem aktuellen spezifischen Angebot auf dem Markt erfolgreich ist" (Jechle/Kolb/Winter 1994, S. 6). Nicht zu unterschätzen sei in diesem Zusammenhang auch, dass ein Bedarf häufig erst aufgrund eines bestehenden Angebotes festgestellt werden könne, das Angebot sich somit zumindest in Teilen seine eigene Nachfrage schaffe (Schäfer 1988).

Ebenfalls umstritten ist in Teilen der Erwachsenen- und Weiterbildung der Begriff der ‚Zielgruppen', mit dem überwiegend schlicht diejenigen Adressatinnen und Adressaten bezeichnet werden, die beispielsweise durch gemeinsame sozialstrukturelle, demografische oder motivationale Merkmale beschrieben werden können (Hippel/Tippelt 2011). Dieses Begriffsverständnis, das weitgehende Überschneidungen mit dem Ansatz der Teilnehmerorientierung aufweist, wird allerdings teilweise als unzulässige Vereinfachung kritisiert: Von einzelnen Merkmalen könne nicht auf die innere Haltung der betreffenden Personen geschlossen werden. Außerdem bestehe bei einer starken Zielgruppenorientierung von Weiterbildungseinrichtungen die Gefahr, dass sich diese einseitig an bildungsaktive und zahlungskräftige Personengruppen richten und andere Adressatengruppen aus dem Blick verlieren könnten (z.B. Bremer 2010).

Im Unterschied zum Begriff der Zielgruppenorientierung, der neben der zuvor genannten Kritik teilweise auch mit einer Kunden- oder Marktorientierung in Verbindung gebracht wird, erfahren die Ansätze der Adressaten- und Teilnehmerorientierung im Kontext der Erwachsenen- und Weiterbildung einhellige Zustimmung. Adressatinnen und Adressaten werden hier verstanden als diejenigen Personen, die die Weiterbildungseinrichtungen mit ihren Angeboten erreichen wollen, Teilnehmerinnen und Teilnehmer sind dann naheliegender Weise diejenigen, die ein Angebot in Anspruch nehmen (Hippel/Tippelt 2011). Dabei folgt der Ansatz der Teilnehmerorientierung dem Ziel einer Berücksichtigung der individuellen Bedürfnisse, Erwartungen, Kenntnisstände, Lernstile und Biografien der Teilnehmenden (Reich-Claassen/Hippel 2011). Teilnehmerorientierung steht diesem Verständnis nach explizit nicht für eine Kunden- oder Marktorientierung, sondern vielmehr für eine Orientierung an erwachsenenpädagogischer Qualität, das Vorhalten eines umfassenden Bildungsangebots sowie die Berücksichtigung von benachteiligten Zielgruppen. Ergänzend hat die Adressatenforschung aus Sicht der Erwachsenen- und Weiterbildung vor allem die Aufgabe, aus einer subjektorientierten Sichtweise subjektive und gruppenbezogene Weiterbildungsinteressen und -barrieren, Formen des Bildungsverständnisses, Anforderungen an die Persönlichkeitsbildung und das informelle Lernen sowie Einstellungen gegenüber dem Lebenslangen Lernen zu identifizieren und für das pädagogische Planungshandeln nutzbar zu machen (Hippel/Tippelt 2011). In diesem Verständnis steht der Ansatz der Teilnehmer- und Adressatenorientierung in einem ausdrücklichen Gegensatz zu ökonomisch ausgerichteten Marketingansätzen (Jütte/Schilling 2005).

Der Prozess der Angebots- und Programmplanung wird in der Erwachsenen- und Weiterbildung allgemein verstanden als „die Vermittlung zwischen gesellschaftlichem Bedarf, Interessen der Adressaten und pädagogischem Auftrag" (Hippel/Tippelt 2011, S. 801). Hinzu kommen weitere Faktoren wie finanzielle, personelle und strukturelle Rahmenbedingungen (Hippel/Fuchs/Tippelt 2008). Die Programmplanung erfolgt idealtypisch in folgenden Phasen: (1.) Ermittlung des Weiterbildungsbedarfs, (2.) thematische Grobplanung, (3.) zeitliche, finanzielle, personelle, materielle Feinplanung, (4.) Vorbereitung der konkreten Angebote beziehungsweise Veranstaltungen, (5.) Durchführung der Veranstaltungen sowie (6.) Auswertung und Evaluation. Die Erfahrungen aus einem Programmplanungszyklus bilden zugleich die Grundlage weiterer Planungsschritte (Höffer-Mehlmer 2011).

Einen hohen Stellenwert bei der Programmplanung haben in der Erwachsenen- und Weiterbildung traditionell der Gedanken- und Ideenaustausch mit Kolleginnen und Kollegen sowie mit Kursleiterinnen und Kursleitern. Hinzu kommen Befragungen von Teilnehmenden, die häufig auch Fragen zum Interesse an Themen beinhalten, die bisher nicht abgedeckt werden, die Auswertung der Programme vergleichbarer Bildungsanbieter, durch die eigene Angebotslücken ermittelt werden können, Literatur- und Medienauswertungen, die allgemeine Hinweise auf Themenentwicklungen geben sollen, sowie die Vorschläge (bzw. Bewerbungen) neuer Kursleiterinnen und Kursleiter. Wichtige Hinweise können der einschlägigen Literatur zufolge auch aus Gesprächen mit Unternehmensvertreterinnen und -vertretern sowie Akteurinnen und Akteuren aus dem Feld der Erwachsenen- und Weiterbildung gewonnen werden, insbesondere im Rahmen von strukturierten Befragungen (Höffer-Mehlmer 2011; Barz 2010). Als wichtige Methode der Bedarfserhebung gelten in diesem Zusammenhang auch ‚Probeangebote'; wird das Angebot nachgefragt, besteht offenbar auch Bedarf danach (Höffer-Mehlmer 2011).

4.2 Weiterbildung aus der Perspektive des strategischen Marketings

Um die an sie gerichtete Anforderung erfüllen zu können, Angebote der Hochschulweiterbildung nachfrage- und bedarfsorientiert auszugestalten und erfolgreich auf einem kompetitiven Weiterbildungsmarkt zu platzieren, orientieren sich weiterbildungsaktive Hochschulen zunehmend an Ansätzen des strategischen Marketings. Übergreifendes Ziel ist es hierbei, den bestehenden Bedarf und die mögliche Nachfrage bereits in der Phase der Programm- beziehungsweise Produktentwicklung möglichst präzise zu bestimmen oder zumindest näherungsweise abzuschätzen, um das Angebot möglichst frühzeitig entsprechend ausrichten zu können und auf diese Weise die Wahrscheinlichkeit einer erfolgreichen Markteinführung zu erhöhen (Bardachzi 2010; Knust 2006). Dabei entspricht der ‚Bedarf' weitgehend den Anforderungen der für ein konkretes Angebot jeweils relevanten Zielgruppen, die in erster Linie als Kundinnen und Kunden angesprochen werden, mit dem Ziel ‚Nachfrage' in Form einer Teilnahme gegen die Zahlung eines festgelegten Teilnahmeentgelts zu erzeugen (vgl. Bardachzi 2010; Knust/Hagenhoff 2005). Von besonderem Interesse sind deshalb in Untersuchungen zur Bedarfsermittlung und zur Zielgruppenanalyse häufig Faktoren, die eine Teilnahme an Weiterbildungsangeboten beeinflussen. Hierzu gehören nicht nur die Chancen, die sich aus dem wahrgenommenen Bedarf auf einer übergeordneten Ebene (z.B. Fächergruppe bzw. Branche) ergeben (z.B. Karriereperspektiven, Beschäftigungssicherheit), sondern auch zahlreiche weitere Faktoren wie individuelle Präferenzen, mögliche Informationsdefizite oder subjektive Kosten-Nutzen-Erwägungen (vgl. Mankiw/Taylor 2012). Auswirkungen auf die individuelle Nachfrage können aber auch gezielte Interventionen und Anreize haben, die beispielsweise von Unternehmen (z.B. Kofinanzierungs- oder Kooperationsmodelle), (Branchen-)Verbänden (z.B. MINT-Kampagnen), Bildungsanbietern (z.B. Informations- und Werbemaßnahmen) oder auch durch den Staat (z.B. Steuerermäßigungen) gesetzt werden können.

Aus einer betriebswirtschaftlichen Perspektive sind Nachfrage- und Bedarfsanalysen für Angebote der Hochschulweiterbildung Bestandteile des Marketingkonzeptes der betreffenden Hochschule (Bardachzi 2010; Knust 2006; Kotler/Murphy 1981). Bei der Übertragung von Marketingkonzepten von Unternehmen auf Hochschulen sind allerdings einige Besonderheiten zu beachten, die unter anderem aus dem in der öffentlichen Meinung vorherrschenden Verständnis von Bildung als öffentlichem Gut (Werner/Steiner 2010), der unter den Akteurinnen und Akteuren des Bildungswesens weit verbreiteten Distanz gegenüber betriebswirtschaftlichen Ansätzen (Barz 2010) und der bei öffentlichen Einrichtungen häufig festzustellenden großen Relevanz von rechtlichen, sozialen und politischen Entscheidungen und Rahmenbedingungen (Wesselmann/Hohn 2012) resultieren. Darüber hinaus gilt es zu berücksichtigen, dass sich die Entwicklung und Platzierung neuer Produkte (z.B. Studienangebote) mehr und mehr der Anforderung zu stellen hat, sich in die strategische Ausrichtung der institutionellen Hochschulentwicklung – oft vereinfacht als Profilbildung bezeichnet – einzupassen (vgl. Wolter 2005; Kotler/Murphy 1981).

Marketing als Managementprozess umfasst mehrere Phasen: (1.) eine umfassende Situationsanalyse des Unternehmens beziehungsweise der Organisation, (2a.) die strategische Marketingplanung mit der Definition von Zielen und Strategien, (2b.) die operative Marketingplanung mit Entscheidungen über die konkret angebotene Leistung, den geforderten Preis sowie Kommunikations- und Distributionskanäle, (3.) den gezielten Einsatz unterschiedlicher Marketinginstrumente sowie (4.) die Überprüfung des Grades der Zielerreichung durch Controllinginstrumente (Bruhn/

Meffert 2012). Da in der Phase der Angebotsplanung von Hochschulen im Bereich der Weiterbildung operative Aktivitäten noch nicht im Vordergrund stehen, auch wenn diese teilweise zumindest bereits antizipiert werden sollten, sind hier in erster Linie die Situationsanalyse und die strategische Marketingplanung von Relevanz. Deshalb beschränken sich die weiteren Ausführungen auf diese Phasen des strategischen Marketings.

Die Situationsanalyse umfasst die Umweltanalyse und die Ressourcenanalyse. Im Rahmen der Umweltanalyse wird einerseits der rechtliche, politische, soziale und/ oder ökologische Kontext, in dem ein Unternehmen oder eine andere Organisation ein Produkt platzieren möchte, detailliert betrachtet (Kontextanalyse). Andererseits gehören zur Umweltanalyse auch eine umfassende Bewertung der Marktsituation, insbesondere von Marktpotentialen und möglichen Wettbewerbern (Marktanalyse), sowie eine möglichst konkrete Zielgruppenanalyse. Die Umweltanalyse bildet die Basis für eine Einschätzung der Chancen und Risiken, die mit dem Angebot eines spezifischen Produktes verbunden sind. Die Ressourcenanalyse fragt nach den Kernkompetenzen einer Organisation sowie der Ausstattung mit finanziellen, organisatorischen und personellen Ressourcen. Im Dienstleistungsbereich gelten insbesondere das Personal, und hier vor allem die fachlichen und sozialen Kompetenzen der Beschäftigten, als entscheidendes Kriterium für den Erfolg oder Misserfolg. Die Ressourcenanalyse dient zur Identifizierung der bestehenden Stärken und Schwächen einer Organisation.

Die Ergebnisse der Umwelt- (Chancen-Risiken-Analyse) und der Ressourcenanalyse (Stärken-Schwächen-Analyse) werden anschließend zu einer systematischen Situationsanalyse zusammengefügt, die häufig in Form einer SWOT-Analyse (Strengths, Weaknesses, Opportunities, Threats) durchgeführt wird. Diese dient „der Gewinnung von Hinweisen zur Ableitung strategischer Stoßrichtungen bzw. zum Aufbau von Wettbewerbsvorteilen im Rahmen des strategischen Planungsprozesses" (Bruhn/Meffert 2012, S. 166).

Die Situationsanalyse soll es einem Unternehmen beziehungsweise einer Organisation ermöglichen, auf der Basis einer realistischen Einschätzung der Ausgangslage möglichst präzise Ziele und Strategien zu entwickeln. Teilweise kann es hierzu erforderlich sein, zunächst erkannte Schwächen zu beheben, weil sich diese prohibitiv auf die angestrebten Ziele auswirken könnten. In der Regel besteht der Zielfindungsprozess aus mehreren Stufen und umfasst mehrere Dimensionen (Meffert/Burmann/Kirchgeorg 2012). Im öffentlichen Sektor sind die Ziele aufgrund der Einflüsse von Kontextfaktoren und Umwelteinflüssen häufig vielschichtig, da hier bei der Gestaltung des Angebots in der Regel neben betriebswirtschaftlichen Zielen eine Vielzahl von gesellschaftlichen, volkswirtschaftlichen oder politischen Zielen zu berücksichtigen ist (Wesselmann/Hohn 2012). Bei den meisten (staatlichen) Hochschulen stellt außerdem „die ausschlaggebende Zielgröße nicht die Erzielung oder Maximierung von Gewinn dar, sondern das Erreichen von Sachzielen, wie etwa die strikt am Gegenstand orientierte Durchführung von Lehre und Forschung" (Werner/Steiner 2010, S. 482).

Aus der Perspektive des Marketings ist die strategische Planung von Angeboten der Hochschulweiterbildung als zentrales Element der sogenannten Leistungspolitik zu betrachten (Bardachzi 2010; Knust 2006). Im Rahmen der strategischen Angebotsplanung gilt es, die verschiedenen Elemente des Marketing-Mixes (Leistungspolitik, Preispolitik, Kommunikationspolitik, Distributionspolitik und (interne) Personalpolitik) adäquat aufeinander abzustimmen. Hierbei basiert die systematische Angebots- beziehungsweise Leistungsplanung auf den Ergebnissen der Situationsanalyse und den festgelegten Zielen. Dabei ist auf mögliche Unterschiede zwischen den verschiedenen Ebenen innerhalb einer Organisation zu achten. Beispielsweise können auf der Ebene der Organisation insgesamt andere Ziele definiert werden als auf der Ebene eines Geschäftsfeldes oder Funktionsbereichs. Im ungünstigsten Fall kann eine solche Interessenkollision die Zielerreichung nachhaltig gefährden (Meffert/Burmann/Kirchgeorg 2012).

Aufgabe der Leistungspolitik ist es, „mit den zur Verfügung stehenden Möglichkeiten ein optimales Leistungsprogramm der Dienstleistungsunternehmung zusammenzustellen" und hierbei eine entsprechend hohe Leistungsqualität zu garantieren (Bruhn/Meffert 2012, S. 420f.). Entscheidend ist bei der strategischen Planung der Leistungspolitik die Formulierung von realistischen Erwartungen auf der Basis der definierten Ziele und der Ergebnisse der Situationsanalyse. Vor der Markteinführung von neuen Produkten führen Unternehmen deshalb in der Regel eine mehrstufige Testphase durch, die unter anderem auch eine detaillierte Wirtschaftlichkeitsprüfung beinhaltet (Bruhn/Meffert 2012).

Aus Sicht des strategischen Marketings sind also bereits bei der Konzeption von Angeboten der Hochschulweiterbildung viele Aspekte im Rahmen einer systematischen strategischen Situationsanalyse zu klären; hierzu gehören auch die Durchführung von Zielgruppenanalysen und Bedarfserhebungen. Im Zentrum stehen hierbei in aller Regel die übergeordneten Ziele von Absatzförderung und Kundengewinnung (Barz 2010).

4.3 Übergreifende Nachfrage- und Bedarfsprojektionen

Ein weiteres Beispiel für Bedarfserhebungen und Nachfrageprognosen, die für den Bereich der Hochschulweiterbildung zumindest potentiell von Interesse sein können, sind übergreifende Untersuchungen auf der Ebene von unterschiedlichen Branchen oder der Wirtschaftsstruktur insgesamt beziehungsweise des gesamten Hochschulsystems oder von dessen Teilsektoren. Diese basieren in aller Regel auf differenzierten Modellrechnungen, die allerdings keineswegs punktgenaue Angaben über die voraussichtliche Anzahl der Studienanfängerinnen und Studienanfänger eines Jahres erlauben. „Modellrechnungen sind vielmehr komplexe hypothetische Konstrukte, deren analytischer Mehrwert in der näherungsweisen Bestimmung eines wahrscheinlichen Korridors der Studiennachfrage besteht. […] Dabei ist [dieser] wiederum abhängig von den dahinterliegenden Annahmenkonstellationen" (Gabriel/Stuckrad 2007, S. 8). Der ‚Bedarf' bezeichnet hier zumeist den gesamtgesellschaftlichen Fachkräftebedarf, als ‚Nachfrage' wird die Studiennachfrage insgesamt verstanden.

Zur Bestimmung des gesamtgesellschaftlichen Fachkräftebedarfs in Deutschland sind verschiedene Vorgehensweisen entwickelt worden, die im Wesentlichen dem gleichen Grundmuster folgen: Am Anfang stehen zunächst eine Reihe von Annahmen zur Entwicklung der gesamtwirtschaftlichen Lage (v.a. Wirtschaftswachstum und Produktivitätsentwicklung), um das voraussichtlich notwendige Arbeitsvolumen zum jeweiligen Projektionszeitpunkt vorauszuschätzen. Hinzu kommen weitere Annahmen zur Entwicklung der einzelnen Wirtschaftssektoren und Berufsstrukturen sowie zur künftigen Qualifikationsstruktur. Alle diese Faktoren beeinflussen die Projektion unmittelbar. Beispielsweise zieht die Annahme einer stärkeren Entwicklungsdynamik (z.B. moderates Wachstum, größere Relevanz des Dienstleistungssektors und höherer Anteil hochqualifizierter Tätigkeiten) einen größeren perspektivischen Bedarf an Hochschulabsolventinnen und -absolventen nach sich als eine Fortschreibung des Status quo in den genannten Bereichen. Projektionen zum Fachkräftebedarf basieren somit auf Modellrechnungen, deren konditionale Struktur im Sinne von ‚Wenn-Dann-Szenarien' punktgenaue Angaben schon aus methodologischen Gründen ausschließt (z.B. Maier et al. 2012, 2014; vgl. Cordes 2012). Außerdem sind Projektionen aufgrund der hohen Zahl an Einflussfaktoren und möglichen Veränderungen im individuellen Verhalten mit großen Unsicherheiten behaftet. Sie sind dennoch ein unverzichtbarer Bestandteil der Bildungsplanung. Ohne Bedarfsprojektionen würde staatlichen und privaten Bildungsanbietern eine wesentliche Grundlage für ihre Angebotsplanung fehlen. Die Aussagekraft der Projektionen nimmt allerdings notwendigerweise mit sinkendem Abstraktionsgrad ab, da lokale und regionale sowie unmittelbar fachbezogene Besonderheiten in den Projektionsmodellen kaum in der notwendigen Detailliertheit abgebildet werden können.

Die Unsicherheiten spiegeln sich in den Ergebnissen. So führen einige Szenarien zu dem Schluss, dass in Zukunft ein deutlicher Fachkräftebedarf auf der Ebene der Fachkräfte mit Hochschulabschluss entsteht, andere wiederum prognostizieren einen steigenden Bedarf primär auf der Ebene der Fachkräfte unterhalb des akademischen Niveaus (vgl. Cordes 2012). Die Unsicherheiten nehmen noch zu, wenn ‚Bilanzen' gezogen werden, also ein Abgleich von zu erwartendem Bedarf und wahrscheinlicher Nachfrage nach Bildung vorgenommen wird. Dies gilt erst recht, wenn Bedarf und Nachfrage noch zusätzlich nach Fachrichtungen oder Berufsfeldern differenziert werden, weil hier in weiten Teilen des Beschäftigungssystems erhebliche Flexibilitäts- und Substitutionsspielräume gegeben sind. Einig sind sich alle vorliegenden Projektionen in der generellen Vorausschau eines zunehmenden Anteils hoch qualifizierter Erwerbstätiger, was aufgrund der engen Verknüpfung zwischen beruflicher Qualifikation und Weiterbildungspartizipation vor allem eine deutlich wachsende Nachfrage nach Weiterbildung auf verschiedenen Ebenen zur Folge haben wird. Unklar ist jedoch, wer davon in welchem Umfang profitiert: die Hochschulen oder andere Anbieter.

Die wichtigsten Nachfrageprojektionen im Hochschulbereich sind sicher die von unterschiedlichen Stellen angefertigten Studienanfängerprognosen (z.B. Autorengruppe Bildungsberichterstattung 2012; Berthold et al. 2012; KMK 2014; Dohmen 2014). Ein vereinfachtes Grundmodell basiert auf der Größe der jeweils relevanten Geburtskohorten kombiniert mit Voraussschätzungen der Studienberechtigtenquote. Von dieser Ausgangsgröße wird zunächst der Anteil von denjenigen Personen bestimmt, die direkt im Anschluss an die Schulzeit oder mit einer gewissen zeitlichen Verzögerung ein Studium aufnehmen (Übergangsquote). Für Planungsprozesse muss die Übergangsquote notwendigerweise geschätzt werden, außerdem muss die internationale Mobilität von Studienberechtigten nach Deutschland einbezogen werden. In einem weiteren Schritt werden bei Studienanfängerprognosen zusätzliche Gruppen von Studienanfängerinnen und Studienanfängern in die Betrachtung einbezogen, vor allem beruflich qualifizierte Studieninteressierte ohne schulische Studienberechtigung. Für die Hochschulen sind weiterhin Studienfachwechslerinnen und -wechsler von großer Bedeutung, die allerdings in Studienanfängerprognosen üblicherweise keine Berücksichtigung finden, da sich diese in der Regel auf Studierende im ersten Hochschulsemester konzentrieren.

Im Kern sind die Grundmodelle zur Durchführung von Fachkräftebedarfs- und Studienanfängerprojektionen auch bei der Durchführung von Bedarfs- und Nachfrageanalysen im Bereich der Hochschulweiterbildung anwendbar. Entsprechende Ansätze beschränken sich allerdings bisher weitgehend auf eine vergleichsweise unspezifische Erhebung von allgemeinen Qualifizierungsbedarfen von Unternehmen, aus denen allenfalls in Ansätzen konkrete Hinweise für die Gestaltung von Studien- und Weiterbildungsangeboten generiert werden können (z.B. Hanft/Müskens/Kröcher 2009; Meyer-Guckel et al. 2008; Remdisch et al. 2007). Der in der Regel enge fachliche Schwerpunkt und die häufig sehr spezifischen Zielgruppen von Weiterbildungsangeboten bringen allerdings einige zusätzliche Probleme mit sich, die bei entsprechenden Ansätzen unbedingt berücksichtigt werden sollten. So gilt es zunächst, die Gruppe der Personen, die über die formalen Zulassungsvoraussetzungen und die für eine Teilnahme erforderlichen fachlichen Qualifikationen verfügen, möglichst genau zu bestimmen. Hinzu kommt eine Festlegung zum erwarteten räumlichen Einzugsbereich des Angebotes. Hierbei sind auch die eingesetzten Studienformate von besonderer Bedeutung: Während Präsenzangebote naturgemäß nur für Personen nutzbar sind, die in ‚Pendelentfernung' leben, richten sich E-Learning- sowie Fernstudienangebote zumindest theoretisch weltweit an Interessierte. In einem zweiten Schritt müssen möglichst plausible Schätzungen zur Teilnahmequote an den spezifischen Angeboten durchgeführt werden. Dies stellt aufgrund der Heterogenität der Gruppe der grundsätzlich teilnahmeberechtigten

Personen und dem weitgehenden Fehlen von empirischen Daten für das Teilnahmeverhalten an Hochschulweiterbildung keineswegs eine einfache Aufgabe dar. Hier ist ohne Zweifel die größte Herausforderung zu sehen, da Interesse und Motivation, an weiterbildenden Studienangeboten teilzunehmen, weitaus schwieriger einzuschätzen sind als die entsprechende Variable für Nachfrageprojektionen in der Erstausbildung, nämlich die Studierbereitschaft (vgl. den Beitrag von Kamm et al. in diesem Band).

5   Aktuelle Ansätze aus dem Bund-Länder-Wettbewerb *Aufstieg durch Bildung: offene Hochschulen*

Im Rahmen einer ‚Research Synthesis' (Cooper 2007) der von den Projekten der ersten Förderrunde des Bund-Länder-Wettbewerbs *Aufstieg durch Bildung: offene Hochschulen* veröffentlichten Ergebnisberichte wurde untersucht, welche Analyseansätze, Vorgehensweisen und Methoden von den Projekten für die Durchführung von Bedarfserhebungen und Zielgruppenanalysen sowie von flankierenden Untersuchungen gewählt wurden. Hierzu wurden die von den Projekten veröffentlichten Ergebnisberichte inhaltsanalytisch ausgewertet (Mayring 2010). Dabei wurde auch die übergreifende Frage berücksichtigt, ob sich die durchgeführten Analysen eher am Ansatz des strategischen Marketings orientieren oder ob eine erwachsenenpädagogische Vorgehenslogik dominiert. Insgesamt konnten 30 Erhebungen aus 15 der 26 Projekte der ersten Wettbewerbsrunde in die Analyse einbezogen werden. Dabei handelte es sich um elf Einzelprojekte und vier Verbundprojekte, sodass in diesem Rahmen die Aktivitäten von insgesamt 22 Hochschulen untersucht werden konnten.

Die meisten Erhebungen (20, davon 12 Einzelprojekte) sind formatbezogen, das heißt ihre Zielstellung bezieht sich auf im Rahmen des Projektes zu entwickelnde oder bereits entwickelte Studienformate. Fünf Erhebungen betrachten mehrere Studienformate, beispielsweise wurden an der Fachhochschule Frankfurt am Main Zielgruppenanalysen für vier Weiterbildungsformate durchgeführt (Luft et al. 2014). Weitere fünf Erhebungen sind als studienformatübergreifende Untersuchungen einzuordnen, da sich diese nicht direkt auf ein Studienformat beziehen. Als Beispiele sind hier die drei Teilstudien aus dem Verbundprojekt *WM³ – Weiterbildung Mittelhessen* zu nennen, die sich auf die Eruierung von generellen Kooperationspotentialen von Unternehmen in der Region, die hochschulinterne Akzeptanz von Weiterbildungsaktivitäten sowie die Annährung an und nähere Bestimmung von nicht-traditionellen Zielgruppen konzentrierten (Seitter/Vossebein/Schemmann 2014).

Die Untersuchungen wurden überwiegend direkt im Rahmen der Projekte durchgeführt, teilweise wurden aber auch Kooperationen geschlossen, Dienstleister beauftragt oder die Erhebungen in die Lehre integriert. Beispielsweise führte die Alanus Hochschule die Studien zum Teil gemeinsam mit Unterauftragnehmern durch (Remer et al. 2013), zum Teil agierten diese aber auch eigenständig (Schrode/

Hemmer-Schanze/Wagner 2012). Einen Unterauftrag hat auch die Hochschule für nachhaltige Entwicklung Eberswalde vergeben (Schmuck 2012). Die Universität Erfurt wurde bei der Durchführung ihrer Befragung an berufsbildenden Schulen vom zuständigen Landesministerium unterstützt. Diese Erhebung war auch eng verzahnt mit der Anfertigung einer Magisterarbeit (Wadewitz/Jauch [2014]). Diese ausgewählten Beispiele verdeutlichen, dass sich bei der Durchführung von Studien zur Bedarfserhebung und zur Zielgruppenanalyse viele Formen der Zusammenarbeit mit Dienstleistern und Kooperationspartnern identifizieren lassen. Einen anderen Weg hat die Bauhaus-Universität Weimar beschritten, indem das Projekt eine hochschulinterne Kooperation mit einer Professur eingegangen ist. In diesem Fall entwickelten Masterstudierende in einem Projektmodul zu Forschungsmethoden die Erhebungsinstrumente, führten die Erhebungen durch und werteten diese auch aus (Mai/Emes/Breitbarth 2013). Hochschulinterne, projektübergreifende Kooperationen, meist mit bestimmten Servicestellen, waren auch an einigen anderen Hochschulen anzutreffen.

In den folgenden Abschnitten werden die Ergebnisse der Research Synthesis differenziert dargestellt. Zunächst werden die von den Projekten eingesetzten Methoden (Abschnitt 5.1) und die ausgewählten Befragtengruppen (Abschnitt 5.2) näher betrachtet. Anschließend werden die bei den Untersuchungen der Projekte dominierenden Ansätze der Bedarfserhebung (Abschnitt 5.3) und der Zielgruppenanalyse (Abschnitt 5.4) ausführlicher beschrieben und diskutiert. Abschließend werden in einem kurzen Resümee (Abschnitt 5.5) allgemeine Tendenzen hinsichtlich der Verwendung von Ansätzen aus dem strategischen Marketing und der Erwachsenenbildung zusammengefasst.

5.1 Von den Projekten eingesetzte Methoden

Durch die Analyse der Berichte konnten fünf dominierende Erhebungsmethoden identifiziert werden: (1.) die teilstandardisierte Befragung, also der Einsatz von quantitativen Fragebögen mit qualitativen Bestandteilen, (2.) das Experteninterview, (3.) die Dokumentenanalyse, einschließlich Literatur- und/oder Internetrecherchen, (4.) die qualitative Befragung potentieller Teilnehmender sowie (5.) die Gruppendiskussion und ähnliche Ansätze wie Fokusgruppen.

- Am häufigsten griffen die untersuchten Projekte auf *teilstandardisierte Befragungen* zurück. Eine schriftliche Befragung von Auszubildenden des dritten Lehrjahrs an Berufsschulen in Mecklenburg-Vorpommern wurde zum Beispiel von der Universität Rostock durchgeführt (Haarnack 2014). Im Rahmen des Frankfurter Projektes *MainCareer* wurden mit einem Onlinefragebogen sowohl Sozialarbeiterinnen und Sozialarbeiter (als potentielle Teilnehmende) als auch Leitungskräfte (mit Expertenwissen) aus Einrichtungen der Suchthilfe in vier

Bundesländern (Hessen, Rheinland-Pfalz, Baden-Württemberg und Bayern) befragt (Hößelbarth/Stöver/Schneider 2014).
- *Experteninterviews* wurden von rund der Hälfte der analysierten Projekte durchgeführt, beispielsweise im Rahmen des Hannoveraner Teilprojektes *Studium Initiale* des Verbundprojektes *Mobilitätswirtschaft*. Hier wurden Interviews mit Personalverantwortlichen kleiner und mittlerer Betriebe aus der Mobilitätswirtschaft geführt. Ziel dieser Befragung war es, eine Einschätzung zum aktuellen und zukünftigen Weiterbildungsbedarf zu erhalten und dadurch bestehende Qualifizierungslücken bei Unternehmen und Mitarbeitenden in der Mobilitätswirtschaft aufzudecken (Bartsch et al. 2014).
- Ungefähr ein Drittel der betrachteten Projekte führte *Dokumentenanalysen* durch. Ein Beispiel hierfür sind die Aktivitäten des Verbundprojektes *mint.online*. Dabei wurden politische und wirtschaftliche Rahmenbedingungen und Entwicklungen, die für den Untersuchungsgegenstand als relevant angesehen wurden, betrachtet (Gebauer/Perbandt 2012). Das Projekt griff außerdem auf die Nutzung von Online-Datenbanken zurück, indem Bildungsangebote aus der Elektromobilität ausfindig gemacht wurden, um Lehrinhalte dieser Angebote in den geplanten Zertifikatskurs ‚Elektromobilität' zu integrieren (Müller 2014). Eine Literaturanalyse wurde von der Alanus Hochschule durchgeführt. Dabei war das Erkenntnisinteresse darauf gerichtet, „welche Qualifikations- und Bildungsbedarfe und auch -lücken allgemein bezüglich des betrieblichen Bildungspersonals in der Literatur beschrieben werden und welche Hinweise sich daraus auf einen spezifisch akademischen Bildungsbedarf ergeben" (Schrode/Hemmer-Schanze/Wagner 2012, S. 64).
- *Qualitative Befragungen* von potentiellen Teilnehmenden wurden von den untersuchten Projekten tendenziell eher selten eingesetzt. Ein Beispiel hierfür ist erneut das Verbundprojekt *mint.online*, in dem auch persönliche Interviews mit angehenden Handwerksmeisterinnen und -meistern durchgeführt wurden. Der Schwerpunkt wurde hier darauf gelegt, „die Bedarfe der potentiellen Teilnehmenden in Bezug auf ein Lehrangebot zur Elektromobilität und die daraus resultierende Konzipierung eines Lehrgangs [zu identifizieren]" (Müller 2014, S. 11). Das Projekt *Kosmos* der Universität Rostock führte qualitative, telefonische Interviews mit potentiellen Teilnehmerinnen und Teilnehmern durch. „Diese Art der Befragung […] bot sich gerade im Hinblick auf die überwiegend berufstätigen und nicht in Rostock wohnenden Teilnehmer der zu befragenden Zertifikatskurse an" (Konrad/Betker 2014, S. 3).
- Das Verbundprojekt *Windows for Continuing Education* ist eines der wenigen Beispiele für den Einsatz der Befragung von *Fokusgruppen*. Diese Methode wurde hier genutzt, um „mit Expertinnen und Experten aus der Praxis vertieft einzelne Themen zu diskutieren" (Müller/Goebel/Couné o.J., S. 14). Von der Alanus Hochschule wurden Fokusgruppeninterviews „mit berufstätigen Studierenden des von der Plymouth University gemeinsam mit dem ISB [Institute for Social

Banking, Anm. d. Verf.] veranstalteten Masterstudiengangs ‚Social Banking and Social Finance'" durchgeführt, um vertiefende Informationen zum Berufsfeld zu ermitteln, denn „[d]iese Studierenden haben überwiegend selbst leitende Funktionen in Unternehmen aus dem Bereich SRB [Socially Responsible Banking, Anm. d. Verf.] bzw. in Unternehmen, die mit dem Bereich SRB in Beziehung stehen" (Remer et al. 2013, S. 39).

5.2 Von den Projekten adressierte Befragtengruppen

Im Rahmen der Analyse der Untersuchungen der Projekte konnten drei typische Befragtengruppen identifiziert werden: (1.) Expertinnen und Experten, (2.) das Hochschulpersonal und (3.) potentielle Teilnehmende. Letztere Gruppe lässt sich nochmals in (a) fachnahe Berufstätige, (b) Studierende sowie (c) Absolventinnen und Absolventen der eigenen Hochschule und kooperierender Hochschulen, (d) Berufsschülerinnen und Berufsschüler sowie (e) sonstige potentielle Teilnehmerinnen und Teilnehmer unterteilen.

In nahezu allen betrachteten Projekten wurden in irgendeiner Weise potentielle Teilnehmende befragt, wobei die Befragung von fachnahen Berufstätigen mit deutlichem Abstand überwog. Dabei handelte es sich insbesondere um Inhaberinnen und Inhaber von Aufstiegsfortbildungen (vor allem Meisterinnen und Meister sowie Technikerinnen und Techniker), Angehörige einer inhaltlich studienaffinen Berufsgruppe sowie Beschäftigte von Unternehmen, die häufig bereits mit der betreffenden Hochschule kooperierten. Ein Teilprojekt des Verbundprojektes *Mobilitätswirtschaft* führte beispielsweise eine teilstandardisierte Befragung unter den Absolventinnen und Absolventen von Fortbildungsprüfungen eines kooperierenden Bildungsträgers durch. Durch diese Befragung sollten „für die zukünftigen Erfolge der Module und die erforderliche Nachfrage nach den Angeboten […] die unterschiedlichen Erwartungen und Bedürfnisse der potentiellen Studierenden" aufgezeigt werden. Da jene Personen mit dem Abschluss der Fortbildungsprüfung eine Hochschulzugangsberechtigung erhalten, gelten sie als potentielle Zielgruppe für die im Teilprojekt geplanten Angebote. Insgesamt wurden die Teilnehmerinnen und Teilnehmer von 14 unterschiedlichen Fortbildungsgängen an drei Standorten schriftlich befragt (Busch-Karrenberg 2014, Zitat: S. 4).

Studierende standen beispielsweise bei einer Erhebung der Evangelischen Hochschule Berlin im Zentrum des Interesses. Dabei wurden von den Teilnehmenden zwei teilstandardisierte Fragebögen zu unterschiedlichen Zeitpunkten (‚Pre-Post-Design') ausgefüllt „um Informationen über die Gruppe der Teilnehmenden, ihre Wünsche, Fragen, Einstellungen zum Inhalt und zu Fortbildungen im Allgemeinen und ihre Arbeitsbedingungen zu erfassen, sowie ihre Einschätzungen zur erlebten Fortbildung, zum eigenen Wissensstand und ihrem Interesse an den angebotenen Themen [einzuholen]" (Völkel/Weyer 2014, S. 4).

Die Bauhaus-Universität Weimar befragte gezielt ehemalige Studierende bestimmter Studiengänge als „weiterbildungsrelevant[e] Marktteilnehmer", um die „angefertigten Grobkonzepte der weiterbildenden Studiengänge auf deren Marktpotenzial" zu überprüfen. Die Rekrutierung und Ansprache der Absolventinnen und Absolventen für die durchgeführten Telefoninterviews erfolgte über das Alumni-Büro der Hochschule (Mai/Emes/Breitbarth 2013, Zitate: S. IV, S. 3).

Berufsschülerinnen und Berufsschüler waren eine wichtige Befragtengruppe für die Fachhochschule Frankfurt am Main. Dabei wurden mittels teilstandardisierter Befragungen Auszubildende zur Fachinformatikerin beziehungsweise zum Fachinformatiker an Berufsschulen sowie Absolventinnen und Absolventen dieser Ausbildung befragt, die ihre Prüfung in den letzten drei Jahren bei den Industrie- und Handelskammern in Frankfurt am Main und Offenbach abgelegt hatten. Hinzu kamen angehende Technikerinnen und Techniker an Fachschulen für Technik in Hessen. Die Ergebnisse der Befragungen sollten zur Entwicklung und Verbesserung der weiterbildenden Angebote der Hochschule beitragen (Schorr et al. 2014).

Zusätzlich wurde beispielsweise von der Hochschule Heilbronn die „potenzielle Zielgruppe der beruflich Qualifizierten [...] auf regionalen Bildungsmessen sowie Verbandsveranstaltungen" persönlich interviewt (Köster et al. 2014, S. 17). Im Rahmen des Projektes der Universität Erfurt befragten Bachelorstudierende mittels eines standardisierten Fragebogens ältere Menschen zwischen 50 und 80 Jahren in und um Erfurt, wobei „unter anderem als Themenschwerpunkte die Einstellung zum Thema Weiterbildung, mögliche Vorerfahrungen mit Bildungsangeboten der Universität Erfurt und das thematische Interesse an Veranstaltungen der Universität Erfurt erfasst [wurden]". Um die Zielgruppe zu erreichen, wurden diverse Vereine und Verbände kontaktiert, Zeitungsannoncen geschaltet, welche über die Befragung informierten und auf die Onlineumfrage verwiesen, sowie die Befragungsunterlagen an öffentlichen Plätzen ausgelegt (Mertz [2014], Zitat: S. 5).

Ein großer Teil der Projekte adressierte außerdem Expertinnen und Experten.[2] Als solche wurden vor allem Unternehmensvertreterinnen und -vertreter aus der Großindustrie sowie kleinen und mittleren Unternehmen befragt, unter anderem Personalverantwortliche, Betriebsinhaberinnen und -inhaber, Betriebsratsmitglieder, Beauftragte für Aus- und Weiterbildung sowie Führungskräfte in technischen Bereichen. Hinzu kamen weitere Expertinnen und Experten, die vornehmlich aufgrund ihrer fachlichen Expertise und ihrer themenaffinen Kenntnisse für die Befragung ausgewählt wurden, zum Beispiel Ansprechpartnerinnen und -partner aus Wirtschaft, Wissenschaft und Praxis sowie Vertreterinnen und Vertreter von Ge-

---

2   Der Expertenbegriff wurde von den Projekten häufig ohne klare definitorische Abgrenzung verwendet. Dies wird beispielsweise daran deutlich, dass zum Teil auch nicht-traditionelle Studierende oder die Mitarbeiterinnen und Mitarbeiter eines Unternehmens ohne nähere Begründung als ‚Experten' bezeichnet wurden. In diesem Zusammenhang soll an die differenzierte – und durchaus auch kontroverse – wissenschaftliche Diskussion um die Verwendung des Expertenbegriffs erinnert werden (vgl. Meuser/Nagel 2009).

werkschaften, Verbänden, Kammern und Interessenvertretungen. Insgesamt überwog die Befragung von Personen aus dem unternehmerischen Kontext deutlich. Themenaffine Ansprechpartnerinnen und -partner, die aufgrund ihrer fachlichen Expertise ausgewählt wurden, wurden vergleichsweise selten interviewt. Vertreterinnen und Vertreter aus Unternehmen wurden beispielsweise von der Hochschule Niederrhein befragt, insbesondere „regionale Unternehmen, die sich mit einem konkreten Kooperationswunsch im Bereich des dualen oder berufsbegleitenden Studiums an die Stabsstelle ‚Unternehmen, Förderer, Alumni' der Hochschule" (Wachendorf o.J., S. 1) gewendet hatten. Die Hochschule Eberswalde befragte themenaffine Expertinnen und Experten im Rahmen von Workshops. „Auf diese Weise konnten Personen aus Interessenvertretungen, Beratung oder Wissenschaft mit ihrem jeweiligen Fachwissen zum Untersuchungsfeld in die Kompetenzerhebung einbezogen werden." (Braun/Specht/Häring 2014, S. 7)

Das Hochschulpersonal wurde ebenfalls selten berücksichtigt. Dabei handelt es sich um Mitarbeiterinnen und Mitarbeiter aus Wissenschaft, Verwaltung und Beratung sowie Leitungspersonal. Diese wurden beispielsweise vom Verbundprojekt *WM³* befragt. Der Fokus dieser Analyse lag auf der Ermittlung „von förderlichen Reizen, Rahmenbedingungen und Einstellungen, sowie hemmender Faktoren, die Einfluss auf das Engagement von Lehre und Organisation wissenschaftlicher Weiterbildung nehmen" (Seitter/Vossebein/Schemmann 2014, S. 11).

Bezüglich der Rekrutierungswege konnte ebenfalls eine enorme Bandbreite ermittelt werden. Viele Projekte sahen es als Herausforderung an, geeignete Befragtengruppen zu identifizieren und diese anzusprechen. Häufig griffen sie daher auf hochschulnahe Gruppen zurück, wie beispielsweise die eigenen Studierenden oder Personen, die bereits Interesse an den Themen des Projektes bekundet hatten. Einige Befragungen, vornehmlich mit Unternehmen, wurden aus zuvor bestehenden Kooperationen oder Kooperationswünschen heraus initiiert. Viele Projekte wählten auch eine mehrdimensionale Vorgehensweise, um ihre Fragestellungen zu beantworten. Beispielsweise wurden in einigen Projekten Experteninterviews mit Unternehmensvertreterinnen und -vertretern mit Befragungen von potentiellen Teilnehmerinnen und Teilnehmern kombiniert, um die inhaltlichen und strukturellen Anforderungen differenziert zu erheben.

5.3 Ansätze zur Bedarfs- und Nachfrageermittlung

Von den Projekten der ersten Wettbewerbsrunde wurden ganz unterschiedliche Ansätze zur Ermittlung der zu erwartenden Nachfrage und des bestehenden Bedarfs an Angeboten der Hochschulweiterbildung gewählt. Beispielsweise haben einige Projekte Analysen des Weiterbildungsmarktes durchgeführt, wobei hier die Erhebung bereits bestehender (Weiterbildungs-)Angebote zentral war. Häufige Kriterien waren die regionale Nähe, die Inhalte, das Format sowie die Zielgruppe, die jeweils im Fokus des zu entwickelnden Angebots steht. Die Hochschule Eberswalde hat zum Beispiel vornehmlich die bestehenden Angebote nach regionalen und inhaltlichen Lücken durchsucht. Bei der Auswertung von überregionalen Datenbanken, Internetseiten regionaler und überregionaler Weiterbildungsträger, landwirtschaftlicher Interessenvertretungen und Beratungsinstitutionen sowie öffentlicher Bildungs- und Beratungseinrichtungen wurden jeweils Angebotsformat, Preis, Region, Lerninhalte, Zielgruppen, Träger und die Dauer der Veranstaltungen betrachtet und verglichen (Braun/Specht/Häring 2014). Darüber hinaus dienten Analysen des Weiterbildungsmarktes dazu, Konkurrenten oder mögliche Kooperationspartner ausfindig zu machen (Schäpke 2012). Am häufigsten erfolgte die Analyse des Weiterbildungsmarktes über Onlinerecherchen. Auffällig ist, dass in der Regel keine umfassende Bewertung der Marktsituation vorgenommen wurde. Die Analysen der untersuchten Projekte verbleiben tendenziell auf einer recht oberflächlichen Ebene. Beispielsweise wurden weder nähere Recherchen zum Gewinn oder Verlust anderer Weiterbildungseinrichtungen angestellt noch versucht, Erfahrungen der Wettbewerber differenziert zu ermitteln.

In einigen Projekten wurde der Versuch unternommen, bestehende Qualifizierungsbedarfe in bestimmten Bereichen über die Befragung von Unternehmen zu ermitteln und diese bei der curricularen Gestaltung der geplanten Angebote zu berücksichtigen. Im Mittelpunkt standen hierbei qualitative Anforderungen der Unternehmen, sowohl in organisatorischer (strukturelle und zeitliche Aspekte) als auch in inhaltlicher Hinsicht (erwarteter Lernbedarf der Mitarbeiterinnen und Mitarbeiter) (z.B. Braun et al. 2014). Ein zweiter, allerdings nicht zentraler Aspekt der Befragungen von Unternehmensvertreterinnen und -vertretern war die Bereitschaft der Unternehmen zur Förderung und Unterstützung eigener Mitarbeiterinnen und Mitarbeiter. Beispielsweise wurde im Rahmen des Verbundprojektes *Mobilitätswirtschaft* nach den konkreten finanziellen, zeitlichen und organisatorischen Unterstützungsleistungen gefragt, die Mitarbeiterinnen und Mitarbeiter seitens der Unternehmen erhalten können (Bartsch et al. 2014). Die Antworten fielen sowohl in diesem als auch in anderen Beispielen eher ernüchternd aus (vgl. den Beitrag von Kamm et al. in diesem Band). Insgesamt verblieben die analysierten Unternehmensbefragungen zumeist auf einer qualitativen Ebene. Der Versuch, einen möglichen quantitativen Bedarf zu messen, wurde von den im Rahmen des strukturierten Reviews betrachteten Projekten nicht unternommen.

Wenige Hochschulen haben eine Umweltanalyse hinsichtlich rechtlicher, politischer, sozialer und/oder ökologischer Kontexte durchgeführt, um das geplante Angebot unter Berücksichtigung dieser Rahmenbedingungen möglichst optimal zu platzieren. Die ermittelten Kontextbedingungen beschränkten sich beispielsweise an der Fachhochschule Frankfurt am Main auf rechtliche und hochschulpolitische Empfehlungen und Rahmenbedingungen (Schorr et al. 2014) oder an der Technischen Universität Braunschweig auf die Veränderung von Tätigkeitsprofilen und das Fachkräfteangebot in einer spezifischen Branche (Bartsch et al. 2014). An der Hochschule Eberswalde wurde untersucht, welche Bedingungen und Kompetenzen zur Sicherung der Handlungsfähigkeit und zur Erschließung neuer Handlungsfelder im Kontext des demografischen Wandels notwendig sind (Specht et al. 2013). An der Westsächsischen Hochschule Zwickau standen regionale Aspekte im Zentrum der Untersuchung (Koepernik/Lorz/Vollstädt 2014). Insgesamt wurden Kontextanalysen von den Projekten in erster Linie de facto dazu verwendet, die Relevanz des jeweils geplanten Angebots aufzuzeigen, zu begründen und zu legitimieren. Die Analysen wurden vornehmlich in Form von Dokumentenanalysen durchgeführt.

Ein Beispiel für eine ganz anders gelagerte Bedarfserhebung wurde an der Hochschule Niederrhein durchgeführt, die im Sinne des strategischen Marketings als Beispiel für eine Ressourcenanalyse gelten kann. Hier wurde der Bedarf von Lehrenden nach struktureller Unterstützung bei der Anwendung von E-Learning-Elementen erhoben, sowohl hinsichtlich didaktischer und technischer Aspekte, als auch hinsichtlich der Schaffung von Anreizmechanismen für die Arbeit mit E-Learning-Systemen (Kirberg 2014).

5.4   Ansätze zur Durchführung von Zielgruppenanalysen

Bei den von den betrachteten Projekten durchgeführten Zielgruppenanalysen wurden hauptsächlich teilstandardisierte Befragungen eingesetzt. Seltener wurde auf qualitative Methoden zurückgegriffen. Bei allen Analysen spielte die Charakterisierung und genauere Bestimmung der potentiellen Zielgruppen eine entscheidende Rolle. Vor allem wurden Angaben zum sozialen Hintergrund der potentiellen Teilnehmenden, zu ihrer Bildungsbiografie oder auch zur jeweiligen Lebenssituation erfragt. Ergänzend wurden häufig spezifische Fragen zu den Erwartungen an ein Studium sowie zu Neigungen und Motiven gestellt, die zur Aufnahme eines Studiums führen könnten. Beispielsweise hat die Katholische Hochschule für Sozialwesen Berlin (o.J.) mit Hilfe eines teilstandardisierten Fragebogens von potentiellen Studierenden Daten zu soziodemografischen Aspekten und Erwartungen an das Studium sowie zu Unterstützungsleistungen durch den Arbeitgeber erhoben.

Ein weiterer Schwerpunkt lag bei der Ermittlung von organisatorischen und inhaltlichen Anforderungen an das Studienangebot seitens der potentiellen Teilnehmerinnen und Teilnehmer. Hierzu zählen die Erhebungen des Verbundprojektes *Windows for Continuing Education*, in denen die potentiellen Studierenden auch nach ihrem Interesse an bereits vorhandenen Weiterbildungsangeboten befragt wurden (Häring/Rathjen 2014; Weichler/Kirschenmann 2013). Andere Projekte wiederum betrachteten vornehmlich die strukturellen und zeitlichen Anforderungen der Zielgruppe. Das Verbundprojekt *mint.online* überprüfte zum Beispiel, ob das geplante Blended-Learning-Konzept den Wünschen der Zielgruppe entspricht sowie ob alternativ reine Onlinelehre oder reine Präsenzveranstaltungen bevorzugt werden (Mehra/Diez 2014). Im Rahmen des Verbundprojektes *WM³* wurde eine formatübergreifende Omnibus-Befragung in Auftrag gegeben, um eine möglichst repräsentative Stichprobe der nicht-traditionellen Zielgruppe zu erhalten und diese quantitativ zu erfassen. Bei dieser Mehrthemenerhebung wurde ein standardisierter Fragebogen eingesetzt, der neben soziodemografischen Merkmalen auch berufliche Weiterbildungsabsichten der kommenden zwei Jahre und relevante Themengebiete für eine berufliche Weiterbildungsteilnahme umfasste (Präßler 2014).

Tendenziell seltener wurden hemmende und förderliche Einflussfaktoren auf eine potentielle Nachfrage untersucht. Dieser Aspekt wurde vom Verbundprojekt *Windows for Continuing Education* aufgegriffen. Der Fragebogen umfasste beispielsweise Fragestellungen zu Aspekten, welche für beziehungsweise gegen eine Teilnahme an einer Weiterbildungsveranstaltung sprechen; unter anderem um Teilnahmehürden aus Sicht der potentiellen Teilnehmerinnen und Teilnehmer (z.B. Kosten oder Dauer des Angebots) zu identifizieren (Müller/Goebel/Couné o.J., S. 12). Wenige Projekte haben Anrechnungspotentiale für ihre Angebote ermittelt, zum Beispiel die Universität Erfurt (Wadewitz/Mertz [2014]) oder die Fachhochschule Frankfurt am Main (z.B. Kunert-Zier/Feigl/Schneider 2013) (vgl. den Beitrag von Lenz/Schmitt in diesem Band).[3]

Einige Projekte haben nach eigenen Angaben Zielgruppenbefragungen mit Studierenden in bereits laufenden Studienangeboten durchgeführt. In diesem Fall sind die Befragten allerdings keine potentiellen, sondern bereits ‚reale' Teilnehmerinnen und Teilnehmer. Die Analysen haben deshalb eher einen Evaluationscharakter. Ein Beispiel hierfür ist eine Erhebung der Evangelischen Hochschule Berlin, bei der Teilnehmende sowohl im Vorfeld als auch in der Nachbetrachtung eines Kurses gebeten wurden, einen teilstandardisierten Fragebogen auszufüllen. Zumindest der zweite Fragebogen ist hierbei als Evaluationsinstrument zu betrachten (Völkel/Weyer 2014).

Insgesamt wurden Zielgruppenanalysen in den betrachteten Projekten vor allem zur Charakterisierung von möglichen Adressatinnen und Adressaten genutzt, um auf diesem Wege Hinweise für eine zielgruppenorientierte Ausgestaltung der geplanten Studienformate zu erhalten. Hierbei lag der Schwerpunkt zumeist auf die Erhebung von Daten zu Studienvoraussetzungen, zur persönlichen Lebenssituation und zu Studienmotiven sowie auf die inhaltlichen Anforderungen an das Studium. Versuche zur Quantifizierung der potentiellen Nachfrage konnten dagegen nicht oder nur in Ansätzen identifiziert werden. Auch die Bereitschaft zur Zahlung von Studiengebühren beziehungsweise Teilnahmeentgelten spielte in den durchgeführten Zielgruppenanalysen eine deutlich untergeordnete Rolle.

---

3 Auch im Rahmen einer hochschulinternen Analyse der Westsächsischen Hochschule Zwickau (Koepernik/Lorz/Vollstädt 2014) und einer Unternehmensbefragung der Hochschule Niederrhein (Wachendorf o.J.) wurde Anrechnung thematisiert.

5.5 Resümee zur ‚Research Synthesis'

Im überwiegenden Teil der Projekte der ersten Runde des Bund-Länder-Wettbewerbs *Aufstieg durch Bildung: offene Hochschulen* wurden Untersuchungen zur Bedarfsermittlung sowie Zielgruppenanalysen durchgeführt. Diese dienten sowohl der Konzeption von Studienformaten als auch zu deren Weiterentwicklung, teilweise aber offensichtlich in erster Linie zur Legitimation entsprechender Entwicklungsaktivitäten und Angebote. Letzteres gilt insbesondere dann, wenn die empirische Basis von Untersuchungen so schmal ist, dass ein bestehender Bedarf beziehungsweise ein zu erwartendes Angebot eher ‚behauptet' als ‚begründet' werden kann.

Die vielfältigen betrachteten Analysen unterscheiden sich deutlich in Vorgehensweise und Umfang, bei den verwendeten Methoden und befragten Personengruppen, aber auch hinsichtlich der Systematik und der inhärenten Logik der Ergebnisberichte. Insbesondere ist insgesamt eine ‚kasuistische' Vorgehensweise klar vorherrschend, die entwickelten Untersuchungsansätze und die spezifischen methodischen Anwendungen sind also überwiegend aus einem ganz konkreten Projektkontext heraus entstanden und eignen sich allenfalls in Einzelfällen für die Übertragung in andere Bezugsrahmen. Hier wirkt sich auch eine strukturelle Diskrepanz zwischen der spezifischen ‚Falllogik' von Studiengängen und Weiterbildungsangeboten auf der einen Seite und der eher generellen Ausrichtung von Nachfrage- und Bedarfsprojektionen sowie Ansätzen des strategischen Marketings aus.

Aus der Analyse der verfügbaren Ergebnisberichte wurde ersichtlich, dass die Projekte bei der Anlage ihrer Untersuchungen sowohl inhaltlich als auch methodisch eher eine erwachsenenpädagogische Perspektive eingenommen haben. Demgegenüber wurden Ansätze zur quantitativen Nachfrage- und Bedarfsabschätzung genauso wie Ressourcen-, Markt- und Kontextanalysen kaum eingesetzt. Auch finanzielle Aspekte wie die Zahlungsbereitschaft der anvisierten Zielgruppen waren kaum ein Thema. Beispiele für den Versuch der Umsetzung von Studien, die sich stärker am Ansatz des strategischen Marketings orientieren, stellen vor allem die Erhebungen des Verbundprojektes *WM³* dar, die sich besonders durch ihre klar strukturierte Vorgehensweise auszeichnen, die Analysen des Verbundprojektes *Mobilitätswirtschaft* in Bezug auf die Unternehmensbefragungen sowie die Hochschulen Zwickau und Eberswalde mit ihren grundlegenden Ansätzen im Bereich von Kontextanalysen. In diesen Fällen ist das Bestreben, stärker Marketingansätzen zu folgen, nicht zu übersehen. Größtenteils wurde bei der Angebots- und Programmplanung aber auf die tradierten Untersuchungskonzepte und Methoden der Erwachsenenbildung zurückgegriffen.

6 Fazit

Insgesamt können Erhebungen zur Bedarfsermittlung und Zielgruppenanalysen auch im Bereich der Hochschulweiterbildung wichtige Instrumente zur Herstellung einer dauerhaften Balance zwischen den Dimensionen Angebot, Nachfrage und Bedarf darstellen. Entsprechende Analysen können helfen, bestehende Qualifizierungsbedarfe zu identifizieren und auf diese mit der Entwicklung eines entsprechenden Studienangebots zu reagieren. Bedarfserhebungen können Hinweise auf relevante Themen und Inhalte geben, aber auch auf quantitative Aspekte, die eine Abschätzung des erforderlichen Ressourceneinsatzes ermöglichen sowie auf Umfang und Struktur einer potentiellen Studiennachfrage. Zielgruppenanalysen können dazu beitragen, die zu erwartende Intensität der Nachfrage abschätzen zu können sowie die hemmenden und fördernden Faktoren, die die Studiennachfrage seitens der identifizierten Zielgruppe(n) beeinflussen, sichtbar zu machen.

Um ihre konkreten Angebote möglichst optimal auf die anvisierten Zielgruppen und den bestehenden Weiterbildungsbedarf abzustimmen, wurden auch in den Projekten des Wettbewerbs eigene Erhebungen zu diesen Aspekten durchgeführt. Die Untersuchungen der Projekte verblieben dabei überwiegend auf einer qualitativen Ebene, wobei inhaltliche und organisatorische Anforderungen von Unternehmen und potentiellen Adressatengruppen im Vordergrund standen. Entsprechende Ansätze, die oft in der Tradition der Erwachsenen- und Weiterbildung stehen, können wichtige Impulse für die Gestaltung von studienorganisatorischen, curricularen und didaktischen Aspekten in der Angebotsplanung und -durchführung liefern. Die Projekte konnten auf diese Weise bereits in der Entwicklungsphase auf inhaltliche und thematische Anforderungen und Bedarfe reagieren, die an sie und ihre Angebote gerichtet wurden.

Quantitative Bedarfs- beziehungsweise Nachfrageprojektionen wurden dagegen – trotz ihrer hohen Relevanz in Ansätzen des strategischen Marketings, dem im Kontext eines verschärften Wettbewerbs im Bereich der Hochschulweiterbildung eine immer größere Bedeutung zugemessen wird – kaum oder gar nicht durchgeführt. Die Projekte sehen sich bei dieser Aufgabe insgesamt mit dem Problem einer für ihre spezifischen Zielsetzungen unzureichenden Ausgangssituation konfrontiert. Dies liegt zum einen darin begründet, dass differenzierte (quantitative) Zielgruppenanalysen, die auch Aussagen zur realistischerweise zu erwartenden Studiennachfrage erlauben, mit einem erheblichen Aufwand verbunden sind und auch hohe Anforderungen hinsichtlich methodischer Aspekte stellen, zum anderen aber auch an einer unzureichenden Datenlage und vergleichsweise schlechten Möglichkeiten zur Ansprache der relevanten Personengruppe(n). Die Gründe sind also vielfältig, zum Teil sind es praktische Grenzen der Realisierbarkeit, zum Teil solche einer schwierigen Stichprobenkonstruktion oder einer sehr engen Zielgruppendefinition für ein konkretes Angebot. Es ist deshalb vor diesem Hintergrund keineswegs überraschend, dass entsprechende Studien von den Projekten allenfalls in Ansätzen durchgeführt wurden – und somit auch Verfahren zur Bedarfsermittlung und zur

Zielgruppenanalyse aus dem strategischen Management im Bereich der Hochschulweiterbildung erst wenig verbreitet sind.

Literatur

Arnold, R./Lermen, M. (2004): Die Systemik des Bedarfs: „Es geht eigentlich um etwas ganz anderes". In: *REPORT – Zeitschrift für Weiterbildungsforschung.* 27(2). S. 9–16.

Autorengruppe Bildungsberichterstattung (2012): *Bildung in Deutschland 2012. Ein indikatorengestützer Bericht mit einer Analyse zur kulturellen Bildung im Lebenslauf.* Bielefeld: W. Bertelsmann.

Bardachzi, C. (2010): *Zwischen Hochschule und Weiterbildungsmarkt – Programmgestaltung berufsbegleitender Studiengänge.* Münster: Waxmann.

Barz, H. (2010): Bildungsmarketing. In: Barz, H. (Hrsg.): *Handbuch Bildungsfinanzierung.* Wiesbaden: Springer VS. S. 415–427.

Berthold, C./Gabriel, G./Herdin, G./Stuckrad, T. von (2012): *Modellrechnungen zur Entwicklung der Studienanfängerzahlen in Deutschland* (CHE-Arbeitspapier Nr. 152). Gütersloh.

Bremer, H. (2010): Zielgruppen in der Praxis. Erwachsenenbildung im Gefüge sozialer Milieus. In: *Magazin Erwachsenenbildung.at.* 2010(10). S. 04-2–04-10.

Bruhn, M./Meffert, H. (2012): *Handbuch Dienstleistungsmarketing: Planung – Umsetzung – Kontrolle.* Wiesbaden: Springer Gabler.

Cooper, H. (2007): *Evaluating and Interpreting Research Syntheses in Adult Learning and Literacy* (NCSALL-Occasional Paper). Cambridge.

Cordes, A. (2012): *Projektionen von Arbeitsangebot und -nachfrage nach Qualifikation und Beruf im Vergleich. Schwerpunktthema zum Bericht „Bildung und Qualifizierung als Grundlage der technologischen Leistungsfähigkeit Deutschlands"* (Studien zum deutschen Innovationssystem Nr. 03–2012). Hannover.

Dohmen, D. (2014): *FiBS-Studienanfängerprognose 2014 bis 2025: Die Zeit nach den doppelten Abiturjahrgängen* (FiBS-Forum Nr. 51). Berlin.

Faulstich, P./Graeßner, G./Schäfer, E. (2008): Weiterbildung an Hochschulen – Daten zu Entwicklungen im Kontext des Bologna-Prozesses. In: *REPORT – Zeitschrift für Weiterbildungsforschung.* 31(1). S. 9–18.

Faulstich, P./Oswald, L. (2010): *Wissenschaftliche Weiterbildung* (Böckler-Arbeitspapier Nr. 200). Düsseldorf.

Fischer, H. (2012): Rechtliche Gleichgültigkeit – Lebenslanges Lernen im Spiegel gesetzlicher Vorgaben. In: Kerres, M./Hanft, A./Wilkesmann, U./Wolff-Bendik, K. (Hrsg.): *Studium 2020. Positionen und Perspektiven zum lebenslangen Lernen an Hochschulen.* Münster: Waxmann. S. 13–20.

Gabriel, G./Stuckrad, T. von (2007): *Die Zukunft vor den Toren. Aktualisierte Berechnungen zur Entwicklung der Studienanfängerzahlen bis 2020* (CHE-Arbeitspapier Nr. 100). Gütersloh.

Graeßner, G. (2007): Preisgestaltung und Finanzierung von Hochschulweiterbildung unter Berücksichtigung rechtlicher Rahmenbedingungen. In: Hanft, A./Simmel, A. (Hrsg.): *Vermarktung von Hochschulweiterbildung. Theorie und Praxis.* Münster: Waxmann. S. 159–174.

Hanft, A./Müskens, W./Kröcher, U. (2009): *Weiterbildungspanel Niedersachsen. Erhebung 2009* (Gesamtbericht der Ergebnisse). Oldenburg.

Hippel, A. von (2011): Programmplanungshandeln im Spannungsfeld heterogener Erwartungen. Ein Ansatz zur Differenzierung von Widerspruchskonstellationen und professionellen Antinomien. In: *REPORT – Zeitschrift für Weiterbildungsforschung*. 34(1). S. 45–57.

Hippel, A. von/Fuchs, S./Tippelt, R. (2008): Weiterbildungsorganisationen und Nachfrageorientierung – neo-institutionalistische Perspektiven. In: *Zeitschrift für Pädagogik*. 54(5). S. 663–678.

Hippel, A. von/Tippelt, R. (2011): Adressaten-, Teilnehmer- und Zielgruppenforschung. In: Tippelt, R./Hippel, A. von (Hrsg.): *Handbuch Erwachsenenbildung/Weiterbildung*. (5. Auflage). Wiesbaden: Springer VS. S. 801–811.

Höffer-Mehlmer, M. (2011): Programmplanung und -organisation. In: Tippelt, R./Hippel, A. von (Hrsg.): *Handbuch Erwachsenenbildung/Weiterbildung*. (5. Auflage). Wiesbaden: Springer VS. S. 989–1002.

Jechle, T./Kolb, M./Winter, A. (1994): Bedarfsermittlung in der Weiterbildung. In: *Unterrichtswissenschaft – Zeitschrift für Lernforschung*. 22(1). S. 3–22.

Jütte, W./Schilling, A. (2005): Teilnehmerinnen und Teilnehmer als Bezugspunkt wissenschaftlicher Weiterbildung. In: Jütte, W./Weber, K. (Hrsg.): *Kontexte wissenschaftlicher Weiterbildung. Entstehung und Dynamik von Weiterbildung im universitären Raum*. Münster: Waxmann. S. 136–153.

Knust, M. (2006): *Geschäftsmodelle der wissenschaftlichen Weiterbildung. Eine Analyse unter Berücksichtigung empirischer Ergebnisse*. Lohmar: Eul.

Knust, M./Hagenhoff, S. (2005): Marktanforderungen an universitäre Weiterbildung. In: Breitner, M.H./Hoppe, G. (Hrsg.): *E-Learning. Einsatzkonzepte und Geschäftsmodelle*. Heidelberg: Physica. S. 407–422.

Kotler, P./Murphy, P. E. (1981): Strategic Planning for Higher Education. In: *Journal of Higher Education*. 52(5). S. 470–489.

Kultusministerkonferenz (KMK, 2001): *Sachstands- und Problembericht zur „Wahrnehmung wissenschaftlicher Weiterbildung an den Hochschulen"* (Beschluss der Kultusministerkonferenz vom 21.09.2001). Bonn.

Kultusministerkonferenz (KMK, 2014): *Vorausberechnung der Studienanfängerzahlen 2014–2025. Erläuterung der Datenbasis und des Berechnungsverfahrens* (Statistische Veröffentlichungen der Kultusministerkonferenz, Dokumentation Nr. 205). Berlin.

Lohr, K./Peetz, T./Hilbrich, R. (2013): *Bildungsarbeit im Umbruch. Zur Ökonomisierung von Arbeit und Organisation in Schulen, Universitäten und in der Weiterbildung*. Berlin: Edition Sigma.

Maier, T./Helmrich, R./Zika, G./Hummel, M./Wolter, M. I./Drosdowski, T./Kalinowski, M./Hänisch, C. (2012): *Alternative Szenarien der Entwicklung von Qualifikation und Arbeit bis 2030* (Wissenschaftliche Diskussionspapiere des BIBB Nr. 173). Bonn.

Maier, T./Zika, G./Wolter, M. I./Kalinowski, M./Helmrich, R. (2014): *Engpässe im mittleren Qualifikationsbereich trotz erhöhter Zuwanderung. Aktuelle Ergebnisse der BIBB-IAB-Qualifikations- und Berufsfeldprojektionen bis zum Jahr 2030 unter Berücksichtigung von Lohnentwicklungen und beruflicher Flexibilität* (BIBB-Report 23/2014).

Mankiw, N. G./Taylor, M. P. (2012): *Grundzüge der Volkswirtschaftslehre*. (5. Auflage). Stuttgart: Schäffer-Poeschel.

Mayring, P. (2010): *Qualitative Inhaltsanalyse. Grundlagen und Techniken*. (11. Auflage). Weinheim: Beltz.

Meffert, H./Burmann, C./Kirchgeorg, M. (2012): *Marketing. Grundlagen marktorientierter Unternehmensführung*. (11. Auflage). Wiesbaden: Gabler.

Meuser, M./Nagel, U. (2009): Das Experteninterview. Konzeptionelle Grundlagen und methodische Anlage. In: Pickel, S./Pickel, G./Lauth, H.-J./Jahn, D. (Hrsg.): *Methoden der vergleichenden Politik- und Sozialwissenschaft. Neue Entwicklungen und Anwendungen.* Wiesbaden: Springer VS. S. 465–480.

Meyer-Guckel, V./Schönfeld, D./Schröder A.-K./Ziegele, F. (2008): *Quartäre Bildung. Chancen der Hochschulen für die Weiterbildungsnachfrage von Unternehmen.* Essen: Stifterverband.

Reich-Claassen, J./Hippel, A. von (2011): Angebotsplanung und -gestaltung. In: Tippelt, R./Hippel, A. von (Hrsg.): *Handbuch Erwachsenenbildung/Weiterbildung.* (5. Auflage). Wiesbaden: Springer VS. S. 1003–1015.

Remdisch, S./Utsch, A./Dudeck, A./Gomille, G./Jansen-Schulz, B./Japsen, A./Klockziem, A./Merkel, W./Müller-Eisfeld, R./Ribold, M./Riesen, K. van/Ritter, C./Thieme, M./Weh, E. (2007): *Innovation durch Weiterbildung und Wissenstransfer. Bedarfsanalyse und Machbarkeitsstudie für die Region Lüneburg* (Abschlussbericht). Lüneburg.

Schäfer, E. (1988): *Wissenschaftliche Weiterbildung als Transformationsprozess. Theoretische, konzeptionelle und empirische Aspekte.* Opladen: Leske und Budrich.

Schöll, I. (2011): Marketing. In: Tippelt, R./Hippel, A. von (Hrsg.): *Handbuch Erwachsenenbildung/Weiterbildung.* (5. Auflage). Wiesbaden: Springer VS. S. 437–451.

Seitter, W. (2014): Nachfrageorientierung als neuer Steuerungsmodus. Wissenschaftliche Weiterbildung als organisationale Herausforderung universitärer Studienangebotsentwicklung. In: Göhlich, M./Schröer, A./Schwarz, J./Weber, S. M. (Hrsg.): *Organisation und das Neue* (Beiträge der Kommission Organisationspädagogik). Wiesbaden: Springer VS. S. 141–150.

Sloane, P. F. E. (1997): Bildungsmarketing in wirtschaftspädagogischer Perspektive. In: Geißler, H. (Hrsg.): *Weiterbildungsmarketing.* Neuwied: Luchterhand. S. 36–54.

Werner, C./Steiner, E. (2010): Hochschulbildung als Geschäftsfeld? In: Barz, H. (Hrsg.): *Handbuch Bildungsfinanzierung.* Wiesbaden: Springer VS. S. 479–490.

Wesselmann, S./Hohn, B. (2012): *Public Marketing. Marketing-Management für den öffentlichen Sektor.* (3. Auflage). Wiesbaden: Gabler.

Wolter, A. (2005): Profilbildung und universitäre Weiterbildung. In: Jütte, W./Weber, K. (Hrsg.): *Kontexte wissenschaftlicher Weiterbildung. Entstehung und Dynamik von Weiterbildung im universitären Raum.* Münster: Waxmann. S. 93–111.

Wolter, A. (2011): Die Entwicklung wissenschaftlicher Weiterbildung in Deutschland: Von der post-gradualen Weiterbildung zum lebenslangen Lernen. In: *Beiträge zur Hochschulforschung.* 33(4). S. 8–35.

Wolter, A. (2013): Gleichrangigkeit beruflicher Bildung beim Hochschulzugang? Neue Wege der Durchlässigkeit zwischen beruflicher Bildung und Hochschule. In: Severing, E./Teichler, U. (Hrsg.): *Akademisierung der Berufswelt?* (Berichte zur beruflichen Bildung). Bielefeld: W. Bertelsmann. S. 191–212.

Berichte aus den geförderten Projekten

Bartsch, A./Hardinghaus, B./Holz, S./Kundolf, S. (2014) (Hrsg.): *Weiterbildungsbedarf und Anforderungen an wissenschaftliche Weiterbildung in der Mobilitätswirtschaft.* Hannover: PZH. Bericht aus dem Verbundprojekt ‚Aufbau eines landesweiten Rahmenkonzepts für lebenslanges wissenschaftliches Lernen und Offene Hochschule in der niedersächsischen

Schwerpunktbranche Mobilitätswirtschaft (Konzeptentwicklung für Offene Hochschule und lebenslanges wissenschaftliches Lernen)' der Technischen Universität Braunschweig, Hochschule Hannover, Hochschule Osnabrück, Jade Hochschule Wilhelmshaven/Oldenburg, Leibniz Universität Hannover, Universität Osnabrück.

Braun, C. L./Specht, J./Häring A. M. (2014): *Kompetenzbedarfe und Weiterbildungswege für die landwirtschaftliche Diversifizierung (1): Lebensmittelverarbeitung und Vermarktung.* Bericht aus dem Projekt ‚Konzeption berufsbegleitender Weiterbildungsangebote an der Hochschule für nachhaltige Entwicklung Eberswalde – durchlässig, nachhaltig, praxisnah – AdB@HNE' der Hochschule für nachhaltige Entwicklung Eberswalde.

Braun, C. L./Specht, J./Wenz, K./Birk, I./Häring, A. M. (2014): *Kompetenzbedarfe und Weiterbildungswege für die landwirtschaftliche Diversifizierung (3): Bauernhofpädagogik.* Bericht aus dem Projekt ‚Konzeption berufsbegleitender Weiterbildungsangebote an der Hochschule für nachhaltige Entwicklung Eberswalde – durchlässig, nachhaltig, praxisnah – AdB@HNE' der Hochschule für nachhaltige Entwicklung Eberswalde.

Busch-Karrenberg, A. (2014): *Bedarfe und Erwartungen potentieller Studierender eines berufsbegleitenden Hochschulstudiums. Eine Analyse für technische Fachrichtungen.* Bericht aus dem Verbundprojekt ‚Aufbau eines landesweiten Rahmenkonzepts für lebenslanges wissenschaftliches Lernen und Offene Hochschule in der niedersächsischen Schwerpunktbranche Mobilitätswirtschaft (Konzeptentwicklung für Offene Hochschule und lebenslanges wissenschaftliches Lernen)' der Technischen Universität Braunschweig, Hochschule Hannover, Hochschule Osnabrück, Jade Hochschule Wilhelmshaven/Oldenburg, Leibniz Universität Hannover, Universität Osnabrück.

Gebauer, S./Perbandt, D. (2012): *Zielgruppenanalyse zur möglichen Rekrutierung neuer Studierendengruppen für den Fernstudiengang infernum.* Bericht aus dem Verbundprojekt ‚Aufbau berufsbegleitender Premium-Studienangebote in MINT-Fächern – MINT-Online' der Carl von Ossietzky Universität Oldenburg, FernUniversität Hagen, Fraunhofer-Gesellschaft, Universität Kassel, Universität Stuttgart, EWE-Forschungszentrum für Energietechnologie e.V. Next Energy.

Haarnack, D. (2014): *Analyse im Bereich technikaffiner Ausbildungsberufe – eine Zielgruppe für Offene Hochschule?* Bericht aus dem Projekt ‚KOSMOS – Konstruktion und Organisation eines Studiums in offenen Systemen' der Universität Rostock.

Häring, I./Rathjen, S. (2014): *Bedarfsanalyse des Teilprojekts Sicherheitssystemtechnik.* Bericht aus dem Verbundprojekt ‚Freiräume für wissenschaftliche Weiterbildung – Windows for Continuing Education' der Albert-Ludwigs-Universität Freiburg und der Fraunhofer-Gesellschaft.

Hößelbarth, S./Stöver, H./Schneider, J. M. (2014): *Qualifizierungsbedarfe von Sozialarbeitenden in der Suchtkrankenhilfe. Forschungsbericht Soziale Arbeit – Master Sucht. Eine Befragung von Leitungs- und Fachkräften in Institutionen der Suchtkrankenhilfe in Hessen, Rheinland-Pfalz, Baden-Württemberg und Bayern.* Bericht aus dem Projekt ‚MainCareer: Kontinuierliche Akademisierung in Frankfurt und Region – flexibel – lebensbegleitend – praxisnah' der Fachhochschule Frankfurt am Main.

Katholische Hochschule für Sozialwesen Berlin (o.J.): *Kurzfassung erster Ergebnisse der bundesweiten Befragung der Alumni bglt. Studiengänge im BA-Studiengang Soziale Arbeit.* Bericht aus dem Projekt ‚Potenziale nicht-traditioneller Studierender nutzen – Herausforderungen des demografischen Wandels aufgreifen – PONTS' der Katholischen Hochschule für Sozialwesen Berlin.

Kirberg, S. (2014): Wie können Lehrende bei der Gestaltung virtuell angereicherter Studienformate für heterogene Zielgruppen unterstützt werden? Bedarfsanalysen zur Konzeption der technischen Basis, hochschuldidaktischen Qualifizierungen und Beratungen. In: Bergstermann, A./Cendon, E./Flacke, L. B./Grunert, C./Hettel, J./John, P./Kirberg, S./Nause, N./Reinhardt, M./Schäfer, M./Strazny, S./Theis, F./Wachendorf, N. M./Wolf, M.: *Kompetenzentwicklung und Heterogenität. Ausgestaltung von Studienformaten an der Schnittstelle von Theorie und Praxis. Handreichung der wissenschaftlichen Begleitung des Bund-Länder-Wettbewerbs „Aufstieg durch Bildung: offene Hochschulen".* Berlin. S. 69–80.

Koepernik, C./Lorz, F./Vollstädt, S. (2014): *Lebenslanges Lernen an der Hochschule. Bedarfsanalyse.* Bericht aus dem Projekt ‚Offene Hochschule Zwickau – Flexibel studieren: Alternativen bieten – Chancen nutzen' an der Westsächsischen Hochschule Zwickau.

Konrad, S./Betker, D. (2014): *Berufliche Bildungsbiographie – Untersuchung der Einflussfaktoren für die Entscheidung zur beruflichen Weiterbildung.* Bericht aus dem Projekt ‚KOSMOS – Konstruktion und Organisation eines Studiums in offenen Systemen' der Universität Rostock.

Köster, K./Schiedhelm, M./Schöne, S./Stettner, J. (2014): *Gesteigerte Effizienz und Effektivität bei der Entwicklung und Umsetzung von berufsbegleitenden Studienprogrammen.* Bericht aus dem Projekt ‚beSt – berufsbegleitendes Studium nach dem Heilbronner Modell' der Hochschule Heilbronn.

Kunert-Zier, M./Feigl, M./Schneider, J. (2013): *Berufspraktikanten und Berufspraktikantinnen an hessischen Fachschulen für Sozialpädagogik auf dem Weg zur Staatlichen Anerkennung als Erzieherin oder Erzieher.* Bericht aus dem Projekt ‚MainCareer: Kontinuierliche Akademisierung in Frankfurt und Region – flexibel – lebensbegleitend – praxisnah' der Fachhochschule Frankfurt am Main.

Luft, L./Steeb, I./Tolle, P./Beckmann, M. (2014): *Ergebnisbericht einer explorativen Erhebung zu Qualifikations- und Ausbildungswegen, beruflichen Kompetenzen, Lebenssituationen und Lebensentwürfen von pflegeberuflich qualifizierten Personen im Kontext des Projektes „MainCareer – Offene Hochschule".* Bericht aus dem Projekt ‚MainCareer: Kontinuierliche Akademisierung in Frankfurt und Region – flexibel – lebensbegleitend – praxisnah' der Fachhochschule Frankfurt am Main.

Mai, A./Emes, J./Breitbarth, H. (2013): *Projektdokumentation über die Durchführung einer Potenzialanalyse für sieben weiterbildende Studiengangskonzepte im Projekt Professional. Bauhaus an der Bauhaus-Universität Weimar.* Bericht aus dem Projekt ‚Professional Bauhaus – ProfBau' der Bauhaus-Universität Weimar.

Mehra S. R./Diez, K. (2014): *Zwischenergebnis: Teilprojekt „Master Online Akustik".* Bericht aus dem Verbundprojekt ‚Aufbau berufsbegleitender Premium-Studienangebote in MINT-Fächern – MINT-Online' der Carl von Ossietzky Universität Oldenburg, Fern-Universität Hagen, Fraunhofer-Gesellschaft, Universität Kassel, Universität Stuttgart, EWE-Forschungszentrum für Energietechnologie e.V. Next Energy.

Mertz, N. [2014]: *Ergebnisse im Rahmen der Entwicklung des Weiterbildungsstudienprogramms „Master Lehramt berufsbildende Schulen" und Zweitfächer „Mathematik" und „Sozialkunde" im Vorhaben NOW – Zur Gestaltung von Studienangeboten für berufstätige Studierende und ältere Personen.* Bericht aus dem Projekt ‚Nachfrage- und adressatenorientierte akademische Weiterbildung an der Universität Erfurt (NOW)' der Universität Erfurt.

Müller, E./Goebel, S./Couné, B. (o.J.): *Bedarfsanalyse. Palliative Care Basics.* Bericht aus dem Verbundprojekt ‚Freiräume für wissenschaftliche Weiterbildung – Windows for

Continuing Education' der Albert-Ludwigs-Universität Freiburg und der Fraunhofer-Gesellschaft.

Müller, M. (2014): *Teilprojektergebnisse des Zertifikatskurs Elektromobilität.* Bericht aus dem Verbundprojekt ‚Aufbau berufsbegleitender Premium-Studienangebote in MINT-Fächern – MINT-Online' der Carl von Ossietzky Universität Oldenburg, FernUniversität Hagen, Fraunhofer-Gesellschaft, Universität Kassel, Universität Stuttgart, EWE-Forschungszentrum für Energietechnologie e.V. Next Energy.

Präßler, S. (2014): *Forschungsbericht zur Bedarfsanalyse.* Bericht aus dem Verbundprojekt ‚WM³ – Weiterbildung Mittelhessen (Regionale Verantwortung und strategische Profilbildung in einer hochschultypenübergreifenden Kooperation)' der Justus-Liebig-Universität Gießen, Philipps-Universität Marburg, Technische Hochschule Mittelhessen.

Remer, S./Klocke, A./Kühn, A./Wascher, E./Bötschi, C./Kühn, J. (2013): *Lernbedarfe im Bankwesen in der Aus- und Weiterbildung unter besonderer Berücksichtigung der wissenschaftlichen Weiterbildung mit Fokus auf den Bereich Socially Responsible Banking (SRB).* Bericht aus dem Projekt ‚Studica – Studieren à la carte: Neue Formen des Zusammenwirkens von Hochschule und Praxis' der Alanus Hochschule für Kunst und Gesellschaft.

Schäpke, N. (2012): *Marktanalyse von Masterstudienangeboten zu Nachhaltigkeit und Wirtschaft: Fokus Nachhaltigkeitsmanagement.* (Anhang B des Berichts Pape, J./Nölting, B./Schäpke, N. (2013): Bericht zum Teilergebnis. Konzeption eines berufsbegleitenden Studiengangs „Strategisches Nachhaltigkeitsmanagement" (Teilprojekt 2) im Rahmen des Projekts „Konzeption berufsbegleitender Weiterbildungsangebote an der Hochschule für nachhaltige Entwicklung Eberswalde (FH) — durchlässig, nachhaltig, praxisnah" (AdB@HNE)). S. 37–68.

Schmuck, P. (2012): *Bedarfsstudie für einen Studiengang „Nachhaltigkeitsmanagement" an der Hochschule für nachhaltige Entwicklung Eberswalde (FH).* (Anhang D des Berichts Pape, J./Nölting, B./Schäpke, N. (2013): Bericht zum Teilergebnis. Konzeption eines berufsbegleitenden Studiengangs „Strategisches Nachhaltigkeitsmanagement" (Teilprojekt 2) im Rahmen des Projekts „Konzeption berufsbegleitender Weiterbildungsangebote an der Hochschule für nachhaltige Entwicklung Eberswalde (FH) – durchlässig, nachhaltig, praxisnah" (AdB@HNE)). S. 89–124.

Schorr, R./Ambach, H./Grobenski, I./Mützel, A. (2014): *Ergebnisbericht zu einer explorativen Untersuchung im Kontext des Projektes „MainCareer – Offene Hochschule" zu Randbedingungen von beruflich Qualifizierten im IT-Bereich als Zielgruppe für ein Studium zum Bachelor Informatik.* Bericht aus dem Projekt ‚MainCareer: Kontinuierliche Akademisierung in Frankfurt und Region – flexibel – lebensbegleitend – praxisnah' der Fachhochschule Frankfurt am Main.

Schrode, N./Hemmer-Schanze, C./Wagner, J. (2012): *Konkretisierung der Lehrinhalte und Voruntersuchung zu den bestehenden akademischen Ausbildungsangeboten im Bereich Betrieblicher Berufspädagogik. Bericht zur Vorstudie I.1, Bereich BBP.* Bericht aus dem Projekt ‚Studica – Studieren à la carte: Neue Formen des Zusammenwirkens von Hochschule und Praxis' der Alanus Hochschule für Kunst und Gesellschaft.

Seitter, W./Vossebein, U./Schemmann, W. (2014): *Bedarf – Potential – Akzeptanz. Integrierende Zusammenschau der drei Teilforschungsprojekte zur Bedarfserhebung.* Bericht aus dem Verbundprojekt ‚WM³ – Weiterbildung Mittelhessen (Regionale Verantwortung und strategische Profilbildung in einer hochschultypenübergreifenden Kooperation)' der Justus-Liebig-Universität Gießen, Philipps-Universität Marburg, Technische Hochschule Mittelhessen.

Specht, J./Wenz, K./Weber, M./Häring, A. M./Braun, C. L. (2013): *Wandel im ländlichen Raum. Von Wandlungsprozessen zu neuen Kompetenzbedarfen.* Bericht aus dem Projekt ‚Konzeption berufsbegleitender Weiterbildungsangebote an der Hochschule für nachhaltige Entwicklung Eberswalde – durchlässig, nachhaltig, praxisnah – AdB@HNE' der Hochschule für nachhaltige Entwicklung Eberswalde.

Völkel, P./Weyer, E. (2014): *Zertifikatskurse mit Fragebogen evaluieren. Am Beispiel eines Fortbildungsmoduls für pädagogische Fachkräfte an der Evangelischen Hochschule Berlin.* Bericht aus dem Projekt ‚Bedarfsgerechte Zertifizierungsangebote für pädagogische Fachkräfte im Bereich der Erziehung, Bildung und Betreuung von Kindern' der Evangelischen Hochschule Berlin.

Wachendorf, N. M. (o.J.): *Interessen der regionalen Wirtschaft und bedarfsgerechte Studiengangsentwicklung – eine Bedarfsanalyse.* Bericht aus dem Projekt ‚Die duale Hochschule – von ausbildungsbegleitenden hin zu berufsbegleitenden Studiengängen' der Hochschule Niederrhein.

Wadewitz, M./Jauch, B. [2014]: *Ergebnisse im Rahmen der Entwicklung des Weiterbildungsstudienprogramms „Master Lehramt berufsbildende Schulen" und Zweitfächer „Mathematik" und „Sozialkunde" im Vorhaben NOW – Erkenntnisse zur Gestaltung von Studienangeboten für berufstätige Studierende mit beruflicher Vorerfahrung.* Bericht aus dem Projekt ‚Nachfrage- und adressatenorientierte akademische Weiterbildung an der Universität Erfurt (NOW)' der Universität Erfurt.

Wadewitz, M./Mertz, N. [2014]: *Ergebnisse im Rahmen der Entwicklung des Weiterbildungsstudienprogramms „Master Lehramt berufsbildende Schulen" und Zweitfächer „Mathematik" und „Sozialkunde" im Vorhaben NOW – Ergebnisbericht zur Bedarfsabfrage zum Interesse bereits im Schuldienst an berufsbildenden Schulen in Thüringen tätiger Lehrkräfte zum Erwerb der Laufbahnvoraussetzungen als Berufsschullehrer/in durch Absolvieren eines berufsbegleitenden Studienangebots.* Bericht aus dem Projekt ‚Nachfrage- und adressatenorientierte akademische Weiterbildung an der Universität Erfurt (NOW)' der Universität Erfurt.

Weichler, J. K./Kirschenmann, F. (2013): *Ergebnisse der Bedarfsanalyse für das Teilprojekt 8 „Energiesystemtechnik" 2012/2013.* Bericht aus dem Verbundprojekt ‚Freiräume für wissenschaftliche Weiterbildung – Windows for Continuing Education' der Albert-Ludwigs-Universität Freiburg und der Fraunhofer-Gesellschaft.

Caroline Kamm, Susanne Schmitt, Ulf Banscherus, Andrä Wolter
unter Mitarbeit von Olga Golubchykova

Hochschulen auf dem Weiterbildungsmarkt: Marktposition und Teilnehmerstruktur

Ergebnisse einer sekundäranalytischen Untersuchung

1   Einleitung

Die Diskussion über Weiterbildungsangebote an Hochschulen[1] in Deutschland knüpft seit einigen Jahren verstärkt an internationale Reforminitiativen im Zeichen des Lebenslangen Lernens an. Dies gilt auch für die adressierten Zielgruppen, bei denen unter diesem Einfluss ebenfalls Veränderungen zu verzeichnen sind. In einer ersten Entwicklungsphase, die von den Anfängen volkstümlicher Hochschulkurse im ausgehenden 19. Jahrhundert bis zur Entstehung der universitären Erwachsenenbildung in den 1960er und 1970er Jahren reicht, richteten sich weiterbildende Angebote vor allem an ein bildungsinteressiertes Publikum außerhalb der Universitäten. Diese wurden zumeist in Kooperation mit oder in der Zuständigkeit von Einrichtungen der Erwachsenenbildung durchgeführt. In der anschließenden Phase der wissenschaftlichen Weiterbildung erweiterte sich der Adressatenkreis ab den 1970er Jahren um Personen, die bereits über einen Hochschulabschluss verfügen.[2]

---

1   Weiterbildung an Hochschulen umfasst einem engeren Verständnis zufolge zwei Bereiche, zum einen den meist als wissenschaftliche Weiterbildung bezeichneten Bereich, der ein Teil des akademischen Angebots ist, zum anderen Weiterbildung als Teil von innerbetrieblicher Personalentwicklung, weitgehend auf das wissenschaftsunterstützende Personal bezogen. Zwischen diesen Bereichen gibt es allerdings teilweise fließende Übergänge. In einem weiteren Verständnis kann auch die Beteiligung ‚neuer' Zielgruppen an formal grundständigen Studienangeboten aus einer an den Biografien der Teilnehmenden orientierten Perspektive als Weiterbildung verstanden werden.

2   Eine bis heute anerkannte Definition des Begriffes ‚Weiterbildung' wurde im Jahr 1970 vom Deutschen Bildungsrat eingeführt. Demnach wird Weiterbildung verstanden als die „Fortsetzung oder Wiederaufnahme organisierten Lernens nach Abschluss einer unterschiedlich ausgedehnten Ausbildungsphase" (Deutscher Bildungsrat 1970, S. 197). Diese Definition wird häufig ergänzt um das selbstorganisierte Lernen als eine Variante informellen Lernens (KMK 2000). Die Kultusministerkonferenz (KMK) hat darüber hinaus eine Definition für die wissenschaftliche Weiterbildung vorgeschlagen als „[…] das wahrgenommene Weiterbildungsangebot [, das] dem fachlichen und didaktischen Niveau der Hochschule entspricht. […] Wissenschaftliche Weiterbildung knüpft in der Regel an berufliche Erfahrungen an, setzt aber nicht notwendigerweise einen Hochschulabschluss voraus" (KMK 2001, S. 2f.). Diese Definition ist insofern bemerkenswert, als sie keinen direkten institutionellen Bezug enthält. Danach kann (nicht abschlussbezogene) wissenschaftliche Weiterbildung nicht nur von Hochschulen, sondern grundsätz-

Weiterbildung wurde nun nicht mehr in erster Linie als eine extern ausgerichtete Dienstleistung der Universitäten und Fachhochschulen verstanden, sondern als integraler Bestandteil ihres Lehr- und Ausbildungsauftrages. Schwerpunktmäßig wurden postgraduale Formate angeboten, die neben Hochschulabsolventinnen und -absolventen auch anderen Interessengruppen prinzipiell offen standen, in der Studiengangsystematik der Hochschulen jedoch klar von Studiengängen der akademischen Erstausbildung abgegrenzt waren. Mit dem Konzept der ‚Offenen Hochschule' im Kontext des Lebenslangen Lernens wird diese bisherige Grenzziehung seit einiger Zeit fließend und in gewisser Weise eine dritte Phase in der Entwicklung der Weiterbildung an Hochschulen eingeläutet. Diese hat – unter anderem im Kontext des Bologna-Prozesses – bereits vor dem Start des Wettbewerbs *Aufstieg durch Bildung: offene Hochschulen* begonnen, durch diesen aber einen zusätzlichen Schub erhalten (vgl. den Beitrag von Banscherus/Wolter in diesem Band). So ist es ein erklärtes Ziel des Wettbewerbs, einen nachhaltigen Beitrag zum Ausbau der Angebotsstrukturen der Hochschulen im Bereich der Weiterbildung zu leisten.

Hochschulen sollen mit ihren Weiterbildungsangeboten neben Hochschulabsolventinnen und -absolventen nunmehr verstärkt auch Studieninteressierte mit beruflicher Qualifikation und Erfahrung als ‚neue' Zielgruppe adressieren, die zwar nach der Logik der Studiengangsystematik ein Erststudium anstreben, für die das Studium aus einer stärker biografischen Sichtweise jedoch eine Weiterbildungssequenz darstellt. Diese Perspektivenerweiterung ist einer der Gründe dafür, dass Bildungsangebote an Hochschulen, die in ganz unterschiedlicher Weise einen weiterbildenden Charakter haben, zunehmend mit dem Begriff des Lebenslangen Lernens beschrieben werden (Wolter 2011; vgl. den Beitrag von Wolter/Banscherus in diesem Band). Neben diesen ‚neuen' Zielgruppen, die im Mittelpunkt anderer Beiträge des vorliegenden Bandes stehen (vgl. die Beiträge von Kamm/Spexard/Wolter, Otto/Kamm und Dahm/Kerst in diesem Band), sind für die Hochschulweiterbildung aber auch die ‚traditionellen' Teilnehmer- und Adressatengruppen weiterhin von großem Interesse.

Hinsichtlich der Rolle der Hochschulen im Weiterbildungsbereich sind in Wissenschaft und Politik zwei Einschätzungen weit verbreitet. Zum einen nehmen sie auf dem Weiterbildungsmarkt bisher nur eine nachgeordnete Position ein, obwohl sie grundsätzlich gute Voraussetzungen für das Angebot von erfolgreichen Weiterbildungsprogrammen mitbringen (z.B. aufgrund ihrer hohen fachlichen Expertise und ihres Forschungsbezugs) (Faulstich et al. 2007; Schaeper et al. 2006; Wolter 2007). Zum anderen bleiben deutsche Hochschulen gerade im internationalen Vergleich in der Entwicklung, Etablierung und professionellen Durchführung von Weiterbildung hinter anderen Ländern deutlich zurück (Hanft/Knust 2007).

---

lich auch von anderen Einrichtungen angeboten werden; sie muss nur dem Niveau von Hochschulen entsprechen. Beim Zugang zu weiterbildenden Masterstudiengängen wird in der Regel eine qualifizierte berufspraktische Erfahrung von mindestens einem Jahr vorausgesetzt (KMK 2010).

Der vorliegende Beitrag knüpft an diese Einschätzungen an und will die Position von Hochschulen auf dem Weiterbildungsmarkt in Deutschland genauer analysieren. Bei einer empirischen Analyse der Teilnahmestrukturen an Hochschulweiterbildung im engeren Sinne (vgl. Fußnote 1) und der Position der Hochschulen in diesem Bereich ist allerdings die besondere Struktur des Weiterbildungsmarktes in Deutschland zu berücksichtigen, der vor allem durch Wettbewerb und eine Pluralität der Anbieter bestimmt ist. Während Hochschulen aufgrund ihrer Monopolstellung bei akademischen Abschlüssen und ihrer Wissenschafts- und Forschungsorientierung traditionell eher angebotsorientierte Einrichtungen sind, funktioniert der Weiterbildungsmarkt im Kern nach den Prinzipien des Bedarfs an und der Nachfrage nach Weiterbildung (vgl. den Beitrag von Banscherus/Pickert/Neumerkel in diesem Band). Die Hochschulen konkurrieren, gerade auch bei ihrer traditionellen Kernzielgruppe, den Erwerbstätigen mit Hochschulabschluss, mit einer Vielzahl anderer Anbieter. Hinzu kommt eine starke berufsbezogene Segmentierung des Weiterbildungsmarktes für Hochqualifizierte, der sich weiter in unterschiedliche Teilmärkte mit spezifischen Trägerstrukturen ausdifferenziert. Insofern werden Hochschulen als Anbieter auf dem Weiterbildungsmarkt mit Anforderungen konfrontiert, die sich deutlich von ihrem ‚Kerngeschäft' von Forschung und Lehre (in der akademischen Erstausbildung) unterscheiden.

Viele der bisher vorliegenden Untersuchungen konzentrieren sich auf Angebotsmerkmale und fragen beispielsweise danach, wie viele Hochschulen Weiterbildung anbieten, welche Programme angeboten werden oder wie viele Personen (und in welcher Zusammensetzung) daran teilnehmen (z.B. Faulstich et al. 2007). In dieser institutionsorientierten Perspektive gerät allerdings die relative Position der Hochschulen auf dem hochkompetitiven Weiterbildungsmarkt weitgehend aus dem Blick (Wolter 2007). Deswegen bietet es sich zur Durchführung einer differenzierten Analyse dieser Fragestellung an, einen auf individuellen Daten zum Weiterbildungsverhalten basierenden methodischen Zugang zu wählen.[3] Dies bringt zugleich den Vorteil mit sich, dass auf der gleichen Datenbasis Auswertungen zur Teilnehmerstruktur durchgeführt werden und beide Aspekte somit ins Verhältnis zueinander gesetzt werden können. Hierzu kann vor allem auf zwei Datenquellen zurückgegriffen werden: allgemeine Bevölkerungsumfragen und Hochschulabsolventenstudien. Allgemeine Bevölkerungsumfragen wie der Mikrozensus, das Sozio-oekonomische Panel (SOEP) und der Adult Education Survey (AES) erfassen neben anderen Themen auch die Teilnahme an (Hochschul-)Weiterbildung und lassen Vergleiche zwischen unterschiedlichen Teilnehmergruppen und verschiedenen Anbietern zu. Hochschulabsolventenstudien erlauben zwar keinen Vergleich mit anderen Qualifikationsgruppen, ermöglichen jedoch tiefergehende Vergleiche innerhalb dieser Gruppe – zum Beispiel nach Fachrichtungen oder der beruflichen Position. Außer-

---
3 Einen solchen Zugang wählten für die Betrachtung der Hochschulen als Weiterbildungsanbieter aus einer international vergleichenden Perspektive unter anderem bereits Schaeper/Schramm/Wolter (2007).

dem enthalten Absolventenstudien in der Regel eine Längsschnittperspektive, die es erlaubt, Weiterbildungsaktivitäten nicht nur in den Kontext der Bildungsbiografie, sondern auch des individuellen Berufsverlaufs zu stellen.

Vor diesem Hintergrund präsentiert der vorliegende Beitrag auf Basis von Auswertungen des Absolventenpanels des Deutschen Zentrums für Hochschul- und Wissenschaftsforschung (DZHW) und des AES empirische Befunde zur berufsbezogenen Weiterbildung. Dabei stehen zwei Fragen im Zentrum des Erkenntnisinteresses: Zum einen wird untersucht, in welchem Umfang und in welchen Formen Weiterbildungsangebote in Deutschland individuell genutzt werden und welche Rolle Hochschulen auf dem Weiterbildungsmarkt spielen (Abschnitt 3.1). Im daran anschließenden Abschnitt (3.2) wird ein Überblick über die Anbieterstruktur und die Finanzierung der (Hochschul-)Weiterbildung gegeben. Zum anderen wird die Weiterbildungsteilnahme von Hochschulabsolventinnen und -absolventen näher untersucht. Dabei werden neben den Themen der genutzten Angebote auch die Motive für die Weiterbildungsbeteiligung und weitergehende thematische Bedarfe betrachtet (Abschnitt 3.3). Außerdem werden – bezogen auf Hochschulabsolventinnen und -absolventen – Befunde zur Dauer und zu den Anforderungen an die inhaltliche und organisatorische Ausgestaltung von Weiterbildungsangeboten dargestellt (Abschnitt 3.4). Über die Darstellung von deskriptiven Befunden hinaus geht schließlich eine explorativ angelegte multivariate Analyse von Einflussfaktoren auf die Teilnahme von Hochschulabsolventinnen und -absolventen an Angeboten der Hochschulweiterbildung (Abschnitt 4).

2 Datengrundlage und methodische Vorbemerkungen

Bei der Hochschulweiterbildung handelt es sich – wie bereits angedeutet – um einen mehrdeutigen Begriff, was sich auch in den unterschiedlichen Bezeichnungen zeigt, die in den verschiedenen Landeshochschulgesetzen verwendet werden (vgl. Faulstich et al. 2007). Entsprechend fällt die Operationalisierung entsprechender Aktivitäten in verschiedenen Befragungen ganz unterschiedlich aus (vgl. Wolter 2007; Faulstich et al. 2007; Willich/Minks 2004). Zudem gestaltet sich – wie zuvor beschrieben – die Weiterbildungslandschaft in Deutschland sehr heterogen, und es existieren bislang keine einheitlichen, trägerübergreifenden Erhebungsschemata zur Erfassung der Weiterbildungsbeteiligung (Eisermann/Janik/Kruppe 2014). Folglich arbeiten auch die beiden in diesem Beitrag genutzten Datenquellen, der AES und das DZHW-Absolventenpanel, mit unterschiedlichen Definitionen und Kategorien. Sie unterscheiden sich dabei nicht nur hinsichtlich der Erhebung von (wissenschaftlicher) Weiterbildung, die zudem für unterschiedliche Zeiteinheiten erfasst wird, sondern auch in der Grundgesamtheit – die Bevölkerung im Alter von 18 bis 64 Jahren im AES, Hochschulabsolventinnen und -absolventen bestimmter Abschlussjahrgänge im DZHW-Absolventenpanel. Dadurch wird die Möglichkeit eines direkten Vergleichs der Ergebnisse deutlich eingeschränkt. Dieser ist in einem – aus methodischen Gründen – beschränkten Rahmen gleichwohl möglich, allerdings nur für einige wenige Aspekte des Weiterbildungsverhaltens.

Der AES und das DZHW-Absolventenpanel erfassen das Weiterbildungsverhalten über die Selbstzuordnung der Lernaktivitäten durch die Befragten. Für diesen Beitrag wurden aus dem DZHW-Absolventenpanel vor allem die Daten der dritten Befragungswelle für eine repräsentative Stichprobe der Hochschulabsolventinnen und -absolventen des Prüfungsjahrgangs 2000/2001 herangezogen (im Folgenden auch als 2001-3 bezeichnet). Diese fand etwa zehn Jahre nach dem Hochschulabschluss statt (2011) und bezog sich auf das Weiterbildungsverhalten in den letzten zwölf Monaten vor dem Erhebungszeitpunkt (4.734 Personen). Diese Daten wurden für einige Auswertungen um weitere Datensätze ergänzt, vor allem die Daten der zweiten Welle des Absolventenjahrgangs 2005 (auch als 2005-2 bezeichnet), die im Jahr 2010 durchgeführt wurde (6.459 Personen). Aus dem AES wurden die Daten des Erhebungsjahres 2012 ausgewählt, die sich, wie das Absolventenpanel 2001-3, ebenfalls auf die letzten zwölf Monate vor der Befragung beziehen, jedoch auf einer repräsentativen Stichprobe der Bevölkerung zwischen 18 und 64 Jahren insgesamt basieren (7.099 Personen). Soweit nicht anders angegeben sind alle ausgewiesenen Prozentwerte nach den jeweiligen Gewichtungsvariablen des AES beziehungsweise des Absolventenpanels gewichtet (Rosenbladt/Bilger 2008, S. 94; Fabian et al. 2013, S. 8).

Der AES liefert unter anderem Angaben zum Anteil der verschiedenen Anbieter auf dem Weiterbildungsmarkt beziehungsweise in dessen Segmenten, darunter auch zu den Hochschulen. Dabei werden drei Kategorien von Weiterbildung unterschieden (Bilger et al. 2013, S. 36): (1.) *betriebliche Weiterbildung*, die während der Arbeitszeit stattfindet beziehungsweise mit einer bezahlten Freistellung und einer Kostenübernahme durch den Arbeitgeber verbunden ist, (2.) *individuelle berufsbezogene Weiterbildung*, die aus beruflichen Gründen erfolgt, aber zumeist privat initiiert wird, sowie (3.) *nicht berufsbezogene Weiterbildung*. Darüber hinaus wird nach *formalem*, *non-formalem* und *informellem Lernen* differenziert, wobei der Schwerpunkt beim AES auf den *non-formalen Bereich* gelegt wird.[4] Die Veranstaltungsarten werden bei dieser Erhebung in vier Kategorien eingeteilt: (1.) Kurse und Lehrgänge, (2.) kurzzeitige Bildungsveranstaltungen (z.B. Vorträge, Schulungen, Seminare, Workshops), (3.) Schulungen/Training am Arbeitsplatz (u.a. Einarbeitung, Qualifizierung am Arbeitsplatz, Coaching) sowie (4.) Privatunterricht.

Die Absolventenbefragungen des DZHW folgen einem Kohorten-Panel-Design: Alle fünf Jahre wird eine neue Absolventenkohorte zunächst ein Jahr nach Hochschulabschluss und dann fünf und – teilweise – zehn Jahre nach Hochschulabschluss

---

4 Der Frageblock zu formalem Lernen erfasst keine einzelnen Aktivitäten und auch nicht die Dauer der vorangegangenen beruflichen Tätigkeit. Informelles Lernen wird lediglich in bis zu zwei Aktivitäten erfasst. Non-formales Lernen wird dagegen unter anderem in Bezug auf Veranstaltungsformen und Themen in bis zu zwölf Weiterbildungsaktivitäten erfragt. Darüber hinaus wird in bis zu vier Aktivitäten die Dauer und in bis zu zwei Aktivitäten der Anbieter erhoben.

befragt. Zum einen soll durch den Kohortenansatz eine Zeitreihe aufgebaut werden, zum anderen ermöglichen die Wiederholungsbefragungen eine differenzierte Erfassung von Berufsverläufen im Längsschnitt. In der zweiten Befragungswelle des DZHW-Absolventenpanels werden außerhochschulische berufliche Fort- und Weiterbildungen (z.B. Lehrgänge, Kurse, Workshops, Unterricht, Schulungen) erhoben sowie Qualifizierungsmaßnahmen an Hochschulen innerhalb der letzten fünf Jahre seit Studienabschluss. Letztere werden nach längeren (u.a. weiterführende Studien, Studienprogramme, Zertifikatskurse, Erweiterungsprüfungen, Module) und kürzeren Qualifizierungsangeboten getrennt erfasst.[5] Die dritte Befragungswelle (nach zehn Jahren) differenziert zwischen verschiedenen Formaten wie kürzeren Kursen oder Workshops, längerfristigen Fort- und Weiterbildungen oder einem Weiterbildungsstudium, wobei jeweils auch Informationen zu Dauer, Thema und Anbieter erhoben werden.[6]

3 Bisherige Teilnahme an Weiterbildungsangeboten

Im folgenden Abschnitt wird das Weiterbildungsverhalten der Gesamtbevölkerung unter besonderer Berücksichtigung von Hochschulabsolventinnen und -absolventen näher untersucht. Hierzu wird zunächst die Nutzung von Weiterbildungsangeboten differenziert nach Qualifikation und Beschäftigungssituation der Teilnehmenden betrachtet (3.1) und durch einen Überblick über die Anbieterstruktur auf dem Weiterbildungsmarkt ergänzt; hierbei wird ein Schwerpunkt auf die Rolle der Hochschulen gelegt (3.2). Anhand der Auswertung von Themen, Motiven und Bedarfen können anschließend sowohl für den hochschulischen als auch für den außerhochschulischen Bereich Besonderheiten in der Weiterbildungsnachfrage von Hochschulabsolventinnen und -absolventen identifiziert werden (3.3). Die Untersuchung wird durch eine Betrachtung der von Hochschulabsolventinnen und -absolventen präferierten zeitlichen und organisatorischen Ausgestaltung von hochschulischen und außerhochschulischen Weiterbildungsangeboten ergänzt (3.4).

---

5   Die Operationalisierung von längeren Formaten der Hochschulweiterbildung ist im Rahmen der zweiten Befragungswelle des DZHW-Panels nicht unproblematisch, da nicht explizit nach der Teilnahme an Weiterbildungs-, sondern an Qualifizierungsangeboten an Hochschulen allgemein gefragt wird. Dabei werden neben Zertifikats- und nicht abschlussbezogenen Weiterbildungsangeboten auch Masterstudiengänge erfasst, bei denen nicht eindeutig identifiziert werden kann, ob es sich um ein konsekutives oder ein weiterbildendes Format handelt. Um hier eine Zuordnung zur Weiterbildung vornehmen zu können, wurden neben den Teilnehmenden an Zertifikatsstudien nur solche Personen berücksichtigt, die einen Master als Abschlussziel angaben, und vor Aufnahme dieses Masterstudiums mindestens zwölf Monate erwerbstätig waren. Dies erlaubt eine zumindest näherungsweise Erfassung von Weiterbildungsstudierenden.
6   Zudem wird informelle Weiterbildungsteilnahme über den Besuch von Fachmessen und Fachvorträgen abgebildet.

3.1 Sozialstrukturelle Merkmale der Teilnehmenden an (Hochschul-)Weiterbildung

Mehr als ein Drittel aller Personen, die im Rahmen des AES 2012 befragt wurden, haben in den zwölf Monaten vor dem Befragungszeitraum an mindestens einer beruflichen Weiterbildung teilgenommen. Dabei lassen sich zwei durchgängige Muster erkennen: Erstens zeigt sich, wie schon die klassischen Studien zur Struktur der Weiterbildungsbeteiligung (Strzelewicz et al. 1966; Schulenberg et al. 1978) und nachfolgend alle Teilstudien des Berichtssystems Weiterbildung (bis 2007) und des AES (z.B. Bilger et al. 2013; Deutsches Institut für Erwachsenenbildung 2014) aufgezeigt haben, ein enger Zusammenhang zwischen der beruflichen Qualifikation und der Weiterbildungsteilnahme, und zweitens ist die Teilnahme in der Gruppe der Personen mit Hochschulabschluss in nahezu allen Bereichen am stärksten ausgeprägt. Von den Hochschulabsolventinnen und -absolventen beteiligten sich dem AES 2012 zufolge in den zwölf Monaten vor der Befragung 60,8 Prozent an mindestens einer beruflichen Weiterbildung (vgl. Tabelle 1). Im DZHW-Absolventenpanel (2001–3) wurde mit 73,3 Prozent sogar eine noch höhere Teilnahmequote gemessen.

Tabelle 1: Teilnahme an Weiterbildung nach höchstem Berufsabschluss und Form der Weiterbildung (Mehrfachnennungen möglich), in Prozent

Höchster Berufsabschluss	Form der Weiterbildung				
	Betrieblich (N=2.404)	Individuell berufsbezogen (N=679)	Nicht-berufsbezogen (N=930)	Beruflich[1] (N=2.895)	Insgesamt (N=3.438)
Keine Berufsausbildung	17,9	9,3	14,8	26,3	37,2
Lehre/Berufsfachschule	33,2	6,5	9,7	37,7	44,0
Meister-/Fachschule	53,3	9,3	15,0	58,5	64,8
Hochschulabschluss	51,0	15,4	16,8	60,8	67,7
Insgesamt	34,8	8,9	12,7	41,2	48,6

[1] Eigene Variable: Zusammenfassung von betrieblicher und individuell berufsbezogener Weiterbildung
Quelle: AES 2012, eigene gewichtete Auswertungen

Dem Grundsatz nach gilt der zuvor beschriebene Befund auch für die Hochschulweiterbildung – allerdings auf einem deutlich niedrigeren Gesamtniveau. Auch hier bilden Personen, die über einen Hochschulabschluss verfügen, die aktivste Nutzergruppe. Die entsprechende Teilnahmequote liegt laut AES 2012 bei 4,7 Prozent, im DZHW-Absolventenpanel (2001–3) wird für diese Personengruppe ein Wert von 5,2 Prozent angegeben. Bei der näheren Betrachtung der Daten zur Weiterbildung an Hochschulen sind allerdings mehrere Besonderheiten zu beachten (vgl. Tabelle 2):

- Erstens ist die Bedeutung der Hochschulen als Anbieter auf dem Weiterbildungsmarkt insgesamt peripher. Dies gilt selbst für Hochschulabsolventinnen und -absolventen. Dieser Befund erhärtet sich, wenn man statt der teilnehmenden

Personen die Aktivitätenebene (operationalisiert als Zahl der Weiterbildungsfälle) in den Blick nimmt. Hier ergibt sich für die Hochschulen ein Anteil von 3,0 Prozent an allen Weiterbildungen, für die Informationen zum Anbieter vorliegen (vgl. weitergehend Abschnitt 3.2).
- Zweitens geben Personen mit Hochschulabschluss auffallend häufig an, an der Hochschule eine betriebliche Weiterbildung genutzt zu haben (2,5 Prozent). Diese Gruppe setzt sich vor allem aus Lehrenden an Hochschulen, Sekretariatsfachkräften, Ärztinnen und Ärzten sowie Ingenieurinnen und Ingenieuren zusammen. Deshalb ist anzunehmen, dass diese Personengruppe zu einem relevanten Teil an Hochschulen beschäftigt ist und hier deshalb faktisch nicht selten innerbetriebliche Weiterbildungen erfasst worden sind (vgl. Wolter 2010).
- Drittens fällt auf, dass in relevantem Umfang auch Personen ohne Berufsausbildung an Hochschulweiterbildungen teilnehmen. Dies ist vor allem darauf zurückzuführen, dass diese Personengruppe zum überwiegenden Teil aus Studierenden besteht. Obgleich Studierende keine primäre Zielgruppe von Weiterbildung an Hochschulen darstellen, besuchen sie offensichtlich häufig Angebote, die sie selbst als Weiterbildung einordnen, beispielsweise berufsvorbereitende Angebote von Career Centers oder Software-Einführungen (SPSS, Citavi o.ä.).

Tabelle 2: Teilnahme an Hochschulweiterbildung nach höchstem Berufsabschluss und Form der (Hochschul-)Weiterbildung, in Prozent

Höchster Berufsabschluss	Form der (Hochschul-)Weiterbildung					
	Betrieblich (N=43)	Individuell berufsbezogen (N=74)	Nicht-berufsbezogen (N=44)	Beruflich[1] (N=116)	Insgesamt (N=156)	Beruflich[2]
Keine Berufsausbildung	0,2	1,8	1,4	1,9	3,2	**7,6**
Lehre/Berufsfachschule	0,3	0,1	0,3	0,4	0,7	**0,7**
Meister-/Fachschule	0,7	0,4	0,2	1,1	1,5	**1,6**
Hochschulabschluss	2,5	2,2	0,7	4,7	5,3	**5,5**
Insgesamt	0,6	0,9	0,6	1,5	2,1	**3,0**

[1] Eigene Variable: Zusammenfassung von betrieblicher und individuell berufsbezogener Weiterbildung
[2] Angaben dieser Spalte sind aktivitätenbezogen, nicht personenbezogen. Basis sind alle Weiterbildungen, für die Angaben zum Anbieter vorliegen.
Quelle: AES 2012, eigene gewichtete Auswertungen

Unterschiede in der Weiterbildungsbeteiligung bestehen nicht nur nach dem Qualifikationsgrad, sondern auch hinsichtlich des Geschlechts der Befragten. Insgesamt nehmen Männer etwas häufiger an beruflichen Weiterbildungen teil als Frauen. Den AES-Daten zufolge haben 44,8 Prozent der Männer in den zwölf Monaten vor dem Befragungszeitpunkt an (mindestens) einer beruflichen Weiterbildung teilgenommen, aber nur 37,5 Prozent der Frauen. Unterschiedliche Beteiligungsraten lassen sich hinsichtlich des Geschlechts für alle Qualifikationsniveaus nachweisen, die Differenzen sind aber bei einem höheren formalen Bildungsgrad geringer ausgeprägt. So lag die Beteiligung an beruflichen Weiterbildungen in der Gruppe der Personen ohne Berufsausbildung bei Frauen 9,4 Prozentpunkte unter der der Männer (21,7 zu 31,1 Prozent), bei den Befragten mit Hochschulabschluss war die Differenz zwischen Frauen und Männern – auf einem deutlich höheren Gesamtniveau – mit 4,4 Prozentpunkten nur gut halb so groß (58,5 zu 62,9 Prozent). Bei Teilnehmenden an beruflicher Hochschulweiterbildung zeigt sich hinsichtlich des Nutzungsgrades entsprechender Angebote kein Unterschied zwischen Frauen und Männern.

Wie Tabelle 3 zeigt, bestehen bei der Teilnahme an beruflichen Weiterbildungen zudem deutliche Unterschiede nach der individuellen Beschäftigungssituation.[7] Auch hier bestätigt sich zunächst das Bild einer deutlich überdurchschnittlichen Weiterbildungsteilnahme von Personen mit Hochschulabschluss. Insgesamt zeigt sich auf Basis des AES 2012 in allen Qualifikationsgruppen, dass ein Vollzeit- oder unbefristetes Beschäftigungsverhältnis die Teilnahme an Weiterbildung fördert. Dies trifft auch für Personen mit einem Hochschulabschluss zu. Hier weisen ebenfalls die Vollzeitbeschäftigten – befristet oder unbefristet – die höchsten Teilnahmequoten auf, gefolgt von den unbefristet Teilzeitbeschäftigten.

Trotz der beträchtlichen Unterschiede zwischen den beiden Datensätzen, die vor allem auf unterschiedliche Definitionen und Erhebungsweisen bei AES und DZHW-Panel zurückzuführen sind, fällt übereinstimmend die deutlich niedrigere Weiterbildungsbeteiligung von Personen auf, die nicht erwerbstätig sind. Offenbar sind Arbeitslose und Personen, die aus anderen Gründen (z.B. Familienpflichten) keiner Erwerbstätigkeit nachgehen, durch Weiterbildungsangebote nur schwierig zu erreichen. Dies steht in einem gewissen Spannungsfeld mit den Zielsetzungen des Bund-Länder-Wettbewerbs *Aufstieg durch Bildung: offene Hochschulen*, werden hier doch gerade auch Personen mit Familienpflichten, Berufsrückkehrerinnen und -rückkehrer sowie arbeitslose Akademikerinnen und Akademiker als Zielgruppen benannt. Unzweifelhaft ist gerade in diesen Gruppen ein hoher Weiterbildungsbedarf zum Erhalt oder zur Verbesserung der Beschäftigungsfähigkeit vorhanden. Hier besteht für die Hochschulen also ein besonderer Handlungsbedarf, stärker als bisher zielgruppenspezifische Angebote und Ansprachestrategien zu entwickeln.

Als entscheidend für die Teilnahme an Weiterbildung insgesamt, aber auch an Hochschulweiterbildung erweisen sich also insgesamt vor allem der formale Bildungsgrad der Befragten und ihre gegenwärtige Beschäftigungssituation. Als weiterbildungsaktivste Gruppe stechen unter allen Befragten die Hochschulabsolventinnen und -absolventen heraus. Aber auch hier ist der Anteil, der auf die Hochschulen als Anbieter entfällt, deutlich ausbaufähig.

---

7   Der Einfluss der beruflichen Situation auf die Teilnahme an weiterbildenden Angeboten von Hochschulen wird in Abschnitt 4 behandelt.

Tabelle 3: Teilnahme an beruflicher Weiterbildung nach ausgewählten beruflichen Abschlüssen und Beschäftigungssituation (ohne Personen in Ausbildung, im Referendariat o.ä.), in Prozent

Beschäftigungs-situation	Art des höchsten Berufsabschlusses			
	AES 2012			DZHW 2001–3
	Keine Berufs-ausbildung (N=1.014)	Hochschul-abschluss (N=1.182)	Insgesamt (N=6.438)	Hochschul-abschluss (N=4.668)
Nicht erwerbstätig	14,7	20,1	13,4	47,3
Unbefristet Vollzeit	40,5	76,7	55,1	79,9
Unbefristet Teilzeit	26,9	69,0	47,3	68,5
Befristet Vollzeit	44,3	95,8	59,7	74,2
Befristet Teilzeit	26,7	52,8	47,0	72,0
Selbständig	17,5	51,7	47,9	76,2
Sonstiges	9,0	45,0	25,8	69,3

Basis: Alle Teilnehmenden, von denen Aussagen zur Beschäftigungssituation vorlagen; ohne Personen in Ausbildung, Referendariat oder Praktikum.
Quelle: AES 2012 sowie DZHW-Absolventenpanel 2001–3 (Erhebung 2011), eigene gewichtete Auswertungen

3.2 Anbieterstruktur der (Hochschul-)Weiterbildung

In Tabelle 4 wird ein Überblick über die institutionelle *Anbieterstruktur* beruflicher Weiterbildungen gegeben.[8] Der Anteil, der dabei auf die Hochschulen entfällt, liegt dem AES 2012 zufolge – wie bereits berichtet – insgesamt bei drei Prozent. Etwa ein Fünftel der genutzten beruflichen Weiterbildungsangebote wird von Weiterbildungseinrichtungen, Volkshochschulen oder Einzelpersonen erbracht, wobei diese Kategorie durch die Vielfalt der Anbieter sehr heterogen ist. Ein gutes Drittel der Angebote wird durch den eigenen Arbeitgeber bereitgestellt, ein weiteres knappes Fünftel durch ein anderes Unternehmen. Der Anteil der von Kammern, Fach- und Berufsverbänden angebotenen beruflichen Weiterbildungen liegt bei gut einem Zehntel.

Aus den Daten des DZHW-Absolventenpanels (2001–3) ergibt sich für die Gruppe der Hochschulabsolventinnen und -absolventen eine leicht abweichende Verteilung gegenüber dem AES, in dem das Grundmuster im Wesentlichen dem aller Befragten entspricht. Im Absolventenpanel entfällt der größte Anteil der Weiterbildungsteilnahme auf den Arbeitgeber, während der Anteil der Absolventinnen und Absolventen, die Angebote eines anderen Unternehmens nutzen, deutlich geringer ist. Im Unterschied zum AES ist der Anteil, der auf Kammern, Fach- und

---

8 Die Angaben zum Anbieter werden im AES und dem DZHW-Panel in unterschiedlicher Weise erhoben. Die jeweils verwendeten Kategorien wurden hier für den Vergleich zu einander so weit wie möglich entsprechenden Kategorien zusammengefasst.

Berufsverbände als Weiterbildungsanbieter entfällt, hier etwas größer. Hochschulen nehmen in dieser Personengruppe mit 7,1 (AES 5,5) Prozent erwartungsgemäß einen größeren Anteil am Weiterbildungsmarkt ein als in der Gesamtbevölkerung.

Tabelle 4: Berufliche Weiterbildungen nach Anbieter und ausgewählten Berufsabschlüssen, in Prozent

Anbieter[1]	AES 2012		DZHW 2001–3
	Insgesamt	Hochschul-abschluss	Hochschul-abschluss
Eigener Arbeitgeber	32,7	29,6	38,8
Anderes Unternehmen (Hersteller/Lieferant)	19,6	16,1	6,3
Weiterbildungseinrichtung/ Volkshochschule/Einzelperson	19,7	21,7	20,3
Kammern/Fach- und Berufsverbände	10,5	10,6	12,4
Hochschule	3,0	5,5	7,1
Anderes	14,5	16,5	15,1

[1] Zur besseren Vergleichbarkeit der Datenquellen wurde eine andere Kategorisierung der Weiterbildungsanbieter vorgenommen als im AES vorgeschlagen.
Quelle: AES 2012 und DZHW-Absolventenpanel 2001–3 (Erhebung 2011), eigene gewichtete Auswertungen

Für die Gruppe der Akademikerinnen und Akademiker lässt sich allerdings weiteren Auswertungen des DZHW-Absolventenpanels (2001–3) zufolge eine starke berufsfachliche Segmentierung des Weiterbildungsmarktes feststellen. Von allen Weiterbildungsaktivitäten von Absolventinnen und Absolventen eines Lehramtsstudiums, aus den Fächern des Ingenieurwesens sowie der Wirtschafts- und Naturwissenschaften entfallen rund die Hälfte (45 bis 53 Prozent) auf den eigenen Arbeitgeber, im Falle der Lehrämter auf die staatlichen Institute der Lehrerfortbildung. In den Fachrichtungen Psychologie, Agrar- und Umweltwissenschaften, Informatik sowie den Rechtswissenschaften und einigen ingenieurwissenschaftlichen Fächern wurden jeweils etwa ein Viertel bis ein Drittel (25 bis 32 Prozent) der Angebote an privaten Weiterbildungseinrichtungen genutzt. Die Spezialisierung von Weiterbildungsanbietern auf bestimmte Disziplinen zeigt sich besonders deutlich in Fächern, in denen traditionell Kammern sowie Berufsgesellschaften und Fachverbänden eine große Bedeutung als Weiterbildungsanbietern zukommt. Dies trifft vor allem für die Fächer Humanmedizin und Pharmazie, aber auch Rechtswissenschaften, Psychologie sowie Architektur und Bauwesen zu. In diesen Fächern liegt der Anteil der Kammern zwischen ungefähr einem Fünftel und etwas unter einem Drittel. Dass auch Hersteller und Lieferanten als Anbieter von außerhochschulischen Weiterbildungsangeboten relevant sein können, zeigt sich insbesondere in den Fächern Pharmazie, Bauwesen und Ingenieurwissenschaften, wo der entsprechende Anteil jeweils knapp mehr als ein Zehntel beträgt.

Deutliche Unterschiede zwischen den Absolventinnen und Absolventen der verschiedenen Fächergruppen sowie von Universitäten und Fachhochschulen zeigen sich auch bei der Intensität der Teilnahme an Weiterbildung insgesamt – hier abgebildet für den Absolventenjahrgang 2005, fünf Jahre nach Studienabschluss (2005–2). Dies gilt sowohl für außerhochschulische als auch für hochschulische Angebote (vgl. Tabelle 5). Besonders hoch ist in beiden Segmenten die Beteiligung von Medizinerinnen und Medizinern, während Absolventinnen und Absolventen der Rechts-, Wirtschafts- und Sozialwissenschaften beispielsweise ein hohes Engagement im Bereich der außerhochschulischen Weiterbildung zeigen, die Angebote der Hochschulen jedoch nur vergleichsweise selten nutzen. In der Fächergruppe Mathematik und Naturwissenschaften fallen hingegen besonders die deutlichen Unterschiede nach dem besuchten Hochschultyp auf.

Tabelle 5: Teilnahme von Hochschulabsolventinnen und -absolventen an berufsbezogener hochschulischer und außerhochschulischer Weiterbildung nach ausgewählten Fächergruppen und Art des Abschlusses, in Prozent

Fächergruppe	Hochschul-weiterbildung		außerhochschulische Weiterbildung	
	Uni-Abschluss	FH-Abschuss	Uni-Abschluss	FH-Abschuss
Sprach- und Kulturwissenschaften	23,6	24,5	76,0	65,0
Rechts-, Wirtschafts- und Sozialwissenschaften	21,9	20,1	67,0	76,0
Mathematik, Naturwissenschaften	33,0	19,4	60,0	67,6
Humanmedizin	53,4	-	89,3	-
Ingenieurwissenschaften	27,4	23,2	66,1	71,0
Insgesamt	28,7	21,2	70,6	72,1

Quelle: DZHW 2005–2 (Erhebung 2010), eigene gewichtete Auswertungen

Bei gut der Hälfte (47,5 Prozent) der im AES erfassten beruflichen Weiterbildungen sind den Angaben der Teilnehmenden zufolge Kosten angefallen. Diese wurden allerdings überwiegend nicht von den Teilnehmenden selbst, sondern zumeist durch den Arbeitgeber (mit-)getragen (68,5 Prozent), nur ein gutes Viertel (26 Prozent) der Maßnahmen wurde vollständig durch die Teilnehmenden selbst finanziert. Bei den berufsbezogenen Hochschulweiterbildungen zeigt sich allerdings ein anderes Verhältnis: Zum einen ist hier ein deutlich größerer Teil der Angebote mit Kosten verbunden (63,5 Prozent), zum anderen werden diese häufiger vollständig von den Teilnehmenden selbst finanziert (50,2 Prozent). Hier erfolgt nur in etwa einem Drittel der Fälle eine Kostenübernahme durch Andere (überwiegend durch den Arbeitgeber). Für die Hochschulabsolventinnen und -absolventen lässt sich dieser Befund auf Basis des DZHW-Absolventenpanels (2005–2) weitgehend bestätigen. Drei Viertel der Teilnehmenden an außerhochschulischen Weiterbildungsangeboten (74,7 Prozent), die mit Gebühren verbunden waren, wurden hier nach Angabe der

Befragten durch den Arbeitgeber finanziell unterstützt, weitere 18 Prozent berichten, dass keine Kosten angefallen seien. Während kürzere Hochschulweiterbildungen ebenfalls häufig durch den Arbeitgeber (mit-)finanziert wurden (60,5 Prozent),[9] wurden längere Weiterbildungsmaßnahmen an Hochschulen überwiegend von den Befragten selbst bezahlt; immerhin bei einem Fünftel (19,9 Prozent) wurden Kosten durch den Arbeitgeber übernommen. Diese Finanzierungsstruktur lässt darauf schließen, dass das Interesse an längeren Hochschulweiterbildungen, insbesondere an abschlussorientierten Angeboten, primär von den Individuen ausgeht, während Arbeitgeber eher an kürzeren Angeboten interessiert sind.

Zusammenfassend lässt sich für die Stellung der Hochschulen auf dem Weiterbildungsmarkt festhalten, dass der Anteil der Teilnahmefälle an Hochschulweiterbildung als indirekter Indikator für die Nachfrage nach entsprechenden Angeboten marginal ausfällt. Dieser zeigt sich selbst dann als recht bescheiden, wenn man nur die Hochschulabsolventinnen und -absolventen als primäre Zielgruppe der wissenschaftlichen Weiterbildung berücksichtigt. Darüber hinaus ist hier – wie bereits in Abschnitt 3.1 berichtet – im AES 2012 sogar noch von einer Überschätzung auszugehen, da hier die Teilnahme an innerbetrieblicher Weiterbildung sowie die weiterbildenden Aktivitäten von Studierenden miterfasst sind. Der Anteil von drei Prozent an allen Weiterbildungsaktivitäten, der dem AES zufolge auf die Hochschulen entfällt, markiert also eher einen Maximalwert für alle an Hochschulen angebotenen Formen von Weiterbildung.

3.3 Ziele, Themen und Bedarfe von Hochschulabsolventinnen und -absolventen im Bereich der (Hochschul-)Weiterbildung

Die Teilnahme oder Nicht-Teilnahme an beruflicher Weiterbildung, sei es an Hochschulen, sei es bei anderen Anbietern, ist immer auch eine Frage der individuellen Motivation. Von daher können Daten zur Relevanz unterschiedlicher Zielsetzungen nicht nur Hinweise zum Weiterbildungsverhalten von Hochschulabsolventinnen und -absolventen geben, sondern auch zum Attraktivitätsprofil von Weiterbildungsangeboten der Hochschulen. Zur Betrachtung der *Ziele*, die Personen mit Hochschulabschluss mit der Teilnahme an beruflichen Weiterbildungen verbinden, wurde auf das DZHW-Absolventenpanel (2005–2) zurückgegriffen.[10] Hier wurde

---

9   Immerhin 25,4 Prozent gaben an, keine Teilnahmekosten aufgewendet zu haben.
10 Ein Vergleich mit den im AES erhobenen Themen, Motiven und Zielen ist aufgrund stark abweichender Fragestellungen sowie teilweise unterschiedlicher Bezugszeiträume nicht möglich. Beim DZHW-Panel 2005–2 beziehen sich die Angaben zu Weiterbildungen auf fünf Jahre seit dem ersten Studienabschluss, beim DZHW-Panel 2001–3 auf die letzten zwölf Monate vor der Befragung.

nach den Motiven für die Teilnahme an längeren Hochschulweiterbildungen und Weiterbildungen außerhalb von Hochschulen gefragt (vgl. Abbildung 1).[11]

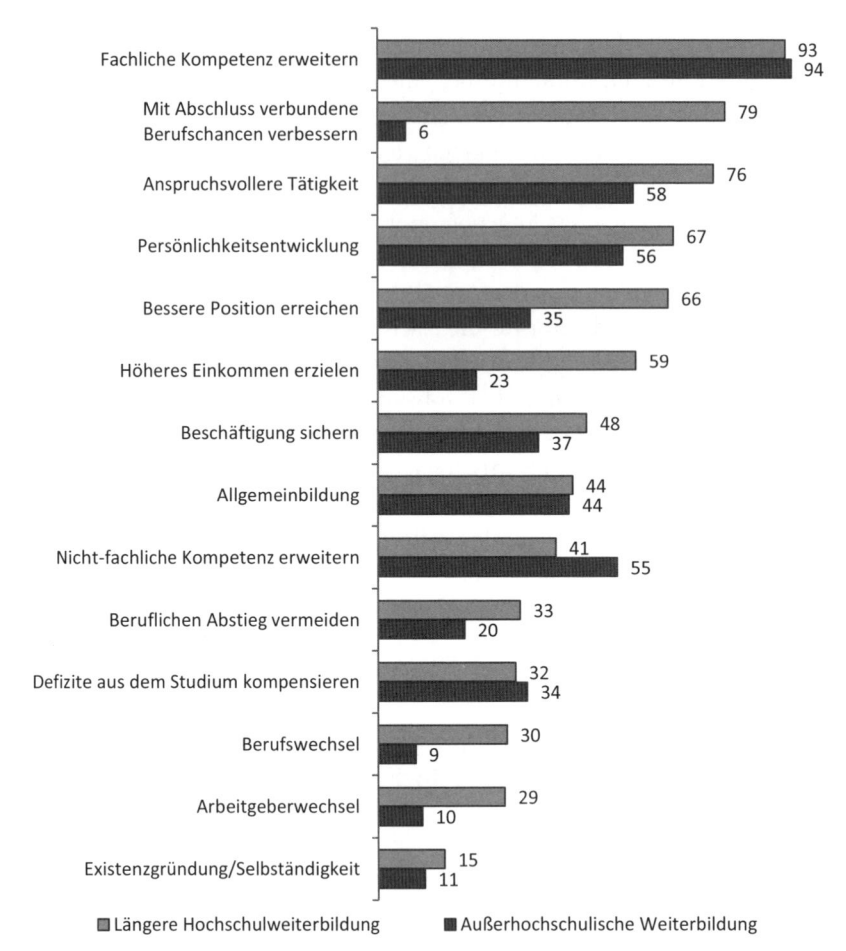

Ziel	Längere Hochschulweiterbildung	Außerhochschulische Weiterbildung
Fachliche Kompetenz erweitern	93	94
Mit Abschluss verbundene Berufschancen verbessern	79	6
Anspruchsvollere Tätigkeit	76	58
Persönlichkeitsentwicklung	67	56
Bessere Position erreichen	66	35
Höheres Einkommen erzielen	59	23
Beschäftigung sichern	48	37
Allgemeinbildung	44	44
Nicht-fachliche Kompetenz erweitern	41	55
Beruflichen Abstieg vermeiden	33	20
Defizite aus dem Studium kompensieren	32	34
Berufswechsel	30	9
Arbeitgeberwechsel	29	10
Existenzgründung/Selbständigkeit	15	11

Quelle: DZHW-Absolventenpanel 2005-2 (Erhebung 2010), eigene gewichtete Auswertungen

Abbildung 1: Relevanz ausgewählter Ziele für die Teilnahme von Hochschulabsolventinnen und -absolventen (ohne Bachelorabschluss) an Bildungs-/Qualifizierungsangeboten außerhalb von Hochschulen und an längerfristigen (Weiter-)Bildungsangeboten von Hochschulen (Angaben „sehr wichtig" und „wichtig"), in Prozent

Im Vergleich von außerhochschulischen Weiterbildungen und längeren Weiterbildungsangeboten der Hochschulen fällt auf, dass sich Akademikerinnen und Akademiker von der Teilnahme an letzteren offensichtlich in erster Linie statusverbessernde Effekte wie bessere Berufschancen, eine bessere berufliche Position oder ein

---

11 Für kürzere Hochschulweiterbildungen wurden die Motive der Teilnehmerinnen und Teilnehmer nicht erhoben.

höheres Einkommen versprechen. Diese Ziele beruhen unter anderem darauf, dass Hochschulen im Unterschied zu anderen Anbietern dazu berechtigt sind, anerkannte Zertifikate und Abschlüsse zu vergeben. Eng damit verbunden sind Motive wie ein geplanter Berufs- und/oder Arbeitgeberwechsel, wodurch vermutlich ebenfalls eine Statusverbesserung angestrebt wird. Aber auch eher defensive Motive wie eine Sicherung der Beschäftigung oder die Vermeidung eines (beruflichen) Abstiegs gehören zu den Motiven, an längeren Hochschulweiterbildungen teilzunehmen. Dagegen ist es vor allem das Ziel der Erweiterung nicht fachlicher Kompetenzen, bei dem die außerhochschulischen Anbieter einen klaren Vorsprung haben.

Betrachtet man auf der Basis des Absolventenpanels (2001–3) die *Themenfelder* der beruflichen Weiterbildungen, an denen Hochschulabsolventinnen und -absolventen teilnehmen, so zeigt sich, dass ein Großteil der genutzten Angebote inhaltlich mit der Fächergruppe korrespondiert, in der der Abschluss erworben wurde (vgl. Tabelle 6). Dies spricht für eine Tendenz zur Fachaffinität bei der Weiterbildungsmaßnahme und einen klaren inhaltlichen Interessensbezug der Weiterbildung – zumindest im Bereich der beruflichen Weiterbildung insgesamt.

Tabelle 6: Themenbereiche beruflicher Weiterbildungen von Absolventinnen und Absolventen ausgewählter Fächergruppen, in Prozent

Fächergruppe des Hauptfachs	Themenbereich der beruflichen Weiterbildung					
	Sprachen, Kultur, Politik	Pädagogik u. Sozialkompetenz	Gesundheit u. Sport	Wirtschaft, Arbeit, Recht	Natur, Technik, Computer	Andere
Sprach- u. Kulturwissenschaften	15,1	41,6	5,2	19,2	10,9	8,0
Rechts-, Wirtschafts- u. Sozialwissenschaften	4,4	23,6	3,5	48,4	12,2	7,9
Mathematik, Naturwissenschaften	4,2	19,3	8,7	20,5	45,2	2,0
Humanmedizin	0,9	4,8	75,2	11,1	5,9	2,1
Ingenieurwissenschaften	3,8	8,6	4,3	27,7	53,1	2,5

Quelle: DZHW-Absolventenpanel 2001–3 (Erhebung 2011), eigene gewichtete Auswertungen

Nimmt man hingegen nur die Hochschulweiterbildung in den Blick, so ergibt sich – insbesondere für die Absolventinnen und Absolventen ingenieur- und naturwissenschaftlicher Fächer – ein etwas anderes Bild.[12] Auffällig ist hier vor allem die hohe Relevanz von Themen aus dem Bereich Wirtschaft, Arbeit und Recht. Inhalte aus diesem Bereich sind insbesondere bei der Übernahme von Leitungspositionen –

---

12 Die Fallzahlen bei den Hochschulweiterbildungen sind sehr klein, die Ergebnisse müssen daher mit äußerster Vorsicht interpretiert werden. Aus diesem Grund wird auf eine weitergehende Ergebnisdarstellung verzichtet.

und der Vorbereitung darauf – bedeutsam. Dieses Ergebnis deckt sich insofern mit den zuvor beschriebenen Motiven für die Teilnahme an längeren Hochschulweiterbildungen (Abbildung 1), als hier noch einmal die Bedeutung der Hochschulen für mittel- und langfristige Karriereperspektiven hervortritt.

Um mögliche Nachfragepotentiale für die Hochschulweiterbildung zu identifizieren, werden im Folgenden thematische *Weiterbildungsbedarfe* betrachtet. Im Absolventenpanel (2005–2) gaben – fünf Jahre nach Abschluss des ersten Studiums – rund vier von fünf Befragten (83,1 Prozent) an, dass sie persönlich einen Bedarf zur Teilnahme an beruflicher Weiterbildung haben, unabhängig vom Anbieter. Von diesen sahen etwa zwei Fünftel auch einen individuellen Bedarf an Themengebieten, die ihrer Ansicht nach von Hochschulen angeboten werden sollten. Dabei signalisierten Personen, die zuvor bereits an mindestens einer beruflichen Weiterbildung teilgenommen hatten, auch häufiger einen perspektivischen Bedarf. Dies gilt sowohl für die berufliche Weiterbildung insgesamt als auch für die Angebote von Hochschulen. Hier scheint es also einen selbstverstärkenden positiven Effekt bisheriger Weiterbildungserfahrungen zu geben. Einmal gewonnene Teilnehmerinnen und Teilnehmer sind also eine keineswegs unwichtige Zielgruppe für weitere Angebote.

In Tabelle 7 sind die Themenbereiche dargestellt, die aus Sicht der Befragten von Relevanz sind. Dabei werden in der linken Spalte Themen und Fachgebiete abgebildet, zu denen sie einen allgemeinen Weiterbildungsbedarf wahrnehmen, während in der rechten Spalte die Themen dargestellt sind, die ihrer Einschätzung nach von Hochschulen abgedeckt werden sollten. Dabei ist jedoch zu beachten, dass der überwiegende Teil der Hochschulabsolventinnen und -absolventen die Hochschulen bisher nicht als Anbieter beruflicher Weiterbildungen wahrnimmt. Außerdem liegen viele der angegebenen Themen nicht in der Kernkompetenz von Hochschulen, sondern eher in der mancher außerhochschulischer Anbieter. Darauf deuten beispielsweise die abweichenden Anteilswerte in den Bereichen Managementwissen, Personalführung und -entwicklung, Fremdsprachen oder EDV-Kenntnisse sowie zum Teil auch bei ingenieurwissenschaftlichen Themen hin. Deutlich geringere Unterschiede zeigen sich demgegenüber bei wissenschafts- und forschungsnahen Themenbereichen wie Pädagogik oder Psychologie, Wirtschafts- und Naturwissenschaften sowie medizinischen Spezialgebieten. Dies lässt sich durchaus als Bestätigung für die bestehenden Stärken der Hochschulen in diesen Feldern verstehen.

Tabelle 7: Ausgewählte thematische Bedarfe von Hochschulabsolventinnen und -absolventen an beruflicher Weiterbildung allgemein und an Hochschulen im Besonderen (Mehrfachnennungen)[1] fünf Jahre nach Studienabschluss, in Prozent

Thematische Bedarfe	Weiterbildung allgemein (N=4.201)	Weiterbildung an Hochschulen (N=1.897)
Kommunikations-/Interaktionstraining	33,6	30,5
Managementwissen	32,1	25,9
Pädagogische/psychologische Themen	25,9	25,2
Mitarbeiterführung/Personalentwicklung	30,6	22,9
Wirtschaftskenntnisse	22,0	19,9
Fremdsprachen	24,9	15,9
EDV-Anwendungen	21,1	14,3
Ingenieurwissenschaftliche Themen	17,3	13,4
Medizinische Spezialgebiete	13,0	13,2
Naturwissenschaftliche Themen	10,2	10,2
Existenzgründung	5,5	9,7
Verwaltung, Organisation	12,8	9,2
Sozialwissenschaftliche Themen	8,7	7,9
Geisteswissenschaftliche Themen	7,1	7,8
Mathematische Gebiete/Statistik	5,8	6,3
Informationstechnisches Spezialwissen	9,2	6,0

[1] Nennung von maximal fünf der wichtigsten Themen bzw. Fachgebiete, Anteil an Fällen
Quelle: DZHW-Absolventenpanel 2005–2 (Erhebung 2010), eigene gewichtete Auswertungen

Insgesamt lassen sich drei Zieldimensionen festhalten, die für die Teilnahme an längerfristigen Hochschulweiterbildungen eine wichtige Rolle spielen und zugleich die Profilstärken der Hochschulen auf dem Weiterbildungsmarkt bezeichnen. Dies sind vor allem fachlich-inhaltliche sowie aufstiegsorientierte, positionsverbessernde Ziele. Eine nachgeordnete, gleichwohl nicht unwichtige Rolle spielt auch die Perspektive eines beruflichen Neustarts. Hochschulen sind auf dem Weiterbildungsmarkt also offensichtlich vor allem dort als Anbieter gefragt, wo es um ihre wissenschaftlichen sowie titel- und zertifikatsverleihenden Funktionen geht. Wichtig für die Themenwahl scheint bei beruflichen Weiterbildungen von Hochschulabsolventinnen und -absolventen außerdem die studierte Fachrichtung zu sein, wobei allerdings das Themenfeld Wirtschaft, Arbeit und Recht eine besondere Stellung einnimmt. Einen relevanten Einfluss auf das Weiterbildungsinteresse scheint auch das bisherige individuelle Weiterbildungsengagement zu haben.

3.4 Organisation und Dauer von weiterbildenden Angeboten

Hinsichtlich der *Dauer* von Weiterbildungsveranstaltungen zeigt sich nicht ganz unerwartet ein umgekehrtes Verhältnis zwischen Zeitaufwand und Teilnahmehäufigkeit: Je länger die Weiterbildung dauert, desto seltener ist die Teilnahme daran. Kürzere Weiterbildungen werden also deutlich häufiger nachgefragt (vgl. Tabelle 8). Dieses Muster ergibt sich auch für Personen mit Hochschulabschluss. Dabei dauern Hochschulweiterbildungen tendenziell länger. Dies ist vermutlich darauf zurückzuführen, dass gerade Zertifikatsprogramme und Studiengänge einen wesentlichen Schwerpunkt des Weiterbildungsangebots an den Hochschulen darstellen.

Tabelle 8: Dauer der beruflichen Weiterbildungen nach ausgewählten Anbietern und beruflichen Abschlüssen, in Prozent

Dauer	Hochschulweiterbildungen			Berufliche Weiterbildungen		
	AES 2012		DZHW 2001–3	AES 2012		DZHW 2001–3
	Hochschulabschluss N=58	Insg. N=137	Hochschulabschluss N=415	Hochschulabschluss N=1.410	Insg. N=5.123	Hochschulabschluss N=6.266
1–8 Stunden	28,8	25,6	22,9	38,7	43,7	22,4
9–20 Stunden	31,5	27,7	31,7	22,5	21,0	35,3
21–40 Stunden	7,8	13,7	21,4	22,3	18,4	23,7
41–100 Stunden	14,2	15,1	9,1	10,5	9,8	13,0
Über 100 Stunden	17,7	17,9	14,9	6,1	7,1	5,4

Quelle: AES 2012 und DZHW-Absolventenpanel 2001–3 (Erhebung 2011), eigene gewichtete Auswertungen

Im Rahmen des Absolventenpanels (2005–2) wurde den teilnehmenden Hochschulabsolventinnen und -absolventen auch die Frage nach präferierten *Durchführungsformen* von beruflichen Weiterbildungen gestellt (vgl. Abbildung 2). Mehr als zwei Drittel dieser Zielgruppe wünschen sich demzufolge berufsbegleitende Kurse, Seminare und Studienangebote. Hier spiegeln sich offenbar die spezifischen zeitlichen Anforderungen von Erwerbstätigen wider. Etwa die Hälfte der Befragten könnte sich die Teilnahme an Tages- oder Halbtagesveranstaltungen vorstellen. Bei Wochenendseminaren und mehrtägigen oder mehrwöchigen Blockseminaren sind es etwa 40 Prozent. Formate wie Selbstlernen, Abendkurse sowie Fern- und E-Learning-Angebote sind dagegen weniger beliebt. Neben den zeitlichen Anforderungen ist den Befragten also offensichtlich auch die Möglichkeit zum direkten Austausch und zur persönlichen Begegnung wichtig. Vergleichsweise selten nachgefragt werden Weiterbildungen in Form von Vollzeitkursen oder -studienangeboten. Dabei ist festzustellen, dass Personen, die bereits Weiterbildungen in Anspruch genommen haben, häufiger an mehrtägigen oder mehrwöchigen Blockseminaren sowie Tages- und Halbtagesveranstaltungen teilnehmen würden als Personen, die bislang noch nicht an Weiterbildungen teilgenommen haben. Diese nennen häufiger das Selbstlernen als präferiertes Format. Dies könnte darauf hinweisen, dass Nicht-Teilnehmende durch die Erwartung von schulähnlichen Lehr- und Lernformen in Präsenzveranstaltungen abgeschreckt werden und sich in ihrem (potentiellen, aber bislang nicht realisierten) Lernverhalten mehr Eigenverantwortung wünschen.

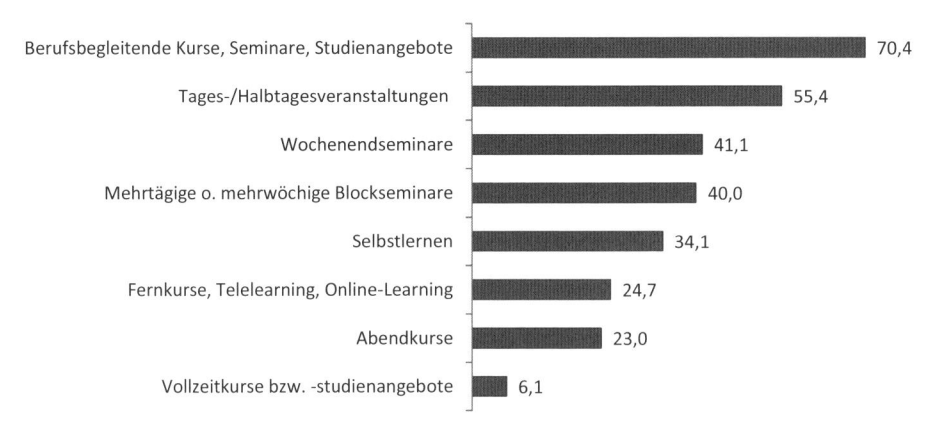

Format	Prozent
Berufsbegleitende Kurse, Seminare, Studienangebote	70,4
Tages-/Halbtagesveranstaltungen	55,4
Wochenendseminare	41,1
Mehrtägige o. mehrwöchige Blockseminare	40,0
Selbstlernen	34,1
Fernkurse, Telelearning, Online-Learning	24,7
Abendkurse	23,0
Vollzeitkurse bzw. -studienangebote	6,1

Quelle: DZHW-Absolventenpanel 2005–2 (Erhebung 2010), eigene gewichtete Auswertungen

Abbildung 2: Bevorzugte organisatorische Formen für berufliche Fort- und Weiterbildungen von Hochschulabsolventinnen und -absolventen (Mehrfachnennungen), in Prozent

Die in diesem Abschnitt vorgestellten Ergebnisse haben gezeigt, dass es sich beim überwiegenden Teil der beruflichen Weiterbildungen um kürzere Angebote handelt. Dies gilt mit gewissen Einschränkungen, die sich aus den Spezifika dieses Bereiches ergeben, auch für Angebote der Hochschulweiterbildung. Aus den Befunden lassen sich einige Folgerungen für die Ausgestaltung von Weiterbildungsangeboten ableiten, denn hinsichtlich organisatorischer Anforderungen äußern Hochschulabsolventinnen und -absolventen ein starkes Interesse an flexiblen Formaten, die eine Vereinbarkeit mit der Berufstätigkeit erlauben. Auch der regelmäßige Besuch kürzerer Weiterbildungsveranstaltungen wird gegenüber zeitintensiven Vollzeitstudienangeboten, aber auch gegenüber Online- und Fernstudienformaten sowie Abendkursen bevorzugt.

4 Einflussfaktoren auf die Teilnahme von Absolventinnen und Absolventen an hochschulischer Weiterbildung

Die zuvor dargelegten deskriptiven Befunde haben bereits erste Hinweise auf mögliche Einflussfaktoren für die Beteiligung an hochschulischer Weiterbildung gegeben, beispielsweise die individuelle Beschäftigungssituation oder das Motiv der Statusverbesserung. Für eine differenziertere Analyse des Teilnahmeverhaltens wird im Folgenden mithilfe des Verfahrens der logistischen Regression näher untersucht, welche Determinanten – vor allem auch in ihren Wechselbeziehungen – auf die Teilnahme an weiterbildenden Angeboten an Hochschulen wirken. Dabei wird der Blick auf Personen mit Hochschulabschluss als der weiterbildungsaktivsten Bevölkerungsgruppe und zugleich der primären Zielgruppe hochschulischer Weiterbildungsangebote gerichtet (Wolter 2011).

Bei der durchgeführten multivariaten Analyse handelt es sich um ein exploratives Vorgehen, das erste Hinweise auf Einflussbeziehungen liefern soll. Die Datengrundlage bilden die erste und die zweite Befragung des DZHW-Absolventenpanels des Prüfungsjahrgangs 2005. In der ersten Befragung (2005-1) wurden hauptsächlich die für die Auswertung wesentlichen soziodemografischen Variablen und Beschäftigungsmerkmale, in der Wiederholungsbefragung (2005-2) die Teilnahme an Weiterbildung innerhalb von fünf Jahren nach dem Studienabschluss erfasst. Im Rahmen der Auswertungen werden Weiterbildungsteilnehmende betrachtet, für die der Einfluss verschiedener erklärender Variablen auf die Wahrscheinlichkeit der Teilnahme an Hochschulweiterbildung unter Kontrolle weiterer Faktoren geprüft wird.

Die Zugehörigkeit zur Teilgruppe derjenigen Hochschulabsolventinnen und -absolventen, die innerhalb von fünf Jahren nach ihrem Studienabschluss an mindestens einer hochschulischen Weiterbildung teilgenommen haben, gegenüber Personen mit Hochschulabschluss, die innerhalb dieses Zeitraums ausschließlich außerhochschulische Weiterbildungsangebote besuchten, bildet dabei die dichotome abhängige Variable. Dadurch lassen sich Hinweise darauf gewinnen, durch welche besonderen Merkmale sich diejenigen charakterisieren lassen, die (auch) Angebote der Hochschulweiterbildung nutzen. Insgesamt hat etwa die Hälfte der insgesamt 6.459 Teilnehmenden der zweiten Befragungswelle innerhalb von fünf Jahren nach Studienabschluss ausschließlich an außerhochschulischer Weiterbildung teilgenommen, weitere 28 Prozent haben mindestens ein Angebot der hochschulischen Weiterbildung besucht. Von diesen hat jedoch nur ein geringer Teil ausschließlich an Angeboten der Hochschulweiterbildung partizipiert (neun Prozent der Befragungsteilnehmenden).

Während die Frage, welche Rahmenbedingungen die Weiterbildungsteilnahme im Allgemeinen (unabhängig von der anbietenden Institution) beeinflussen, bereits umfassend untersucht worden ist (z.B. Kaufmann/Widany 2013; Bilger et al. 2013; Willich/Minks/Schaeper 2002), liegen bisher nur wenige empirische Befunde vor, die sich aus einer nachfrageorientierten Perspektive mit der Teilnahme an Weiterbildung an Hochschulen und deren Bedingungsfaktoren beschäftigen (z.B. Willich/Minks 2004; Wolf 2011). Ausgehend von den Befunden vorhandener Untersuchungen sowie bivariater Auswertungen werden in der Regressionsanalyse drei Gruppen von Prädiktoren berücksichtigt:

1. *Soziodemografische Merkmale:* In den – hier aus Platzgründen nicht dokumentierten – bivariaten Analysen zeigte sich ähnlich wie in der Untersuchung von Willich und Minks (2004) kein signifikanter Zusammenhang zwischen dem Geschlecht und der Teilnahme an hochschulischer Weiterbildung. Jedoch nutzten Weiterbildungsteilnehmende mit Kindern etwas seltener entsprechende Angebote. Um hier einen möglichen Effekt zu prüfen, wurde ein kombinierter Einflussfaktor für Geschlecht und Elternschaft gebildet, da angenommen wird, dass für Mütter sowohl die Beschäftigungssituation als auch die Weiterbildungsoptionen durch Kinderbetreuung in höherem Maße mit Barrieren verbunden sind als für Väter (Willich/Minks/Schaeper 2002). Zudem wurde das Merkmal ‚Bildungsherkunft' kontrolliert, um zu prüfen, inwieweit sich Strukturen sozialer Ungleichheit auch in der Weiterbildungsbeteiligung fortsetzen, da die Teilnahmequoten im Gruppenvergleich zuungunsten von ‚Bildungsaufsteigerinnen und -aufsteigern' ausfallen.

2. *Merkmale des absolvierten Studiums:* Einflüsse der studierten Fachrichtung sowie der Hochschulart des ersten Studienabschlusses und der damit verbundenen unterschiedlichen Qualifikationsanforderungen wurden in den Analysen ebenso berücksichtigt wie Unterschiede zwischen den ‚traditionellen' Diplom-, Magister- und Staatsexamensabschlüssen auf der einen Seite und Bachelorabschlüssen auf der anderen, wobei im Jahr 2005 der Bachelorabschluss noch nicht der Standardabschluss gewesen ist.[13] Möglicherweise sind Bachelorabsolventinnen und -absolventen weiterbildungsaktiver, um auf diese Weise einen höheren Abschluss zu erreichen, ihre fachliche Kompetenz zu erweitern oder wahrgenommene Defizite auszugleichen (vgl. Banscherus/Himpele/Staack 2010).

3. *Merkmale der Beschäftigungssituation:* Wie die vorliegende Untersuchung (für die Weiterbildung an Hochschulen) so haben auch andere Studien zur Beteiligung an beruflicher Weiterbildung vielfach den Einfluss von beschäftigungsbezogenen Faktoren bestätigt (z.B. Kuper/Unger/Hartmann 2013; Willich/Minks/Schaeper 2002). Die Art des Beschäftigungsverhältnisses – hier vor allem Befristung und Teilzeit (vgl. die deskriptiven Befunde in Abschnitt 3.1) –, aber auch die Branche der beruflichen Tätigkeit wurden als weiterbildungsfördernde Faktoren identifiziert. Im Folgenden gehen die Beschäftigungssituation, als Kombination aus Befristung und Umfang der Arbeitszeit, sowie der Wirtschafts-

---

13 In der Kohorte des DZHW-Absolventenjahrgangs 2005 befindet sich eine kleine Stichprobe von Bachelorabsolventinnen und -absolventen, die jedoch nur für einzelne Fachrichtungen gezogen wurde und daher nicht repräsentativ ist.

bereich des Unternehmens als Prädiktoren in die Analyse ein. Dafür wird auf Informationen zur letzten Beschäftigung in der Erstbefragung etwa zwölf Monate nach Studienabschluss zurückgegriffen. Dabei kann aufgrund der Anlage des DZHW-Absolventenpanels nicht ausgeschlossen werden, dass bei einem Teil der Befragten zeitliche Überschneidungen zwischen Weiterbildungsteilnahme und Beschäftigungswechsel aufgetreten sind oder die Weiterbildung bereits vor Aufnahme dieser Tätigkeit stattgefunden hat. Personen, die zum Erhebungszeitpunkt, zum Beispiel aufgrund eines weiterführenden Studiums, noch nie erwerbstätig waren beziehungsweise keine Angaben zur letzten Erwerbstätigkeit gemacht haben, wurden in der Analyse nicht berücksichtigt.

In die Untersuchung gingen nur solche Fälle ein, für die Informationen zu allen berücksichtigten Variablen vorliegen. Es wurde bei dieser Auswertung im Unterschied zu den in diesem Beitrag vorgestellten deskriptiven Befunden keine Gewichtung vorgenommen, da die Stichprobe der Bachelorabsolventinnen und -absolventen separat und nur für einzelne Fachrichtungen gezogen wurde (Grotheer et al. 2012, S. 424), und für diese somit keine Gewichtungsinformationen vorliegen. Die Regressionseffekte werden als *Average Marginal Effects (AME)* ausgewiesen. Diese geben an, um wie viele Prozentpunkte sich die durchschnittliche Wahrscheinlichkeit der Teilnahme an Hochschulweiterbildung in einer Gruppe von der Wahrscheinlichkeit der jeweiligen Referenzkategorie unterscheidet; diese lassen sich zudem modellübergreifend vergleichen (Williams 2012; Auspurg/Hinz 2011).

In einem *Basismodell* (M1) werden zunächst nur die Effekte der *soziodemografischen Merkmale* betrachtet (vgl. Tabelle 9). Wie bereits in der bivariaten Analyse lassen sich auch hier keine signifikanten Unterschiede nach Geschlecht feststellen. Unter Kontrolle der Variable ‚Kinder' zeigt sich jedoch, dass Elternschaft offenbar sowohl für Mütter als auch für Väter die Teilnahmechancen an Hochschulweiterbildung verringert, wobei Männer mit Kindern eine um nahezu acht Prozentpunkte geringere Wahrscheinlichkeit aufweisen als die Referenzkategorie der kinderlosen Frauen. Während der (schwache) Effekt bei den Müttern modellübergreifend stabil bleibt, nimmt er bei den Vätern – auf einem insgesamt geringen Einflussniveau – vergleichsweise deutlich ab, wenn die Beschäftigungssituation berücksichtigt wird.

Der signifikante Einfluss der Bildungsherkunft zeigt, dass sich nach Hochschulabschluss die soziale Selektivität in der Bildungsbeteiligung in der Weiterbildung fortsetzt – auch wenn der Effekt vergleichsweise gering ist. Unter Kontrolle von Geschlecht und Elternschaft liegt die Teilnahmewahrscheinlichkeit für Angebote der Hochschulweiterbildung bei Personen, die aus einem akademisch gebildeten Elternhaus stammen, durchschnittlich um etwa sieben Prozentpunkte höher als bei nicht akademisch geprägten Hochschulabsolventinnen und -absolventen. Dieser Effekt verringert sich etwas bei Berücksichtigung der Studienmerkmale (v.a. Fach- und Hochschulart, M2) und ist unter Kontrolle der Beschäftigungsvariablen mit 3,6 Prozent nur noch halb so groß (M3). Die (insgesamt geringfügig) höhere Weiterbildungsbeteiligung von Personen mit akademischer Bildungsherkunft kann demnach zum Teil dadurch erklärt werden, dass diese häufiger in weiterbildungsintensiven Berufsfeldern (z.B. Medizin) tätig sind als Absolventinnen und Absolventen aus nicht akademisch geprägten Familien.

Im Hinblick auf die *Studienmerkmale* lassen sich unter Kontrolle der soziodemografischen Merkmale (M2) vergleichsweise deutliche Effekte der studierten Fachrichtung auf die Chance, an Hochschulweiterbildung teilzunehmen, feststellen. Medizinerinnen und Mediziner, die einer Fortbildungspflicht unterliegen, erweisen sich dabei erwartungsgemäß als weiterbildungsaktivste Gruppe, während Absolventinnen und Absolventen der Rechts-, Wirtschafts- und Sozialwissenschaften, aber auch geisteswissenschaftlicher Fächer eine durchschnittlich um mehr als sieben Prozentpunkte geringere Wahrscheinlichkeit der Teilnahme aufweisen als die Referenzgruppe der Fächergruppe Mathematik und Naturwissenschaften. Personen mit einem Fachhochschulabschluss bilden sich signifikant seltener an Hochschulen weiter als solche mit einem Universitätsabschluss (auch unter Kontrolle der Fachrichtung). Zudem wird die Annahme einer höheren Weiterbildungsbeteiligung von Bachelorabsolventinnen und -absolventen bestätigt.

Bereits unter Hinzunahme von zwei *Beschäftigungsvariablen* (M3) tritt eine relevante Verbesserung der Modellgüte ein. Die Beschäftigungssituation hat demnach einen bedeutenden Einfluss auf die Beteiligung an Hochschulweiterbildung. Insbesondere befristet Beschäftigte weisen eine durchschnittlich höhere Wahrscheinlichkeit auf, zur Gruppe der Teilnehmenden an Hochschulweiterbildung zu gehören. Für die berufliche Weiterbildung an Hochschulen ergibt sich somit ein anderes Bild als für die berufliche Weiterbildung insgesamt (vgl. Abschnitt 3.1). Im Verhältnis zur Referenzgruppe der unbefristet Vollzeitbeschäftigten liegt die Teilnahmewahrscheinlichkeit an Angeboten der Hochschulweiterbildung bei den befristet Teilzeitbeschäftigten um knapp 20, bei befristet Vollzeitbeschäftigten um acht Prozentpunkte höher.

Dies deutet zum einen darauf hin, dass Hochschulweiterbildung möglicherweise stärker als außerhochschulische Weiterbildung zur Verbesserung einer unsicheren Beschäftigungssituation genutzt wird (vgl. die deskriptiven Befunde in Abschnitt 3.3). Zum anderen wird unter Berücksichtigung des Wirtschaftsbereichs deutlich, dass Beschäftigungsverhältnisse mit hoher Teilzeit- und Befristungsquote häufig mit einer Tätigkeit in forschungs- und hochschulnahen Feldern einhergehen, was auch durch Absolventenstudien bestätigt wird (Lenz et al. 2014). Eine um durchschnittlich 20 Prozentpunkte höhere Beteiligungswahrscheinlichkeit an Hochschulweiterbildung im Vergleich zur Referenzgruppe zeigt sich bei den Beschäftigten in den Bereichen Bildung, Forschung und Kultur sowie Stiftungen und Verbänden. Auch Beschäftigte in der öffentlichen Verwaltung bilden sich tendenziell eher an Hochschulen weiter; der Effekt ist hier – möglicherweise aufgrund geringer Fallzahlen – jedoch nicht signifikant.

Tabelle 9: Einflussfaktoren auf die Teilnahme an Hochschulweiterbildung gegenüber der Teilnahme an ausschließlich außerhochschulischer Weiterbildung (N = 4.019)

	M1	M2	M3
Soziodemografische Merkmale			
Geschlecht/Kinder (RK[1]: Frau ohne Kind)			
Mann ohne Kind	-.005	.004	.025
Mann mit Kind	-.078***	-.073**	-.050*
Frau mit Kind	-.043*	-.038	-.039*
Bildungsherkunft akad. (RK: nicht akad.)	.071***	.043**	.036*
Studienmerkmale			
Fachrichtung (RK: Mathematik/Naturwissenschaften)			
Ingenieurwissenschaften		-.021	.030
Rechts-, Wirtschafts- u. Sozialwissenschaften		-.074***	-.030
(Human- u. Veterinär-)Medizin		.147***	.178***
Sprach- u. Kulturwissenschaften, Kunst, Sport		-.072***	-.060**
Hochschulart FH (RK: Uni)		-.082***	-.031
Abschlussart BA (RK: Dipl./Mag.)		.124***	.103**
Beschäftigungssituation			
Beschäftigungsverhältnis[2] (RK: Vollzeit unbefristet)			
Vollzeit befristet			.080***
Teilzeit unbefristet			.072
Teilzeit befristet			.207***
Selbständig			.045
Sonstige[3]			-.058*
Wirtschaftsbereich[2] (RK: Landwirtschaft/Industrie)			
Dienstleistungen			.039
Bildung/Forschung/Kultur, Verbände/Stiftungen			.201***
öffentliche Verwaltung			.065
Pseudo R² (McFadden)	.01	.03	.08

Logistische Regression (Average Marginal Effects); * p ≤ 0,05; ** p ≤ 0,01; *** p ≤ 0,001.
[1] Referenzkategorie; [2] auf Basis der letzten Stelle zum Zeitpunkt der Erstbefragung; [3] einschließlich Personen in einem Ausbildungsverhältnis und nicht zuordenbare
Quelle: DZHW-Absolventenpanel 2005, Erstbefragung (DZHW 2005-1) sowie zweite Befragung fünf Jahre nach Studienabschluss (DZHW 2005-2), eigene ungewichtete Auswertungen

Zusammenfassend lässt sich festhalten, dass in einer explorativ angelegten multivariaten Analyse von Einflussfaktoren gezeigt werden konnte, dass sich vor allem die Beschäftigungssituation sowie die Fachrichtung des Tätigkeitsfeldes in relevantem Maße auf die Beteiligung von Hochschulabsolventinnen und -absolventen an hochschulischer Weiterbildung auswirken. Unsichere Beschäftigungsverhältnisse sowie Tätigkeiten in wissenschaftsnahen Berufsbereichen erhöhen die Wahrscheinlichkeit, an entsprechenden Weiterbildungsangeboten teilzunehmen. Zugleich müssen auch die Gelegenheitsstrukturen, beispielsweise die für Weiterbildungen zur Verfügung stehende Zeit, berücksichtigt werden: Während Elternschaft und Vollbeschäftigung eher hemmende Faktoren darstellen, ermöglicht eine Teilzeitbeschäftigung offenbar eher die Realisierung von Teilnahmeabsichten an Angeboten der Hochschulweiterbildung.

5   Fazit

Neben der ‚neuen' Zielgruppe der beruflich qualifizierten Studierenden ohne schulische Studienberechtigung in formal grundständigen Studiengängen wird im Rahmen des Bund-Länder-Wettbewerbs *Aufstieg durch Bildung: offene Hochschulen* mit den Absolventinnen und Absolventen eines ersten Hochschulabschlusses auch die ‚traditionelle' Zielgruppe wissenschaftlicher Weiterbildung an Hochschulen adressiert. Für diese Gruppe stellen Hochschulen bereits seit Langem eine Vielzahl postgradualer Angebote bereit, von weiterbildenden Studiengängen über Zertifikatsprogramme bis hin zu wenig zeitintensiven Veranstaltungen wie Workshops oder Wochenendkursen. Anders als im Bereich der akademischen Erstausbildung haben Hochschulen in diesem Feld aber keine Monopolstellung. Vielmehr bewegen sich Hochschulen hier auf einem Markt, der durch zwei Merkmale charakterisiert ist: Erstens handelt es sich in der Regel nicht um einen fächer- oder berufsübergreifenden Markt, sondern um einen hochgradig segmentierten Markt, auf dem sich die meisten Anbieter auf ein spezifisches Angebotsspektrum spezialisiert haben. Und zweitens konkurrieren die Hochschulen innerhalb dieser Segmente mit anderen Anbietern. Einzelne Bereiche können sogar durch andere Anbieter stark monopolisiert sein, sodass die Hochschulen dort schon aufgrund der bestehenden Strukturen nur eine Nebenfunktion erfüllen können (z.B. in der Lehrerfortbildung).

Auf der Grundlage der in dem vorliegenden Beitrag herangezogenen Datenquellen zeigt sich, dass sich die Hochschulen auf dem Weiterbildungsmarkt bislang recht schwer tun und allenfalls eine randständige Position einnehmen. Den Auswertungen des AES zufolge lässt sich der Anteil der Hochschulen am gesamten Weiterbildungsvolumen in Deutschland auf etwa drei Prozent schätzen, wobei eine genauere Analyse der – sehr heterogenen – Teilnehmerstruktur zeigt, dass davon nur ein Teil als wissenschaftliche Weiterbildung im eigentlichen Sinne einzuordnen ist. Betrachtet man nur die Weiterbildungsaktivitäten von Personen mit Hochschulabschluss, dann fällt der Anteilswert der Hochschulen mit fünf (im AES) bis sieben Prozent (im DZHW-Absolventenpanel) zwar etwas höher aus, ist aber immer noch nicht besonders bemerkenswert. Zwei Erklärungen für diesen schmalen Anteil liegen nahe: In der Rangfolge der Hochschulaufgaben – auch in der akademischen Reputation – rangiert die Weiterbildung erstens deutlich hinter Forschung und Lehre (im Erststudium), und die seit Jahren anhaltende hohe Auslastung der Hochschulen in der akademischen Erstausbildung verstärkt diese Prioritätensetzung. Und zweitens haben die Hochschulen noch einige Schwierigkeiten, sich auf die für die Weiterbildung geltenden Anforderungen von Bedarf, Nachfrage, Teilnehmerorientierung, Praxisbezügen und Angebotsflexibilität einzustellen, die von einer ganz anderen Logik bestimmt werden als die stark von fachspezifischen Regulativen geprägte akademische Erstausbildung. Da Weiterbildung im Regelfall zeitlich neben (oder als Teil) der Erwerbstätigkeit erfolgt, gibt es unter den Teilnehmerinnen und Teilnehmern eine klare Präferenz für solche Formate, die eine solche zeitliche Parallelität ermöglichen.

Dabei zeigen Absolventenbefragungen, dass Hochschulen als Anbieter von Weiterbildung durchaus einige Stärken aufweisen. Dazu zählen neben ihrer fachlichen Expertise vor allem ihre Titel- und Zertifikatszuweisungsfunktion – zum Beispiel im Rahmen von weiterbildenden Masterprogrammen. Je wissenschaftsnäher die Nachfrage nach Weiterbildung ist, desto eher kommen die Hochschulen ins Spiel. Perspektivisch zeichnet sich ab, dass die bisherige Stellung der Hochschulen auf dem Weiterbildungsmarkt ausbau- und entwicklungsfähig ist, wenn diese sich mit Engagement, Zielgerichtetheit und unter Berücksichtigung ihres besonderen Profils dieser Aufgabe annehmen. Hier setzt der Bund-Länder-Wettbewerb *Aufstieg durch Bildung: offene Hochschulen* an, durch den zahlreiche innovative Ansätze zum Ausbau weiterbildender Angebote und zur strukturellen Verankerung des Lebenslangen Lernens an den Hochschulen gefördert werden. Aber auch wenn die Hochschulen ihren Anteil am Weiterbildungsvolumen – jedenfalls in einigen Segmenten – noch steigern können und mit guten Chancen auch werden, werden sie auf diesem Markt doch auch auf lange Sicht vermutlich nicht die Position erreichen können, die sie traditionell in der akademischen Erstausbildung einnehmen.

Literatur

Auspurg, K./Hinz, T. (2011): Gruppenvergleiche bei Regressionen mit binären abhängigen Variablen – Probleme und Fehleinschätzungen am Beispiel von Bildungschancen im Kohortenverlauf. In: *Zeitschrift für Soziologie.* 40(1). S. 62–73.

Banscherus, U./Himpele, K./Staack, S. (2010): Akademische Berufsqualifizierung als konzeptionelle Herausforderung an Hochschulen, Politik und Studierendenforschung. In: *WSI Mitteilungen.* 63(10). S. 508–514.

Bilger, F./Gnahs, D./Hartmann, J./Kuper, H. (2013): *Weiterbildungsverhalten in Deutschland. Resultate des Adult Education Survey 2012.* Durchgeführt im Auftrag des Bundesministeriums für Bildung und Forschung. Bielefeld: W. Bertelsmann.

Deutscher Bildungsrat (1970): *Strukturplan für das Bildungswesen.* Stuttgart.

Deutsches Institut für Erwachsenenbildung (DIE, 2014): *Trends der Weiterbildung. DIE-Trendanalyse.* URL: http://www.die-bonn.de/doks/2013-weiterbildung-07.pdf [10.12.2015].

Eisermann, M./Janik, F./Kruppe, T. (2014): Weiterbildungsbeteiligung – Ursachen unterschiedlicher Teilnahmequoten in verschiedenen Datenquellen. In: *Zeitschrift für Erziehungswissenschaft.* 17(3). S. 473–495.

Fabian, G./Rehn, T./Brandt, G./Briedis, K. (2013): *Karriere mit Hochschulabschluss? Hochschulabsolventinnen und -absolventen des Prüfungsjahrgangs 2001 zehn Jahre nach dem Studienabschluss* (HIS-Forum Hochschule 10/2013). Hannover.

Faulstich, P./Graeßner, G./Gorys, B./Bade-Becker, U. (2007): Länderstudie Deutschland. In: Hanft, A./Knust, M. (Hrsg.): *Internationale Vergleichsstudie zur Struktur und Organisation der Weiterbildung an Hochschulen.* Oldenburg. S. 86–188.

Grotheer, M./Isleib, S./Netz, N./Briedis, K. (2012): *Hochqualifiziert und gefragt. Ergebnisse der zweiten HIS-HF Absolventenbefragung des Jahrgangs 2005* (HIS-Forum Hochschule 4/2012). Hannover.

Hanft, A./Knust, M. (Hrsg.) (2007): *Internationale Vergleichsstudie zur Struktur und Organisation der Weiterbildung an Hochschulen.* Oldenburg.

Kaufmann, K./Widany, S. (2013): Berufliche Weiterbildung – Gelegenheits- und Teilnahmestrukturen. In: *Zeitschrift für Erziehungswissenschaft.* 16(1). S. 29–54.

Kultusministerkonferenz (KMK, 2000): *Selbstgesteuertes Lernen in der Weiterbildung* (Beschluss der KMK vom 14.04.2000). Bonn.

Kultusministerkonferenz (KMK, 2001): *Sachstands- und Problembericht zur „Wahrnehmung wissenschaftlicher Weiterbildung an den Hochschulen"* (Beschluss der Kultusministerkonferenz vom 21.09.2001).

Kultusministerkonferenz (KMK, 2010): *Ländergemeinsame Strukturvorgaben für die Akkreditierung von Bachelor- und Masterstudiengängen* (Beschluss der Kultusministerkonferenz vom 10.10.2003 i.d.F. vom 04.02.2010). Bonn.

Kuper, H./Unger, K./Hartmann, J. (2013): Multivariate Analyse zur Weiterbildungsbeteiligung. In: Bilger, F./Gnahs, D./Hartmann, J./Kuper, H. (Hrsg.): *Weiterbildungsverhalten in Deutschland. Resultat des Adult Education Survey 2012.* Bielefeld: W. Bertelsmann. S. 95–107.

Lenz, K./Wolter, A./Otto, M./Pelz, R. (2014): *Studium und Berufseinstieg. Ergebnisse der zweiten Sächsischen Absolventenstudie – Erste Befragung der Prüfungsjahrgänge 2010 und 2011.* Dresden.

Rosenbladt, B. von/Bilger, F. (2008): *Weiterbildungsbeteiligung in Deutschland – Eckdaten zum BSW-AES 2007.* TNS Infratest Sozialforschung. München.

Schaeper, H./Schramm, M./Weiland, M./Kraft, S./Wolter, A. (2006): *International vergleichende Studie zur Teilnahme an Hochschulweiterbildung.* Abschlussbericht. Hannover.

Schaeper, H./Schramm, M./Wolter, A. (2007): Die Teilnahme an universitärer Weiterbildung im internationalen Vergleich – von der Institutionen- zur Teilnehmerperspektive. In: Gützkow, F./Quaißer, G. (Hrsg.): *Jahrbuch Hochschule gestalten 2006. Denkanstöße zum Lebenslangen Lernen.* Bielefeld: UVW. S. 31–49.

Schulenberg, W./Loeber, H.-D./Loeber-Pautsch, U./Pühler, S. (1978): *Soziale Faktoren der Bildungsbereitschaft Erwachsener.* Stuttgart: Klett.

Strzelewicz, W./Raapke, H.-D./Schulenberg, W. (1966): *Bildung und gesellschaftliches Bewußtsein. Eine mehrstufige soziologische Untersuchung in Westdeutschland.* Stuttgart: Enke.

Williams, R. (2012): Using the margins command to estimate and interpret adjusted predictions and marginal effects. In: *Stata Journal.* 12(2). S. 308–331.

Willich, J./Minks, K.-H. (2004): *Die Rolle der Hochschulen bei der beruflichen Weiterbildung von Hochschulabsolventen. Sonderauswertung der HIS-Absolventenbefragungen der Abschlussjahrgänge 1993 und 1997 fünf Jahre nach dem Studienabschluss* (HIS-Projektbericht). Hannover.

Willich, J./Minks, K.-H./Schaeper, H. (2002): *Was fördert, was hemmt die Teilnahme an beruflicher Weiterbildung? Die Rolle von Familie, Betrieb und Beschäftigungssituation für die Weiterbildung von jungen Hochqualifizierten* (HIS-Kurzinformation A 4/2002). Hannover.

Wolf, S. (2011): *Teilnahme an wissenschaftlicher Weiterbildung. Entwicklung eines Erklärungsmodells unter Berücksichtigung des Hochschulimages.* Wiesbaden: Gabler Verlag.

Wolter, A. (2007): Diversifizierung des Weiterbildungsmarktes und Nachfrage nach akademischer Weiterbildung in Deutschland. In: *Zeitschrift für Hochschulentwicklung (ZFHE).* 2(1). S. 14–29. URL: http://www.zfhe.at/index.php/zfhe/article/download/110/153 [10.12.2015].

Wolter, A. (2010): Hochschule und Weiterbildung in der nationalen Bildungsberichterstattung. In: Strate, U./Kalis, P.-O. (Hrsg.): *Wissenschaftliche Weiterbildung: Zehn Jahre nach Bologna – alter Wein in neuen Schläuchen oder Paradigmenwechsel* (DGWF-Beiträge 49). Hamburg. S. 49–61.

Wolter, A. (2011): Die Entwicklung wissenschaftlicher Weiterbildung in Deutschland: Von der postgradualen Weiterbildung zum lebenslangen Lernen. In: *Beiträge zur Hochschulforschung.* 33(4). S. 8–35.

Caroline Kamm, Anna Spexard, Andrä Wolter
unter Mitarbeit von Olga Golubchykova

Beruflich Qualifizierte als spezifische Zielgruppe an Hochschulen

Ergebnisse einer HISBUS-Befragung

1 Einleitung

Zu den Zielgruppen Lebenslangen Lernens gehören an vorderster Stelle beruflich Qualifizierte, also Studieninteressierte beziehungsweise Studierende, die vor der Studienaufnahme eine Berufsausbildung abgeschlossen haben. Diese haben besonders im Zuge der wachsenden Bedeutung des bildungspolitischen Ziels größerer Durchlässigkeit zwischen beruflicher und akademischer Bildung im hochschul- und arbeitsmarktpolitischen Diskurs (Wolter et al. 2014) und den Debatten zur Diversität an Hochschulen (Klein/Heitzmann 2012) stärkere Berücksichtigung erfahren. Sie sind auch die zentrale Zielgruppe des Bund-Länder-Wettbewerbs *Aufstieg durch Bildung: offene Hochschulen*. Allerdings ist diese Gruppe von ihren Bildungswegen, ihrem beruflichen Hintergrund, der Art der Hochschulzugangsberechtigung und anderen Merkmalen her weitaus heterogener zusammengesetzt, als es ihre übergreifende Bezeichnung ‚beruflich Qualifizierte' suggeriert. Der vorliegende Beitrag geht von einer weiten Definition beruflich Qualifizierter aus: Zu dieser Kategorie werden, unabhängig von der Art des Hochschulzugangs beziehungsweise der Hochschulzugangsberechtigung, alle Studierenden zusammengefasst, die vor Aufnahme ihres Studiums eine berufliche Ausbildung abgeschlossen haben und in der Regel für eine bestimmte Zeitspanne erwerbstätig waren.

Eine wesentliche Maßnahme zur Realisierung der Ziele Lebenslangen Lernens und der damit einhergehenden Öffnung der Hochschulen für diese Gruppe ist eine größere Durchlässigkeit zwischen beruflicher und akademischer Bildung, die ein zentrales Ziel des Bund-Länder-Wettbewerbs *Aufstieg durch Bildung: offene Hochschulen* ist. Durchlässiger kann ein Hochschulsystem beispielsweise durch alternative Möglichkeiten des Hochschulzugangs, die Anrechnung außerhochschulisch erworbener Kompetenzen und das Angebot flexibler Lernformen im Studium werden. Diese Maßnahmen gehören zu den Kernaspekten Lebenslangen Lernens im Hochschulsystem (Banscherus 2010). Im Rahmen des Wettbewerbs sind beruflich Qualifizierte eine zentrale Zielgruppe, für die nachfragegerechte Studiengangskonzepte entwickelt werden sollen. Zur teilnehmerorientierten Gestaltung von Studiengängen ist es notwendig, die Anforderungen eben dieser Zielgruppe an die Studiengestaltung zu identifizieren, denn „Beruflich Qualifizierte benötigen […] attraktive Studienangebote, die die Besonderheiten dieser Zielgruppe berücksichtigen" (Mucke/Kupfer 2011, S. 231). Außer den Hürden des Hochschulzugangs erweisen sich die oft wenig zielgruppenadäquaten Studienformate als ein wesentliches Hindernis für eine höhere Partizipation von Berufstätigen an akademischer Bildung.

In Deutschland verfügte im Wintersemester 2011/12, dem Zeitpunkt des Beginns der Projektarbeit innerhalb des Wettbwerbs, ein Fünftel aller Studierenden vor der Studienaufnahme über eine berufliche Ausbildung (Autorengruppe Bildungsberichterstattung 2014). Dahinter verbergen sich jedoch deutliche Unterschiede zwischen Fachhochschulen und Universitäten sowie zwischen den Fachrichtungen (vgl. Abschnitt 2). Bemerkenswert ist, dass in der Alterskohorte der 30- bis 40-Jährigen beinahe 40 Prozent aller Studienberechtigten[1] zwar über eine Hochschulreife (und ganz überwiegend über eine berufliche Qualifikation), aber nicht über einen Hochschulabschluss verfügen (ebd.). Auch wenn aus dieser Gruppe sicher nur ein Teil für ein Studium gewonnen werden könnte, so existiert hier doch ein beträchtliches Potential für ein Studium neben dem Beruf oder mit einer Unterbrechung der Erwerbsarbeit. Allein diese Größenordnungen verdeutlichen die Relevanz einer genaueren Analyse der Situation von beruflich Qualifizierten im Studium. Banscherus und Spexard (2014, S. 75) kommen nach einem Überblick zu den Weiterbildungsangeboten an Hochschulen jedoch zu dem Ergebnis, dass „die verschiedenen Übergänge zwischen der beruflichen Bildung bzw. der Berufstätigkeit und dem Hochschulbereich weitgehend Leerstellen" sind – sowohl „hinsichtlich der Angebotsstruktur und der Zielgruppenorientierung der Hochschulen als auch hinsichtlich der Behandlung dieses Themenfeldes durch die Hochschulforschung". Trotz des formalen Ausbaus hochschulischer Zugangswege ist das Angebot an berufsbegleitenden und Teilzeitstudiengängen, von denen angenommen wird, dass sie den Lebenslagen beruflich Qualifizierter besonders gerecht werden können, bisher einerseits als zahlenmäßig eher übersichtlich, andererseits als wenig transparent anzusehen (Minks/Netz/Völk 2011; Hanft/Knust 2010). Der Begleitung des Übergangs wird ebenfalls kaum Bedeutung beigemessen; zielgruppenspezifische Informations-, Beratungs- und Unterstützungsangebote bilden an Hochschulen eher eine Ausnahme (Banscherus/Pickert 2013; vgl. den Beitrag von Banscherus/Kamm/Otto in diesem Band).

Im vorliegenden Beitrag sollen daher, basierend auf ausgewählten Ergebnissen einer HISBUS-Befragung zum Thema *Studium und Beruf*, in deren Rahmen auch eine größere Stichprobe beruflich qualifizierter Studierender erfasst und untersucht wurde, die spezifischen Anforderungen eben dieser Zielgruppe an die Studiengestaltung herausgearbeitet werden. In einem ersten Schritt wird die Gruppe, über die bisher im Detail nur wenig bekannt ist und die sich in ihrer Zusammensetzung durch eine starke Heterogenität auszeichnet, näher untersucht, indem die unterschiedlichen Zugangswege zum Hochschulstudium, die beruflichen Werdegänge und die Studienmotive betrachtet werden. Von besonderem Interesse ist dabei, inwieweit und in welchen Formen sich das Motiv ‚Aufstieg durch Bildung' bei den

---

1 Mit schulisch erworbener Studienberechtigung, also noch ganz ohne Berücksichtigung nicht-traditioneller Studierender.

Befragten wiederfindet (vgl. den Beitrag von Banscherus/Wolter in diesem Band). Zweitens werden die Studienerfahrungen und -schwierigkeiten der verschiedenen Gruppen von beruflich Qualifizierten näher betrachtet, um weitergehende Hinweise auf zielgruppenspezifische Erwartungen herauszuarbeiten. Abschließend werden die Ergebnisse zusammengeführt, um übergreifende Aussagen zu den spezifischen Anforderungen beruflich Qualifizierter an die Studiengestaltung zu formulieren. Die Ergebnisse können somit einen Beitrag zur nachfragegerechten Entwicklung von Studienprogrammen für diese Zielgruppe leisten.

2 Beruflich Qualifizierte an Hochschulen – Hintergrund und Forschungsstand

Trotz der zunehmenden Beachtung von beruflich qualifizierten Studierenden in bildungspolitischen und akademischen Debatten wird diese Zielgruppe auf zweierlei Weise nicht ausreichend berücksichtigt: Zum einen fehlt es an umfassenden Informationen zur Zusammensetzung dieser in sich heterogenen Studierendengruppe, zum anderen ist das zielgruppenspezifische Studienangebot bislang nicht sehr umfangreich. Im folgenden Kapitel wird die zahlenmäßige Entwicklung beruflich Qualifizierter an deutschen Hochschulen sowie das spezifische Studienangebot für diese Zielgruppe näher beleuchtet, anschließend werden anhand des Forschungsstandes zu dieser Zielgruppe Forschungsbedarfe identifiziert, die in den folgenden Kapiteln bearbeitet werden.

2.1 Quantitative Entwicklung und zielgruppenorientierte Angebote

Die Gruppe der beruflich Qualifizierten lässt sich in einer ersten Annäherung in drei Gruppen unterteilen, die sich vor allem in der biografischen Abfolge des Erwerbs der Studienberechtigung und der Berufsausbildung unterscheiden: erstens Personen, die nach Erwerb einer schulischen Hochschulzugangsberechtigung eine Ausbildung und anschließend ein Studium aufnehmen. Zweitens diejenigen, die nach einer Berufsausbildung auf dem Zweiten Bildungsweg (Abendgymnasium, Kolleg u.a. Einrichtungen) das Abitur erlangen, und drittens solche, die nach einem beruflichen Aus- und gegebenenfalls Fortbildungsabschluss auf dem Dritten Bildungsweg, also ohne schulische Hochschulzugangsberechtigung (im Sinne der KMK-Vereinbarung aus dem Jahr 2009; vgl. den Beitrag von Wolter/Banscherus in diesem Band), an die Hochschule gelangen. Bei den beiden erstgenannten Gruppen sind der Hochschulzugang und die Studierfähigkeit weitgehend unumstritten, dies gilt allerdings nicht in gleicher Weise für den Dritten Bildungsweg (Banscherus/Spexard 2014; vgl. den Beitrag von Dahm/Kerst in diesem Band). Hier werden immer wieder nicht nur die – angeblich – fehlende Studierfähigkeit, sondern auch eine drohende quantitative Überlastung der bestehenden Kapazitäten der Hochschulen als Argumente gegen eine Öffnung angeführt. Obgleich hier in weiten Teilen der Bildungspolitik in den letzten Jahren ein Umdenken stattgefunden hat, wird von einigen Seiten die Frage des Hochschulzugangs und der Studierfähigkeit immer noch auf den Nachweis eines Abiturs zugespitzt.

Der Anteil aller beruflich qualifizierten Studierenden ist nach einem Anstieg bis 1993/94 auf 38 Prozent inzwischen auf 22 Prozent gesunken (vgl. Abbildung 1). Aufgrund der gestiegenen Studienanfängerzahlen ist die absolute Zahl von Studierenden mit abgeschlossener Ausbildung gegenwärtig jedoch höher als in den 1990er Jahren. Deutliche Unterschiede werden zwischen Universitäten und Fachhochschulen sichtbar: So betrug der Anteil Studierender mit beruflicher Qualifikation an Fachhochschulen im Wintersemester 2011/12 rund 40 Prozent, an Universitäten lag er bei nur elf Prozent. Dieses Muster erweist sich als stabil im Zeitverlauf. Unterschiede zeigen sich auch zwischen den Fächern. Während der Anteil beruflich Qualifizierter in den Fachrichtungen Agrar-, Forst- und Ernährungswissenschaften (31 Prozent), Wirtschafts- und Sozialwissenschaften (29 Prozent), Medizin (29 Prozent) sowie Ingenieurwissenschaften (26 Prozent) überdurchschnittlich hoch ist, finden sich in den Rechtswissenschaften (11 Prozent), Sprach- und Kulturwissenschaften (13 Prozent) sowie im Lehramt (14 Prozent) und den Naturwissenschaften (15 Prozent) besonders wenige Studierende mit beruflichem Ausbildungsabschluss (Autorengruppe Bildungsberichterstattung 2014, Tab. F2–19web). Der Anteil der Studierenden des Dritten Bildungswegs stieg in den letzten Jahren in geringem Ausmaß an und lag 2012 bei etwa drei Prozent (Wolter et al. 2014; vgl. den Beitrag von Otto/Kamm in diesem Band).

Es gibt keine eindeutigen Erklärungen für den doch erheblichen Rückgang des Anteils beruflich Qualifizierter an den Hochschulen seit den 1990er Jahren. Eine Begründung mag darin liegen, dass der Anteil der ‚Doppelqualifizierer' (Berufsausbildung plus Studium) in den späten 1980er beziehungsweise frühen 1990er Jahren – als individuelle Reaktion auf die damalige Krise in einigen akademischen Teilarbeitsmärkten (u.a. beim Lehramt) – sehr hoch war. In den 1990er Jahren ging das Interesse an dieser Form von ‚Doppelqualifikation' dann deutlich zurück, weil das Motiv der Sicherung beschäftigungspolitischer Optionen an Bedeutung verlor. Eine andere Ursache könnte in der wachsenden Attraktivität der Fachhochschulen unter den Studieninteressierten mit Abitur (ohne Berufsausbildung) bestehen. Auch der Wegfall doppeltqualifizierender Bildungsgänge auf der Ebene der höheren Sekundarschule in einigen Ländern mag dazu beigetragen haben.

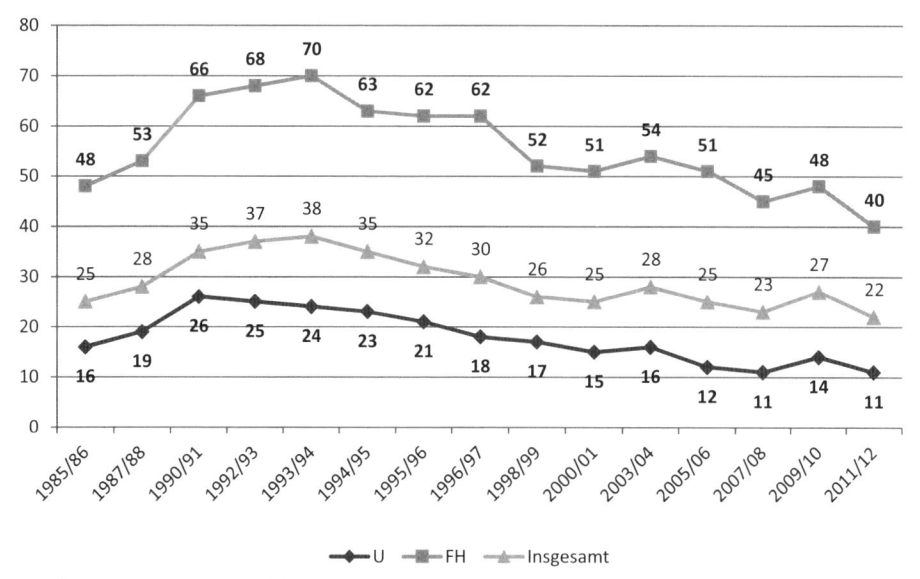

Quelle: Autorengruppe Bildungsberichterstattung 2014, Abb. F2-5A

Abbildung 1: Deutsche Studienanfängerinnen und -anfänger mit abgeschlossener Berufsausbildung vor der Studienaufnahme nach Art der Hochschulreife, Wintersemester 1985/86 bis 2011/12, in Prozent

Es ist anzunehmen, dass für viele Studierende mit einer abgeschlossenen Berufsausbildung berufsbegleitende Studiengänge und Programme, die in Teilzeit studiert werden können, besonders interessant sind. Die berufsbegleitenden Formate sind so strukturiert, dass neben dem Studium einer geregelten Erwerbstätigkeit nachgegangen werden kann (Minks/Netz/Völk 2011). Einige Studiengänge verknüpfen auch Studium und Erwerbsarbeit in curricularer Form. Teilzeitstudiengänge sind nicht per se auf eine parallele Berufstätigkeit ausgelegt; durch den geringeren Zeitaufwand für das Studium ist die Vereinbarkeit jedoch besser zu leisten als bei einem Vollzeitstudium. Trotz des immer noch bedeutenden Anteils beruflich qualifizierter Studierender an deutschen Hochschulen sind berufsbegleitende und Teilzeitstudienangebote in Deutschland nicht sehr verbreitet. Häufig handelt es sich bei Teilzeitstudiengängen auch nur um solche, bei denen aus hochschulrechtlichen Gründen formal im Studien- und Prüfungsreglement die Möglichkeit eines Teilzeitstudiums vorgesehen ist, ohne dass dies praktische Bedeutung hat.

Der Hochschulkompass[2] weist Ende 2015 insgesamt 428 grundständige berufsbegleitende Bachelorstudiengänge aus, dies entspricht fünf Prozent aller ausgewiesenen grundständigen Bachelorstudiengänge. Diese sind fast ausschließlich an Fachhochschulen zu finden. Des Weiteren gibt es 823 Teilzeitstudiengänge im grundständigen Bachelor – dies entspricht zehn Prozent aller Bachelorstudiengänge – und zwei Prozent Fernstudiengänge. Ein ähnliches Bild ergibt sich auf der Ebene des Master-

---

2 www.hochschulkompass.de [Stand: 13.11.2015].

studiums: Nur acht Prozent aller Masterstudiengänge sind dem Hochschulkompass zufolge berufsbegleitend konzipiert, 13 Prozent werden als Teilzeitstudiengänge angeboten. Hanft und Knust (2010) berichten für 2008, basierend auf Daten des Akkreditierungsrates, ähnliche Anteile für Teilzeit- und Fernstudiengänge. Auch gegenüber der als Vollerhebung angelegten Bestandsaufnahme von berufbegleitenden Studiengängen durch das HIS Hochschul-Informations-System 2009 (Minks/Netz/Völk 2011) hat kaum eine Erweiterung des damals bestehenden Angebotsumfangs stattgefunden. Kerres, Hanft und Wilkesmann (2012, S. 286) kritisieren außerdem, dass Studienangebote „ohne Rücksichtnahme auf heterogene Zielgruppen" von den Hochschulen gestaltet werden und eine Zweiteilung in kostenfreie grundständige Studiengänge einerseits und kostenpflichtige Angebote für Berufstätige andererseits stattfinde.

2.2 Forschungsstand zu beruflich qualifizierten Studierenden

Während die allgemeine hochschulstatistische Datenlage zur Struktur der verschiedenen Zugangswege und ihrer Entwicklungen im Zeitverlauf vergleichsweise gut ist, fehlen weitergehende Studien zur Zusammensetzung dieser Gruppe, ihren Biografien und Studienerfahrungen. Trotz der hohen Anzahl von Studierenden mit beruflicher Qualifikation ist „der Forschungsstand […] als unbefriedigend zu bezeichnen" (Banscherus/Spexard 2014, S. 62). In den gängigen Studierendenbefragungen werden die Studierenden mit beruflicher Qualifikation in der Regel zwar erfasst, aber nicht gesondert betrachtet, sodass differenzierte Analysen zu Aspekten wie Studienmotivation, Finanzierung und Bewertung des Studiums fehlen. Verschiedene Befragungen von (zukünftigen) Studierenden wie das Studienberechtigtenpanel (Lörz/Quast/Woisch 2012; Schneider/Franke 2014) und die Studienanfängerbefragungen des Deutschen Zentrums für Hochschul- und Wissenschaftsforschung (DZHW) (Scheller/Isleib/Sommer 2013), der Konstanzer Studierendensurvey (Ramm et al. 2014) oder die Sozialerhebung des Deutschen Studentenwerks (Middendorff et al. 2013) halten zwar grundlegende Informationen über Studierende mit beruflicher Ausbildung an deutschen Hochschulen bereit, weiterführende Analysen zu dieser Zielgruppe fehlen allerdings auch hier. Im Unterschied dazu stehen die beruflich qualifizierten Studierenden bei der im vorliegenden Beitrag ausgewerteten HISBUS-Befragung im Zentrum des Interesses; die umfangreiche Datenbasis erlaubt deshalb eine detaillierte Analyse dieser Gruppe.

Inzwischen gibt es eine umfangreiche empirische und theoretische Befundlage zu den Faktoren, die die Studienentscheidung von Studienberechtigten beeinflussen. Die große Mehrzahl dieser Untersuchungen bezieht sich allerdings auf Studienberechtigte oder Studienanfängerinnen und -anfänger. Die Gruppe derjenigen mit einer vor dem Studium erworbenen beruflichen Qualifikation wird nur selten speziell untersucht; eine Ausnahme bilden einzelne Untersuchungen für die Gruppe der nicht-traditionellen Studierenden (für einen Überblick vgl. Freitag 2012; Jürgens/Zinn 2015). Noch weniger sind bisher die Studienerfahrungen von beruflich Qualifizierten in der ganzen Breite und Vielfalt dieser Gruppe untersucht worden. Vereinzelt sind jedoch Studien zu finden, die sich näher mit den Motiven und Charakteristika von Studierenden beschäftigen, die sowohl einen beruflichen als auch einen akademischen Abschluss erworben haben. Zu den ‚Doppelqualifiziern' liegen Analysen zu deren Studienmotiven vor (Büchel/Helberger 1995; Lewin/Minks/Uhde 1996; Jacob 2004; Pilz 2009; Bellmann/Janik 2010; Hartlaub/Schneider 2012), deren Ergebnisse darauf hindeuten, dass eine Doppelqualifikation häufig als Sicherheitsstrategie von Schülerinnen und Schülern im unteren Leistungsspektrum gewählt wird. Allerdings werden meist Studienberechtigte vor Aufnahme einer beruflichen Ausbildung befragt und nicht Personen, die bereits einen Ausbildungsabschluss erworben haben. Auch beziehen die Studien in vielen Fällen ausschließlich Personen ein, die nach Erwerb des Abiturs oder Fachabiturs zunächst eine Ausbildung und dann ein Studium aufnehmen. Diejenigen, die vor oder während des Erwerbs der schulischen Hochschulzugangsberechtigung eine Ausbildung absolviert haben, werden hingegen selten oder gar nicht berücksichtigt oder nicht gesondert ausgewertet. Auf Grundlage der im Rahmen der HISBUS-Befragung gewonnenen Daten können in dieser Form erstmals die Studienmotive und die bisherigen Studienerfahrungen der beruflich Qualifizierten in der notwendigen Differenziertheit näher untersucht und vergleichende Analysen für verschiedene Untergruppen (z.B. Doppelqualifizierer sowie Studierende des Zweiten und Dritten Bildungswegs) durchgeführt werden.

3 Datengrundlage und Stichprobenbeschreibung

Die Ergebnisse des vorliegenden Beitrags basieren auf den Daten einer HISBUS-Befragung zum Thema *Studium und Beruf*. HISBUS ist ein Projekt des DZHW, in dessen Rahmen regelmäßig repräsentative Onlineumfragen unter Studierenden an deutschen Hochschulen zu verschiedenen bildungspolitischen Themen durchgeführt werden. Die Teilnehmerinnen und Teilnehmer der HISBUS-Befragungen werden per Zufallsverfahren aus anderen Erhebungen des DZHW rekrutiert. Durch eine Gewichtung für die Strukturmerkmale Geschlecht, Hochschulsemester, Hochschulart, Region (neue/alte Länder) und Fächergruppe werden Disparitäten zwischen Stichprobe und Grundgesamtheit ausgeglichen.[3]

Die hier vorgestellte Befragung erfolgte in Kooperation mit der Abteilung Hochschulforschung des Instituts für Erziehungswissenschaften der Humboldt-Universität zu Berlin von Dezember 2013 bis Januar 2014 mittels eines standardisierten Onlinefragebogens. In den Auswertungen des vorliegenden Beitrags wurden, sofern

---

3 Zur Grundgesamtheit gehören Deutsche sowie Bildungsinländerinnen und -inländer, die im Wintersemester 2013/14 an einer deutschen Hochschule immatrikuliert waren. Die Stichprobe umfasst rund 31.000 Studierende; etwas mehr als 10.000 Personen haben sich an der Befragung beteiligt (Nettobeteiligungsquote 33 Prozent).

nicht anders vermerkt, nur Studierende berücksichtigt, die nicht in einem Promotionsstudiengang eingeschrieben waren (N = 7.972).

Von besonderem Interesse für den vorliegenden Beitrag sind diejenigen Studierenden, die vor Aufnahme des Studiums eine berufliche Ausbildung abgeschlossen haben. In der untersuchten Stichprobe beträgt ihr ungewichteter Anteil 24 Prozent (N = 1.879). Beruflich qualifizierte Studierende sind damit im Vergleich zu anderen Untersuchungen leicht überrepräsentiert; 15 Prozent der Studierenden an Universitäten und 48 Prozent an Fachhochschulen gaben an, vor dem Studium eine Berufsausbildung absolviert zu haben.[4] Aufgrund der relativ großen Substichprobe der Studierenden mit beruflicher Qualifikation erlauben die HISBUS-Daten tiefergehende und vergleichende Analysen ihrer Studienerfahrungen und -schwierigkeiten sowie ihrer Anforderungen an die Studiengestaltung. Zudem werden in der Befragung differenzierte Ereignisdaten zu den Ausbildungs- und Erwerbserfahrungen beruflich Qualifizierter erhoben, die eine Charakterisierung der verschiedenen Bildungs- und Berufswege im Vergleich verschiedener Untergruppen (z.B. Erster, Zweiter und Dritter Bildungsweg) ermöglichen. Aufgrund einiger zielgruppenspezifischer Fragestellungen können darüber hinaus auch die Gründe für eine Doppelqualifikation sowie die Bedeutung der Berufserfahrung für die Bewältigung der Studienanforderungen aus Sicht der verschiedenen Gruppen beruflich Qualifizierter untersucht werden.

Die Teilnehmerinnen und Teilnehmer an der Befragung sind zwischen 19 und 62 Jahre alt, der Altersdurchschnitt liegt bei 26 Jahren. Studierende mit beruflicher Qualifikation sind erwartungsgemäß mit 29 Jahren durchschnittlich vier Jahre älter als ihre Kommilitoninnen und Kommilitonen ohne berufliche Vorerfahrungen und haben häufiger Kinder (14 vs. 5 Prozent). Der Männeranteil unter allen Studierenden liegt bei etwas mehr als der Hälfte (53 Prozent), sie haben häufiger als die weiblichen Befragten bereits vor dem Studium eine Ausbildung absolviert. Der Anteil der Studierenden mit Migrationshintergrund beträgt 13 Prozent, fast ein Viertel von ihnen ist beruflich qualifiziert. Etwas mehr als die Hälfte der befragten Studierenden befindet sich in einem Bachelorstudium, 28 Prozent geben einen Master als angestrebten Abschluss an; weitere 21 Prozent befinden sich in einem Studiengang, der zu einem traditionellen Diplom-, Magister- oder Staatsexamensabschluss führt. Die beruflich Qualifizierten in der untersuchten Stichprobe befinden sich häufiger in einem Erststudium als ihre Kommilitoninnen und Kommilitonen ohne Berufserfahrung (75 vs. 68 Prozent); ihr Anteil unter den Bachelorstudierenden ist entsprechend höher (60 vs. 47 Prozent).

---

4   Im Konstanzer Studierendensurvey werden für das Wintersemester 2012/2013 deutlich geringere Anteile beruflich qualifizierter Studierender berichtet (10 Prozent an Universitäten und lediglich 21 Prozent an Fachhochschulen; Ramm et al. 2014, S. 66). In der 20. Sozialerhebung haben an Universitäten 13 Prozent, an Fachhochschulen 42 Prozent der befragten Studierenden des Sommersemesters 2012 eine Berufsausbildung vor Studienaufnahme abgeschlossen (Middendorff et al. 2013, S. 57f.).

Die nachfolgende Ergebnisdarstellung ist so angelegt, dass zunächst – sofern möglich – Gruppenvergleiche zwischen beruflich qualifizierten Studierenden und Studierenden ohne berufliche Qualifikation berichtet werden, bevor eine differenzierte Betrachtung der verschiedenen Gruppen nach Vorbildung und beruflicher Vorerfahrung erfolgt.

4 Beruflich Qualifizierte: Zwischen Aufstieg und Selbstverwirklichung?

Mit den bildungspolitischen Forderungen nach einer Erhöhung der Durchlässigkeit zwischen beruflicher und hochschulischer Bildung sowie der Entwicklung adressatengerechter und flexibler Studienangebote für beruflich Qualifizierte sind bestimmte Annahmen, bislang aber nur wenige empirische Befunde über diese Zielgruppe verbunden. Weder ist genau bekannt, welche Charakterstika die Personen in dieser Zielgruppe aufweisen, noch welche Voraussetzungen für deren erfolgreiches Hochschulstudium erforderlich sind. Deshalb soll im folgenden Kapitel zunächst die – in sich heterogen zusammengesetzte – Gruppe beruflich qualifizierter Studierender anhand von ausgewählten bildungs- und berufsbiografischen Merkmalen beschrieben werden, bevor anschließend deren Studienmotive und berufliche Ertragserwartungen sowie weitere Aspekte der Studienwahl im Vergleich zu Studierenden ohne berufliche Vorerfahrungen sowie verschiedener Vergleichsgruppen untereinander herausgearbeitet werden.

4.1 Heterogene bildungs- und berufsbiografische Wege zum Studium

In diesem Abschnitt wird auf Basis der HISBUS-Befragung skizziert, mit welcher schulischen Vorbildung und mit welchen Qualifikationen und Erfahrungen beruflich Qualifizierte in ein Studium übergehen und welche Zugangswege aus dem Beruf in die Hochschule sich dabei als besonders durchlässig erweisen.

Während Studierende, die (nahezu) direkt nach dem Schulabschluss in die Hochschule übergegangen sind, ihre Hochschulreife[5] in der Regel an einem Gymnasium oder auf dem gymnasialen Zweig einer Gesamtschule erworben haben (88 Prozent), weisen beruflich Qualifizierte ganz unterschiedliche schulische Hintergründe auf (vgl. Tabelle 1). Zwar ist von den Studierenden mit beruflicher Qualifikation die

---

5 Auf Basis des vorliegenden Datensatzes kann nicht näher bestimmt werden, um welche Art der Hochschulreife (allgemein, fachgebunden bzw. Fachhochschulreife) es sich handelt, da diese Informationen im Rahmen der Stammdatenerfassung der Panelteilnehmenden des DZHW erhoben wurden und hier nur für einen geringen Teil von etwa zehn Prozent der Befragten vorliegen. Daher kann ausschließlich auf das Merkmal der Schulart (allgemeine oder berufsbildende Schule, Einrichtungen des Zweiten Bildungswegs), an der die Studienberechtigung erworben wurde, zurückgegriffen werden.

große Mehrheit ebenfalls auf dem Ersten Bildungsweg an die Hochschule gelangt, jedoch nahezu gleich häufig über Schulen des allgemein- wie des berufsbildenden Systems (40 bzw. 41 Prozent). Berufsbildende Schulen, die zu einer Hochschulzugangsberechtigung führen, haben für die hier untersuchte Personengruppe offenbar neben der allgemeinbildenden Oberstufe des Gymnasiums inzwischen zentrale Bedeutung als vorakademischer Qualifizierungsweg.

Beruflich Qualifizierte, die ihre Studienberechtigung an einer beruflichen Schule erworben haben, absolvierten überwiegend eine Fachoberschule (42 Prozent) oder ein Fachgymnasium, eine Schulform innerhalb eines Oberstufenzentrums beziehungsweise die gymnasiale Oberstufe einer Berufsfachschule (35 Prozent). Die Gruppen unterscheiden sich hinsichtlich des Zeitpunkts ihres Berufsabschlusses: Während etwa zwei Drittel der Fachoberschülerinnen und -schüler ihre Hochschulreife nach dem Berufsabschluss oder parallel dazu erwarben, ist es bei den Absolventinnen und Absolventen der beruflichen Schulen mit gymnasialer Oberstufe umgekehrt. 64 Prozent von diesen haben zunächst eine Hochschulzugangsberechtigung erworben und anschließend eine Berufsausbildung absolviert.

Tabelle 1: Schulische Vorbildung beziehungsweise Hochschulzugangsberechtigungen nach beruflicher Qualifikation (BQ) und Hochschulart, gewichtete Spaltenanteile in Prozent

	Universität			Fachhochschule			Gesamt		
	mit BQ	ohne BQ	Gesamt	mit BQ	ohne BQ	Gesamt	mit BQ	ohne BQ	Gesamt
Allgemeinbildende Schule[1]	58	93	87	29	73	51	40	88	75
Zweiter Bildungsweg	8	1	2	4	0	2	6	1	2
Berufliche Schule[2]	26	7	10	50	26	38	41	11	19
Dritter Bildungsweg	8	-	1	16	-	8	13	-	4
N	840	4.825	5.665	921	1.060	1.981	1.761	5.885	7.646

[1] Gymnasium, Gesamtschule, freie Waldorfschule, [2] Fachgymnasium, gymnasiale Oberstufe einer Berufsfachschule/eines Oberstufenzentrums, Berufsoberschule, Fachoberschule, sonstige berufsbildende Schule
Quelle: HISBUS-Befragung „Studium und Beruf" 2013/14, eigene gewichtete Auswertungen

Der Zweite Bildungsweg über eine nachgeholte Studienberechtigung auf einem Abendgymnasium oder Kolleg wurde von sechs Prozent der befragten beruflich Qualifizierten genutzt. Häufiger dagegen wurden nach eigenen Angaben der Befragten nicht-traditionelle Zugangswege zum Studium in Anspruch genommen (13 Prozent). Die Mehrzahl dieser Studierenden des Dritten Bildungswegs hat eine berufliche Aufstiegsfortbildung (41 Prozent) absolviert.⁶ Ein knappes Viertel berichtet, neben dem Nachweis einer abgeschlossenen Berufsausbildung und einer mehrjährigen Berufspraxis ein Eignungsfeststellungsverfahren durchlaufen zu haben. 31 Prozent erhielten ihren Angaben zufolge die Hochschulzulassung ohne weitere Prüfung. Fachhochschulen erweisen sich aufgrund ihres praxis- und berufsfeldorientierten Profils als offener gegenüber der Zielgruppe beruflich Qualifizierter ohne ‚traditionelle' schulische Vorbildung als Universitäten (vgl. Tabelle 1).

Neben unterschiedlichen schulischen Voraussetzungen können beruflich qualifizierte Studierende auf vielfältige Erfahrungen im Ausbildungs- und Erwerbssystem zurückgreifen. Der überwiegende Teil der befragten beruflich Qualifizierten hat eine betriebliche Ausbildung absolviert (71 Prozent), über ein Viertel (28 Prozent) eine schulische Berufsausbildung (z.B. an Berufsfachschulen). Entsprechend sind die meisten Ausbildungen den technischen, handwerklichen, Bau- und Produktionsberufen (39 Prozent), etwas weniger den kaufmännischen, Verwaltungs- und Büroberufen (37 Prozent) zuzuordnen; knapp ein Fünftel stammt aus Berufen des Sozial-, Gesundheits- oder Erziehungswesens. Werden nur diejenigen beruflich Qualifizierten betrachtet, die ihre Studienberechtigung nicht auf dem ‚traditionellen' Weg des Gymnasiums erworben haben, dann gehört etwa die Hälfte technischen oder handwerklichen beziehungsweise produzierenden Berufen an. Studierende des Zweiten und Dritten Bildungswegs nahmen seltener eine Ausbildung im kaufmännischen und Verwaltungsbereich auf (29 bzw. 27 Prozent), welche vor allem von Absolventinnen und Absolventen allgemeinbildender, aber auch beruflicher Schulen präferiert werden (39 bzw. 38 Prozent). Sowohl der Zweite als auch der Dritte Bildungsweg bieten somit eine Zugangsoption auch für solche Berufstätige, die nicht aus dem Milieu der Dienstleistungsberufe stammen.

Von denjenigen Befragten, von denen vollständige Angaben zu Art, Branche und Abschluss der absolvierten beruflichen Ausbildungen vorliegen (N = 1.598), hat etwa jeder Zehnte mindestens eine weitere Ausbildung beziehungsweise eine berufliche Aufstiegsfortbildung abgeschlossen. Während letztere mit einer Höherqualifizierung verbunden ist, lässt sich für die Mehrfachausbildungen nicht eindeutig bestimmen, ob es sich dabei um eine Weiterqualifizierung oder eine fachliche Spezialisierung im gleichen (oder zumindest in einem ähnlichen) Berufsfeld handelt oder ob eine Umorientierung in andere Tätigkeitsbereiche erfolgt ist.⁷

---

6   Im Vergleich zu anderen Studien erscheint dieser Anteil recht hoch. Im Rahmen der Studierendenkohorte des Nationalen Bildungspanels (NEPS) beispielsweise verfügt etwa ein Drittel der Studierenden des Dritten Bildungswegs über einen staatlich anerkannten Fortbildungsabschluss (vgl. den Beitrag von Otto/Kamm in diesem Band).
7   Anhand eines Vergleiches der Berufsbereiche (auf Basis der Klassifikation der Berufe der Bundesagentur für Arbeit KldB2010) zwischen beiden Ausbildungsberufen lassen sich Hinweise darauf finden, dass es sich bei der zweiten absolvierten Ausbildung etwas häufiger um eine fachaffine Weiterqualifizierung als um einen Berufsfeldwechsel handelt.

Fast drei Viertel der beruflich Qualifizierten gaben an, nach dem Ausbildungsabschluss erwerbstätig gewesen zu sein. Berücksichtigt man lediglich die Berufserfahrung vor Aufnahme des ersten Hochschulstudiums,[8] haben 45 Prozent aller befragten Studierenden nach dem Berufsabschluss eine berufliche Tätigkeit ausgeübt, wobei der Umfang der Erwerbserfahrung sehr unterschiedlich ausfällt und bei durchschnittlich gut dreieinhalb Jahren liegt. Es kann vermutet werden, dass dies mit den unterschiedlichen Zeitpunkten zusammenhängt, an denen die Studienentscheidung getroffen wird. Studierende des Dritten Bildungswegs treffen diese in der Regel zu einem späteren Zeitpunkt in ihrer Biografie als Abiturientinnen und Abiturienten des Ersten oder Zweiten Bildungswegs. Sie verfügen daher am häufigsten und umfassendsten über Erfahrungen im Erwerbssystem vor Beginn des Studiums (vgl. Abbildung 2): Beinahe die Hälfte von ihnen hat vor dem Studium bereits mehr als drei, ein Viertel sogar mehr als sechs Jahre gearbeitet. Für diese Gruppe liegt die Schul- beziehungsweise Ausbildungszeit im Durchschnitt am längsten zurück, sodass sich hier am ehesten Probleme beim Übergang in die Hochschule und bei der Bewältigung der Studieneingangsphase vermuten lassen.

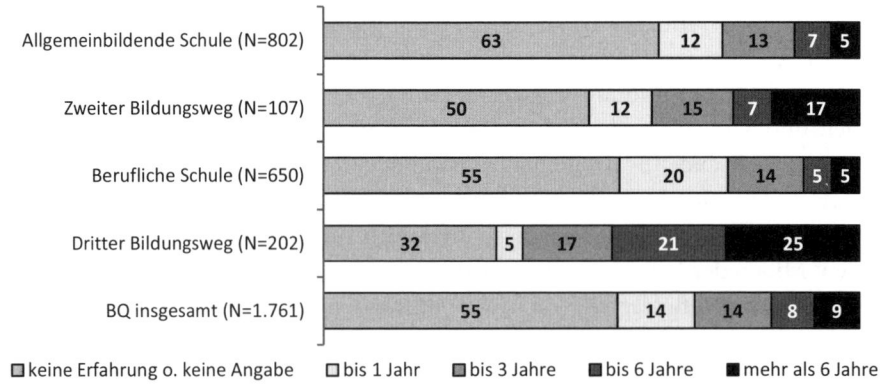

	keine Erfahrung o. keine Angabe	bis 1 Jahr	bis 3 Jahre	bis 6 Jahre	mehr als 6 Jahre
Allgemeinbildende Schule (N=802)	63	12	13	7	5
Zweiter Bildungsweg (N=107)	50	12	15	7	17
Berufliche Schule (N=650)	55		20	14	5	5
Dritter Bildungsweg (N=202)	32	5	17	21	25
BQ insgesamt (N=1.761)	55	14	14	8	9

Quelle: HISBUS-Befragung „Studium und Beruf" 2013/14, eigene gewichtete Auswertungen

Abbildung 2: Berufserfahrung nach beruflicher Qualifikation (BQ) und Studienberechtigung, in Prozent

Etwa 62 Prozent der Personen mit einer beruflichen Qualifikation entscheiden sich für ein fachaffines Studium – gemessen an der Berufshauptgruppe der ersten abgeschlossenen Ausbildung (nach KldB2010) im Verhältnis zur Fächergruppe des gewählten Studiums.[9] Dabei studieren Absolventinnen und Absolventen beruflicher

---

8 Hierbei wird nur der Zeitraum zwischen Abschluss der ersten Ausbildung und Aufnahme des Studiums (berechnet auf Basis der Angaben zum Hochschulsemester) betrachtet, Erwerbstätigkeiten während des Studiums oder nach einem ersten Hochschulabschluss werden entsprechend nicht berücksichtigt.

9 Die Affinitätsvoraussetzung für den Hochschulzugang ohne schulische Hochschulzugangsberechtigung und ohne anerkannten Fortbildungsabschluss findet sich nicht nur

Schulen am häufigsten fachaffin (69 Prozent), etwas seltener Studierende des Dritten Bildungswegs (62 Prozent) sowie Studierende mit einer Studienberechtigung des allgemeinbildenden Schulsystems (59 Prozent). Dagegen hat nur etwa ein Drittel (34 Prozent) der Studierenden aus dem Zweiten Bildungsweg ein berufsnahes Studienfach gewählt.

Befragt man die Studierenden direkt nach dem inhaltlichen Bezug zwischen Ausbildung und Studium, gibt weniger als die Hälfte (47 Prozent) an, hier einen engen bis sehr engen Bezug zu sehen.[10] Von denjenigen, die bereits Erwerbserfahrung haben, können nur 36 Prozent enge bis sehr enge Bezüge von dieser Tätigkeit zu ihrem Studium herstellen. Für jeden Fünften besteht keine Verbindung zwischen der Tätigkeit vor dem Studium und dem aufgenommenen Studium. Diese Ergebnisse deuten darauf hin, dass eine aufgrund kongruenter Berufsfelder angenommene inhaltliche Passung zwischen Ausbildung und Studium von den Studierenden nicht unbedingt als solche wahrgenommen wird. Folglich darf auch nicht generell – ohne Berücksichtigung weiterer Faktoren – angenommen werden, dass die fachliche Affinität zwischen Ausbildung und Studium die Studierfähigkeit und die Wahrscheinlichkeit eines Studienerfolgs erhöht.

Die bei knapp zwei Dritteln zwar formal vorhandene, wenn auch subjektiv in weit geringerem Umfang wahrgenommene fachliche Affinität stützt einerseits die Annahme, dass vorhandene Kenntnisse und Fertigkeiten aus dem Berufsleben im Studium genutzt werden können und durch ein Studium erweitert und vertieft werden sollen. Dies wird durch die später präsentierten Befunde zu Studienmotiven und Erwartungen an die Erträge des Studiums gestützt (vgl. Abschnitt 4.3). Andererseits führt der geringe wahrgenommene Bezug zwischen dem Herkunftsberuf beziehungsweise der ausgeübten Erwerbstätigkeit und dem Studium zu der Frage, inwiefern die im Beruf erworbenen Kompetenzen mit der Einschätzung von Studienbedingungen und -problemen zusammenhängen beziehungsweise für die Anforderungsbewältigung im Studium von Nutzen sind (vgl. Abschnitt 5).

4.2 Soziale Öffnung der Hochschulen durch berufliche Zugangswege

Erfüllen ‚nicht-traditionelle' berufliche Hochschulzugangswege nach den bisherigen Ergebnissen, gerade für die Berufssegmente außerhalb des Dienstleistungssektors, eine berufliche Öffnungsfunktion, so schließt in diesem Abschnitt die Frage

---

    in der KMK-Vereinbarung aus dem Jahre 2009, sondern auch in fast allen Prüfungsreglements der Länder. Sie unterstellt, dass die Architektur der etwa 330 Ausbildungsberufe mit der Architektur der 16.000 Studiengänge an deutschen Hochschulen vergleichbar sei. Tatsächlich folgen beide Sektoren gänzlich unterschiedlichen Konstruktionsprinzipien.

10 Hierbei zeigen sich Unterschiede zwischen den betrachteten Gruppen beruflich Qualifizierter nach Art der schulischen und beruflichen Vorerfahrung, die vertiefend in Abschnitt 5.1 betrachtet werden.

an, ob damit auch ein sozialer Öffnungseffekt erzielt wird. Diese Frage wird im Folgenden anhand der Bildungsherkunft der Studierenden – gemessen am höchsten Berufsabschluss[11] der Eltern – geprüft. Dabei zeigt sich, dass die verschiedenen schulischen Bildungswege beziehungsweise Wege zur Hochschule im Vergleich der Studierendengruppen mit und ohne berufliche Qualifikation mit der Bildungsherkunft korrespondieren. Während rund 60 Prozent der Studierenden mit einer Studienberechtigung eines Gymnasiums oder einer Gesamtschule und ohne berufliche Vorerfahrungen aus einer Familie stammen, in der bereits mindestens ein Elternteil einen akademischen Abschluss besitzt, trifft dies – zunächst für die Gruppe der beruflich Qualifizierten als Ganzes – nur auf etwa ein Drittel derjenigen zu, die vor dem Studium eine berufliche Ausbildung absolviert haben.

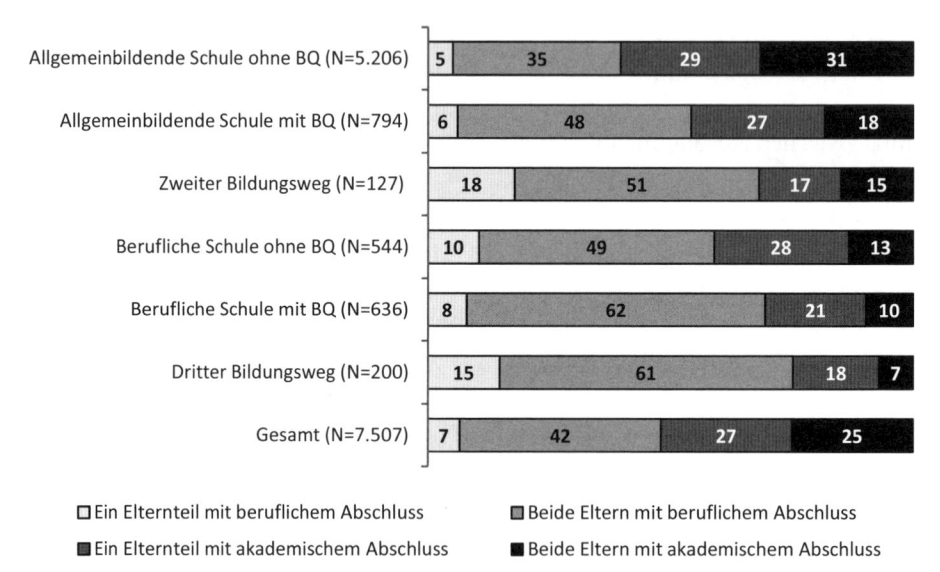

	Ein Elternteil mit beruflichem Abschluss	Beide Eltern mit beruflichem Abschluss	Ein Elternteil mit akademischem Abschluss	Beide Eltern mit akademischem Abschluss
Allgemeinbildende Schule ohne BQ (N=5.206)	5	35	29	31
Allgemeinbildende Schule mit BQ (N=794)	6	48	27	18
Zweiter Bildungsweg (N=127)	18	51	17	15
Berufliche Schule ohne BQ (N=544)	10	49	28	13
Berufliche Schule mit BQ (N=636)	8	62	21	10
Dritter Bildungsweg (N=200)	15	61	18	7
Gesamt (N=7.507)	7	42	27	25

Quelle: HISBUS-Befragung „Studium und Beruf" 2013/14, eigene gewichtete Auswertungen

Abbildung 3: Bildungsherkunft nach beruflicher Qualifikation (BQ) und Studienberechtigung anhand des höchsten Berufsabschlusses der Eltern, in Prozent (Sonstige und nicht zuordnenbare Angaben wurden ausgeschlossen)

Vor allem Studierende des Zweiten und Dritten Bildungswegs (69 bzw. 76 Prozent) sowie beruflich qualifizierte Absolventinnen und Absolventen beruflicher Schulen (70 Prozent) stammen deutlich häufiger aus Familien, in denen der höchste Abschluss beider Eltern ein beruflicher Aus- oder Fortbildungsberuf ist (vgl. Abbildung 3). In diesen Studierendengruppen ist die akademische Selbstreproduktion somit am geringsten ausgeprägt. Im Zweiten und Dritten Bildungsweg ist zudem der Anteil von Personen mit niedriger Bildungsherkunft, von denen also höchstens ein

---

11 Die Bildungsherkunft wurde entsprechend der 20. Sozialerhebung (Middendorff et al. 2013, S. 617) kategorisiert.

Elternteil überhaupt über einen beruflichen Abschluss verfügt, überdurchschnittlich hoch. Für einen relevanten Teil dieser Studierenden ist demnach mit der Studienaufnahme beziehungsweise dem späteren Studienabschluss ein Bildungsaufstieg verbunden.[12]

Die Möglichkeit des Hochschulzugangs durch nachträglich und/oder praxisnah im Berufsbildungssystem erworbene beziehungsweise nicht schulische Studienberechtigungen trägt somit in relevantem Maße zur sozialen Öffnung der Hochschule für Personen bei, die nicht aus einer Akademikerfamilie stammen. Die Öffnung der Hochschule für Berufstätige bewirkt also in gewissem Maße auch eine soziale Öffnung. Da der Anteil beruflich Qualifizierter in der Grundgesamtheit der Studierenden jedoch eher klein und tendenziell rückläufig ist, ist damit jedoch nur ein geringer Korrektureffekt auf die soziale Zusammensetzung aller Studierenden verbunden.

4.3 Studienmotive und Studienwahl von beruflich Qualifizierten

Aus welchen Gründen sich Studieninteressierte mit beruflicher Qualifikation und Vorerfahrung für ein bestimmtes Studium entschieden haben und welche Berufs- und Lebensziele damit verbunden werden, wird im folgenden Abschnitt untersucht. Dabei soll geprüft werden, inwiefern mit den heterogenen Vorerfahrungen und sozialstrukturellen Merkmalen Unterschiede in den Motiven, Erwartungen und Zielen einhergehen. Die Frage, welche individuelle Bedeutung das Motiv ‚Aufstieg durch Bildung' für die Befragten hat, steht dabei im Mittelpunkt der Betrachtung.

Im Rahmen der HISBUS-Befragung wurden die beruflich qualifizierten Studierenden um eine Einschätzung gebeten, aus welchen Gründen sie sich trotz vorhandener Aus- und Fortbildung zur Aufnahme eines Studiums entschieden haben. Dabei handelte es sich um eine geschlossene Frage, sodass die Antwortverteilung nicht unabhängig von den vorgegebenen Kategorien ist. Studienmotive werden in so gut wie allen Befragungen dieser Studierendengruppe erhoben. Ein Vergleich mit anderen Untersuchungen wird jedoch häufig dadurch erschwert, dass sie entweder andere Kategorien oder eine offene Fragetechnik verwenden.

Persönliche Weiterentwicklung und Wissenserweiterung sowie der Wunsch nach beruflicher Verwirklichung, zum Beispiel aufgrund von Unterforderung, werden von den Befragten als besonders bedeutsam eingeschätzt. Für mindestens vier Fünftel von ihnen spielten diese Aspekte eine ausschlaggebende Rolle bei der Studienentscheidung (vgl. Tabelle 2). Beide Motive signalisieren eine gewisse Diskrepanz zwischen den individuellen Erwartungen und der gegenwärtigen persönlichen und/oder beruflichen Situation als Impuls zur Studienaufnahme, eine Konstellation,

---

12 Zu vergleichbaren Ergebnissen kommen auch die Auswertungen der Studierendenkohorte des NEPS auf Basis des höchsten Bildungsabschlusses der Eltern (vgl. Wolter et al. 2015 sowie den Beitrag von Otto/Kamm in diesem Band).

die auch in anderen Untersuchungen beschrieben wird (Scholz/Wolter 1984; vgl. den Beitrag von Otto/Kamm in diesem Band). Die Erweiterung der vorhandenen Qualifikation durch einen akademischen Abschluss („Meine Berufsausbildung reichte mir nicht aus.") sowie die mit einem höheren Abschluss verbundene Anerkennung, zum Teil auch der unbedingte Wunsch zu studieren, werden von zwei Dritteln der Befragten als wichtige Studiengründe angeführt. Letzterer ist vor allem für die ‚Doppelqualifizierer' mit gymnasialer Schullaufbahn von Bedeutung, was darauf hindeutet, dass für einen relevanten Teil dieser mit Blick auf ihre Hochschulzugangsberechtigung eher ‚traditionellen' Gruppe beruflich Qualifizierter der Studienwunsch bereits vor Aufnahme der Berufsausbildung bestanden haben könnte.

Zwar sind – über alle Gruppen von beruflich qualifizierten Studierenden hinweg – Motive der Neuorientierung aufgrund fehlender beruflicher Perspektiven oder zur Korrektur der Berufswahl nicht dominierend, jedoch verbinden immerhin zwischen 36 und 56 Prozent der Befragten mit dem Studium eine Korrektur ihrer ursprünglichen Berufswahl. Berufliche oder persönliche Schwierigkeiten wie zum Beispiel Arbeitslosigkeit spielen für die Befragten nahezu keine Rolle bei der Studienentscheidung. Wird nach dem Weg zur Hochschule beziehungsweise der schulischen Vorbildung differenziert, weichen lediglich die Studiengründe der Absolventinnen und Absolventen des Zweiten Bildungswegs signifikant von den Motiven der Vergleichsgruppen ab. Wenig überraschend ist dabei, dass diese Gruppe mit dem nachgeholten Abschluss häufiger eine Korrektur des bisherigen Werdegangs anstrebt und sich durch das Studium offenbar stärker als andere einen Ausweg aus einer nicht zufriedenstellenden beruflichen oder persönlichen Situation verspricht (vgl. Tabelle 2).

Tabelle 2: Wichtige Gründe für beruflich Qualifizierte, trotz Berufsausbildung ein Studium aufzunehmen, in Prozent

	Allgemein-bildende Schule	Zweiter Bildungsweg	Berufliche Schule	Dritter Bildungsweg
Wissenserweiterung u. persönliche Weiterentwicklung (2 Items)	92	85	92	94
Unterforderung u. Wunsch nach beruflicher Entfaltung (2 Items)	76	82	74	82
Akademischer Abschluss (3 Items)	65	58	66	71
Berufliche Neuorientierung u. Korrektur der Berufswahl (4 Items)	38	56	40	36
Ausweg/Arbeitslosigkeit (2 Items)	3	12	6	3

Die Abfrage der Studiengründe erfolge anhand einer 5-stufigen Antwortskala (von 1 = „unbedeutend" bis 5 = „sehr bedeutend"), die prozentualen Anteile fassen die Positivantworten (Mittelwert > 3) zusammen. Die Motive wurden mittels einer Hauptkomponentenanalyse kategorisiert.
Quelle: HISBUS-Befragung „Studium und Beruf" 2013/14, eigene gewichtete Auswertungen

Anhand der in die Zukunft gerichteten Berufs- und Lebensziele der befragten Studierenden lassen sich ebenfalls die starken Aufstiegs- und Weiterbildungsbestrebungen beruflich Qualifizierter erkennen, wenngleich die individuellen Erwartungen an die Erträge des Studiums nur moderate, jedoch zum Teil statistisch bedeutsame Unterschiede zwischen den Vergleichsgruppen mit und ohne berufliche Vorerfahrungen aufweisen (vgl. auch andere Untersuchungen zu Studienmotiven und Lebenszielen, z.B. Brändle 2014 für nicht-traditionelle im Vergleich zu traditionellen Studierenden). Berufliche und persönliche Selbstverwirklichung wie der Erwerb fundierter, entwicklungsfähiger Kompetenzen oder die Ausübung einer selbstverantwortlichen Tätigkeit bilden über alle Studierenden- und Fächergruppen hinweg die am stärksten verfolgten Ziele. Mindestens 80 Prozent der Befragten streben diese in hohem oder sehr hohen Maße an, wobei der Anteil der beruflich Qualifizierten jeweils noch um drei bis vier Prozentpunkte höher liegt. Der Erhalt eines sicheren Arbeitsplatzes ist ähnlich wichtig und hat für diejenigen Personen, die bereits eine Ausbildung absolviert haben, eine etwas größere Bedeutung, wobei die Relevanz mit zunehmender Berufserfahrung abnimmt – möglicherweise auch deshalb, weil durch diese bereits ein gewisses Maß an beruflicher Sicherheit erreicht wurde. Vereinbarkeit von Familie und Beruf spielen unabhängig von Vorerfahrung und Elternschaft ebenfalls eine wichtige Rolle. Aufstiegs- und karrierebezogene Erträge wie hohes Einkommen, Leistungsorientierung und die Übernahme von Führungsaufgaben werden zwar weniger häufig verfolgt, haben aber für Personen, die bereits im Erwerbsleben standen oder weiterhin stehen, große Bedeutung. Entsprechend ist es drei Viertel der beruflich Qualifizierten wichtig, „Chancen für einen beruflichen Aufstieg zu bekommen", insbesondere für Studierende des Dritten Bildungswegs sowie Absolventinnen und Absolventen beruflicher Schulen, wobei hier die überwiegend nicht-akademische Bildungsherkunft dieser Gruppe eine Rolle spielen könnte.

Von den beruflich qualifizierten Studierenden, die sich in einem Bachelorstudium befinden, strebt etwa die Hälfte – unabhängig von der Bildungsherkunft und der schulischen Vorbildung – (relativ) sicher ein Masterstudium an. Bei den Studierenden ohne berufliche Vorerfahrungen sind es drei Viertel. Für einen relevanten Teil der beruflich Qualifizierten ist der Bildungsaufstieg demnach mit dem Erreichen des ersten Hochschulabschlusses keineswegs beendet. Der im Vergleich zu den Studierenden ohne Berufserfahrung niedrigere Anteil mag zum einen mit der langen Studiendauer, die im Blick auf das höhere Lebensalter eine Rolle spielt, zusammenhängen, zum anderen aber auch mit der ohnehin bereits vorhandenen Doppelqualifikation. Zudem kann diese – vorläufige – Entscheidung später im Lichte eines erfolgreichen Studienabschlusses noch revidiert werden.

Hinsichtlich der Studienfachwahl zeigen sich unterschiedliche Präferenzen zwischen den Studierendengruppen nach schulischer Vorbildung und vorhandener beruflicher Qualifikation, die mit den Befunden zu den Herkunftsberufen und der hohen fachlichen Affinität korrespondieren (vgl. Abschnitt 4.1). Während beruflich qualifizierte Absolventinnen und Absolventen allgemein- und berufsbildender

Schulen, die häufig aus dem Dienstleistungsmilieu stammen, eher wirtschaftswissenschaftliche Studiengänge wählen (26 bzw. 27 Prozent), finden sich Studierende des Dritten Bildungswegs, die in der Mehrzahl über einen Ausbildungsabschluss im technischen oder handwerklichen Bereich verfügen, überwiegend in den Ingenieurwissenschaften wieder (32 Prozent; vgl. Tabelle 3). Dabei verfolgen beruflich qualifizierte Studierende in den wirtschafts- und rechtswissenschaftlichen Fachrichtungen sowie der Medizin stärker karriere- und aufstiegsorientierte Motive, während sie in den Sprach- und Kulturwissenschaften, im Lehramt sowie in den sozialwissenschaftlichen Studiengängen häufiger eine berufliche Neuorientierung anstreben.

Tabelle 3: Verteilung der Studienfachwahl nach Art der schulischen Vorbildung und beruflicher Qualifikation (BQ), gewichtete Spaltenanteile in Prozent

	Allgemeinbildende Schule		Zweiter Bildungsweg	Berufliche Schule		Dritter Bildungsweg	Gesamt
	o. BQ	m. BQ		o. BQ	m. BQ		
Sprach- u. Kulturwissenschaften, Sport	23	15	18	14	8	14	19
Rechtswissenschaften	6	4	7	2	3	4	5
Sozialwissenschaften/Sozialwesen	7	6	14	11	8	7	8
Wirtschaftswissenschaften	14	26	8	25	27	19	18
Mathematik u. Naturwissenschaften	17	12	14	15	12	13	16
Medizin	6	12	7	2	4	6	6
Agrar-/Forst-/Ernährungswissenschaften	2	3	3	2	2	3	2
Ingenieurwissenschaften	18	17	23	22	34	32	20
Lehramt	8	6	7	7	2	4	7

Quelle: HISBUS-Befragung „Studium und Beruf" 2013/14, eigene gewichtete Auswertungen

Insgesamt zeugen die präsentierten Befunde zu Studienmotiven und Berufs- und Lebenszielen davon, dass für Studierende mit beruflicher Qualifikation neben fachlicher Weiterqualifizierung und persönlicher wie beruflicher Selbstverwirklichung der soziale und berufliche Aufstieg eine zentrale Bedeutung hat. Zugleich hat diese Zielgruppe überwiegend bereits klare berufliche Vorstellungen und Karriereziele. Vor allem für Studierende, die keine Gymnasiallaufbahn absolviert haben, lassen sich Hinweise auf eine eher ‚konsekutive' Studienentscheidung im Laufe ihres Ausbildungs- und Erwerbslebens finden, die mit Unterforderung, fehlenden Entwicklungsperspektiven und dem Wunsch nach Aufstiegsmöglichkeiten einhergehen (vgl. den Beitrag von Otto/Kamm in diesem Band). Wege aus den beruflichen Schulen oder über den nicht-traditionellen Hochschulzugang sind dabei mit ähnlichen oder zum Teil höheren Leistungs- und Karriereorientierungen verbunden, als dies beispielsweise für ‚Doppelqualifizierer' aus Gymnasien und Gesamtschulen zutrifft. Bestätigt wird dies durch die geringe Relevanz von Motiven, die auf eine Korrektur früherer Bildungsentscheidungen zielen. Hierbei scheinen Studierende des Zweiten Bildungswegs eine besondere Gruppe zu bilden, die mit einem Hochschulstudium häufiger eine Art beruflicher und persönlicher (Neu-)Findung und weniger Karriereambitionen verbindet.

5 Studienbewältigung und Studienschwierigkeiten

Mit der Öffnung der Hochschulen für Studieninteressierte mit beruflicher Qualifikation und Erfahrung sind zwei zentrale Fragen verknüpft. Zum einen werden unter dem Stichwort der Studierfähigkeit die individuellen Voraussetzungen für die Bewältigung der Leistungsanforderungen im Studium und gegebenenfalls notwendige Maßnahmen zur Vorbereitung, Unterstützung und Begleitung diskutiert. Zum anderen sind mit den Anforderungen von berufserfahrenen und berufstätigen Studierenden an eine Vereinbarkeit des Studiums mit Erwerbs- und Familientätigkeiten Erwartungen an eine zeitliche und räumliche Flexibilisierung des Studienangebots verbunden.

Diese beiden Schwerpunkte sollen im nachfolgenden Kapitel bearbeitet werden. Zunächst werden anhand des selbsteingeschätzten Nutzens der beruflichen Erfahrungen Ressourcen und Stärken von beruflich Qualifizierten im Studium herausgearbeitet, bevor der Blick auf die konkreten Studienerfahrungen und die damit verbundenen Probleme gerichtet wird. Schließlich werden anhand der Erwartungen an die Studiengestaltung Hinweise auf spezifische Anforderungen mit einem besonderen Fokus auf Unterstützungsangebote und flexible Studienformen identifiziert (vgl. die Beiträge von Spexard und Banscherus/Kamm/Otto in diesem Band).

5.1 Stärken der beruflichen Erfahrung – „reifer ins Studium"[13]

Beruflich qualifizierte Studierende bringen zum Teil umfangreiche Erfahrungen aus ihrer Ausbildung und dem Berufsleben in ihr Studium ein. Im Rahmen der HISBUS-Befragung wurden sie um eine Einschätzung gebeten, welchen Nutzen sie aus diesen Erfahrungen für ihr Studium bereits ziehen konnten. Der Vorsprung an Lebenserfahrung wird hierbei über alle Vergleichsgruppen hinweg als größte Stärke angesehen, durchschnittlich 81 Prozent beurteilen diese als (sehr) nützlich. Je stärker

---
13 Offene Antwort zu der Frage „Welchen Nutzen hatten Ihre beruflichen Erfahrungen aus Ausbildung/Berufstätigkeit vor dem Studium für Ihr Studium?", Quelle: HISBUS-Befragung „Studium und Beruf" 2013/14

der Bezug zwischen Ausbildungsberuf oder beruflicher Tätigkeit vor der Studienaufnahme und dem gewählten Studium wahrgenommen wird, desto hilfreicher werden die dort erworbenen Kompetenzen für die Studienbewältigung eingeschätzt. Dies gilt insbesondere für fachliche Kenntnisse und konkrete berufliche Fertigkeiten, die sich im Studium als hilfreich erweisen, ebenso für die Fähigkeit, Theorie und Praxis besser verknüpfen zu können. Persönliche Eigenschaften wie Motivation oder Zielgerichtetheit des Studiums werden des Weiteren mit zunehmender Beschäftigungsdauer als eigene Stärke wahrgenommen.

Die Ergebnisse spiegeln die unterschiedlichen Bildungsbiografien vor dem Studium wider. Studierende des Zweiten Bildungswegs studieren am seltensten fachaffin zu ihrem Ausbildungsberuf, lediglich 28 Prozent von ihnen nehmen Bezüge zu ihrem gewählten Fachstudium wahr. Entsprechend pessimistisch bewerten diese auch den fachlichen Nutzen der Ausbildung beziehungsweise der Erwerbstätigkeit. Etwa ein Drittel kann berufliche Kenntnisse im Studium verwenden, immerhin 45 Prozent haben konkrete hilfreiche Fertigkeiten erworben. Im Gegensatz dazu fallen Studierende des Dritten Bildungswegs, die in der Regel länger als andere Studierende im Ausbildungs- und Erwerbssystem verbracht haben und auch eine – teilweise durch die Zulassungsvoraussetzungen erforderliche – höhere Affinität zwischen Herkunftsberuf und Studium aufweisen, durch hohe Nutzeneinschätzungen auf. Vor allem für Motivation (75 Prozent), Theorie-Praxis-Verknüpfung (73 Prozent) und berufsfachliche Kenntnisse (67 Prozent) erachten sie ihren Berufsweg als bedeutsam. Hinsichtlich sozialer und personaler Kompetenzen wie Zielgerichtetheit, Belastbarkeit und Teamfähigkeit sowie der Fähigkeit, sich in einer Institution zurechtzufinden, unterscheiden sie sich kaum von beruflich Qualifizierten mit einer schulischen Hochschulzugangsberechtigung aus dem Ersten Bildungsweg.

Erwartungsgemäß erweisen sich die Fachhochschulen als praxisnäher. Der Nutzen beruflicher Kenntnisse und Fähigkeiten sowie deren Verknüpfung mit Studieninhalten wird hier durchschnittlich als größer wahrgenommen als von Studierenden an Universitäten. Entsprechend sehen beruflich qualifizierte Studierende in universitären geistes- und kulturwissenschaftlichen Fachrichtungen, die ‚naturgemäß' eine geringere Passung zu konkreten Berufsfeldern aufweisen, auch seltener Vorteile durch Erwerbserfahrungen, als dies bei Studierenden in berufsnahen Fächern wie Ingenieurwissenschaften, Medizin und Wirtschaftswissenschaften der Fall ist.

Trotz der häufig affinen Fachwahl werden Möglichkeiten der Anrechnung von außerhochschulisch erworbenen Kompetenzen vergleichsweise wenig genutzt. Nur etwa ein Viertel der befragten beruflich Qualifizierten gibt an, von dieser Option Gebrauch gemacht zu haben, etwas mehr als die Hälfte von diesen im Rahmen eines pauschalen Anrechnungsverfahrens. Während Studierende des Ersten und Dritten Bildungswegs etwa ähnlich häufig von Anrechnung profitieren (zwischen 27 und 32 Prozent), konnten nur bei 15 Prozent der Studierenden des Zweiten Bildungswegs berufliche Vorerfahrungen berücksichtigt werden (vgl. den Beitrag von Lenz/Schmitt in diesem Band).

5.2 Herausforderungen für beruflich qualifizierte Studierende – Kompensation von Wissenslücken und mangelnde Flexibilität

Im Hinblick auf die Einschätzung und Bewältigung der fachlichen Leistungsanforderungen eines Hochschulstudiums zeigen sich zwischen Studierenden mit und ohne Berufsabschluss vor dem Studium kaum Unterschiede. Etwa ein Drittel aller Studierenden berichtet über Schwierigkeiten im Fachstudium, zum Beispiel bei der Bewältigung des Stoffumfangs (34 Prozent mit vs. 32 Prozent ohne berufliche Qualifikation; vgl. Tabelle 4). Lediglich in den Rechts- sowie den Ingenieurwissenschaften verweisen die Selbsteinschätzungen der Studierenden mit beruflicher Qualifikation auf etwas größere Leistungsprobleme gegenüber den nicht berufserfahrenen Studierenden. Das Verfassen schriftlicher Arbeiten wird von allen Befragten als überwiegend unproblematisch eingeschätzt. Dennoch scheinen beruflich Qualifizierte Defizite aufgrund fehlender oder länger zurückliegender Schulbildung wahrzunehmen. Zumindest beklagen 39 Prozent mangelnde Freiräume zur Aufarbeitung von Wissenslücken. Worin diese bestehen, kann anhand der vorliegenden Daten nicht näher bestimmt werden. Von den Studierenden ohne berufliche Vorbildung berichten zwar weniger, aber immerhin noch etwa ein Drittel, über Schwierigkeiten in diesem Bereich, wobei Unterschiede gegenüber den Berufserfahrenen vor allem in den Wirtschafts-, Natur- und Ingenieurwissenschaften sowie der Medizin deutlich werden. Probleme hinsichtlich der Orientierung oder sozialen Integration in der Hochschule spielen für beruflich qualifizierte Studierende kaum eine Rolle. Mit Ausnahme der Studierenden des Zweiten Bildungswegs, von denen knapp ein Drittel sich nur (eher bis sehr) schwer orientieren konnte, haben Personen mit beruflicher Vorerfahrung eigenen Angaben zufolge tendenziell höhere Kompetenzen, sich in den Strukturen der Hochschule zurechtzufinden. Eine Ausnahme bilden beruflich qualifizierte Studierende der Medizin und des Lehramtes, die im Mittel etwas häufiger über Orientierungsschwierigkeiten berichten als ihre Kommilitoninnen und Kommilitonen ohne berufliche Vorerfahrung.

Tabelle 4: Ausgewählte Probleme nach schulischer Vorbildung und Studienberechtigung im Vergleich zu Studierenden ohne berufliche Qualifikation (BQ), in Prozent

	Allgemeinbildende Schule m. BQ	Zweiter Bildungsweg	Berufliche Schule m. BQ	Dritter Bildungsweg	mit BQ gesamt	ohne BQ gesamt
Leistungsanforderungen im Fachstudium	29	43	34	38	34	32
Orientierungsprobleme im Studium	16	31	17	14	17	20
Verfassen schriftlicher Arbeiten (Referate, Hausarbeiten)	20	18	19	18	20	19
Lehrveranstaltungen in englischer Sprache	19	23	27	37	25	13
Sicherung der Studienfinanzierung	39	57	48	42	44	30
Fachidentifikation	13	12	14	7	12	12
Mangelnder Freiraum zur Aufarbeitung v. Wissenslücken	33	37	40	47	39	30
Mangelnde Flexibilität in der Studiengestaltung	39	44	43	37	41	36

Zusammengefasste Antworten 1 und 2 einer 5-stufigen Skala (1 = „große Schwierigkeiten" bis 5 = „keine Schwierigkeiten"), Ausschluss der Fälle mit Angabe „trifft auf meine Situation nicht zu"
Quelle: HISBUS-Befragung „Studium und Beruf" 2013/14, eigene gewichtete Auswertungen

Mit Blick auf die Fachaffinität und die eingangs berichteten Befunde zur Bedeutung der beruflichen Vorerfahrungen für die Studienbewältigung stellt sich die Frage, inwiefern Studierende, die starke Bezüge zwischen Ausbildung oder Erwerbstätigkeit und ihrem Studium wahrnehmen, über geringere Schwierigkeiten an der Hochschule berichten. Während der eingeschätzte Nutzen berufsbezogener Kompetenzen wie fachlicher Kenntnisse, berufspraktischer Fertigkeiten sowie der Theorie-Praxis-Verknüpfung kaum mit der Bewertung der Leistungsanforderungen und der Studiengestaltung korreliert, zeigen sich für motivationale Faktoren wie Belastbarkeit, Zielgerichtetheit und Motivation deutlichere (wenn auch schwache) Zusammenhänge. So verringern sich Leistungsprobleme bei höherer subjektiv wahrgenommener Belastbarkeit der beruflich Vorerfahrenen. Je höher die Studierenden ihre Zielgerichtetheit und Motivation einschätzen, desto besser bewerten sie ihre Fachidentifikation und desto weniger spielen Orientierungsprobleme im Studium eine Rolle.

Im Vergleich der verschiedenen Typen beruflich Qualifizierter stellen sich größere Herausforderungen für Personen, die ihre Hochschulreife nach (oder parallel) zur beruflichen Ausbildung erlangt haben. Sie berichten etwas häufiger über Schwierigkeiten bei der Bewältigung der Leistungsanforderungen und der Aufarbeitung von Wissenslücken. Diesen Studierenden sind begleitende Unterstützungsangebote zum Ausgleich von Wissensdefiziten (z.B. in Form von Brückenkursen) deshalb besonders wichtig. Für Studierende des Dritten Bildungswegs lassen sich außerdem Hinweise auf Defizite bei Fremdsprachenkenntnissen finden. So äußern 37 Prozent der beruflich Qualifizierten ohne schulische Studienberechtigung – deutlich häufiger als andere Gruppen – Probleme mit englischsprachigen Lehrveranstaltungen (vgl. Tabelle 4).

Für Studierende, die während des Studiums berufstätig sind, spielt eine zeitlich mit der Beschäftigung zu vereinbarende Studienorganisation eine wichtige Rolle. Zur Erwerbstätigkeit während des Studiums lassen sich auf Basis der vorliegenden Daten nur indirekt Aussagen treffen. Zum einen kann über das Zeitbudget für Studium und außerhochschulische Aktivitäten der Umfang einer Erwerbstätigkeit bestimmt werden. Zum anderen kann für die beruflich qualifizierten Studierenden anhand der vorliegenden Angaben zum beruflichen Werdegang identifiziert werden, ob eine Beschäftigung auf Basis des erlernten Berufes[14] auch während des Studiums ausgeübt wird. Von denjenigen beruflich Qualifizierten, die Angaben zu ihrer Erwerbslaufbahn gemacht haben, gab etwa ein Viertel an, nach wie vor – ausbildungsbezogen – berufstätig zu sein. Von diesen verortet sich knapp ein Drittel in einem berufsbegleitenden Studium, 13 Prozent sind in einem Fernstudium eingeschrieben.

Der Anteil derjenigen, die neben dem Studium in irgendeiner Weise erwerbstätig sind, liegt jedoch deutlich höher: Betrachtet man das Zeitbudget für aufgewendete Erwerbstätigkeiten neben dem Studium, so geben knapp zwei Drittel aller befragten Studierenden an, während des Studiums einer Tätigkeit nachzugehen. Unter den beruflich Qualifizierten sind es sogar 73 Prozent. Der für die jeweils ausgeübte Tätigkeit aufgewendete Stundenumfang variiert hierbei deutlich zwischen den Vergleichsgruppen (vgl. Abbildung 4). Während der Anteil der Studierenden, die 20 Stunden und mehr arbeiten, unter den Studierenden des Zweiten Bildungswegs mit rund einem Viertel eher gering ausfällt, beträgt er bei beruflich Qualifizierten des Ersten Bildungswegs 36 Prozent und unter den Studierenden des Dritten Bildungswegs sogar 50 Prozent. Dass ein Großteil der beruflich Qualifizierten auf diese Erwerbstätigkeit angewiesen ist, zeigt sich auch darin, dass 44 Prozent von ihnen Unsicherheiten bei der Sicherung der Studienfinanzierung beklagen (vgl. Tabelle 4). Vor allem Studierende des Zweiten Bildungswegs, die im Vergleich zu anderen berufstätigen Studierendengruppen weniger Wochenstunden für ihre Erwerbstätigkeit aufwenden, haben hier am häufigsten Probleme (57 Prozent). Mehrere Ursachen mögen dazu beitragen, zum Beispiel eine familiäre Situation mit höherem Kostendruck, Wegfall des Anspruchs auf Studienförderung aufgrund des Lebensalters oder höhere Erwartungen an den gewohnten Lebensstandard.

---

14 Nebentätigkeiten wie Jobben sind hierbei ausgeschlossen.

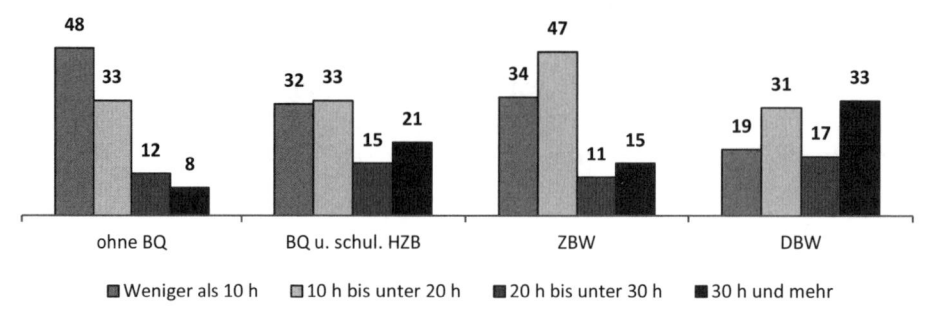

[Abbildung 4: Balkendiagramm mit Werten:
ohne BQ: 48, 33, 12, 8
BQ u. schul. HZB: 32, 33, 15, 21
ZBW: 34, 47, 11, 15
DBW: 19, 31, 17, 33
Legende: Weniger als 10 h, 10 h bis unter 20 h, 20 h bis unter 30 h, 30 h und mehr]

Quelle: HISBUS-Befragung „Studium und Beruf" 2013/14, eigene gewichtete Auswertungen

Abbildung 4: Zeitbudget für Erwerbstätigkeit in Wochenstunden nach Studienberechtigung, Anteile an erwerbstätigen Studierenden je Vergleichsgruppe, in Prozent (Abk.: BQ = Berufliche Qualifikation, HZB = Hochschulzugangsberechtigung, ZBW = Zweiter Bildungsweg, DBW = Dritter Bildungsweg)

Hinsichtlich des für das Studium aufgewendeten Zeitbudgets unterscheiden sich beruflich qualifizierte Studierende kaum von ihren Kommilitoninnen und Kommilitonen ohne berufliche Vorerfahrungen (vgl. Abbildung 5). Da sie jedoch durchschnittlich deutlich mehr Zeit für die Erwerbstätigkeit aufbringen, liegt der Umfang der insgesamt aufgewendeten Wochenstunden deutlich höher. Dies führt de facto zu einer Parallelität von ausgeprägter Erwerbstätigkeit und hohem Zeitaufwand für das Studium, die einen beträchtlichen Bedarf an alternativen Studienzeitmodellen signalisiert.

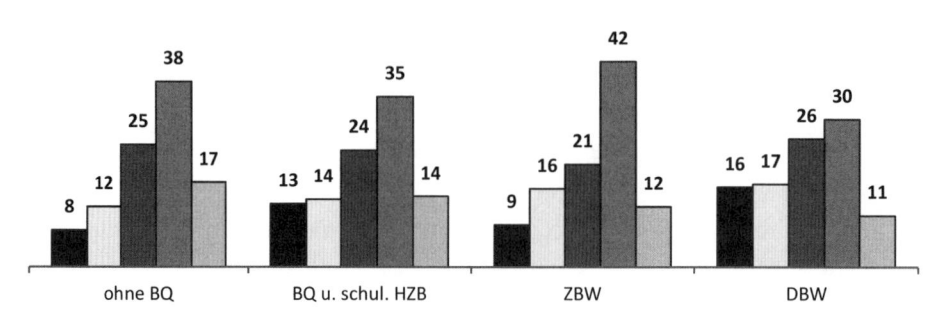

[Abbildung 5: Balkendiagramm mit Werten:
ohne BQ: 8, 12, 25, 38, 17
BQ u. schul. HZB: 13, 14, 24, 35, 14
ZBW: 9, 16, 21, 42, 12
DBW: 16, 17, 26, 30, 11
Legende: weniger als 10 h, 10 h bis unter 20 h, 20 h bis unter 30 h, 30 h bis unter 50 h, 50 h und mehr]

Quelle: HISBUS-Befragung „Studium und Beruf" 2013/14, eigene gewichtete Auswertungen

Abbildung 5: Zeitbudget für das Studium in Wochenstunden nach Studienberechtigung, Anteile an erwerbstätigen Studierenden je Vergleichsgruppe, in Prozent (Abk.: BQ = Berufliche Qualifikation, HZB = Hochschulzugangsberechtigung, ZBW = Zweiter Bildungsweg, DBW = Dritter Bildungsweg)

Entsprechend groß sind die empfundenen studienbezogenen Belastungen: Fast zwei Drittel (63 Prozent) der beruflich qualifizierten Studierenden fühlen sich durch Bedingungen außerhalb des Studiums belastet, aber nur knapp die Hälfte der Studierenden ohne berufliche Vorbildung. 41 Prozent der beruflich Qualifizierten geben an, Schwierigkeiten aufgrund mangelnder Flexibilität der Studiengestaltung zu haben (vgl. Tabelle 4). Studierende des Dritten Bildungswegs, die tendenziell am wenigsten Zeit für ihr Studium und am meisten für die berufliche Tätigkeit aufwenden, beklagen zudem, dass ihnen nicht ausreichend Zeit für die Aufarbeitung von Wissensdefiziten zur Verfügung stehen würde. Auch wenn die Befunde zu der Frage, wie die Studierenden die Studienanforderungen bewältigen, nicht auf höhere Problemlagen bei den nicht-traditionellen Studierenden hindeuten, sind gerade diese Studierenden, die aufgrund ihrer fehlenden schulischen Voraussetzungen möglicherweise höhere Unterstützungsbedarfe haben, auf zeitlich und örtlich flexible Studien- und Lernangebote angewiesen.

5.3 Erwartungen und Anforderungen

Aus den beschriebenen Lebenslagen und Schwierigkeiten von beruflich qualifizierten Studierenden ergeben sich spezifische Erwartungen hinsichtlich der Begleitung und Unterstützung im Studium und Anforderungen an eine flexible Studiengestaltung. Diese werden im Folgenden nur auf Basis derjenigen Studierenden betrachtet, die sich zum Zeitpunkt der Befragung in einem ersten Hochschulstudium befanden.

Für den Bereich des wissenschaftlichen Arbeitens zeigt sich über alle Studierendengruppen hinweg, unabhängig von ihrer beruflichen Vorbildung, der größte Bedarf an unterstützenden Angeboten. Sofern diese vorhanden sind, wünschen sich die befragten Studierenden mit Berufsabschluss hier tendenziell häufiger eine Verbesserung. Sie werden im Schnitt nur von weniger als 40 Prozent als hilfreich eingeschätzt. Für Studierende, die nach einer Zeit der Ausbildung und Erwerbstätigkeit in die Hochschule einmünden, sind Begleitungsangebote, die sowohl überfachlich (z.B. zum Erwerb von Lernstrategien) als auch in Form von Brückenkursen zum Ausgleich fachbezogener Defizite angeboten werden, von besonderer Relevanz. Diese Angebote werden allerdings vor allem von Studierenden des Zweiten und Dritten Bildungswegs als dringend verbesserungswürdig angesehen (vgl. Abbildung 6). Freiräume für Selbststudienphasen ohne Anwesenheit in der Hochschule werden insbesondere von erwerbstätigen Studierenden als besonders wichtig eingeschätzt. Dazu gehören auch flexible Öffnungszeiten von Laboren und Bibliotheken, E-Learning-Angebote sowie online verfügbare Lernmaterialen. Die Möglichkeit, in Teilzeit zu studieren, kommt dabei – vermutlich aufgrund der längeren zeitlichen Perspektive eines Teilzeitstudiums – nur für einen sehr geringen Teil der Studierenden in Frage.

Abbildung 6

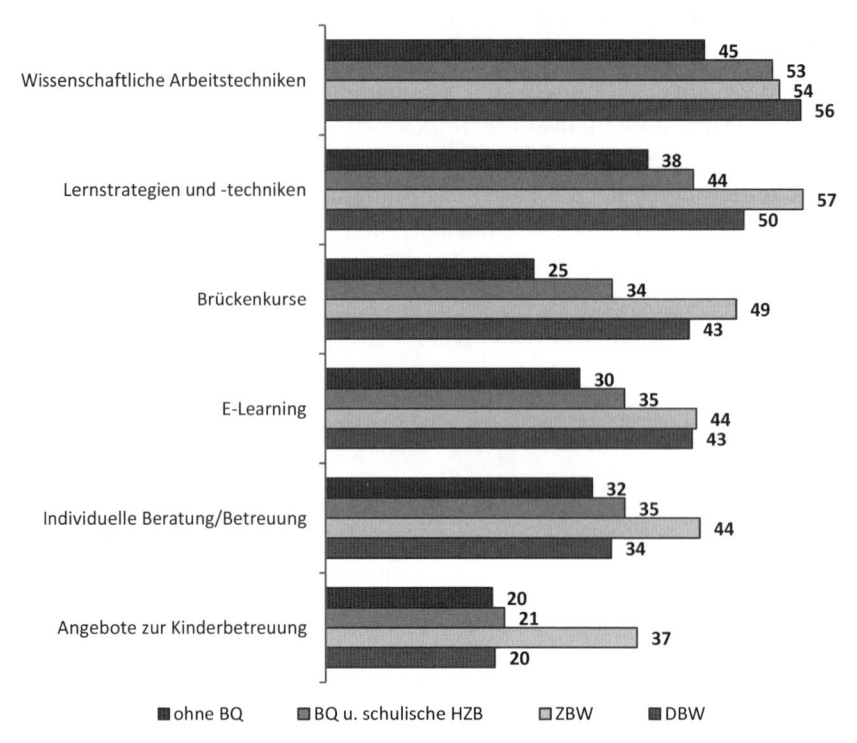

Kategorie	ohne BQ	BQ u. schulische HZB	ZBW	DBW
Wissenschaftliche Arbeitstechniken	45	53	54	56
Lernstrategien und -techniken	38	44	57	50
Brückenkurse	25	34	49	43
E-Learning	30	35	44	43
Individuelle Beratung/Betreuung	32	35	44	34
Angebote zur Kinderbetreuung	20	21	37	20

Quelle: HISBUS-Befragung „Studium und Beruf" 2013/14, eigene gewichtete Auswertungen

Abbildung 6: Verbesserungsbedarfe hinsichtlich Unterstützung und Vereinbarkeit aus Sicht von Studierenden im Erststudium, Anteile mit Angabe „(sehr) dringlich", in Prozent (Abk.: BQ = Berufliche Qualifikation, HZB = Hochschulzugangsberechtigung, ZBW = Zweiter Bildungsweg, DBW = Dritter Bildungsweg)

Studierende, die angeben in einem berufsbegleitenden Format eingeschrieben zu sein, berichten signifikant seltener über Probleme mit der mangelnden Flexibilität der Studiengestaltung und bei der Studienorientierung. Die zeitliche Koordination zwischen den Lehrveranstaltungen wird deutlich positiver bewertet, und auch die Studienfinanzierung wird nur selten als unsicher empfunden. Hinsichtlich der Betreuungsangebote fallen die Bewertungen von berufsbegleitend Studierenden allerdings tendenziell schlechter aus. Berufsbegleitende Studienformen scheinen somit zumindest mit Blick auf die Vereinbarkeit des Studiums mit anderen Verpflichtungen einige Vorteile zu bieten.

6 Schlussbetrachtung: Anforderungen an eine zielgruppengerechte Studiengestaltung?

Eine zentrale Zielgruppe Lebenslangen Lernens an Hochschulen – und des Bund-Länder-Wettbewerbs *Aufstieg durch Bildung: offene Hochschulen* – sind Personen, die bereits über eine berufliche Qualifikation und berufliche Erfahrungen verfügen und in einer weiteren Qualifizierungssequenz ein Hochschulstudium aufnehmen wollen. Für diese Gruppe beruflich Qualifizierter ist eine hohe Durchlässigkeit zwischen der beruflichen Bildung beziehungsweise der Erwerbstätigkeit einerseits und dem Hochschulsystem andererseits besonders wichtig. Bedeutsam sind dabei nicht allein Regelungen, die den Zugang und die Zulassung zum Studium erleichtern, ebenso essentiell sind passende, adressatenorientierte Studienangebote. Solche Angebote sind in Deutschland derzeit weder sehr verbreitet noch zeichnet sich eine deutliche Tendenz zum Ausbau dieser Studiengänge ab (Minks/Netz/Völk 2011). Zur erfolgreichen Entwicklung und Umsetzung solcher Programme müssen die spezifischen Merkmale dieser Zielgruppe und die besonderen Anforderungen, die Studierende mit beruflicher Qualifikation an ein Hochschulstudium stellen, berücksichtigt werden (vgl. den Beitrag von Banscherus/Pickert/Neumerkel in diesem Band).

Wie gezeigt wurde, ist die Gruppe der beruflich Qualifizierten in sich keinesfalls homogen. Aus den geschilderten Zugangswegen und Aktivitäten vor Studienaufnahme ergibt sich eine Vielzahl von bildungs- und berufsbiografischen Pfaden und möglichen Zugangswegen zum Studium, die von den befragten Studierenden unterschiedlich häufig absolviert wurden. Personen, die nach einer beruflichen Ausbildungs- und Erwerbsphase in die Hochschule übergehen, verfügen demnach über unterschiedliche Voraussetzungen, Kompetenzen und Erfahrungen, welche die individuelle Bewältigung der Studienanforderungen beeinflussen können.

Mit den im vorliegenden Beitrag präsentierten Ergebnissen zu den Merkmalen beruflich qualifizierter Studierender sowie ihren Studienmotiven und -erfahrungen sind sowohl übergreifende, allgemeine als auch zum Teil differierende Erwartungen und Anforderungen seitens der Studierenden an eine adressatenorientierte Studiengestaltung verbunden. Die folgenden Ausführungen konzentrieren sich auf die drei Hauptgruppen: (1.) Studierende mit schulischer Studienberechtigung, die in der Regel eine Berufsausbildung zwischen dem Erwerb der Hochschulreife und dem Studium absolviert haben, zum Teil aber auch nach oder mit ihrem Berufsabschluss die Hochschulreife an einer Schule des Berufsbildungssystems erworben haben, (2.) Studierende, die eine Hochschulzugangsberechtigung an einer Einrichtung des Zweiten Bildungswegs nachgeholt haben, und (3.) Studierende aus dem Dritten Bildungsweg, also ohne eine schulische Hochschulzugangsberechtigung.

1. Doppelqualifizierer mit schulischer Studienberechtigung – karriereorientierte Sicherheitsstrategen?

Für die Studierenden, die nach dem Erwerb einer schulischen Hochschulzugangsberechtigung, in der Regel des Abiturs, eine Berufsausbildung absolvieren, zeigen sich schulartspezifische Übergangsmuster. Während ein großer Teil der Absolventinnen und Absolventen allgemeinbildender Schulen (in der großen Mehrzahl aus der allgemeinbildenden Oberstufe eines Gymnaiums oder einer Gesamtschule) nach dem Abitur ein Universitätsstudium aufnimmt, wählen beruflich Qualifizierte, die einen Abschluss an einer berufsbildenden Schule erwerben, zum überwiegenden Teil ein Studium an einer Fachhochschule. Beide Studierendengruppen weisen vergleichsweise kurze Übergangszeiten zwischen Ausbildungsabschluss und Studienaufnahme auf. Daher verfügen sie zwar über weniger Erwerbserfahrung, können aber möglicherweise stärker als andere Gruppen beruflich Qualifizierter im Studium auf ihr schulisch erworbenes Wissen zurückgreifen. Die zügigere Studienentscheidung weist zudem darauf hin, dass diese Gruppe häufig eine Doppelqualifikation als eine Art Sicherheitsstrategie und günstigere Startbedingung für den Übergang vom Studium in den Arbeitsmarkt anstrebt. Für diese Studierenden hat das Erreichen des akademischen Abschlusses auch insofern eine hohe Bedeutung, als damit häufig eine Reproduktion des Bildungsstatus ihrer Eltern verbunden ist.

Diejenigen, die an einer Schule des berufsbildenden Systems, zum Beispiel einer Fachoberschule, eine Fachhochschulreife erworben haben, weisen hinsichtlich der Studienmotivation, aber auch der Bewertung der mit dem Studium verbundenen Schwierigkeiten größere Parallelen zur Gruppe der Studierenden des Dritten Bildungswegs auf – insbesondere wenn die Studienberechtigung nach oder parallel zum Abschluss der Berufsausbildung erreicht wurde. Wie in allen anderen Vergleichsgruppen spielen auch in dieser Gruppe Aspekte der Vereinbarkeit des Studiums mit der Erwerbstätigkeit, beispielsweise durch Formen selbstgesteuerten Lernens und geringere Anwesenheitszeiten, eine große Rolle.

2. Neuorientierung über den Zweiten Bildungsweg – eine Problemgruppe?

Studierende, die auf dem Zweiten Bildungsweg eine Studienberechtigung nachgeholt haben, verbinden mit ihrer Studienaufnahme häufiger als die Vergleichsgruppen Motive der Neuorientierung oder einer Korrektur des zuvor eingeschlagenen Bildungs- beziehungsweise Berufswegs. Wo eine fachliche Umorientierung über den Dritten Bildungsweg aufgrund enger landesrechtlicher Vorgaben (z.B. durch Affinitätsbestimmungen) nicht möglich ist, sofern keine allgemeine Hochschulreife aufgrund eines anerkannten Fortbildungsabschlusses oder anderer Voraussetzungen für einen unbeschränkten Hochschulzugang vorliegen, ist das Nachholen des Abiturs für diejenigen, die eine grundlegende fachliche oder berufliche Neuorientierung anstreben, häufig die einzige Möglichkeit, ein Hochschulstudium aufnehmen zu können.

Die Befunde verweisen auf stärkere Orientierungsprobleme und einen hohen Bedarf an Begleitungs- und Betreuungsangeboten sowie auf etwas stärker ausgeprägte Unsicherheiten und wahrgenommene Wissensdefizite bei dieser Gruppe, obgleich sie nicht nur über berufliche Erfahrungen verfügt, sondern auch das Abitur erworben hat. Entsprechend hoch sind hier die Bedarfe an Unterstützungsangeboten, zum Beispiel in Bezug auf Lernstrategien, Brückenkurse oder die individuelle Beratung und Betreuung. Angesichts der Tatsache, dass die Studierfähigkeit dieser Personen in bildungspolitischen Debatten als wenig strittig und der Erwerb des Abiturs in einer Einrichtung des Zweiten Bildungswegs als der legitime Weg für Berufstätige gilt, sind dies doch erstaunliche Befunde, die in weiteren Untersuchungen – auch unter der Frage möglicher Einflussfaktoren – vertieft werden sollten.[15] Da in dieser Gruppe große Unsicherheiten in Bezug auf die Studienfinanzierung vorhanden sind, spielt hier zudem eine zeitlich flexibilisierte Studienorganisation eine große Rolle.

3. Der Dritte Bildungsweg – Studium als berufliche Aufstiegsfortbildung?

Unter den befragten beruflich Qualifizierten sind 13 Prozent auf nicht-traditionellen Wegen an die Hochschule gekommen. Ihr Anteil in der Untersuchungsstichprobe fällt damit höher aus, als es nach der Zusammensetzung aller Studierenden zu erwarten gewesen wäre. Sie stammen ähnlich häufig wie Studierende des Zweiten Bildungswegs aus Familien mit niedriger oder mittlerer Bildungsherkunft – ein klarer Indikator für die soziale Öffnungsfunktion dieses Zugangswegs (vgl. den Beitrag von Otto/Kamm in diesem Band). Für diese Zielgruppe ist daher eine alternative, über den Beruf führende Zugangsmöglichkeit zum Studium eine Voraussetzung, um einen ‚Aufstieg durch Bildung' zu realisieren. Die Studienmotivation ist bei dieser Gruppe gekennzeichnet durch den Wunsch nach fachlicher Weiter- beziehungsweise Höherqualifizierung in Verbindung mit höherer sozialer Anerkennung und finanziellem Zugewinn durch den akademischen Abschluss. Folglich bildet das Studium für diese Zielgruppe vornehmlich eine spezifische Form der beruflichen Weiterbildung mit engem Berufsfeldbezug, wobei diese Affinität für einen relevanten Teil zugleich eine notwendige Bedingung für den Hochschulzugang darstellt. Dennoch findet sich in dieser Gruppe – in Interaktion mit dem Berufsmotiv, zum Teil auch unabhängig davon – auch ein hohes Maß an persönlichkeitsorientierter Weiterbildungsmotivation, die mit Selbstentfaltungsmotiven korrespondiert. Der enge Berufsbezug zeigt sich auch in der Hochschul- und Fachwahl dieser Gruppe, die sich häufig auf Fachhochschulen und hier besonders auf ingenieurwissenschaftliche Studiengänge konzentriert.

Für die Studierenden des Dritten Bildungswegs liegt die Schulzeit im Vergleich zu den anderen beruflich Qualifizierten im Mittel am weitesten zurück. Sie sind daher meist älter, durchschnittlich am längsten erwerbstätig und haben häufiger als beruflich qualifizierte Studierende des Ersten Bildungswegs Fort- und Weiterbildungen absolviert. Der Weg an die Hochschule kann für einige von ihnen somit als Teil einer mehr oder weniger kontinuierlichen Weiterbildungskarriere interpretiert werden. Dies hat für diese Studierendengruppe zwei Konsequenzen: Zum einen verfügen sie nach eigener Aussage in hohem Maße über berufspraktische Erfahrungen und fachliche Kenntnisse, die im Studium angewendet werden können und

---

15 Zu ähnlichen Ergebnissen kommen auf Basis von Auswertungen des NEPS auch Dahm und Kerst in diesem Band.

zu ihrer hohen Motivation, Belastbarkeit und Zielstrebigkeit beitragen, wodurch etwaige Wissenslücken aufgrund vorhandener – oder zumindest wahrgenommener – schulischer Defizite mit unterschiedlichen Copingstrategien kompensiert werden können. Obgleich sich in dieser Gruppe häufig auch Unsicherheiten bei der Studienentscheidung und in der ersten Studienphase finden (vgl. die Beiträge von Otto/Kamm und Dahm/Kerst in diesem Band), scheint sie sich insgesamt durch eine hohe Selbstwirksamkeitserwartung auszuzeichnen. Zum anderen stellt das Studium beruflich Qualifizierte ohne (Fach-)Abitur aufgrund des hohen zeitlichen Umfangs studienbegleitender Erwerbstätigkeit vor besondere Herausforderungen hinsichtlich einer flexiblen Studiengestaltung.

Insgesamt zeichnet sich deutlich ab, dass – gerade vor dem Hintergrund des Ziels einer stärkeren Gewinnung von beruflich qualifizierten Studieninteressierten zur Aufnahme eines Studiums – mehrere sich ergänzende oder überschneidende Gründe für den Ausbau flexibler Studienformate sprechen: (1.) zur Finanzierung ihres Studiums, (2.) zur Aufrechterhaltung ihres Berufskontaktes (als Praxiserfahrung oder Sicherungsstrategie), (3.) wegen familiärer Verpflichtungen sowie (4.) als notwendiges Zeitfenster für zusätzliche Unterstützungangebote oder zum Ausgleich studienbezogener Defizite. Der Umstand, dass diese Studierendengruppe an privaten Hochschulen im Verhältnis zu ihrem Anteil an allen Studierenden deutlich überrepräsentiert ist (Autorengruppe Bildungsberichterstattung 2014), deutet darauf hin, dass öffentliche Hochschulen hier offenbar einen erheblichen Innovationsbedarf haben, während private Anbieter sich auf genau diese Zielgruppe kaprizieren. Von daher ist es ein zentrales Ziel des Bund-Länder-Wettbewerbs *Aufstieg durch Bildung: offene Hochschulen*, eben diesen Entwicklungsrückstand öffentlicher Hochschulen auszugleichen – oder hierzu zumindest einen Beitrag zu leisten.

Literatur

Autorengruppe Bildungsberichterstattung (2014): *Bildung in Deutschland 2014. Ein indikatorengestützter Bericht mit einer Analyse zur Bildung von Menschen mit Behinderungen*. Bielefeld: W. Bertelsmann.

Banscherus, U. (2010): Lebenslanges Lernen im Bologna-Prozess. In: Wolter, A./Wiesner, G./Koepernik, C. (Hrsg.): *Der lernende Mensch in der Wissensgesellschaft. Perspektiven lebenslangen Lernens*. Weinheim: Juventa. S. 221–237.

Banscherus, U./Pickert, A. (2013): Unterstützungsangebote für nicht-traditionelle Studieninteressierte. In: Vogt, H. (Hrsg.): *Wächst zusammen, was zusammen gehört? Wissenschaftliche Weiterbildung – berufsbegleitendes Studium – lebenslanges Lernen* (Beiträge zur wissenschaftlichen Weiterbildung 53). Mainz. S. 128–134.

Banscherus, U./Spexard, A. (2014): Zugänge aus beruflicher Bildung und der Berufstätigkeit: Weiterhin keine Priorität für Hochschulen und Hochschulforschung. In: Banscherus, U./Bülow-Schramm, M./Himpele, K./Staack, S./Winter, S. (Hrsg.): *Übergänge im Spannungsfeld von Expansion und Exklusion*. Bielefeld: W. Bertelsmann. S. 61–80.

Bellmann, L./Janik, F. (2010): Abitur and what next? Reasons for gaining double qualification in Germany. In: *Schmollers Jahrbuch (Zeitschrift für Wirtschafts- und Sozialwissenschaften)*. 130(1). S. 1–18.
Brändle, T. (2014): Studienmotive und Lebensziele. Ein Vergleich der Intentionen nicht-traditioneller und traditioneller Studierender. In: *Beiträge zur Hochschulforschung*. 36(4). S. 92–119.
Büchel, F./Helberger, C. (1995): Bildungsnachfrage als Versicherungsstrategie. Der Effekt eines zusätzlich erworbenen Lehrabschlusses auf die beruflichen Startchancen von Hochschulabsolventen. In: *Mitteilungen aus der Arbeitsmarkt- und Berufsforschung*. 28(1). S. 32–42.
Freitag, W. K. (2012): *Zweiter und Dritter Bildungsweg in die Hochschule* (Böckler-Arbeitspapier Nr. 253). Düsseldorf.
Hanft, A./Knust, M. (2010): Berufsbegleitendes Studieren: Bildungspolitische Anforderungen und internationale Praxis. In: *Zeitschrift für Soziologie der Erziehung und Sozialisation*. 30(1). S. 43–58.
Hartlaub, V./Schneider T. (2012): *Educational choice and risk aversion: How important is structural vs. individual risk aversion?* (SOEPpapers on multidisciplinary panel data research No. 433). Berlin: DIW.
Jacob, M. (2004): *Mehrfachausbildungen in Deutschland: Karriere, Collage, Kompensation?* Wiesbaden: VS Verlag für Sozialwissenschaften.
Jürgens, A./Zinn, B. (2015): Nicht-traditionell Studierende in Deutschland – Stand der empirischen Forschung und Desiderate. In: Elsholz, U. (Hrsg.): *Beruflich Qualifizierte im Studium. Analysen und Konzepte zum Dritten Bildungsweg*. Bielefeld: W. Bertelsmann. S. 35–56.
Kerres, M./Hanft, A./Wilkesmann, U. (2012): Implikationen einer konsequenten Öffnung der Hochschule für lebenslanges Lernen – eine Schlussbetrachtung. In: Kerres, M./Hanft, A./Wilkesmann, U./Wolff-Bendik, K. (Hrsg.): *Studium 2020. Positionen und Perspektiven zum lebenslangen Lernen an Hochschulen*. Münster: Waxmann. S. 285–290.
Klein, U./Heitzmann, D. (2012): *Hochschule und Diversity. Theoretische Zugänge und empirische Bestandsaufnahme*. Weinheim: Beltz Juventa.
Lewin, K./Minks, K. H./Uhde, S. (1996): Abitur – Berufsausbildung – Studium. Zur Strategie der Doppelqualifizierung von Abiturienten. In: *Mitteilungen aus der Arbeitsmarkt- und Berufsforschung*. 29(3). S. 431–454.
Lörz, M./Quast, H./Woisch, A. (2012): *Erwartungen, Entscheidungen und Bildungswege. Studienberechtigte 2010 ein halbes Jahr nach Schulabgang* (HIS-Forum Hochschule 5/2012). Hannover.
Middendorff, E./Apolinarski, B./Poskowsky, J./Kandulla, M./Netz, N. (2013): *Die wirtschaftliche und soziale Lage der Studierenden in Deutschland 2012. 20. Sozialerhebung des Deutschen Studentenwerks durchgeführt durch das HIS-Institut für Hochschulforschung*. Berlin.
Minks, K.-H./Netz, N./Völk, N. (2011): *Berufsbegleitende und duale Studienangebote in Deutschland: Status quo und Perspektiven* (HIS-Forum Hochschule 11/2011). Hannover.
Mucke, K./Kupfer, F. (2011): Durchlässigkeit umsetzen für lebensbegleitendes Lernen – Schlussfolgerungen aus der Sicht der beruflichen Bildung. In: Freitag, W. K./Hartmann, E. A./Loroff, C./Stamm-Riemer, I./Völk, D./Buhr, R. (Hrsg.): *Gestaltungsfeld Anrechnung. Hochschulische und berufliche Bildung im Wandel*. Münster: Waxmann. S. 221–238.
Pilz, M. (2009): Why Abiturienten do an apprenticeship before going to university: the role of 'double qualifications' in Germany. In: *Oxford Review of Education*. 35(2). S. 187–204.

Ramm, M./Multrus, F./Bargel, T./Schmidt, M. (2014): *Studiensituation und studentische Orientierungen. 12. Studierendensurvey an Universitäten und Fachhochschulen.* Berlin.

Scheller, P./Isleib, S./Sommer, D. (2013): *Studienanfängerinnen und Studienanfänger im Wintersemester 2011/12. Tabellenband* (HIS-Forum Hochschule 6/2014). Hannover.

Schneider, H./Franke, B. (2014): *Bildungsentscheidungen von Studienberechtigten. Studienberechtigte 2012 ein halbes Jahr vor und ein halbes Jahr nach Schulabschluss.* (Forum Hochschule 6/2014). Hannover.

Scholz, W.-D./Wolter, A. (1984): Hochschulzugang als lebensgeschichtlicher Einschnitt. Ein empirischer Beitrag zu Studienmotiven und Studienerwartungen von Berufstätigen ohne traditionelle Studienberechtigung. In: Kellermann, P. (Hrsg.): *Studienaufnahme und Studienzulassung. Aspekte des Wandels im Zugang zu den Hochschulen* (Klagenfurter Beiträge zur bildungswissenschaftlichen Forschung Bd. 15). Klagenfurt. S. 129–159.

Wolter, A./Banscherus, U./Kamm, C./Otto, A./Spexard, A. (2014): Durchlässigkeit zwischen beruflicher und akademischer Bildung als mehrstufiges Konzept: Bilanz und Perspektiven. In: *Beiträge zur Hochschulforschung.* 36(4). S. 8–39.

Wolter, A./Dahm, G./Kamm, C./Kerst, C./Otto, A. (2015): Nicht-traditionelle Studierende in Deutschland: Begriff, Werdegänge, Studienmotivation – Ergebnisse eines empirischen Forschungsprojektes. In: Elsholz, U. (Hrsg.): *Beruflich Qualifizierte im Studium. Analysen und Konzepte zum Dritten Bildungsweg.* Bielefeld: W. Bertelsmann. S. 11–33.

Alexander Otto, Caroline Kamm

„Ich wollte einfach noch eine Stufe mehr"
Vorakademische Werdegänge und Studienentscheidungen von nicht-traditionellen Studierenden und ihr Übergang in die Hochschule

1   Einleitung

Das Lebenslange Lernen hat nicht zuletzt durch den Bologna- und den Kopenhagen-Prozess eine wachsende Bedeutung in der europäischen Bildungs- und Hochschulpolitik erhalten. In diesem Kontext ist das Ziel einer Öffnung der Hochschulen für neue Zielgruppen auch in Deutschland stärker in das öffentliche und politische Interesse gerückt. Eine besondere Bedeutung kommt hierbei nicht-traditionellen Zugangswegen zum Studium zu (Wolter 2013a; Banscherus 2010; vgl. die Beiträge von Wolter/Banscherus und Spexard in diesem Band). Für diese Öffnungsstrategie haben vor allem arbeitsmarkt- und bildungspolitische Argumente eine zentrale Rolle gespielt.

Vor dem Hintergrund demografischer Entwicklungen sowie eines anhaltenden Qualifikationsstrukturwandels soll mit der Erweiterung des Hochschulzugangs der gesellschaftliche Bedarf an akademisch qualifizierten Fachkräften gesichert werden. Darüber hinaus wird damit aus einer Ungleichheitsperspektive die Zielsetzung verbunden, durch die Ausweitung von Beteiligungschancen an Hochschulbildung (‚Widening Participation') soziale Disparitäten auszugleichen. Aus einer individuellen Perspektive sind lebenslange Lernprozesse im Hinblick auf persönliche und berufliche Selbstverwirklichung, Korrekturen bildungsbiografischer Entscheidungen sowie den Erhalt von Beschäftigungsfähigkeit und beruflichen Aufstiegsmöglichkeiten von besonderer Bedeutung (Wolter 2013b; vgl. den Beitrag von Banscherus/Wolter in diesem Band).

Mit dem Beschluss der Kultusministerkonferenz (KMK) aus dem Jahr 2009 zum *Hochschulzugang für beruflich qualifizierte Bewerber ohne schulische Hochschulzugangsberechtigung* wurde in Deutschland ein wichtiges Signal zur Öffnung der Hochschulen gesetzt. Diesem Beschluss zufolge wird Absolventinnen und Absolventen einer beruflichen Aufstiegsfortbildung ohne weitere Voraussetzungen eine allgemeine Hochschulzugangsberechtigung zuerkannt. Darüber hinaus sollen Personen, die nach Abschluss einer anerkannten Berufsausbildung eine mehrjährige Berufspraxis nachweisen können, über eine fachgebundene Hochschulzugangsberechtigung verfügen. Diese wird in der Regel über eine Eignungsfeststellungsprüfung erworben, möglich ist in bestimmten Fällen aber auch eine Zulassung ohne Zugangsprüfung oder – seltener – über ein Probestudium. Die konkrete Ausgestaltung der Voraussetzungen zum Hochschulzugang ohne schulische Studienberechtigung wird durch die Landeshochschulgesetze geregelt (vgl. den Beitrag von Banscherus/Neumerkel/Feichtenbeiner in diesem Band).[1] Auch im Rahmen des Bund-Länder-Wettbewerbs *Aufstieg durch Bildung: offene Hochschulen* bilden beruflich Qualifizierte ohne schulische Hochschulzugangsberechtigung beziehungsweise ‚nicht-traditionelle' Studierende eine der zentralen Zielgruppen.

Für die Hochschulforschung, aber auch für die Hochschulen sind neben dem Studienverlauf und dem Studienerfolg nicht-traditioneller Studierender (vgl. den Beitrag von Dahm/Kerst in diesem Band) die vorakademischen Bildungs- und Berufsbiografien sowie die Übergänge in die Hochschule von Interesse. Dabei ist jedoch zu berücksichtigen, dass sich die vorliegenden Befunde über diese Zielgruppe in aller Regel auf jene beruflich Qualifizierten beziehen, die den Übergang in die Hochschule bereits vollzogen haben, während die eigentliche Zielgruppe ungleich größer ist und über diesen – größeren – Teil des ‚KMK-Berechtigtenkreises' kaum Informationen vorliegen. Eine Abschätzung des tatsächlichen Umfangs dieser ‚neuen' Gruppe von Studienberechtigten ist allenfalls näherungsweise über die Zahl der Aus- und Fortbildungsabsolventinnen und -absolventen möglich.

Der amtlichen Statistik zufolge haben beispielsweise allein im Jahr 2014 rund 98.700 Personen einen Fortbildungsabschluss, überwiegend im Handwerk sowie im Bereich Industrie und Handel, erworben (Statistisches Bundesamt 2015). Wenn man berücksichtigt, dass Fortbildungsabsolventinnen und -absolventen nur eine Teilmenge aller Studierenden des Dritten Bildungsweges ausmachen (und diese sich nicht nur aus einem Abschlussjahrgang rekrutieren), wird deutlich, dass nur ein Bruchteil der beruflich Qualifizierten ohne schulische Hochschulzugangsberechtigung die Option zur akademischen Weiterqualifizierung nutzt und tatsächlich ein Hochschulstudium aufnimmt (Wolter/Geffers 2013). Daran schließt sich unter anderem die Frage nach den individuellen Motivlagen von nicht-traditionellen Studienanfängerinnen und -anfängern an, bei denen es sich möglicherweise um Personen handeln könnte, die sich entweder durch eine besonders hohe Leistungsfähigkeit und Motivation auszeichnet oder im Vorfeld der Studienentscheidung besonders starke (berufliche) Diskrepanz- und Frustrationserfahrungen gemacht hat.

Hinsichtlich der näheren Charakterisierung von nicht-traditionellen Studierenden besteht insgesamt ein erheblicher Bedarf an empirischen Befunden, die zur Versachlichung der teilweise kontrovers geführten Diskussion um Motivationen, Bedürfnisse und Anforderungen dieser Studierendengruppe sowie die individuelle Studierfähigkeit und damit verbundene Kompetenzen und mögliche Defizite beitragen können. Diese Informationen spielen für die Entwicklung nachfrage- und adressatengerechter Studienangebote und flankierender struktureller Maßnahmen

---

1 Hierzu gehören unter anderem Regelungen zur Affinität zwischen Ausbildungsberuf und gewählter Fachrichtung der Hochschule, die in den Ländern unterschiedlich umgesetzt werden. Problematisch sind solche Affinitätszuschreibungen insofern, als die Systematik der Ausbildungsberufe kaum mit der Architektur der Studienfächer vereinbar ist.

an Hochschulen eine wichtige Rolle (vgl. die Beiträge von Banscherus/Pickert/Neumerkel und Banscherus/Kamm/Otto in diesem Band). Um ein differenziertes und möglichst konsistentes Bild von der Zielgruppe nicht-traditioneller Studierender zu erhalten, liegen diesem Beitrag drei Fragestellungen zugrunde:

1. Wie lassen sich nicht-traditionelle Studierende anhand sozialstruktureller Merkmale sowie ihrer bildungs- und berufsbiografischen Werdegänge charakterisieren?
2. Welche Motive liegen der Studienentscheidung von nicht-traditionellen Studierenden zugrunde?
3. Wie gestaltet sich der Übergang in die Hochschule aus Sicht von nicht-traditionellen Studierenden und welche Zusammenhänge bestehen zwischen den beruflichen Vorerfahrungen und der Studienwahl?

Zur Beantwortung dieser Fragen werden empirische Befunde aus dem bundesweit angelegten Forschungsprojekt *Nicht-traditionelle Studierende zwischen Risikogruppe und akademischer Normalität*[2] präsentiert. Zunächst wird der aktuelle Stand der Forschung zu nicht-traditionellen Studierenden betrachtet (Abschnitt 2), bevor nach einigen methodischen Vorbemerkungen (Abschnitt 3) ausgewählte empirische Befunde (Abschnitt 4) vorgestellt werden. Auf Basis der amtlichen Hochschulstatistik wird in diesem Abschnitt zunächst ein Überblick über den Anteil nicht-traditioneller Studierender an den Hochschulen in Deutschland gegeben (4.1), anschließend werden auf der Grundlage qualitativer Interviews mit Vertreterinnen und Vertretern dieser Studierendengruppe sowie Auswertungen des Nationalen Bildungspanels (NEPS) die vorakademischen Bildungs- und Berufsbiografien (4.2), die Studienmotive und Studienentscheidungen (4.3) sowie die spezifischen Erfahrungen dieser Personengruppe am Übergang in die Hochschule (4.4) nachgezeichnet und analysiert.

2   Nicht-traditionelle Studierende im Spiegel der Hochschulforschung

Der Begriff ‚nicht-traditionelle Studierende' wird weder im internationalen Kontext noch auf der nationalstaatlichen Ebene einheitlich verwendet. Die unterschiedlichen Definitionen lassen sich auf unterschiedliche hochschulpolitische und wissenschaftliche Diskurskontexte zurückführen. Zu berücksichtigen ist, dass das Verständnis von ‚nicht-traditionellen' und ‚traditionellen' Formen des Hochschulzugangs in besonderer Weise von den jeweiligen nationalen Bildungs- und Qualifikationsstruk-

---

2   Das Forschungsprojekt wird an der Humboldt-Universität zu Berlin in Kooperation mit dem Deutschen Zentrum für Hochschul- und Wissenschaftsforschung (DZHW) durchgeführt und durch das Bundesministerium für Bildung und Forschung gefördert (FKZ: M508500).

turen abhängig ist. Für Deutschland bietet sich aufgrund der historisch tradierten Trennung zwischen beruflicher und akademischer Bildung, welche durch die enge Kopplung des Hochschulzugangs an den gymnasialen Bildungsweg und das Abitur sowie einen daraus resultierenden weitgehenden Ausschluss beruflicher Zugangswege zur Hochschule charakterisiert ist, eine enge Definition des Begriffs ‚nicht-traditionell' an (vgl. Wolter et al. 2015), die auch dem vorliegenden Beitrag zugrunde liegt. Diese setzt an der Form des Hochschulzugangs an und umfasst diejenigen Zugangswege, die nicht über eine schulisch vermittelte Studienberechtigung, sondern in unterschiedlichen Formen über berufliche Qualifikation und Erfahrung führen – häufig unter der Bezeichnung des Dritten Bildungswegs gefasst (Teichler/Wolter 2004; Dahm et al. 2013).

Bis vor wenigen Jahren war die Forschung zu Studierenden des Dritten Bildungswegs in Deutschland auf die Länder oder Hochschulstandorte konzentriert, die einen vergleichsweise höheren Studienanfängeranteil beruflich Qualifizierter ohne schulisch erworbene Studienberechtigung aufwiesen, wobei Niedersachsen hier – bereits seit den 1980er Jahren – eine besondere Bedeutung zukommt (z.B. Schulenberg et al. 1986; Fengler et al. 1983; Wolter/Reibstein 1991; Scholz 1999, 2006). Weitere länder- oder hochschulbezogene Studien finden sich auch für Schleswig-Holstein (Schroeter 1998) und die Hamburger Universität für Wirtschaft und Politik (HWP) (z.B. Friebel 1978). Erste länderübergreifende Untersuchungen wurden in den 1990er Jahren durch das Bundesinstitut für Berufsbildung initiiert (Isserstedt 1994; Mucke/Schwiedrzik 1997).

Das wachsende bildungspolitische Interesse an der Zielgruppe hat vor allem seit der KMK-Vereinbarung von 2009 zu einer umfangreicheren wissenschaftlichen Beschäftigung mit nicht-traditionellen Studierenden geführt (für einen Überblick vgl. Freitag 2012; Jürgens/Zinn 2015). Diese Studien liefern wichtige Hinweise zum Beispiel zu Erfolgsfaktoren für Lebenslanges Lernen an Hochschulen (Kerres et al. 2012), förderlichen Rahmenbedingungen (Buchholz et al. 2012) oder speziellen Angeboten für beruflich Qualifizierte (Kern/Hoormann 2011), zur Bedeutung von beruflichen Qualifikationen und Erfahrungen (Berg et al. 2014) sowie fachbezogene Vergleiche zwischen nicht-traditionellen und traditionellen Studierenden (Jürgens/Zinn 2012; Brändle et al. 2015). Die Aussagekraft dieser Untersuchungen ist zumeist auf ein Bundesland, einen Hochschulstandort oder einzelne Studiengänge begrenzt, sodass Einschränkungen in der Repräsentativität und Generalisierbarkeit der Ergebnisse zu berücksichtigen sind. Außerdem sind die vorhandenen Untersuchungen aufgrund eines differierenden Begriffsverständnisses der Zielgruppe nur eingeschränkt vergleichbar.

Bislang seltener zu finden sind Ansätze aus der Lebenslauf- und Biografieforschung, die gerade aufgrund der besonderen Werdegänge nicht-traditioneller Studierender sowie im Hinblick auf die Aspekte der Hochschulsozialisation und Studienbewältigung besonders interessant sind. In diesem Zusammenhang kommt der Untersuchung von Alheit, Rheinländer und Watermann (2008)[3] als einer biografisch angelegten empirischen Studie besondere Bedeutung zu. Weitere, ebenfalls qualitative Erhebungen beschäftigen sich mit den Bedingungen und dem bildungsökonomischen Nutzen des akademischen ‚Quereinstiegs' (Diller et al. 2011) sowie dem Einfluss von individuellen Lernerfahrungen auf die Bewältigung des Übergangs zwischen Beruf und Studium von Studierenden des Dritten Bildungswegs (Anslinger/Heibült/Müller 2015).

Trotz einer zunehmenden Zahl an Untersuchungen zu nicht-traditionellen Studierenden weist der Forschungsstand weiterhin beträchtliche Lücken auf. Dies betrifft unter anderem die Befundlage zum Studienerfolg und zur ‚Studierfähigkeit' nicht-traditioneller Studierender – auch im Längsschnitt und im Vergleich zu anderen traditionellen Studierendengruppen, Aussagen zum Verbleib und zu Bildungsrenditen von Absolventinnen und Absolventen sowie zur Wirkung von spezifischen Maßnahmen und Angeboten wie Beratungs- und Unterstützungsangeboten (Freitag 2012; Jürgens/Zinn 2015; vgl. die Beiträge von Dahm/Kerst und Banscherus/Kamm/Otto in diesem Band).

3 Methodische Vorbemerkungen

Grundlage für die in diesem Beitrag präsentierten Befunde bilden drei Datenquellen: (1.) die amtliche Hochschulstatistik sowie (2.) Auswertungen von repräsentativen Längsschnittdaten auf Basis des NEPS und (3.) einer qualitativ angelegten Interviewstudie mit nicht-traditionellen Studierenden.

Das NEPS umfasst eine Stichprobe von etwa 17.000 Studienanfängerinnen und -anfängern, unter denen sich auch eine größere Gruppe von rund 600 nicht-traditionellen Studierenden befindet, die seit ihrem Studienbeginn im Wintersemester 2010/11 befragt werden (Aschinger et al. 2011).[4] Dies ermöglicht eine vergleichende Analyse der Studienverläufe und des Studienerfolgs von nicht-traditionellen Studierenden gegenüber traditionellen Studierendengruppen mit schulischer Hochschulzugangsberechtigung vor dem Hintergrund ihrer schulischen und beruflichen Vorbildung und Erfahrungen sowie weiterer Merkmale. Im Folgenden werden sechs

---

3   Einschränkend ist zu berücksichtigen, dass im Rahmen dieser Studie eine sehr weit gefasste Definition von nicht-traditionellen Studierenden verwendet wurde, die unter anderem auch Fern- und Teilzeitstudierende – unabhängig von der Art ihrer Hochschulzugangsberechtigung – als nicht-traditionelle Studierende betrachtet.

4   Der vorliegende Beitrag nutzt Daten des Nationalen Bildungspanels (NEPS), Startkohorte 5 (Studierende), doi:10.5157/NEPS:SC5:4.0.0. Die Daten des NEPS wurden von 2008 bis 2013 als Teil des Rahmenprogramms zur Förderung der empirischen Bildungsforschung erhoben, welches vom Bundesministerium für Bildung und Forschung (BMBF) finanziert wurde. Seit 2014 wird NEPS vom Leibniz-Institut für Bildungsverläufe e.V. (LIfBi) an der Otto-Friedrich-Universität Bamberg in Kooperation mit einem deutschlandweiten Netzwerk weitergeführt.

Gruppen gegenübergestellt, die sich anhand der Art ihrer Hochschulzugangsberechtigung und der vor dem Studium erworbenen beruflichen Qualifikation voneinander unterscheiden:

- Nicht-traditionelle Studierende ohne schulische Studienberechtigung (NTS),
- Studierende des Zweiten Bildungswegs (ZBW),
- Studierende mit allgemeiner oder fachgebundener Hochschulreife ohne beruflichen Abschluss (aHR/fgHR o. BA),
- Studierende mit allgemeiner oder fachgebundener Hochschulreife und beruflichem Abschluss (aHR/fgHR m. BA),
- Studierende mit Fachhochschulreife ohne beruflichen Abschluss (FHR o. BA),
- Studierende mit Fachhochschulreife und beruflichem Abschluss (FHR m. BA).

Durch die Verknüpfung mit einer qualitativ angelegten Interviewstudie können Studienentscheidungsprozesse vor dem Hintergrund bildungs- und berufsbiografischer Erfahrungen rekonstruiert sowie die subjektive Bewältigung der Studienanforderungen analysiert werden. Vorakademische Bildungsbiografien, Studienmotive und Entscheidungsprozesse sowie die Erfahrungen und Bewertungen des Studienübergangs und -verlaufs wurden im Rahmen von leitfadengestützten Interviews mit nicht-traditionellen Studierenden an sieben Hochschulstandorten zu zwei Befragungszeitpunkten, unmittelbar nach dem Studienbeginn und etwa in der Mitte des Studiums, erhoben (Kamm/Otto 2013). Die Auswertung erfolgte mit Hilfe des Verfahrens der zusammenfassenden qualitativen Inhaltsanalyse (Mayring 2010). Die in diesem Beitrag vorgestellten Ergebnisse basieren im Wesentlichen auf der ersten Befragung von 46 Studienanfängerinnen und -anfängern im Wintersemester 2012/2013.

4 Zwischen Aufstieg und beruflicher Neuorientierung – Nicht-traditionelle Studierende an deutschen Hochschulen

Vor dem Hintergrund des Ziels einer Öffnung der Hochschulen für nicht-traditionelle Studierende durch nachfrageorientierte und adressatengerechte Studienangebote ist neben der Betrachtung soziodemografischer Merkmale und Lebenslagen dieser Gruppe auch die Berücksichtigung der individuellen (Weiter-)Bildungsmotive und Erwartungen, der Lernvoraussetzungen aufgrund schulischer und beruflicher Qualifikationsprofile und spezifischer Erwerbserfahrungen sowie förderlicher und hemmender Faktoren der Studiennachfrage bedeutsam (vgl. Reich-Claassen/Hippel 2009; vgl. den Beitrag von Banscherus/Pickert/Neumerkel in diesem Band). Zunächst wird in diesem Abschnitt auf Basis hochschulstatistischer Daten ein Überblick zum (zahlenmäßigen) Umfang und zur Zusammensetzung der Gruppe der nicht-traditionellen Studierenden nach ausgewählten soziodemografischen und studienbezogenen Merkmalen gegeben. Anschließend werden die bildungs- und berufsbiografischen Werdegänge, die Studienentscheidungen und -motive sowie die Übergangserfahrungen der Zielgruppe genauer dargestellt.

4.1 Hochschulstatistische Daten zur Beschreibung der Zielgruppe

Verschiedene strategische Maßnahmen auf Ebene von Bund und Ländern haben dazu beigetragen, den Hochschulzugang, zumindest formal, offener zu gestalten (vgl. den Beitrag von Banscherus/Neumerkel/Feichtenbeiner in diesem Band). Damit stellt sich die Frage, inwiefern sich diese Öffnungsinitiativen in der Bildungsbeteiligung nicht-traditioneller Studierender niederschlagen.

Wie die Auswertungen der Studierendenstatistik zeigen, spiegelt sich die formal erweiterte Durchlässigkeit zwischen beruflicher Bildung und Hochschule hier bislang nur verhalten wider (vgl. Duong/Püttmann 2014). Zwar ist bei Betrachtung der Daten der amtlichen Hochschulstatistik[5] die expansive Entwicklung der absoluten Zahl nicht-traditioneller Studierender in der jüngeren Vergangenheit nicht zu übersehen – so kamen im Studienjahr 2013 etwa 13.000 der etwas mehr als 490.000 Studienanfängerinnen und -anfänger auf dem Dritten Bildungsweg an die Hochschulen – und damit so viele wie noch nie. Jedoch relativiert sich der Eindruck im Kontext des in den vergangenen Jahren insgesamt zu konstatierenden Wachstums der Studiennachfrage. Denn trotz dieses zahlenmäßig deutlichen Anstiegs bleiben nicht-traditionelle Studienanfängerinnen und -anfänger, gemessen an der Gesamtheit aller Neuimmatrikulierten, mit einem Anteil von 2,6 Prozent im Jahr 2013 weiterhin eine marginale Gruppe, wenngleich sich auch dieser Anteil gegenüber dem Jahr 2000 (0,6 Prozent) inzwischen immerhin vervierfacht hat. Würde man die Bildungsausländerinnen und -ausländer, das heißt Studierende, die ihre Hochschulzugangsberechtigung nicht in Deutschland oder an einem Studienkolleg erworben haben, aus der Berechnung ausschließen, um eine Verzerrung durch die Berücksichtigung internationaler Studierender zu vermeiden, ergäbe sich ein etwas höherer Anteil nicht-traditioneller Studienanfängerinnen und -anfänger von 3,2 Prozent (vgl. Abbildung 1).

Bisher können nur wenige empirisch gesicherte Erklärungen für den Anstieg der Zahl nicht-traditioneller Studierender benannt werden. So sind die mit der Umsetzung der KMK-Vereinbarung zum Hochschulzugang für beruflich qualifizierte Studienbewerberinnen und -bewerber verbundenen Änderungen in den landesrechtlichen Regelungen und Zulassungspraktiken nur als eine Ursache unter mehreren zu betrachten; auch deshalb, weil der Anstieg bereits im Jahr 2008 begonnen hat. Ein weiterer Grund dürfte die Änderung im Zulassungsverfahren der Fernuniversität

---

5 Die amtliche Statistik erfasst für alle Studienanfängerinnen und -anfänger die Art der Hochschulzugangsberechtigung (HZB) bei der Einschreibung an der Hochschule (siehe Statistisches Bundesamt, Schlüsselverzeichnisse für die Studenten- und Prüfungsstatistik, Schlüssel 8). Als nicht-traditionelle Studierende werden alle Fälle der Signaturen 33 (Begabtenprüfung/aHR), 34 (beruflich Qualifizierte/aHR), 52 (Begabtenprüfung/fgHR), 53 (beruflich Qualifizierte/fgHR), 71 (beruflich Qualifizierte/FHR) und 77 (Begabtenprüfung/FHR) subsumiert. Kunst- und Musikhochschulen sowie Verwaltungsfachhochschulen wurden aufgrund der besonderen Zugangsvoraussetzungen aus den Berechnungen ausgeschlossen.

Hagen sein, die zuletzt etwa ein Fünftel aller Studienanfängerinnen und -anfänger des Dritten Bildungswegs stellte.[6] Seit 2011 hat die Dynamik des Wachstums der Zahl nicht-traditioneller Studienanfängerinnen und -anfänger im Vergleich zu den Vorjahren nachgelassen. Dies könnte auf eine Art ‚Sättigungseffekt' bei den nicht-traditionellen Studieninteressierten hindeuten. Vor allem für Absolventinnen und Absolventen beruflicher Fortbildungen, die in der Regel zeit- und kostenintensiv sind, scheint der nicht-traditionelle Hochschulzugang nicht in jedem Fall eine attraktive Option der Weiterbildung zu sein. Hier besteht allerdings nach wie vor Forschungsbedarf hinsichtlich berufsbiografischer Entscheidungsprozesse.

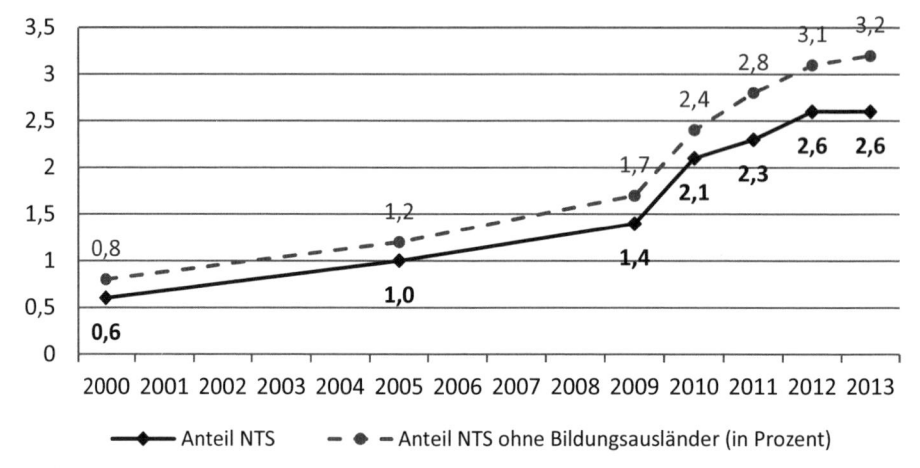

Quelle: Statistisches Bundesamt, Sonderauswertung der Hochschulstatistik, eigene Berechnungen

Abbildung 1: Anteil nicht-traditioneller Studienanfängerinnen und -anfänger an allen Studienanfängern im Zeitverlauf (2000–2013), in Prozent (ohne Kunst- und Musikhochschulen sowie Verwaltungsfachhochschulen)

Angesichts der beruflichen Qualifikation und häufig mehrjähriger Berufstätigkeit vor Studienbeginn wenig überraschend, sind nicht-traditionelle Studierende etwa acht Jahre älter als die Studienanfängerinnen und -anfänger insgesamt (Median 28 vs. 20 Jahre). Der Anteil der Männer liegt etwas über jenem der Gesamtgruppe aller Studierenden.[7]

---

6 Die Fernuniversität Hagen sieht seit dem Wintersemester 2010/11 die Immatrikulation der ‚Akademiestudierenden' – das heißt der zuvor als Gasthörer geführten Studierenden, darunter auch ein größerer Teil beruflich Qualifizierter ohne schulische Hochschulzugangsberechtigung – vor, was zwischen 2010 und 2011 zu einem sprunghaften Zuwachs dieser Gruppe von Studienanfängerinnen und -anfängern führte, der sich merklich in der Gesamtstatistik des Dritten Bildungswegs in Deutschland niedergeschlagen hat.

7 Im Studienjahr 2013 waren 55 Prozent der nicht-traditionellen Studienanfängerinnen und -anfänger männlich, während das Verhältnis von Männern und Frauen bei den Studienanfängerinnen und -anfängern insgesamt ausgeglichen war.

Studienanfängerinnen und -anfänger insgesamt 2013

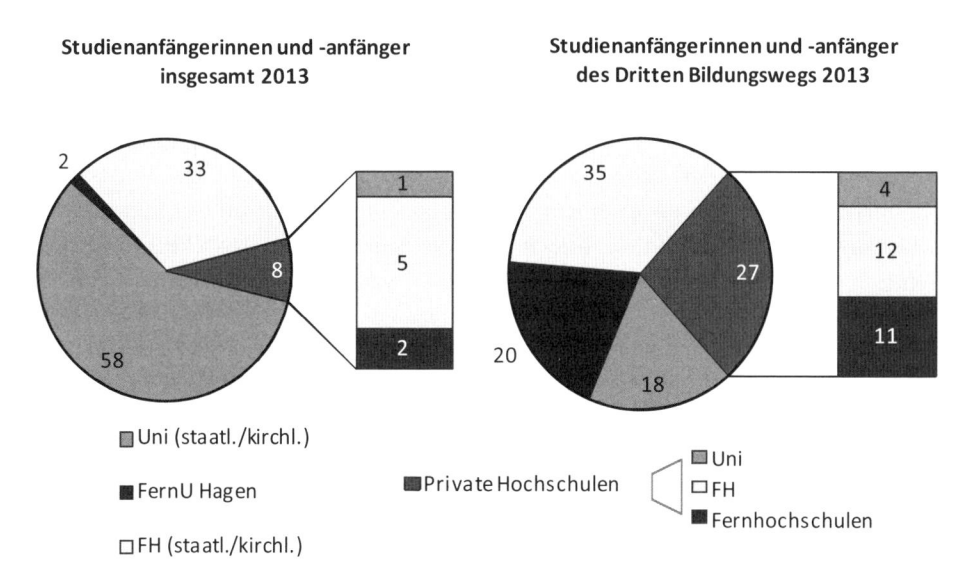

Studienanfängerinnen und -anfänger des Dritten Bildungswegs 2013

- Uni (staatl./kirchl.)
- FernU Hagen
- FH (staatl./kirchl.)
- Private Hochschulen
- Uni
- FH
- Fernhochschulen

Quelle: Statistisches Bundesamt, Sonderauswertung der Hochschulstatistik, eigene Berechnungen, Darstellung in Anlehnung an Autorengruppe Bildungsberichterstattung 2014, S. 127

Abbildung 2: Studienanfängerinnen und -anfänger 2013 nach Trägerschaft der Hochschule, insgesamt und Dritter Bildungsweg, in Prozent (ohne Kunst- und Musikhochschulen sowie Verwaltungsfachhochschulen)

Nicht-traditionelle Studierende entscheiden sich vergleichsweise häufiger für Fernstudienformate. Während insgesamt nur etwa vier Prozent aller Studienanfängerinnen und -anfänger 2013 ein Fernstudium aufnahmen, waren es unter den nicht-traditionellen Studierenden knapp 36 Prozent, die sich überwiegend an der Fernuniversität in Hagen sowie an privaten Fernhochschulen eingeschrieben haben. Auch andere private Hochschulen weisen vergleichsweise hohe Zahlen nicht-traditioneller Studierender auf. An staatlichen Universitäten hingegen sind ‚Studierende ohne Abitur' immer noch eine Ausnahme (vgl. Abbildung 2). Staatliche Fachhochschulen scheinen demgegenüber für beruflich vorerfahrene Studienbewerberinnen und -bewerber attraktiver zu sein. Die auffällige Häufung von nicht-traditionellen Studierenden an einzelnen Hochschulstandorten[8] deutet schließlich zum einen darauf hin, dass Angebote für nicht-traditionelle Studierende von diesen Hochschulen auch als spezifische Wettbewerbsstrategie und Profilmerkmal genutzt werden. Auf der anderen Seite zeigt die Verteilung auf ganz bestimmte Hochschulen die Präferenz nicht-traditioneller Studierender für flexible Studienformate (berufsbegleitend, Teilzeit, Fernlernen, online), die ihrem limitierten Zeitbudget entgegenkommen.

---

8   Unter den zehn deutschen Hochschulen, die 2013 die meisten nicht-traditionellen Studierenden aufwiesen (und an denen allein 45 Prozent aller nicht-traditionellen Studierenden immatrikuliert waren), sind neben der Fernuniversität in Hagen fünf private Hochschulen zu finden, eine staatliche Universität, die Duale Hochschule Baden-Württemberg sowie zwei staatliche Fachhochschulen.

4.2 Vorakademische Bildungs- und Berufsbiografien

Aus einer biografisch orientierten Forschungsperspektive stellt sich die Frage nach den Gründen, die den Erwerb einer Hochschulzugangsberechtigung innerhalb des Schulsystems verhindert haben, und danach, welche aktivierenden beziehungsweise mobilisierenden Faktoren zu einem späteren Zeitpunkt wirksam werden, um den Übergang in die Hochschule dennoch zu realisieren. Anhand der NEPS-Daten lassen sich die Bildungsherkunft sowie Aspekte der Schul- und Berufslaufbahn analysieren, die Aufschluss über das Vorbildungsniveau nicht-traditioneller Studierender und Hinweise auf vorhandene Lernvoraussetzungen geben können. Vertiefend wurden die subjektiven Deutungen des Abiturverzichts durch die Zielgruppe anhand von qualitativen Interviews rekonstruiert.

Fast alle Angehörigen dieser Studierendengruppe in der NEPS-Stichprobe verfügen über einen mittleren Schulabschluss (93 Prozent) und nur wenige über einen Hauptschulabschluss (6 Prozent). Ein Prozent hat nach eigenen Angaben keinen Schulabschluss erworben. Im Hinblick auf die in der Schule erzielten Abschlussnoten werfen die Ergebnisse des NEPS insgesamt ein günstiges Bild auf die Schulleistungen von nicht-traditionellen Studierenden: Mit Ausnahme der Inhaberinnen oder Inhaber einer allgemeinen Hochschulreife haben auch große Teile der anderen Studierendengruppen in ihrer Schullaufbahn einen mittleren Abschluss erworben. Im Vergleich mit diesen Gruppen haben nicht-traditionelle Studierende ähnlich gute oder sogar leicht bessere Schulabschlussnoten erzielt.

Ein Teil der nicht-traditionellen Studierenden hat während der Schulzeit durchaus das Ziel verfolgt, einen höheren, zum Studium berechtigenden Abschluss zu erwerben: Immerhin ein knappes Viertel von ihnen hat zeitweise ein Gymnasium besucht, dieses aber entweder nach Erreichen des mittleren Abschlusses (ein Drittel) oder ohne Abschluss (zwei Drittel) verlassen. Lediglich die Studierenden mit Fachhochschulreife und Ausbildung weisen einen ähnlich geringen Anteil an Gymnasialbesuchen auf (28 Prozent). Ein Teil der nicht-traditionellen Studierenden (16 Prozent) hat als angestrebtes Ziel der entsprechenden Schulepisoden ausdrücklich den Erwerb einer Hochschulreife genannt. Hierin zeigen sich frühere Bildungsaspirationen, die jedoch zunächst nicht realisiert werden konnten. Das NEPS enthält allerdings keine Angaben dazu, warum das Abitur nicht erworben wurde. Anhand der qualitativen Interviews lassen sich drei zentrale Gründe zusammenfassen, die die Interviewpartnerinnen und Interviewpartner als ausschlaggebend einschätzten:

- *Motivationale Gründe* in Form von ‚Schulunlust', die mit dem jungen Lebensalter, Unsicherheiten hinsichtlich beruflicher Perspektiven und mit dem Wunsch nach Eigenständigkeit und finanzieller Unabhängigkeit begründet wird:

    „[…] da war ich in so einer Phase, da war ich froh, aus der Schule raus zu sein und dann, wie gesagt, von meinen Eltern dann vorgelebt. Die haben ja auch normal alle sozusagen Schulabschluss gemacht und eine Ausbildung ganz klassisch. Und dann war es halt erst mal klar, nach der Schule halt erst mal eine Ausbildung zu machen und dann gleich, sag ich mal, Geld zu verdienen und so was." (F339: 33)

- Unzureichende *schulische Leistungen*, insbesondere in Mathematik und Fremdsprachen, die den Weg auf eine weiterführende Schule verhindern oder zu dessen Abbruch geführt haben, wobei Probleme mit den schulischen Anforderungen häufig auf Motivationsdefizite zurückgeführt werden:

    „Also es war meistens ein Dreier-Durchschnitt. Also es war wirklich nicht gut. Und auch in der Berufsschule habe ich mich nicht mit guten Noten ausgezeichnet. Man muss sagen, dass ich mich da auch nicht wirklich bemüht habe." (N020: 44)

- Einflüsse einer überwiegend nicht-akademisch geprägten *familialen Sozialisation*, die auf direkte oder indirekte Weise auf die Schulwahl- und Ausbildungsentscheidungen gewirkt hat:

    „Fast mein ganzer Freundeskreis damals hat Abitur erstmal gemacht und ich durfte von meinen Eltern aus kein Abitur machen, weil meine Eltern halt eben in mir nicht den typischen Abiturienten gesehen haben, sondern mehr den Handwerker. Und dementsprechend haben sie mich da auch nicht unterstützt." (E257: 21)

Der Zusammenhang von Bildungsherkunft und Schullaufbahn wird auch durch die Ergebnisse der NEPS-Erhebung bestätigt. Dabei lassen sich sowohl sekundäre als auch primäre Herkunftseffekte (Boudon 1974) zeigen. Das heißt, nicht nur je nach Herkunft unterschiedlich ausgeprägte Schulleistungen (primäre Ungleichheitseffekte), sondern auch die Bildungsaspirationen der Schülerinnen und Schüler und ihrer Eltern spielen bei der Schullaufbahnwahl eine Rolle (sekundäre Ungleichheitseffekte). Wenig überraschend unterscheiden sich in der NEPS-Kohorte die nicht-traditionellen Studierenden und die Studierenden mit allgemeiner Hochschulreife (ohne Ausbildung) hinsichtlich ihrer Bildungsherkunft am deutlichsten voneinander (vgl. Abbildung 3). Während erstere zu zwei Dritteln aus einem Elternhaus stammen, in denen der mittlere Schulabschluss den höchsten Abschluss darstellt, trifft dies für die Abiturientinnen und Abiturienten nur zu einem Drittel zu. Umgekehrt stammt nur ein Viertel der nicht-traditionellen Studierenden aus einem akademischen Elternhaus; bei den Abiturientinnen und Abiturienten ist der Anteil mit 52 Prozent mehr als doppelt so hoch. Demnach stellt für die Mehrzahl – nämlich etwa drei Viertel – der nicht-traditionellen Studierenden der Hochschulzugang aus dem Beruf einen Bildungsaufstieg dar. Für einen kleineren Teil öffnet er die Möglichkeit, den hohen elterlichen Bildungsstatus noch nachträglich zu reproduzieren. So lässt sich hinsichtlich des Ziels der Förderung sozialer Durchlässigkeit konstatieren, dass sich beim Übergang zum Studium über den Dritten Bildungsweg in der Tat Bildungsmobilität und Statusverbesserung nachweisen lassen. Von einer „umgekehrten Privilegierung" (Dahrendorf 1959, S. 53) von Personen nicht-akademischer Bildungsherkunft kann unter Beachtung der zuvor referierten kleinen Anteilswerte nicht-traditioneller Studierender im deutschen Hochschulsystem jedoch keine Rede sein.

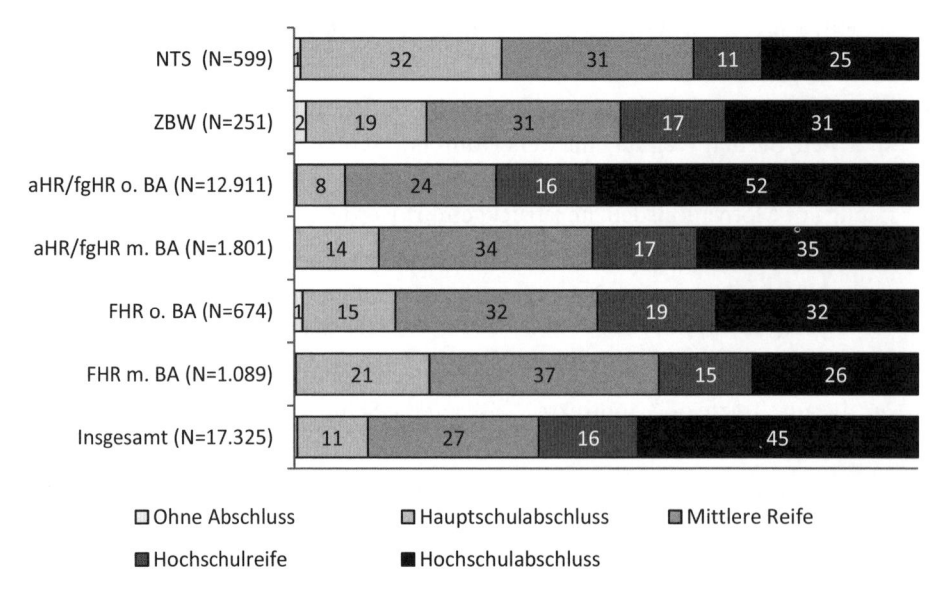

	Ohne Abschluss	Hauptschulabschluss	Mittlere Reife	Hochschulreife	Hochschulabschluss
NTS (N=599)	1	32	31	11	25
ZBW (N=251)	2	19	31	17	31
aHR/fgHR o. BA (N=12.911)		8	24	16	52
aHR/fgHR m. BA (N=1.801)		14	34	17	35
FHR o. BA (N=674)	1	15	32	19	32
FHR m. BA (N=1.089)		21	37	15	26
Insgesamt (N=17.325)		11	27	16	45

Quelle: NEPS, Startkohorte 5 (Studierende) (doi:10.5157/NEPS:SC5:4.0.0), eigene gewichtete Auswertungen

Abbildung 3: Höchster Bildungsabschluss der Eltern (CASMIN[9]), in Prozent

Die nicht-traditionellen Studienanfängerinnen und -anfänger der NEPS-Kohorte des Wintersemesters 2010/11 verfügen über umfangreiche Berufsbildungs- und Erwerbserfahrungen. Im Schnitt haben sie etwa vier Jahre im beruflichen Bildungssystem verbracht, ein Viertel von ihnen sogar mehr als fünf Jahre, wobei berufliche (Weiter-)Bildungsepisoden ohne formale Abschlüsse nicht berücksichtigt sind. Die Ausbildungsberufe der Studierenden ohne schulische Hochschulzugangsberechtigung verteilen sich zu ungefähr gleichen Teilen auf die drei Gruppen erzieherische, soziale und Gesundheitsberufe, Berufe im technischen, handwerklichen, Bau- oder Produktionsbereich sowie kaufmännische, Verwaltungs- oder Büroberufe.[10] Weitere fünf Prozent der Befragten erlernten Berufe in der Landwirtschaft, im Bereich Verkehr und Logistik oder beim Militär.

Besonders auffällig ist, dass rund ein Drittel der nicht-traditionellen Studienanfängerinnen und -anfänger vor Studienbeginn einen staatlich anerkannten Fortbildungsabschluss erworben hat. Das ist nicht nur ein Vielfaches des Anteils unter den beruflich Qualifizierten der Vergleichsgruppen, sondern auch in Relation zur

---

9 Die CASMIN-Skala (Comparative Analysis of Social Mobility in Industrial Nations) stellt eine international vergleichbare Bildungsklassifikation dar, die sowohl allgemeine als auch berufliche Bildungsabschlüsse berücksichtigt (vgl. König/Lüttinger/Müller 1988).

10 Basis: Klassifikation der Berufe (KldB 2010); bei Mehrfachausbildungen wurde der jeweils letzte Berufsbereich berücksichtigt.

Gesamtbevölkerung ein überdurchschnittlicher Wert.[11] Möglicherweise wirken hier Befürchtungen vor Verdrängungseffekten durch akademisch qualifizierte Fachkräfte, die Fortbildungsabsolventinnen und -absolventen anregen, Initiativen zur Höherqualifizierung zu ergreifen. Andererseits könnten auch strategische Überlegungen zur Realisierung eines bestehenden Studienwunsches über die Aufnahme einer Aufstiegsfortbildung – als Alternative zu einer nachgeholten schulischen Hochschulzugangsberechtigung – eine Rolle spielen. Hier besteht weiterführender Forschungsbedarf zu den Selbstselektionsprozessen von beruflich Qualifizierten ohne schulische Hochschulzugangsberechtigung im Vorfeld der Studienentscheidung.

Das typische Vorbildungsniveau von nicht-traditionellen Studierenden lässt sich folglich als Sequenz aus mittlerem Schulabschluss und qualifiziertem Berufsabschluss, häufig in Verbindung mit einem Fortbildungsabschluss, beschreiben. Nicht-traditionelle Studienanfängerinnen und -anfänger können zudem mehrheitlich auf eine langjährige Erwerbsbiografie zurückblicken. Im Mittel waren sie vor Aufnahme des Studiums mehr als neun Jahre berufstätig. Ein Viertel der Befragten kann zu Studienbeginn sogar mehr als 13 Jahre berufspraktische Erfahrungen vorweisen. Lediglich sieben Prozent von ihnen hatten bis zu diesem Zeitpunkt weniger als 24 Monate Berufspraxis gesammelt.

Nach der Ausbildung haben fast alle in der anschließenden Phase der Berufstätigkeit niveauadäquat gearbeitet. Unter den vor dem Studium abhängig Beschäftigten war die Mehrzahl (zwei Drittel) in einer mittleren beruflichen Position (z.B. als Fach- oder Vorarbeiter oder als qualifizierte Sachbearbeiter) beschäftigt. Ein Fünftel war bereits in einer höheren Position tätig (z.B. als Meister oder Beamte im gehobenen Dienst). Sehr selten gab es in den beiden Kalenderjahren vor der Studienaufnahme Episoden von Arbeitslosigkeit. Die entsprechende Quote lag im Durchschnitt der Jahre 2008 und 2009 bei 3,3 Prozent. Diese Ergebnisse signalisieren zusammengenommen ein hohes berufliches Erfahrungs- und Qualifikationsniveau (vgl. Abbildung 4).

---

11 In der Gesamtbevölkerung verfügten 2012 in der Gruppe der 30- bis unter 35-Jährigen etwa neun Prozent über einen Fachschulabschluss beziehungsweise den Abschluss einer Meister- oder Technikerausbildung, weitere 51 Prozent über eine Lehr- oder Anlernausbildung (vgl. Autorengruppe Bildungsberichterstattung 2014).

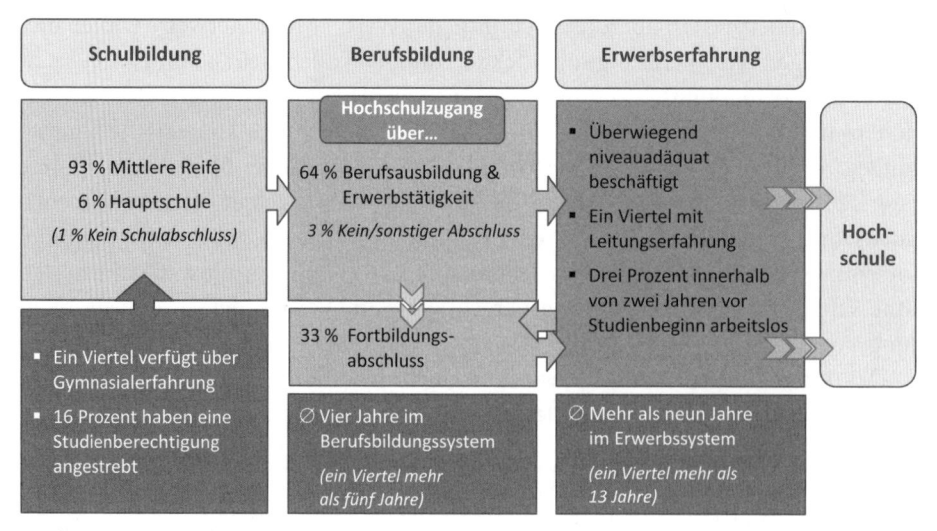

Werdegänge von nicht-traditionellen Studierenden

Schulbildung	Berufsbildung	Erwerbserfahrung	
93 % Mittlere Reife 6 % Hauptschule *(1 % Kein Schulabschluss)*	**Hochschulzugang über…** 64 % Berufsausbildung & Erwerbstätigkeit 3 % Kein/sonstiger Abschluss	• Überwiegend niveauadäquat beschäftigt • Ein Viertel mit Leitungserfahrung • Drei Prozent innerhalb von zwei Jahren vor Studienbeginn arbeitslos	Hoch-schule
• Ein Viertel verfügt über Gymnasialerfahrung • 16 Prozent haben eine Studienberechtigung angestrebt	33 % Fortbildungs-abschluss		
	∅ Vier Jahre im Berufsbildungssystem *(ein Viertel mehr als fünf Jahre)*	∅ Mehr als neun Jahre im Erwerbssystem *(ein Viertel mehr als 13 Jahre)*	

Quelle: NEPS, Startkohorte 5 (Studierende) (doi:10.5157/NEPS:SC5:4.0.0), eigene gewichtete Auswertungen

Abbildung 4: Werdegänge von nicht-traditionellen Studierenden

Wenige Monate nach Beginn des Studiums betrug die Erwerbsquote unter den Studienanfängerinnen und -anfängern ohne Hochschulreife noch immer 69 Prozent (92 Prozent der Fernstudierenden, 57 Prozent der Präsenzstudierenden). Unter den traditionellen Studierenden mit vorheriger Ausbildung sowie jenen des Zweiten Bildungswegs lag die Erwerbsquote im Dezember 2010 mit 34 bis 39 Prozent deutlich niedriger als bei nicht-traditionellen Studienanfängerinnen und -anfängern.

Die Reflexionen der eigenen Erwerbsbiografie fallen ambivalent aus. Auf der einen Seite erkennen die Befragten in der Episode der beruflichen Tätigkeit eine persönlich und beruflich wichtige Sequenz mit prägenden und kompetenzfördernden Auswirkungen, wobei der Erwerb des beruflichen Abschlusses einen wesentlichen berufsbiografischen Pfeiler darstellt. Auf der anderen Seite beschreiben die Befragten Diskrepanzen zwischen der individuellen Erfahrung ihrer Erwerbstätigkeit und ihrem beruflichen und individuellen Selbstverständnis. In derartigen Diskrepanzerfahrungen lassen sich in einer Vielzahl von Fällen Auslöser für den Beginn eines Neuorientierungsprozesses verorten.

Neben einem Bildungsaufstieg bedeutet die Studienaufnahme nur für einen Teil eine tatsächliche Korrektur früherer Bildungsentscheidungen. Die Mehrheit der Befragten hat offenbar erst während der Berufsausbildung oder der Berufstätigkeit weitere Bildungsambitionen entwickelt. Hingegen gibt es kaum Hinweise auf beruflichen Misserfolg oder Arbeitslosigkeit, die die Studienentscheidung beeinflusst haben könnten.

4.3 Studienmotive und Entscheidungsprozesse

Ein Entscheidungsprozess mit dem Resultat, aus der Erwerbstätigkeit heraus ein Studium anzustreben, ist für die Zielgruppe als biografisch bedeutsam einzuordnen. Denn nicht-traditionelle Studierende verfügen, anders als Abiturientinnen und Abiturienten, die direkt nach der Schule in die Hochschule wechseln, nicht über vorstrukturierte Orientierungsmuster für den Übergang aus dem Beruf in die Hochschule (Kamm/Otto 2013). Da die Studienentscheidung somit an keiner institutionalisierten Statuspassage liegt, ist der Entschluss zum Studium für nicht-traditionelle Studieninteressierte auch immer mit (zumindest temporären) Unsicherheiten im Hinblick auf die berufliche (und persönliche) Identität verbunden, der sowohl individuell als auch mit dem persönlichen Umfeld ausgehandelt und verarbeitet werden muss. Wie der vorangegangene Abschnitt andeutet, steht die Entscheidung häufig in engem Zusammenhang mit dem beruflichen Selbstkonzept (Super 1953) und erfolgt demnach im Kontext einer Bewertung der eigenen beruflichen Realitäten und deren Abgleich mit den persönlichen berufsbezogenen Einstellungen, Werten und Selbstentwürfen.

Insgesamt lässt sich die Studienentscheidung als wohlüberlegte Handlung beschreiben, die mit einer zielgerichteten Informationsrecherche und einer ausgeprägten Risikoabwägung im Vorfeld der Studienaufnahme einhergeht. Im Rahmen dieses individuellen Abwägens sind das mögliche Scheitern, die ökonomischen beziehungsweise materiellen Rahmenbedingungen, der Vergleich mit alternativen Optionen und das eigene Lebensalter wesentliche Entscheidungsdimensionen und möglicherweise ausschlaggebend dafür, dass sich der Anteil der nicht-traditionellen Studierenden nach wie vor auf geringem Niveau bewegt.

Anhand der NEPS-Daten können Fragen nach Studienmotiven nicht beantwortet werden, da generell im NEPS keine Retrospektivfragen zu bereits getroffenen Entscheidungen gestellt werden. Die Studienmotive wurden daher ausschließlich qualitativ erhoben und ausgewertet. Im Ergebnis lassen sich vier zentrale Motive der Studienentscheidung identifizieren, die in den folgenden Abschnitten vorgestellt werden.

4.3.1 Flucht aus dem Beruf – „Ich wollte aus meinem Bereich raus"

Die zuletzt ausgeübte Berufstätigkeit stellt für einen Teil der Befragten die zentrale Begründung für das Studium dar. Diese Personen stellen den Wunsch des „Rauswollens", „Rausgehens" oder „Nicht-Bleiben-Wollens" in den Mittelpunkt. Demzufolge erhoffen sie sich vom Studium primär einen Ausweg aus ihrer derzeit als unbefriedigend empfundenen beruflichen Situation. Das Szenario eines Verbleibs im alten Beruf bis zum Übergang in den Ruhestand widerstrebt dem individuellen Lebenskonzept und wirkt somit als Push-Faktor für die Studienentscheidung. Zum Teil wird von einer zunehmenden Arbeitsunzufriedenheit im Laufe der beruflichen

Tätigkeit berichtet. Dissonanzen lassen sich dabei auf verschiedenen Dimensionen (Sinnerleben in der Arbeit, körperliche und psychische Anforderungen, Work-Life-Balance, Erfahrung von Wertschätzung) identifizieren, die zur ‚Berufsflucht' motivieren.

> „Also ich bin gelernte Kinderkrankenschwester und fand den Beruf auch immer toll und es hat mir Spaß gemacht, aber nach drei Jahren Ausbildung und jetzt viereinhalb Jahren hab ich dort gearbeitet, hab ich gemerkt, dass Schichtdienst eigentlich für mein ganzes Leben nichts ist […], dass wenn ich Nachtdienst und Spätdienst und dann wieder Frühdienst [hatte], dass ich einfach damit nicht so gut klar kam. Also seelisch eigentlich schon, mehr Schlafstörungen in dem Sinne und daher dann seelisch, weil ich einfach nicht mehr gut schlafen konnte und nachts teilweise da lag, oder halt tagsüber nicht schlafen konnte und deswegen dachte ich, gut, du musst was Anderes machen. […]" (H061: 9)

Ein kleinerer Teil interpretiert bereits die Berufswahl nach Beendigung der Schule, die häufig auf Anraten der Eltern oder aus Mangel an Ausbildungsalternativen erfolgte, aus heutiger Sicht als falsch. Das Studium dient primär der Korrektur einer ursprünglich eingeschlagenen beruflichen Laufbahn und damit einer Um- und Neuorientierung, zum Teil noch ohne ein konkretes berufliches Ziel.

4.3.2 Beruflicher Aufstieg – „Ich wollte einfach noch eine Stufe mehr"

Die Befragten mit dem Studienmotiv ‚Flucht' begründen ihre Studienentscheidung damit, dass sie sich von dem bisherigen Beruf lösen wollen, betonen also eher ihre berufsbiografische Diskontinuität. Dagegen streben die Studierenden mit dem Motiv ‚beruflicher Aufstieg' an, sich gerade im Rahmen ihrer bislang absolvierten Karriere zu entfalten und streben somit eher eine Kontinuität auf höherem Niveau an. Sie artikulieren Ziele wie „Weiterkommen", „mehr Erreichen" oder „Nicht stehenbleiben".

Auch hier fungiert der bisherige Beruf als Projektionsfläche, doch leiten sich die Dissonanzen in diesem Fall vorrangig aus der als nicht gegebenen oder als begrenzt erlebten beruflichen Aufstiegschance ab. Typischerweise hatten diese Studierenden bereits einige berufliche Weiterbildungen absolviert, bevor sie erkannten, dass für das entscheidende Karriereziel ein Hochschulstudium erforderlich ist. Dieser Teil der nicht-traditionellen Studierenden erhofft sich von einem akademischen Abschluss in erster Linie beruflichen Nutzen. Das Studium bedeutet für diese Befragten eine Art Aufstiegsfortbildung.

> „Ich hab gemerkt, dass man zwar mit den ganzen Fortbildungen relativ viel erreichen kann auch. Aber so der letzte Schritt bleibt einem eigentlich immer ein bisschen verwehrt. […] Wenn ich da in entscheidende Positionen will, dann muss ich studieren […] Man kennt ja nur Ausnahmen, die es ohne Studium dann so weit gebracht haben." (M154: 13)

Obwohl beruflicher Aufstieg in der Regel mit besserer Entlohnung einhergeht, liegt der Schwerpunkt hier deutlich auf einer höheren anvisierten beruflichen Hierar-

chieebene, die mit erweiterten Handlungsspielräumen, größerer Anerkennung und
Entscheidungsbefugnis beschreibbar ist.

> „[…] natürlich hat es einen finanziellen Hintergrund auch irgendwo. Aber es ist für mich
> interessant, […] von den Entscheidungen, die zu treffen sind, eben dann vielleicht auch
> mal der zu sein, der die Entscheidung trifft und nicht derjenige, der dann am Schluss
> gesagt bekommt, das und das ist jetzt so zu machen." (M154: 17)

4.3.3 Finanzielle Verbesserung –
„Mein Ziel ist natürlich, möglichst mehr zu verdienen"

Seltener findet sich das direkt ausgesprochene Motiv der ‚finanziellen Verbesserung'.
Dieses ist in Abgrenzung zum letztgenannten deutlicher auf den erhofften materiellen Nutzen begrenzt, der von den durch einen Studienabschluss eröffneten beruflichen Optionen erwartet wird. Berufliche Inhalte sind nicht unwichtig, ordnen sich jedoch dem monetären Aspekt unter. Neben dem Einkommen wird eine „sichere berufliche Zukunft" als hohes Gut eingeschätzt. Ausgangspunkt bildet auch hier die gegenwärtige berufliche Situation, die – in Relation zu anderen Berufsgruppen – als zu gering entlohnt oder mit ungenügenden finanziellen Aufstiegsperspektiven bewertet wird. Eine Erweiterung des beruflichen Einflussbereichs ohne adäquate Entlohnung wird hingegen als zusätzliche Dissonanz erlebt, die dem persönlichen Gerechtigkeitssinn widerstrebt.

> „[…] ich fand das so ungerecht mit der Bezahlung, dass ich gesagt hab, da muss sich für
> mich und mein Leben was verändern. Also wenn man so mitkriegt, wie die Lehrer leben,
> dann wird man ein bisschen neidisch als Erzieher." (L133: 20)

4.3.4 Interesse und persönliche Weiterbildung –
„Weil mich das wahnsinnig interessiert"

Das Studienmotiv der persönlichen Weiterbildung grenzt sich von den drei erstgenannten ab, weil es hauptsächlich intrinsisch motiviert und nicht primär auf die Arbeitswelt ausgerichtet ist, wenngleich sich das Bildungsinteresse durchaus aus den unbefriedigenden beruflichen Erfahrungen entwickeln kann. Das Studium steht hier in erster Linie als Chance zur Verwirklichung einer inneren Haltung oder eines alternativen Lebensmodells und nicht als Möglichkeit für Berufswechsel, Karriere oder finanzielle Verbesserung. Hier manifestiert sich am deutlichsten ein Selbstentfaltungsmotiv. Der berufliche Verwertungszusammenhang wird dabei entweder gänzlich ausgeblendet, („Mir tut es als Person gut, mich entspannt es, mir geht es gut dabei. Und deswegen ist es wichtig für mich." F299: 99) oder spielt eine untergeordnete Rolle:

„Mir geht es jetzt nicht darum, dass ich jetzt Orthopäde werde oder Kardiologe werde oder irgendwie mein Ego poliere […] ich habe solche Visionen nicht. Mir geht es darum, weil mich das wahnsinnig interessiert, an sich das Studium." (M201: 17)

Im Ergebnis stehen drei eher berufsorientierte einem eher persönlichkeitsorientierten Motiv gegenüber, wobei berufliche Neuorientierung und beruflicher Aufstieg die beiden Hauptmuster darstellen. Auch wenn die Befunde aus der qualitativen Erhebung nicht repräsentativ sind, beeindruckt doch die Dominanz beruflicher Motive. Von den 46 ausgewerteten Interviews ließen sich nur fünf dem Motivtyp ‚Interesse und persönliche Weiterbildung' zuordnen. Alle anderen verbinden die Studienentscheidung sehr deutlich mit der eigenen beruflichen Zukunft und betrachten den Studienabschluss als individuelle Investition zum Zweck einer beruflichen Zielerreichung (‚Pull-Faktor') oder, andersherum, zur Überwindung beruflicher Diskrepanzerfahrungen durch berufliche Distanzierung (‚Push-Faktor') (Kamm/Otto 2013). Während frühere Studien (Scholz/Wolter 1984; Wolter/Reibstein 1991) noch eine Dominanz persönlichkeitsorientierter Studienmotive zeigen, sprechen die hier dargelegten Befunde für einen Wandel in der Motivlage nicht-traditioneller Studierender hin zu stärker berufsorientierten Aspekten. Dies zeigen auch andere Untersuchungen (z.B. Diller et al. 2011; Alheit/Rheinländer/Watermann 2008).

Da sowohl frühere als auch neuere Untersuchungen im Erhebungs- und Auswertungsdesign variieren, scheinen diese Ergebnisse von methodischen Differenzen relativ unabhängig zu sein und vielmehr eine Art Wandel von Selbstentfaltungswerten zu eher instrumentellen Orientierungen – Bildung als Instrument für Karriere und Aufstieg – zu signalisieren. Danach hat sich eine Art ‚Generationenwechsel' im nicht-traditionellen Bildungstyp vollzogen, dessen Ursache vermutlich in erster Linie in der zunehmenden ‚Akademisierung' von Arbeitsmarktstrukturen (Severing/Teichler 2013) zu suchen ist. Nicht-traditionelle Studierende scheinen ihre Studienentscheidungen im Blick auf Risiken und Erträge heute ‚nüchterner' als frühere Generationen abzuwägen. Aber so wie es in früheren Untersuchungen auch einen hohen Anteil instrumenteller Motive gab, so gibt es auch heute noch Personen, die sich aus anderen Gründen für ein Studium entscheiden. Es handelt sich also um Verschiebungen in den Relationen, nicht um einen völligen Austausch. Im Übrigen ist zu berücksichtigen, dass sich diese Motivtypen nicht exklusiv gegenüberstehen, sondern auch miteinander interagieren können (vgl. Brändle 2014).

Angesichts ihrer eher berufsorientierten Studienmotive stellt sich die Frage, inwiefern nicht-traditionelle Studienanfängerinnen und -anfänger Fächer wählen, die eine inhaltliche Nähe zum einmal erlernten Beruf aufweisen. Auch wenn ein deterministischer Zusammenhang zwischen Studienmotiv und affiner beziehungsweise nicht affiner Studienfachwahl unplausibel erscheint, legen die Motive der persönlichen Weiterbildung und der Flucht aus dem früheren Beruf die Wahl eines nicht affinen Studienfachs eher nahe als die Motive des beruflichen Aufstiegs und der Verbesserung des finanziellen Status. Allerdings muss in diesem Zusammenhang berücksichtigt werden, dass die geltenden Regelungen zur Kopplung von Herkunftsberuf und Studienfachwahl der direkten Umsetzung von Studienmotiven und Fachwünschen unter Umständen enge Grenzen setzen. Anhand der NEPS-Daten wurde für beruflich qualifizierte Studienanfängerinnen und -anfänger die fachliche Affinität zwischen der Berufshauptgruppe des erlernten Berufs (KldB 2010) und der Fächergruppe des Studiums bestimmt. Es zeigt sich, dass 61 Prozent der nicht-traditionellen Studierenden ein mit dem vorherigen Ausbildungsberuf verwandtes Fach studieren.[12] Vor dem Hintergrund der geltenden Hochschulzugangsregelungen für Ausbildungsabsolventinnen und -absolventen ohne Fortbildungsabschluss ist die Frage interessant, ob und inwieweit eine affine Studienfachwahl den Studienverlauf zu begünstigen vermag.[13]

4.4 Übergang in die Hochschule – Informationsverhalten und erste Studienerfahrungen

Aus Sicht der Hochschulen stellt sich die Frage, ob und in welcher Weise institutionelle Angebote für die Zielgruppe entwickelt oder angepasst werden müssen, um den Zugang und Studienerfolg nicht-traditioneller Studierende zu unterstützen (vgl. den Beitrag von Banscherus/Kamm/Otto in diesem Band). Zur Annäherung an diese Fragen ist ein Blick auf das Informationsverhalten der Zielgruppe im Vorfeld der Studienaufnahme sowie erste Übergangserfahrungen lohnend.

Eine besondere Zugangshürde für nicht-traditionelle Studierende besteht in der fehlenden Kenntnis über die Möglichkeit eines Studiums ohne Abitur. Diese Information erhalten (potentielle) Studieninteressierte meist zufällig im privaten oder beruflichen Umfeld (v.a. über Freunde, Arbeitskolleginnen und -kollegen, Fachdozentinnen und -dozenten, Mitschülerinnen und Mitschüler), selten hingegen über institutionalisierte Wege (Handwerkskammern oder Gewerkschaften). Auch Massenmedien wie Presse und Rundfunk spielen kaum eine Rolle. Der Erstinformation folgt in aller Regel eine gezielte Recherche im Internet. Entsprechend stehen die grundsätzliche Möglichkeit zur Aufnahme eines Studiums ohne Abitur und die

---

12 Auch zwischen den einzelnen Berufsbereichen (erzieherische, soziale und Gesundheitsberufe, Berufe im technischen, handwerklichen, Bau- oder Produktionsbereich sowie kaufmännische, Verwaltungs- oder Büroberufe) gibt es hinsichtlich der Affinität zwischen Ausbildungsberuf und Studienfach keine größeren Unterschiede.

13 Offenbar sollen die Regelungen zur Kopplung zwischen Herkunftsberuf und Studienfach die Studierfähigkeit nicht-traditioneller Studierender ohne Fortbildungsabschluss sicherstellen. Wenn diese Regelungen jedoch zur Folge haben, dass der eigentliche Fachwunsch von Studieninteressierten nicht umgesetzt werden kann und stattdessen auf ein anderes Studienfach ausgewichen werden muss, dann könnten die Affinitätsregeln – über den Umweg einer geringeren Studien- und Lernmotivation – auch negative Folgen für den Studienverlauf und -erfolg mit sich bringen. Das lässt sich mit den Daten jedoch nur bedingt prüfen.

jeweiligen Voraussetzungen des Hochschulzugangs im Mittelpunkt der Informationssuche.

> „[…] ich habe das Gefühl, dass momentan einfach viele es gar nicht wissen, weil, als ich gesagt habe, dass ich studiere ohne Abitur, egal ob jetzt Kommilitonen oder jemand anders, der so: ‚Was, das geht?'. Klar, aber das wissen die wenigsten. Also, ich habe das ja auch nur zufällig erfahren, weil mich irgendwie ein Kumpel darauf hingewiesen hat, sonst wüsste ich das auch nicht." (E248: 225)

Demnach stellen die Onlineangebote der Hochschulen im Vorfeld des Übergangs, wie für andere Zielgruppen auch, die wichtigste Informationsquelle dar. In der Mehrzahl der Fälle werden diese als umfassend und hilfreich wahrgenommen (Banscherus/Kamm/Otto 2015). Vor diesem Hintergrund gehen nicht-traditionelle Studienanfängerinnen und -anfänger – so zeigen die NEPS-Daten – gut informiert ins Studium über. Sowohl hinsichtlich der allgemeinen Regelungen, Möglichkeiten und Beschränkungen eines Studiums (60 Prozent) als auch der konkreten Studienabschlüsse Bachelor und Master (53 Prozent) ist der Anteil derjenigen unter ihnen, die sich eher gut und sehr gut informiert fühlen, im Gruppenvergleich am höchsten. Lediglich die Studierenden mit Fachhochschulreife und Berufsausbildung fühlen sich bei den allgemeinen Fragen rund um das Studium noch besser informiert (64 Prozent). Die Ergebnisse der qualitativen Teilstudie verweisen darauf, dass solche allgemeinen Informationen zu Studienmöglichkeiten und -regelungen nicht-traditionellen Studieninteressierten aufgrund ihrer besonderen Situation im Vorfeld besonders wichtig sind und auf die Beschaffung dieser sehr viel Zeit aufgewendet wird. Zudem zeigen die Befunde, dass die Informiertheit über Studieninhalte und mögliche Berufsperspektiven bei dieser Studierendengruppe ebenfalls umfassend ist.

Aus Sicht der Interviewpartnerinnen und Interviewpartner werden Lebenserfahrung und persönliche Reife, verbunden mit beruflichen Vorerfahrungen, als vorteilhaft gegenüber denjenigen Studierenden wahrgenommen, die direkt nach Erwerb der Hochschulzugangsberechtigung ins Studium übergehen. Insbesondere die Erfahrungen der beruflichen Ausbildung, des Arbeitsmarkts und der Ausübung des Berufs führen zur Entwicklung einer ernsthaften Studienabsicht und -einstellung sowie einem klareren Berufsbild und einer gewissen Zielstrebigkeit mit Blick auf das Studium.

> „Ja, ich glaub, mein Vorteil, den ich einfach hatte zu Leuten, die vielleicht grad von der Schule kamen, dass ich halt einfach weiß, wo ich hin will. Also ich weiß, ich will weiter im Personal arbeiten, ich will ins Personalmanagement gehen. Ich wollte aber nie einfach nur BWL studieren. Das war mir zu langweilig. Ich wollte einfach sagen, ich will mich direkt spezialisieren […] und kann dann dementsprechend das Studium auswählen." (M287: 80)

Diese Unbeirrtheit in der Studien- und Fachwahl spiegelt jedoch nicht nur berufliche Verwertungsabsichten wider, sondern kann auch Ausdruck der Verwirklichung persönlicher, fachlicher Interessen sein.

„Ich nehme es ernster. Und nicht, weil ich so verkrampft oder so verbohrt bin, um nur Einsen oder Zweien zu schreiben. Sondern weil ich mir etwas aussuchen durfte, was mir Spaß macht. Was mich wirklich auch interessiert. […] Und das ist für mich das Allerwichtigste, was das Studium in meinen Augen erfüllt. Und DANN kommt der Job, und DANN kommt, ja, wo gehe ich denn da hin mit meinem Wissen." (M151: 273)

Von der Studieneingangsphase zeigen sich die Befragten besonders hinsichtlich des Umfangs der Studieninhalte und des dafür benötigten Zeitaufwands herausgefordert und teilweise überrascht. Entsprechend müssen die Zeitrhythmen und Lernstrategien für das Studium individuell erprobt und angepasst werden. Die Studienschwierigkeiten werden in erster Linie durch Ehrgeiz und Motivation sowie große Lernbereitschaft bewältigt, aber auch durch die Inanspruchnahme von Unterstützung (z.B. in Form von Nachhilfe oder Lerngruppen).

„Also das erste Semester, muss ich sagen, war so ein bisschen happig. Da hab ich mir schon oft gedacht, warum hast du dir das überhaupt angetan? […] Mittlerweile würd ich sagen, hab ich mich gut eingefunden. […] Mir macht es mittlerweile auch Spaß, mich zuhause hinzusetzen und zu lernen, die Vorlesungen vor- und nachzubereiten. […] Man braucht halt aber einfach, glaube ich, wenn man mal raus war, schon eine Zeit um sich einzufinden. […] Man wünscht sich dann vielleicht manchmal ein bisschen mehr Verständnis in gewissen Dingen." (M287: 150)

Neben der Anforderungsbewältigung spielt die Vereinbarkeit des Studiums mit Berufstätigkeit und Familie eine große Rolle, wobei bei der Betrachtung der zeitlichen und finanziellen Belastungen das Studienformat (Fern- vs. Präsenzstudium, Vollzeit- vs. Teilzeit- und/oder berufsbegleitendes Studium) berücksichtigt werden muss.

Eine Betrachtung des durchschnittlich investierten Zeitaufwands pro (Semester-)Woche für studienbezogene und studienfremde Tätigkeiten belegt, dass die Belastung durch Tätigkeiten außerhalb des Studiums für nicht-traditionelle Studierende zum Teil deutlich größer ist als für Studierende der Vergleichsgruppen. Im Ergebnis zeigt sich, dass der wöchentliche Gesamtaufwand für die abgefragten Tätigkeiten bei nicht-traditionellen Studierenden über dem Aufwand aller anderen Gruppen liegt (vgl. Abbildung 5), was im Wesentlichen auf Erwerbsarbeit und Aufwand für Kinderbetreuung zurückzuführen ist. Sofern nicht-traditionelle Studierende während der Vorlesungszeit im dritten Hochschulsemester erwerbstätig waren, betrug der durchschnittliche Zeitaufwand 25 Stunden pro Woche und lag damit deutlich über dem Niveau einer halben Stelle.[14] Erwerbstätige ‚traditionelle' Studierende gingen wöchentlich dagegen nur zwischen neun und dreizehn Stunden neben dem Studium einer Beschäftigung nach. Zu Beginn des Studiums hat mehr als jede beziehungsweise jeder vierte nicht-traditionelle Studierende bereits ein

---

14 Als Erwerbstätigkeit gelten hierbei alle bezahlten Tätigkeiten (einschließlich ‚Jobben') während der Vorlesungszeit, unabhängig von der Höhe der Bezahlung und dem zeitlichen Umfang. Dies entspricht der Definition in der 20. Sozialerhebung (Middendorff et al. 2013).

oder mehrere eigene Kinder oder lebt zusammen mit Kindern des Partners oder der Partnerin in einem gemeinsamen Haushalt. Lediglich bei Studierenden des Zweiten Bildungswegs fällt dieser Anteil ähnlich hoch aus (18 Prozent), bei den beruflich Qualifizierten der anderen Gruppen liegt er hingegen unter zehn Prozent, bei Studierenden ohne vorherige Berufsausbildung unter zwei Prozent. Der wöchentliche Zeitaufwand für die Betreuung der Kinder unterscheidet sich allerdings kaum zwischen den Studierendengruppen mit beruflicher Qualifikation und beträgt während der Vorlesungszeit im dritten Hochschulsemester ungefähr 30 Stunden.

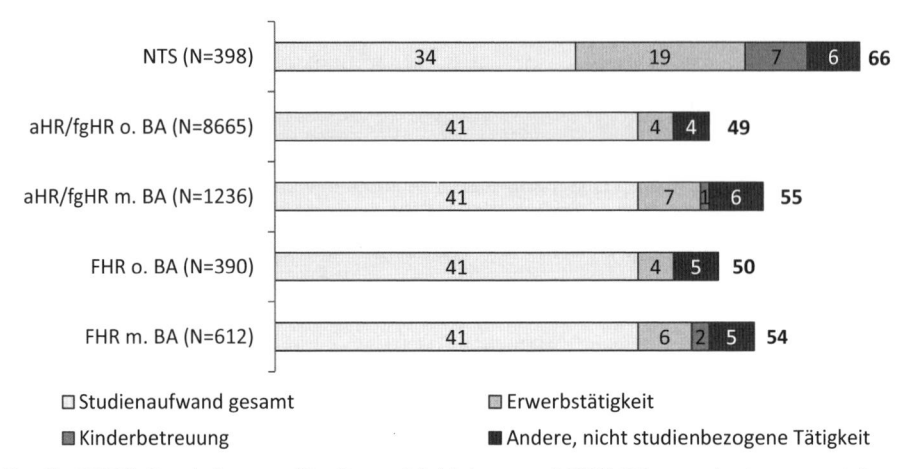

Gruppe	Studienaufwand gesamt	Erwerbstätigkeit	Kinderbetreuung	Andere, nicht studienbezogene Tätigkeit	Gesamt
NTS (N=398)	34	19	7	6	66
aHR/fgHR o. BA (N=8665)	41		4	4	49
aHR/fgHR m. BA (N=1236)	41	7	1	6	55
FHR o. BA (N=390)	41		4	5	50
FHR m. BA (N=612)	41	6	2	5	54

Quelle: NEPS, Startkohorte 5 (Studierende) (doi:10.5157/NEPS:SC5:4.0.0), eigene gewichtete Auswertungen

Abbildung 5: Durchschnittlich investierter Zeitaufwand in Stunden je Woche: Studien- und Nicht-Studienaufwand in der Vorlesungszeit (3. Hochschulsemester)[15] (alle Befragten inkl. Unterbrecher)

Mit Blick auf die Kernfrage des Projekts ist zu klären, ob sich der höhere Gesamtaufwand negativ auf den Studienerfolg von nicht-traditionellen Studierenden auswirkt, oder ob die höhere Belastung – etwa aufgrund einer höheren Leistungsfähigkeit – im Wesentlichen kompensiert werden kann (vgl. den Beitrag von Dahm/Kerst in diesem Band). Das Antwortverhalten auf die Frage, wie schwer das Studium mit anderen Verpflichtungen in Einklang zu bringen ist, weist eher in Richtung einer stärkeren Belastbarkeit nicht-traditioneller Studierender – ein Resultat, das sich schon in früheren Studien andeutete (z.B. Scholz 2006) und auch mit den Interviewbefunden zu Bewältigungsmustern korrespondiert.

---

15 Die Durchschnittwerte beziehen sich auf *alle* Befragten der jeweiligen Vergleichsgruppe, unabhängig davon, ob sie bereits Kinder haben beziehungsweise während des Studiums erwerbstätig sind oder nicht.

5 Fazit

Nicht-traditionelle Studierende lassen sich als eine Studierendengruppe charakterisieren, die sich nicht nur durch das fehlende Abitur, sondern auch durch besondere biografische Vorleistungen (Schulabschluss, Berufsausbildung, Erwerbstätigkeit, Weiterbildung) vom Gros der Studierenden abhebt. Nach umfangreichen Erfahrungen im Erwerbssystem sind nicht-traditionelle Studierende im Schnitt zehn Jahre später als die Studierenden des Ersten Bildungswegs in der Hochschule angekommen. Dementsprechend ist die Gruppe beruflich sozialisiert, wenn sie in die Hochschule einmündet. In den Jahren beruflicher Ausbildung, Praxis und Identifikation entwickelte die Zielgruppe Kompetenzen und neue Lebensziele, die die Studientscheidung begründen und die Bewältigungsstrategien des Studiums beeinflussen. Die Befunde über die Studienmotive zeigen zugleich die enge berufliche Rahmung der Studientscheidung auf und können als Beleg dafür interpretiert werden, dass das Studium – auch vor dem Eindruck einer Akademisierung der Arbeitswelt – auf der individuellen Ebene vordergründig als eine Investitionen in die persönliche Beschäftigungsfähigkeit betrachtet wird.

Die Öffnung der Hochschulzugangswege stellt in diesem Kontext neue biografische Planungsoptionen bereit. Nicht-traditionelle Studierende haben sich in diesem Sinne von ihrer in der Vergangenheit eingeschlagenen vorstrukturierten Bildungs- und Berufsperspektive gelöst und verfolgen in einer individualisierten Lebensphase des Studiums anknüpfende oder gänzlich neue Ziele.

Gemessen an der Bildungsherkunft erweist sich kein Zugangsweg an die Hochschule als sozial so offen wie der Dritte Bildungsweg. Dennoch stellen nicht-traditionelle Studierende zwar eine wachsende, aber immer noch kleine Gruppe unter den Studierenden dar. Nach wie vor verfügen an den Universitäten mehr als 90 Prozent der Studienanfängerinnen und -anfänger über das Abitur, das somit weiterhin den ‚Königsweg' zur Hochschule darstellt (Wolter et al. 2014, S. 9). Der vergleichsweise geringe Anteil an nicht-traditionellen Studierenden an deutschen Hochschulen kann verschiedene Ursachen haben, die sich als Wechselwirkung von institutioneller Selektion und Selbstselektion in individuellen Entscheidungsprozessen zum Studium modellieren lassen (Wolter et al. 2015). Trotz der Tatsache, dass die Hochschule für beruflich Qualifizierte ohne Abitur in allen Bundesländern weiter geöffnet wurde, hemmen Selektionsprozesse, vor allem in Form der geringen Bekanntheit der Möglichkeiten einer Studienaufnahme über den Dritten Bildungsweg, der Hürden beim Hochschulzugang selbst (z.B. Anerkennungs- und Affinitätsbestimmungen), aber auch in Form eines Angebotsdefizits flexibler Studienformate, den Zugang für einen Teil der potentiellen Zielgruppe.

Selbstselektionsprozesse sind vor allem in den Studientscheidungen, in Verbindung mit den bildungs- und berufsbiografischen Verläufen, erkennbar. Bereits hier können Selbstzweifel über Aufwand und Nutzen des Studiums, die eigene Studierfähigkeit und die Wahrscheinlichkeit des Studienerfolgs den Weg in die Hochschule verhindern. Demnach handelt es sich bei nicht-traditionellen Studierenden um eine positiv selektierte Gruppe und keinen Querschnitt der erwerbstätigen Bevölkerung, die eher eine Art ‚Elite' unter den Erwerbstätigen, die (noch) nicht über einen Hochschulabschluss verfügen, darstellt (Wolter et al. 2015). Bei denjenigen, die sich für das Studium entschieden haben, sind die Impulse dafür vordergründig in der zuletzt ausgeübten Erwerbstätigkeit zu finden. Typischerweise entsteht die Ambition, einen akademischen Abschluss zu erwerben, aus den bisherigen Erfahrungen im Beruf, die – gemessen an dem eigenen Erwartungshorizont – für einige nur unzureichende beziehungsweise unbefriedigende Perspektiven bietet. Berufliche Diskrepanzerfahrungen lassen den Entschluss reifen, durch ein Studium Barrieren im Beruf zu überwinden und neu gesteckte Lebensziele zu verwirklichen. Die Befunde deuten überwiegend auf ein eher instrumentelles Bildungsverständnis hin, verbunden mit primär praxis- und anwendungsorientierten Vorstellungen von einem Hochschulstudium.

Will man die Zahl der beruflich Qualifizierten ohne schulische Hochschulzugangsberechtigung weiter erhöhen, liegt die Herausforderung für die Hochschulen demnach vor allem darin, zwischen den unterschiedlichen Referenzsystemen und Wissenskulturen beruflicher und hochschulischer Bildung an den wichtigen Schnittstellen (Beratung, Studiengangskoordination etc.) stärker zu vermitteln. Auf der anderen Seite besteht die Notwendigkeit, gerade weil die Zielgruppe keine ‚Abiturerfahrungen' hat, die mit einem (wissenschaftlich orientierten) Hochschulstudium verbundenen Anforderungen transparent zu kommunizieren, ohne falsche Erwartungen zu bedienen, aber auch ohne abschreckende Hürden aufzubauen, damit beruflich Qualifizierte dies mit ihren Ansprüchen abgleichen und ihre Studierfähigkeit realistisch einschätzen können.

Literatur

Alheit, P./Rheinländer, K./Watermann, R. (2008): Zwischen Bildungsaufstieg und Karriere. Studienperspektiven „nicht-traditioneller Studierender". In: *Zeitschrift für Erziehungswissenschaft.* 11(4). S. 577–606.

Anslinger, E./Heibült, J./Müller, M. (2015): Berufsorientierung, Lebenslanges Lernen und dritter Bildungsweg – Zur Entwicklung beruflicher Orientierung im Lebenslauf anhand zweier Fallstudien. In: *bwp@ Berufs- und Wirtschaftspädagogik – online.* (27). S. 1–17. URL: http://www.bwpat.de/ausgabe27/anslinger_etal_bwpat27.pdf [21.01.2016].

Aschinger, F./Epstein, H./Müller, S./Schaeper, H./Vöttiner, A./Weiß, T. (2011): Higher education and the transition to work. In: Blossfeld, H.-P./Roßbach, H.-G./Maurice, J. von (Hrsg.): *Education as a Lifelong Process. The German National Educational Panel Study (NEPS)* (Sonderheft 14 der Zeitschrift für Erziehungswissenschaft). Wiesbaden: Springer VS. S. 267–282.

Autorengruppe Bildungsberichterstattung (2014): *Bildung in Deutschland 2014: Ein indikatorengestützter Bericht mit einer Analyse zur Bildung von Menschen mit Behinderungen.* Bielefeld: W. Bertelsmann.

Banscherus, U. (2010): Lebenslanges Lernen im Bologna-Prozess. In: Wolter, A./Wiesner, G./Koepernik, C. (Hrsg.): *Der lernende Mensch in der Wissensgesellschaft. Perspektiven lebenslangen Lernens.* Weinheim: Juventa. S. 221–237.

Banscherus, U./Kamm, C./Otto, A. (2015): Information, Beratung und Unterstützung von nicht-traditionellen Studierenden. Angebote der Hochschulen und deren Bewertung durch die Zielgruppe. In: Hanft, A./Zawacki-Richter, O./Gierke, W. B. (Hrsg.): *Herausforderung Heterogenität beim Übergang in die Hochschule.* Münster: Waxmann. S. 81–96.

Berg, H./Grendel, T./Haußmann, I./Lübbe, H./Marx, A. (2014): *Der Übergang beruflich Qualifizierter in die Hochschule: Ergebnisse eines Modellprojekts in Rheinland-Pfalz.* (Mainzer Beiträge zur Hochschulentwicklung Nr. 20). Mainz.

Boudon, R. (1974): *Education, Opportunity, and Social Inequality: Changing Prospects in Western Society.* New York: Wiley.

Brändle, T. (2014): Studienmotive und Lebensziele. Ein Vergleich der Intentionen nicht-traditioneller und traditioneller Studierender. In: *Beiträge zur Hochschulforschung.* 36(4). S. 92–119.

Brändle, T./Cascone, S./Lengfeld, H./Ohlert, C. (2015): *Studierende ohne Abitur in der Studieneingangsphase. Ergebnisse der Befragung von traditionellen und nicht-traditionellen Studierenden am Fachbereich Sozialökonomie der Universität Hamburg.* Hamburg.

Buchholz, A./Heidbreder, B./Jochheim, L./Wannöffel, M. (2012): *Hochschulzugang für Berufstätige – Exemplarisch analysiert am Beispiel der Ruhr-Universität Bochum* (Böckler-Arbeitspapier Nr. 188). Düsseldorf.

Dahm, G./Kamm, C./Kerst, C./Otto, A./Wolter, A. (2013): „Stille Revolution?" – Der Hochschulzugang für nicht-traditionelle Studierende im Umbruch. In: *Die Deutsche Schule.* 105(4). S. 382–401.

Dahm, G./Kerst, C. (2013): Immer noch eine Ausnahme – Nicht-traditionelle Studierende an deutschen Hochschulen. In: *Zeitschrift für Beratung und Studium.* 8(2). S. 34–39.

Dahrendorf, R. (1959): Die vier Bildungswege der modernen Gesellschaft unter besonderer Berücksichtigung des Zweiten Bildungswegs in den hochindustrialisierten Gesellschaften des Westens. In: Dahrendorf, R./Ortlieb, H.-D. (Hrsg.): *Der Zweite Bildungsweg im sozialen und kulturellen Leben der Gegenwart.* Heidelberg: Quelle & Meyer. S. 37–68.

Diller, F./Festner, D./Freiling, T./Huber, S. (2011): *Qualifikationsreserven durch Quereinstieg nutzen. Studium ohne Abitur, Berufsabschluss ohne Ausbildung.* Bielefeld: W. Bertelsmann.

Duong, S./Püttmann, V. (2014): *Studieren ohne Abitur: Stillstand oder Fortentwicklung? Eine Analyse der aktuellen Rahmenbedingungen und Daten.* (CHE-Arbeitspapier Nr. 177). Gütersloh.

Fengler, H./Jankofsky, B./Reibstein, E./Weißbach J. (1983): *Berufliche Qualifikation und Hochschulzugang – Bericht über eine Untersuchung der Vorbereitung auf die Befähigungsprüfung zum Hochschulstudium ohne Reifeprüfung in Niedersachsen.* Oldenburg.

Freitag, W. K. (2012): *Zweiter und Dritter Bildungsweg in die Hochschule* (Böckler-Arbeitspapier Nr. 253). Düsseldorf.

Friebel, H. (Hrsg.) (1978): *Studierende Erwachsene im zweiten Bildungsweg. Soziale Herkunft, Studienerfahrungen und Lernprobleme.* Braunschweig: Westermann.

Isserstedt, W. (1994): *Studieren ohne schulische Hochschulzugangsberechtigung. Ergebnisse einer Befragung von Zulassungsbewerbern* (HIS-Kurzinformation A10/1994). Hannover.

Jürgens, A./Zinn, B. (2012): Nichttraditionell Studierende in ingenieurwissenschaftlichen Studiengängen – Zugangswege, Motive, kognitive Voraussetzungen. In: *Beiträge zur Hochschulforschung.* 34(4). S. 34–53.

Jürgens, A./Zinn, B. (2015): Nicht-traditionell Studierende in Deutschland – Stand der empirischen Forschung und Desiderate. In: Elsholz, U. (Hrsg.): *Beruflich Qualifizierte im Studium. Analysen und Konzepte zum Dritten Bildungsweg*. Bielefeld: W. Bertelsmann. S. 35–56.

Kamm, C./Otto, A. (2013): Studienentscheidungen und Studienmotive nicht-traditioneller Studierender. In: *Zeitschrift für Beratung und Studium.* 8(2). S. 40–46.

Kern, A./Hoormann, J. (2011): *Der Dritte Bildungsweg für Studierende der Europäischen Akademie der Arbeit (EAdA). Zum Hochschulzugang für Studierende der EAdA – Potentiale, Erfahrungen und Chancen* (Böckler-Arbeitspapier Nr. 244). Düsseldorf.

Kerres, M./Hanft, A./Wilkesmann, U./Wolff-Bendik, K. (Hrsg.) (2012): *Studium 2020: Positionen und Perspektiven zum lebenslangen Lernen an Hochschulen.* Münster: Waxmann.

König, W./Lüttinger, P./Müller, W. (1988): *A Comparative Analysis of the Development and Structure of Educational Systems. Methodological Foundations and the Construction of a Comparative Educational Scale* (CASMIN-Working Paper No. 12). Mannheim.

Mayring, P. (2010): *Qualitative Inhaltsanalyse. Grundlagen und Techniken.* (11. Auflage). Weinheim: Juventa.

Middendorff, E./Apolinarski, B./Poskowsky, J./Kandulla, M./Netz, N. (2013): *Die wirtschaftliche und soziale Lage der Studierenden in Deutschland 2012. 20. Sozialerhebung des Deutschen Studentenwerks durchgeführt durch das HIS-Institut für Hochschulforschung.* Bonn.

Mucke, K./Schwiedrzik, B. (Hrsg.) (1997): *Studieren ohne Abitur: Berufserfahrung – ein „Schrittmacher" für Hochschulen und Universitäten.* Bielefeld: W. Bertelsmann.

Reich-Claassen, J./Hippel, A. von (2009): Angebotsplanung und -entwicklung. In: Tippelt, R./Hippel, A. von (Hrsg.): *Handbuch Erwachsenenbildung/Weiterbildung.* (3. Auflage). Wiesbaden: Springer VS. S. 1003–1015.

Scholz, W.-D. (1999): *Berufliche Weiterbildung als Schlüssel zum Hochschulstudium. Eine empirische Untersuchung über Studienorientierungen und Studienprobleme von Studierenden ohne schulische Hochschulzugangsberechtigung* (Forschungsbericht). Oldenburg.

Scholz, W.-D. (2006): *Vom Meister zum Magister, von der Erzieherin zur Diplomandin. Berufliche Weiterbildung als Schlüssel zum Hochschulstudium in Niedersachsen.* Oldenburg.

Scholz, W.-D./Wolter, A. (1984): Hochschulzugang als lebensgeschichtlicher Einschnitt. Ein empirischer Beitrag zu Studienmotiven und Studienerwartungen von Berufstätigen ohne traditionelle Studienberechtigung. In: Kellermann, P. (Hrsg.): *Studienaufnahme und Studienzulassung. Aspekte des Wandels im Zugang zu den Hochschulen* (Klagenfurter Beiträge zur bildungswissenschaftlichen Forschung Nr. 15). Klagenfurt. S. 129–159.

Schroeter, K. R. (1998): *Studium ohne Abitur. Studienverlauf und Studienerfolg von Studierenden ohne schulische Hochschulzugangsberechtigung* (Soziologische Arbeitsberichte Nr. 24). Kiel.

Schulenberg, W./Scholz, W.-D./Wolter, A./Mees, U./Fülgraff, B./Maydell, J. von (1986): *Beruf und Studium. Studienerfahrungen und Studienerfolg von Berufstätigen ohne Reifezeugnis.* Bonn.

Severing, E./Teichler, U. (Hrsg.) (2013): *Akademisierung der Berufswelt?* Bielefeld: W. Bertelsmann.

Statistisches Bundesamt (2015): *Berufliche Bildung* (Fachserie 11, Reihe 3). Wiesbaden.

Super, D. E. (1953): A Theory of vocational development. In: *American Psychologist.* 8(5). S. 185–190.

Teichler, U./Wolter, A. (2004): Zugangswege und Studienangebote für nicht-traditionelle Studierende. In: *die hochschule.* 13(2). S. 65–80.

Wolter, A. (2013a): Gleichrangigkeit beruflicher Bildung beim Hochschulzugang? Neue Wege der Durchlässigkeit zwischen beruflicher Bildung und Hochschule. In: Severing, E./Teichler, U. (Hrsg.): *Akademisierung der Berufswelt?* Bielefeld: W. Bertelsmann. S. 191–212.

Wolter, A. (2013b): Nicht-traditionelle Studierende in Deutschland. Ein Beitrag zur Durchlässigkeit des Hochschulzugangs. In: Grützkow, F./Quaißer, G. (Hrsg.): *Hochschule gestalten – Denkanstöße zum Spannungsfeld von Unterschieden und Ungleichheit.* Bielefeld: UVW. S. 149–173.

Wolter, A./Banscherus, U./Kamm, C./Otto, A./Spexard, A. (2014): Durchlässigkeit zwischen beruflicher und akademischer Bildung als mehrstufiges Konzept: Bilanz und Perspektiven. In: *Beiträge zur Hochschulforschung.* 36(4). S. 8–39.

Wolter, A./Dahm, G./Kamm, C./Kerst, C./Otto, A. (2015): Nicht-traditionelle Studierende in Deutschland: Begriff, Werdegänge, Studienmotivation – Ergebnisse eines empirischen Forschungsprojektes. In: Elsholz, U. (Hrsg.): *Beruflich Qualifizierte im Studium. Analysen und Konzepte zum Dritten Bildungsweg.* Bielefeld: W. Bertelsmann. S. 11–33.

Wolter, A./Geffers, J. (2013): *Zielgruppen lebenslangen Lernens an Hochschulen. Ausgewählte empirische Befunde.* Thematischer Bericht der wissenschaftlichen Begleitung des Bund-Länder-Wettbewerbs Aufstieg durch Bildung: offene Hochschulen. Berlin.

Wolter, A./Reibstein, E. (1991): Studierfähig durch Beruf und Weiterbildung? Eine empirische Fallstudie anhand der Bildungs- und Berufsbiographien von Erwachsenen. In: Wolter, A. (Hrsg.): *Die Öffnung des Hochschulzugangs für Berufstätige. Eine bildungspolitische Herausforderung.* Oldenburg. S. 33–97.

Gunther Dahm, Christian Kerst

Erfolgreich studieren ohne Abi?
Ein mehrdimensionaler Vergleich des Studienerfolgs von nicht-traditionellen und traditionellen Studierenden

1   Einleitung

Die Förderung der Beteiligung berufserfahrener Personen an Hochschulbildung stellt eines der zentralen Anliegen des Bund-Länder-Wettbewerbs *Aufstieg durch Bildung: offene Hochschulen* dar. Insbesondere beruflich qualifizierte Studieninteressierte, die über keine schulische Hochschulzugangsberechtigung verfügen, sind eine der zentralen Zielgruppen des Förderprogramms. Untersuchungen zum Studienverlauf und Studienerfolg dieser Studierendengruppe, im Folgenden nicht-traditionelle Studierende genannt, sind bis heute rar gesät. Der Erkenntnisstand in diesem Feld der Hochschulforschung ist dementsprechend vergleichsweise bescheiden (vgl. Freitag 2012). Das Wissen zur Studienbewährung nicht-traditioneller Studierender, über das wir heute verfügen, stammt vorwiegend aus Untersuchungen aus den 1980er und 1990er Jahren, deren regionaler Schwerpunkt in Niedersachsen lag, einem Bundesland, das Vorreiter bei der Anerkennung beruflicher Qualifikationen als Studienberechtigung und zugleich ein Zentrum der empirischen Forschung über diese Studierendengruppe gewesen ist (z.B. Richter 1995; Schulenberg et al. 1986). Hauptergebnis der frühen Studien war, dass nicht-traditionelle Studierende keine Risikogruppe darstellen, sondern ähnlich erfolgreich studieren wie traditionelle Studierende. Anfängliche fachliche Probleme betreffen demnach vor allem den Kenntnisstand in Mathematik und Fremdsprachen sowie die geringere Vertrautheit mit wissenschaftlichen Methoden und theoretischen Herangehensweisen. Diese Nachteile können jedoch im Studienverlauf ausgeglichen werden, zum Beispiel durch Motivation, Fleiß, Durchhaltevermögen, Arbeitsorganisation, Konzentration, Zeitmanagement oder auch eine stabilere Persönlichkeit. Die genannten Aspekte werden als Kernbestandteile einer durch Ausbildung und Erwerbstätigkeit erworbenen Studierfähigkeit betrachtet (Schulenberg et al. 1986) und waren Anlass für den Hauptbefund dieser früheren Forschungsbemühungen, wonach allgemeine und berufliche Bildung mit Blick auf die Bewältigung der Studienanforderungen als funktional gleichwertig einzustufen seien (vgl. Scholz 2006).

Auch wenn damit die Frage nach der Studierfähigkeit nicht-traditioneller Studierender bereits seit längerem beantwortet zu sein scheint, besteht nicht allein aufgrund des Alters dieser Befunde neuerlicher Forschungsbedarf. Es sind vor allem Veränderungen im Bildungssystem selbst, die eine erneute Beschäftigung mit dieser Gruppe dringlich erscheinen lassen. An den Hochschulen bietet die gestufte Studienstruktur anders als in den 1980er Jahren mit dem Bachelor ein Studium, das vielfach stärker strukturiert ist und in kürzerer Zeit zum Abschluss führt, daher aber auch weniger Freiräume für die individuelle Gestaltung des Studiums lässt. Mit der Bildungsexpansion sind sowohl die Studienberechtigtenquote als auch die Studierendenzahlen in den letzten Jahrzehnten stark angestiegen (Autorengruppe Bildungsberichterstattung 2014). Angesichts des demografischen Wandels bilden nicht-traditionelle Studierende zunehmend eine umworbene Zielgruppe, um das Fachkräfteangebot zu stabilisieren (Hanft et al. 2015). Für sie scheint heute allerdings die berufliche Weiterbildungsfunktion des Studiums wichtiger zu sein, während in den 1980er Jahren Selbstentfaltungsmotive noch eine größere Rolle bei der Studienentscheidung spielten (vgl. den Beitrag von Otto/Kamm in diesem Band). Der soziale und institutionelle Wandel im Bildungssystem zeigt sich vor allem auch an den Schnittstellen zwischen den Teilsystemen (Schindler 2014). Bildungspolitisch korrespondiert dies mit dem Ziel einer erhöhten Durchlässigkeit zwischen beruflicher Bildung und Hochschulbildung, nicht zuletzt erkennbar an einem Programm wie dem Bund-Länder-Wettbewerb *Aufstieg durch Bildung: offene Hochschulen*, um die Hochschulen verstärkt in die Sicherung des Fachkräftebedarfs durch Angebote des Lebenslangen (wissenschaftlichen) Lernens einzubinden und zugleich die Attraktivität der beruflichen Bildung durch Öffnung von Anschlussoptionen zu erhalten. Voraussetzung dafür sind geeignete Studien- und Unterstützungsangebote für erweiterte Zielgruppen eines Hochschulstudiums.

Vor diesem Hintergrund und nicht zuletzt wegen der Liberalisierung des Hochschulzugangs für beruflich Qualifizierte selbst (Duong/Püttmann 2014; Ulbricht 2012) ist unklar, inwieweit die vor mehr als zwanzig Jahren gewonnenen Erkenntnisse heute noch Gültigkeit haben. In der aktuellen wissenschaftlichen Beschäftigung mit den Bildungsverläufen und dem Erfolg nicht-traditioneller Studierender (vgl. Dahm et al. 2013) dominieren weiterhin Studien mit bestenfalls regionalem Fokus bei gleichzeitig begrenztem Fächerspektrum (Berg et al. 2014; Grendel/Lübbe/Haußmann 2014). Häufiger noch wird eine lediglich hochschul- und/oder studienfachbezogene Perspektive eingenommen (z.B. Brändle/Lengfeld 2015; Jürgens/Zinn 2012). Empirische Untersuchungen, die den Studienverlauf und Studienerfolg von nicht-traditionellen Studierenden sowohl im Längsschnitt als auch im Vergleich zu verschiedenen Gruppen traditioneller Studierender untersuchen und dabei über einzelne Fächer, Hochschulen und Regionen hinausweisen, sind noch immer ein Desiderat.[1]

Die vorliegende Untersuchung möchte einen Beitrag leisten, diese Forschungslücke zu schließen. Dazu werden Befunde zu einigen zentralen Merkmalen des

---

1 Dies ist allerdings nicht nur auf einen Mangel an bildungspolitischer und wissenschaftlicher Aufmerksamkeit für die Gruppe nicht-traditioneller Studierender zurückzuführen, sondern auch auf einen mindestens ebenso großen Mangel an geeigneten Daten. Die Aufmerksamkeit für das Thema ist in den letzten Jahren (wieder) deutlich gestiegen, der Mangel an geeigneten Daten besteht jedoch – trotz einiger Verbesserungen – noch immer.

Studienerfolgs von traditionellen und nicht-traditionellen Studierenden präsentiert, die den Studienverlauf bis ins fünfte Hochschulsemester abdecken, zum Teil auch darüber hinausgehen. Sie beruhen zum einen auf Auswertungen der Hochschulstatistik, vor allem jedoch auf Auswertungen von Daten der Studienanfängerkohorte des Nationalen Bildungspanels (NEPS) (Blossfeld/Roßbach/Maurice 2011), die im Rahmen des Forschungsprojekts *Nicht-traditionelle Studierende zwischen Risikogruppe und akademischer Normalität* durchgeführt worden sind (Wolter et al. 2015).[2] Mit der Auswertung dieser Daten werden Aussagen zum Studienerfolg von nicht-traditionellen Studierenden möglich, deren Reichweite aufgrund des Längsschnittdesigns der Daten sowie der Möglichkeit, verschiedene Studierendengruppen zu vergleichen, über die Ergebnisse bisheriger Studien zu nicht-traditionellen Studierenden hinausgeht. Gleiches gilt für die Berechnungen zum Studienerfolg, die auf Basis der hochschulstatistischen Daten durchgeführt wurden.

2   Mehrdimensionale Untersuchung des vorläufigen Studienerfolgs

Eine allgemein anerkannte Definition, was unter Studienerfolg zu verstehen ist, existiert nicht (z.B. Kuh et al. 2007; Trapmann 2008). Grundsätzlich lassen sich vier Ansätze beziehungsweise Perspektiven bei der Definition von Studienerfolg unterscheiden: Bei einer *institutionen-* beziehungsweise *outputbezogenen Perspektive* stehen objektive Merkmale wie der Studienabschluss, Erfolgsquoten und die Studiendauer im Mittelpunkt des Interesses. *Kompetenzorientierte Studienerfolgsforschung* nimmt hingegen die im Studienverlauf tatsächlich erworbenen (Fach-)Kompetenzen in den Blick. Ein dritter, *subjektbezogener Ansatz* betont die Perspektive der Studierenden auf das Studium und betrachtet daher die Zufriedenheit mit dem Studium und den Studienbedingungen als wichtige Erfolgskriterien. In einer *verlaufs-* beziehungsweise *anforderungsbezogenen Perspektive* schließlich werden der Umgang mit und die Bewältigung von Studienanforderungen betont. In diesem Beitrag werden output- und verlaufsorientierte Studienerfolgsmerkmale in den Blick genommen. In dieser Betrachtungsweise zeichnet sich Studienerfolg in erster Linie dadurch aus, dass Studierende in der Lage sind, mit den spezifischen Anforderungen umzugehen, die an der jeweiligen Hochschule im jeweils studierten Fach im Verlauf des Studiums zu bewältigen sind, wobei die Wahrscheinlichkeit eines erfolgreichen Studienabschlusses als übergeordnetes Erfolgskriterium fungiert. Nicht gemeint sind dagegen objektive Anforderungen im Sinne des Erwerbs festgelegter (Fach-)Kompetenzen.

---

2   Das Forschungsprojekt wird an der Humboldt-Universität zu Berlin in Kooperation mit dem Deutschen Zentrum für Hochschul- und Wissenschaftsforschung (DZHW) durchgeführt und durch das Bundesministerium für Bildung und Forschung gefördert (FKZ: M508500).

Da jeder der grundsätzlich in Frage kommenden Indikatoren des Studienerfolgs mit Stärken und Schwächen behaftet ist, wird dieser in dem vorliegenden Beitrag anhand verschiedener Dimensionen untersucht, um aus der Zusammenschau unterschiedlicher Maße ein möglichst vollständiges Bild vom Studienerfolg nicht-traditioneller Studierender zu erhalten. Neben der Frage der Bewältigung der fachlichen Anforderungen im Studium können der erfolgreiche Studienabschluss und die Studiendauer als traditionell wichtigste Kriterien für Studienerfolg gelten (Trapmann 2008). Die zum Zeitpunkt der Beitragserstellung verfügbaren Daten des NEPS reichen allerdings maximal bis in das fünfte Hochschulsemester, sodass sich auf dieser Basis die Frage des erfolgreichen Studienabschlusses noch nicht beantworten lässt. Auch aus diesem Grund muss in diesem Beitrag auf verschiedene vorläufige Indikatoren des zu erwartenden Studienerfolgs zurückgegriffen werden (Moore/Shulock 2009). Eine Betrachtung des vorläufigen Studienerfolgs von noch Studierenden bringt jedoch auch den Vorteil mit sich, dass in die Auswertung diverser Erfolgsmerkmale nicht nur jene Studierende eingehen, die das Studium letztlich erfolgreich beenden werden. Zudem müssen sich Studienanfängerinnen und -anfänger nach dem Übergang an die Hochschule in der neuen Umgebung zunächst zurechtfinden, sodass sich insbesondere in dieser Phase etwaige Probleme von nicht-traditionellen Studierenden bei der Bewältigung der Studienanforderungen bemerkbar machen sollten. Im Mittelpunkt dieses Beitrags stehen daher neben der Frage, welchen Kenntnisstand sich die Studierenden mit und ohne (Fach-)Abitur zu Studienbeginn selbst zuschreiben, ihre bisher erzielten Studienleistungen (Abschnitt 4), der Studienfortschritt bis zum fünften Hochschulsemester (Abschnitt 5) und schließlich Erfolgsquoten und Studienabbrüche (Abschnitt 6) – Merkmale, die als objektive Maße für die akademische Integration an der Hochschule gelten können (Tinto 1975, 1993).

3 Datengrundlage

Für die Auswertungen in diesem Beitrag werden zwei Datenquellen verwendet: zum einen die amtliche Hochschulstatistik, zum anderen Daten der Studienanfängerkohorte des NEPS. Im NEPS wird eine repräsentative Stichprobe von Studienanfängerinnen und -anfängern seit ihrem Studienbeginn im Wintersemester 2010/11 befragt (Aschinger et al. 2011).[3] Der NEPS-Datensatz hat zwei wesentliche Vorzüge für die hier verfolgte Fragestellung. *Erstens* befindet sich eine größere Gruppe

---

[3] Der vorliegende Beitrag nutzt Daten des Nationalen Bildungspanels (NEPS), Startkohorte 5 (Studierende), doi:10.5157/NEPS:SC5:4.0.0. Die Daten des NEPS wurden von 2008 bis 2013 als Teil des Rahmenprogramms zur Förderung der empirischen Bildungsforschung erhoben, welches vom Bundesministerium für Bildung und Forschung (BMBF) finanziert wurde. Seit 2014 wird NEPS vom Leibniz-Institut für Bildungsverläufe e.V. (LIfBi) an der Otto-Friedrich-Universität Bamberg in Kooperation mit einem deutschlandweiten Netzwerk weitergeführt.

nicht-traditioneller Studierender unter den Befragten. Diese können mit anderen Gruppen von Studierenden verglichen werden. In den nachfolgenden Darstellungen werden zumeist sechs Studierendengruppen gegenübergestellt, die sich nach der Art der Hochschulzugangsberechtigung (HZB) und der beruflichen Vorbildung unterscheiden:

- Nicht-traditionelle Studierende ohne schulische Studienberechtigung (NTS),
- Studierende des Zweiten Bildungswegs (ZBW),
- Studierende mit allgemeiner oder fachgebundener Hochschulreife ohne beruflichen Abschluss (aHR/fgHR o. BA),
- Studierende mit allgemeiner oder fachgebundener Hochschulreife mit beruflichem Abschluss (aHR/fgHR m. BA),
- Studierende mit Fachhochschulreife ohne beruflichen Abschluss (FHR o. BA),
- Studierende mit Fachhochschulreife mit beruflichem Abschluss (FHR m. BA).

Zweitens ist das NEPS als Panelstudie angelegt: Die Studierenden werden in regelmäßigen zeitlichen Abständen befragt, sodass wesentliche Veränderungen im Lebens- und Studienverlauf sichtbar werden. Allerdings ist es auch in einem solch komplexen Studiendesign nicht möglich, alle Fragen und Themen zu jedem Befragungszeitpunkt zu behandeln. So wurden Einschätzungen zum Studienverlauf und umfangreiche Daten zum bisherigen Studienerfolg erst im dritten Hochschulsemester erhoben, eine Aktualisierung erfolgte ein Jahr später im fünften Hochschulsemester. Beide Wellen bilden zusammen mit den biografischen Verlaufsdaten der ersten beiden Telefonbefragungen (erstes bzw. zweites sowie viertes Hochschulsemester) die Grundlage für die nachfolgenden Auswertungen und Ausführungen.[4] Damit sind Vergleiche des Studienerfolgs zwischen unterschiedlichen Gruppen von Studierenden in relativ frühen Phasen des Studiums möglich, sodass Verzerrungen dieses Vergleichs durch den etwaigen Abbruch von besonders leistungsschwachen Studierenden eine geringere Rolle spielen dürften als beim Vergleich von Absolventinnen und Absolventen.

4 Erfahrungen mit den Studienanforderungen am Studienbeginn und bisherige Studienleistungen

Aus älteren Forschungsarbeiten zum Studienerfolg von Studierenden des sogenannten Dritten Bildungswegs ist bereits bekannt (vgl. Freitag 2012), dass diese das Ausmaß ihrer (schulischen) Vorbereitung auf die Anforderungen eines Studiums vergleichsweise ungünstig beurteilen und insbesondere am Studienbeginn häufig

---

[4] Die Auswertungen der NEPS-Daten wurden mit den Gewichtungsinformationen durchgeführt, die in der aktuellen Version des Datensatzes verfügbar sind. Da zum Zeitpunkt der Beitragserstellung noch keine Klumpenvariable im Datensatz enthalten war, wurde diese auf Basis der gezogenen Hochschulstandorte und Studienbereiche selbst gebildet.

die Erfahrung machen, dass ihnen wichtige Kenntnisse in Grundlagenfächern wie Mathematik, Deutsch und Fremdsprachen fehlen. Dies ist insofern relevant, als vertiefte Kenntnisse in diesen Fächern als wichtige Voraussetzung für die Bewältigung der fachlichen Anforderungen eines Hochschulstudiums gelten (z.B. Köller 2013). Uneinheitlich ist jedoch die Befundlage dazu, inwieweit sich diese zumindest am Studienanfang vorhandenen Defizite negativ auf die von Studierenden des Dritten Bildungswegs erzielten Studienleistungen auswirken. So kamen an der Pädagogischen Hochschule/Universität Hannover die besten Examensleistungen unter allen Lehramtsabsolventinnen und -absolventen für Grund- und Hauptschulen der Jahrgänge 1965 bis 1978 von Studierenden des Dritten Bildungswegs (Schulenberg et al. 1986). Ein gegensätzliches Resultat zuungunsten der nicht-traditionellen Studierenden erbrachte die Auswertung von Prüfungsergebnissen der Jahre 1978 bis 1993 im Diplomstudiengang Psychologie an der Universität Osnabrück (Richter 1995). Neuere studiengangbezogene Untersuchungen an rheinland-pfälzischen Hochschulen und der Universität Hamburg kommen zu in der Tendenz ähnlichen Ergebnissen wie Richter, wobei die Notenunterschiede zwischen traditionellen und nicht-traditionellen Studierenden mit gerade einmal 0,2 beziehungsweise 0,15 Punkten allerdings deutlich geringer ausfallen und sich in der rheinland-pfälzischen Erhebung zum zweiten Semester hin noch weiter reduzieren (Berg et al. 2014; Brändle/Lengfeld 2015). Auch wenn die Notenunterschiede beziehungsweise Notenveränderungen statistische Signifikanz erreichen, so stellt sich bei diesen Größenordnungen die Frage, ob sie auch *inhaltlich* bedeutsam sind.

Bevor weiter unten Befunde aus der NEPS-Studienanfängerbefragung zu den bisher erzielten Studienleistungen präsentiert werden, wird zunächst dargestellt, wie nicht-traditionelle Studierende im Vergleich zu anderen Studienanfängerinnen und -anfängern rückblickend, im dritten Hochschulsemester, ihre Vorbereitung auf die fachlichen Anforderungen des Studiums einschätzen.

Auch die NEPS-Ergebnisse bestätigen die früheren Befunde zur Skepsis von Studierenden ohne (Fach-)Abitur gegenüber dem Stand ihrer Vorbereitung auf die fachlichen Anforderungen im Studium. So verfügen nicht-traditionelle Studierende nach eigener Einschätzung bei Studienbeginn nur zu knapp einem Drittel in hohem oder sehr hohem Maße über die im Studium benötigten Kenntnisse in Mathematik, Deutsch und Englisch, während dies in der Gruppe der Studierenden mit allgemeiner oder fachgebundener Hochschulreife ohne Ausbildung fast drei Viertel der Befragten angeben (vgl. Abbildung 1). Hier dürfte sich bemerkbar machen, dass das Niveau der schulischen Vorbildung von nicht-traditionellen Studierenden geringer ist als bei anderen Gruppen und die letzte Phase formaler schulischer Bildung nach einer meist mehrjährigen Erwerbstätigkeit bereits längere Zeit zurückliegt (vgl. Wolter et al. 2015). Entsprechend häufiger als fast alle Vergleichsgruppen geben Studierende ohne schulische Hochschulzugangsberechtigung an, dass ihnen am Studienbeginn „Kenntnisse und Fähigkeiten fehlten, die im Studium vorausgesetzt werden": 41 Prozent finden diese Aussage eher zutreffend, 18 Prozent sogar völlig zutreffend gegenüber lediglich 32 beziehungsweise 11 Prozent der Studierenden insgesamt.[5]

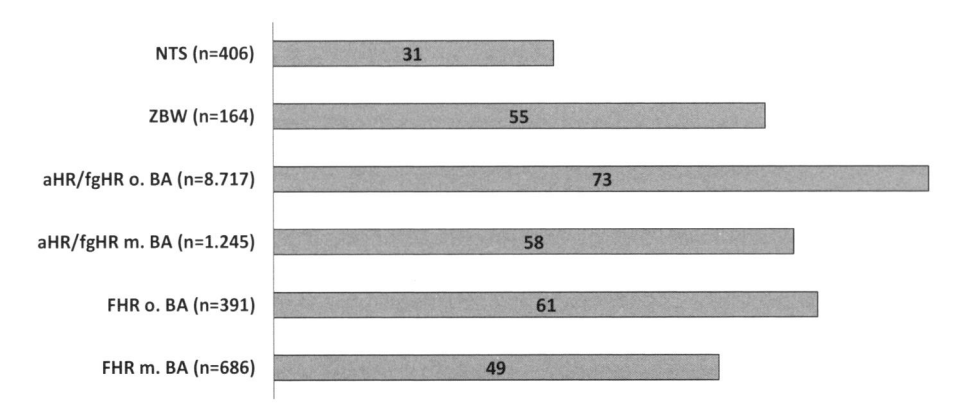

Gruppe	Anteil in %
NTS (n=406)	31
ZBW (n=164)	55
aHR/fgHR o. BA (n=8.717)	73
aHR/fgHR m. BA (n=1.245)	58
FHR o. BA (n=391)	61
FHR m. BA (n=686)	49

■ Kenntnisse lagen in hohem o. sehr hohem Maße vor (Mittelwert ≥3), Anteil Befragte in %

Quelle: NEPS, Startkohorte 5 (Studierende) (doi:10.5157/NEPS:SC5:4.0.0), eigene gewichtete Auswertungen

Abbildung 1: Kenntnisstand in Mathematik, Deutsch und Englisch bei Studienbeginn[6]

Vor dem Hintergrund dieser – selbst im Rückblick noch wahrgenommenen – Defizite in wichtigen Grundlagenfächern wäre damit zu rechnen, dass sich diese im Studienverlauf in größeren Leistungsproblemen von nicht-traditionellen im Vergleich zu traditionellen Studierenden niederschlagen. Interessanterweise bestehen jedoch deutlich geringere Gruppenunterschiede bei der Frage, ob die bei Studienbeginn vorhandenen Kenntnisse ausreichen, um dem Lehrstoff des ersten Semesters ohne größere Schwierigkeiten folgen zu können: Der Anteil der nicht-traditionellen Studierenden, der keine größeren Beeinträchtigungen feststellen konnte, liegt bei knapp zwei Dritteln und damit ähnlich hoch wie bei Studierenden mit Fachhochschulreife. Lediglich Studierende mit allgemeiner oder fachgebundener Hochschulreife schneiden etwas besser ab, während Studierende des Zweiten Bildungswegs am häufigsten von Schwierigkeiten in der ersten Studienphase berichten (vgl. Abbildung 2).

---

5   Nur Studierende des Zweiten Bildungswegs schneiden noch etwas schlechter ab als nicht-traditionelle Studierende (41 bzw. 23 Prozent).
6   Für die Abfrage des Kenntnisstands in den drei Bereichen wurden vierstufige Antwortskalen verwendet, die das Ausmaß der erworbenen Kenntnisse wiedergeben (1 „gar nicht" bis 4 „sehr viel"). Aus den Antworten der Befragten wurden Mittelwerte gebildet. Die Abbildung stellt den Anteil der Befragten dar, deren Mittelwert mindestens 3 beträgt und damit auf „eher viele" oder „sehr viele" Kenntnisse hindeutet.

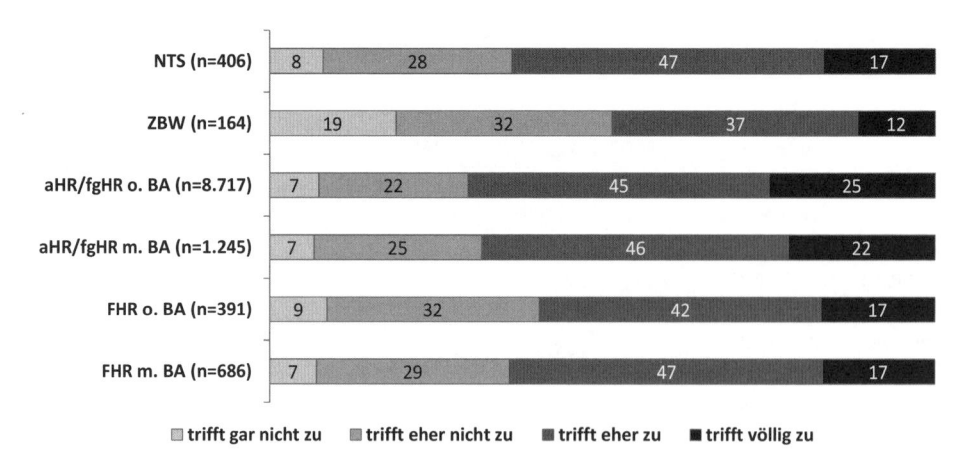

	trifft gar nicht zu	trifft eher nicht zu	trifft eher zu	trifft völlig zu
NTS (n=406)	8	28	47	17
ZBW (n=164)	19	32	37	12
aHR/fgHR o. BA (n=8.717)	7	22	45	25
aHR/fgHR m. BA (n=1.245)	7	25	46	22
FHR o. BA (n=391)	9	32	42	17
FHR m. BA (n=686)	7	29	47	17

Quelle: NEPS, Startkohorte 5 (Studierende) (doi:10.5157/NEPS:SC5:4.0.0), eigene gewichtete Auswertungen

Abbildung 2: Ausreichender Kenntnisstand bei Studienbeginn, in Prozent

Auf der Grundlage von Angaben über bisherige Studienleistungen kann im Folgenden noch eingehender überprüft werden, in welchem Ausmaß Leistungsschwierigkeiten zu Beginn des Studiums vorhanden waren. Leider liegen im NEPS von zu wenigen nicht-traditionellen Studierenden Testdaten zu den allgemeinen und fachspezifischen Kompetenzen vor. Für die nachfolgende Gegenüberstellung der Studienleistungen von nicht-traditionellen und traditionellen Studierenden muss daher auf ein weniger valides Maß des Lernerfolgs zurückgegriffen werden: selbstberichtete Studiennoten. Die aus fach- und hochschulspezifisch unterschiedlichen Bewertungsmaßstäben und Traditionen resultierende Kontextabhängigkeit von Studien- und Prüfungsnoten (Wissenschaftsrat 2012) bedeutet, dass auf Basis dieser Daten ein ‚echter' Vergleich der Leistungs- und Studierfähigkeit beziehungsweise der Lernerfolge von Studierenden unterschiedlicher Hochschulen und Fächergruppen nur schwer möglich ist (Müller-Benedict/Tsarouha 2011; Pascarella/Terenzini 2005).[7] Wenn im Folgenden dennoch die bisher erzielten Studiennoten von nicht-traditionellen und traditionellen Studierenden gegenübergestellt werden, so erfüllt dies vielmehr den Zweck, einen Eindruck davon zu gewinnen, ob diese in vergleichbarer Weise in der Lage sind, die spezifischen Leistungsstandards ihres jeweiligen Studienfachs an ihrer jeweiligen Hochschule zu erfüllen, sich also in ähnlichem Maße akademisch an ihrer Hochschule zu integrieren (Tinto 1975).[8] Damit

---

7 Auch die Tatsache, dass es sich um Selbstberichte der Studierenden handelt, geht mit möglichen Verzerrungen einher (vgl. Maxwell/Lopus 1994).

8 Ähnliche Studiennoten von Studierenden unterschiedlicher (Bewertungs-)Kontexte signalisieren demnach nicht, dass Leistungen und Lernerfolge (im materiellen Sinn) notwendig identisch sind, sondern lediglich, dass diese Studierenden die Standards und Anforderungen ihres jeweiligen Faches an ihrer jeweiligen Hochschule in ähnlicher Weise erfüllen konnten. Wenn der Notenvergleich nach Studienbereichen getrennt durchge-

erlaubt eine vergleichende Betrachtung von Studiennoten – bei allen Problemen und Einschränkungen – etwas differenziertere Aussagen zur Studierfähigkeit von nicht-traditionellen Studierenden als die bloße Unterscheidung von Studierenden in Abbrecher und Nicht-Abbrecher, zumal ein Studienabbruch nicht notwendig aus Leistungsgründen erfolgen muss (vgl. Abschnitt 6).

Auch der Gruppenvergleich der selbstberichteten Studiennoten aus dem dritten und fünften Hochschulsemester zeigt, dass sich die von den Studierenden ohne (Fach-)Abitur wahrgenommenen Defizite in ihrer Studienvorbereitung offenbar nicht in auffälligen Leistungsproblemen niedergeschlagen haben.[9] Insgesamt bestehen zwischen den Vergleichsgruppen nur geringe Unterschiede in den berichteten Durchschnittsnoten. So erzielen nicht-traditionelle Studierende im dritten beziehungsweise fünften Hochschulsemester einen Notenschnitt von 2,4 beziehungsweise 2,3. Damit liegt ihre mittlere Leistungsbewertung zwischen jener von Studierenden mit allgemeiner oder fachgebundener Hochschulreife (2,3 im dritten bzw. 2,2 im fünften Hochschulsemester) auf der einen Seite und den Noten von Studierenden mit Fachhochschulreife ohne Ausbildung sowie Studierenden des Zweiten Bildungswegs (2,5 bzw. 2,4) auf der anderen Seite.

Ob dieses Ergebnis lediglich die Folge einer zwischen den Gruppen variierenden Fächerverteilung ist, lässt sich anhand von Tabelle 1 überprüfen, in der auf Basis der Noten des dritten Hochschulsemesters ein Gruppenvergleich nach ausgewählten Studienbereichen (mit höheren Fallzahlen von nicht-traditionellen Studierenden) dargestellt ist. Vergleicht man die Durchschnittsnoten *zwischen* den Fächern, zeigt sich bei jeder Vergleichsgruppe ein bekanntes Muster, nämlich die Existenz unterschiedlicher Kulturen in der Notengebung je nach Studienfach. Während in den sogenannten MINT-Fächern vergleichsweise schlechte Noten vergeben werden, bekommen Studierende der Erziehungswissenschaften und des Sozialwesens im Schnitt die besten Noten. Der Gruppenvergleich *innerhalb* der Fächer bestätigt das Ergebnis des globalen Notenvergleichs über alle Fächer: Nicht-traditionelle Studierende werden den spezifischen Anforderungen ihres Studienfachs in ähnlicher Weise gerecht wie andere Studierende, können sich an ihrer Hochschule mithin erfolgreich akademisch integrieren. Insgesamt fällt auf, dass mit den Merkmalen

---

   führt wird, können zumindest unterschiedliche Fachkulturen bei der Notengebung etwas besser berücksichtigt werden. So werden näherungsweise Aussagen darüber möglich, ob nicht-traditionelle Studierende in dem Kontext, in dem sie studieren, die spezifischen Leistungsanforderungen vergleichsweise ‚gut' erfüllen, oder ob sie lediglich in ‚befriedigender' oder in gerade noch ‚ausreichender' Weise den Anforderungen gerecht werden.
9 Zu beachten ist allerdings, dass nur jene NEPS-Teilnehmenden nach ihren Studiennoten befragt wurden, die zum Zeitpunkt der Befragung im dritten beziehungsweise fünften Hochschulsemester noch studierten. Personen, die ihr Studium abgebrochen oder unterbrochen hatten, gehen nicht in den Notenvergleich ein. Ein weiterer Teil der Befragten konnte oder wollte keine Angabe zu den bisher erreichten Noten machen, sodass im Schnitt von zirka 71 Prozent der Befragungsteilnehmerinnen und -teilnehmer eine Angabe vorliegt.

‚Art der Hochschulzugangsberechtigung' und ‚berufliche Vorbildung' kaum systematische Notenunterschiede verbunden sind. Nicht auszuschließen ist allerdings, dass für dieses Ergebnis auch die Kontextabhängigkeit der Notengebung, das heißt die Existenz hochschulspezifischer Bewertungsstandards mitverantwortlich ist (Müller-Benedict/Tsarouha 2011; Wissenschaftsrat 2012). Solche unterschiedlichen Bewertungsmaßstäbe zwischen – aber auch innerhalb von – Hochschulen haben sowohl für traditionelle als auch für nicht-traditionelle Studierende Auswirkungen auf den Notenvergleich.

Tabelle 1: Studiennoten im dritten Hochschulsemester nach ausgewählten Fachrichtungen

Fächergruppe		NTS	ZBW	aHR/ fgHR o. BA	aHR/ fgHR m. BA	FHR o. BA	FHR m. BA
Erziehungswissen-schaften, Pädagogik, Sozialwesen	Fallzahl	76	14	380	95	58	72
	Mittelwert[1]	2,0	1,9	1,8*	1,9**	2,0	1,9
	(SE)	(0,06)	(0,13)	(0,05)	(0,05)	(0,11)	(0,07)
Wirtschaftswissen-schaften	Fallzahl	65	12	826	265	64	130
	Mittelwert[1]	2,4	2,4	2,3	2,3	2,6+	2,3
	(SE)	(0,10)	(0,32)	(0,04)	(0,06)	(0,07)	(0,08)
Ingenieurwissen-schaften	Fallzahl	51	8	874	103	79	163
	Mittelwert[1]	2,6	2,7	2,5	2,5	2,6	2,5
	(SE)	(0,11)	(0,23)	(0,04)	(0,06)	(0,07)	(0,05)
Mathematik, Informatik, Naturwissen-schaften	Fallzahl	27	25	1.494	139	42	69
	Mittelwert[1]	2,3	2,7+	2,3	2,3	2,7*	2,3
	(SE)	(0,17)	(0,14)	(0,03)	(0,06)	(0,11)	(0,06)
Sprach- und Kultur-wissenschaften	Fallzahl	20	27	1.518	125	18	25
	Mittelwert[1]	2,3	2,2	2,1*	2,1	2,1	2,3
	(SE)	(0,09)	(0,09)	(0,03)	(0,05)	(0,15)	(0,10)

[1] Signifikanz der Unterschiede gegenüber dem Wert von NTS: + $p \leq 0,1$; * $p \leq 0,05$; ** $p \leq 0,01$; *** $p \leq 0,001$
Quelle: NEPS, Startkohorte 5 (Studierende) (doi:10.5157/NEPS:SC5:4.0.0), eigene gewichtete Auswertungen

Gestützt werden die Ergebnisse dieses Notenvergleichs durch die subjektive Einschätzung der Befragten im fünften Hochschulsemester zu ihren Studienleistungen im Vergleich zu ihren direkten Kommilitoninnen und Kommilitonen: 31 Prozent der nicht-traditionellen Studierenden geben an, dass ihre Studienleistungen insgesamt besser sind als die ihrer Mitstudierenden, 24 Prozent haben schlechtere Studienleistungen, der Rest berichtet von „genauso guten" Ergebnissen. Damit liegen Studierende ohne (Fach-)Abitur im Mittelfeld zwischen Studierenden mit Fachhochschulreife ohne Ausbildung (27 Prozent mit besseren Leistungen vs. 26 Prozent mit schlechteren Leistungen) und solchen des Zweiten Bildungswegs (22

Prozent vs. 32 Prozent) auf der einen Seite und Studierenden mit Fachabitur und Ausbildung (36 Prozent vs. 21 Prozent) sowie den beiden Gruppen mit allgemeiner oder fachgebundener Hochschulreife auf der anderen Seite (38 bzw. 36 Prozent mit besseren Leistungen vs. 18 bzw. 21 Prozent mit schlechteren Leistungen). Diese Einschätzungen sind zwar einerseits weniger objektiv als Studiennoten, andererseits können sie örtliche Unterschiede in den Notenkulturen und der leistungsbezogenen Zusammensetzung der Studierendenschaft möglicherweise besser berücksichtigen als ein Notenvergleich über Hochschulstandorte hinweg.

5   Der Studienfortschritt bis zum fünften Hochschulsemester

Der Studienfortschritt – hier operationalisiert über die Anzahl von Leistungspunkten, die bis zu einem bestimmten Zeitpunkt seit Studienbeginn erworben wurden – ist ein wichtiger Indikator für den vorläufigen Studienerfolg (Beekhoven/De Jong/ van Hout 2003; Moore/Shulock 2009). Dieser Indikator sagt nichts über die *Qualität* der bereits erbrachten Studienleistungen aus, vielmehr bringt er zum Ausdruck, welcher *Anteil* des Arbeitsaufwands, der für den erfolgreichen Studienabschluss insgesamt vorgesehen ist, von einem Studierenden zu einem bestimmten Zeitpunkt bereits erfolgreich absolviert wurde. Er zeigt somit an, ob und – wenn ja – in welchem Tempo sich Studierende dem Studienabschluss nähern. Eine frühe Akkumulation von Kreditpunkten, etwa der Erwerb einer bestimmten Mindestanzahl im ersten Studienjahr, oder auch eine im Studienverlauf abnehmende Rate beim Punkterwerb sind systematisch verbunden mit dem Grad der akademischen Einbindung ins Studium sowie mit der Wahrscheinlichkeit, das Studium abzubrechen oder erfolgreich zu beenden (Moore/Shulock 2009). Somit erlaubt der Fortschritt beim Erwerb von Leistungspunkten eine Prognose der Wahrscheinlichkeit des erfolgreichen Studienabschlusses. Allerdings scheinen die erwähnten Zusammenhänge (mit dem endgültigen Studienerfolg) bei jüngeren Studienanfängerinnen und -anfängern etwas stärker ausgeprägt zu sein als bei älteren Studierenden (Calcagno et al. 2006). Ein geringer Credits-Erwerb je Semester ist nicht zwangsläufig mit einer höheren Abbruchrate verbunden, dieser schlägt sich dann aber in einer längeren Studiendauer nieder.

Nach unserem Kenntnisstand existieren bislang keine Forschungsbefunde zum Studienfortschritt nicht-traditioneller Studierender, allerdings zu damit eng verbundenen Merkmalen wie der Quote erfolgreich bestandener Lehrveranstaltungen oder der Studiendauer bis zum Abschluss: Die Befragung von niedersächsischen Studierenden des Ersten, Zweiten und Dritten Bildungswegs von Schulenberg et al. (1986) lieferte Hinweise auf eine größere Zielstrebigkeit im Studienverhalten von Studierenden ohne Studienberechtigung und eine seltenere Überschreitung der vorgesehenen Studienzeiten. Eine Untersuchung zur durchschnittlichen Studiendauer im Fach Psychologie an der Universität Osnabrück in den Jahren 1978 bis 1993 kam dagegen zu dem Ergebnis, dass Studierende ohne Hochschulreife das Vordiplom im Schnitt knapp ein Semester später erreichten als frühere Gymnasiastinnen und Gymnasiasten, die bereits Diplomierten unter ihnen schlossen das Studium insgesamt mit einer Verzögerung von einem halben Semester gegenüber den klassischen Abiturientinnen und Abiturienten ab (Richter 1995). Diese älteren Befunde deuten auf nur geringe Unterschiede im Studienfortschritt zwischen traditionellen und nicht-traditionellen Studierenden. Zu berücksichtigen ist allerdings, dass es in der Untersuchung von Schulenberg et al. um (zum Befragungszeitpunkt) noch Studierende ging, die eine Prognose über die *voraussichtliche* Studienverzögerung abgeben sollten. In den Vergleich der Studiendauer bei Richter gingen wiederum nur solche Studierende ein, die das Vordiplom beziehungsweise das Diplom erfolgreich abgeschlossen hatten, sodass daraus keine Aussagen über den sukzessiven Studienerfolg der gesamten Studierendenschaft dieses Studiengangs getroffen werden können. Die einzige Untersuchung neueren Datums stammt von Brändle und Lengfeld (2015), die die Studienbewährung von nicht-traditionellen Studierenden in einem für diese Gruppe eher offenen Studiengang an der Universität Hamburg untersuchen. Sie kommen zu dem Ergebnis, dass nicht-traditionelle Studierende im ersten Studienjahr lediglich 71,8 Prozent der besuchten Lehrveranstaltungen erfolgreich bestehen gegenüber einer Erfolgsquote von 79,2 Prozent bei Studierenden mit allgemeiner Hochschulreife.[10]

Mit den aktuell vorliegenden NEPS-Daten ist es möglich, den bisherigen Fortschritt in Richtung des erfolgreichen Studienabschlusses zum Zeitpunkt des dritten und fünften Semesters seit Studienbeginn zu untersuchen. Die große Mehrheit der Studierenden (je nach Vergleichsgruppe zwischen 86 und 99 Prozent) wird in ihrem Studiengang nach dem *European Credit Transfer System* (ECTS) bewertet, bei dem durch erfolgreiches Bestehen der Lehrveranstaltungen eines Semesters in der Regel 30 Leistungspunkte beziehungsweise Credits zu erwerben sind, insgesamt 180 Punkte in einem sechssemestrigen Studiengang. Lediglich gut 60 Prozent der nach dem ECTS-System bewerteten Studierenden haben in der Onlinebefragung des dritten Semesters Angaben zu den bisher von ihnen erreichten Leistungspunkten gemacht. In der Wiederholungsbefragung im fünften Semester konnten die Teilnehmer statt des exakten Punktestands auch ein Intervall auswählen, in dem ihr aktueller Punktestand liegt, wodurch die Antwortquote auf gut 90 Prozent gesteigert werden konnte.[11]

---

10 Einschränkend erwähnt sei, dass in der Gruppe der über ihre berufliche Qualifikation zugelassenen Studierenden auch solche mit Fachhochschulreife enthalten sind, sodass das Abschneiden von Studierenden ohne jegliche schulische Hochschulzugangsberechtigung in der Untersuchung von Brändle und Lengfeld unbekannt bleibt.

11 Dies deutet darauf hin, dass die geringe Antwortrate in der ersten Onlinebefragung zu einem Großteil auf tatsächliche Unwissenheit über den exakten Punktestand beziehungsweise auf einen zu hohen Aufwand, diesen Stand zum Befragungszeitpunkt zu ermitteln, zurückzuführen ist, weniger auf eine geringere Antwortbereitschaft von Befragten mit schlechteren Studienleistungen. Für den nachfolgenden Gruppenvergleich wurden die jeweiligen Skalenmitten der Credits-Intervalle genutzt und auf diese Weise in ‚exakte'

Für einen fairen Gruppenvergleich des Studienfortschritts ist zu beachten, dass ein erheblicher Teil der nicht-traditionellen Studierenden (ca. 30 Prozent) ein Fernstudium absolviert und somit oft in Teilzeit oder berufsbegleitend studiert (Wolter et al. 2015), während der Anteil der Fernstudierenden unter den beruflich qualifizierten Studierenden *mit* schulischer Studienberechtigung kaum über fünf Prozent liegt. Berücksichtigt man Unterschiede in der Häufigkeit nicht-traditioneller Studienformate und vergleicht ausschließlich Präsenzstudierende, dann schneiden jene ohne (Fach-)Abitur nicht schlechter ab als traditionelle Studierende (vgl. Abbildung 3).[12] Im Schnitt haben nicht-traditionelle Studierende bis zum Beginn des dritten beziehungsweise fünften Hochschulsemesters gut 50 beziehungsweise 105 Leistungspunkte erworben. Damit haben sie ebenso wie traditionelle Studierende mit allgemeiner und fachgebundener Hochschulreife und solche mit Fachabitur und Ausbildung knapp 90 Prozent der Vorgaben des Studiengangs zum jeweiligen Zeitpunkt erfüllt. Wie schon bei den vorherigen Erfolgsindikatoren schneiden Studierende des Zweiten Bildungswegs auch hier vergleichsweise ungünstig ab, ebenso Studierende mit Fachabitur ohne Ausbildung.

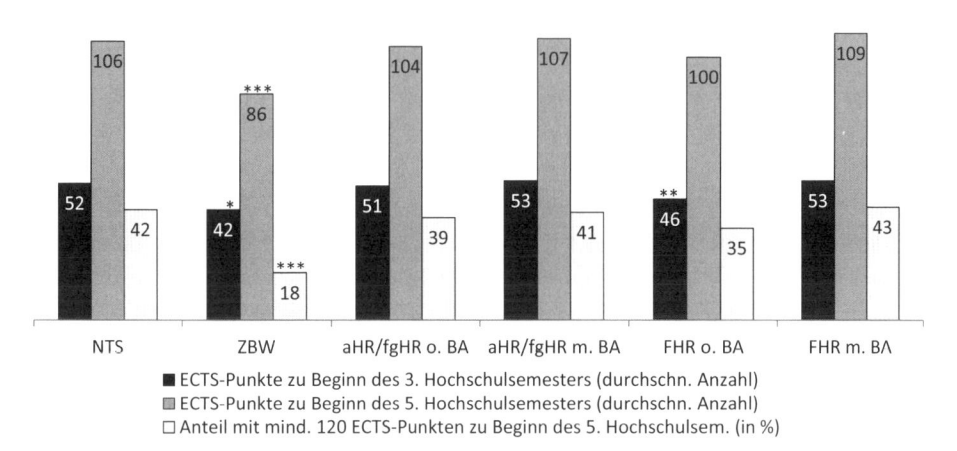

Quelle: NEPS, Startkohorte 5 (Studierende) (doi:10.5157/NEPS:SC5:4.0.0), eigene gewichtete Auswertungen

Abbildung 3: Studienfortschritt Präsenzstudierender zu Beginn des 3. und 5. Hochschulsemesters (Signifikanz der Unterschiede gegenüber dem Wert von NTS: + $p \leq 0{,}1$; * $p \leq 0{,}05$; ** $p \leq 0{,}01$; *** $p \leq 0{,}001$)

ECTS-Werte umgewandelt. An den substanziellen Ergebnissen des Vergleichs ändert sich durch den Einbezug der betreffenden Fälle nichts.

12 Wie schon beim Notenvergleich muss auch hier berücksichtigt werden, dass NEPS-Studienteilnehmerinnen und -teilnehmer nur dann nach ihrem bisherigen Studienfortschritt befragt worden sind, wenn sie zum jeweiligen Befragungszeitpunkt noch studierten, das Studium also weder abgebrochen noch unterbrochen hatten.

Auch wenn nicht-traditionelle Studierende auf ihrem Weg in Richtung Studienabschluss ähnlich gut vorankommen wie Studierende mit formaler Hochschulreife, so ist doch mit Blick auf alle Studierenden erwähnenswert, dass zu beiden Erhebungszeitpunkten gerade einmal gut 40 Prozent der Befragten die vorgesehene Anzahl an Leistungspunkten erworben hatten.

6 Erfolgsquoten, Studienabbrüche und mögliche Abbruchursachen

Aus der Studienabbruchforschung ist bekannt, dass eine Vielzahl von individuellen Faktoren und kontextuellen Rahmenbedingungen das Risiko für Studienverzögerungen und -abbrüche beeinflusst (Heublein et al. 2010; Heublein/Wolter 2011; Robbins et al. 2004; Sarcletti/Müller 2011). Leistungsschwierigkeiten sind dabei neben Problemen der Studienfinanzierung und der Studienmotivation die wichtigste Ursache für den Abbruch des Studiums (Heublein et al. 2010). Im Fall von nicht-traditionellen Studierenden dürften neben eventuellen Leistungsproblemen vor allem die Lebensbedingungen, das heißt studienbegleitende Erwerbstätigkeit und/oder familiäre Verpflichtungen das Risiko eines vorzeitigen Studienendes erhöhen (Bean/Metzner 1985). Demgegenüber sollten sich bestimmte motivationale und persönliche Merkmale, die häufig als Stärken von beruflich qualifizierten Studierenden ohne Abitur genannt werden, wie etwa eine überdurchschnittliche Motivation und Leistungsbereitschaft, ein klares Fachinteresse oder eine stabilere Persönlichkeit (z.B. Freitag 2012), risikomindernd auf die Abbruchwahrscheinlichkeit auswirken. Nach einem kurzen Überblick über den bisher dürftigen Forschungsstand zum Abbruchrisiko von nicht-traditionellen Studierenden wird in diesem Abschnitt zunächst eine Auswertung der Hochschulstatistik präsentiert. Diese erlaubt, das ungefähre Ausmaß von Erfolgs- und Abbruchquoten nicht-traditioneller und traditioneller Studierender abzuschätzen. Welchen spezifischen Beitrag einzelne Faktoren zum Studienabbruch beziehungsweise zur Persistenz von nicht-traditionellen Studierenden leisten, lässt sich auf Basis der Hochschulstatistik gar nicht, mit Hilfe der NEPS-Daten nur schwer multivariat überprüfen, da zu wenige Studienabbrecherinnen und -abbrecher weiter am NEPS teilnehmen. Eine vorsichtige Annäherung an die Ursachenfrage ist dennoch möglich, da NEPS-Teilnehmerinnen und -teilnehmer im Falle eines Abbruchs des Studiums danach gefragt wurden, welche Gründe aus ihrer Sicht dafür verantwortlich waren. Die daraus ableitbaren Ergebnisse lassen sich in multivariaten Analysen mit einer erweiterten Abbruchrisikogruppe zumindest zum Teil erhärten.

Forschungsergebnisse zum Studienabbruch belegen, dass Studierende mit untypischen vorakademischen Werdegängen, die nicht direkt über das Gymnasium oder erst mit einer größeren Verzögerung an die Hochschule führen, seltener ihr Studium erfolgreich beenden als Studierende, die nach dem Schulbesuch ihre Bildungslaufbahn ohne große Umwege an der Hochschule fortsetzen (z.B. Bozick/DeLuca 2005;

Heublein et al. 2010; Roksa/Velez 2012). Für den deutschen Kontext konnten Müller und Schneider (2013) mit Daten der Erwachsenenkohorte des NEPS zeigen, dass vom gymnasialen ‚Königsweg' abweichende Pfade ins Studium – konkret, wenn in der Sekundarstufe I nicht das Gymnasium besucht und/oder wenn vor Studienbeginn eine Ausbildung absolviert wurde – auch bei Kontrolle der Bildungsherkunft und der Schulabschlussnote mit einem erhöhten Studienabbruchrisiko verbunden sind. Allerdings besteht für beruflich qualifizierte Studierende dieser ungünstige Einfluss auf das Abbruchrisiko nur an Universitäten und nicht an Fachhochschulen. Darüber hinaus wird er für diese Gruppe statistisch unbedeutsam, wenn zusätzlich das Alter bei Einschreibung kontrolliert wird. Für den abbrucherhöhenden Effekt des Alters könnten konkurrierende Verpflichtungen neben dem Studium ebenso verantwortlich sein (ebd.) wie Leistungsprobleme aufgrund der bereits länger zurückliegenden Schulzeit. Dass nicht nur fachliche Schwierigkeiten den Studienerfolg gefährden können, sondern auch ungünstige Lebensumstände, etwa ein hoher Zeitaufwand für Erwerbstätigkeit und/oder Familienpflichten, ist bekannt (Brandstätter/Farthofer 2003; Blüthmann/Lepa/Thiel 2008; Blüthmann/Thiel/Wolfgramm 2011; Gaedke et al. 2011; Georg 2008; Holz 2011; Roksa 2011; Roksa/Velez 2012).

Für nicht-traditionelle Studierende wäre daher vor allem aus zwei Gründen mit einem höheren Abbruchrisiko zu rechnen: erstens aufgrund von Kompetenzdefiziten, die sich aus dem Fehlen des Abiturs und der längeren Schulabstinenz ergeben,[13] und zweitens wegen der besonderen Lebensumstände dieser im Schnitt deutlich älteren Studierenden (vgl. den Beitrag von Otto/Kamm in diesem Band sowie Wolter et al. 2015). Ein dritter Grund könnten Unterschiede in der Bewertung des Studiennutzens und damit in der Studienmotivation sein, die sich daraus ergeben können, dass nicht-traditionelle Studierende für den Erhalt des elterlichen Status seltener auf einen Studienabschluss angewiesen sind als traditionelle Studierende (vgl. Boudon 1974; Keller/Zavalloni 1964; Wolter et al. 2015).

Der bereits erwähnten Studie von Richter (1995) zufolge hatten Studierende des Dritten Bildungswegs in den Jahren 1978 bis 1993 die höchste Abschlussquote im Diplomstudiengang Psychologie der Universität Osnabrück, sie lag mit 38,5 Prozent leicht über der Quote von früheren Gymnasiastinnen und Gymnasiasten (38 Prozent) und deutlich über den Abschlussquoten von ehemaligen Kollegiatinnen und Kollegiaten (29,3 Prozent) und Absolventinnen und Absolventen eines Abendgymnasiums (20 Prozent). Neuere studiengangbezogene Untersuchungen für Rheinland-Pfalz (Berg et al. 2014) und die Universität Hamburg (Brändle/Lengfeld 2015) hingegen liefern Hinweise darauf, dass die Erfolgsquoten von Studierenden des Dritten Bildungswegs unter jenen von traditionellen Studierenden liegen dürften. Die

---

13 Zwar erzielen nicht-traditionelle Studierende, wie oben gezeigt, ähnlich gute Noten wie traditionelle Studierende. In den Vergleich der Noten aus dem dritten beziehungsweise fünften Semester konnten jedoch keine Informationen von Befragten eingehen, die zum jeweiligen Erhebungszeitpunkt das Studium abgebrochen oder unterbrochen hatten, da diese Gruppe zu ihren Studienleistungen nicht befragt wurde (vgl. Abschnitt 4).

Aussagekraft dieser Studien wird allerdings durch die hochschul- beziehungsweise studiengangbezogene Betrachtung der Abschlusswahrscheinlichkeit geschmälert, bei der die etwaige Weiterführung des Studiums an einer anderen Hochschule nicht berücksichtigt werden kann. Zudem ist nicht ausgeschlossen, dass sich die festgestellten Unterschiede bei einem längeren Beobachtungszeitraum reduzieren. Derartige Verzerrungen des Gruppenvergleichs durch Hochschulwechsel und Begrenzungen des Beobachtungszeitraums spielen bei den nachfolgend präsentierten Ergebnissen zu Studienabbruchquoten von traditionellen und nicht-traditionellen Studierenden eine geringere Rolle, für die neben den NEPS-Daten auch die Daten der amtlichen Hochschulstatistik genutzt wurden.

6.1   Studienerfolgsquoten auf Grundlage der Hochschulstatistik

Auf Basis der Hochschulstatistik können Erfolgs- und Abbruchquoten ohne Verzerrungen durch den in Stichprobenerhebungen auftretenden systematischen Ausfall von Studienabbrecherinnen und -abbrechern und darüber hinaus mit erheblicher Ausweitung des Beobachtungszeitraums berechnet werden. Beispiele für die Berechnung von Abbruch- und Erfolgsquoten finden sich bei Heublein et al. (2014) sowie in den Hinweisen zur Erfolgsquotenberechnung des Statistischen Bundesamtes (2014). Allerdings ist ein so differenziertes Vorgehen wie in den beiden genannten Studien in diesem Beitrag nicht realisierbar, sodass hier ein vereinfachtes Verfahren gewählt wird, das jedoch über den simplen Vergleich von Absolventen- und Anfängerzahlen hinausgeht (z.B. Dahm/Kerst 2013; Stroh 2009). Damit sollen näherungsweise Aussagen zum tatsächlichen Studienerfolg und -abbruch der nicht-traditionellen Studierenden ermöglicht werden.

Die folgenden Auswertungen hochschulstatistischer Daten können als anfängerbezogenes Verfahren bezeichnet werden. Dabei wird für verschiedene Studienanfängerjahrgänge geprüft, wie viele Studienanfängerinnen und -anfänger des jeweiligen Jahres zu späteren Zeitpunkten einen Abschluss erworben haben und wie viele noch studieren.[14] Betrachtet werden alle Hochschulen mit Ausnahme der Kunst- und Musikhochschulen sowie der Verwaltungsfachhochschulen, die aufgrund der besonderen Zugangsvoraussetzungen ausgeschlossen werden. Ausgeschlossen werden auch die Fernhochschulen, darunter die Fernuniversität Hagen, weil ein Fernstudium häufig berufsbegleitend absolviert wird und die Studiendauer im Vergleich zu Präsenzstudiengängen stark abweichen kann.[15] Für die Anfängerjahrgänge von 2003 bis 2013 wird vergleichend für nicht-traditionelle Studierende

---

14 Sowohl für Absolventinnen und Absolventen als auch für Studierende enthält die Hochschulstatistik Angaben darüber, in welchem Studienjahr sie sich erstmals an einer deutschen Hochschule eingeschrieben haben.

15 Hier spielen auch statistische Umklassifizierungen eine Rolle. So werden seit 2010 (weiterbildende) Akademiestudierende an der Fernuniversität Hagen zumindest teilweise statistisch als reguläre Studierende geführt, was einen Teil der starken Zunahme an nicht-

und die übrigen Studierenden dargestellt, wie viele Abschlüsse aus dem jeweiligen Anfängerjahrgang bis zum Wintersemester 2013/14 hervorgegangen sind[16] und wie viele Anfängerinnen und Anfänger aus diesem Anfängerjahrgang noch studieren. Die ehemaligen Studienanfängerinnen und -anfänger eines der betrachteten Anfängerjahrgänge, die bis zum Wintersemester 2013/14 weder einen Abschluss erworben haben noch weiter als Studierende eingeschrieben sind, bezeichnen dann den sogenannten Schwund. Die sich daraus ergebende Schwundquote kann als Näherung für den Studienabbruch interpretiert werden.[17]

Mit dem hier gewählten anfängerbezogenen Verfahren werden die Studierenden zunächst ohne Differenzierung nach Hochschultyp und Abschlussart betrachtet (vgl. Abbildung 4), wodurch sich Wechsel zwischen Universität und Fachhochschule oder Wechsel der Abschlussart nicht bemerkbar machen. Die Ergebnisse variieren stark mit der betrachteten Studienanfängerkohorte. In den ältesten der betrachteten Jahrgänge (2003 bis 2005) ist der Studienprozess für fast alle Anfängerinnen und Anfänger abgeschlossen, und weniger als zehn Prozent der ursprünglichen Studienanfängerinnen und -anfänger studieren noch; hier lassen sich annähernd endgültige Abschluss- und Schwundquoten ermitteln. Bei den Anfängerjahrgängen, die

---

traditionellen Studierenden an der Fernuniversität (von 159 auf über 2.500) zwischen 2009 und 2010 erklärt.

16 Dieses Verfahren liegt im Prinzip der Erfolgsquotenberechnung des Statistischen Bundesamtes zugrunde, wobei dort ein erweitertes Verfahren zum Einsatz kommt, das versucht, Studienverläufe synthetisch nachzubilden. Diese Vorgehensweise ist jedoch nur unter Nutzung der Individualdaten der Hochschulstatistik direkt beim Statistischen Bundesamt möglich. Hier wird deshalb ein vereinfachtes Verfahren angewendet, das Bestandsgrößen zu verschiedenen Zeitpunkten miteinander vergleicht.

17 In der Abbruchforschung bezeichnet die Schwundquote „alle Studienanfänger eines bestimmten Jahrgangs, die keinen Abschluss in dem Bereich erworben haben, in dem sie sich ursprünglich immatrikulierten" (Heublein et al. 2012, S. 52f.). Zu dieser Gruppe gehörende Personen können jedoch in einem anderen Bereich einen Abschluss erreichen. Bei fachbezogener Betrachtung spielen diese Wechsel in ein anderes Fach mit anschließendem Abschluss eine relevante Rolle. Hier werden jedoch die Studierenden aller Fächer und des größten Teils der Hochschulen gemeinsam betrachtet. Der Bereich, in den sie hineinwechseln können beziehungsweise aus dem neu hinzukommende Studierende stammen könnten, ist daher sehr klein. Er umfasst ausländische Hochschulen und die hier ausgeschlossenen Hochschularten. Weil diese Wechsel zudem relativ selten genutzt werden dürften, kommt die Schwundquote der Abbruchquote recht nahe, wenn die Hochschulen in der hier vorliegenden Abgrenzung gemeinsam betrachtet werden (Universitäten und Fachhochschulen ohne Kunst- und Musikhochschulen, Verwaltungsfachhochschulen und Fernhochschulen). Die Unterschiede zwischen Schwund und Abbruch werden größer, wenn mit dem hier verwendeten Verfahren Untergruppen betrachtet werden, etwa Universitäten und Fachhochschulen. Ein Wechsel zwischen den Hochschularten erscheint dann auf der Seite des abgebenden Hochschultyps als Schwund, auf der Seite des aufnehmenden Hochschultyps als Zugang. Dadurch wird der Abbruch auf der abgebenden Seite überschätzt, auf der aufnehmenden Seite unterschätzt.

später begonnen haben, wird der Anteil der noch Studierenden immer größer und erreicht beim jüngsten Anfängerjahrgang 2013 fast 100 Prozent (vgl. Abbildung 4). Aber auch wenn für die jüngeren Jahrgänge noch nicht absehbar ist, wie die Abschlussquoten letztlich ausfallen werden, lassen sich doch zumindest die bisherigen Schwundquoten vergleichen.

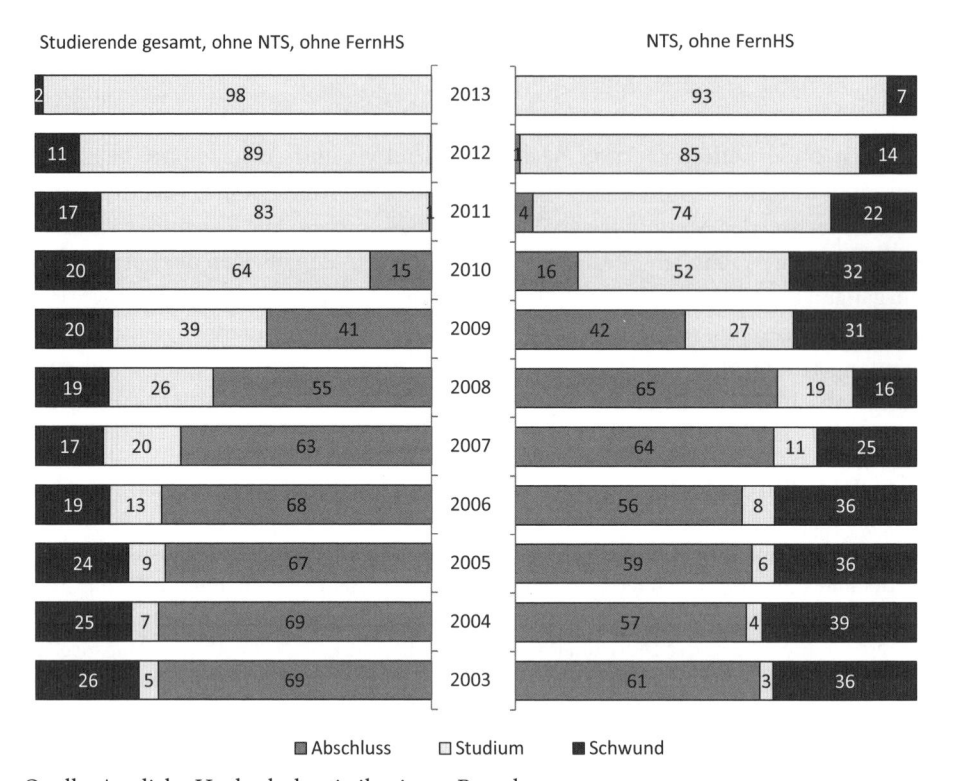

Studierende gesamt, ohne NTS, ohne FernHS	Jahr	NTS, ohne FernHS
2 / 98 / –	2013	– / 93 / 7
11 / 89 / –	2012	1 / 85 / 14
17 / 83 / –	2011	4 / 74 / 22
20 / 64 / 15	2010	16 / 52 / 32
20 / 39 / 41	2009	42 / 27 / 31
19 / 26 / 55	2008	65 / 19 / 16
17 / 20 / 63	2007	64 / 11 / 25
19 / 13 / 68	2006	56 / 8 / 36
24 / 9 / 67	2005	59 / 6 / 36
25 / 7 / 69	2004	57 / 4 / 39
26 / 5 / 69	2003	61 / 3 / 36

■ Abschluss   □ Studium   ■ Schwund

Quelle: Amtliche Hochschulstatistik, eigene Berechnungen

Abbildung 4: Status der Studienanfängerjahrgänge 2003 bis 2013 insgesamt (ohne NTS) und für nicht-traditionelle Studierende zum Wintersemester 2013/14, in Prozent (ohne Kunst- und Musikhochschulen, ohne Verwaltungsfachhochschulen, ohne Fernhochschulen, ohne Bildungsausländer)

Insgesamt weisen die Ergebnisse auf Unterschiede im Studienverlauf für die nicht-traditionellen Studierenden hin. So liegt der Anteil der noch Studierenden bei den nicht-traditionellen Studierenden für alle Anfängerjahrgänge unter dem Wert für die übrigen Studierenden.[18] Das deutet auf eine schnellere Entscheidung über den weiteren Studienverlauf bei nicht-traditionellen Studierenden hin. Sie gelangen eher in einen der beiden abschließenden Status (erfolgreicher Abschluss oder Schwund)

---

18 Aus dem Anfängerjahrgang 2009 waren 2013 beispielsweise insgesamt noch fast 40 Prozent der damaligen Studienanfängerinnen und -anfänger eingeschrieben; bei den nicht-traditionellen Studierenden liegt dieser Anteil nur bei gut einem Viertel (27 Prozent).

und haben in den länger zurückliegenden Anfängerjahrgängen einen geringeren Anteil an ‚Langzeitstudierenden'. Für die am weitesten zurückliegenden Anfängerjahrgänge 2003 bis 2006 zeigt sich bei den nicht-traditionellen Studierenden eine unterdurchschnittliche Abschluss- und eine überdurchschnittliche Schwundquote. Während insgesamt mehr als zwei Drittel dieser Anfängerjahrgänge ihr Studium abgeschlossen haben, sind es bei den nicht-traditionellen Studierenden acht bis zwölf Prozentpunkte weniger. Die Schwundquoten liegen bei ihnen zwischen 36 und 39 Prozent, bei den anderen Studierenden jedoch nur bei 19 bis 26 Prozent. Auch rechnerisch können die nicht-traditionellen Studierenden der Anfängerjahrgänge 2003 bis 2006 die für 2013 errechnete Abschlussquote der anderen Studierenden nicht mehr erreichen, selbst wenn alle noch Immatrikulierten unter ihnen erfolgreich abschließen und alle Studierenden der anderen Anfängergruppen nicht abschließen würden. Für die nachfolgenden Anfängerkohorten liegen die Abschlussquoten gleichauf mit dem Durchschnitt oder (beim Jahrgang 2008)[19] sogar deutlich darüber. Allerdings zeigt sich zugleich eine – wieder mit Ausnahme des Anfängerjahrgangs 2008 – höhere Schwundquote. Der jeweils geringere Anteil an noch Studierenden deutet erneut an, dass die nicht-traditionellen Studierenden schneller über ihren weiteren Studienverlauf entscheiden.

Auch wenn die Betrachtung auf die Bachelorabschlüsse[20] beschränkt wird, zeigt sich ein ähnliches Bild (vgl. Abbildung 5). Insbesondere liegen die Schwundquoten der nicht-traditionellen Studierenden – wiederum mit Ausnahme des Jahres 2008 – über denen der anderen Studierenden. Für den am weitesten zurückliegenden Anfängerjahrgang 2007 fällt auch die bisher erreichte Abschlussquote deutlich niedriger aus; die Erfolgsquote der traditionellen Studierenden kann nicht mehr erreicht werden.

Als Ergebnis der hochschulstatistischen Analyse ist festzuhalten, dass die Schwundquoten in fast allen Jahrgängen bei den nicht-traditionellen Studierenden über dem Wert der übrigen Studierenden liegen, was bei den jüngeren Kohorten auf schnellere Entscheidungen über den Studienabbruch hindeutet. Über die letztlich zu erwartenden Abschluss- und Schwundquoten können hier für die meisten Anfängerjahrgänge noch keine abschließenden Aussagen getroffen werden. Dies ist tendenziell am ehesten für die älteren Anfängerjahrgänge möglich, bei denen sich in der Gesamtbilanz zeigt, dass von den nicht-traditionellen Studienanfängerinnen und -anfängern mit etwa 60 Prozent ein geringerer Teil das Studium mit einem Ab-

---

19 Welche Faktoren dazu beitragen, dass vor allem das Anfängerjahr 2008 so deutlich in der Tendenz von den Vorjahren abweicht (in geringerem Maße gilt das auch für 2007), ist unklar.

20 Die Zeitreihe beginnt hier erst 2007, als sich erstmals mehr als 50 Prozent der Studienanfängerinnen und -anfänger in ein Bachelorstudium einschrieben. Für frühere Jahrgänge ist von einem erheblichen Anteil von Wechslern zwischen den Abschlussarten auszugehen, sodass sich zum Beispiel negative Schwundquoten finden, die auf Zuwanderung in den Bachelor hindeuten.

schluss beendet und mehr als ein Drittel ohne Studienabschluss die Hochschulen verlässt. Die hochschulstatistische Analyse stimmt damit mit den oben referierten Ergebnissen verschiedener Studien über die geringeren Erfolgsquoten von Studierenden, die nicht über den ‚Königsweg' Abitur an die Hochschule gelangt sind, überein. Für die nicht-traditionellen Studierenden liefert sie darüber hinaus erstmals Hinweise auf die tatsächliche Größenordnung von Abschluss- und Schwundquoten.

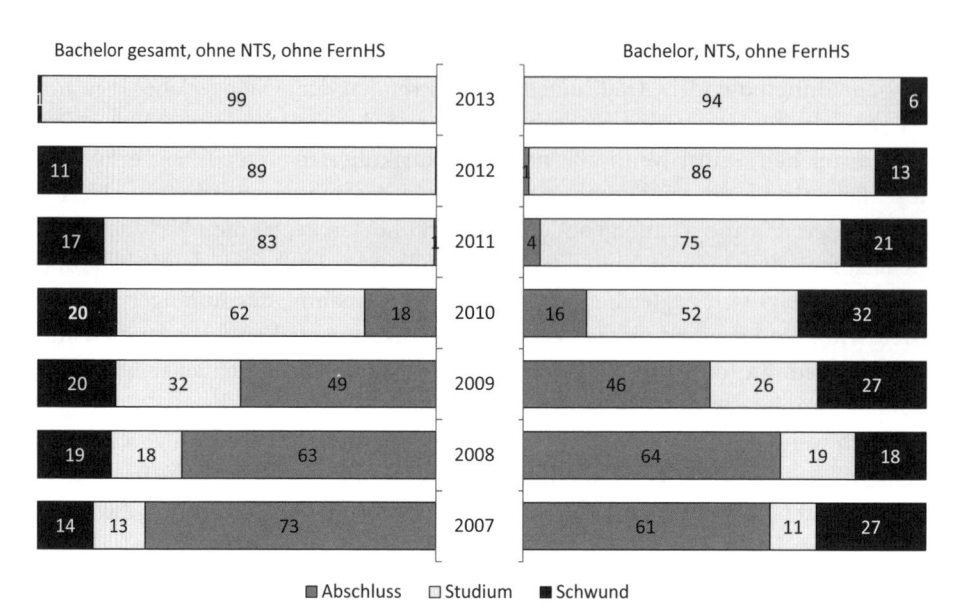

Bachelor gesamt, ohne NTS, ohne FernHS			Jahr	Bachelor, NTS, ohne FernHS		
	99		2013		94	6
11	89		2012		86	13
17	83		2011	4	75	21
20	62	18	2010	16	52	32
20	32	49	2009	46	26	27
19	18	63	2008	64	19	18
14	13	73	2007	61	11	27

■ Abschluss   □ Studium   ■ Schwund

Quelle: Amtliche Hochschulstatistik, eigene Berechnungen

Abbildung 5: Status der Studienanfängerjahrgänge 2007 bis 2013 für Bachelorstudierende insgesamt (ohne NTS) und für nicht-traditionelle Studierende zum Wintersemester 2013/14, in Prozent (ohne Kunst- und Musikhochschulen, ohne Verwaltungsfachhochschulen, ohne Fernhochschulen, ohne Bildungsausländer)

6.2 Studienabbrüche auf Basis des NEPS – Gründe und Ursachen

Bei der Berechnung und Interpretation von Abbruchquoten auf Basis der derzeit vorliegenden NEPS-Daten sind einige Einschränkungen zu beachten. Zum einen kann über den endgültigen Studienerfolg derzeit noch nichts gesagt werden, da die Befragung bisher nur bis ins fünfte Hochschulsemester reicht. Zudem sind die ermittelbaren Abbruchquoten sehr wahrscheinlich nach unten verzerrt, weil sich Studienabbrecherinnen und -abbrecher an Befragungen von Studierenden seltener beteiligen, selbst wenn sie, wie im NEPS, explizit als Zielgruppe angesprochen werden.[21] Die Abbruchquoten auf Basis des NEPS-Datensatzes liegen daher – nicht nur

---

21 So lag in der NEPS-Studienanfängerkohorte die Beteiligung von Studienabbrecherinnen und -abbrechern an der jeweils direkten Folgewelle bisher zwischen 10 und 20 Prozent-

für die nicht-traditionellen Studierenden, sondern für alle Studierendengruppen – deutlich unter den Abbruch- beziehungsweise Erfolgsquoten, die auf der Grundlage der amtlichen Hochschulstatistik berechnet werden (Heublein et al. 2014; Statistisches Bundesamt 2014).[22] Bloße Hochschulwechsel dagegen sind im Rahmen der NEPS-Befragung als solche erkennbar und gehen nicht fälschlicherweise als Abbruchereignis in den Gruppenvergleich ein. Die Auswertung der Daten der NEPS-Studienanfängerkohorte bestätigt (aufgrund der erwähnten Einschränkungen hier allerdings nicht im Detail dargestellt), dass unkonventionelle Bildungswege vor Studienaufnahme in der Tendenz mit einem höheren Studienabbruchrisiko einhergehen: Dem im Gruppenvergleich höchsten Abbruchrisiko unterliegen nicht-traditionelle Studierende. Der Anteil der Abbrecherinnen und Abbrecher unter ihnen liegt, abgesehen vom dritten Hochschulsemester, mehr oder weniger deutlich über dem aller Vergleichsgruppen (vgl. für das vierte Hochschulsemester Fußnote 23). Dieses Ergebnis stimmt in der Grundaussage mit den Befunden der hochschulstatistischen Auswertung und auch den oben erwähnten jüngeren Studien mit ihrem lediglich lokalen Bezug überein. Im Folgenden soll auf zwei Wegen versucht werden, sich der Frage nach den Ursachen für das höhere Abbruchrisiko nicht-traditioneller Studierender zu nähern: zum einen über die Auswertung von Angaben der NEPS-Befragten zu Abbruchgründen, zum anderen über eine multivariate Analyse mit einer erweiterten Abbruchrisikogruppe.

6.2.1 Gründe für den Studienabbruch

Mit den Angaben von Studienabbrecherinnen und -abbrechern in der NEPS-Befragung zur Bedeutsamkeit verschiedener Abbruchgründe ist eine erste Annäherung an die Frage nach den Bedingungsfaktoren des Studienabbruchs möglich. Annäherung deshalb, weil bei der subjektiven Bewertung der Bedeutsamkeit unterschiedlicher Abbruchgründe selbstbildbewahrende Rationalisierungen (für alle betrachteten Studierendengruppen) nicht ausgeschlossen werden können.

---

punkten unter der Beteiligung derjenigen, die in der vorhergehenden Welle noch studierten.
22 In diesem Zusammenhang ist zudem nicht völlig auszuschließen, dass sich Studienabbrecherinnen und -abbrecher je nach Vergleichsgruppe *unterschiedlich* stark an den Folgebefragungen des NEPS beteiligt haben. Dieser Umstand würde die Vergleichbarkeit der Abbruchquoten *zwischen* den Gruppen beeinträchtigen.

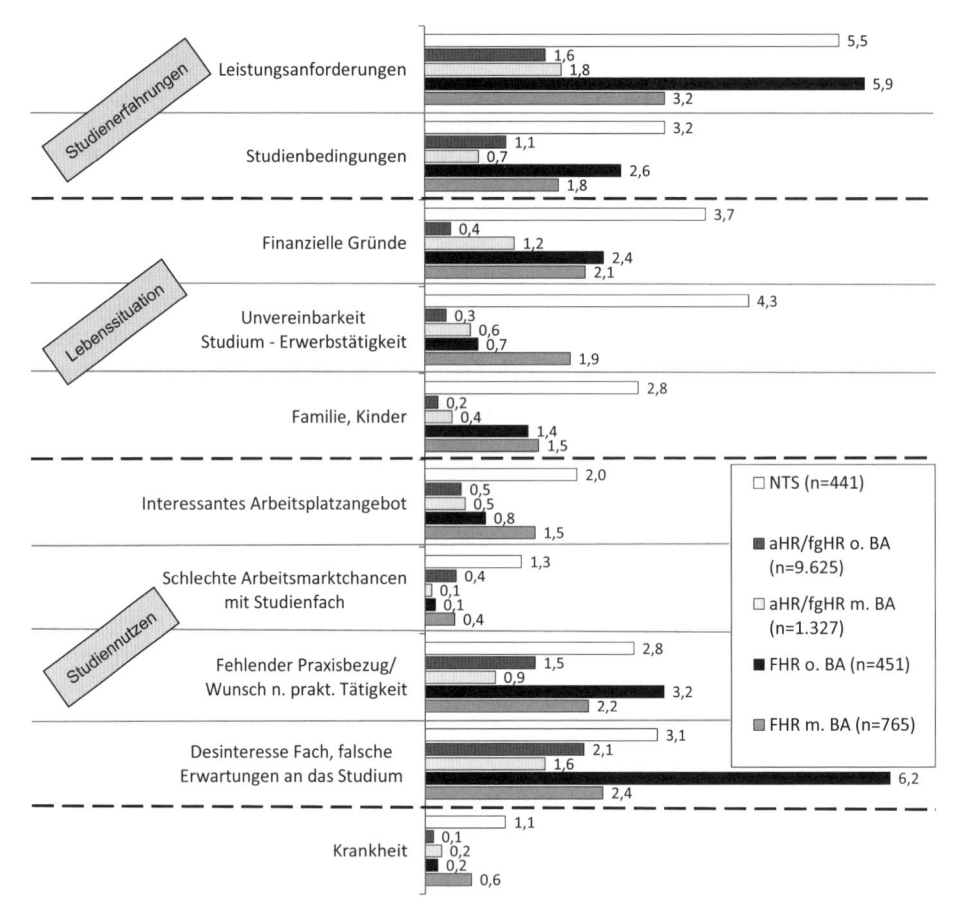

Abbildung 6: Gründe für den Abbruch des Studiums im vierten Hochschulsemester, in Prozent aller Befragten einer Vergleichsgruppe, vgl. Fußnote 25

Quelle: NEPS, Startkohorte 5 (Studierende) (doi:10.5157/NEPS:SC5:4.0.0), eigene gewichtete Auswertungen

Im vierten Hochschulsemester wurden die Studienteilnehmerinnen und -teilnehmer des NEPS, die zu diesem Zeitpunkt ihr Studium abgebrochen hatten, nach den Gründen für ihren Studienabbruch befragt, dabei waren Mehrfachnennungen möglich.[23] Für 24 Einzelgründe wurde erfasst, in welchem Maße diese jeweils einen Ein-

---

23 Die Abbruchquoten, die sich auf Basis der zweiten Telefonbefragung im vierten Hochschulsemester ermitteln lassen, liegen bei Studierenden mit allgemeiner oder fachgebundener Hochschulreife ohne Ausbildung bei 3,4 Prozent, mit Ausbildung bei 3,3 Prozent. Unter den Studierenden des Zweiten Bildungswegs haben 4,5 Prozent der Befragungsteilnehmerinnen und -teilnehmer zu diesem Zeitpunkt keine andauernde Studienepisode angegeben. Bei Studierenden mit Fachhochschulreife und Ausbildung beträgt die Abbruchquote 6,1 Prozent, ohne Ausbildung 9 Prozent. Die höchste Abbruchquote weisen nicht-traditionelle Studierende mit 10,2 Prozent auf. Es handelt sich hierbei nicht um

fluss auf den Abbruch hatten. Auf Basis von Faktorenanalysen lassen sich diese 24 Einzelgründe zu sechs allgemeinen Abbruchfaktoren und vier für sich stehenden Einzelgründen zusammenfassen.[24] Diese insgesamt zehn Abbruchgründe wiederum können drei großen Kategorien von Abbruchmotiven und einer Restkategorie zugeordnet werden (vgl. Abbildung 6).

Dieser Systematisierung entsprechend fasst die erste Kategorie solche Abbruchgründe zusammen, die mit den *Studienerfahrungen* im engeren Sinne zu tun haben, und zwar entweder mit (zu hohen) Leistungs- und Prüfungsanforderungen im Studium oder aber mit negativ bewerteten Merkmalen der Studienbedingungen. In der zweiten Kategorie sind Abbruchgründe zusammengefasst, die die außerhochschulische *Lebenssituation* betreffen, zum Beispiel finanzielle Gründe oder Probleme der Vereinbarkeit des Studiums mit anderweitigen Verpflichtungen (Erwerbstätigkeit, Familie). Vier weitere Abbruchgründe verweisen auf eine ungünstige Bewertung des *Studiennutzens* als dritte Abbruchkategorie: Entweder besteht kein Interesse (mehr) an den Studieninhalten, oder der instrumentelle Nutzen des Studiums für die Chancen auf dem Arbeitsmarkt und einen interessanten Beruf wird – gegebenenfalls vor dem Hintergrund attraktiver Alternativen – ungünstig eingeschätzt. Schließlich bleiben Krankheitsgründe als weitere Kategorie. In Abbildung 6 ist die Verbreitung der zehn Abbruchgründe innerhalb verschiedener Studierendengruppen dargestellt, sofern diese Gründe als bedeutsam für den Abbruch bezeichnet wurden.[25]

Mit Blick auf die Ausgangsfrage, welche Ursachen für die höheren Abbruchquoten von nicht-traditionellen Studierenden mutmaßlich verantwortlich sind, stechen zwei Abbruchmotive besonders hervor: zum einen Gründe, die der außerhochschulischen Lebenssituation zuzurechnen sind (Vereinbarkeit, finanzielle Gründe), zum anderen Schwierigkeiten bei der Bewältigung der Leistungs- und Lernanforderungen im Studium. Zwar wurden alle Abbruchgründe von nicht-traditionellen Studierenden häufiger als bedeutsam bezeichnet als von anderen Gruppen (mit Ausnahme von drei Gründen im Vergleich zu Studierenden mit Fachhochschulreife), besonders auffällige Unterschiede bestehen jedoch bei den beiden genannten Abbruchkategorien. Somit scheinen neben Leistungsproblemen und Schwierigkeiten bei der Bewältigung des Studien- und Prüfungsstoffes vor allem (für die erfolgreiche Studienbewältigung) ungünstige Lebens- beziehungsweise Rahmenbe-

---

kumulierte Abbrüche, sondern um den Anteil der Befragten im vierten Hochschulsemester, der zu ebendiesem Zeitpunkt nicht mehr studiert.

24 Ein Abbruchgrund galt im Rahmen der Auswertungen als erfüllt beziehungsweise relevant, sofern eine Befragte/ein Befragter diesem auf einer sechsstufigen Skala eine (sehr) große Rolle (Antwortkategorien 5 und 6) zubilligte. Im Fall der inhaltlich zusammenfassbaren Abbruchgründe musste mindestens einer der zugehörigen Einzelgründe als bedeutsam bezeichnet werden.

25 Dargestellt ist die Verbreitung eines Abbruchgrunds innerhalb der *Gesamtgruppe* der Befragten einer Vergleichsgruppe. Würden lediglich Abbrecherinnen und Abbrecher als Bezugsgruppe fungieren, wären keine Rückschlüsse auf die mutmaßlichen Ursachen der Unterschiede in den gruppenspezifischen Abbruchquoten möglich.

dingungen einschließlich finanzieller Gründe für die höheren Abbruchquoten von nicht-traditionellen Studierenden verantwortlich zu sein. Dies steht im Einklang mit theoretischen Überlegungen, wonach der Studienabbruch von nicht-traditionellen Studierendengruppen in stärkerem Maße von externen Faktoren beeinflusst wird (Bean/Metzner 1985). Dass vor dem Hintergrund der deutlich häufigeren Erwähnung von Vereinbarkeitsproblemen durch nicht-traditionelle Studierende die Gruppenunterschiede bei der Nennung der Studienbedingungen als Abbruchgrund vergleichsweise moderat ausfallen, kann auf die Formulierung der entsprechenden Items zurückgeführt werden, die in erster Linie auf die lehr- und lernbezogenen Rahmenbedingungen abzielten, während Möglichkeiten zur Vereinbarkeit von Studium und Beruf beziehungsweise Familie nicht thematisiert worden sind. Die berichteten Vereinbarkeitsprobleme können jedoch durchaus auch als Konflikte mit den äußeren Rahmenbedingungen des Studiums gedeutet werden, die seitens der Hochschulen etwa durch flexible Studienformate oder Betreuungsangebote beantwortet werden könnten.

6.2.2 Ursachen der Zugehörigkeit zu einer erweiterten Abbruchrisikogruppe: multivariate Überprüfung

Im Folgenden sollen die Ergebnisse, die aus der Auswertung der Abbruchgründe gewonnen wurden, multivariat überprüft werden. Aufgrund von Fallzahlproblemen – die geringe absolute Zahl an Studienabbruchereignissen bei nicht-traditionellen Studierenden erschwert multivariate Auswertungen – fungiert dabei jedoch nicht nur der bereits erfolgte Studienabbruch, sondern die Zugehörigkeit zu einer weiter gefassten Abbruchrisikogruppe als dichotome abhängige Variable. Datengrundlage dafür ist die erste Onlinebefragung im dritten Hochschulsemester, in der geeignete Fragen für die Bildung einer erweiterten Abbruchrisikogruppe enthalten sind. Neben Studienabbrecherinnen und -abbrechern gehören dieser Gruppe zum einen Studierende mit erhöhter Abbruchneigung[26] an, zum anderen solche, die ihr Studium zum Befragungszeitpunkt unterbrochen haben und dabei eine aktuelle Tätigkeit angeben, die eher gegen eine Wiederaufnahme des unterbrochenen Studiums spricht (Arbeitslosigkeit, außerhochschulische Aus- oder Weiterbildung, Umschulung, Hausfrau beziehungsweise Hausmann).[27]

---

26 Die erhöhte Abbruchneigung wurde auf Basis zweier Items ermittelt: Zur erweiterten Risikogruppe gehören demnach solche Studierende, die zum Befragungszeitpunkt entweder von ernsthaften Gedanken an den Studienabbruch berichten (Antwort 3 „trifft eher zu" oder 4 „trifft völlig zu") oder deren Absicht, das „Studium auf jeden Fall bis zum Abschluss" weiterzuführen, nur gering ausgeprägt ist (Antwort 1 „trifft gar nicht zu" oder 2 „trifft eher nicht zu").

27 Studienteilnehmende, die bereits zum Zeitpunkt der Auftaktbefragung im ersten Telefoninterview das Studium abgebrochen hatten, werden von der Auswertung ausgeschlossen,

Tabelle 2 stellt für die bekannten Vergleichsgruppen zunächst dar, wie groß der Anteil der Befragten im dritten Hochschulsemester ist, der das Studium entweder abgebrochen hat oder aufgrund der oben genannten Zusatzkriterien zur erweiterten Abbruchrisikopopulation gehört. In den Vergleich gehen nur Fälle ein, von denen Informationen auf jenen Variablen vorliegen, die für die nachfolgenden multivariaten Auswertungen benötigt werden. Erkennbar ist, dass nicht-traditionelle Studierende insgesamt einem etwas größeren Risiko unterliegen als Studierende mit allgemeiner oder fachgebundener Hochschulschulreife (12 Prozent vs. 8,6 bzw. 9,1 Prozent). Auch gegenüber Studierenden mit Fachschulreife ohne Ausbildung (10,7 Prozent) ist die Quote geringfügig erhöht. Beruflich qualifizierte Studierende mit Fachhochschulreife gehören dagegen ähnlich häufig der Risikogruppe an (12,2 Prozent) wie Studierende ohne (Fach-)Abitur. Den höchsten Anteil an tatsächlichen und potentiellen Abbrecherinnen und Abbrechern weisen Studierende des Zweiten Bildungswegs auf (13,6 Prozent). Festzuhalten ist, dass auf Basis dieser Konstruktion einer Abbruchrisikogruppe höchstens moderate ‚Risikoaufschläge' aufseiten der nicht-traditionellen Studierenden bestehen. Allein der Anteilsunterschied zwischen nicht-traditionellen Studierenden und Studierenden mit allgemeiner oder fachgebundener Hochschulreife (*ohne* Ausbildung) erreicht statistische Signifikanz ($p = .05$).

Tabelle 2: Zugehörigkeit zur erweiterten Abbruchrisikogruppe im dritten Hochschulsemester

	NTS	ZBW	aHR/fgHR o. BA	aHR/fgHR m. BA	FHR o. BA	FHR m. BA
Fallzahl	387	160	8.492	1.207	384	663
Davon Risikogruppe[1]	12,0 %	13,6 %	8,6 %*	9,1 %	10,7 %	12,2 %

[1] Signifikanz der Anteilsunterschiede gegenüber NTS: + $p \leq 0{,}1$; * $p \leq 0{,}05$; ** $p \leq 0{,}01$; *** $p \leq 0{,}001$
Quelle: NEPS, Startkohorte 5 (Studierende) (doi:10.5157/NEPS:SC5:4.0.0), eigene gewichtete Auswertungen

Im Folgenden werden die Ergebnisse logistischer Regressionsanalysen präsentiert, deren Ziel es ist, den eben berichteten Unterschied zwischen den beiden genannten Studierendengruppen hinsichtlich der Zugehörigkeit zur Abbruchrisikogruppe zu erklären. Zugleich soll überprüft werden, ob die im vorigen Abschnitt als besonders bedeutsam identifizierten Abbruchgründe in der multivariaten Auswertung zur Erklärung der Gruppenunterschiede beitragen. Als potentielle Erklärungsvariablen kommen einschlägige Determinanten des Studienabbruchs in Betracht: zum einen leistungsbezogene und motivationale Einflussfaktoren, zum anderen Merkmale der Lebensbedingungen als Indikatoren für etwaige Vereinbarkeitsprobleme oder

um die Vergleichbarkeit der Antworten bei den verwendeten Konstrukten sicherzustellen.

finanzielle Belastungen. Angesichts der starken Bedeutung des Fernstudiums bei nicht-traditionellen Studierenden soll darüber hinaus auch das Studienformat als möglicher Erklärungsfaktor für unterschiedliche Risikoquoten zwischen den Vergleichsgruppen einbezogen werden (vgl. Tabelle A1 im Anhang zu den verwendeten Konstrukten). Da die Fallzahl der in die Auswertungen eingehenden nicht-traditionellen Studierenden recht gering ausfällt (vgl. Tabelle 2), ist damit zu rechnen, dass die ohnehin lediglich moderaten Risikoaufschläge von nicht-traditionellen Studierenden gegenüber Studierenden mit allgemeiner oder fachgebundener Hochschulreife schon bei leichter Reduktion durch eine einzige Erklärungsvariable insignifikant werden. Daher werden bei den nachfolgenden Berechnungen zunächst immer nur die Variablen eines einzigen Erklärungsfaktors in ein Modell einbezogen, bevor am Ende die Ergebnisse eines vollständigen Modells präsentiert werden. Es werden jeweils ‚Average Marginal Effects' (AME) ausgewiesen, um die Effekte einzelner Variablen zwischen den Modellen vergleichen zu können (Mood 2010; Williams 2012). Grundlegende Ergebnisse zu den vorhandenen Effekten, das heißt deren Richtung und Signifikanzniveau werden in vereinfachter Form in Tabelle 3 dargestellt, Tabelle 4 enthält weitergehende Informationen zu den einzelnen Modellergebnissen.

Im Basismodell (Modell 1) in Tabelle 3 beziehungsweise Tabelle 4 sind zunächst nur das Geschlecht, der Hochschultyp und die Fächergruppe (im dritten Hochschulsemester) enthalten. Unter Kontrolle dieser Variablen weisen nicht-traditionelle Studierende gegenüber der Gruppe der Studierenden mit allgemeiner oder fachgebundener Hochschulreife ohne Ausbildung eine um 3,8 Prozentpunkte höhere Wahrscheinlichkeit auf, der erweiterten Abbruchrisikogruppe anzugehören. Frauen haben im Schnitt ein um 3,2 Prozentpunkte geringeres Risiko als Männer. In den Modellen 2 bis 5 soll durch Einbezug einschlägiger Determinanten des Studienabbruchs versucht werden, die Unterschiede zwischen nicht-traditionellen Studierenden und solchen mit allgemeiner oder fachgebundener Hochschulreife (ohne Ausbildung) zu erklären, bevor in Modell 6 und 7 der Einfluss der verschiedenen Faktoren simultan geschätzt wird.

Tabelle 3: Einflussfaktoren der Zugehörigkeit zur erweiterten Abbruchrisikogruppe. Ergebnisse logistischer Regressionen

	M1	M2	M3	M4	M5	M6	M7
NTS (vs. aHR/fgHR o. BA)	+++	+++	kE	kE	kE	kE	kE
Höchster Bildungsabschluss Eltern: Akademiker (vs. Nicht-Akademiker)		–––				–	–
Studiennutzen: Spaß am Studium		––––				––––	––––
Studiennutzen: gute Jobaussichten		kE				kE	kE
Statuserhalt Eltern: Wichtigkeit		kE				kE	kE
Statuserhalt Eltern: Wahrscheinlichkeit		kE				kE	kE
Erfolgswahrscheinlichkeit				––––		––––	––––
(Schlechte) Vorbereitung auf Studienanforderungen				++++		++++	++++
Direkte Kosten Studium			+			kE	kE
Opportunitätskosten Studium			kE			kE	kE
Erwerbstätigkeit in h (logarithmiert)			+			kE	kE
Kind(er)			+++			+++	
Männer o. Kind (vs. Frau o. Kind)							++++
Männer m. Kind (vs. Frau o. Kind)							kE
Frauen m. Kind (vs. Frau o. Kind)							+++
Fernstudium (vs. Präsenzstudium)					++	kE	kE
Geschlecht: Frau (vs. Mann)	––––	––––	––––	––––	––––	––––	
N				8.879			

Kontrollvariablen: Hochschultyp (Uni vs. FH), aggregierte Fächergruppen. +/–: positiver bzw. negativer Effekt (Anzahl der Symbole zeigt Signifikanzniveau an, vgl. Tabelle 4). kE: kein signifikanter Effekt
Quelle: NEPS, Startkohorte 5 (Studierende) (doi:10.5157/NEPS:SC5:4.0.0), eigene gewichtete Auswertungen

Zunächst werden in Modell 2 zur Kontrolle motivationaler Faktoren neben der Bildungsherkunft verschiedene Nutzeneinschätzungen in Bezug auf das Studium eingeführt. Die Konstrukte sind dem Rational-Choice-Paradigma zuzurechnen, wobei die Operationalisierung des Studiennutzens neben unmittelbar berufsbezogenen Aspekten (gute Jobaussichten) und Fragen zur Wichtigkeit und Wahrscheinlichkeit des Statuserhalts[28] auch nicht ökonomische Dimensionen („Spaß am Studium") abdeckt (Aschinger et al. 2011; Stocké et al. 2011). Die Items wurden bei der ersten Te-

---

28 Bei den Konstrukten zur Messung des Statuserhaltungsmotivs (subjektiv wahrgenommene Wichtigkeit sowie Wahrscheinlichkeit einer Reproduktion des elterlichen Berufsstatus mithilfe eines Studiums) wurde für weibliche Befragte auf die Items zum beruflichen Status der Mutter zurückgegriffen, bei männlichen Studienteilnehmern auf die vaterbezogenen Items. Nur bei fehlenden Werten wurden die Items mit Bezug auf den jeweils anderen Elternteil verwendet. Die nachfolgend berichteten substanziellen Ergebnisse ändern sich nicht, wenn statt dieser geschlechterrollenbezogenen Operationalisierung

lefonbefragung (im ersten oder zweiten Hochschulsemester) erhoben (vgl. Tabelle A1). Sie sollen Differenzen bei der Bewertung des Studiennutzens abbilden, die sich aus Unterschieden bei den vorakademischen Werdegängen, dem bisher erreichten sozialen Status und der Bildungsherkunft ergeben können (Esser 1999; Keller/Zavalloni 1964).

Einen hochsignifikanten negativen Effekt auf die Wahrscheinlichkeit, der Risikogruppe anzugehören, haben – neben dem Geschlecht – der Spaß am Studium und eine akademische Bildungsherkunft. Diese Faktoren senken mithin das Risiko. Keinen signifikanten Effekt haben hingegen die explizit berufsbezogenen Nutzeneinschätzungen, das heißt die Aussichten auf „einen guten Job" sowie die Wichtigkeit und Wahrscheinlichkeit des Statuserhalts. Die Risikodifferenz zwischen den beiden Vergleichsgruppen hat sich im Modell 2 nicht verringert, sondern im Gegenteil leicht erhöht (von 3,8 auf 3,9 Prozent). Aus Platzgründen hier nicht darstellbare Zwischenschritte zeigen, dass hinter dieser Konstanz der Risikounterschiede gegenläufige Wirkungen der signifikanten Modellvariablen „Bildungsherkunft" und „Spaß am Studium" stehen: Bei Kontrolle der elterlichen Bildung *verringern* sich die Gruppenunterschiede um etwa 0,5 Prozentpunkte. Offenbar ist also ein Teil des höheren Risikos von nicht-traditionellen Studierenden darauf zurückzuführen, dass sie seltener aus einem akademisch gebildeten Elternhaus stammen (vgl. Tabelle A1). Die Kontrolle der Variable „Spaß am Studium" führt indes zu einem gegenläufigen Effekt in ähnlicher Größenordnung: Die Unterschiede zwischen nicht-traditionellen Studierenden und solchen mit allgemeiner oder fachgebundener Hochschulreife fallen gegenüber einem Modell ohne diese Variable nicht kleiner, sondern *größer* aus. Dies deutet auf überdurchschnittlich hohe Werte von Studierenden ohne Abitur bei dieser nicht monetären Nutzendimension hin, die insofern dazu beiträgt, das höhere Abbruchrisiko dieser Studierendengruppe teilweise zu kompensieren. Festzuhalten ist, dass nur ein kleiner Teil der Risikodifferenz zwischen den Vergleichsgruppen durch Unterschiede in der Bildungsherkunft erklärt werden kann. Darüber hinaus ist unklar, welche Mechanismen sich hinter diesem Effekt verbergen. Gruppenspezifische Ausprägungen des berufsbezogenen Studiennutzens sind es offenbar nicht. Es bleibt abzuwarten, ob der Effekt der Bildungsherkunft auch im vollständigen Modell (6 bzw. 7) stabil bleibt.

In den Modellen 3 und 4 werden Variablen eingeführt, die jene Aspekte abbilden sollen, die in der Auswertung der Abbruchgründe als besonders bedeutsam herausstachen. Dort waren Vereinbarkeitsprobleme und finanzielle Gründe sowie Leistungsschwierigkeiten von nicht-traditionellen Studierenden sehr viel häufiger genannt worden als von traditionellen Studierenden. Als Proxy für Vereinbarkeitsprobleme wurde in Modell 3 zum einen der selbst eingeschätzte Stundenaufwand

---

generell nur die vaterbezogenen Items oder aber die Items beider Elternteile verwendet werden.

für Erwerbstätigkeit am Studienbeginn als Variable einbezogen.[29] Zum anderen wurde eine Dummyvariable gebildet, die den Wert 1 aufweist, wenn die Befragten am Beginn des Studiums eigene Kinder haben oder wenn Kinder des Partners oder der Partnerin im Haushalt der Befragten leben. Die Bedeutung finanzieller Faktoren wird über zwei Items abgebildet, die der Rational-Choice-Theorie entstammen (Stocké et al. 2011): Die Studienteilnehmerinnen und -teilnehmer wurden zum einen gefragt, wie schwer es ihnen fällt, die *direkten* Kosten eines Studiums zu tragen. Zum anderen sollten sie angeben, wie sehr es sie belastet, dass sie während des Studiums nur bedingt eigenes Geld verdienen können. Diese sogenannten *Opportunitätskosten* eines Studiums könnten insbesondere bei vormals (vollzeit-)erwerbstätigen nicht-traditionellen Studierenden besonders hoch sein und somit gegen das Studium sprechen. Beide Kostenvariablen sowie die Informationen zu den Lebensbedingungen bei Studienbeginn (vgl. Wolter et al. 2015) entstammen der ersten Telefonbefragung. Modell 3 zeigt, dass drei der vier Variablen die Wahrscheinlichkeit der Zugehörigkeit zur Risikopopulation signifikant erhöhen. Mit dem Vorhandensein von Kindern nimmt diese Wahrscheinlichkeit um 6,2 Prozentpunkte zu. Eine Steigerung des Wochenaufwands für Erwerbstätigkeit um eine Einheit – dies entspricht jeweils einer Verdopplung des Stundenaufwands – ist mit einem um 0,4 Prozentpunkte höheren Risiko verbunden. Der Effekt des Stundenumfangs für Erwerbstätigkeit ist allerdings nur schwach signifikant (p = .095). Die Steigerung der direkten Kosten eines Studiums um eine Einheit erhöht das Risiko um 0,9 Prozentpunkte (p = .059). Die Opportunitätskosten üben keinen Effekt aus. Durch den Einbezug der Variablen verringern sich die Risiko-Unterschiede in Modell 3 zwischen nicht-traditionellen Studierenden und solchen mit allgemeiner oder fachgebundener Hochschulreife deutlich auf nur noch 0,5 Prozentpunkte und sind nicht mehr signifikant (p = .737). Dieses Ergebnis stützt die obigen Befunde aus der Auswertung der Abbruchgründe zur hohen Bedeutung von Belastungen durch Familie und Erwerbstätigkeit sowie von finanziellen Gründen für den häufigeren Studienabbruch nicht-traditioneller Studierender (vgl. Abbildung 6 in Abschnitt 6.2.1), wobei sich allerdings die *direkten* Studienkosten (z.B. Studiengebühren, Bücher oder Fahrtkosten) und nicht der Einkommensverzicht (als Opportunitätskosten eines Studiums) als relevant erwiesen haben. Weiter unten wird zu klären sein, ob die hier festgestellten Effekte der Indikatoren der außerhochschulischen Lebenssituation auch bei Kontrolle weiterer Einflussfaktoren bestehen bleiben. Dies gilt insbesondere für die nur schwachen Einflüsse der direkten Studienkosten und des Erwerbstätigkeitsumfangs.

In Modell 4 wird der Effekt leistungsbezogener Faktoren anhand zweier Variablen überprüft: Zum einen über die subjektiv eingeschätzte Wahrscheinlichkeit, das

---

29 Aufgrund der Rechtsschiefe der Verteilung der Stundenangaben und der Annahme, dass der Effekt der Arbeitsstunden mit zunehmenden Werten abnimmt, wurde die entsprechende Variable logarithmiert zur Basis 2, sodass nach der Transformation mit einem Anstieg der Arbeitsstunden um eine Einheit jeweils eine Verdopplung des Stundenaufwands verbunden ist.

Studium erfolgreich abschließen zu können. Die Variable wurde im ersten Telefoninterview erhoben, entstammt ebenfalls dem Rational-Choice-Kontext (Stocké et al. 2011) und dürfte in erster Linie eine Einschätzung der eigenen Leistungsfähigkeit widerspiegeln. Um explizit das fachliche Leistungsvermögen und etwaige Leistungsprobleme zu erfassen, wurde darüber hinaus auf Items zurückgegriffen, bei denen die Befragten den Stand ihrer Vorbereitung auf die fachlichen Studienanforderungen am Studienbeginn einschätzen sollten.[30] Dazu wurde ein Mittelwert aus drei verschiedenen Items berechnet, die in der ersten Onlineerhebung im dritten Hochschulsemester erfasst wurden. Die Befragten sollten hierbei einschätzen, ob ihre bei Studienbeginn vorhandenen Kenntnisse ausreichen, um dem Lehrstoff des ersten Semesters folgen zu können, ob ihnen im Studium vorausgesetzte Kenntnisse und Fähigkeiten fehlten und schließlich, wie gut sie insgesamt auf das Studium vorbereitet waren (Cronbachs α = .76 für die Auswertungsstichprobe).

Beide Variablen beeinflussen die Wahrscheinlichkeit, der Abbruchrisikogruppe anzugehören, in erwartbarer Weise und sind hochsignifikant. Steigt die Einschätzung der Erfolgswahrscheinlichkeit um eine Einheit, sinkt das Risiko um 3,3 Prozentpunkte. Mit einer um eine Einheit schlechteren Einschätzung der Vorbereitung auf die Leistungsanforderungen im Studium erhöht sich die Wahrscheinlichkeit, der Abbruchrisikogruppe anzugehören, im Schnitt um 6,1 Prozentpunkte. Mit dem Einbezug dieser Variablen ist eine deutliche Reduktion der Gruppendifferenzen zwischen nicht-traditionellen Studierenden und Studierenden mit allgemeiner oder fachgebundener Hochschulreife (ohne Ausbildung) verbunden, sie beträgt noch 0,6 Prozentpunkte und ist nicht mehr signifikant (p = .656). Nähere Analysen zeigen (nicht dargestellt), dass zu dieser Reduktion des Risikounterschieds die Erfolgswahrscheinlichkeit weniger beiträgt als der selbst eingeschätzte Kenntnisstand. Dies mag mit den unterschiedlichen Erhebungszeitpunkten der Variablen zusammenhängen. Die starken Effekte in Modell 4 stehen im Einklang mit der großen Bedeutung von leistungsbezogenen Abbruchgründen in der obigen Auswertung (vgl. Abschnitt 6.2.1). Wie bei den Ergebnissen der vorigen Modelle bleibt weiter unten zu prüfen, wie stabil die hier festgestellten Einflüsse unter Kontrolle weiterer Faktoren sind.

In Modell 5 wird schließlich getestet, ob das Studienformat für einen Teil des höheren Risikos bei nicht-traditionellen Studierenden verantwortlich sein könnte. Fernstudierende absolvieren ihr Studium oftmals in Teilzeit neben einer regulären Erwerbstätigkeit, sodass das Studium häufig einen geringeren Raum im Leben der jeweiligen Studierenden einnimmt beziehungsweise einnehmen kann als bei Präsenzstudierenden. Wie die Ergebnisse in Modell 5 zeigen, steigt mit einem Fernstudium die Wahrscheinlichkeit, der Risikogruppe anzugehören, um durchschnittlich 4,2 Prozentpunkte. Gleichzeitig führt die Kontrolle dieser Variable zu einer Verringerung der hier betrachteten Gruppendifferenz auf zwei Prozentpunkte, deren Signifikanz über dem Schwellenwert von zehn Prozent liegt (p = .219).

---

30 Studiennoten standen nur bei noch Studierenden zur Verfügung, sodass dieser Leistungsindikator nicht verwendet werden konnte (vgl. Abschnitt 4).

Verschiedene Mechanismen könnten für den risikosteigernden Effekt des Fernstudiums verantwortlich sein, etwa Vereinbarkeitsprobleme aufgrund einer Mehrfachbelastung aus Studium, Erwerbstätigkeit und gegebenenfalls Familienpflichten. Eine andere Erklärung wäre ein allgemein geringeres Commitment von Fernstudierenden gegenüber dem Studium beziehungsweise eine stärkere Bindung an den bisherigen Beruf. Es ist an dieser Stelle nicht möglich, diesen potentiellen Mechanismen im Detail nachzugehen. Gleichwohl bieten die Auswertungen der nachfolgenden Modelle 6 und 7 die Möglichkeit zu prüfen, ob auch bei Kontrolle der anderen Einflussfaktoren weiterhin signifikante Effekte des Studienformates erkennbar sind. Sollte dies nicht der Fall sein, ist davon auszugehen, dass die Mechanismen, die den Effekt des Studienformates vermitteln, bereits durch die anderen Faktoren im Modell wirksam kontrolliert wurden. Gleiches gilt natürlich auch für die signifikanten Einflussfaktoren der zuvor getesteten Modelle 2 bis 4.

Modell 6 zeigt nun die Ergebnisse der logistischen Regression, bei der die zuvor getesteten Einzelfaktoren gemeinsam in ein Modell eingehen. Nach wie vor hochsignifikante Effekte auf die Wahrscheinlichkeit, der Risikogruppe anzugehören, gehen von der Freude am Studium, dem (bezogen auf die Studienanforderungen) selbst eingeschätzten Kenntnisstand, von der subjektiv eingeschätzten Erfolgswahrscheinlichkeit sowie dem Geschlecht aus, wenngleich sich die Stärke der Effekte gegenüber den vorherigen Modellen etwas verringert hat. Die Bedeutung der leistungsbezogenen Faktoren (Erfolgswahrscheinlichkeit, Einschätzung der Studienvorbereitung) wird somit auch im vollständigen Erklärungsmodell bestätigt. Der risikomindernde Einfluss einer akademischen Bildungsherkunft ist noch schwach signifikant. Die dahinter stehenden Wirkungsmechanismen werden somit nicht (vollständig) durch die im Modell enthaltenen Variablen abgebildet.

Veränderungen gegenüber den Ergebnissen der vorherigen Modelle ergeben sich für zwei Indikatoren der Lebensbedingungen beziehungsweise etwaiger Vereinbarkeitsprobleme aus Modell 3: Während der Einfluss von Elternschaft auch bei Kontrolle der anderen Faktoren nach wie vor statistisch bedeutsam ist, übt der Umfang studienbegleitender Erwerbstätigkeit keinen signifikanten Effekt mehr auf die Zugehörigkeit zur Risikogruppe aus. Auch die direkten Kosten eines Studiums sind (wie zuvor bereits die Opportunitätskosten) nunmehr, unter Kontrolle der anderen Faktoren, unbedeutend für die Zugehörigkeit zur Risikogruppe. Der Effekt des Studienformats schließlich ist ebenfalls nicht mehr signifikant, sodass davon auszugehen ist, dass die dahinter stehenden Mechanismen durch die anderen im Modell enthaltenen (signifikanten) Variablen zu einem wesentlichen Teil bereits abgebildet sind. Die simultane Kontrolle der verschiedenen Einflussfaktoren in Modell 6 hat dazu geführt, dass das ursprünglich höhere Risiko nicht-traditioneller Studierender gegenüber Studierenden mit allgemeiner oder fachgebundener Hochschulreife nicht nur nicht mehr vorhanden ist, sondern sich umkehrt in einen Risikounterschied *zugunsten* der nicht-traditionellen Studierenden, der allerdings statistisch nicht abgesichert ist. Festzuhalten ist angesichts der Ergebnisse der Modelle 1 bis

6, dass für die Aufklärung der anfänglichen Risikodifferenzen die gemeinsame Kontrolle der hochsignifikanten leistungsbezogenen Variablen sowie der Variable „Kind(er)" verantwortlich sein dürfte. Im Widerspruch zur recht großen Bedeutung finanzieller Gründe sowie erwerbstätigkeitsbezogener Vereinbarkeitsprobleme bei der Auswertung der Abbruchmotive (vgl. Abbildung 6 in Abschnitt 6.2.1) steht die Irrelevanz sowohl der direkten und indirekten Studienkosten als auch des Erwerbstätigkeitsumfangs in der multivariaten Analyse. Dieses Ergebnis wird am Ende dieses Abschnitts noch einmal aufgegriffen.

In den Modellen 3 und 6 wurde lediglich der allgemeine Effekt des Vorhandenseins von Kindern überprüft. Etwaige geschlechtsspezifische Effekte von Elternschaft konnten so nicht sichtbar werden. In Modell 7 wurden dazu nun vier Vergleichsgruppen auf der Basis der Variablen „Geschlecht" und „Kind(er)" gebildet, wobei Frauen ohne Kinder als Referenzkategorie fungieren.[31] Erkennbar ist zunächst, dass Männer *ohne* Kinder eine um 3,4 Prozentpunkte höhere Wahrscheinlichkeit aufweisen, der Risikogruppe anzugehören, als Frauen ohne Kinder. Der Risikoaufschlag von Männern *mit* Kindern fällt gegenüber der Referenzgruppe nur geringfügig höher aus als der von Männern ohne Kinder und liegt bei 3,7 Prozentpunkten, lässt sich jedoch bei dieser Größenordnung aufgrund geringer Fallzahlen statistisch nicht absichern. Bei Frauen hingegen ist der Effekt von Kindern signifikant. Bei ihnen steigt mit dem Vorhandensein von Kindern die Wahrscheinlichkeit, der Risikogruppe anzugehören, um 13,6 Prozentpunkte.[32] Die sonstigen Ergebnisse sind identisch mit jenen aus Modell 6.

---

31 Auf die Einführung eines Interaktionsterms wurde zugunsten einer eingängigeren Darstellung verzichtet.

32 Weitere hier nicht dargestellte Auswertungen, bei denen das Alter der Kinder berücksichtigt wurde, deuten darauf hin, dass es sich keineswegs nur um einen Effekt von Kleinkindern handelt, sondern dass bei weiblichen Studierenden auch dann hohe Risikoaufschläge bestehen, wenn deutlich ältere Kinder vorhanden sind. Hier könnte sich andeuten, dass hinter dem Effekt von Elternschaft nicht nur unbefriedigte Betreuungsbedarfe stehen, sondern (familiäre) Hürden anderer Art.

Tabelle 4: Einflussfaktoren der Zugehörigkeit zur erweiterten Abbruchrisikogruppe. Ergebnisse logistischer Regressionen (Average Marginal Effects)

	M1	M2	M3	M4	M5	M6	M7
NTS (vs. aHR/fgHR o. BA)	.038**	.039**	.005	.006	.020	-.023	-.024
Höchster Bildungsabschluss Eltern: Akademiker (vs. Nicht-Akademiker)		-.022**				-.014+	-.014+
Studiennutzen: Spaß am Studium		-.051***				-.039***	-.039***
Studiennutzen: gute Jobaussichten		-.004				-.003	-.003
Statuserhalt Eltern: Wichtigkeit		-.002				-.003	-.003
Statuserhalt Eltern: Wahrscheinl.		-.005				-.006	-.007
Erfolgswahrscheinlichkeit				-.033***		-.023***	-.023***
(Schlechte) Vorbereitung auf Studienanforderungen				.061***		.050***	.050***
Direkte Kosten Studium			.009+			.001	.001
Opportunitätskosten Studium			.003			.002	.002
Erwerbstätigkeit in h (logarithm.)			.004+			.002	.003
Kind(er)			.062**			.059**	
Männer o. Kind (vs. Frau o. Kind)							.034***
Männer m. Kind (vs. Frau o. Kind)							.037
Frauen m. Kind (vs. Frau o. Kind)							.136**
Fernstudium (vs. Präsenzstudium)					.042*	.030	.028
Geschlecht: Frau (vs. Mann)	-.032***	-.030***	-.035***	-.035***	-.032***	-.031***	
N	8.879	8.879	8.879	8.879	8.879	8.879	8.879
Pseudo-$R^2_{McFadden}$	.01	.06	.01	.07	.01	.09	.10

Kontrollvariablen: Hochschultyp (Uni vs. FH), aggregierte Fächergruppen. + p ≤ 0,1; * p ≤ 0,05; ** p ≤ 0,01; *** p ≤ 0,001
Quelle: NEPS, Startkohorte 5 (Studierende) (doi:10.5157/NEPS:SC5:4.0.0), eigene gewichtete Auswertungen

Mit Blick auf die Ausgangsfrage nach der Erklärung der (hier freilich nur moderaten) Risikodifferenz zwischen den Vergleichsgruppen bleibt festzuhalten, dass die Ergebnisse der Modelle 6 und 7 – die den Effekt einschlägiger Determinanten des Studienabbruchs simultan geschätzt haben – die Bedeutung von leistungsbezogenen Faktoren unterstreichen konnten. Modifiziert wird das Ergebnis der Auswertung der Abbruchgründe hingegen bezüglich der Relevanz der Lebensumstände: Während die Bedeutung familiärer Faktoren gestützt wurde, spiegelt sich die hohe Relevanz von Abbruchgründen, die mit studienbegleitender Erwerbstätigkeit oder finanziellen Gründen zusammenhängen, in der multivariaten Auswertung nicht wider. Grund hierfür mag der frühe Erhebungszeitpunkt der in der multivariaten Analyse verwendeten Konstrukte sein, die der ersten Telefonbefragung im ersten beziehungsweise zweiten Hochschulsemester entstammen, während die Abbruchgründe im vierten Hochschulsemester erhoben wurden. So könnte sich die subjektiv wahrgenommene finanzielle Belastung durch die direkten Studienkosten oder den Einkommensverzicht (Opportunitätskosten) im Studienverlauf durchaus geändert haben. Auch der Umfang studienbegleitender Erwerbstätigkeit könnte sich seit der ersten Befragung erhöht haben, sodass sich etwaige Vereinbarkeitsprobleme und entsprechende Effekte auf das Abbruchrisiko eventuell erst in späteren Studienabschnitten zeigen. Eine zweite Erklärung für die partielle Inkonsistenz zwischen den Ergebnissen beider Teiluntersuchungen wären selbstbildbewahrende Rationalisierungen bei der Benennung der subjektiv relevanten Abbruchgründe – eine Verzerrung, für die die multivariate Analyse mit *prospektiv* erhobenen Items weniger anfällig ist. Denkbar ist drittens, dass der Einfluss der Erfolgswahrscheinlichkeit in Modell 6 und 7 nicht in erster Linie Aspekte der individuellen Leistungsfähigkeit widerspiegelt – denn diese wurden ja mit dem signifikanten Indikator „Studienvorbereitung" möglicherweise schon vollständig kontrolliert –, sondern gegebenenfalls Effekte ungünstiger Lebensumstände abbildet (Stocké et al. 2011). Dies könnte dann der Fall sein, wenn die Lebensumstände – im Gegensatz zu den Leistungsproblemen – nur unzureichend durch die vorhandenen Indikatoren erfasst wären. Schließlich sei viertens daran erinnert, dass in der multivariaten Analyse fallzahlbedingt nicht der tatsächliche Abbruch als abhängige Variable fungiert, sondern die Zugehörigkeit zu einer *erweiterten* Abbruchrisikogruppe im dritten Hochschulsemester, während die Abbruchmotive im vierten Hochschulsemester von Studienabbrecherinnen und -abbrechern erhoben wurden. Die erwähnten Einschränkungen bezüglich der verwendeten Konstrukte und der abhängigen Variable haben sich aufgrund der Grenzen des aktuell verfügbaren Datenmaterials, insbesondere wegen der geringen Zahl an tatsächlichen Abbruchereignissen bei der kleinen Gruppe der nicht-traditionellen Studierenden ergeben. Es bleibt zu hoffen, dass sich mit der Veröffentlichung weiterer Befragungswellen des NEPS das Potential für weitergehende Auswertungen verbessern wird und die noch offenen Fragen geklärt werden können.

7 Fazit

Mit den Studiennoten, dem Studienfortschritt sowie Erfolgsquoten beziehungsweise Studienabbrüchen wurden in diesem Beitrag drei vergleichsweise objektive Maße des (vorläufigen) Studienerfolgs von nicht-traditionellen und traditionellen Studierenden gegenübergestellt. Bei keinem dieser Einzelkriterien legen die Ergebnisse den Schluss nahe, nicht-traditionellen Studierenden fehle die für die erfolgreiche Bewältigung der Studienanforderungen notwendige Studierfähigkeit. Dies gilt in besonderem Maße für die Resultate zu den erzielten Studiennoten und zum Studienfortschritt, der erstmals in diesem Beitrag für nicht-traditionelle und traditionelle Studierende im Vergleich untersucht wurde. Hier schnitten Studierende ohne (Fach-)Abitur ähnlich erfolgreich ab wie Studierende mit schulischer Studienberechtigung. In Kontrast zu den (wenigen) früheren Studien stehen indes die Ergebnisse zum Studienabbruch. Sie bestätigen neuere Befunde, deren Reichweite jedoch schwer einzuschätzen war, wonach nicht-traditionelle Studierende häufiger als Studierende mit schulischer Studienberechtigung das Studium abbrechen. Die kombinierte Auswertung der überregional angelegten NEPS-Studie und der amtlichen Hochschulstatistik hat mit bisher nicht erreichter Sicherheit diesen vorläufigen Befund eines höheren Abbruchrisikos bei nicht-traditionellen Studierenden bestätigt. Darüber hinaus lieferte sie für diese Studierendengruppe erstmals Hinweise auf die tatsächliche Größenordnung von Abschluss- und Schwundquoten. Die erkennbaren Risikoaufschläge gegenüber traditionellen Studierenden stellen den generellen Befund einer hinreichenden Studierfähigkeit von Studierenden ohne Abitur jedoch nicht in Frage; eine Mehrheit von ihnen schließt das Studium erfolgreich ab.

Bei der Suche nach den Ursachen für das höhere Abbruchrisiko von nicht-traditionellen Studierenden deuten sowohl die Untersuchung der Abbruchgründe als auch die multivariate Auswertung auf eine hohe Bedeutung von leistungsbezogenen Ursachen. Die relativ starke Verbreitung von leistungsbezogenen Abbruchgründen gibt einen Hinweis darauf, dass Schwierigkeiten mit den Leistungsanforderungen bei nicht-traditionellen Studierenden etwas häufiger vorkommen könnten, als es die Vergleiche der Studiennoten und des Studienfortschritts aufzeigen konnten – zum einen, weil beide Erfolgsmaße erstmalig im dritten Hochschulsemester erhoben wurden, zu diesem Zeitpunkt aber bereits ein Drittel der NEPS-Startkohorte nicht mehr an der Befragung teilgenommen hat, zum anderen, weil die an den Folgebefragungen teilnehmenden Studienabbrecherinnen und -abbrecher zu ihren bisherigen Studienleistungen und ihrem Studienfortschritt nicht befragt worden sind. Hinsichtlich der Relevanz der Lebensbedingungen für das höhere Abbruchrisiko wurde das Ergebnis aus der Untersuchung der Abbruchgründe in der multivariaten Auswertung nur für familiäre Belastungen gestützt, während sich die hohe Bedeutung der studienbegleitenden Erwerbstätigkeit und finanzieller Gründe nicht in den multivariaten Auswertungen widerspiegelte. Möglicherweise hängt dieses Ergebnis mit dem frühen Messzeitpunkt der relevanten Konstrukte (Umfang Erwerbstätigkeit, Wahrnehmung der Studienkosten) zusammen (vgl. für weitere mögliche Erklärungen die Diskussion am Ende von Abschnitt 6.2.2). Hier besteht weiterer Forschungsbedarf. Denn insbesondere Vereinbarkeitsprobleme können durchaus auch als Probleme mit den äußeren Rahmenbedingungen des Studiums gedeutet werden, die seitens der Hochschulen etwa durch flexible Studienformate oder Betreuungsangebote beantwortet werden könnten. In diesem Zusammenhang sei nochmals auf die grundsätzliche Bedeutung der Schaffung angemessener Rahmen- und Studienbedingungen für nicht-traditionelle ebenso wie für traditionelle Studierende verwiesen. Hier wie auch bei der Bereitstellung geeigneter propädeutischer Angebote zum Ausgleich fachlicher Defizite bestehen bisher noch weitgehend ungenutzte Gestaltungspotentiale der Hochschulen und der Hochschulpolitik, deren Erschließung wenigstens zum Teil dazu beitragen könnte, die Bewältigung von Studien-, Prüfungs- und Leistungsanforderungen künftig zu erleichtern.

Literatur

Aschinger, F./Epstein, H./Müller, S./Schaeper, H./Vöttiner, A./Weiß, T. (2011): Higher education and the transition to work. In: Blossfeld, H.-P./Roßbach, H.-G./Maurice, J. von (Hrsg.): *Education as a Lifelong Process. The German National Educational Panel Study (NEPS)* (Sonderheft 14 der Zeitschrift für Erziehungswissenschaft). Wiesbaden: VS Verlag für Sozialwissenschaften. S. 267–282.

Autorengruppe Bildungsberichterstattung (2014): *Bildung in Deutschland 2014: Ein indikatorengestützter Bericht mit einer Analyse zur Bildung von Menschen mit Behinderungen.* Bielefeld: W. Bertelsmann.

Bean, J. P./Metzner, B. S. (1985): A conceptual model of nontraditional undergraduate student attrition. In: *Review of Educational Research.* 55(4). S. 485–540.

Beekhoven, S./De Jong, U./van Hout, H. (2003): Different Courses, different students, same results? An examination of differences in study progress of students in different courses. In: *Higher Education.* 46(1). S. 37–59.

Berg, H./Grendel, T./Haußmann, I./Lübbe, H./Marx, A. (2014): *Der Übergang beruflich Qualifizierter in die Hochschule. Ergebnisse eines Modellprojektes in Rheinland-Pfalz* (Mainzer Beiträge zur Hochschulentwicklung, Bd. 20). Mainz.

Blossfeld, H.-P./Roßbach, H.-G./Maurice, J. von (Hrsg.) (2011): *Education as a Lifelong Process: The German National Educational Panel Study (NEPS)* (Sonderheft 14 der Zeitschrift für Erziehungswissenschaft). Wiesbaden: VS Verlag für Sozialwissenschaften.

Blüthmann, I./Lepa, S./Thiel, F. (2008): Studienabbruch und -wechsel in den neuen Bachelorstudiengängen. Untersuchung und Analyse von Abbruchgründen. In: *Zeitschrift für Erziehungswissenschaft.* 11(3). S. 406–429.

Blüthmann, I./Thiel, F./Wolfgramm, C. (2011): Abbruchtendenzen in den Bachelorstudiengängen. Individuelle Schwierigkeiten oder mangelhafte Studienbedingungen? In: *die hochschule.* 20(1). S. 110–126.

Boudon, R. (1974): *Education, Opportunity, and Social Inequality. Changing Prospects in Western Society.* New York: Wiley.

Bozick, R./DeLuca, S. (2005): Better late than never? Delayed enrollment in the high school to college transition. In: *Social Forces.* 84(1). S. 531–554.

Brändle, T./Lengfeld, H. (2015): *Führt Studium ohne Abitur zu geringerem Studienerfolg? Befunde einer quantitativen Fallstudie* (Arbeitsbericht Nr. 66 des Instituts für Soziologie der Universität Leipzig). Leipzig.

Brandstätter, H./Farthofer, A. (2003): Einfluss von Erwerbstätigkeit auf den Studienerfolg. In: *Zeitschrift für Arbeits- und Organisationspsychologie.* 47(3). S. 134–145.

Calcagno, J. C./Crosta, P./Bailey, T./Jenkins, D. (2006): *Stepping stones to a degree: the impact of enrollment pathways and milestones on community college student outcomes* (CCRC Working Paper No. 4). New York.

Dahm, G./Kamm, C./Kerst, C./Otto, A./Wolter, A. (2013): „Stille Revolution?" – Der Hochschulzugang für nicht-traditionelle Studierende im Umbruch. In: *Die Deutsche Schule.* 105(4). S. 382–401.

Dahm, G./Kerst, C. (2013): Immer noch eine Ausnahme – Nicht-traditionelle Studierende an deutschen Hochschulen. In: *Zeitschrift für Beratung und Studium.* 8(2). S. 34–39.

Duong, S./Püttmann, V. (2014): *Studieren ohne Abitur: Stillstand oder Fortentwicklung? Eine Analyse der aktuellen Rahmenbedingungen und Daten* (CHE-Arbeitspapier Nr. 177). Gütersloh.

Esser, H. (1999): *Soziologie. Spezielle Grundlagen. Band 1: Situationslogik und Handeln.* Frankfurt a.M.: Campus.

Freitag, W. K. (2012): *Zweiter und Dritter Bildungsweg in die Hochschule* (Böckler-Arbeitspapier Nr. 253). Düsseldorf.

Gaedke, G./Covarrubias Venegars, B./Recker, S./Janous, G. (2011): Vereinbarkeit von Arbeiten und Studieren bei berufsbegleitend Studierenden. In: *Zeitschrift für Hochschulentwicklung.* 6(2). S. 198–213.

Georg, W. (2008): Individuelle und institutionelle Faktoren der Bereitschaft zum Studienabbruch – eine Mehrebenenanalyse mit Daten des Konstanzer Studierendensurveys. In: *Zeitschrift für Soziologie der Erziehung und Sozialisation.* 28(2). S. 191–206.

Grendel, T./Lübbe, H./Haußmann, I. (2014): Effekte der Dauer und der Qualität berufspraktischer Vorerfahrungen auf den Studienerfolg beruflich Qualifizierter. In: *Beiträge zur Hochschulforschung.* 36(4). S. 40–63.

Hanft, A./Pellert, A./Cendon, C./Wolter, A. (2015): *Weiterbildung und lebenslanges Lernen an Hochschulen. Ergebnisse der wissenschaftlichen Begleitung zur ersten Förderphase der ersten Wettbewerbsrunde des Bund-Länder-Wettbewerbs: „Aufstieg durch Bildung: offene Hochschulen".* Oldenburg.

Heublein, U./Hutzsch, C./Schreiber, J./Sommer, D./Besuch, G. (2010): *Ursachen des Studienabbruchs in Bachelor- und in herkömmlichen Studiengängen. Ergebnisse einer bundesweiten Befragung von Exmatrikulierten des Studienjahres 2007/08* (HIS-Forum Hochschule 2/2010). Hannover.

Heublein, U./Richter, J./Schmelzer, R./Sommer, D. (2012): *Die Entwicklung der Schwund- und Studienabbruchquoten an den deutschen Hochschulen. Statistische Berechnungen auf der Basis des Absolventenjahrgangs 2010* (HIS-Forum Hochschule 3/2012). Hannover.

Heublein, U./Richter, J./Schmelzer, R./Sommer, D. (2014): *Die Entwicklung der Studienabbruchquoten an den deutschen Hochschulen. Statistische Berechnungen auf der Basis des Absolventenjahrgangs 2012* (Forum Hochschule 4/2014). Hannover.

Heublein, U./Wolter, A. (2011): Studienabbruch in Deutschland. Definition, Häufigkeit, Ursachen, Maßnahmen. In: *Zeitschrift für Pädagogik.* 57(2). S. 214–235.

Holz, M. (2011): Neben dem Beruf studieren – Fluch oder Segen? In: *Zeitschrift für Hochschulentwicklung.* 6(2). S. 186–197.

Jürgens, A./Zinn, B. (2012): Nichttraditionell Studierende in ingenieurwissenschaftlichen Studiengängen – Zugangswege, Motive, kognitive Voraussetzungen. In: *Beiträge zur Hochschulforschung*. 34(4). S. 34–53.

Keller, S./Zavalloni, M. (1964): Ambition and Social Class: A Respecification. In: *Social Forces*. 43(1). S. 58–70.

Köller, O. (2013): Abitur und Studierfähigkeit. In: Asdonk, J./Kuhnen, S. U./Bornkessel, P. (Hrsg.): *Von der Schule zur Hochschule. Analysen, Konzeptionen und Gestaltungsperspektiven des Übergangs*. Münster: Waxmann. S. 25–49.

Kuh, G. D./Kinzie, J./Buckley, J. A./Bridges, B. K./Hayek, J. C. (2007): Piecing Together the Student Success Puzzle: Research, Propositions, and Recommendations. In: *ASHE Higher Education Report*. 32(5). S. 1–182.

Maxwell, N. L./Lopus, J. S. (1994): The Lake Wobegon Effect in Student Self-Reported Data. In: *The American Economic Review*. 84(2). S. 201–205.

Mood, C. (2010): Logistic Regression: Why we cannot do what we think we can do, and what we can do about it. In: *European Sociological Review*. 26(1). S. 67–82.

Moore, C./Shulock, N. (2009): *Student progress toward degree completion: lessons from the research literature*. Sacramento, CA.

Müller, S./Schneider, T. (2013): Educational pathways and dropout from higher education in Germany. In: *Longitudinal and Life Course Studies*. 4(3). S. 218–241.

Müller-Benedict, V./Tsarouha, E. (2011): Können Examensnoten verglichen werden? Eine Analyse von Einflüssen des sozialen Kontextes auf Hochschulprüfungen. In: *Zeitschrift für Soziologie*. 40(5). S. 388–409.

Pascarella, E. T./Terenzini, P. T. (2005): *How College Affects Students. Volume 2. A Third Decade of Research*. San Francisco: Jossey-Bass.

Richter, G. (1995): *Abiturienten und Nichtabiturienten im Hochschulstudium*. Dissertation zur Erlangung des Doktorgrades für das Fach Psychologie an der Universität Osnabrück.

Robbins, S. B./Lauver, K./Le, H./Davis, D./Langley, R./Carlstrom, A. (2004): Do psychosocial and study skill factors predict college outcomes? A meta-analysis. In: *Psychological Bulletin*. 130(2). S. 261–288.

Roksa, J. (2011): Differentiation and work: inequality in degree attainment in U.S. higher education. In: *Higher Education*. 61(3). S. 293–308.

Roksa, J./Velez, M. (2012): A late start: Delayed entry, life course transitions and bachelor's degree completion. In: *Social Forces*. 80(3). S. 769–794.

Sarcletti, A./Müller, S. (2011): Zum Stand der Studienabbruchforschung. Theoretische Perspektiven, zentrale Ergebnisse und methodische Anforderungen an künftige Studien. In: *Zeitschrift für Bildungsforschung*. 1(3). S. 235–248.

Schindler, S. (2014): *Wege zur Studienberechtigung – Wege ins Studium? Eine Analyse sozialer Inklusions- und Ablenkungsprozesse*. Wiesbaden: Springer VS.

Scholz, W.-D. (2006): *Vom Meister zum Magister, von der Erzieherin zur Diplomandin: berufliche Weiterbildung als Schlüssel zum Hochschulstudium in Niedersachsen*. Oldenburg.

Schulenberg, W./Scholz, W.-D./Wolter, A./Mees, U./Fülgraff, B./Maydell, J. von (1986): *Beruf und Studium. Studienerfahrungen und Studienerfolg von Berufstätigen ohne Reifezeugnis*. Bonn.

Statistisches Bundesamt (2014): *Erfolgsquoten 2012. Berechnungen für die Studienanfängerjahrgänge 2000 bis 2004*. Wiesbaden: Statistisches Bundesamt. URL: https://www.destatis.de/DE/Publikationen/Thematisch/BildungForschungKultur/Hochschulen/Erfolgsquoten5213001127004.pdf?__blob=publicationFile [08.12.2015].

Stocké, V./Blossfeld, H.-P./Hoenig, K./Sixt, M. (2011): Social inequality and educational decisions in the life course. In: Blossfeld, H.-P./Roßbach, H.-G./Maurice, J. von (Hrsg.): *Education as a lifelong process: The German National Educational Panel Study (NEPS)* (Sonderheft 14 der Zeitschrift für Erziehungswissenschaft). Wiesbaden: VS Verlag für Sozialwissenschaften. S. 103–119.

Stroh, A. (2009): *Neue Wege zum Studium.* URL: https://www.destatis.de/DE/Publikationen/STATmagazin/BildungForschungKultur/2009_03/PDF2009_03.pdf?__blob=publicationFile [08.12.2015].

Tinto, V. (1975): Dropout from Higher Education: A Theoretical Synthesis of Recent Research. In: *Review of Educational Research.* 45(1). S. 89–125.

Tinto, V. (1993): *Leaving College: Rethinking the causes and cures of student attrition.* Chicago: University of Chicago Press.

Trapmann, S. (2008): *Mehrdimensionale Studienerfolgsprognose: Die Bedeutung kognitiver, temperamentsbedingter und motivationaler Prädiktoren für verschiedene Kriterien des Studienerfolgs.* Berlin: Logos.

Ulbricht, L. (2012): Öffnen die Länder ihre Hochschulen? Annahmen über den dritten Bildungsweg auf dem Prüfstand. In: *die hochschule.* 21(1). S. 154–168.

Williams, R. (2012): Using the margins command to estimate and interpret adjusted predictions and marginal effects. In: *Stata Journal.* 12(2). S. 308–331.

Wissenschaftsrat (2012): *Prüfungsnoten an Hochschulen im Prüfungsjahr 2010. Arbeitsbericht mit einem wissenschaftspolitischen Kommentar des Wissenschaftsrates* (Drs. 2627–12). Hamburg.

Wolter, A./Dahm, G./Kamm, C./Kerst, C./Otto, A. (2015): Nicht-traditionelle Studierende in Deutschland: Werdegänge und Studienmotivation – Ergebnisse eines empirischen Forschungsprojektes. In: Elsholz, U. (Hrsg.): *Beruflich Qualifizierte im Studium. Analysen und Konzepte zum Dritten Bildungsweg.* Bielefeld: W. Bertelsmann. S. 11–33.

Tabelle A1: Verwendete Items in den multivariaten Analysen (Abschnitt 6.2.2) – Gewichtete Anteils- beziehungsweise Mittelwerte, Standardabweichungen in Klammern

Variable		Kategorien	NTS	aHR/fgHR o. BA
Höchster Bildungsabschluss Eltern: Akademiker (vs. Nicht-Akademiker)	Mindestens ein Elternteil mit Hochschulabschluss	1=ja 0=nein	1: 23,7 % 0: 76,3 %	1: 52,0 % 0: 48,0 %
Studiennutzen: Spaß am Studium	„Mein Studium macht mir viel Spaß."	1 (trifft gar nicht zu) bis 5 (trifft völlig zu)	4,44 (0,73)	4,31 (0,77)
Studiennutzen: gute Jobaussichten	„Und wenn Sie ein Studium erfolgreich abschließen, wie gut sind dann die Aussichten, einen guten Job zu bekommen?"	1 (sehr schlecht) bis 5 (sehr gut)	4,05 (0,84)	4,04 (0,82)
Statuserhalt Eltern: Wichtigkeit	„Wie wichtig ist es Ihnen, später einen ähnlich guten oder besseren Beruf zu haben als Ihre Mutter/Ihr Vater?"	1 (sehr unwichtig) bis 5 (sehr wichtig)	2,71 (1,49)	2,99 (1,40)
Statuserhalt Eltern: Wahrscheinlichkeit	„Und wie gut sind die Aussichten auf einen ähnlich guten oder besseren Beruf als den Ihrer Mutter/ Ihres Vaters, wenn Sie ein Studium abschließen?"	1 (sehr schlecht) bis 5 (sehr gut)	4,36 (0,87)	4,15 (0,86)
(Schlechte) Vorbereitung auf Studienanforderungen	Mittelwert aus drei Items: • „Ich habe festgestellt, dass mir Kenntnisse und Fähigkeiten fehlten, die im Studium vorausgesetzt werden." • „Meine bei Studienbeginn vorhandenen Kenntnisse reichten aus, um dem Lehrstoff des ersten Semesters/Trimesters ohne größere Schwierigkeiten folgen zu können." (umgepolt) • „Insgesamt war ich gut auf das Studium vorbereitet." (umgepolt) Cronbachs α = 0,76	1 (trifft gar nicht zu) bis 4 (trifft völlig zu)	2,48 (0,66)	2,20 (0,67)
Erfolgswahrscheinlichkeit	„Wie wahrscheinlich ist es Ihrer Meinung nach, dass Sie ein Studium erfolgreich abschließen können?"	1 (sehr unwahrscheinlich) bis 5 (sehr wahrscheinlich)	4,21 (0,69)	4,45 (0,62)

Variable		Kategorien	NTS	aHR/fgHR o. BA
Direkte Kosten Studium	„Wie schwer fällt es Ihnen und Ihrer Familie, die Dinge zu bezahlen, die Sie für das Studium brauchen, zum Beispiel Fahrtkosten, Bücher oder auch Studiengebühren?"	1 (sehr leicht) bis 5 (sehr schwer)	2,64 (1,16)	2,45 (0,94)
Opportunitätskosten Studium	„Ebenso können Sie bis zum Ende des Studiums nur bedingt eigenes Geld verdienen und Ihren Lebensunterhalt bestreiten. Wie stark wird es Sie und Ihre Familie bis zum Ende des Studiums finanziell belasten?"	1 (gar nicht) bis 5 (sehr)	2,96 (1,27)	2,95 (0,92)
Erwerbstätigkeit am Studienbeginn in Stunden pro Woche	„Wie viele Stunden pro Woche beträgt/betrug Ihre durchschnittliche Arbeitszeit bei dieser Tätigkeit?"	Stunden/Woche	18,49 (19,21)	2,22 (5,74)
Kind(er)	Mindestens ein eigenes Kind; oder Kind(er) des Partners/der Partnerin lebt/leben im gemeinsamen Haushalt	1=ja 0=nein	1: 28,0 % 0: 72,0 %	1: 0,3 % 0: 99,7 %
Geschlecht: Frau (vs. Mann)		1=Frau 0=Mann	1: 50,3 % 0: 49,7 %	1: 53,3 % 0: 46,7 %
Fernstudium (vs. Präsenzstudium)		1=Fernstudium 0=Präsenzstudium	1: 34,8 % 0: 65,2 %	1: 0,7 % 0: 99,3 %
Hochschultyp		1=Universität 0=Fachhochschule	1: 45,4 % 0: 54,6 %	1: 74,7 % 0: 25,3 %
Fächergruppe aggregiert	1= MINT, Medizin/Gesundheitswiss., Veterinärmedizin, Agrar-/Forst-/Ernährungswiss. 2= Sprach-/Kulturwiss., Psychologie/Pädagogik/Sozialwesen, Sport, Regional-/Politik-/Sozialwiss., Kunst/Kunstwiss. 3= Rechtswissenschaft 4= Wirtschaftswissenschaften		1: 35,3 % 2: 38,8 % 3: 4,3 % 4: 21,6 %	1: 48,2 % 2: 29,4 % 3: 4,8 % 4: 17,6 %
N			387	8.492

Quelle: NEPS, Startkohorte 5 (Studierende) (doi:10.5157/NEPS:SC5:4.0.0), eigene Darstellung und gewichtete Auswertungen

Stand spezifischer Angebote
der Hochschulen für neue Zielgruppen

Anna Spexard

Flexibilisierung des Studiums im Spannungsfeld zwischen institutioneller Persistenz und Öffnungsbedarfen

1   Einleitung

Im Zuge einer wachsenden Prominenz des Lebenslangen Lernens – und verwandter Themen wie der Durchlässigkeit zwischen beruflicher und akademischer Bildung sowie der Öffnung der Hochschulen – in arbeitsmarkt- und hochschulpolitischen Debatten wurde auch die Forderung nach einer Flexibilisierung der bestehenden Studienstrukturen immer lauter. Flexibilisierung wird gerade im internationalen Kontext als Voraussetzung dafür angesehen, dass Hochschulsysteme angemessen auf neue Herausforderungen und gesellschaftliche Entwicklungen reagieren können. Globale Veränderungen wie der technologische Wandel und demografische Entwicklungen, denen vor allem die westlichen Industriestaaten ausgesetzt sind, und grundlegende Veränderungen der Arbeitsmarktstrukturen stellen die Hochschulsysteme auf der ganzen Welt vor große Herausforderungen. In Deutschland stehen die Hochschulen vor der Aufgabe, einerseits den starken Anstieg der Studierendenzahlen in den letzten Jahren zu bewältigen und sich andererseits darauf einzustellen, dass in den nächsten Jahren voraussichtlich sinkende Studienanfängerjahrgänge folgen werden (Autorengruppe Bildungsberichterstattung 2014). Eine Antwort darauf ist unter anderem die Suche nach neuen Zielgruppen, insbesondere Berufstätigen, die für ein Studium gewonnen werden sollen.

Vor diesem Hintergrund sollen im Rahmen des Bund-Länder-Wettbewerbs *Aufstieg durch Bildung: offene Hochschulen* besonders Konzepte für Personen mit Familienpflichten, Berufstätige sowie Berufsrückkehrerinnen und -rückkehrer gefördert werden. Hierbei gilt es, gruppenspezifische Hürden für die Teilnahme an Hochschulbildung zu berücksichtigen. Zu nennen sind beispielsweise institutionelle Barrieren wie fehlende Zugangsvoraussetzungen, starre Studienpläne oder die Entfernung zur Hochschule, aber auch situationsbezogene Hinderungsgründe wie Zeitmangel aufgrund von familiären oder beruflichen Verpflichtungen (Broek/Hake 2012; Cross 1981). Anpassungsfähige und flexible Studienstrukturen, welche die genannten Barrieren abbauen oder zumindest abmildern können, werden folglich als ein zentraler Faktor für eine erfolgreiche Öffnung der Hochschulen für neue Zielgruppen und die Verwirklichung Lebenslangen Lernens an Hochschulen angesehen. Denn sie ermöglichen es Personen, ein Studium aufzunehmen, die beispielsweise nicht über traditionelle Zugangsvoraussetzungen verfügen oder aus unterschiedlichen Gründen kein Vollzeitstudium absolvieren können.

Eine genauere Definition von flexiblen Studienmöglichkeiten und den zugehörigen förderlichen Rahmenbedingungen ist eine Voraussetzung für die erfolgreiche

Implementierung und auch für die Evaluierung entsprechender Strukturen. Im Rahmen des EU-Forschungsprojekts *Opening Higher Education to Adults* (HEAD) (Dollhausen et al. 2013), das gemeinsam von der Humboldt-Universität zu Berlin und dem Deutschen Institut für Erwachsenenbildung (DIE) durchgeführt wurde, wurde Flexibilität verstanden als ein Indikator dafür, in welchem Ausmaß Hochschulsysteme und einzelne Institutionen den Zugang zur Hochschulbildung auch für Studierende abseits des ‚Normalstudenten' beziehungsweise der ‚Normalstudentin' ermöglichen, welches Angebot an alternativen Wegen zum Hochschulabschluss es gibt und welche flexiblen Formen der Studienorganisation (beispielsweise modularisierte Programme und ‚Credit Accumulation', Teilzeitstudium, Fernstudium etc.) an den Hochschulen in den betrachteten Ländern vorhanden sind. Dazu gehören außerdem Unterstützungsangebote und Lehrmethoden, die anpassungsfähige Studienstrukturen ermöglichen. Ausgegangen wird dabei von den Bedürfnissen des Individuums. Zusammengefasst bezeichnet flexibles Lernen, wie es im Rahmen der Studie verstanden wird, „education and training that responds to learners' needs and preferences. Flexible learning offers learners choices about how, where and when they learn" (NRDC 2010, S. 24; vgl. Osborne/Young 2006). Man könnte auch von einem integrierten, prozessorientierten Flexibilitätsverständnis sprechen, das sich vom Hochschulzugang über die Studienangebote, deren Formate und Lerntechnologien bis hin zu studienbegleitenden Unterstützungsmaßnahmen erstreckt (vgl. Wolter et al. 2014).

Der vorliegende Beitrag beschreibt zunächst den Bedarf an flexiblen Studienmöglichkeiten, der sich aus den Lernbedürfnissen und Studienanforderungen der anvisierten Zielgruppen ergibt, um diesem anschließend den Stand der tatsächlichen Umsetzung sowohl in Deutschland als auch in Europa gegenüberzustellen. Zusätzlich illustrieren ausgewählte Fallbeispiele aus außereuropäischen Ländern, auf welche Weise eine Umsetzung der angestrebten Flexibilisierung von Studienstrukturen an Hochschulen erfolgreich durchgeführt werden kann. Eine Skizzierung der notwendigen Schritte, die zu deren weitreichender Umsetzung erforderlich sind, schließt diesen Beitrag ab, der darauf abzielt, den europäischen und internationalen Kontext zu beschreiben, in dem der Bund-Länder-Wettbewerb *Aufstieg durch Bildung: offene Hochschulen* stattfindet, und die aktuellen Entwicklungen in Deutschland komparativ einzuordnen.

2   Bedarf an flexiblen Studienstrukturen

Das Ziel der Öffnung von Hochschulen ist mit der Absicht verbunden, Personen ein Studium zu ermöglichen, die nicht dem Bild der ‚Normalstudierenden' entsprechen, die direkt nach Erwerb einer traditionellen schulischen Hochschulzugangsberechtigung ein Studium aufnehmen. Vergleichende internationale Studien haben gezeigt, dass diese, häufig als ‚erwachsene Lernende', ‚Non-traditional Students' oder ‚Lifelong Learners' bezeichneten Personengruppen sich von Land zu Land unterscheiden können, abhängig vom jeweiligen Gesellschafts- und Hochschulsystem (Slowey/Schuetze 2012; Dollhausen et al. 2013; Teichler/Wolter 2004). Slowey und Schuetze (2012) identifizieren anhand von vier verschiedenen Kategorien sieben Gruppen von ‚Lifelong Learners' (vgl. den Beitrag von Wolter/Banscherus in diesem Band).

Ausgehend von den spezifischen Charakteristika der Gruppen lässt sich feststellen, dass diese Studierenden spezielle Bedürfnisse und Anforderungen hinsichtlich eines Hochschulstudiums haben, besonders in Bezug auf den Zugang und die Studienorganisation. So haben beispielsweise die Gruppen der ‚Second-Chance-Learners' und der ‚Recurrent Learners' Bedarf an flexiblen Zugangsbedingungen wie alternativen Zugangsmöglichkeiten und der Möglichkeit zur Anrechnung von außerhochschulisch erworbenen Kompetenzen (vgl. die Beiträge von Otto/Kamm und Lenz/Schmitt in diesem Band). Beide Gruppen streben genauso wie die ‚Returners', ‚Refreshers' und ‚Deferrers' ein Hochschulstudium zu einem späteren Zeitpunkt als dem Ende der Sekundarschule an. Dies erhöht die Wahrscheinlichkeit, dass neben dem Studium berufliche und familiäre Verpflichtungen bestehen, die dazu führen, dass flexible Studienangebote eine wichtige Voraussetzung für eine mögliche Studienaufnahme und einen erfolgreichen Studienabschluss sind. Erwachsene Studierende geben beispielsweise an, dass familiäre und berufliche Verpflichtungen sowie die mangelnde Flexibilität von Studienangeboten hinsichtlich Zeit, Ort und Inhalt wichtige Gründe für einen Studienverzicht seien (Dollhausen et al. 2013).

Für all diese Studierendengruppen ist neben einer organisatorischen auch eine inhaltliche Flexibilisierung wünschenswert, denn „Studierende kommen mit ganz unterschiedlichen Bedingungen an die Hochschule, erhalten in der Regel aber ein hochgradig standardisiertes Angebot" (Kerres 2012, S. 44). Auswahlmöglichkeiten bieten ihnen die Chance, das Studium an eigene Interessen und Voraussetzungen anzupassen. Davies (2007, S. 3) konstatiert, basierend auf einer international vergleichenden Analyse von Strategien europäischer Hochschulen, dass Flexibilität eine wichtige Rolle bei der Umsetzung von Lebenslangem Lernen spielt, denn diese befähigt „universities to deliver more and wider participation in initial higher education and more opportunities for continuing and lifelong learning". Das Vorhandensein flexibler Studienstrukturen als Voraussetzung für eine erfolgreiche Öffnung der Hochschulen hat auch Eingang in die Programmatik der europäischen Hochschulpolitik gefunden, wie im folgenden Abschnitt dargestellt wird.

3 Flexibilisierung als Teil der hochschulpolitischen Programmatik in Europa

Besonders im Kontext der nationalen und internationalen Auseinandersetzung mit dem Thema ‚Widening Participation' (bzw. ‚Öffnung der Hochschulen' im deutschsprachigen Raum) ist Flexibilisierung ein wiederkehrendes Thema: „flexible learning is commonly identified as a means to cope with changes in the composition of the student body and to accommodate the needs and constraints of a more diverse student population" (European Commission/EACEA/Eurydice 2014, S. 43). Die Argumente für eine Öffnung der Hochschulen und der damit zusammenhängenden Flexibilisierung sind von zwei Denkweisen geprägt: einerseits von einer ökonomischen, bei der die Sicherung der Beschäftigungsfähigkeit des Einzelnen und die Wettbewerbsfähigkeit der Wirtschaft im Mittelpunkt stehen, und andererseits von einer sozialen, die vor allem Chancengleichheit und soziale Kohäsion betont (Banscherus 2010; Geffers/Wolter 2013).

In die Programmatik der europäischen Hochschulpolitik hielt die Flexibilisierung des Studiums schon vor einigen Jahren Einzug, besonders im Zusammenhang mit den Themen Beschäftigung, Wachstum und der Wettbewerbsfähigkeit Europas (z.B. Europäische Kommission 1991, 2001). Mit dem Beschluss der Lissabon-Strategie und der darin enthaltenen starken Betonung einer wettbewerbsfähigen wissensbasierten Wirtschaft in Europa wurde die Rolle der Hochschulen für die Wirtschaft noch deutlicher hervorgehoben. Als ein zentrales Instrument werden in diesem Zusammenhang inhaltliche und strukturelle Flexibilisierungsmaßnahmen genannt (z.B. Europäische Kommission 2005, 2011; Rat der Europäischen Union/ Europäische Kommission 2012).

Auch in den Dokumenten des Bologna-Prozesses werden flexible Studienangebote thematisiert (z.B. Banscherus 2010). Bereits in der Sorbonne-Erklärung 1998 wird Bezug genommen auf die Flexibilität von Studiensystemen. Unter dem Stichwort ‚Lebenslanges Lernen' wird im Berliner Kommuniqué 2003 die Notwendigkeit betont, „allen Bürgern, je nach ihren Wünschen und Fähigkeiten, lebenslange Lernverläufe hin zur Hochschulbildung und innerhalb der Hochschulbildung zu ermöglichen" (Europäische Bildungsministerinnen und -minister 2003, S. 8). Aspekte der Flexibilisierung wie die Implementierung von europäischen und nationalen Qualifikationsrahmen, offene Bildungswege, die Anerkennung von außerhochschulisch erworbenen Kompetenzen und die Vereinfachung des Hochschulzugangs sind wiederkehrende Themen, die – häufig in Verbindung mit Lebenslangem Lernen – in allen folgenden Kommuniqués[1] zu finden sind. Im Kommuniqué des letzten Ministertreffens in Jerewan (2015) wird erneut die Wichtigkeit von Lebenslangem Lernen und der Öffnung der Hochschulen betont.

In Deutschland ist das Thema Flexibilisierung erst vor einigen Jahren an den Hochschulen angekommen; bislang wurde – ausgehend vom Bild der ‚Normalstudierenden' – überwiegend wenig Bedarf an flexiblen Studienangeboten und Zugangsmöglichkeiten gesehen. Entsprechende Ansätze beschränkten sich weitgehend auf das Fernstudium. Im Zuge der Debatten zum Fachkräftebedarf und dem Wandel der Arbeitswelt beispielsweise durch schnellen technologischen Wandel und die wachsende Verbreitung von wissensbasierten Tätigkeiten hat das Thema

---

1 Weitere Ministertreffen fanden in Bergen (2005), London (2007), Leuven/Louvain-La-Neuve (2009), Budapest/Wien (2010) und Bukarest (2012) statt. Im Anschluss an jedes Treffen wurde ein Kommuniqué veröffentlicht, alle Dokumente sind hier zu finden: http://www.bmbf.de/de/15553.php [09.12.2015].

jedoch Aufwind erhalten. Eine besondere Dynamik geht hier von privaten Hochschulen aus, die ‚maßgeschneiderte' Programme für verschiedenste Zielgruppen anbieten. Zunehmend wenden sich auch Akteure wie der Wissenschaftsrat, die Hochschulrektorenkonferenz (HRK), die Kultusministerkonferenz (KMK) und das Bundesministerium für Bildung und Forschung (BMBF) Themen wie flexiblen Studienprogrammen, Durchlässigkeit, Anrechnung und übergreifend der Öffnung der Hochschulen zu, beispielsweise in Positionspapieren, aber auch durch die Auflage von Förderprogrammen wie dem Bund-Länder-Wettbewerb *Aufstieg durch Bildung: offene Hochschulen* und der BMBF-Initiative *Anrechnung beruflicher Kompetenzen auf Hochschulstudiengänge* (ANKOM).[2]

4 Dimensionen und förderliche Rahmenbedingungen der Flexibilisierung

Trotz der häufigen Erwähnung in zahlreichen politischen Dokumenten auf europäischer und nationaler Ebene wird nur selten konkret definiert, was Flexibilisierung bedeutet oder bedeuten soll. Im Folgenden werden deshalb, basierend auf den Ergebnissen der HEAD-Studie, die Dimensionen aufgezeigt, welche zu einem umfassenden Konzept von Flexibilisierung gehören sollten (Dollhausen et al. 2013). Im Rahmen dieser Studie wurden, basierend auf einer umfassenden Literaturauswertung sowie 15 europäischen Länderstudien und 20 Fallstudien inner- und außerhalb von Europa,[3] die folgenden zentralen Faktoren identifiziert, welche die Öffnung von Hochschulen ermöglichen und vorantreiben:

- Arrangements zur Flexibilisierung des Hochschulzugangs,
- flexible Studienangebote
- und förderliche Rahmenbedingungen wie
    - Politik und Gesetzgebung,
    - Dienstleistungen und Unterstützungsangebote,
    - Lehrmethoden und Weiterbildung von Lehrkräften,
    - finanzielle Unterstützung,
    - Zusammenarbeit mit externen Akteuren und
    - Bezugnahme auf die Anforderungen des Arbeitsmarkts.

Von besonderer Bedeutung zur Umsetzung sind die ersten beiden Aspekte zur Flexibilisierung des Hochschulzugangs und des Studienangebots. Die anderen Punkte bilden den Rahmen und die Grundlage, die über Erfolg oder Misserfolg der Flexi-

---

[2] Informationen zum Projekt sind hier zu finden: www.ankom.his.de [09.12.2015].
[3] Länderstudien wurden in Deutschland, Finnland, Frankreich, Griechenland, Großbritannien, Irland, Italien, Lettland, Österreich, Schweden Serbien, Slowenien, Spanien, Ungarn und Zypern durchgeführt, zusätzlich wurden in diesen Ländern und zusätzlich in Mexiko, Neuseeland, Russland, Südafrika und den USA Fallstudien an ausgewählten Hochschulen realisiert.

bilisierungsbemühungen bestimmen. Im Folgenden werden die einzelnen Dimensionen näher erläutert.

4.1 Arrangements zur Flexibilisierung des Hochschulzugangs

Die Arrangements zur Flexibilisierung des Hochschulzugangs haben sich bei den im Rahmen des HEAD-Projektes durchgeführten Länder- und Fallstudien als besonders wichtig für die Realisierung flexibler Studienangebote herauskristallisiert. Unter diesem Stichwort werden drei verschiedene Punkte zusammengefasst: erstens die Regulierungen auf staatlicher Ebene, die sich auf *formale Zugangsvoraussetzungen und die Definition von Auswahlkriterien und -prozeduren* für den Hochschulzugang beziehen. Hier fällt besonders Großbritannien auf, denn dort gibt es auf staatlicher Ebene keine gesetzlichen Vorgaben; stattdessen haben die Hochschulen relativ freie Hand in der Ausgestaltung des Hochschulzugangs. Diese Gestaltungsfreiheit nutzen viele Institutionen zum Vorteil der Studierenden, indem sie sehr liberale Zugangsvoraussetzungen festgelegt haben. So hat Großbritannien im europäischen Vergleich einen besonders hohen Anteil Studierender, die auf alternativen Wegen in die Hochschule gelangt sind. Des Weiteren sind, zweitens, die *Anrechnung und Anerkennung von außerhochschulisch erworbenen Kompetenzen*, sowohl formaler als auch non-formaler und informeller Art, sowie, drittens, das Angebot von Programmen zu nennen, die als Brücke in die Hochschule dienen und alternative Wege eröffnen. Dies können kurze *Brücken- und Vorbereitungskurse* sein, die allgemein auf ein akademisches Studium vorbereiten oder als fachspezifische Vorbereitung dienen, oder beispielsweise auch Programme, die den Übergang von der beruflichen zur akademischen Bildung begleiten, zum Beispiel durch die Kooperation von Hochschulen mit Anbietern beruflicher Ausbildungsgänge.

4.2 Flexible Studienangebote

Ein flexibler Hochschulzugang ist eine Voraussetzung für die erfolgreiche Öffnung der Hochschulen, flexible Studienangebote sind jedoch mindestens ebenso wichtig. Im HEAD-Projekt wurden aus den Fall- und Länderstudien fünf verschiedene Kategorien von Flexibilisierungsmöglichkeiten abgeleitet: (1.) Zeitstruktur und Dauer, (2.) Fernstudium und E-Learning, (3.) Regionale Lernzentren, (4.) Curricula und (5.) Sprache.

Unter den ersten Punkt, *Zeitstruktur und Dauer*, fallen Studienprogramme, die in Teilzeit studiert werden können und/oder die Möglichkeit bieten, abends und am Wochenende Lehrveranstaltungen zu besuchen. Zudem fallen in diese Kategorie Studiengänge, in denen die Studierenden selbst das Tempo bestimmen und an ihre Bedürfnisse anpassen können – sie können sowohl schneller als auch langsamer studieren, als es ein standardisierter Ablaufplan vorsieht. Studiengänge, die den

Teilnehmenden eine weitgehend freie Gestaltung ihrer Zeitstruktur und Dauer erlauben, sind besonders wichtig, um Hochschulen für neue Zielgruppen zu öffnen. Denn gerade Personen, die einer Berufstätigkeit nachgehen, müssen ihr Studium mit ihren beruflichen, häufig zusätzlich mit familiären Verpflichtungen, in Einklang bringen.

Die Fallstudien haben gezeigt, dass, zweitens, *Fernstudiengänge* eine wichtige Rolle spielen. Hier sind sowohl der traditionelle Weg eines postalischen Versands von Lehr- und Lernmaterialien verbreitet als auch neuere didaktische Formen wie *E-Learning* und *Blended Learning*. Es ist anzunehmen, dass die Bedeutung von computergestütztem Lernen mit der Verbreitung von leistungsstarken Internetverbindungen weiter zunehmen wird und Studiengänge perspektivisch vermehrt als reine Onlinekurse konzipiert werden.

Gerade außerhalb der Industrieländer sind beim Angebot onlinebasierter Programme, drittens, *regionale Lernzentren* notwendig, denn nicht immer verfügen potentielle Studierende über die notwendige technische Ausstattung. Aber auch wenn die technischen Voraussetzungen gegeben sind, können solche Lernzentren vor Ort sinnvoll sein, um die Studierenden mit der Technik und Lernsoftware vertraut zu machen und sie bei Fragen zu beraten.

Die vierte Kategorie flexibler Studienangebote bezieht sich auf die *Studieninhalte*, einerseits um die Interessen der potentiellen Studierenden abzubilden und andererseits um auf sich verändernde Anforderungen des Arbeitsmarktes reagieren zu können. In den HEAD-Fallstudien zeigte sich ein flexibles Curriculum vor allem in Wahlmöglichkeiten für die Studierenden.

Die letzte Kategorie umfasst die *Unterrichtssprache*: Die Fallstudien haben gezeigt, dass beispielsweise das Angebot, ein Studienprogramm in verschiedenen Sprachen zu studieren oder Regionalsprachen wie beispielsweise Katalanisch zu berücksichtigen, neue Zielgruppen anziehen kann.

4.3 Förderliche Rahmenbedingungen

Die im vorherigen Abschnitt beschriebenen Arrangements zur Flexibilisierung des Hochschulzugangs und der Studienangebote müssen, damit sie erfolgreich umgesetzt werden können, von bestimmtem Rahmenbedingungen flankiert werden, die, wie bereits erwähnt, ebenfalls als zentrale Faktoren für eine Öffnung der Hochschulen anzusehen sind. Diese Rahmenbedingungen sind nicht direkt Teil der flexiblen Strukturen, sondern bilden eine Art Umweltbedingung für eine erfolgreiche Realisierung.

Als erstes sind hier *Politik und Gesetzgebung* auf nationaler, regionaler und auch institutioneller Ebene zu nennen. Die Analysen im Rahmen des HEAD-Projekts zeigen, dass das Vorhandensein von kohärenten Strategien zum Lebenslangen Lernen auf allen Ebenen eine wichtige Voraussetzung für die Implementierung flexibler Studienstrukturen ist (vgl. den Beitrag von Banscherus/Neumerkel/Feichtenbeiner in diesem Band). Außerdem sind auf nationaler Ebene Regulierungen bezüglich eines flexiblen Hochschulzugangs, der Anerkennung beziehungsweise Anrechnung von außerhochschulisch erworbenen Kompetenzen und des Angebots flexibler Studienprogramme, beispielsweise die Ermöglichung eines Teilzeitstudiums, wichtig, um verbindliche oder zumindest verlässliche Rahmenbedingungen für die Studierenden zu schaffen. Indikatoren für eine förderliche Politik in Bezug auf Lebenslanges Lernen sind zum Beispiel die Übersetzung des Europäischen Qualifikationsrahmens für Lebenslanges Lernen in nationale Qualifikationsrahmen und die Implementierung des *European Credit Transfer and Accumulation Systems* (ECTS). Auf der Ebene der Hochschulen konnten außerdem spezifische Strategien zur Öffnung identifiziert werden, die durchaus unterschiedliche Schwerpunkte setzen können. Unter den untersuchten Hochschulen befanden sich sowohl solche, deren Strategie die soziale Dimension des Lebenslangen Lernens adressierte, indem besonders bislang unterrepräsentierte Gruppen angesprochen wurden, als auch solche Hochschulen, die sich besonders auf berufliche Weiterbildung und den Ausbau von beruflich relevanten und berufsspezifischen Kompetenzen konzentrierten.

Dienstleistungen und Unterstützungsangebote für (potentielle) Studierende vor, während und nach dem Studium sind besonders wichtig, um den Einstieg in ein Studium zu erleichtern und den erfolgreichen Abschluss eines Programmes zu gewährleisten (Wolter et al. 2014; vgl. den Beitrag von Banscherus/Kamm/Otto in diesem Band). Dabei können erfolgreiche Unterstützungsangebote sowohl die Form eines unabhängigen Services für Studierende auf der Ebene der Hochschule, eines Instituts oder eines Studiengangs annehmen als auch als Aufgabe aller Mitglieder einer Hochschule, sowohl des Verwaltungspersonals als auch der Lehrenden, verstanden werden. Als besonders hilfreich wurde im HEAD-Projekt die studiengangspezifische Beratung identifiziert, in der sowohl über die Struktur und Inhalte eines Programms aufgeklärt als auch die Erwartungen und Bedürfnisse der potentiellen Studierenden abgefragt und mit einem Studienprogramm in Einklang gebracht werden sollen. Diese Art der Beratung findet normalerweise vor Studienbeginn statt und kann besonders dafür genutzt werden, Personen, die eine gewisse Distanz zur Hochschule und zum Studium haben, zu unterstützen und zu motivieren, ein Studium aufzunehmen. Des Weiteren wird in den Fallstudien berichtet, dass es Angebote zur Weiterentwicklung der für ein erfolgreiches Studium erforderlichen Kompetenzen gibt, beispielsweise Kurse zur Prüfungsvorbereitung, zum effektiven Lernen oder zum wissenschaftlichen Schreiben. Sowohl solche Kurse als auch die studiengangspezifische Beratung unterstützen besonders den Studienerfolg derjenigen, deren institutionelle Lernerfahrungen länger zurück liegen – dies trifft besonders häufig auf ‚Lifelong Learners' zu. Zu den wichtigen Dienstleistungen zählen außerdem Beratung zur Studienfinanzierung, Angebote des Career Service, aber auch beispielsweise Kinderbetreuung, da ältere Studierende häufiger Kinder haben.

Wenn Hochschulen sich für neue Zielgruppen öffnen und flexible Lerngelegenheiten schaffen wollen, haben die Lehrenden einen entscheidenden Einfluss auf die Erfolgsaussichten solcher Bemühungen. Deshalb sind die eingesetzten *Lehrmetho-*

den und die hochschuldidaktische Weiterbildung von Lehrkräften ein weiterer zentraler Erfolgsfaktor. Besonders in Studienprogrammen, die auf die berufliche Weiterbildung abzielen, sollte durch die Lehre eine Verbindung von Theorie und Praxis geleistet werden, beispielsweise im Rahmen der Bearbeitung von authentischen Fallstudien. Die Auswertungen im Rahmen des HEAD-Projekts zeigen außerdem, dass es notwendig ist, die Lehrenden auf die besonderen Aufgaben vorzubereiten und hierzu auch Weiterbildungen durchzuführen.

Die *finanzielle Unterstützung* von Individuen, aber auch von Institutionen ist von herausragender Relevanz bei der Entwicklung und erfolgreichen Einführung flexibler Studienstrukturen. Denn eine ungeklärte Finanzierung ist eines der größten Hindernisse bei der Entscheidung, ein Studium aufzunehmen. In vielen Ländern benachteiligen – gerade in Zeiten schrumpfender öffentlicher Mittel – bestehende Regelungen zur Hochschulfinanzierung die Förderung flexibler Studienangebote. Beispielsweise müssen Weiterbildungen, Teilzeitstudiengänge und Brückenkurse häufig gesondert – etwa durch (höhere) Studiengebühren – und nicht aus dem normalen Etat der Hochschule finanziert werden (vgl. den Beitrag von Banscherus/Pickert/Neumerkel in diesem Band). Es ist auch zu beobachten, dass Studierende in flexiblen Programmen oft kein Anrecht auf finanzielle Unterstützung in Form von Darlehen oder Stipendien haben. In den Fallstudien sind einige Beispiele dafür zu finden, wie Hochschulen flexible Studienprogramme finanzieren können: Neben der Unterstützung durch Unternehmen spielt auch die teilweise zeitlich begrenzte Finanzierung durch nationale und regionale staatliche Akteure eine wichtige Rolle. Auch die Bereitstellung von monetären Ressourcen durch internationale Organisationen und Stiftungen ist eine Möglichkeit, die Kosten für flexible Studienprogramme aufzubringen.

Wie bereits die Ausführungen zur finanziellen Unterstützung gezeigt haben, ist die *Zusammenarbeit mit externen Akteuren* für Hochschulen bei der Einrichtung flexibler Studienstrukturen außerordentlich wichtig. Unter externen Akteuren werden unter anderem Einrichtungen der beruflichen Bildung, aber auch Unternehmen verstanden, die ein Interesse an der Einrichtung von kooperativen Studiengängen haben. Solche Kooperationen können sowohl den Wissenstransfer als auch die Finanzierung von Studienprogrammen erleichtern und so dazu beitragen, flexible Studienangebote zu realisieren. Gerade bei der Zusammenarbeit mit Unternehmen muss jedoch gewährleistet werden, dass die Hochschulen nicht als reine Dienstleister für Unternehmen auftreten und wissenschaftliche Standards gewährleistet sind.

Eng verbunden mit der Einbeziehung externer Akteure in die Entwicklung und Umsetzung flexibler Studienangebote ist ein weiterer Erfolgsfaktor, der auf Grundlage der Ergebnisse des HEAD-Projekts identifiziert wurde, die *Bezugnahme auf die Anforderungen des Arbeitsmarkts*. Der Wunsch nach professioneller Weiterentwicklung ist – gerade für beruflich Qualifizierte – besonders ausschlaggebend bei der Entscheidung, ein Hochschulstudium aufzunehmen. Bei der Entwicklung von Studienprogrammen, besonders solchen, die auf akademische Professionalisierung und die Vermittlung von beruflichen Qualifikationen abzielen, müssen die Bedürfnisse des Beschäftigungssystems berücksichtigt werden, und die curriculare Gestaltung der Studiengänge muss flexibel auf Veränderungen auf dem Arbeitsmarkt reagieren können.

Auf Grundlage der im HEAD-Projekt gewonnenen Erkenntnisse konnten zwar einige wichtige Erfolgsfaktoren bei der Entwicklung und Durchführung flexibler Studienprogramme bestimmt werden. Bei einer Auswertung der einschlägigen Forschungsberichte und einer vergleichenden Analyse der Länderstudien zeigt sich jedoch, dass die Umsetzung der geforderten Flexibilisierung sowohl in Deutschland als auch in anderen europäischen Ländern stellenweise unzureichend ist. Im folgenden Abschnitt wird der aktuelle Stand der Implementierung entsprechender Strukturen näher beleuchtet.

5 Implementierung von flexiblen Studienstrukturen in Deutschland und anderen europäischen sowie außereuropäischen Ländern

Die große Bedeutung flexibler Studienstrukturen bei der Öffnung der Hochschulen für neue Zielgruppen ist unumstritten. Trotzdem ist die Verbreitung flexibler Studienangebote und Zugangswege bislang eher gering, wie anhand einiger ausgewählter Indikatoren im Folgenden gezeigt werden soll. Dabei wird jeweils zunächst die Situation in Europa geschildert, anschließend wird näher auf die Lage in Deutschland eingegangen. Ein Blick auf andere europäische Länder ist unter anderem deshalb interessant, weil sich alle europäischen Hochschulsysteme mit den Herausforderungen des Bologna-Prozesses auseinandersetzen müssen, beispielsweise der Umsetzung von Strategien zum Lebenslangen Lernen, der Öffnung der Hochschulen und eben der Flexibilisierung von Studienangeboten (vgl. Abschnitt 3). Außerdem betreffen die Strategien und Zielsetzungen der europäischen Institutionen alle Länder gleichermaßen, die Ausführung jedoch unterscheidet sich teilweise erheblich.

5.1 Unzureichende Realisierung flexibler Studienmöglichkeiten

Der Fortschritt bei der Realisierung der Bologna-Ziele in den Teilnehmerländern wird regelmäßig untersucht und in den *Bologna Process Implementation Reports* veröffentlicht. Diese Berichte, die auf den Selbstauskünften der Länderverantwortlichen, der Analyse nationaler Gesetzgebungen und Strategiepapiere sowie europäischer Statistiken[4] beruhen, enthalten auch Daten, die zur Bewertung des erreichten Standes bei der Flexibilisierung der Studienstrukturen in den einzelnen Ländern

---

4 Die Berichte enthalten Zahlen von Eurostat (europäische amtliche Statistik), Eurydice (Informationen und Analysen zu europäischen Bildungssystemen und -politiken) und

dienen können. Sie geben Anhaltspunkte zur jeweiligen Situation, sollten jedoch aufgrund des methodischen Designs als politische Dokumente angesehen werden, die von einzelnen Teilnehmerländern auch dazu genutzt werden können, die eigene Situation möglichst positiv darzustellen. Zudem spiegeln Gesetze und Strategien nicht immer den tatsächlichen Stand der Umsetzung einer Maßnahme wider. Des Weiteren veröffentlicht die Europäische Kommission regelmäßig Bestandsaufnahmen der europäischen Hochschulsysteme, die verwendbare Daten enthalten. Relevant sind auch die Daten, die im Rahmen des EUROSTUDENT-Projekts[5] erhoben werden; die Vergleichbarkeit zwischen einzelnen Ländern ist jedoch stellenweise eingeschränkt. Für Deutschland sind aussagekräftige Daten im alle zwei Jahre erscheinenden Bildungsbericht (Autorengruppe Bildungsberichterstattung 2014) und in der Sozialerhebung (Middendorff et al. 2013) zu finden, die regelmäßig die soziale und wirtschaftliche Lage der Studierenden in Deutschland untersucht.

Wie in Abschnitt 4 ausgeführt, sind Arrangements für einen offenen Hochschulzugang und anpassungsfähige Zeitstrukturen wichtige Aspekte der Flexibilisierung. Die Indikatoren zum Hochschulzugang und zu flexiblen Studienprogrammen können deshalb Aufschluss darüber geben, in welchem Ausmaß dieses Ziel in Europa und besonders in Deutschland bereits erreicht wird.

5.1.1 Umsetzung der Arrangements zur Flexibilisierung des Hochschulzugangs

Eines der Merkmale eines flexiblen Zugangs zum Hochschulsystem ist das Vorhandensein verschiedener *Zugangswege*. In weniger als der Hälfte der Länder, die am Bologna-Prozess teilnehmen, existieren neben einer formalen Hochschulzugangsberechtigung, das heißt einem allgemeinen oder beruflichen Abschluss der Sekundarstufe II (ISCED 97 Level 3), alternative Möglichkeiten, an die Hochschule zu gelangen – beispielsweise über einen Zweiten oder Dritten Bildungsweg wie in Deutschland, Brückenkurse, spezielle Zugangsprüfungen oder die Anerkennung beziehungsweise Anrechnung von vor Studienaufnahme erworbenen Kompetenzen. Solche alternativen Zugangswege sind vor allem in den westeuropäischen Ländern zu finden. Eine besondere Dynamik ist nicht zu erkennen, seit dem letzten Bericht zur Umsetzung der Bologna-Ziele hat es kaum Veränderungen gegeben. Die EUROSTUDENT-Daten zeigen ebenfalls, dass in allen teilnehmenden Ländern die große Mehrheit der Studierenden durch eine schulische Hochschulzugangsberechtigung nach Abschluss der Sekundarstufe II oder über eine zentrale Zulassungsprü-

---

EUROSTUDENT (Datensammlung zur wirtschaftlichen und sozialen Lage der Studierenden in Europa).
5 Ziel des EUROSTUDENT-Projekts ist es, vergleichbare Daten zur sozialen Dimension des europäischen Hochschulsystems zu sammeln, beispielsweise zur wirtschaftlichen und sozialen Lage der Studierenden. Mehr Informationen unter http://www.eurostudent. eu/[09.12.2015].

fung an die Hochschulen gelangt. In Schweden und Irland ist der Anteil derjenigen, die nicht über diese traditionellen Wege kommen, besonders hoch (Hauschildt et al. 2015). Etwa die Hälfte der teilnehmenden Länder bietet Brückenprogramme an, beispielsweise für Personen, die einen höheren Sekundarschulabschluss haben, der nicht zur Aufnahme eines Studiums berechtigt, oder solche, die gar keinen Abschluss einer Sekundarschule erworben haben (European Commission/EACEA/Eurydice 2015).

In Deutschland[6] gelangten 2012 etwa 83 Prozent der Studierenden über eine allgemeine Hochschulreife an die Hochschulen und 12 Prozent über eine Fachhochschulreife. Nur eine Minderheit nutzte als Zugang eine fachgebundene Hochschulreife (4 Prozent) oder eine andere Hochschulzugangsberechtigung (1 Prozent) (Middendorff et al. 2013). Unter den Studienanfängerinnen und -anfängern des Jahres 2012 kam nur eine Minderheit von 3,4 Prozent auf dem Zweiten und von 2,6 Prozent auf dem Dritten Bildungsweg[7] an die Hochschulen, auch wenn der Anteil der Studierenden des Dritten Bildungswegs, ausgehend von 0,6 Prozent im Jahr 2009, in den letzten Jahren angestiegen ist (Autorengruppe Bildungsberichterstattung 2014, Tabelle F2–21web).

Ein weiterer Indikator, der Auskunft über den Stand der Flexibilisierung des Hochschulzugangs geben kann, ist die *Anerkennung beziehungsweise Anrechnung von non-formalem und informellem Lernen*. In mehr als der Hälfte der Bologna-Prozess-Teilnehmerländer, vor allem in Südost- und Osteuropa, ist es nicht möglich, auf Grundlage der Anerkennung von non-formalem und informellem Lernen zu einem Studienprogramm zugelassen zu werden, sondern die Bewerberinnen und Bewerber müssen über eine formale Zugangsberechtigung verfügen oder einen Eingangstest bestehen. In den nordischen Ländern sowie in Belgien, Portugal und Schottland ist eine Zulassung auf diesem Wege zu allen Hochschulen und Studienprogrammen möglich, in Großbritannien (außer Schottland), Irland, Island, Italien, Liechtenstein und Spanien hingegen gilt die Möglichkeit nur für einige Hochschulen oder Studienprogramme (European Commission/EACEA/Eurydice 2014). In Deutschland ist ein Zugang zu einem Hochschulstudium allein auf Grundlage von Kompetenzen, die durch non-formales und informelles Lernen erworben wurden, ebenfalls nicht möglich (vgl. den Beitrag von Lenz/Schmitt in diesem Band).

In den meisten Ländern können sich Studierende aber außerhalb von formalen Bildungsgängen erworbene Kompetenzen auf die geforderten Studienleistungen anrechnen lassen – wobei die Anzahl der Credits, die erlassen werden können, häufig begrenzt ist (European Commission/EACEA/Eurydice 2015).

---

6 Die Zahlen für Deutschland sind mit denen für andere Länder des EUROSTUDENT-Projekts nicht vergleichbar, da in den übrigen Ländern Mehrfachantworten bei der Frage nach der Hochschulzugangsberechtigung möglich waren (Hauschildt et al. 2015).

7 Zur genauen Definition und Entwicklung dieser Gruppe vergleiche den Beitrag von Otto/Kamm in diesem Band.

Eine wichtige Rolle bei der Umsetzung von flexiblen Studienstrukturen wird dem Europäischen Qualifikationsrahmen beziehungsweise den nationalen Pendants zugeschrieben, die einen Referenzrahmen und ein ‚Übersetzungsinstrument' (Europäisches Parlament/Rat der Europäischen Union 2008) zwischen verschiedenen Qualifikationssystemen und Niveaus bilden sollen und sowohl die berufliche als auch die hochschulische Bildung einschließen. Durch die Übersetzung verschiedener Bildungswege in Kompetenzen soll es einfacher sein, diese einzuordnen und anzurechnen. Der Wechsel zwischen verschiedenen Bildungssektoren soll so vereinfacht werden. Zudem kann leichter überprüft werden, ob Kompetenzen, die durch non-formales und informelles Lernen erworben wurden, formalen Qualifikationen hinsichtlich Inhalt und Relevanz entsprechen (ebd.). Auch der Deutsche Qualifikationsrahmen (DQR) soll die Durchlässigkeit erhöhen sowie die Anerkennung und Anrechnung von nicht-formal und informell erworbenen Kompetenzen verbessern (BMBF/KMK o.J.), allerdings sind diese bis jetzt noch nicht Teil des DQR. In diesem sind Fortbildungsabschlüsse auf dem gleichen Niveau eingeordnet wie ein Bachelorabschluss. Es wird jedoch darauf hingewiesen, dass aus dem DQR keine Zugangsberechtigungen zu Bildungsgängen abgeleitet werden können, sondern dass dieser primär der Transparenz dient. Als Konsequenz besteht in Deutschland eine gewisse Spannung zwischen dem DQR, der Fortbildungsabschlüsse als gleichwertig mit dem Bachelor betrachtet, und dem nationalen Hochschulzulassungsrecht, das berufliche Fortbildungsabschlüsse zumeist als Zugangsberechtigung zu einem grundständigen Studium, und nur im Ausnahmefall zu weiterbildenden Masterstudiengängen, ansieht.

Es ist auffällig, dass so gut wie kein Land berichtet, dass die nationalen Qualifikationsrahmen eine Rolle bei der Anerkennung beziehungsweise Anrechnung vorherig erworbener Kompetenzen spielen, „which is quite remarkable, given that one of the purposes of national qualifications frameworks is precisely to facilitate access to higher education by creating a variety of access routes" (European Commission/EACEA/Eurydice 2015, S. 127). In Deutschland können außerhochschulisch erworbene Kompetenzen – das umfasst sowohl formales als auch non-formales und informelles Lernen – im Umfang von bis zu 50 Prozent auf ein Studium angerechnet werden, wenn sie dem Niveau und Inhalt nach gleichwertig sind (KMK 2002, 2008). Allerdings haben die deutschen (Bundes-)Länder die Vorgaben unterschiedlich in ihren Landeshochschulgesetzen umgesetzt. In einigen Ländern sind die Hochschulen verpflichtet, Möglichkeiten zur Anrechnung zu schaffen, in anderen hingegen nicht (Freitag et al. 2011; Weichert 2015). Trotz der bestehenden Regelungen und Pilotprojekte wie ANKOM sind Anrechnungsverfahren an den Hochschulen in Deutschland nicht sehr weit verbreitet und werden von Studieninteressierten auch nicht stark nachgefragt.

Sowohl für die Möglichkeit eines alternativen Hochschulzugangs als auch für die Anrechnung von Kompetenzen gilt, dass sich die obigen Angaben auf die Vorgaben von Gesetzen und anderen Regulierungen beziehen. Über die tatsächliche Nutzung dieser Möglichkeiten liegen nur für wenige Staaten Daten vor. In den Fällen, in denen verlässliche Angaben oder zumindest Schätzungen vorliegen, sind die Anteile sowohl bezogen auf den alternativen Hochschulzugang als auch die Anrechnung von Kompetenzen für die Zulassung zu Studienprogrammen sehr gering und bewegen sich meist im niedrigen einstelligen Bereich (European Commission/EACEA/Eurydice 2015). In Deutschland gibt es zwar seit 2009 einen erleichterten Zugang für beruflich Qualifizierte (ohne schulische Hochschulzugangsberechtigung), der jedoch nur von sehr wenigen Personen genutzt wird (vgl. den Beitrag von Otto/Kamm in diesem Band). Dass ein potentieller Bedarf an Anrechnung von Kompetenzen besteht, darauf deuten die EUROSTUDENT-Daten zu Tätigkeiten vor Studienaufnahme hin: In allen Ländern ist ein Teil der Studierenden vor dem Studium einer Erwerbstätigkeit nachgegangen; auch hat in jedem teilnehmenden Land ein unterschiedlich großer Anteil der Studierenden mehr als zwei Jahre zwischen Schulabschluss und Studienaufnahme vergehen lassen (Hauschildt et al. 2015). In dieser Zeit könnten die Studierenden Kompetenzen in formalen, non-formalen und informellen Prozessen erworben haben, die grundsätzlich anrechenbar wären.

5.1.2 Flexible Studienangebote

Hinweise auf die Umsetzung von Flexibilisierungsbestrebungen in einem Land kann auch der Umgang mit *Teilzeitstudierenden* geben. In allen Ländern, die an der EUROSTUDENT-Befragung teilgenommen haben, ist ein Teil der Studierenden neben dem Studium erwerbstätig (Hauschildt et al. 2015). Besonders für Studierende, die einer regulären, hauptberuflichen Beschäftigung nachgehen, würden flexible Studienangebote die Vereinbarkeit von Erwerbstätigkeit und Studium erleichtern. Die Mehrheit der europäischen Länder hat neben dem Status des Vollzeitstudierenden eine weitere formale Option der Einschreibung, meistens die des Teilzeitstudierenden. Meist wird der Teilzeitstatus anhand der Anzahl der zu erbringenden Kreditpunkte oder der Stundenzahl, die für das Studium aufgebracht wird, bestimmt (European Commission/EACEA/Eurydice 2015). Sowohl in Ländern mit einem offiziellen Status als auch in solchen ohne diesen kann es sogenannte ‚de facto-Teilzeitstudierende' geben. Diese Studierenden sind zwar in einem Vollzeitstudiengang immatrikuliert, verbringen aber vergleichsweise wenig Zeit mit dem Studium, beispielsweise weniger als 20 Stunden pro Woche (Hauschildt et al. 2015).

In acht Staaten (Albanien, Dänemark, Irland, Kroatien, Malta, Mazedonien, Ungarn, Vatikan) unterscheidet sich die Studienfinanzierung für Vollzeit- und Teilzeitstudierende, letztere müssen in diesen Ländern höhere Studiengebühren entrichten. Zudem haben Teilzeitstudierende in einigen Ländern einen geringeren (Albanien, Irland, Italien, Luxemburg, Moldawien, Rumänien, Schottland, Slowakei, Vatikan) oder keinen Anspruch (Belgien, Bosnien-Herzegowina, Bulgarien, Dänemark, Estland, Kroatien, Mazedonien, Ungarn) auf finanzielle Unterstützung während des Studiums. Regelungen dieser Art beeinflussen flexible Studienmöglichkeiten zwar nicht direkt, jedoch limitieren sie die Nachfrage nach solchen Angeboten und erschweren so die Öffnung der Hochschulen. In Griechenland, Großbritannien (außer Schottland), Island, Litauen, Norwegen, Polen, Portugal, Spanien und der Schweiz haben Teilzeitstudierende hingegen die gleichen Ansprüche wie Studierende im Vollzeitstudium. Für Deutschland liegen keine Daten zu Teilzeitstudierenden vor, da diese in der amtlichen Statistik bislang nicht erfasst werden (European Commission/EACEA/Eurydice 2015).

Nur in Frankreich und Spanien sind alle Institutionen verpflichtet, Teilzeitstudiengänge anzubieten. In nahezu allen anderen europäischen Ländern können die Hochschulen entscheiden, ob sie Teilzeitoptionen anbieten, wobei die meisten Hochschulen von dieser Möglichkeit Gebrauch machen. Die Anzahl der Teilzeitstudierenden unterscheidet sich aber von Land zu Land; bei einem Vergleich sollte außerdem beachtet werden, dass auch die Definition des Teilzeitstatus je nach Land unterschiedlich sein kann. Abbildung 1 zeigt die Anteile der Teilzeitstudierenden nach Alter: zum einen für die Alterskohorte der 20- bis 24-Jährigen, die in erster Linie aus Studierenden besteht, die direkt oder zeitnah nach Erwerb der Hochschulzugangsberechtigung ein Studium aufgenommen haben, und zum anderen für die Gruppe der 30- bis 34-Jährigen, die vor Studienaufnahme bereits erwerbstätig waren oder ihr Studium unterbrochen haben. Es wird deutlich, dass der Anteil von Teilzeitstudierenden in den älteren Kohorten erwartungsgemäß deutlich höher ist. Für diese Gruppe, die mehrheitlich aus ‚Lifelong Learners' (in den verschiedenen Varianten) besteht, sind flexible Studienangebote folglich besonders attraktiv.

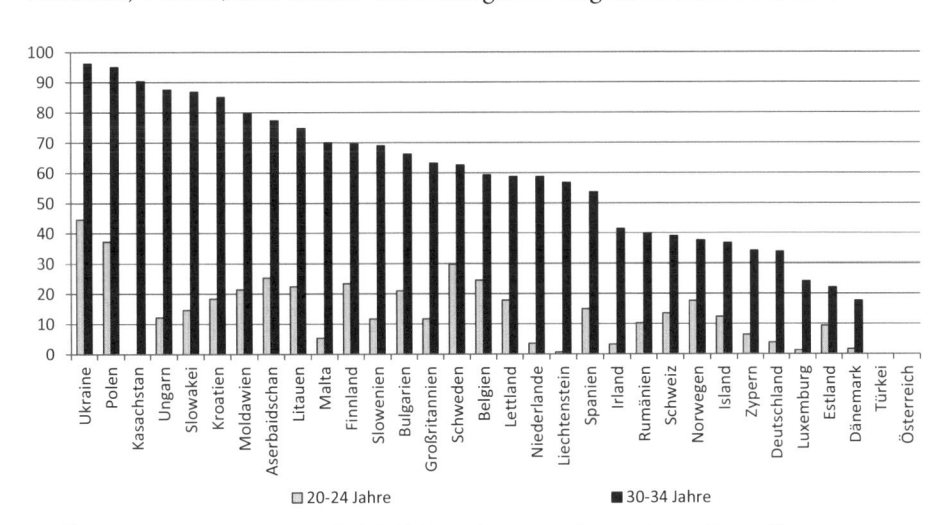

Quelle: European Commission/EACEA/Eurydice 2015, S. 158, eigene Darstellung

Abbildung 1: Anteil der Teilzeitstudierenden nach Alter und Land, in Prozent (2011/12)

Ein klarer Trend bei der Entwicklung der Zahl der Teilzeitstudierenden im europäischen Hochschulraum ist nicht zu erkennen. Während der Anteil zwischen 2008/09 und 2010/11 abnahm, stieg er 2011/12 wieder an. In Deutschland gibt nur ein Prozent der Studierenden an, in einem Teilzeitstudiengang immatrikuliert zu sein (Middendorff et al. 2013). Der Anteil der ‚de facto-Teilzeitstudierenden' dürfte ein Hinweis darauf sein, dass das Angebot an Teilzeitstudiengängen in Deutschland nicht ausreichend ist: Seit 2000 studieren kontinuierlich mehr als 20 Prozent der in einem Vollzeitstudiengang Immatrikulierten faktisch in Teilzeit (ebd.).

Das Angebot an *Fernstudienprogrammen* wird in Europa auf verschiedenen Wegen organisiert: In einigen Ländern bestehen Institutionen, die ausschließlich Studiengänge im Fernstudium anbieten, wie beispielsweise die Fernuniversität Hagen in Deutschland oder die Open University in England, die der größte Anbieter solcher Studienprogramme in Europa ist. In einigen Ländern (z.B. Irland, Italien, Malta, Slowenien) sind solche Anbieter eher kleinere, private Einrichtungen (European Commission/EACEA/Eurydice 2014). Ebenso wichtig, wenn nicht sogar wichtiger für die Öffnung der Hochschulen, ist allerdings das Angebot an Fernstudien, E-Learning und Blended Learning an den ‚normalen' Hochschulen eines Landes. Hier zeigt sich ein sehr heterogenes Bild: In vielen Ländern werden solche flexiblen Studienformate von allen oder den meisten Hochschulen angeboten, in anderen Ländern trifft dies auf keine oder nur eine Minderheit der Institutionen zu (ebd.). Der Anteil der Hochschulen mit flexiblen Studienformaten könnte allerdings höher sein als in den Berichten ausgewiesen, da in den meisten Ländern keine Verpflichtung besteht, Angebote dieser Art zu registrieren. In Deutschland sind nur vier Prozent der Studienanfängerinnen und -anfänger in Fernstudienformaten immatrikuliert (Autorengruppe Bildungsberichterstattung 2014, Tabelle F1-11web).

Die ausgewählten Indikatoren zeichnen insgesamt ein unklares Bild hinsichtlich des Fortschritts bei der Umsetzung flexibler Studienstrukturen in Deutschland und anderen europäischen Ländern. Während in einigen Ländern sowohl förderliche Rahmenbedingungen als auch flexible Angebote geschaffen wurden, haben andere Länder in dieser Hinsicht noch nicht viel erreicht. Zudem gibt es Hochschulen, welche die Herausforderungen des Lebenslangen Lernens kaum adressieren, während es andere zu ihrer zentralen Mission gemacht haben, sich für neue Zielgruppen zu öffnen.

Die Europäische Kommission kommt – mit einem starken Fokus auf die wirtschaftsbezogenen Aufgaben von Hochschulen – zu einem ähnlichen Ergebnis. Trotz wiederholter Aufforderungen setzen die Universitäten in Europa ihr Potential, Wachstum und Beschäftigung in Europa zu fördern, nicht ausreichend um (Europäische Kommission 2006). Eine Ursache hierfür wird in einer mangelnden Diversifizierung und Flexibilisierung gesehen:

„Die meisten Universitäten neigen […] dazu, die gleichen Programme der gleichen Gruppe von am besten qualifizierten jungen Studierenden anzubieten und versäumen es, sich für andere Arten des Lernens und von Lernenden, z.B. Kurse ohne formellen Abschluss für Erwachsene in Umschulung oder Brückenkurse für jene, die nicht den traditionellen Bildungsweg beschritten haben, zu öffnen." (Europäische Kommission 2006, S. 3)

Slowey und Schuetze (2012) konstatieren auf der Basis eines 14-Länder-Vergleichs ebenfalls, dass die Hochschulen es ganz überwiegend verpasst hätten, ihre Kultur an die Herausforderungen anzupassen, die an ein offenes und flexibles System gerichtet werden.

5.2 Beispielhafte Realisierung flexibler Studienmöglichkeiten

Wie im vorherigen Abschnitt deutlich wurde, besteht in den meisten europäischen Ländern noch Entwicklungsbedarf hinsichtlich der Flexibilisierung von Studienstrukturen. Eine Möglichkeit, um Anregungen und Hilfestellung bei der Entwicklung flexibler Angebote und der Schaffung flexibler Zugangsmöglichkeiten zu bekommen, ist die Analyse von Fallbeispielen für besonders innovative und erfolgreiche Formate dieser Art. Im Rahmen des HEAD-Projekts wurden von den jeweiligen Länderexpertinnen und -experten Fallstudien an insgesamt 20 europäischen und nicht europäischen Hochschulen durchgeführt.

Im Folgenden werden zur Illustration drei Beispiele aus den USA, Russland und Mexiko vorgestellt. Das Fallbeispiel an einer amerikanischen Hochschule ist das der ‚Accelerated Degree Programmes' am Elisabethtown College in Pennsylvania. Dieses Studienprogramm ist ein anschauliches Beispiel für eine flexible Studienstruktur, die es Studierenden nicht, wie es häufig der Fall ist, ermöglicht, ihr Studium in Form eines Teilzeitstudiums auf eine längere Dauer auszudehnen. Im Gegenteil bietet es ein konzentriertes Studium für Personen, die besonders schnell einen Abschluss erlangen möchten. Die staatliche russische Technische Universität für Nachrichtentechnik, Elektro- und Automatisierungstechnik in Moskau (MSTU MIREA) unterbreitet Studierenden ein breites Angebot an Studienprogrammen, die im Teilzeit- und Fernstudium absolviert werden können. Zudem sind die Programme anschauliche Beispiele dafür, wie die Kooperation zwischen Hochschulen und Unternehmen funktionieren kann. Die ‚Offene (Fern-)Universität' in Mexico ist ein Modell dafür, wie in einem Land, das bisher nur wenige Optionen für ‚Lifelong Learners' bereithält, eine neue Institution geschaffen werden kann, die den spezifischen Anforderungen dieser Gruppe entgegenkommt.

5.2.1 USA: ‚Accelerated Degree Programme' (Elisabethtown College)

In den USA werden seit den 1980er Jahren von vielen Einrichtungen sogenannte ‚beschleunigte' Studienprogramme angeboten (‚Accelerated Degree Programmes'). Diese ermöglichen es den Studierenden, schneller als in klassischen Studienprogrammen einen Abschluss zu erlangen. Die Programme richten sich explizit an erwachsene Lernende und sind mit dem Gedanken konzipiert worden, dass Erwachsene aufgrund ihrer Reife und Erfahrung in der Lage sind, einen Studiengang schneller zu absolvieren. Am Elisabethtown College in Pennsylvania kann dieses

Format als Bachelorstudiengang im Bereich Betriebswirtschafslehre und als MBA-Programm Rechnungswesen belegt werden. Die Programme am Elisabethtown College richten sich (1.) an Personen, die bereits ein Studium an einem College aufgenommen, aber nicht beendet haben, (2.) an Berufstätige, die einen Abschluss für ihre Karriere benötigen, (3.) an Personen, die sich einen lang gehegten Traum erfüllen möchten, sowie (4.) an solche, die nach einem einschneidenden Erlebnis mit Hilfe eines Studienabschlusses ihr Leben verändern möchten. Die Mehrheit der Studierenden hat bereits Kurse an einem College oder Community College[8] belegt.

Das kompakte Format und die Möglichkeit, einen Studiengang ‚beschleunigt' zu studieren, macht die Flexibilität dieses Studienangebots aus, zudem können die Studierenden an sechs Terminen im Jahr das Studium aufnehmen sowie zwischen einem Teilzeit- und einem Vollzeitstudium wählen. Im Bachelorprogramm werden einzelne Module in fünf- beziehungsweise achtwöchigen Einheiten, im MBA in sechs Einheiten, mit einer Länge von jeweils acht Wochen angeboten. Neben Präsenzmodulen gibt es in beiden Programmen reine Onlinekurse, Blended-Learning-Formate und Wochenendintensivkurse, in denen die Studierenden nach einer Blockveranstaltung an einem Wochenende innerhalb von zwei Wochen eine umfangreiche schriftliche Arbeit anfertigen müssen. Außerdem können Studierende Kurse, die in einem Semester nicht angeboten werden, als ‚Directed Study'-Option wählen, hier erarbeitet sich die Teilnehmerin oder der Teilnehmer den Kursinhalt selbständig, unterstützt durch eine Tutorin oder einen Tutor. Dieses Format wird vor allem gegen Ende eines Studiums gewählt, wenn noch Kurse zum Abschluss fehlen. Studierende haben außerdem die Möglichkeit, einzelne Einheiten auszusetzen, ohne dass der Studienfortschritt gefährdet wird.

Die beschleunigten Studienprogramme haben spezifische *Zugangsvoraussetzungen*, die sicherstellen sollen, dass die Studieninteressierten für den zeitintensiven Studiengang geeignet sind. So müssen die potentiellen Studierenden für den Bachelorstudiengang drei Jahre Berufserfahrung vorweisen, mindestens 23 Jahre alt sein, über einen High-School-Abschluss oder ein Äquivalent verfügen sowie ein Essay und ein Motivationsschreiben einreichen. Für den MBA müssen die Bewerberinnen und Bewerber einen Bachelorabschluss haben, mindestens 25 Jahre alt sein und über drei Jahre Führungserfahrung verfügen sowie ebenfalls ein Motivationsschreiben einreichen.

Für das Studienprogramm werden verschiedene Möglichkeiten der *Anerkennung und Anrechnung* von vor der Studienaufnahme erworbenen Kompetenzen angeboten. Die Studierenden können Kreditpunkte, die sie an einem Community College oder einer anderen Einrichtung des Tertiärsektors erworben haben, anrechnen lassen. Vereinfacht wird dieses Verfahren, indem mit einem benachbarten Community College konkrete Vereinbarungen zur Anrechnung getroffen wurden. Für Studierende sind die Kurse an Community Colleges attraktiv, da diese niedri-

---

8   In den USA sind Community Colleges zweijährige Colleges, die berufsorientierte Bildung anbieten. Sie werden dem tertiären Sektor zugerechnet.

gere Studiengebühren verlangen als andere Colleges. Zusätzlich können Leistungen angerechnet werden, die im Rahmen von unternehmensinternen Weiterbildungen oder einer militärischen Ausbildung erworben wurden. Auch Kompetenzen, die durch informelles Lernen angeeignet wurden, können in das Studienprogramm eingebracht werden: erstens auf Grundlage von standardisierten Tests, zweitens können die Studierenden innerhalb eines extra dafür angebotenen Kurses ein Portfolio für die Anrechnung erstellen, das dann begutachtet wird, drittens wird das sogenannte ‚EXCEL-Programm' angeboten, das sich an Studierende richtet, die fünf bis sieben Jahre Arbeitserfahrung gesammelt und eine bestimmte Anzahl an Kursen am College besucht haben sowie über feste Karriereziele und akademische Fähigkeiten verfügen. Die Teilnehmerinnen und Teilnehmer an diesem Programm belegen mehrere Blockseminare, die jeweils einen Tag dauern, und können nach Abschluss der Seminare einen ‚Bachelor of Professional Studies' erwerben, allein auf Grundlage der angerechneten Leistungen.

Die flexiblen Zugangsbedingungen und das Studienangebot werden durch *förderliche Rahmenbedingungen* flankiert. Das Elisabethtown College bietet den Studierenden ein umfassendes Beratungsangebot vor, während und nach dem Studium an. Vor Studienaufnahme können sich Studieninteressierte über Inhalte und Anforderungen des Programms informieren. Während des Studiums wird jedem und jeder Studierenden ein Berater oder eine Beraterin zugeteilt, der beziehungsweise die Unterstützung bei der zeitlichen Planung des Studiums bietet. Zusätzlich gibt es eine akademische Beratung, die bei der Auswahl der Kurse behilflich ist. Neben der persönlichen Beratung können die Studierenden auch Nachhilfe in Anspruch nehmen und beispielsweise Kurse zum akademischen Schreiben belegen. Ein umfassender Karriereservice steht den Studierenden außerdem zur Verfügung.

5.2.2 Russland: MSTU MIREA

Die MSTU MIREA ist eine öffentliche Hochschule, die 1947 gegründet wurde und Studiengänge in den Bereichen Informatik, Computertechnik, Telekommunikation, Elektrotechnik und Kybernetik, aber auch in den Wirtschaftswissenschaften anbietet. In Russland können sich Personen, die älter als 35 Jahre sind, nicht in grundständigen Studiengängen in Vollzeit immatrikulieren. Die MSTU MIREA bietet deshalb besondere Studienmöglichkeiten für Studierende an, die diese Altersgrenze überschritten haben.

Das *Studienangebot* zeichnet sich dadurch aus, dass Studierende, unabhängig vom gewählten Studienfach, entscheiden können, ob sie in Vollzeit (bis zum Alter von 35 Jahren), in Teilzeit mit Abendkursen, im traditionellen Fernstudium oder im Onlinestudium studieren möchten. Abendkurse finden über eine Studiendauer von fünf Jahren an vier bis fünf Abenden pro Woche statt.

Eine Besonderheit der MSTU MIREA ist, dass die Hochschule Kooperationen mit über 50 Unternehmen eingegangen ist und eigens Studienangebote für deren

Beschäftigte entwickelt hat. Diese unternehmensspezifischen Studienprogramme werden als Online- oder Abendstudium durchgeführt, letzteres entweder an der Hochschule oder im Unternehmen vor Ort. Besonders Programme zur Weiterbildung oder beruflichen Fortbildung werden häufig von den Unternehmen finanziert. Diese kommen dann sowohl für die Entwicklungskosten als auch die Studiengebühren auf. Die *Zugangsbedingungen* zu den Studienprogrammen der MSTU MIREA sind für alle Studierenden gleich, eine Hochschulzugangsberechtigung ist Voraussetzung für die Studienaufnahme.

5.2.3 Mexiko: UnAD

Die ‚Offene (Fern-)Universität' in Mexiko (UnAD) wurde 2012 im Zuge der politisch gewünschten Expansion des mexikanischen Hochschulsektors gegründet. Die Zielgruppen der UnAD umfassen sowohl Absolventinnen und Absolventen von Sekundarschulen, Personen, die ein Studium fortsetzen möchten, als auch solche, die ihre Kompetenzen und Fähigkeiten zertifizieren lassen möchten sowie Studierende mit körperlichen Einschränkungen. Die Studierenden müssen keine Studiengebühren bezahlen und können sich für leistungs- und bedarfsorientierte Stipendien bewerben.

Die Studierenden können das *Studienangebot* nach ihren Interessen und ihren zeitlichen Ressourcen auswählen, eine Wahl zwischen Teilzeit- und Vollzeitstudium ist nicht notwendig. Jedes Trimester können die Studierenden zwischen zwei und vier Kurse belegen, ein Modul umfasst zwölf Kurse. Nach zwei absolvierten Modulen wird der Titel eines ‚Superior University Technician' verliehen, nach vier Modulen ein Bachelorabschluss. Die Regelstudienzeit beträgt zwei Jahre für den ersten und vier Jahre für den zweiten Abschluss. Während der erste Abschluss eher auf praktisches Wissen fokussiert, ist der zweite stärker theoretisch und forschungsorientiert. Alle Kurse werden ausschließlich online angeboten. Im ganzen Land stehen Lernzentren zur Verfügung, die technische Infrastruktur und begleitende Beratung bereitstellen.

Die Studierenden können sich zweimal jährlich einschreiben, an den übrigen mexikanischen Hochschulen ist eine Immatrikulation nur einmal im Jahr möglich. Vor Aufnahme des Studiums müssen Studierende einen Vorbereitungskurs absolvieren. Formal wird die Notwendigkeit der Anerkennung und Anrechnung erworbener Kompetenzen berücksichtigt, jedoch gibt es noch keine Mechanismen zur Umsetzung.

Die Studierenden werden während ihres Studiums von einem sogenannten ‚Facilitator' und einem Tutor beziehungsweise einer Tutorin begleitet. Der Facilitator berät in akademischer und studienfachbezogener Hinsicht, Tutorinnen und Tutoren unterstützen Studierende bei allen Fragen, die rund um das Studium und das akademische Leben aufkommen können.

6 Empfehlungen zur erfolgreichen Implementierung flexibler Studienstrukturen

Die Öffnung der Hochschulen als wichtiges hochschul- und gesellschaftspolitisches Thema wird auf europäischer, nationaler und inzwischen auch verstärkt auf institutioneller Ebene rezipiert – allerdings bleibt die Umsetzung in den meisten europäischen Ländern, darunter auch Deutschland, noch deutlich hinter der Programmatik zurück. Das Ziel ‚Widening Participation' hat den Blick auf Zielgruppen gelenkt, die sich in ihren Voraussetzungen und Bedürfnissen von den ‚Normalstudierenden' unterscheiden und einen erhöhten Bedarf an flexiblen Studienmöglichkeiten haben – hier verstanden als flexible Zugangsbedingungen und flexible Studienangebote, welche im Hinblick auf die individuellen Anforderungen von ‚Lifelong Learners' entwickelt werden. Die beiden wichtigsten besonderen Anforderungen dieser Personen(-gruppe) kreisen immer wieder um die Themen Zugang, Zeit und Präsenz, daneben um Finanzierungsmodalitäten.

Die Gegenüberstellung der Bedarfe von ‚Lifelong Learners' sowie der Ziele und Handlungsempfehlungen, die in europäischen Strategiepapieren zu flexiblen Studienstrukturen formuliert werden, mit der tatsächlichen Umsetzung eines flexiblen (oder zumindest flexibleren) Hochschulzugangs und flexibler Studienformate in Deutschland und anderen europäischen Ländern deutet darauf hin, dass aller Bemühungen und Aktivitäten zum Trotz europaweit weiterhin eine Lücke zwischen Anspruch und Wirklichkeit besteht.

Ziel des HEAD-Projekts war es unter anderem, Empfehlungen zur Verbesserung dieser Situation zu formulieren. Auf Grundlage der durchgeführten 15 Länder- und 20 Fallstudien sowie der ergänzenden Recherchen wurden Empfehlungen für europäische, nationale und institutionelle Akteure mit dem Ziel erarbeitet, die Flexibilisierung von Studienstrukturen an europäischen Hochschulen weiter voranzutreiben. Die Empfehlungen beziehen sich in erster Linie auf die Schaffung förderlicher Rahmenbedingungen, denn unterstützende ‚passende' Kontextbedingungen ermöglichen beziehungsweise erleichtern die Einführung flexibler Strukturen an den Hochschulen erheblich (Dollhausen et al. 2013). Diese Empfehlungen sind in einer europäischen Perspektive formuliert worden, nicht allein mit Blick auf die – in einigen Punkten abweichende, in anderen Punkten sehr ähnliche – Situation in Deutschland.

Voraussetzung für eine erfolgreiche Implementierung flexibler Studienmöglichkeiten ist *erstens*, dass nationale Regierungen kohärente Strategien für Lebenslanges Lernen entwickeln, welche sowohl die verschiedenen Bildungssektoren, insbesondere die Übergänge, umfassen als auch die Aufgaben der Hochschulen in diesem Kontext deutlich benennen. Die Durchlässigkeit zwischen beruflicher und akademischer Bildung sollte hierbei besonders im Mittelpunkt stehen, auch in Verbindung mit der Umsetzung der nationalen Qualifikationsrahmen. Denn die präsentierten Daten zeigen, dass neben der mangelnden Nutzung alternativer Zugangswege in vielen

Ländern auch den jeweiligen Qualifikationsrahmen eine eher geringe bildungspolitische Bedeutung zukommt. *Zweitens* wird es als zentrale Aufgabe der Regierungen angesehen, gesetzliche Hürden abzubauen, beispielsweise hinsichtlich der Altersgrenzen bei Studienaufnahme oder der Möglichkeiten für ein Teilzeitstudium. Des Weiteren sollten, *drittens,* Informationen über die strategischen Vorteile, gleichsam die ‚Gewinne' für Hochschulen, die sich an den Bedürfnissen der ‚Lifelong Learners' nach flexiblen Studienmöglichkeiten orientieren, weiter verbreitet werden. So bietet die stärkere Berücksichtigung dieser Zielgruppen eine Möglichkeit zur Profilierung für Hochschulen, die aus demografischen oder anderen Gründen unter sinkenden Studienanfängerzahlen leiden oder die an einer Intensivierung ihrer Kooperation mit außerhochschulischen Akteuren und einer Erweiterung ihrer Praxiskontakte interessiert sind.

Die seltene Nutzung von Anrechnungsmöglichkeiten in vielen europäischen Ländern macht deutlich, dass, *viertens,* standardisierte Prozesse für die Anerkennung und Anrechnung von Kompetenzen – besonders als Ergebnis von non-formalen und informellen Lernprozessen – von Regierungen und Hochschulen entwickelt und vor allem auch umgesetzt werden müssen. Als Orientierung und Hilfestellung sollten zudem, *fünftens,* Good-Practice-Beispiele im Bereich flexibler Studienmöglichkeiten und förderlicher Rahmenbedingungen an Hochschulen identifiziert und Informationen über diese verbreitet werden, um Befürchtungen und Misstrauen an den Hochschulen gegenüber der Implementation dieser Verfahren abzubauen.

Die Ergebnisse der Datenanalyse im Rahmen dieses Beitrags zeigen, dass, *sechstens,* die Entwicklung institutioneller Finanzierungsmodelle und die Verbesserung der finanziellen Unterstützung von Studierenden in vielen Ländern notwendig sind. Die finanzielle Benachteiligung Studierender, die beispielsweise älter sind oder in Teilzeit studieren, muss beseitigt werden. Zudem müssen sozialverträgliche Kreditsysteme für Studierende, insbesondere Berufstätige oder Ältere, entwickelt werden – gerade in Ländern mit hohen Studiengebühren. Hochschulen sind ferner dazu angehalten, Kooperationen zur Finanzierung von Studiengängen beispielsweise mit Unternehmen, Stiftungen oder Nicht-Regierungsorganisationen einzugehen, um die finanzielle Belastung für die Studierenden zu reduzieren. *Siebtens* sollen Hochschulen nicht nur im Bereich Finanzierung, sondern auch zur Qualitätssicherung, zur Berücksichtigung kommunaler Interessen und zur Anbindung an den Arbeitsmarkt Kooperationen mit relevanten Akteuren eingehen. Zur Überprüfung und internationalen Vergleichbarkeit hinsichtlich des Fortschritts bei der Umsetzung flexibler Lerngelegenheiten sollten, *achtens,* verstärkt Leistungsvergleiche und Evaluierungen durchgeführt werden. Voraussetzung hierfür ist allerdings eine Verbesserung der verfügbaren Daten (Dollhausen et al. 2013).

Die Analysen des vorliegenden Beitrags zeigen des Weiteren, dass der Weg zu einem flexiblen Hochschulsystem, das durch passende Programme und vielfältige Zugangsmöglichkeiten die Anforderungen und Bedürfnisse verschiedener Studierendengruppen berücksichtigt, in einigen europäischen Ländern noch weit ist. Die

Diskrepanz bei der Flexibilisierung von Studienstrukturen innerhalb Europas bietet allerdings eine Chance für die Länder – unter ihnen Deutschland –, die bis jetzt flächendeckend nur wenige flexible Elemente in ihren Hochschulsystemen verankert haben, sich aber erkennbar auf den Weg zu einer stärkeren Öffnung begeben haben, von den Vorreiterländern zu lernen. Obwohl Flexibilisierung seit vielen Jahren eingefordert wird, wurden bis jetzt häufig nur kleine Fortschritte erzielt. Trotzdem sollten Akteure auf nationaler und europäischer Ebene nicht müde werden, die Forderungen zu wiederholen, denn mit dem fortschreitenden demografischen Wandel, schnellen technologischen Veränderungen und der Akademisierung der Arbeitswelt steigt der Druck auf die Hochschulen, sich für ‚Lifelong Learners' zu öffnen.

Literatur

Autorengruppe Bildungsberichterstattung (2014): *Bildung in Deutschland 2014. Ein indikatorengestützter Bericht mit einer Analyse zur Bildung von Menschen mit Behinderungen.* Bielefeld: W. Bertelsmann.

Banscherus, U. (2010): Lebenslanges Lernen im Bologna-Prozess. In: Wolter, A./Wiesner, G./Koepernik, C. (Hrsg.): *Der lernende Mensch in der Wissensgesellschaft. Perspektiven lebenslangen Lernens.* Weinheim: Juventa. S. 221–237.

Broek, S./Hake, B. J. (2012): Increasing participation of adults in higher education: factors for successful policies. In: *International Journal of Lifelong Education.* 31(4). S. 397–417.

Bundesministerium für Bildung und Forschung (BMBF)/Kultusministerkonferenz (KMK) (o.J.): *Der DQR.* URL: http://www.dqr.de/content/2315.php [09.12.2015].

Cross, K. P. (1981): *Adults as Learners: Increasing participation and facilitating learning.* San Francisco: Jossey-Bass.

Davies, P. (2007): *The Bologna process and university lifelong learning. The state of play and future directions.* Barcelona.

Dollhausen, K./Wolter, A./Banscherus, U./Geffers, J./Lattke, S./Scheliga, F./Spexard, A. (2013): *Opening Higher Education to Adults (Final Report).* Brussels.

Europäische Bildungsministerinnen und -minister (2003): *Den Europäischen Hochschulraum verwirklichen. Kommuniqué der Konferenz der europäischen Hochschulministerinnen und -minister am 19. September 2003 in Berlin.* Berlin.

Europäische Kommission (1991): *Memorandum zur Hochschulbildung in der Europäischen Gemeinschaft.* Brüssel.

Europäische Kommission (2001): *Memorandum über Lebenslanges Lernen.* Brüssel.

Europäische Kommission (2005): *Das intellektuelle Potenzial Europas wecken: So können die Universitäten ihren vollen Beitrag zur Lissabonner Strategie leisten. Mitteilung der Kommission.* Brüssel.

Europäische Kommission (2006): *Das Modernisierungsprogramm für Universitäten umsetzen: Bildung, Forschung und Innovation. Mitteilung der Kommission an den Rat und das Europäische Parlament.* Brüssel.

Europäische Kommission (2011): *Wachstum und Beschäftigung unterstützen – eine Agenda für die Modernisierung von Europas Hochschulsystemen. Mitteilung der Kommission an das Europäische Parlament, den Rat, den Europäischen Wirtschafts- und Sozialausschuss und den Ausschuss der Regionen.* Brüssel.

Europäisches Parlament/Rat der Europäischen Union (2008): *Empfehlungen des Europäischen Parlaments und des Rates vom 23. April 2008 zur Einrichtung des Europäischen Qualifikationsrahmens für lebenslanges Lernen*. Brüssel.

European Commission/Education, Audiovisual and Culture Executive Agency (EACEA)/Eurydice (2014): *Modernisation of Higher Education in Europe: Access, Retention and Employability 2014* (Eurydice-Report). Luxembourg.

European Commission/Education, Audiovisual and Culture Executive Agency (EACEA)/Eurydice (2015): *The European Higher Education Area in 2015: Bologna Process* (Implementation Report). Luxembourg.

Freitag, W. K./Hartmann, E. A./Loroff, C./Stamm-Riemer, I./Völk, D./Buhr, R. (2011): *Gestaltungsfeld Anrechnung. Hochschulische und berufliche Bildung im Wandel*. Münster: Waxmann.

Geffers, J./Wolter, A. (2013): *Zielgruppen lebenslangen Lernens an Hochschulen – Ausgewählte empirische Befunde. Thematischer Bericht der wissenschaftlichen Begleitung des Bund-Länder-Wettbewerbs Aufstieg durch Bildung: offene Hochschulen*. Berlin.

Hauschildt, K./Gwosć, C./Netz, N./Mishra, S. (2015): *Social and Economic Conditions of Student Life in Europe. Synopsis of Indicators. EUROSTUDENT V 2012–2015*. Bielefeld: W. Bertelsmann.

Kerres, M. (2012): Mediendidaktische Implementation – inhaltlich, räumlich und zeitlich flexibles Lernen organisieren. In: Kerres, M./Hanft, A./Wilkesmann, U./Wolff-Bendik, K. (Hrsg.): *Studium 2020. Positionen und Perspektiven zum lebenslangen Lernen an Hochschulen*. Münster: Waxmann. S. 44–51.

Kultusministerkonferenz (KMK, 2002): *Anrechnung von außerhalb des Hochschulwesens erworbenen Kenntnissen und Fähigkeiten auf ein Hochschulstudium* (Beschluss der Kultusministerkonferenz vom 28.06.2002). Bonn.

Kultusministerkonferenz (KMK, 2008): *Anrechnung von außerhalb des Hochschulwesens erworbenen Kenntnissen und Fähigkeiten auf ein Hochschulstudium (II)* (Beschluss der Kultusministerkonferenz vom 08.09.2008). Bonn.

Middendorff, E./Apolinarski, B./Poskowsky, J./Kandulla, M./Netz, N. (2013): *Die wirtschaftliche und soziale Lage der Studierenden in Deutschland 2012. 20. Sozialerhebung des Deutschen Studentenwerks durchgeführt durch das HIS-Institut für Hochschulforschung*. Bonn.

National Research and Development Centre for Adult Literacy and Numeracy (NRDC, 2010): *Study on European Terminology in Adult Learning for a common language and common understanding and monitoring of the sector. European Adult Learning Glossary, Level 2*. Brussels.

Osborne, M./Young, D. (2006): *Flexibility and widening participation. Discussions in Education Series*. Bristol.

Rat der Europäischen Union/Europäische Kommission (2012): *Die allgemeine und berufliche Bildung in einem intelligenten, nachhaltigen und integrativen Europa. Gemeinsamer Bericht des Rates und der Kommission (2012) über die Umsetzung des strategischen Rahmens für die europäische Zusammenarbeit auf dem Gebiet der allgemeinen und beruflichen Bildung („ET 2020")*. Brüssel.

Slowey, M./Schuetze, H. G. (2012): *Global Perspectives in Higher Education and Lifelong Learners*. London: Routledge.

Teichler, U./Wolter, A. (2004): Zugangswege und Studienangebote für nicht-traditionelle Studierende. In: *die hochschule*. 13(2). S. 64–80.

Weichert, D. (2015): Anrechnungsverfahren. In: Cendon, E./Eilers-Schoof, A./Flacke, L. B./Hartmann-Bischoff, M./Kohlesch, A./Müskens, W./Seger, M. S./Specht, J./Waldeyer, C./Weichert, D.: *Handreichung: Anrechnung, Teil 1. Ein theoretischer Überblick.* Berlin. S. 8–16.

Wolter, A./Banscherus, U./Kamm, C./Otto, A./Spexard, A. (2014): Durchlässigkeit zwischen beruflicher und akademischer Bildung als mehrstufiges Konzept: Bilanz und Perspektiven. In: *Beiträge zur Hochschulforschung.* 36(4). S. 8–39.

Ulf Banscherus, Caroline Kamm, Alexander Otto

Gestaltung von Zu- und Übergängen zum Hochschulstudium für nicht-traditionelle Studierende

Empirische Befunde und Praxisbeispiele

1   Einleitung

Seit einigen Jahren sind nicht-traditionelle Zugangswege zu einem Hochschulstudium in Deutschland zunehmend in den Fokus der öffentlichen und politischen Diskussion gerückt, nachdem diese lange allenfalls randständig behandelt worden waren (Wolter 2011; Wolter et al. 2014). Als Reaktion darauf wurden unter anderem zahlreiche Förderprogramme aufgelegt, die auf unterschiedlichen Ebenen ansetzen (vgl. den Beitrag von Banscherus/Neumerkel/Feichtenbeiner in diesem Band). Ein Beispiel hierfür ist der Bund-Länder-Wettbewerb *Aufstieg durch Bildung: offene Hochschulen*. Wichtige Impulse für diese Entwicklung gingen von der europäischen Ebene aus, nicht zuletzt vom Bologna-Prozess zur Bildung eines europäischen Hochschulraums, in dessen Zielkatalog sich seit 2001 auch die Förderung des Lebenslangen Lernens an Hochschulen findet (Banscherus 2010a; vgl. die Beiträge von Banscherus/Wolter und Spexard in diesem Band). Von besonderer Relevanz für die Öffnung des Hochschulzugangs war aber die Projektion eines aufziehenden Fachkräftemangels infolge der demografischen Entwicklung. Vor diesem Hintergrund hat die Kultusministerkonferenz (KMK) am 6. März 2009 ihren Beschluss zum *Hochschulzugang für beruflich qualifizierte Bewerber ohne schulische Hochschulzugangsberechtigung* gefasst, mit dessen Umsetzung in den Hochschulgesetzen der Länder die Möglichkeiten zum Erwerb nicht-traditioneller Studienberechtigungen für beruflich qualifizierte Studieninteressierte in relevantem Maße ausgeweitet wurden (Wolter 2013; Banscherus 2015a).

Erklärtes Ziel der Politik ist es, verstärkt nicht-traditionelle Studierende für ein Studium zu gewinnen, worunter in Deutschland üblicherweise Studierende ohne schulische Hochschulzugangsberechtigung im grundständigen Studium verstanden werden, insbesondere berufserfahrene Absolventinnen und Absolventen einer beruflichen Fortbildungsprüfung (z.B. Meisterinnen und Meister, Fachwirtinnen und Fachwirte) sowie einer Zugangsprüfung oder eines Probestudiums (vgl. die Beiträge von Dahm/Kerst und Otto/Kamm in diesem Band).[1] Allerdings sehen sich nicht-traditionelle Studierende regelmäßig Zweifeln an ihrer Studierfähigkeit ausgesetzt,

---

1   Teilweise sind in der Literatur auch erweiterte Definitionen von nicht-traditionellen Studierenden anzutreffen, die stärker auf bildungsbiografische Aspekte abheben (Freitag 2012; Banscherus 2015b). Diese können beispielsweise auch die Absolventinnen und Absolventen von Abendgymnasien und Kollegs, weitere Zielgruppen wie an den Hochschulen unterrepräsentierte Personengruppen einschließen oder sich auf Studierende in

weshalb auch die Frage der Studienvorbereitung dieser Studieninteressierten eine wichtige Rolle in der wissenschaftlichen und hochschulpolitischen Diskussion spielt. Aus Sicht der Hochschulrektorenkonferenz (HRK) beispielsweise kann die Öffnung der Hochschulen nur erreicht werden, „wenn die Studienbedingungen den besonderen Qualifikationsvoraussetzungen und der besonderen Lebenssituation vieler beruflich Qualifizierter Rechnung tragen. Ein höherer Anteil beruflich qualifizierter Studienanfänger erfordert weitere Investitionen in Studienberatung und Studienplätze, in propädeutische und ergänzende Lehrangebote, in eine flexible Studienorganisation sowie in familienfreundliche Infrastrukturen." So formulierte es die HRK-Mitgliederversammlung in einem Beschluss vom 18. November 2008 (HRK 2008). Aus Sicht der Hochschulen sind spezifische Informations-, Beratungs- und Unterstützungsangebote für nicht-traditionelle Studierende also insbesondere im Kontext der Umsetzung des Ziels einer Öffnung der Hochschulen für neue Zielgruppen von besonderer Bedeutung.

In den folgenden Abschnitten werden vor diesem Hintergrund zunächst die Ergebnisse einer Recherche zu an den Hochschulen bereits bestehenden Informations-, Beratungs- und Unterstützungsangeboten vorgestellt. Daran knüpfen empirische Befunde zur Nutzung von Informations-, Beratungs-, und Unterstützungsmaßnahmen durch nicht-traditionelle Studierendengruppen und zu den damit verbundenen Erfahrungen an. In einem weiteren Abschnitt werden aktuelle Praxisbeispiele beschrieben, die in den vergangenen Jahren an Hochschulen in Deutschland entwickelt worden sind. Diese basieren vor allem auf den Ergebnissen der ANKOM-Initiative[2] sowie des Wettbewerbs *Aufstieg durch Bildung: offene Hochschulen*. Ergänzend wurden Beispiele aus regionalen Ansätzen einbezogen, etwa aus dem Förderprogramm *Offene Hochschule Niedersachsen*. Zur Erweiterung der Perspektive werden außerdem zwei Ansätze zur Gestaltung von Übergängen für nicht-traditionelle Studierende von Hochschulen in Kanada und Großbritannien näher betrachtet.

2 Bestehende Unterstützungsangebote für nicht-traditionelle Studieninteressierte[3]

Während die Aktivitäten der Politik zum Abbau der Hürden für nicht-traditionelle Studierende und zur Verbesserung der Anrechnungsmöglichkeiten gut dokumen-

---

,nicht-traditionellen' Studienformaten wie beispielsweise im Fernstudium beziehen (z.B. Alheit/Rheinländer/Watermann 2008; Slowey/Schuetze 2012).
2   Im Rahmen der ANKOM-Initiative wurden zwischen 2005 und 2008 Hochschulen bei der Implementation von Modellen zur Anrechnung von außerhalb der Hochschule erworbenen Kompetenzen auf die Studienanforderungen gefördert. Von 2011 bis 2014 wurde in einer weiteren Förderrunde des Bundesministeriums für Bildung und Forschung (BMBF) die Entwicklung von Angeboten zur Begleitung des Übergangs zum Studium unterstützt.
3   Die Abschnitte 2 und 3 basieren weitgehend auf einem Artikel, der bereits an anderer Stelle erschienen ist (Banscherus/Kamm/Otto 2015).

tiert sind (z.B. Freitag 2010; Freitag et al. 2011; Nickel/Leusing 2009; Wolter et al. 2014; Ulbricht 2012a, 2012b; Banscherus 2015a; vgl. den Beitrag von Lenz/Schmitt in diesem Band), ist bisher wenig über die Angebote der Hochschulen zur Information, Beratung und Begleitung dieser Zielgruppe bekannt. Um mehr über Umfang und Inhalte von Unterstützungsangeboten für nicht-traditionelle Studieninteressierte zu erfahren, wurden im August 2013 die Internetauftritte von 116 Hochschulen ausgewertet, davon 44 Universitäten und 72 Fachhochschulen (vgl. Banscherus/Pickert 2013). Von den betrachteten Hochschulen befanden sich 21 in kirchlicher oder privater Trägerschaft. Die Untersuchung folgte der anzunehmenden Recherchestrategie von Studieninteressierten: Ausgehend von der Startseite der Hochschule wurden die unter der Rubrik *Informationen für Studieninteressierte* beziehungsweise vergleichbaren Bezeichnungen angebotenen Informations- und Beratungsangebote für den nicht-traditionellen Hochschulzugang ausgewertet. Für 15 Hochschulen konnten bei der Recherche keine Informations-, Beratungs- und Unterstützungsangebote für nicht-traditionelle Studierende identifiziert werden, vor allem weil der Aufbau der Homepage einer studiengangbezogenen Systematik folgte. Folglich beziehen sich die weiteren Aussagen auf 101 Hochschulen.

2.1   Formen und Inhalte von Informations- und Beratungsangeboten

Bei der Auswertung der Informations- und Beratungsangebote zum nicht-traditionellen Hochschulzugang wurden zum einen die wesentlichen Inhalte und Formate erhoben, wobei vier Angebotsformen unterschieden wurden: (1.) ausführliche Hinweise auf die rechtlichen Regelungen zum Hochschulzugang ohne schulische Studienberechtigung, (2.) die Bereitstellung von eigenen Informationsbroschüren der Hochschulen, (3.) von Checklisten, Leitfäden, Merkblättern oder Übersichten mit Antworten auf häufig gestellte Fragen (,FAQ') sowie (4.) Materialien wie Beispielaufgaben, Musterlösungen oder Selbsttests zur Vorbereitung auf das Studium beziehungsweise die Eignungsprüfung. Hinzu kamen zum anderen die auf den Homepages jeweils genannten Träger der bestehenden Angebote. Hier wurden Verweise auf Beratungsstellen ausdifferenziert in (1.) Hinweise auf allgemeine Beratungsstellen (z.B. Zentrale Studienberatung, Immatrikulationsbüro, Prüfungsbüro, Fachstudienberatung), (2.) Verweise auf interne sowie (3.) externe spezifische Beratungsstellen für nicht-traditionelle Studieninteressierte (z.B. Weiterbildungszentren, Träger der Erwachsenenbildung oder andere Einrichtungen). Auch wurde berücksichtigt, ob (4.) eine konkrete Kontaktperson angegeben wurde.

Neun von zehn Hochschulen (90 Prozent) stellten auf ihren Homepages ausführliche Hinweise auf die formalen Rahmenbedingungen von nicht-traditionellen Zugangswegen zur Verfügung (vgl. Abbildung 1). Weitere Formen der Informationsvermittlung waren dagegen deutlich seltener zu finden: So stellte zwar noch knapp die Hälfte der Hochschulen (45 Prozent) Checklisten, Leitfäden, Merkblätter oder Antworten auf häufig gestellte Fragen in ihrem Internetangebot bereit, eigene

Informationsbroschüren oder Flyer sowie prüfungsvorbereitende Materialien wie zum Beispiel Musterklausuren oder Beispielaufgaben bot dagegen nur ein gutes Zehntel (13 bzw. 10 Prozent) der Hochschulen an.

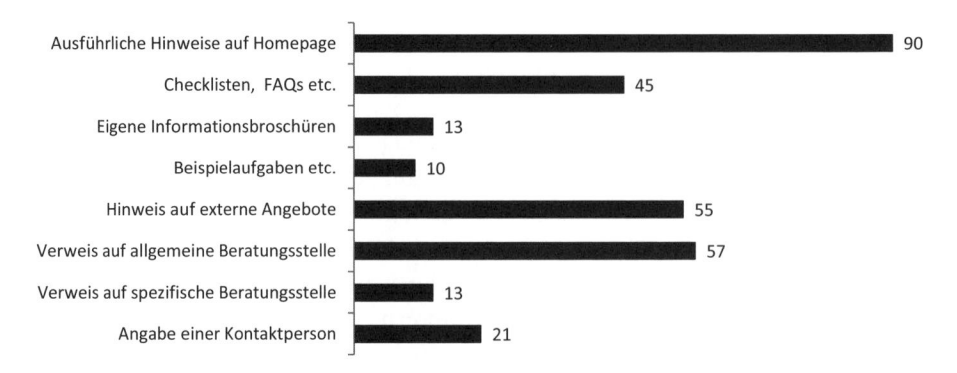

Ausführliche Hinweise auf Homepage	90
Checklisten, FAQs etc.	45
Eigene Informationsbroschüren	13
Beispielaufgaben etc.	10
Hinweis auf externe Angebote	55
Verweis auf allgemeine Beratungsstelle	57
Verweis auf spezifische Beratungsstelle	13
Angabe einer Kontaktperson	21

Quelle: Eigene Auswertungen (Stand: August 2013), eigene Darstellung

Abbildung 1: Verbreitung von spezifischen Informations- und Beratungsangeboten für nicht-traditionelle Studierende an Hochschulen in Deutschland, in Prozent

Hinsichtlich der Beratungsangebote verwies die überwiegende Zahl der Hochschulen (57 Prozent) auf allgemeine Beratungsstellen wie die Zentrale Studienberatung, das Immatrikulationsamt oder die Fachstudienberatung. Lediglich 13 Prozent der Hochschulen boten auf ihrer Homepage Hinweise auf eine direkt auf die Zielgruppe ausgerichtete interne Beratungsstelle. Diese stellten beispielsweise umfassende Informationen über die Anforderungen der Zulassungsprüfung sowie das Zulassungsverfahren oder das Verfahren zur Anrechnung von Kompetenzen bereit. Auf gut einem Fünftel der Internetseiten (21 Prozent) wurde eine konkrete Kontaktperson für nicht-traditionelle Studieninteressierte aufgeführt. Spezifische Informations- und Beratungsangebote für nicht-traditionelle Studieninteressierte genießen an den Hochschulen also nach wie vor Seltenheitswert. Auf mehr als der Hälfte der Homepages (55 Prozent) wurde jedoch auf externe Beratungsstellen für beruflich Qualifizierte hingewiesen.

2.2   Unterstützungsangebote beim Übergang zum Studium

Ein zweiter Schwerpunkt der Untersuchung war die Analyse der bereitgestellten Unterstützungsangebote, also zielgruppenspezifischer Begleitangebote in der Studieneingangsphase, Vor- und Brücken- sowie Vorbereitungskurse. Diese Angebote unterscheiden sich von den allgemeinen Orientierungsangeboten für alle neuen Studierenden eines bestimmten Fachs, die die Studienanfängerinnen und -anfänger mit den fachlichen Anforderungen und den Gegebenheiten an der Hochschule vertraut machen sollen. Entsprechende Orientierungsangebote sind an (nahezu) allen Hochschulen zu finden und stellen in aller Regel kein spezifisches Angebot

für nicht-traditionelle Studierende dar. Besonders auf diese Zielgruppe ist nur ein
äußerst kleiner Teil (4 Prozent) der Angebote zur Begleitung von Neuimmatrikulierten in der Studieneingangsphase ausgerichtet (vgl. Abbildung 2). Hierzu gehören
beispielsweise studienbegleitende Tutorien, welche sich rund um das Thema ‚Ankommen im Uni-Alltag' drehen.

Der überwiegende Teil der Hochschulen bietet Vor- und Brückenkurse vor dem
offiziellen Studienbeginn an, insbesondere in den Naturwissenschaften und der
Mathematik. Diese „sind darauf ausgerichtet, fachliche Defizite der Studienanfängerinnen und -anfänger bereits vor Studienbeginn zu beheben, um ein einheitliches
Qualifikationsniveau zu sichern" (Banscherus/Pickert 2013, S. 132). Die fachliche
Vorbereitung der Studierenden ist demzufolge an vielen Hochschulen ein relevantes
Thema, das seinen Niederschlag auch in entsprechenden Angeboten zur Begleitung
des Übergangs zum Studium findet. Allerdings richtet auch in dieser Hinsicht nur
eine Minderheit der untersuchten Hochschulen (8 Prozent) ihr Angebot gezielt
auf nicht-traditionelle Studienanfängerinnen und -anfänger aus. Unterschiedliche
Vorkenntnisse und heterogene Vorerfahrungen der Studienanfängerinnen und -anfänger spielen an den meisten Hochschulen demnach bislang eine untergeordnete
Rolle.

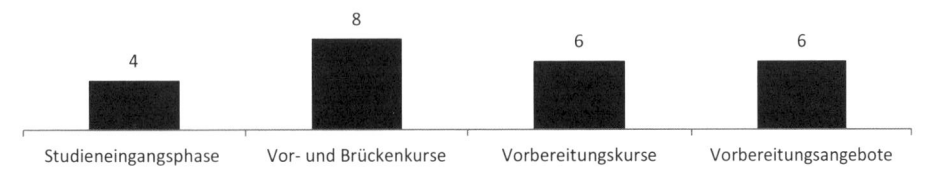

Quelle: Eigene Auswertungen (Stand: August 2013), eigene Darstellung

Abbildung 2: Verbreitung von spezifischen Unterstützungsangeboten für nicht-traditionelle Studierende an Hochschulen in Deutschland, in Prozent

In Bezug auf Vorbereitungskurse, die „Studieninteressierte fachungebunden auf ein
Studium vorbereiten und bereits vor Studienbeginn allgemeine Informationen bzw.
Kenntnisse vermitteln [sollen]" (Banscherus/Pickert 2013, S. 133), ist der Befund
ebenfalls eindeutig: Nur einige wenige Hochschulen (6 Prozent) unterbreiten nichttraditionellen Studierenden ein entsprechendes Angebot. Inhalte solcher Kurse
waren unter anderem wissenschaftliches Arbeiten, Zeitmanagement oder die Studienorganisation.[4] Teilweise wurden Bewerberinnen und Bewerber ohne schulische
Studienberechtigung auch auf Vorbereitungskurse von Volkshochschulen oder an-

---

4 Die hier betrachteten Kurse zur Studienvorbereitung nicht-traditioneller Studierender
weisen zwar inhaltliche Überschneidungen mit den ebenfalls als Vorbereitungskurse
bezeichneten Angeboten auf, die bereits seit den 1970er Jahren in Niedersachsen in der
Zusammenarbeit von Hochschulen und Einrichtungen der Erwachsenenbildung angeboten werden (Scholz 1995; Freitag 2012). Bei letzteren handelt es sich allerdings um
eine verpflichtende Vorbereitung auf die Zugangs- beziehungsweise Zulassungsprüfung.

deren Trägern der Erwachsenenbildung verwiesen. Eine Berücksichtigung solcher Angebote ist im Rahmen der Analyse jedoch nicht erfolgt, da diese nicht von den Hochschulen selbst angeboten wurden. Ebenfalls nur auf etwa jeder zwanzigsten Homepage der untersuchten Hochschulen (6 Prozent) fanden sich Hinweise auf zielgruppenspezifische Vorbereitungsangebote auf die Prüfung und das Zulassungsverfahren, wobei nach Landesrecht verpflichtende Beratungsgespräche hier nicht berücksichtigt wurden.

3   Beratungs- und Unterstützungsangebote aus der Perspektive nicht-traditioneller Studierender

Ebenso wie die Befundlage zum bestehenden Informations-, Beratungs- und Unterstützungsangebot für nicht-traditionelle Studierende an Hochschulen weist auch der Forschungsstand zur Nutzung und Bewertung solcher Angebote erhebliche Leerstellen auf. Um Hinweise auf spezifische Beratungsanforderungen und Unterstützungsbedarfe zu gewinnen, werden im folgenden Abschnitt neben empirischen Daten aus dem Nationalen Bildungspanel (NEPS) (Blossfeld/Roßbach/Maurice 2011) zur Nutzung hochschulischer Angebote im Vergleich verschiedener Studierendengruppen Befunde zur Einschätzung von Beratungs- und Unterstützungsangeboten für nicht-traditionelle Studierende aus der Perspektive der Zielgruppe selbst präsentiert. Diese basieren auf der inhaltsanalytischen Auswertung von 46 leitfadengestützten Interviews mit nicht-traditionellen Studienanfängerinnen und -anfängern des Wintersemesters 2012/2013 zu ihren Erfahrungen in der Studieneingangsphase.[5]

3.1   Nutzung von Informations-, Beratungs- und Unterstützungsangeboten

Im Rahmen des NEPS wird eine Kohorte von mehr als 17.000 Studienanfängerinnen und -anfängern vom Studienbeginn im Wintersemester 2010/2011 bis zum Übergang in den Beruf mehrmals befragt.[6] Im folgenden Abschnitt werden die Ergebnisse zur Nutzung von Informations-, Beratungs- und Unterstützungsangeboten der Hoch-

---

Dagegen ist die Teilnahme an den hier untersuchten Kursangeboten freiwillig und diese sind in der Regel auch inhaltlich nicht auf das Ablegen einer Prüfung hin ausgerichtet.

5   Die in diesem Abschnitt dargestellten Befunde basieren auf Auswertungen im Rahmen des Forschungsprojekts *Nicht-traditionelle Studierende zwischen Risikogruppe und akademischer Normalität*; weitere Informationen zum Projektdesign finden sich bei Otto/Kamm sowie Dahm/Kerst in diesem Band.

6   Der vorliegende Beitrag nutzt Daten des NEPS, Startkohorte 5 (Studierende), doi:10.5157/NEPS:SC5:4.0.0. Die Daten des NEPS wurden von 2008 bis 2013 als Teil des Rahmenprogramms zur Förderung der empirischen Bildungsforschung erhoben, welches vom Bundesministerium für Bildung und Forschung (BMBF) finanziert wurde. Seit 2014 wird

schulen dargestellt. Dabei wird zwischen (1.) allen Studierenden, (2.) allen nicht-traditionellen Studierenden und (3.) nicht-traditionellen Studierenden in einem berufsbegleitenden Studiengang differenziert. Die Einschätzungen zu Unterstützungsangeboten wurden zu Studienbeginn im Rahmen der Rekrutierungsbefragung (im 1./2. Hochschulsemester) erhoben, während die Angaben zu den Informations- und Beratungsangeboten aus der Onlinebefragung im dritten Hochschulsemester stammen, an der sich noch etwa 12.000 der eingangs befragten Studierenden beteiligten.

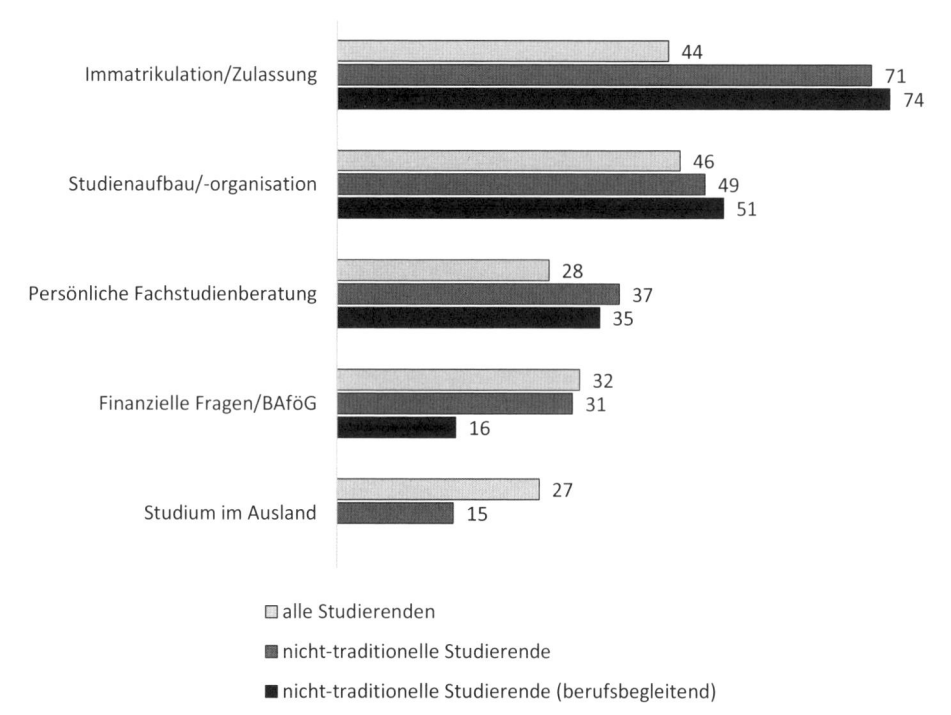

	alle Studierenden	nicht-traditionelle Studierende	nicht-traditionelle Studierende (berufsbegleitend)
Immatrikulation/Zulassung	44	71	74
Studienaufbau/-organisation	46	49	51
Persönliche Fachstudienberatung	28	37	35
Finanzielle Fragen/BAföG	32	31	16
Studium im Ausland	27	15	

Quelle: NEPS, Startkohorte 5 (Studierende) (doi:10.5157/NEPS:SC5:4.0.0); Auswertungen: Gunther Dahm (DZHW), eigene Darstellung

Abbildung 3: Nutzung von ausgewählten Informations- und Beratungsangeboten nach Studierendengruppen, in Prozent

Auswertungen der NEPS-Daten zufolge nahmen nicht-traditionelle Studierende in der Studieneingangsphase erheblich häufiger Informations- und Beratungsangebote zu Fragen des Hochschulzugangs und der Studienzulassung in Anspruch als die Studierenden insgesamt (vgl. Abbildung 3). Dies gilt – auf einem deutlich niedrigeren Gesamtniveau – auch für die persönliche Fachstudienberatung. Auffällig ist, dass nicht-traditionelle Studierende offenbar einen deutlich geringeren Informations- und Beratungsbedarf zum Studium im Ausland haben. Hier dürften

---

NEPS vom Leibniz-Institut für Bildungsverläufe e.V. (LIfBi) an der Otto-Friedrich-Universität Bamberg in Kooperation mit einem deutschlandweiten Netzwerk weitergeführt.

sich die häufig beschriebenen Unterschiede beim Alter und der Bildungsherkunft nicht-traditioneller Studierender auswirken, die zu einer insgesamt geringeren internationalen Mobilität dieser Studierendengruppen beitragen (vgl. Netz 2014; Banscherus/Spexard 2014). Wenig überraschend ist der Befund, dass nicht-traditionelle Studierende in berufsbegleitenden Studiengängen einen deutlich geringeren Beratungsbedarf zu Fragen der Studienfinanzierung haben, schließlich studieren diese in der Regel neben der Berufstätigkeit. Die genannten Angebote gehören eindeutig zum Regelangebot der Hochschulen: Sie sind mehr als 90 Prozent der Angehörigen aller Studierendengruppen bekannt.

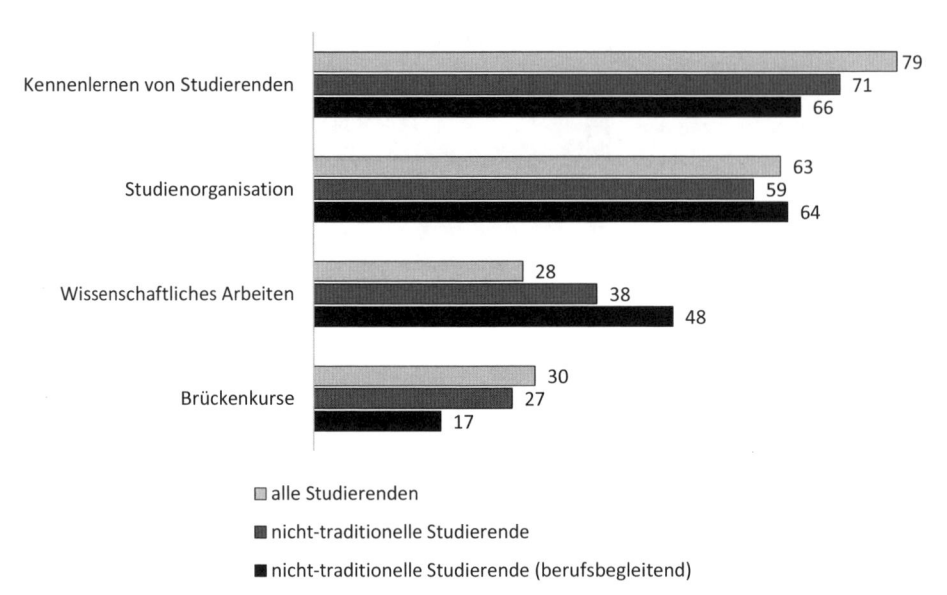

Kategorie	alle Studierenden	nicht-traditionelle Studierende	nicht-traditionelle Studierende (berufsbegleitend)
Kennenlernen von Studierenden	79	71	66
Studienorganisation	63	59	64
Wissenschaftliches Arbeiten	28	38	48
Brückenkurse	30	27	17

Quelle: NEPS, Startkohorte 5 (Studierende) (doi:10.5157/NEPS:SC5:4.0.0); Auswertungen: Gunther Dahm (DZHW), eigene Darstellung

Abbildung 4: Nutzung von ausgewählten Unterstützungsangeboten nach Studierendengruppen, in Prozent

In der Studieneingangsphase gehören auch Veranstaltungen zum Kennenlernen von Kommilitoninnen und Kommilitonen sowie zur Studienorganisation aus Sicht der befragten Studierenden an den allermeisten Hochschulen zum Standard. Mehr als vier Fünftel der Befragten gaben unabhängig von der Zugehörigkeit zu den verschiedenen Studierendengruppen an, dass ihnen entsprechende Angebote zur Verfügung standen. Diese wurden von den Studienanfängerinnen und -anfängern aller betrachteten Gruppen auch zum überwiegenden Teil genutzt. Deutlich seltener werden den Studierenden vor Studienbeginn und in der Studieneingangsphase Veranstaltungen zum wissenschaftlichen Arbeiten und Brückenkurse angeboten. Nur 44 Prozent aller Studierenden gaben an, dass sie Veranstaltungen zum wissenschaftlichen Arbeiten nutzen konnten. Von diesen haben gut zwei Drittel (65 Prozent) die Angebote auch in Anspruch genommen, was einem Anteil von 28 Prozent an der Gesamtzahl aller Studierenden entspricht. Nicht-traditionelle Studierende insgesamt und nicht-traditionelle Studierende in berufsbegleitenden Studiengängen gaben mit Anteilswerten von 56 beziehungsweise 63 Prozent im Vergleich deutlich häufiger an, dass ihnen Kurse zum wissenschaftlichen Arbeiten angeboten wurden. Bei der Nutzung zeigt sich, dass diese von nicht-traditionellen Studierenden insgesamt und denjenigen in berufsbegleitenden Studiengängen mit Anteilen von 68 und 77 Prozent auch häufiger besucht wurden, woraus sich für diese Studierendengruppen Anteilswerte von insgesamt 38 beziehungsweise 48 Prozent ergeben (vgl. Abbildung 4). Hinsichtlich des Angebots und der Nutzung von Brückenkursen offenbart sich ein anderes Bild. Hier berichteten zwar 55 Prozent aller Studierenden, aber nur 45 Prozent der nicht-traditionellen Studierenden und 40 Prozent derjenigen in berufsbegleitenden Studiengängen, dass ihnen ein entsprechendes Angebot zur Verfügung stand. Vorhandene Angebote wurden wiederum in unterschiedlicher Weise genutzt. So haben 55 Prozent aller Studierenden, denen ein Brückenkursangebot zur Verfügung stand, dieses auch in Anspruch genommen. Bei nicht-traditionellen Studierenden und nicht-traditionellen Studierenden in berufsbegleitenden Studiengängen waren es 59 beziehungsweise 43 Prozent. Daraus resultieren für die unterschiedlichen Studierendengruppen insgesamt Anteilswerte von 30, 27 und 17 Prozent, die vor dem Studium oder in der Studieneingangsphase einen Brückenkurs besucht haben (vgl. Abbildung 4). Brückenkurse werden von nicht-traditionellen Studierenden also insgesamt deutlich seltener genutzt als Kursangebote zum wissenschaftlichen Arbeiten.

3.2 Erfahrungen mit Informations- und Beratungsangeboten

Die nachfolgend dargestellten Ergebnisse zu den Erfahrungen mit Informations- und Beratungs- sowie Unterstützungsangeboten beruhen auf Auswertungen von qualitativen Interviews mit nicht-traditionellen Studierenden im Rahmen des bereits erwähnten Forschungsprojekts (vgl. Fußnote 5 sowie den Beitrag von Otto/Kamm in diesem Band). Wie auch für Studienanfängerinnen und -anfänger insgesamt (Franke/Schneider 2015; Scheller/Isleib/Sommer 2013) stellen für Personen ohne schulische Hochschulzugangsberechtigung die Onlineangebote der Hochschulen im Vorfeld der Studienentscheidung und -aufnahme eine oder sogar *die* zentrale Informationsquelle dar, insbesondere bei den ersten Recherchen der Studieninteressierten. Im Mittelpunkt steht häufig die Frage nach der grundsätzlichen Möglichkeit zur Aufnahme eines Studiums und den Voraussetzungen des Hochschulzugangs. Die befragten Studienanfängerinnen und -anfänger berichten über große Unterschiede zwischen den Webseiten der Hochschulen im Hinblick auf Verständlichkeit, Vollständigkeit und Aufbereitung der Informationen. In der Mehrzahl der Fälle werden diese jedoch als umfassend und hilfreich wahrgenommen. Weitere niedrigschwellige Informationsangebote stellen aus Sicht der nicht-traditionellen Studienanfängerinnen und -anfänger unter anderem die Studierendenvertretungen bereit, die zum Beispiel über soziale Medien gute Vernetzung und schnelle Hilfe gewährleisten.

Zielgruppenspezifische Beratungsangebote für beruflich qualifizierte Studieninteressierte werden – sofern vorhanden – von den Befragten aufgrund der schnellen und kompetenten Hilfe sowie der Erreichbarkeit sehr geschätzt und vordergründig für zugangsspezifische Fragestellungen in Anspruch genommen. Die nicht-traditionellen Studierenden berichten über eine fallbezogene Beratung, bei Bedarf mit eingehender gemeinsamer Prüfung der Unterlagen sowie individueller Unterstützung beim Ausfüllen der Bewerbungsunterlagen, über wertvolle Tipps zur Studienvorbereitung sowie Hinweise zu Statistiken und Prognosen in Bezug auf Zulassungschancen. Die Ratsuchenden begrüßen es, in den zielgruppenspezifischen Beratungsstellen feste Ansprechpartnerinnen beziehungsweise Ansprechpartner zu haben, und fühlen sich ernst genommen und wertgeschätzt.

Die *allgemeine Studienberatung* wird von nicht-traditionellen Studierenden vor allem an den Hochschulen aufgesucht, an denen keine spezifischen Anlaufstellen für nicht-traditionelle Studierende vorhanden sind. Anders als bei der zielgruppenspezifischen Beratung ist die Zufriedenheit mit dem Beratungsergebnis hier jedoch nicht so hoch. Die Befragten berichten von unklaren Zuständigkeiten, widersprüchlichen Aussagen und in Einzelfällen sogar von Unwissenheit in Bezug auf die Zugangs- und Zulassungsregelungen ohne schulische Hochschulzugangsberechtigung.

„[…] Man merkt schon, wenn man sich bewerben will und noch Fragen hat, dass es erstens noch nicht so lange möglich ist und zweitens noch nicht so hundertprozentig Regelungen gibt, die einfach allen bekannt sind. Also da fehlt schon so ein bisschen noch was." (U075)

Die *Fachstudienberatung* nutzen die nicht-traditionellen Studierenden vor Studienaufnahme eher selten. Werden in der Studieneingangsphase jedoch konkrete Fragen zu Studienanforderungen relevant, führen diese sie auch zur Fachstudienberatung. Erst im Studienverlauf kommen bei vielen nicht-traditionellen Studierenden Fragen zu spezifischen Lehrinhalten hinzu. Geschätzt wird bei dieser Form der Beratung der persönliche und direkte Kontakt mit den Lehrenden.

Die generelle Möglichkeit des *Hochschulzugangs* sowie die Voraussetzungen für eine Zulassung zum Studium, Affinitätsregelungen, der Ablauf des Bewerbungsverfahrens einschließlich der einzureichenden Unterlagen und erforderlichen Leistungen – gegebenenfalls auch Informationen zum Ablauf und zu den Anforderungen der Zugangsprüfung – sowie die Einschätzung der individuellen Chancen auf einen Studienplatz werden als Kernfragen benannt, wenn Beratungsangebote in Anspruch genommen werden. Diese Funktion wird aus Sicht der Befragten vor allem dann zufriedenstellend erfüllt, wenn konkrete Ansprechpartnerinnen oder Ansprechpartner für nicht-traditionelle Studierende an der Hochschule vorhanden sind. Fehlende spezifische Beratungsstellen, unklare Zuständigkeiten und intransparente Informationen können dagegen zur Verunsicherung der Studieninteressierten führen. Die Frage nach den *Anforderungen des Studiums und deren Bewältigung* spielt für die nicht-traditionellen Studierenden eine besondere Rolle, da bei ihnen aufgrund des fehlenden Abiturs zum Teil große Unsicherheiten über die eigene Studierfähigkeit bestehen. Die Herstellung von Transparenz über die Studienanforderungen und fachlichen Voraussetzungen – zum Beispiel im Rahmen der Fachstudienberatung – erscheint einigen Befragten ausbaufähig. Ebenso sehen die nicht-traditionellen Studienanfängerinnen und -anfänger Handlungsbedarf hinsichtlich der *Studienorganisation und -orientierung*, vor allem in Bezug auf die Themen Stundenplanung, Nutzung von Lernplattformen, Kenntnis von Fristen und Terminen sowie Hinweise auf die jeweils verantwortlichen Ansprechpartnerinnen oder Ansprechpartner.

Die *Fachwahl* ist für nicht-traditionelle Studierende als Beratungsthema dagegen kaum relevant; Berufsziel beziehungsweise Fachwunsch stehen bei der Mehrheit der Befragten bereits lange vor einer Studienbewerbung fest. Auch detaillierte *Informationen über den gewählten Studiengang* liegen häufig bereits vor Studienbeginn vor (vgl. den Beitrag von Otto/Kamm in diesem Band). Möglichkeiten zur *Studienfinanzierung* spielen in den Anforderungen an Informations- und Beratungsangebote ebenfalls nur eine untergeordnete Rolle.

3.3 Erfahrungen mit Unterstützungsangeboten

Vor- und Brückenkurse werden in der Regel für alle Studieninteressierten eines Fachs unabhängig von ihrer Vorbildung oder der Art des Hochschulzugangs angeboten, um auf diese Weise auf ein ausgeglichenes fachliches Niveau der Studienanfängerinnen und -anfänger hinzuwirken. Meist sind diese als Intensivkurse über zwei bis sechs Wochen organisiert und zum Teil mit Gebühren verbunden. Insbesondere in der Mathematik, die vor allem in natur-, ingenieur- und wirtschaftswissenschaftlichen Studiengängen eine zentrale Rolle spielt, sind diese Formen der Studienvorbereitung weit verbreitet und werden auch von den befragten nicht-traditionellen Studierenden stark in Anspruch genommen. Im Allgemeinen werden sie als hilfreich zum Ausgleich fachlicher Defizite eingeschätzt. Teilweise wird der Nutzen hinsichtlich der fachlichen Integration jedoch bezweifelt, da sich das Pensum am Abiturwissen orientiere und die unterschiedlichen Ausgangsniveaus nicht genügend berücksichtigt würden. Vor allem bei kürzeren Kursangeboten wird der Beitrag zum Ausgleich von bestehenden fachlichen Defiziten infrage gestellt. Die Angebote führten vielmehr zu Überforderung und Verunsicherung bei den nicht-traditionellen Studierenden.

> „[…] das war zuerst mal ernüchternd, das erste Mal habe ich irgendwie so einen Schock bekommen und dachte, das kann es ja nicht sein, dass das im Vorkurs so als Refresh gemeint ist und dass da wirklich so was drankommt. Dann habe ich aber auch ein paar Leute kennengelernt im Vorkurs, die ich dann wirklich gefragt habe: ‚Ist das tatsächlich so, habt ihr das im Abitur schon alles gemacht und das ist wirklich nur alles Refresh?' Und dann haben eigentlich alle gesagt, ‚bei weitem nicht'." (U248)

Fachungebundene Angebote wie Vorbereitungskurse, wozu vor allem Orientierungskurse zum wissenschaftlichen Arbeiten, Kurse zu Präsentations- und Kommunikationstechniken sowie Tutorien zur Studienorganisation gehören können, sind den befragten Studienanfängerinnen und -anfängern kaum bekannt und in der Regel ebenso wenig spezifisch auf nicht-traditionelle Studierende ausgerichtet. Nur an einer Fachhochschule im Sample wurde ein entsprechendes Angebot vorgehalten und von den nicht-traditionellen Studierenden im Vergleich zum allgemeinen Brückenkurs als deutlich sinnvoller bewertet.

Die befragten nicht-traditionellen Studienanfängerinnen und -anfänger weisen einer Teilnahme an Brücken- und Vorbereitungskursen vor allem zwei Funktionen zu: Zum einen dienen sie der *fachlichen Integration* durch die Auffrischung von Wissen beziehungsweise durch den Ausgleich von Niveauunterschieden, geben Einblick in die inhaltlichen Anforderungen des Studiums und können so bestehende Defizite aufzeigen. Zum anderen tragen diese Unterstützungsangebote zur *sozialen Integration* der Studienanfängerinnen und -anfänger bei. Nach Ansicht der befragten nicht-traditionellen Studierenden bieten solche Kurse eine erste Orientierung im Studium und unterstützen die Gewöhnung an das *Lernen in der Hochschule*. Zudem werden sie zum Knüpfen von Kontakten zu Kommilitoninnen und Kommilitonen sowie zur Bildung von Lerngruppen genutzt. Die Unterstützungsangebote werden von den Befragten gut angenommen; nur wenige sehen keinen Bedarf. Generell besteht jedoch der Wunsch nach Angeboten, welche die spezifischen Bedürfnisse und Voraussetzungen der beruflich qualifizierten Studierenden stärker berücksichtigen, als dies bisher häufig der Fall ist, beispielsweise hinsichtlich des Vorbildungsniveaus. Bei der sozialen Integration von nicht-traditionellen Studierenden können unter anderem Tutorien- und Mentoringprogramme einen wichtigen Beitrag leisten.

> „Was ich schön fände, wenn es vielleicht irgendwie so ein Netzwerk gäbe […]. Also vielleicht einen Mentor von jemandem, der den gleichen Weg gegangen ist aus einem höheren Semester. Zu sagen, hier, darauf musst du achten und das hilft dir vielleicht. […] Dann hat man einen direkten Ansprechpartner. Jemanden, der die Probleme versteht, die man hat. Ansonsten muss man sich da einfinden wie jeder andere, der mit dem Studium beginnt." (U287)

Einige der Befragten berichten über fehlende oder zu späte Kenntnis über das Kursangebot. Die transparente und frühzeitige Information über solche Angebote ist daher ebenso wichtig wie die ausdrückliche Empfehlung durch die Hochschule, solche Kurse zu besuchen. Ein weiteres Problem stellt für viele nicht-traditionelle Studierende die zeitliche Kollision der Kurse mit Erwerbsarbeit oder Aus- beziehungsweise Fortbildungszeiten vor Studienbeginn dar. Entsprechend äußern die Befragten vereinzelt den Wunsch nach zeitlich flexibleren Angeboten, wie zum Beispiel Onlinekursen.

4 Aktuelle Ansätze zur Entwicklung spezifischer Informations-, Beratungs- und Unterstützungsangebote für neue Zielgruppen

Seit einigen Jahren werden im Rahmen von unterschiedlichen Förderprogrammen Projekte durchgeführt, in denen neben anderen Aspekten auch Informations-, Beratungs- und Unterstützungsangebote entwickelt werden, die sich teilweise an die Zielgruppe der nicht-traditionellen Studieninteressierten richten. Hierzu gehören neben Projekten, die durch das Förderprogramm *Offene Hochschule Niedersachsen* der niedersächsischen Landesregierung finanziert wurden (Hanft/Brinkmann 2013), auf Bundesebene auch Projekte aus der ANKOM-Initiative (Buhr et al. 2008; Freitag et al. 2011, 2015) und dem Bund-Länder-Wettbewerb *Aufstieg durch Bildung: offene Hochschulen* (Stamm-Riemer/Tillack 2012; Stamm/Tillack 2014). In diesem Abschnitt werden Erfahrungen und Ansätze aus diesen Projekten sowie einzelne weitere Beispiele vorgestellt. Die in den Projekten entwickelten Informations-, Beratungs- und Unterstützungsangebote, von denen im Folgenden einige exemplarisch vorgestellt werden, setzen häufig auf ‚Online-Self-Assessments', bei denen durch den Einsatz von onlinebasierten Diagnostiktools ein Abgleich zwischen dem Kompetenzprofil der Studieninteressierten und den Leistungsanforderungen der in Frage kommenden Studienangebote durchgeführt wird. Auch kombinierte Informations-, Beratungs- und Unterstützungsangebote, bei denen eine zielgruppenspezifische Studienberatung gezielt mit Vorbereitungs- und Brückenkursen verbunden wird, sind häufig anzutreffen. Hinzu kommen unterschiedliche Formen von Informationsangeboten, die sich besonders an nicht-traditionelle Studierende und die Teilnehmenden an berufsbegleitenden Studienformaten richten, sowie Modulstudienangebote, die ein niedrigschwelliges ‚Schnupperstudium' ermöglichen. Nach der Darstellung dieser verschiedenen Angebotsformen wird der Abschnitt abgerundet durch die Vorstellung von zwei internationalen Praxisbeispielen aus Kanada und Großbritannien.

4.1 Online-Self-Assessments und onlinebasierte Unterstützungsangebote

Online-Self-Assessments verfolgen zumeist das Ziel, durch den Einsatz von psychologischen Testmethoden einen Abgleich zwischen den individuellen Interessen und Erwartungen sowie dem Kompetenzprofil von Studieninteressierten einerseits und den Leistungsanforderungen aus Sicht des jeweiligen Studienfachs andererseits durchzuführen. Sie umfassen häufig in einem ersten Schritt einen fächerübergreifenden Interessenstest und in einem zweiten Schritt studiengangspezifische ‚Erwartungschecks'. Auf diese Weise sollen den Studieninteressierten Informationen über das Profil und die Anforderungen des Studienfachs an der spezifischen Hochschule vermittelt werden. Diese sollen dabei helfen, falschen Erwartungen vorzubeugen und auf diese Weise auch die Abbruchwahrscheinlichkeit zu reduzieren. Insgesamt soll durch die angebotenen Tests die ‚Passung' zwischen Studieninteressierten und dem jeweiligen Studienfach verbessert werden (Stoll/Spinath 2015; Wosnitza/Bürger/Drouven 2015). Darüber hinaus können Online-Self-Assessments für Hochschulen als Marketinginstrument interessant sein, um in diesem Rahmen das eigene Studienangebot differenziert vorstellen zu können (Brunner/Ranft/Wittig 2015; Hardt/Marx 2015). Teilweise wird mit diesem Instrument auch die Erwartung verbunden, den mit Informations- und Beratungsangeboten verbundenen Ressourceneinsatz zu optimieren:

> „Im Rahmen der Studienberatung sind Self-Assessments auch aus Sicht des Zeit- und Personalmanagements interessant. Wenn Studieninteressierte selbstständig, via Internet, ihre Eignung für ein Fach prüfen, können sie schon im Vorfeld der Beratung durch Selbstreflexion Schwächen und Stärken bzgl. der Anforderungen in dem gewünschten Studienfach identifizieren, die bislang häufig zeitaufwändig in der Beratung aufgespürt werden mussten[.]" (Brunner/Ranft/Wittig 2015, S. 151)

Studiengangspezifisch sind auch ähnliche Ansätze zu beobachten, die sich entweder – beispielsweise in Form des *Online-Studienwahl-Assistenten* der Technischen Universität Kaiserslautern und der Hochschule Kaiserslautern – darauf beschränken, Studieninteressierten relevante Informationen zum Studienangebot, dem Zulassungs- und Bewerbungsverfahren sowie den zu erwartenden Studienanforderungen zur Verfügung zu stellen, um eine anschließende persönliche Beratung vorzubereiten (Hardt/Marx 2015), oder die sich auf einen Kompetenzbereich fokussieren, der für das Studium als besonders relevant betrachtet wird. Letzteres gilt insbesondere in ingenieur- und naturwissenschaftlichen Fächern, aber auch im Bereich der Wirtschaftswissenschaften für die mathematischen Vorkenntnisse der (potentiellen) Studierenden (Glaubitz 2015; Bellen/Tiesler 2015; Heidinger 2015). Dabei kommt der Mathematik nicht selten eine besondere Bedeutung zu – sowohl auf der fachlichen als auch auf einer übergreifenden symbolischen Ebene:

> „Die Mathematik nimmt insofern eine Sonderstellung ein, als dass das Fach […] hochgradig emotionalisiert und polarisiert. Ganz unabhängig vom tatsächlichen Schwierigkeitsgrad der Inhalte, besteht bei vielen Menschen eine regelrechte Angst vor Mathematik, was durch die Tatsache, dass mangelndes mathematisches Wissen (im Gegensatz zu anderen Wissenslücken) immer noch salonfähig ist, weiter aufrecht erhalten wird[.]" (Heidinger 2015, S. 298)

Vor diesem Hintergrund überrascht es nicht, dass Online-Self-Assessments auch dazu eingesetzt werden, die mathematischen Vorkenntnisse der Studieninteressierten zu testen, um den Teilnehmenden ein verlässliches Bild vom Anforderungsniveau des jeweiligen Studienfachs zu vermitteln und ihnen gegebenenfalls bestehende Defizite aufzuzeigen. Diese Zielsetzung findet sich übergreifend in den Projekten und wird bei einer heterogenen Zusammensetzung der Studieninteressierten als besonders relevant betrachtet (Bellen/Tiesler 2015; Brunner/Hohlfeld 2015). Deutlich unterschiedlich fallen bei verschiedenen Projekten allerdings die Reaktionen auf festgestellte Wissensdefizite aus. Diese beschränken sich teilweise auf die allgemeine Empfehlung zur Teilnahme an Mathematikkursen oder zur Inanspruchnahme von Nachhilfe wie an der ehemaligen Hochschule Lausitz in Senftenberg, die zwischenzeitlich mit der Technischen Universität Cottbus fusioniert worden ist (Bellen/Tiesler 2015), oder den Verweis auf bestehende Unterstützungsangebote wie Lehrvideos anderer Anbieter oder selbstproduzierte ‚Screencasts' wie an der Fresenius Hochschule in Idstein (Daubenfeld/Zenker/Gros 2015). Solche eher undifferenzierten Rückmeldungen, die nicht oder kaum auf die individuellen Testergebnisse eingehen, stoßen allerdings nicht selten auf Skepsis oder offene Kritik:

> „In diesem Sinne kann an heutigen Self-Assessment-Tools die häufig sehr oberflächliche, wenig detaillierte inhaltliche Rückmeldung bemängelt werden […] sowie das Fehlen von spezifischen Angeboten für weitere Schritte nach Abschluss des Assessments. Des Öfteren wird eine generelle Empfehlung für Vorbereitungs- und oder Brückenkurse zum Ende des Assessments gegeben, ohne dass auf konkret verfügbare Angebote hingewiesen wird. Dies wirkt eher demotivierend als unterstützend und erzeugt bei den Nutzer/inne/n im ungünstigsten Fall ein Gefühl von Rat- und Hilflosigkeit […] anstatt von Selbstwirksamkeit[.]" (Brunner/Ranft/Wittig 2015, S. 152)

Als hilfreicher werden onlinebasierte diagnostische Tests betrachtet, die direkt mit einem – ebenfalls online stattfindenden – Brückenkursangebot verknüpft sind und tutoriell begleitet werden. Entsprechende Konzepte wurden an den Universitäten Oldenburg und Freiburg entwickelt. Auf diese Weise sollen Studieninteressierten flexibel nutzbare Übungsbausteine zur Verfügung gestellt werden, die eine Kombination aus selbstgesteuertem Lernen im individuellen Tempo und direktem Feedback, sowohl automatisiert als auch von Dozierenden, darstellen (Brunner/Hohlfeld 2015; Glaubitz 2015). Die Entwicklung entsprechender (zumindest in Teilen) individualisierter Online-Unterstützungsangebote ist aber mit erheblichem Aufwand und einem nicht zu unterschätzenden Mittelbedarf verbunden, was im Rahmen von Projektfinanzierungen häufig kaum zu leisten ist. Als keineswegs einfache Herausforderung hat sich auch die Aufrechterhaltung der Motivation der Teilnehmenden zur kontinuierlichen Beteiligung am Brückenkursangebot herausgestellt, was vor allem mit dem virtuellen Lehr-Lern-Format erklärt wird (Brunner/Hohlfeld 2015; Glaubitz 2015). Es ist also kaum überraschend, dass eine umfassende Bestandsaufnahme zu Online-Self-Assessments und damit verbundenen Brückenkursangeboten im Bereich der Mathematik zu dem Ergebnis geführt hat, dass bisher kaum Angebote existieren, die auf die besonderen Anforderungen und Bedürfnisse nichttraditioneller Studieninteressierter und Studierender ausgerichtet sind (Brunner/Ranft/Wittig 2015).

Neben Brückenkursen können auch fachunspezifische Vorbereitungskurse mit einem onlinebasierten Kompetenzcheck zur Identifizierung von individuellen Lernbedarfen verknüpft werden. Beispielsweise stellen die Technische Universität Kaiserslautern und die Hochschule Kaiserslautern Studieninteressierten sowie Studienanfängerinnen und -anfängern ausgewählter Fächer im Rahmen eines Blended-Learning-Angebots, anknüpfend an die Assessment-Ergebnisse, online Wissensressourcen wie Texte, Checklisten und Literaturempfehlungen, Videos sowie konkrete

Erlebnisberichte und (Fall-)Beispiele zu den Grundlagen wissenschaftlichen Arbeitens zur Verfügung, die um Präsenzveranstaltungen ergänzt werden (Herrlinger 2015).

4.2 Kombinierte Informations-, Beratungs- und Unterstützungsangebote

Die Beratung von nicht-traditionellen Studieninteressierten gilt aufgrund der spezifischen Lebenssituation und der daraus resultierenden besonderen Informations- und Beratungsbedarfe als besonders aufwendig (Brunner et al. 2015; Schulte 2015). Dies gilt umso mehr, als Hochschulen bei der Gestaltung ihrer Beratungs- und Unterstützungsangebote traditionell von einer relativ homogenen Gruppe von Studieninteressierten – insbesondere Abiturientinnen und Abiturienten – ausgehen (Hanft/Maschwitz/Hartmann-Bischoff 2013). Eine Möglichkeit zum Umgang mit diesen Herausforderungen wird in der konzeptionellen Verzahnung von online bereitgestellten zielgruppenspezifischen Informations- und Beratungsangeboten in einem Online-Studienberatungsportal gesehen, das auch gezielte Verweise auf qualifizierte persönliche Beratungsangebote enthält. Entsprechende Ansätze sind an den Universitäten Oldenburg und Hannover entwickelt worden (Brunner et al. 2015; Brunner/Kretschmer 2015; Schulte 2015). Beispielsweise sollen nicht-traditionelle Studieninteressierte einem an der Universität Oldenburg entwickelten Ansatz zufolge im Rahmen einer ‚Guided Tour' online Informationen zu relevanten Fragestellungen wie Zugangs- und Zulassungsbedingungen, Anrechnungsmöglichkeiten, Vorbereitungs- und Brückenkursangeboten oder zur Studienfinanzierung erhalten, die sie zur gezielten Vorbereitung eines persönlichen Beratungsgesprächs nutzen können. Themenbezogene Ansprechpersonen sollen bereits aus dem Onlineportal heraus kontaktiert werden können. Dort sollen bei Bedarf auch personenbezogene Informationen hinterlegt werden können, sodass im Rahmen des Ansatzes des ‚Blended Counselling' alle beteiligten Beratungsstellen Zugang zur individuellen ‚Beratungsgeschichte' erhalten und diese bei ihren Aktivitäten berücksichtigen können (Brunner et al. 2015; Brunner/Kretschmer 2015).

Auch bei der Verbindung von Beratungs- und Unterstützungsangeboten ist der Einsatz von Blended-Learning-Formaten möglich, was eine flexible Nutzung durch Studierende mit beruflichen oder familiären Verpflichtungen erleichtern kann (Otto/Schwaniger 2013). Einen Ansatz für die konzeptionelle Verbindung von Beratung und Unterstützung für nicht-traditionelle Studieninteressierte bietet die Leuphana Universität Lüneburg, die eine schrittweise Vermittlung studienrelevanter Techniken wie Recherche, Präsentation und wissenschaftliches Schreiben in Verbindung mit der Erstellung eines Portfolios anbietet, das auch für die Vorbereitung eines Anrechnungsverfahrens genutzt werden kann, und auch das Führen eines Lernzeittagebuchs umfasst, das die Reflexion der eigenen Arbeitsweise befördern soll (ebd.). Beratungs- und Unterstützungsangebote, die in Präsenzform stattfinden, können, wie beispielsweise an der Universität Oldenburg praktiziert, durch regelmäßige Treffen begleitet werden, bei denen sich nicht-traditionelle Studierende über ihre Erfahrungen austauschen und zugleich Beratung zu spezifischen Fragestellungen erhalten können (Brinkmann/Rudkowski/Schlimper 2012). Erfahrungen zeigen allerdings, dass bei solchen Veranstaltungen unter anderem aufgrund von Schwierigkeiten bei der Terminfindung mit einem relativ kleinen Teilnehmerkreis gerechnet werden muss (Hartmann-Bischoff/Brunner 2013).

Bei der Ausgestaltung von Vorbereitungs- und Brückenkursen kann es sich als ratsam erweisen, dass Hochschulen mit Einrichtungen der Erwachsenenbildung kooperieren, vor allem weil die dort tätigen Dozentinnen und Dozenten häufig über reichhaltige Erfahrungen mit den besonderen Anforderungen und Bedürfnissen erwachsener Lernender verfügen – so der Befund der Universitäten Hannover und Oldenburg (Staecker 2013; Hartmann-Bischoff 2013). Aus einer didaktischen Perspektive kann auch ein niedrigschwelliger und auf eine konkrete fachliche Fragestellung bezogener Ansatz sinnvoll sein, wie er an der Frankfurt School of Finance and Management entwickelt wurde, beispielsweise zur Vermittlung mathematischer Kenntnisse im Rahmen eines Brückenkurses und in der Studieneingangsphase (Heidinger 2015).

4.3 Niedrigschwellige Orientierungsangebote und ‚Schnupperstudium'

An einigen Hochschulen wie den Fachhochschulen in Bielefeld und Brandenburg wurden niedrigschwellige Orientierungsangebote entwickelt, die sich gezielt an nicht-traditionelle und berufsbegleitend Studierende richten. Auf diese Weise soll den Studierenden das „Ankommen an der Hochschule" (Schlindwein/Weyland/Schürmann 2015, S. 218) erleichtert und diese dabei unterstützt werden, „sich im System Hochschule zurechtzufinden" (Wilms/Schwill/Friedrich 2015, S. 241). Zum Einsatz kommen hier beispielsweise zielgruppenspezifische Tutorien in der Studieneingangsphase (Schlindwein/Weyland/Schürmann 2015) oder die Durchführung einer gesonderten Einführungswoche, die zugleich der Studienorientierung und dem Kennenlernen der Studierenden untereinander dienen soll (Wilms/Schwill/Friedrich 2015).

Das Ziel einer niedrigschwelligen Studienorientierung verfolgen auch verschiedene Ansätze des ‚Schnupperstudiums', bei denen Studieninteressierte an einzelnen Kursen oder Modulen teilnehmen können, ohne in den jeweiligen Studiengang immatrikuliert zu sein. Ein Beispiel hierfür ist die an der Fachhochschule der Diakonie in Bielefeld bestehende Möglichkeit zur Teilnahme an einem virtuellen Kurs, durch den Interessierte einen realistischen Einblick in den Ablauf eines Studiums im Blended-Learning-Format und einen Eindruck von den Anforderungen wissenschaftlichen Arbeitens erhalten können. Hierzu werden unter anderem Informationsvideos, Auszüge von Studienbriefen sowie ‚Podcasts' eingesetzt und durch Diskussionsforen begleitet (Heide-von Scheven/Brauns/Beuter 2015). Ein anderes Beispiel besteht darin, dass Studieninteressierte an regulären Modulen eines Studiengangs oder fachlich abgestimmten Weiterbildungsmodulen teilnehmen und die abgelegten Prüfungsleistungen auf die Leistungsanforderungen angerechnet werden können, wenn das Studium im angestrebten Studiengang formal aufgenommen wird. Ansätze in diesem Sinne wurden an der HAW Hamburg und der Fachhochschule Münster entwickelt (Balke et al. 2015; Lenkenhoff 2011; Geffers 2012). Auch auf diesem Weg können die Teilnehmenden eine klare Vorstellung von den Studienanforderungen und dem mit einem Studium verbundenen Aufwand gewinnen, um auf dieser Basis entscheiden zu können, ob die Aufnahme eines abschlussbezogenen Studiums aus einer individuellen Perspektive die richtige Entscheidung darstellt (Balke et al. 2015; Geffers 2012). Das Modulstudium stellt insbesondere für nicht-traditionelle Studieninteressierte eine gute Möglichkeit zur individuellen Studienorientierung dar, die allerdings nicht unmittelbar auch einen Hochschulzugangsweg eröffnet, auch wenn das Modulstudium teilweise bereits auf die Anforderungen einer Zugangsprüfung abgestimmt ist (Lenkenhoff 2011).

4.4 Integrierte Angebote zur Unterstützung nicht-traditioneller Studierender[7]

Das in der kanadischen Provinz Ontario gelegene Conestoga College, ein stark auf die regionalen Wirtschaftsstrukturen ausgerichtetes Community College[8] mit einem hohen Anteil an Teilzeitstudienangeboten, bietet mit seinen ‚College Preparatory'-Programmen einen nicht-traditionellen Zugangsweg zu postsekundären Bildungsangeboten. Diese Zertifikatsprogramme richten sich auch an Interessierte ohne einen Abschluss der höheren Sekundarschule und stellen eine individuelle Vorbereitung auf eine qualifizierte Berufstätigkeit oder ein Hochschulstudium dar. Hierzu werden den Teilnehmenden über die Dauer von drei bis neun Monaten gezielte Angebote zur Verbesserung der schriftlichen und mündlichen Ausdrucksmöglichkeiten sowie zum Erwerb relevanter mathematisch-naturwissenschaftlicher Kenntnisse und IT-Kompetenzen unterbreitet.[9] Diese eher auf fachliche Anforde-

---

7 Bei der Betrachtung der in diesem Abschnitt dargestellten Ansätze aus Großbritannien und Kanada ist zu beachten, dass die Hochschulen in diesen Ländern – im Unterschied zu Deutschland – über eine weitgehende Autonomie bei der Ausgestaltung der Zugangsbedingungen und Zulassungsverfahren verfügen (vgl. Banscherus 2010b).
8 In Deutschland verfügen die in Nordamerika weit verbreiteten Community Colleges über keine institutionelle Entsprechung. Die Vergleichbarkeit wird dadurch weiter erschwert, dass dieser Bildungssektor in sich stark ausdifferenziert ist. Die inhaltliche Ausrichtung des Conestoga Colleges, das neben beruflich orientierten Kurzstudienprogrammen auch Studiengänge anbietet, die zu einem Bachelorabschluss führen, weist gewisse strukturelle Ähnlichkeiten mit technisch ausgerichteten Fachschulen sowie entsprechenden Fachhochschulen in Deutschland auf.
9 Vgl. das Studieninformationsportal des Conestoga Colleges unter http://www.conesto gac.on.ca/caa/upgrading/preparatory-programs.jsp [08.12.2015].

rungen ausgerichteten Veranstaltungen werden durch die Erarbeitung von individuellen Lern- und Problemlösungsstrategien sowie das Einüben kritisch-reflexiven Denkens flankiert. Hierbei werden die Teilnehmenden intensiv von den Dozentinnen und Dozenten des Programms unterstützt – unter anderem durch individuelle Beratung und Einzelunterricht. Auf diese Weise sollen die Teilnehmenden eine realistische Einschätzung ihres eigenen Kompetenzprofils erhalten, das wiederum die Basis für die Entwicklung einer individuellen Bildungs- und Karrierestrategie bildet (Gorman/Tieu/Cook 2013). Die ‚Preparatory'-Programme folgen konsequent einem lernendenzentrierten Ansatz, der es den Teilnehmenden erlaubt, in ihrem individuellen Tempo zu lernen und den für sie passenden Lernstrategien zu folgen. Mit diesem Ansatz ist trotz der Organisation als Präsenzstudium eine hohe Flexibilität verbunden, unter anderem durch die Möglichkeit zur Vereinbarung individueller Lernzeiten. In ihrem Lernprozess werden die Teilnehmenden kontinuierlich – unter Berücksichtigung ihrer individuellen Anforderungen und Bedürfnisse – durch die Lehrenden begleitet (ebd.). Mit dem Abschluss des Zertifikats ist der Erwerb einer Studienberechtigung verbunden. Neben der Möglichkeit zum Erlass der Studiengebühren können die Teilnehmenden Zuschüsse für Fahrtkosten und Unterstützung bei der Kinderbetreuung erhalten.

Mit dem Zertifikatsprogramm ‚Higher Education Introductory Studies' bietet das Birkbeck College der University of London Studieninteressierten unabhängig von ihrer Vorbildung die Möglichkeit zum Studium von Modulen, die zugleich eine intensive Studienvorbereitung und die Möglichkeit zum Erwerb einer Studienberechtigung einschließen. Das Birkbeck College ist bereits seit dem 19. Jahrhundert auf berufsbegleitende Studienangebote spezialisiert und hat sich seitdem zu einem der führenden Anbieter von Teilzeitstudiengängen in Großbritannien entwickelt. Diese finden überwiegend in Präsenzform statt, insbesondere in den Abendstunden. Neben dem zentralen Hauptcampus verfügt das College über einen zweiten Campus in einem strukturschwachen Stadtteil im Osten Londons, um auf diese Weise gezielt Menschen mit einem niedrigen formalen Bildungsgrad zu erreichen und ihnen den Weg zum Studium zu ermöglichen (Slowey/Kozina 2012). Seit 2008 wird das Studienprogramm mit gutem Erfolg auch in Zusammenarbeit mit Kindertagesstätten angeboten, um insbesondere alleinerziehende Mütter zu erreichen (Callender et al. 2014).

Das ‚Introductory Studies'-Programm kann entweder innerhalb eines Jahres oder über den Zeitraum von zwei Jahren absolviert werden. Es beginnt mit einem Kernmodul, das unter anderem kritisch-reflexives Lesen, wissenschaftliches Schreiben, Zeitmanagement und Techniken zur Prüfungsvorbereitung umfasst. Hinzu kommen in der Regel drei fachwissenschaftliche Module nach Wahl der Studierenden, die einem der insgesamt fünf fachlichen Schwerpunkte (Geistes-, Sozial- und Wirtschaftswissenschaften, Soziale Arbeit, Pflege- und Gesundheitswissenschaften), zugeordnet sind.[10] Das Modulstudium wird durch ein intensives Beratungs- und Unterstützungsangebot ergänzt. Hierzu gehören unter anderem Veranstaltungen zur Entwicklung einer individuellen Bildungs- und Karrierestrategie oder zu Finanzierungsfragen sowie Einzelunterricht nach Bedarf der Studierenden (Callender et al. 2014; Slowey/Kozina 2012). Seit einigen Jahren werden vom Birkbeck College in Kooperation mit Stadtteilinitiativen zusätzlich fünfwöchige ‚Learning Cafés' angeboten, die dabei helfen sollen, die bei (potentiellen) Studieninteressierten bestehenden Beteiligungshürden abzubauen (Buddington 2012). Infolge der drastischen Erhöhung der Studiengebühren durch die britische Regierung im Jahr 2012 sind die Teilnehmerzahlen an den ‚Introductory Studies' allerdings deutlich zurückgegangen. Dies hat sich also in der Praxis als neue Beteiligungshürde erwiesen (Slowey/Kozina 2012).

5 Fazit

Die Zusammenschau der unterschiedlichen Perspektiven zeigt deutlich, dass die Hochschulen beim Übergang von nicht-traditionellen Studieninteressierten ins Hochschulsystem durch die Ausgestaltung ihrer Informations-, Beratungs-, und Unterstützungsangebote den Grad der faktischen Offenheit nicht-traditioneller Zugangswege maßgeblich beeinflussen. Insgesamt hat die Auswertung der bestehenden Angebote und der Erfahrungen der Studierenden gezeigt, dass beim online verfügbaren Informationsangebot formale Aspekte und generelle Verweise auf die an der jeweiligen Hochschule bereits bestehenden allgemeinen Beratungsangebote überwiegen. Spezifische Beratungsstellen für nicht-traditionelle Studieninteressierte werden auf den Homepages nur selten genannt und sind auch den Studierenden seltener bekannt. Zudem unterbreiten nur wenige Hochschulen spezifische Unterstützungsangebote für nicht-traditionelle Studierende, die über allgemeine Orientierungsangebote und zwar fach-, aber nicht zielgruppenspezifische Vor- und Brückenkurse hinausgehen. Dieser Befund steht in einem deutlichen Missverhältnis zur in hochschulpolitischen Stellungnahmen häufig genannten Relevanz entsprechender Angebote zur Öffnung der Hochschulen für nicht-traditionelle Studierende.

Die durch die Politik geförderten Entwicklungsaktivitäten im Bereich von Informations-, Beratungs- und Unterstützungsangeboten setzen zu einem relevanten, teilweise sogar überwiegenden Anteil auf ‚Onlinetools'. Dies kann zwar einerseits die flexible Nutzung entsprechender Angebote ermöglichen, aber nur begrenzt auf den individuellen Einzelfall abgestimmt werden. Dies gilt insbesondere für die Ermutigung und Unterstützung von Studieninteressierten durch den persönlichen Kontakt mit Dozierenden, die zugleich Lehrende und Beratende sind, wie es bei den kanadischen und britischen Beispielen der Fall ist. Gerade die individuelle Wertschätzung

---

10 Vgl. das Studieninformationsportal des Birkbeck Colleges unter http://bbk.ac.uk/study/2015/certificates/programmes/UEHHEINT [08.12.2015].

ist aber besonders wichtig, um vorhandene Zweifel bei nicht-traditionellen Studieninteressierten abzubauen. Dies haben auch die ausgewerteten Interviews deutlich gemacht.

Für die Realisierung des hochschulpolitischen Ziels der Öffnung der Hochschulen für neue Zielgruppen sind also verstärkte Anstrengungen zur Entwicklung und nachhaltigen Implementierung integrierter Modelle zur Begleitung nicht-traditioneller Studieninteressierter und Studierender beim Übergang ins Studium erforderlich, die Informations- und Beratungs- sowie Unterstützungsangebote zu einem konsistenten Konzept verzahnen. Diese sollten neben spezifischen Informationsangeboten zu den Aspekten Zugang, Zulassung und Anrechnung auch eine ausführliche Beratung zu fachlichen und persönlichen Studienanforderungen sowie die Reflexion der individuellen Motivation und spezifischen Zielsetzungen einschließen. Außerdem sind für einen relevanten Teil der Zielgruppe spezifische Vorbereitungskurse auf die Zugangsprüfung, Anrechnungsverfahren wissenschaftliches Arbeiten sowie Vor- und Brückenkurse, die die besonderen Anforderungen dieser Studierendengruppe berücksichtigen, eine wichtige Ergänzung. Sinnvoll können ebenfalls Monitoring- und Tutorienangebote in der Studieneingangsphase sein.

Literatur

Alheit, P./Rheinländer, K./Watermann, R. (2008): Zwischen Bildungsaufstieg und Karriere. Studienperspektiven „nicht-traditioneller Studierender". In: *Zeitschrift für Erziehungswissenschaft*. 11(4). S. 577–606.

Balke, J./Banscherus, U./Boettcher, A./Busch, S./Glaubitz, M./Hardt, K./Herrlinger, S./Herzig, L./Jütte, W./Kamm, C./Käuper, K./Lauber-Pohle, S./Marx, C./Schulte, B./Westenhöfer, J./Wolter, A. (2015): *Gestaltung von Zu- und Übergängen zu Angeboten der Hochschulweiterbildung* (Handreichung der wissenschaftlichen Begleitung des Bund-Länder-Wettbewerbs *Aufstieg durch Bildung: offene Hochschulen*). Berlin.

Banscherus, U. (2010a): Lebenslanges Lernen im Bologna-Prozess. In: Wolter, A./Wiesner, G./Koepernik, C. (Hrsg.): *Der lernende Mensch in der Wissensgesellschaft. Perspektiven lebenslangen Lernens*. Weinheim: Juventa. S. 221–237.

Banscherus, U. (2010b): Hochschulzulassung und Kapazitätsplanung in Westeuropa. Eine Bestandsaufnahme. In: *die hochschule.* 19(2). S. 40–56.

Banscherus, U. (2015a): Der Dritte Bildungsweg: Schnittstelle im Widerspruch zur Systemlogik. In: Müller, H.-P./Reitz, T. (Hrsg.): *Klassenbildung und Bildungspolitik. Kritische Perspektiven auf eine Leitinstitution der Gegenwart*. Weinheim: Beltz-Juventa. S. 153–178.

Banscherus, U. (2015b): Hochschulzugang aus dem Beruf. In: Pahl, J.-P. (Hrsg.): *Lexikon Berufsausbildung. Ein Nachschlagewerk für die nicht-akademischen und akademischen Bereiche*. Bielefeld: W. Bertelsmann. S. 443–444.

Banscherus, U./Kamm, C./Otto, A. (2015): Information, Beratung und Unterstützung von nicht-traditionellen Studierenden. Angebote der Hochschulen und deren Bewertung durch die Zielgruppe. In: Hanft, A./Zawacki-Richter, O./Gierke, W. B. (Hrsg.): *Herausforderung Heterogenität beim Übergang in die Hochschule*. Münster: Waxmann. S. 81–96.

Banscherus, U./Pickert, A. (2013): Unterstützungsangebote für nicht-traditionelle Studieninteressierte: Eine Bestandsaufnahme. In: Vogt, H. (Hrsg.): *Wächst zusammen, was zusammen gehört? Wissenschaftliche Weiterbildung – berufsbegleitendes Studium – lebenslanges Lernen* (Beiträge zur wissenschaftlichen Weiterbildung Nr. 53). Hamburg. S. 128–134.

Banscherus, U./Spexard, A. (2014): Zugänge aus der beruflichen Bildung und der Berufstätigkeit: Weiterhin keine Priorität für Hochschulen und Hochschulforschung. In: Banscherus, U./Bülow-Schramm, M./Himpele, K./Staack, S./Winter, S. (Hrsg.): *Übergänge im Spannungsfeld von Expansion und Exklusion. Eine Analyse der Schnittstellen im deutschen Hochschulsystem*. Bielefeld: W. Bertelsmann. S. 61–78.

Bellen, B./Tiesler, J. (2015): „Perspektive Ingenieur" – Informationsportal zum Studieneinstieg für beruflich Qualifizierte in ingenieurwissenschaftliche Studiengänge. In: Freitag, W. K. et al. (Hrsg.): *Übergänge gestalten. Durchlässigkeit zwischen beruflicher und hochschulischer Bildung erhöhen*. Münster: Waxmann. S. 117–129.

Blossfeld, H.-P./Roßbach, H.-G./Maurice, J. von (2011): Editorial. In: Blossfeld, H.-P./Roßbach, H.-G./Maurice, J. von (Hrsg.): *Education as a Lifelong Process. The German National Educational Panel Study (NEPS)* (Sonderheft 14 der Zeitschrift für Erziehungswissenschaft). Wiesbaden: VS Verlag für Sozialwissenschaften. S. 1–4.

Brinkmann, K./Rudkowski, T./Schlimper, A. (2012): Mit beruflicher Qualifikation an die Hochschule. Informations-, Vorbereitungs- und Begleitangebote an der Carl von Ossietzky Universität Oldenburg. In: *Berufsbildung*. (Nr. 136). S. 10–12.

Brunner, S./Hohlfeld, G. (2015): Online-Studienvorbereitung für beruflich qualifizierte Studieninteressierte. Am Beispiel des Online-Vorbereitungsmoduls „Mathematik für Wirtschaftswissenschaftler/innen". In: Hanft, A./Zawacki-Richter, O./Gierke, W. B. (Hrsg.): *Herausforderung Heterogenität beim Übergang in die Hochschule*. Münster: Waxmann. S. 199–213.

Brunner, S./Kretschmer, S. (2015): Blended Counselling. Neue Konzepte der Beratung für Studieninteressierte und Studierende mit beruflicher Qualifikation. In: Hanft, A./Zawacki-Richter, O./Gierke, W. B. (Hrsg.): *Herausforderung Heterogenität beim Übergang in die Hochschule*. Münster: Waxmann. S. 97–111.

Brunner, S./Kretschmer, S./Hoffmann, J./Zawacki-Richter, O. (2015): Blended Counselling: Konzeption eines Online-Beratungsportals für beruflich qualifizierte Studieninteressierte. In: Freitag, W. K. et al. (Hrsg.): *Übergänge gestalten. Durchlässigkeit zwischen beruflicher und hochschulischer Bildung erhöhen*. Münster: Waxmann. S. 31–47.

Brunner, S./Ranft, A./Wittig, W. (2015): Online-Self-Assessments: die Bedeutung von Feedback und Implikationen für die (Weiter-)Entwicklung von Verfahren für beruflich qualifizierte Studieninteressierte. In: Hanft, A./Zawacki-Richter, O./Gierke, W. B. (Hrsg.): *Herausforderung Heterogenität beim Übergang in die Hochschule*. Münster: Waxmann. S. 145–162.

Buddington, P. (2012): Widening participation: 'not just about getting people through the doors'. In: *Guardian Professional*. URL: http://www.theguardian.com/higher-education-network/blog/2012/aug/21/widening-participation-birkbeck-learning-cafes [08.12.2015].

Buhr, R./Freitag, W. K./Hartmann, E. A./Loroff, C./Minks, K.-H./Mucke, K./Stamm-Riemer, I. (2008): *Durchlässigkeit gestalten! Wege zwischen beruflicher und hochschulischer Bildung*. Münster: Waxmann.

Callender, C./Hawkins, E./Jackson, S./Jamieson, A./Land, H./Smith, H. (Hrsg.) (2014): *'Walking tall': A critical assessment of new ways of involving student mothers in higher education*. London.

Daubenfeld, T./Zenker, D./Gros, L. (2015): Herausforderungen, Lösungsansätze und Erfahrungen beim Übergang von beruflicher zu hochschulischer Bildung im Sektor Chemie. In: Freitag, W. K. et al. (Hrsg.): *Übergänge gestalten. Durchlässigkeit zwischen beruflicher und hochschulischer Bildung erhöhen.* Münster: Waxmann. S. 315–339.

Franke, B./Schneider, H. (2015): *Informationsverhalten bei der Studien- und Berufsausbildungswahl. Studienberechtigte 2012 ein halbes Jahr vor und ein halbes Jahr nach Schulabschluss* (Forum Hochschule 1/2015). Hannover.

Freitag, W. K. (2010): Anrechnung außerhochschulisch erworbener Kompetenzen auf Hochschulstudiengänge. Eine Standortbestimmung zehn Jahre nach der Ratifizierung der Bologna-Erklärung. In: Strate, U./Kalis, P.-O. (Hrsg.): *Zehn Jahre nach Bologna – alter Wein in neuen Schläuchen oder Paradigmenwechsel* (Beiträge zur wissenschaftlichen Weiterbildung Nr. 49). Hamburg. S. 239–250.

Freitag, W. K. (2012): *Zweiter und Dritter Bildungsweg in die Hochschule* (Böckler-Arbeitspapier Nr. 253). Düsseldorf.

Freitag, W./Buhr, R./Danzeglocke, E.-M./Schröder, S./Völk, D. (Hrsg.) (2015): *Übergänge gestalten. Durchlässigkeit zwischen beruflicher und hochschulischer Bildung erhöhen.* Münster: Waxmann.

Freitag, W. K./Hartmann, E. A./Loroff, C./Stamm-Riemer, I./Völk, D./Buhr, R. (Hrsg.) (2011): *Gestaltungsfeld Anrechnung. Hochschulische und berufliche Bildung im Wandel.* Münster: Waxmann.

Geffers, J. (2012): *Case Study Germany.* Unveröffentlichte Fallstudie im Rahmen des Forschungsprojektes Opening Higher Education to Adults (HEAD). Bonn.

Glaubitz, M. (2015): „Brücken in den Weiterbildungs-Baukasten" – ein mathematischer Online Brückenkurs. In: Balke, J. et al. (Hrsg.): *Gestaltung von Zu- und Übergängen zu Angeboten der Hochschulweiterbildung* (Handreichung der wissenschaftlichen Begleitung des Bund-Länder-Wettbewerbs *Aufstieg durch Bildung: offene Hochschulen*). Berlin. S. 43–51.

Gorman, G./Tieu, T.-T./Cook, T. (2013): *Non-Traditional Pathways to Postsecondary Education: A Qualitative Study of the Experiences of Students in College Preparatory Programs.* Toronto.

Hanft, A./Brinkmann, K. (Hrsg.) (2013): *Offene Hochschulen. Die Neuausrichtung der Hochschulen auf Lebenslanges Lernen.* Münster: Waxmann.

Hanft, A./Maschwitz, A./Hartmann-Bischoff, M. (2013): Beratung und Betreuung von berufstätigen Studieninteressierten und Studierenden zur Verbesserung des Studienerfolgs. In: Hanft, A./Brinkmann, K. (Hrsg.): *Offene Hochschulen. Die Neuausrichtung der Hochschulen auf Lebenslanges Lernen.* Münster: Waxmann. S. 110–119.

Hardt, K./Marx, C. (2015): Virtuelle Übergangsberatung – der Online-Studienwahl-Assistent. In: Balke, J. et al. (Hrsg.): *Gestaltung von Zu- und Übergängen zu Angeboten der Hochschulweiterbildung* (Handreichung der wissenschaftlichen Begleitung des Bund-Länder-Wettbewerbs *Aufstieg durch Bildung: offene Hochschulen*). Berlin. S. 28–35.

Hartmann-Bischoff, M. (2013): Kreditpunkte außerhochschulisch erwerben. In: Hanft, A./Brinkmann, K. (Hrsg.): *Offene Hochschulen. Die Neuausrichtung der Hochschulen auf Lebenslanges Lernen.* Münster: Waxmann. S. 127–135.

Hartmann-Bischoff, M./Brunner, S. (2013): Studieren mit beruflicher Qualifikation – Beratung, Vorbereitung und Begleitung. In: Hanft, A./Brinkmann, K. (Hrsg.): *Offene Hochschulen. Die Neuausrichtung der Hochschulen auf Lebenslanges Lernen.* Münster: Waxmann. S. 120–126.

Heide-von Scheven, B./Brauns, F./Beuter, F. (2015): Blended Guiding und virtuelle Kurse – Studienorientierung für beruflich Qualifizierte an der FH der Diakonie. In: Freitag, W. K. et al. (Hrsg.): *Übergänge gestalten. Durchlässigkeit zwischen beruflicher und hochschulischer Bildung erhöhen.* Münster: Waxmann. S. 93–116.

Heidinger, A.-L. (2015): Mathematik von der Praxis in die Theorie. Stärkenförderung statt Defizitorientierung am Beispiel des Funktionsbegriffs. In: Freitag, W. K. et al. (Hrsg.): *Übergänge gestalten. Durchlässigkeit zwischen beruflicher und hochschulischer Bildung erhöhen.* Münster: Waxmann. S. 297–314.

Herrlinger, S. (2015): Instrumente und Konzepte des Übergangsmanagements – Vor- und Brückenkurse. In: Balke, J. et al. (Hrsg.): *Gestaltung von Zu- und Übergängen zu Angeboten der Hochschulweiterbildung* (Handreichung der wissenschaftlichen Begleitung des Bund-Länder-Wettbewerbs *Aufstieg durch Bildung: offene Hochschulen*). Berlin. S. 52–56.

Hochschulrektorenkonferenz (HRK) (2008): *Neuordnung des Hochschulzugangs für beruflich Qualifizierte* (Entschließung der 4. HRK-Mitgliederversammlung am 18.11.2008). Bonn.

Lenkenhoff, M. (2011): Das Projekt BA-Flex. Eine Idee zur Flexibilisierung und Verbesserung der Durchlässigkeit des Bachelor-Studiums Soziale Arbeit an der Fachhochschule Münster. In: *Hochschule & Weiterbildung.* 2011(1). S. 44–49.

Netz, N. (2014): Der Zugang zu studienbezogenen Auslandsaufenthalten aus Sicht von Hochschulpolitik und Hochschulforschung: Eine Bestandsaufnahme. In: Banscherus, U./Bülow-Schramm, M./Himpele, K./Staack, S./Winter, S. (Hrsg.): *Übergänge im Spannungsfeld von Expansion und Exklusion. Eine Analyse der Schnittstellen im deutschen Hochschulsystem.* Bielefeld: W. Bertelsmann. S. 81–97.

Nickel, S./Leusing, B. (2009): *Studieren ohne Abitur: Entwicklungspotenziale in Bund und Ländern. Eine empirische Analyse* (CHE-Arbeitspapier Nr. 123). Gütersloh.

Otto, C./Schwaniger, K. (2013): Übergänge in die Offene Hochschule durch Learn-Life-Balance und Diversity-Strategien. In: Vogt, H. (Hrsg.): *Wächst zusammen, was zusammen gehört? Wissenschaftliche Weiterbildung – berufsbegleitendes Studium – lebenslanges Lernen* (Beiträge zur wissenschaftlichen Weiterbildung Nr. 53). Hamburg. S. 229–233.

Scheller, P./Isleib, S./Sommer, D. (2013): *Studienanfängerinnen und Studienanfänger im Wintersemester 2011/12: Tabellenband* (HIS-Forum Hochschule 6/2013). Hannover.

Schlindwein, D./Weyland, U./Schürmann, M. (2015): Tutorien als Unterstützung beim Übergang an die Hochschule? – Erfahrungen und Ergebnisse aus dem ANKOM-Projekt bequaST. In: Freitag, W. K. et al. (Hrsg.): *Übergänge gestalten. Durchlässigkeit zwischen beruflicher und hochschulischer Bildung erhöhen.* Münster: Waxmann. S. 215–236.

Scholz, W.-D. (1995): Studieren auch ohne Abitur. Möglichkeiten des Hochschulzugangs über den Beruf in Deutschland. In: *Bildung und Erziehung.* 48(3). S. 285–301.

Schulte, B. (2015): Beratung beruflich Qualifizierter an der Hochschule Hannover. In: Balke, J. et al. (Hrsg.): *Gestaltung von Zu- und Übergängen zu Angeboten der Hochschulweiterbildung* (Handreichung der wissenschaftlichen Begleitung des Bund-Länder-Wettbewerbs *Aufstieg durch Bildung: offene Hochschulen*). Berlin. S. 21–27.

Slowey, M./Kozina, E. (2012): *Case Study United Kingdom.* Unveröffentlichte Fallstudie im Rahmen des Forschungsprojektes Opening Higher Education to Adults (HEAD). Bonn.

Slowey, M./Schuetze, H. G. (Hrsg.) (2012): *Global Perspectives in Higher Education and Lifelong Learners.* London: Routledge.

Staecker, B. (2013): Die Öffnung der Hochschule und das Projekt „STUDIUM INITIALE – Übergangsmanagement und Integration beruflich Qualifizierter in das Hochschulstudium". In: Vogt, H. (Hrsg.): *Wächst zusammen, was zusammen gehört? Wissenschaftliche*

Weiterbildung – berufsbegleitendes Studium – lebenslanges Lernen (Beiträge zur wissenschaftlichen Weiterbildung Nr. 53). Hamburg. S. 225–228.

Stamm, I./Tillack, D. (Red.) (2014): *Auftakt zur 2. Wettbewerbsrunde des Bund-Länder-Wettbewerbs Aufstieg durch Bildung: offene Hochschulen.* Bonn.

Stamm-Riemer, I./Tillack, D. (Red.) (2012): *Auftakt des Bund-Länder-Wettbewerbs „Aufstieg durch Bildung: offene Hochschulen". Berlin, 9. Dezember 2011 – Dokumentation.* Bonn.

Stoll, G./Spinath, F. (2015): Unterstützen Self-Assessments die Studienfachwahl? Erfahrungen und Befunde aus dem Projekt Study-Finder. In: Hanft, A./Zawacki-Richter, O./Gierke, W. B. (Hrsg.): *Herausforderung Heterogenität beim Übergang in die Hochschule.* Münster: Waxmann. S. 113–131.

Ulbricht, L. (2012a): Öffnen die Länder ihre Hochschulen? Annahmen über den Dritten Bildungsweg auf dem Prüfstand. In: *die hochschule.* 21(1). S. 154–168.

Ulbricht, L. (2012b): Die Öffnung der Hochschulen für beruflich Qualifizierte: neue Erkenntnisse über politische Prozesse. In: *Qualität in der Wissenschaft. Zeitschrift für Qualitätsentwicklung in Forschung, Studium und Administration.* 6(4). S. 99–104.

Wilms, A./Schwill, U./Friedrich, E. (2015): Studienerfolgsoptimierende Dimensionen des Übergangs. Bestandsaufnahme – Evaluation – Reflexion. In: Freitag, W. K. et al. (Hrsg.): *Übergänge gestalten. Durchlässigkeit zwischen beruflicher und hochschulischer Bildung erhöhen.* Münster: Waxmann. S. 237–254.

Wolter, A. (2011): Die Entwicklung wissenschaftlicher Weiterbildung in Deutschland: Von der postgradualen Weiterbildung zum lebenslangen Lernen. In: *Beiträge zur Hochschulforschung.* 33(4). S. 8–35.

Wolter, A. (2013): Gleichrangigkeit beruflicher Bildung beim Hochschulzugang? Neue Wege der Durchlässigkeit zwischen beruflicher Bildung und Hochschule. In: Severing, E./Teichler, U. (Hrsg.): *Akademisierung der Berufswelt? Verberuflichung der Hochschulen?* Bielefeld: W. Bertelsmann. S. 191–212.

Wolter, A./Banscherus, U./Kamm, C./Otto, A./Spexard, A. (2014): Durchlässigkeit zwischen beruflicher und akademischer Bildung als mehrstufiges Konzept: Bilanz und Perspektiven. In: *Beiträge zur Hochschulforschung.* 36(4). S. 8–39.

Wosnitza, M./Bürger, K./Drouven, S. (2015): Self-Assessments: heterogene Eingangsvoraussetzungen und Prognose von Studienerfolg. In: Hanft, A./Zawacki-Richter, O./Gierke, W. B. (Hrsg.): *Herausforderung Heterogenität beim Übergang in die Hochschule.* Münster: Waxmann. S. 133–143.

Katharina Lenz, Susanne Schmitt
unter Mitarbeit von Johann Neumerkel

Anrechnung von außerhochschulisch erworbenen Kompetenzen als Instrument zur Öffnung von Hochschulen

Potentiale und Realisierungshürden

1 Einleitung

Das Konzept des Lebenslangen Lernens hat, vermittelt über internationale Reformdiskussionen, in den vergangenen Jahren auch Eingang in die hochschulpolitische Diskussion in Deutschland gefunden. Dabei stellen der Ausbau und die Förderung von Zugangswegen für nicht-traditionelle Studierende, die Entwicklung adäquater Studienangebote für Berufstätige sowie die Anrechnung von außerhochschulisch erworbenen Kompetenzen[1] auf die Studienanforderungen wichtige Zielsetzungen dar. Reforminitiativen im Sinne des Lebenslangen Lernens zielen zum einen auf die Verbindung von akademischer und beruflicher (Weiter-)Bildung und zum anderen auf die Öffnung der Hochschulen für neue Zielgruppen ab (Banscherus 2010; vgl. die Beiträge von Wolter/Banscherus und Spexard in diesem Band). Damit verbunden ist auch das Interesse an einer Aufwertung von non-formalem und informellem Lernen (Freitag 2009).[2] In diesem Zusammenhang kommt dem Instrument der Anrechnung eine große Bedeutung zu, handelt es sich hierbei doch „um einen Beitrag zu struktureller Durchlässigkeit ins Hochschulsystem, und gleichzeitig um eine Verbesserung sowohl der vertikalen als auch der horizontalen Durchlässigkeit zwischen beruflichem Bildungs- und Hochschulsystem" (Freitag 2012, S. 109). Der Beitrag der Anrechnung[3] zur Verbesserung der Durchlässigkeit besteht derzeit vor

---

1 Nachfolgend wird die Anrechnung außerhochschulisch erworbener Kompetenzen mit ‚Anrechnung' abgekürzt. Der Kompetenzbegriff wird in den weiteren Ausführungen übergeordnet verstanden. Gemeint sind Lernergebnisse im Begriffsverständnis des Bologna- und Kopenhagen-Prozesses (Freitag 2012).
2 Formale Kompetenzen sind durch zertifizierte Bildungsgänge nachgewiesene Lernergebnisse. Als non-formale Kompetenzen werden in Bildungsprozessen erworbene, teilweise durch Curricula und Abschlussprüfungen dokumentierte Lernergebnisse verstanden, die jedoch nicht zu regulären Bildungsabschlüssen führen. Als informelle Kompetenzen werden in Praxiserfahrungen erworbene Lernergebnisse bezeichnet, die jedoch nicht näher dokumentiert und beschrieben sind (Hanft et al. 2014).
3 Zur Unterscheidung der Begriffe Anerkennung und Anrechnung lassen sich in der Literatur unterschiedliche Lesarten finden: (1.) Beide Begriffe werden synonym verwendet (Hanak/Sturm 2015a), (2.) Anrechnung bezieht sich sowohl auf hochschulisch als auch auf außerhochschulisch erworbene Kompetenzen, wobei der Begriff der Anerkennung auf die Bestätigung der Gleichwertigkeit erbrachter Leistungen bezogen wird (z.B. Zu-

allem in der Verknüpfung von Bildungsangeboten sowie der Bestimmung und Validierung von bestehenden Gleichwertigkeiten zwischen Bildungsabschlüssen und Studienanforderungen (Freitag 2012).

In Bund und Ländern wurden in den vergangenen Jahren zahlreiche Projekte gefördert, in denen Anrechnungsverfahren entwickelt und implementiert wurden. Hierzu gehört neben der ANKOM-Initiative[4] auch der Bund-Länder-Wettbewerb *Aufstieg durch Bildung: offene Hochschulen*. Durch diesen werden seit 2011 diverse Projekte von Hochschulen und Hochschulverbünden gefördert, die Studienprogramme für Berufstätige und andere Zielgruppen entwickeln und in diesem Rahmen auch Anrechnungsverfahren einsetzen. Die Ergebnisse der ANKOM-Initiative haben belegt, dass es durchaus eine Schnittmenge gleichwertiger Kompetenzen zwischen beruflichen Fortbildungen und Bachelorstudiengängen gibt, dieser Befund generalisierbar ist und Anrechnung ein Konzept darstellt, das in die Praxis der Hochschulen prinzipiell übertragbar ist (Freitag et al. 2011).

Der vorliegende Artikel will den potentiellen Beitrag von Anrechnung zur Öffnung der Hochschulen für neue Zielgruppen genauer betrachten. Dabei sollen die Fragen im Mittelpunkt stehen, welchen Beitrag dieses Instrument zur Öffnung der Hochschulen überhaupt leisten kann und inwiefern dies derzeit bereits umgesetzt wird. Hierzu werden in einem ersten Schritt der politische Rahmen, in dem das Konzept der Anrechnung entwickelt wurde, und die mit der Anrechnung verknüpften Ziele skizziert (Abschnitt 2). Anschließend werden der Stand der konzeptionellen Entwicklung von Anrechnungsverfahren dargestellt und die verschiedenen Verfahrensmöglichkeiten auf ihr Öffnungspotential hin untersucht (Abschnitt 3), bevor auf den aktuellen Stand der Implementation von Anrechnungsverfahren eingegangen und daran anschließend ausgeführt wird, welche zentralen Hürden bei der Implementierung den Beitrag der Anrechnung zur Öffnung der Hochschulen in der Praxis derzeit noch einschränken (Abschnitt 4).

---

gang zur Hochschule mit einem Fortbildungsabschluss) (Martens/Diettrich/Wolfgramm [2014]), (3.) Der Begriff der Anerkennung bezieht sich auf die Gleichwertigkeit von Leistungen, die an einer Hochschule im In- und Ausland erbracht worden sind (entsprechend der Lissabon-Konvention des Europarates), und der Begriff der Anrechnung auf die Gleichwertigkeit von außerhochschulisch erworbenen Kompetenzen zu den im Studiengang vermittelten Kompetenzen (entsprechend der einschlägigen KMK-Beschlüsse). Diese dritte Interpretation findet auch in diesem Beitrag Verwendung.

4 In den Jahren 2005 bis 2008 wurden im Rahmen der BMBF-Förderinitiative *ANKOM – Anrechnung beruflicher Kompetenzen auf Hochschulstudiengänge* Anrechnungsverfahren entwickelt und erprobt. Es folgte zwischen 2012 und 2014 die Initiative *ANKOM – Übergänge von der beruflichen in die hochschulische Bildung*; siehe auch: http://ankom.his.de/ [10.12.15].

2 Politische Rahmenvorgaben – Hintergründe und Ziele

Ansätze zur Anrechnung von außerhochschulisch erworbenen Kompetenzen auf Hochschulstudiengänge wurden ganz wesentlich von politischen Akteuren beeinflusst, indem richtungsweisende Ziele und teilweise auch Konzepte auf europäischer und auf Bundesebene formuliert beziehungsweise entwickelt wurden. In diesem Abschnitt sollen das politische Bestreben und der Auftakt des ‚Projektes Anrechnung' nachgezeichnet werden, verknüpft mit den damit verbundenen Erwartungen.

2.1 Entwicklungen auf europäischer Ebene

Durchlässigkeit zwischen beruflicher Bildung und Hochschulbildung als ein Element des Lebenslangen Lernens wird auf internationaler Ebene bereits seit den 1970er Jahren diskutiert. Früh rückten ‚nicht-traditionelle' Studierende in den Fokus internationaler Organisationen, unter anderem wurden Möglichkeiten für eine erleichterte Studienzulassung diskutiert (z.B. USA, Schweden) – und auch über die Übertragbarkeit von erworbenen Leistungen zwischen verschiedenen Bereichen des Bildungswesens wurde beraten (Papadopoulos 1996; vgl. den Beitrag von Wolter/Banscherus in diesem Band).

Auf europäischer Ebene erfolgten seit den späten 1990er Jahren mehrere politische Weichenstellungen, die dem Konzept des Lebenslangen Lernens und in dessen Kontext auch dem Instrument der Anrechnung neuen Aufschwung verliehen. So formulierten die Staats- und Regierungschefs der Mitgliedsstaaten im Jahr 2000 in Lissabon das Ziel, die Europäische Union zum wettbewerbsfähigsten wissensbasierten Wirtschaftsraum der Welt zu entwickeln. Hierzu sollten auch die Bildungssysteme Europas einen Beitrag leisten, indem beispielsweise Lern- und Ausbildungsmöglichkeiten angeboten werden, die auf bestimmte Zielgruppen in verschiedenen Lebensphasen zugeschnitten sind (Europäischer Rat 2000). Die Ziele der Lissabon-Erklärung fanden ihren Niederschlag im *Memorandum über Lebenslanges Lernen*, welches 2000 von der Europäischen Kommission veröffentlich wurde. Darin nimmt die Anrechnung von non-formalen und informellen Lernergebnissen einen wichtigen Platz ein, was unter anderem in folgender Aussage deutlich wird: „Es ist unabdingbar, ein hochwertiges System der Anrechnung von Studienleistungen (APEL = Accreditation of Prior and Experiential Learning) zu entwickeln und dessen generelle Anwendung zu fördern" (Europäische Kommission 2000, S. 18).

Auch im Rahmen des Kopenhagen- sowie des Bologna-Prozesses spielt Durchlässigkeit zwischen der beruflichen und der hochschulischen Bildung eine zentrale Rolle (z.B. Wolter 2010; Freitag 2009). In der Kopenhagen-Erklärung von 2002 wird Anrechnung zusammen mit der Identifikation und Dokumentation von Kompetenzen sowie der Einführung eines übergreifenden Kreditpunkteschemas als wesentliches Instrument für das Erreichen der übergeordneten Zielsetzung, die Entwicklung, Validierung und Bewertung von beruflich erworbenen Kompetenzen und Qualifikationen auf allen Niveaus zu realisieren, betrachtet (Europäische Bildungsministerinnen und -minister 2002).

Die Ausweitung von Zugangsmöglichkeiten zum Hochschulstudium für bislang unterrepräsentierte Zielgruppen ist ebenfalls ein wichtiges Ziel des Bologna-Prozesses (vgl. den Beitrag von Spexard in diesem Band). Es sollen insbesondere Berufserfahrene dafür gewonnen werden, ihre Qualifikationen durch ein Studium zu vertiefen, was einen vereinfachten Übergang zwischen den Systemen der beruflichen und der akademischen Bildung voraussetzt. Hierzu sollen neben flexiblen Lernwegen auch Anrechnungsmöglichkeiten einen Beitrag leisten. Mit dem Berliner Kommuniqué von 2003 wurden die Teilnehmerstaaten aufgefordert, Möglichkeiten zur Anrechnung von Vorleistungen zu schaffen (Europäische Bildungsministerinnen und -minister 2003). Diese Forderung wurde zwei Jahre später mit dem Bergener Kommuniqué bestätigt, in dem auch der mögliche Einsatz von Anrechnungsverfahren bei der Studienzulassung behandelt wurde (Europäische Bildungsministerinnen und -minister 2005). Seither sollen außerdem non-formale und informelle Kompetenzen verstärkt berücksichtigt werden (Muckel 2013). Insgesamt können die Kompetenzen für eine Anrechnung dem internationalen Diskurs zufolge in unterschiedlichen Kontexten erworben worden sein: in der beruflichen Grund-, Fort- und Weiterbildung, während einer praktischen Erwerbstätigkeit sowie durch Familienarbeit oder zivilgesellschaftliches Engagement. In Deutschland wird dies in der Regel enger gefasst und primär auf Bildungsabschlüsse bezogen.

Neben den bereits skizzierten Ansätzen bildet der *Europäische Qualifikationsrahmen für das Lebenslange Lernen* (EQR) einen wichtigen Kontextfaktor für Aktivitäten zur Förderung der Durchlässigkeit zwischen beruflicher und hochschulischer Bildung sowie die Ausgestaltung von Anrechnungsverfahren (Europäische Union 2008), dient dieser doch als Referenzrahmen für die Beschreibung der verschiedenen europäischen Qualifikationssysteme, beispielsweise den *Deutschen Qualifikationsrahmen* (DQR), und ihrer Abschlussniveaus. Durch eine vereinheitlichte Lernergebnis- und Kompetenzbeschreibung können der europäische und die nationalen Qualifikationsrahmen zu einer höheren Transparenz in Hinblick auf die große Vielfalt der Bildungsabschlüsse in den europäischen Staaten beitragen, da sich Lernergebnisse, unabhängig davon, wo sie erworben wurden, auf diese Weise gegenüberstellen und vergleichen lassen. Dieser Umstand kann auch einen Beitrag zur Verbesserung der Durchlässigkeit innerhalb der europäischen Bildungssysteme leisten, gilt doch die Orientierung an Lernergebnissen als wichtige Voraussetzung für die Entwicklung von Anrechnungsmechanismen.

2.2   Entwicklungen in Deutschland

Im Rahmen der europäischen Zielvorgaben wurden auch in Deutschland Maßnahmen ergriffen, die auf eine größere Öffnung der Hochschulen für beruflich qualifizierte Studieninteressierte abzielen. Die Beschlüsse der Kultusministerkonferenz

(KMK) zur Anrechnung von 2002 und 2008 waren hierbei ein wichtiger Impulsgeber. Sie trugen ganz wesentlich dazu bei, dass Anrechnung auf die hochschulpolitische Agenda gelangte. In diesen Beschlüssen hat die KMK festgelegt, dass Kompetenzen, die außerhalb von Hochschulen erworben worden sind, die erforderlichen Leistungen eines Studiums zu maximal 50 Prozent ersetzen können, sofern sie nach Inhalt und Niveau gleichwertig sind (KMK 2002). Da von diesen Anrechnungsmöglichkeiten seitens der Hochschulen zunächst nur wenig Gebrauch gemacht wurde, bekräftigte die KMK 2008 ihren Beschluss und forderte die Hochschulen dazu auf, die (zum Beispiel im Rahmen von ANKOM) entwickelten Möglichkeiten stärker zu nutzen (KMK 2008). Darüber hinaus bilden die Beschlüsse zur Anrechnung einen verbindlichen Bestandteil der ländergemeinsamen Strukturvorgaben für die Akkreditierung von Bachelor- und Masterstudiengängen (KMK 2010).

In Deutschland besteht im Gegensatz zu anderen europäischen Ländern eine klare Abgrenzung zwischen den Regelungen zur Anrechnung und zum Hochschulzugang. Aus dem Vorlegen anrechenbarer Leistungen resultiert in Deutschland also kein Anspruch auf Studienzulassung (Hanft/Müskens 2013).[5]

Die Vorgaben der KMK wurden mittlerweile in allen Bundesländern in geltendes Recht umgesetzt, sodass für alle Hochschulen in Deutschland grundsätzlich die Möglichkeit zur Anrechnung von Kompetenzen besteht (Freitag 2011). Dabei variiert zwischen den Ländern allerdings der aus den konkreten Regelungen der Hochschulgesetze resultierende Grad der Verbindlichkeit. In manchen Ländern besteht für die Hochschulen die Möglichkeit der Anrechnung (teilweise auch nur bei erfolgter Akkreditierung des Studienganges), sie können also selbst entscheiden, ob und inwieweit Anrechnung möglich sein soll, in anderen Ländern wiederum ist die Anrechnung bei bestehender Gleichwertigkeit verpflichtend (Weichert 2015). Die konkrete Ausgestaltung der Anrechnungsmöglichkeiten liegt länderübergreifend in aller Regel bei den einzelnen Hochschulen und dort wiederum in erster Linie in den Fakultäten und Fachbereichen, wo die Adaption der übergreifenden Regelungen jeweils bezogen auf einzelne Fachgebiete und Studiengänge erfolgt.

Mit Anrechnungsverfahren werden in Deutschland vielfältige Erwartungen verbunden. Unter anderem soll durch Anrechnung die Attraktivität eines Studiums für beruflich Qualifizierte und nicht-traditionelle Studierende erhöht und auf diese Weise die Vielfalt beziehungsweise Diversität der Studierendenschaften erhöht werden. Des Weiteren sollen im Zuge dessen neue besondere Lehr- und Lernformen entwickelt (z.B. ‚Work Based Learning') und die Vernetzung zwischen Einrichtungen des Berufsbildungssystems, Hochschulen und Unternehmen verbessert werden.

---

5   Der Hochschulzugang durch ‚Recognition of Prior Learning' ist im Unterschied zu Deutschland in anderen europäischen Ländern möglich. Beispiele hierfür bilden die skandinavischen Länder, Portugal oder Schottland (Eurydice Report 2014). In Schweden beispielsweise ist der Hochschulzugang auch möglich, indem Kompetenzen, unabhängig davon, wo diese erworben wurden, anerkannt und durch eine Prüfung belegt werden (Orr/Riechers 2010).

Auf diese Weise soll an den Hochschulen auch die Implementation der Ziele des Lebenslangen Lernens gefördert werden (Duchemin/Hawley 2010; Hanft et al. 2008). Für Studierende werden auf der individuellen Ebene einige Vorteile beschrieben, die sich aus der Anrechnung ergeben. Hierzu gehört neben einer möglichen Verkürzung der Studiendauer beziehungsweise einer Reduzierung der Arbeitsbelastung auch eine bessere individuelle Planbarkeit des eigenen Bildungswegs. Die in der Anrechnung zum Ausdruck kommende Wertschätzung für außerhochschulisch erworbenes Wissen kann bei Studierenden und Studieninteressierten außerdem das Bewusstsein für die eigenen Potentiale fördern. Darüber hinaus wird durch Anrechnung ein Verständnis der Bildungswege gefördert, das der Segmentierungsthese entgegensteht. Denn Anrechnung geht davon aus, dass in den Einrichtungen der verschiedenen Bildungsbereiche Kompetenzen vermittelt und erworben werden, die eine gemeinsame Schnittmenge aufweisen können. Kompetenzen aus der beruflichen Bildung können sich also mit Kompetenzen überschneiden, die in Hochschulen vermittelt werden. Dies gilt in besonderer Weise für bestimmte fachunabhängige Kompetenzen – so für soziale Kompetenzen oder Persönlichkeitsdispositionen.

3 Anrechnungsmodelle – Öffnungspotentiale auf konzeptioneller Ebene

Das Kernelement von Anrechnungsverfahren sind Lernergebnisvergleiche, das heißt die Prüfung der Gleichwertigkeit von Lernergebnissen, die außerhalb von Hochschulen erworben wurden, mit jenen Lernergebnissen, die im Rahmen eines Studienangebots erreicht werden sollen. Ausgangspunkt der Äquivalenzprüfung ist zunächst eine gemeinsame Lernergebnisbeschreibung. Ziel ist die Ein- und Durchführung eines transparenten, rechtssicheren und validen Anrechnungsverfahrens (Weichert 2015). Um die Lernergebnisse mit Blick auf Inhalt und Niveau transparent miteinander vergleichen zu können, wird auf Referenzrahmen, wie beispielsweise den EQR, DQR oder den *Qualifikationsrahmen für deutsche Hochschulabschlüsse* (HQR) zurückgegriffen (Mucke 2010; Stamm-Riemer/Loroff/Hartmann 2011).[6]

Es gibt verschiedene Ansätze, auf welche Weise ein Lernergebnisvergleich vorgenommen werden kann: mit Blick auf die Person (individuelle Verfahren), ausgehend von (überwiegend formalen) Bildungsabschlüssen oder Zertifikaten unterhalb formaler Abschlüsse (pauschale Verfahren) oder in der Kombination beider Sichtweisen (z.B. Loroff/Stamm-Riemer/Hartmann 2011; Cendon et al. 2015). Um der Frage nachzugehen, welchen Beitrag Anrechnung zur Öffnung der Hochschulen leisten kann, soll in diesem Abschnitt zunächst betrachtet werden, welche Potentiale hierzu auf konzeptioneller Ebene vorhanden sind.

---

6 Dabei bietet die jeweilige Nutzung unterschiedliche Vorteile, die in der Literatur bereits ausführlich diskutiert wurden (z.B. Stamm-Riemer/Loroff/Hartmann 2011; Cendon/Flacke/Kohlesch 2015).

Im Folgenden werden daher individuelle (Abschnitt 3.1), pauschale (Abschnitt 3.2) und kombinierte (Abschnitt 3.3) Anrechnungsmodelle mit ihren zentralen Elementen beschrieben und jeweils dargestellt, welche Öffnungspotentiale sich aus den Verfahren ergeben beziehungsweise welche Grenzen sich zeigen. Unter Potentialen zur Öffnung von Hochschulen werden Bedingungen verstanden, die die ‚strukturelle Durchlässigkeit' (Freitag 2012) erhöhen, das heißt, die erstens den Übergang von der beruflichen in die akademische Bildung erleichtern und zweitens Anreize schaffen, ein Studium aufzunehmen. Dabei werden auch die Zielgruppen in die Betrachtung einbezogen, die durch die Verwendung der verschiedenen Modelle jeweils besonders angesprochen beziehungsweise ausgeschlossen werden. Als potentielle Zielgruppen werden grundsätzlich alle berufserfahrenen Personen – sowohl mit als auch ohne schulische Hochschulzugangsberechtigung – verstanden. Es wäre also ein Missverständnis, den Adressatenkreis auf beruflich qualifizierte Studierende ohne schulische Hochschulreife zu beschränken.

3.1 Individuelle Anrechnungsmodelle – großes Potential bei hohem Aufwand

Unter der Bezeichnung *individuelle Anrechnung* werden Modelle zusammengefasst, für die strukturierte Verfahren zur Erhebung von außerhochschulisch erworbenen Kompetenzen eingesetzt werden, die die Grundlage für Anrechnungsentscheidungen bilden. Bestandteil eines solchen Verfahrens sind zum Beispiel Kriterien für die Erstellung und Bewertung eines Portfolios, welches vor allem aus dem Lebenslauf, Lerntagebüchern und Reflexionen über die eigene Lernbiografie bestehen kann (Hanft et al. 2014; Wachendorf 2015). Für den inhaltlichen Niveauvergleich können Beurteilungsgespräche, Beurteilungsbögen oder – vor allem in Zweifelsfällen – auch schriftliche Validierungsaufgaben durchgeführt werden (Stamm-Riemer/Loroff/Hartmann 2011).

Auf diese Weise können individuelle Bildungsverläufe mit sowohl formal als auch non-formal und informell erworbenen Kompetenzen berücksichtigt und mit den Lernergebnissen des jeweiligen Studiengangs verglichen werden (ebd.). Zielgruppen für diese Form der Anrechnung sind alle Personen mit einer Hochschulzugangsberechtigung, die über anrechnungsfähige berufliche Qualifikationen und/ oder Erfahrungen verfügen. Als ein Beispiel für individuelle Anrechnung per unterstützter Einzelfallentscheidung ist unter anderem die an der Mathias Hochschule Rheine entwickelte Kompetenzsynopse (tabellarische Kompetenzdarstellung) zu nennen, an die gegebenenfalls ein Fachgespräch zur Kompetenzvalidierung anschließt (Schubert et al. 2015).

Der zentrale Vorteil von unterstützten individuellen Verfahren kann darin gesehen werden, dass im Rahmen des Anrechnungsverfahrens jede Form relevanter Kompetenzen, die in ganz unterschiedlichen Kontexten erworben wurden, berücksichtigt werden kann. So ist es grundsätzlich möglich, dass nicht nur Inhaberinnen und Inhaber verschiedener Aus-, Fort- und Weiterbildungen vom Instrument der Anrechnung profitieren, sondern darüber hinaus auch Personen, die über praktische Erfahrungen in studienrelevanten Bereichen verfügen. Dadurch ergibt sich insgesamt ein großes Öffnungspotential. Ein Nachteil der derzeit eingesetzten beziehungsweise erprobten strukturierten individuellen Verfahren liegt allerdings in ihrer hohen Komplexität und dem daraus resultierenden großen Aufwand, sowohl für die Studierenden beziehungsweise Studieninteressierten als auch für die Bearbeitenden (z.B. Loroff/Stamm-Riemer/Hartmann 2011; Mertz/Schramm/Wadewitz 2015). Dies kann dazu führen, dass individuelle Verfahren seltener eingesetzt und dadurch deren Öffnungspotentiale nicht oder nur teilweise genutzt werden. Damit ist auch eine Einschränkung des Öffnungspotentials im Sinne eines Anreizes zur Studienaufnahme verbunden, denn aufgrund des hohen Aufwandes (z.B. von portfoliogestützten Verfahren) werden diese häufig erst nach bereits erfolgter Studienzulassung durchgeführt.

3.2   Pauschale Anrechnungsmodelle – Potential mit strukturellen Grenzen

Kern des Ansatzes der *pauschalen Anrechnung* ist die Anrechnung von Lernergebnissen auf Module und/oder Teilmodule ohne Prüfung des Einzelfalls. Solche Verfahren basieren zumeist auf systematischen Äquivalenzvergleichen der Curricula von Studiengängen sowie Aus- und/oder Fortbildungsangeboten. So können formal erworbene und gegebenenfalls auch non-formale[7] Kompetenzen angerechnet werden. Durch die Veröffentlichung von Äquivalenzlisten, die eine Übersicht der im Rahmen des pauschalen Verfahrens anrechenbaren Module enthalten (Stamm-Riemer/Loroff/Hartmann 2011), kann bei pauschalen Verfahren eine hohe Transparenz für Studieninteressierte und Studierende erreicht werden. Dies kann ihnen die Sicherheit vermitteln, durch das Studium an bereits erworbene Kompetenzen anschließen zu können (Freitag 2012). Die Entwicklung und Einführung eines solchen Verfahrens ist jedoch aufwendig und kostenintensiv – es werden nicht nur finanzielle, sondern auch personelle und sächliche Ressourcen benötigt (Hanak/Sturm 2015c).

Zielgruppen von pauschalen Anrechnungsverfahren sind alle Personen mit einer Hochschulzugangsberechtigung und einer bereits durch einen Äquivalenzvergleich überprüften beruflichen Qualifikation. Beispiele für den Einsatz von pauschalen Anrechnungsverfahren sind unter anderem an der Universität Hannover in den Bachelorstudiengängen Biologie und Pflanzenbiotechnologie (Riemenschneider et al. 2015) sowie an der Universität Oldenburg im Bachelorstudiengang Business Administration (Müskens/Gierke/Hanft 2008) zu finden.

---

7   Beispielsweise in Form von Zertifikaten oder auch Teilnahmebescheinigungen festgelegter Veranstaltungen (z.B. Hanak/Sturm 2015b).

Der Vorteil der pauschalen Anrechnung für die Öffnung von Hochschulen liegt in der hohen Transparenz für Studieninteressierte, da diese auf einen Blick einschätzen können, welche Studienzeitverkürzung sie durch ihre berufliche Vorbildung zu erwarten haben – soweit die Äquivalenzlisten von den Hochschulen veröffentlicht werden. Der Übergang von der beruflichen in die akademische Bildung wird durch das Vorhandensein konkreter Informationen über anrechnungsfähige Leistungen – entweder durch anrechenbare Module oder eine pauschale Einstufung in ein höheres Semester – potentiell erleichtert. Nachteile bestehen bei dieser Form der Anrechnung allerdings zum einen darin, dass individuelle Lernbiografien, die nicht durch berufliche Abschlüsse dokumentiert sind, in diesem Verfahren nicht berücksichtigt werden können. Zum anderen profitieren nur Inhaberinnen und Inhaber von bereits im Vorfeld geprüften Aus- und Fortbildungsabschlüssen (oder gegebenenfalls Zertifikaten) davon – Personengruppen mit anderen Abschlüssen, die nicht geprüft wurden, sind von der Möglichkeit zur pauschalen Anrechnung ausgeschossen.

Dadurch wird nur ein begrenzter Personenkreis angesprochen, dessen Größe jedoch variieren kann, abhängig davon, wie viele und welche Abschlüsse aus der beruflichen Bildung mit dem Studiengang verglichen wurden. Hier kommt auch zum Tragen, ob ausschließlich Aufstiegsfortbildungen oder auch Ausbildungsabschlüsse in die Verfahren einbezogen werden, denn durch die Anrechnung von Berufsausbildungen kann ein größerer Personenkreis angesprochen werden (Müskens o.J.). Öffnungspotentiale im Sinne eines Anreizes und einer Erleichterung des Übergangs sind demnach bei dieser Anrechnungsform etwas größer als bei individuellen Verfahren, wo die Einstufung von vornherein noch nicht ersichtlich ist. Jedoch sind die Zielgruppen (teilweise stark) eingeschränkt; die Reichweite pauschaler Anrechnungsverfahren ist daher verhältnismäßig gering.

3.3 Kombinierte Anrechnungsmodelle – ein effizienter Weg zur Öffnung?

Als *kombinierte Anrechnungsverfahren* werden Modelle bezeichnet, die sowohl individuelle als auch pauschale Anrechnungsverfahren einschließen und es so ermöglichen, sowohl formal als auch non-formal oder informell erworbene Kompetenzen zu berücksichtigen. Dabei kann es sich zum einen um die bloße Kombination eines individuellen und eines pauschalen Instrumentes handeln, zum anderen ist aber auch der Einsatz eines ‚hybriden Verfahrens' denkbar, das Elemente beider Modelle in sich vereint und so ‚Doppelarbeit' zu vermeiden hilft. Durch den kombinierten Einsatz beider Modelle kann das vorliegende Anrechnungspotential einer Person in höherem Umfang erschlossen werden als in einem rein pauschalen Verfahren – durch die pauschalen Anteile ist die Durchführung jedoch effizienter als ein ausschließlich individuelles Modell (Stamm-Riemer/Loroff/Hartmann 2011). Ein weiterer Vorteil des kombinierten Einsatzes beider Verfahren gegenüber der rein pauschalen Anrechnung besteht darin, dass auch Personen von einer Anrechnung profitieren können, deren Abschlüsse nicht durch das pauschale Verfahren erfasst werden.

Die Zielgruppen, die durch diese Form der Anrechnung potentiell angesprochen werden können, sind grundsätzlich mit denen des gewählten individuellen Verfahrens identisch, folglich ist auch das Öffnungspotential, das sich durch den Einsatz des kombinierten Verfahrens ergibt, vergleichsweise groß. Ein Nachteil beim Einsatz beider Verfahren kann jedoch in einem hohem organisatorischen und finanziellen Aufwand bestehen, der daraus resultiert, dass beide Verfahren entwickelt und vorgehalten werden müssen (Hanak/Sturm 2015c). Zudem hängt die Größe des Öffnungspotentials von der konkreten Ausgestaltung und dem Einsatz des individuellen Verfahrens ab. Werden über das individuelle Verfahren nur formelle Kompetenzen erfasst, ist das Potential einer solchen Kombination weitaus geringer als wenn auch informelle Kompetenzen abgebildet und angerechnet werden können. Als ein Beispiel für einen Studiengang, der das Öffnungspotential beider Anrechnungsverfahren in ihrer Kombination optimal auszunutzen verspricht, kann der Studiengang Sozialpädagogik & Management an der Fachhochschule Dresden betrachtet werden; ein weiteres ist der Studiengang Betriebswirtschaftslehre an der Fachhochschule Brandenburg (Willms/Schwill/Friedrich 2015).

In der Anrechnungspraxis deutscher Hochschulen finden sich noch weitere Anwendungsbeispiele, unter anderem der Ausgleich einer bestehenden ‚Bachelor-Master-Lücke' durch Kompetenzen aus der Berufserfahrung oder die Zulassung von beruflich Qualifizierten ohne ersten Hochschulabschluss zum weiterbildenden Masterstudium (Hanft et al. 2014). Hierbei handelt es sich jedoch nicht um Anrechnungsverfahren in dem Sinne, dass Teile eines Studiums auf Grundlage von Lernergebnisvergleichen ersetzt werden. Vielmehr geht es hier darum, Berufserfahrungen oder berufliche Kompetenzen beim Zugang zu Masterstudiengängen zu nutzen. Dennoch bleibt festzuhalten, dass sich auch durch diese Ansätze weitere Öffnungspotentiale für Hochschulen ergeben, indem Personen mit beruflichen Qualifikationen oder Erfahrungen der Zugang zu akademischer (Weiter-)Bildung erleichtert wird.

3.4 Zwischenfazit: Öffnungspotentiale mit unterschiedlichen Einschränkungen

Wie gezeigt wurde, verfügen die verschiedenen Formen von Anrechnungsverfahren über unterschiedlich starke Potentiale für einen Beitrag zur Öffnung der Hochschulen, indem sie sich an spezifische Personengruppen mit je spezifischen Qualifikationsprofilen richten – oder diese ausschließen. Strukturierte individuelle und kombinierte Verfahren bieten aus einer konzeptionellen Perspektive die größten Öffnungspotentiale, da bei diesen auch non-formale und vor allem informelle Kompetenzen berücksichtigt werden können. Bei diesen Verfahren wird auf jede einzelne Bildungsbiografie individuell eingegangen, weshalb grundsätzlich die größte

Personengruppe angesprochen werden kann. Jedoch sind mit diesen Stärken auch praktische Einschränkungen verbunden, insbesondere durch den hohen Aufwand für Antragstellende und Bearbeitende.

Für alle Anrechnungsmodelle gilt, dass sie nur dann zum Einsatz kommen können, wenn die betreffenden Personen über eine Hochschulzugangsberechtigung verfügen und bereits zu einem Studium zugelassen wurden, was zum einen den Personenkreis klar definiert, aber zum anderen auch zu einer Einschränkung des Anreizcharakters führen kann. Eine Befragung zum strukturierten individuellen Anrechnungsverfahren an der Fachhochschule Brandenburg bestätigt, dass Anrechnungsmöglichkeiten die Studienentscheidung eines Teils der Studieninteressierten positiv beeinflussen können (Willms/Schwill/Friedrich 2015). Ein ähnliches Ergebnis zeigt die Studie von Hanft et al. (2014). In den dort dargestellten Fallbeispielen wird geschildert, dass einige Studierende das Studium nur aufgrund der bestehenden Anrechnungsmöglichkeiten begonnen haben.

Insgesamt kann festgehalten werden, dass Anrechnung konzeptionell gesehen – mit gewissen strukturellen Grenzen – zur Öffnung der Hochschulen für neue Zielgruppen beitragen kann. Um diesen Effekt auch in der Praxis zu erreichen, ist es jedoch notwendig, dass Anrechnungsmöglichkeiten an den Hochschulen vorhanden sowie strukturell verankert sind, bekannt gemacht werden und dass Unterstützungsangebote unterbreitet werden.

4   Implementation – Realisierung von Öffnungspotentialen

Um die Öffnungspotentiale von Anrechnungsverfahren auch praktisch nutzen zu können, ist ihre Implementation in den Hochschulen zwingende Voraussetzung, wozu unter anderem geregelte und transparente Verfahren sowie klare Kriterien gehören. Erfahrungen aus aktuellen Projekten zeigen jedoch, dass dies bisher noch wenig vorangeschritten und mit einigen Herausforderungen verbunden ist. Dies wird im Folgenden eingehender betrachtet: Auf Grundlage aktueller Studien und Praxisbeispiele wird in einem ersten Schritt der aktuelle Stand der Implementation dargestellt (Abschnitt 4.1) und anschließend diskutiert, welche Faktoren den Beitrag der Anrechnung zur Öffnung der Hochschulen einschränken (Abschnitt 4.2).

4.1   Aktueller Stand der Umsetzung – ein Beitrag zur Öffnung?

Anrechnung ist zum jetzigen Zeitpunkt noch nicht flächendeckend in den Hochschulen angekommen: Aktuelle Studien und Praxisbeispiele zeigen, dass das Interesse sowohl bei den Studierenden als auch bei den Hochschulen bisher insgesamt eher gering ist. Dies wird in erster Linie darauf zurückgeführt, dass aufgrund der anhaltend hohen Studiennachfrage für die Hochschulen häufig noch nicht die Notwendigkeit vorhanden ist, sich mit der Gewinnung berufserfahrener Zielgruppen näher zu beschäftigen (Weichert 2015; Hanak/Sturm 2015a). Zudem gibt es immer noch Akzeptanzprobleme an den Hochschulen, denen es häufig schwerfällt zu akzeptieren, dass einige der von ihnen vermittelten Kompetenzen auch außerhalb der Hochschule erworben werden können (dazu später mehr).

Der Forschungsstand zur Implementation von Anrechnungsverfahren in Deutschland ist bislang nicht sehr umfangreich. Erste übergreifende Hinweise darauf, welche Anrechnungsverfahren auf welche Weise in der deutschen Hochschulpraxis angewendet werden, liefert die Studie *Anrechnungspraxis in Hochschulstudiengängen* (AnHoSt) von Hanft et al. (2014). Diese bestätigt den Eindruck, dass verfahrensgestützte Anrechnung an Hochschulen bisher erst selten und wenn, dann häufig nur in einzelnen Studiengängen implementiert ist. Es bleibt abzuwarten, inwieweit die seit Anfang 2015 bestehende Verpflichtung der Akkreditierungsagenturen durch den Akkreditierungsrat zur Erteilung einer Auflage in den Fällen, in denen ein Studiengang nicht über hinreichende Anrechnungsmöglichkeiten verfügt, daran perspektivisch etwas ändern wird (Akkreditierungsrat 2014). In den bislang untersuchten Hochschulen beziehungsweise Studiengängen wird am häufigsten die individuelle Anrechnung angeboten, jedoch meist in Form einer unstrukturierten Einzelfallentscheidung, die de facto nicht den Anforderungen entspricht, die an Verfahren der individuellen Anrechnung gestellt werden. Dabei handelt es sich um Vorgehensweisen, durch die zumeist formelle, selten auch non-formale und informelle Kompetenzen angerechnet werden (Hanft et al. 2014). Häufig bleibt Anrechnung in der Praxis von Hochschulen auf Pflichtpraktika beschränkt (Kundolf/Maertsch 2013). Der zentrale Nachteil solcher Ansätze gegenüber einer systematischen, verfahrensgestützten Anrechnung besteht darin, dass die Einzelfallanrechnung in den meisten Fällen von subjektiven Entscheidungen von Modulverantwortlichen abhängt und ein geringes Maß an Transparenz aufweist. Meist werden seitens der Hochschulen bisher auch kaum Informationen und Unterstützung für Studierende angeboten: Studierende, die über eine berufliche Qualifikation verfügen, müssen sich nicht selten selbst über bestehende Anrechnungsmöglichkeiten informieren, folglich werden die vorhandenen Möglichkeiten durch die Studierenden kaum in Anspruch genommen (Hanft et al. 2014). Diese an den Hochschulen vor Ort vergleichsweise verbreitete Praxis trägt verhältnismäßig wenig zur Öffnung der betreffenden Studiengänge oder der Hochschulen insgesamt bei. Entsprechende Potentiale sind zwar theoretisch vorhanden, da die Möglichkeit zur Anrechnung grundsätzlich gegeben ist. Da diese Option jedoch wenig bekannt gemacht wird, Studierende selbst Informationen recherchieren müssen und die Anrechnungsentscheidung von Einzelpersonen abhängt, trägt sie in der Praxis nur wenig zur Erleichterung des Übergangs bei. Zudem wird die Prüfung der Module meist erst nach der erfolgten Zulassung vorgenommen. Von einem Anreiz zur Aufnahme eines Studiums kann also kaum gesprochen werden.

Den Ergebnissen der AnHoSt-Studie zufolge ist die beschriebene, wenig regulierte Form der Anrechnung besonders in grundständigen und konsekutiven Studiengängen verbreitet, elaborierte Verfahren der unterstützten individuellen

Anrechnung werden hingegen aktuell hauptsächlich in weiterbildenden Masterstudiengängen eingesetzt (ebd.). Dadurch ergibt sich in der Anwendungspraxis nur ein eingeschränktes Öffnungspotential, da die Zielgruppe, die an den Verfahren partizipieren kann, nicht nur über eine Hochschulzugangsberechtigung, sondern im Regelfall auch über einen ersten Hochschulabschluss verfügen muss.

Pauschale Anrechnungsverfahren sind derzeit vor allem im Bereich von Bachelorstudiengängen anzutreffen – sowohl in solchen, die berufsbegleitend studiert werden können, als auch in Vollzeitstudiengängen, die sich gezielt an Studieninteressierte mit einer beruflichen Vorbildung richten (ebd.). Auch hier wird sich zeigen, zu welchen Veränderungen die seitens des Akkreditierungsrates angestrebte verschärfte Beauflagungspraxis der Akkreditierungsagenturen zukünftig führen wird (Akkreditierungsrat 2014). Da mit einem pauschalen Anrechnungsverfahren im Vorfeld ein großer Aufwand verbunden ist, ist eher davon auszugehen, dass sich die Anwendung auch in Zukunft auf besondere Studienangebote für beruflich Qualifizierte beschränken wird. Denn zum einen profitieren diese Studienangebote vom starken Anreizcharakter der pauschalen Anrechnungsmöglichkeit, zum anderen ist dort mit einer hohen Antragshäufigkeit zu rechnen, sodass sich der finanzielle und organisatorische Aufwand für die Hochschulen lohnt. In der Praxis werden in Studiengängen, die eine pauschale Anrechnung anbieten, zumeist gleichzeitig auch individuelle Anrechnungsmöglichkeiten vorgehalten (kombiniertes Verfahren). Dabei variiert jedoch der Grad der Strukturiertheit der eingesetzten individuellen Verfahren erheblich, von stark unterstützten Portfolioverfahren bis zu nicht weiter normierten Einzelfallentscheidungen (ebd.). Folglich unterscheiden sich auch die Öffnungspotentiale der angebotenen kombinierten Modelle stark voneinander, je nach Ausgestaltung des eingesetzten individuellen Verfahrens.

Nur wenige Hochschulen schöpfen die bestehenden Potentiale kombinierter Verfahren voll aus. Dies hat auch etwas damit zu tun, dass informelle Kompetenzen in der Anrechnungspraxis bisher noch kaum berücksichtigt werden. Die Anrechnung von informellen und non-formalen Kompetenzen auf ein Modul eines grundständigen Studiengangs ist derzeit noch nicht gängige Praxis an deutschen Hochschulen (Muckel 2013). Im Bologna-Prozess wurden diese Lernarten zwar explizit betont, der Bezug auf die Ergebnisse (,Outcomes') von Bildungs- und Lernprozessen ist jedoch besonders für die ausgeprägte „Zertifikats- und Berechtigungskultur", wie sie in Deutschland vorherrscht, eine nicht zu unterschätzende Herausforderung – „werden hier doch eher die institutionalisierten Bildungswege als die tatsächlich erworbenen Fähigkeiten prämiert" (Wolter 2010, S. 63f.). Darüber hinaus ist die Validierung informeller Kompetenzen methodisch besonders schwierig und aufwendig – hier besteht noch weiterer Entwicklungsbedarf an effektiven, validen Modellen und Verfahren (Hanft et al. 2014). Der Schwerpunkt bei Anrechnungsverfahren liegt daher derzeit bei formalen Kompetenzen, die in der Regel über Zertifikate nachgewiesen werden können (vgl. Freitag 2009; Stamm-Riemer/Loroff/Hartmann 2011). Ausgeschlossen werden dadurch diejenigen, die neben einer formalen Hochschulzugangsberechtigung über ein hohes Maß an Berufserfahrung, aber nicht über eine abgeschlossene Ausbildung verfügen (vgl. Freitag 2009).

Insgesamt kann festgehalten werden, dass die Implementierung von Anrechnungsverfahren an deutschen Hochschulen nach wie vor Modellcharakter besitzt und bislang vor allem im Rahmen von Förderprojekten umgesetzt wurde. Auch in Hochschulen, die Anrechnungsverfahren gegenüber offener eingestellt sind, ist bisher häufig keine flächendeckende Implementation zu beobachten (Hanft et al. 2014). Einheitliche Anrechnungsleitlinien an Hochschulen wurden erst selten etabliert (z.B. Specht 2015; Wachendorf 2015), häufiger sind verschiedene Anrechnungsregelungen für die unterschiedlichen Studiengänge – oft auch abhängig von der anbietenden Fakultät – vorzufinden, was den Modellcharakter einzelner Studiengänge unterstreicht (z.B. Riemenschneider et al. 2015). Dies bedeutet, dass die vorhandenen Öffnungspotentiale aktuell nur vereinzelt und zumeist nicht in vollem Umfang genutzt werden. Welche zentralen Hürden einer Implementation von Anrechnung außerhochschulisch erworbener Kompetenzen in der Praxis entgegenstehen und den Beitrag für eine Öffnung einschränken, wird nachfolgend skizziert.

4.2 Hürden bei der Implementation von Anrechnungsverfahren

Die Erfahrungen aus verschiedenen Modellprojekten zeigen, dass bei der Implementation von Anrechnungsverfahren in einer Hochschule, einer Fakultät oder auch in einem einzelnen Studiengang sowohl im Vorfeld als auch im Prozess sowie in der späteren Durchführung viele Detailfragen zu beachten und eine Reihe von Herausforderungen zu meistern sind. Die Einführung von Anrechnungsverfahren erfordert beispielsweise die Anpassung bestehender Rahmenstudien- und Prüfungsordnungen, in denen die entsprechenden Möglichkeiten geschaffen werden müssen (ANKOM 2010; vgl. Wachendorf 2015; Specht 2015). Außerdem müssen transparente Strukturen geschaffen und Anlaufstellen für Studierende beziehungsweise Studieninteressierte eingerichtet werden (Specht 2015). Hilfreiche Hinweise für die Implementation können Handreichungen, Leitlinien und umfassende Publikationen bieten, die vor allem aus Förderprojekten heraus entstanden sind (z.B. Stamm-Riemer/Loroff/Hartmann 2011; Hartmann-Bischoff 2015). Außerdem wurden verfahrensübergreifende Standards zur Qualitätssicherung sowie verfahrensspezifische Prinzipien für die unterschiedlichen Anrechnungsverfahren und deren Verankerung entwickelt, die von interessierten Hochschulen genutzt werden können (z.B. Seger/Waldeyer 2014). Auch für den Aufbau von Kooperationen (beispielsweise mit außerhochschulischen Bildungseinrichtungen), die insbesondere bei pauschalen Verfahren von Bedeutung sind, wurden Arbeitsmaterialien, Musterverträge und Checklisten erstellt (z.B. ANKOM 2012; Müskens/Eilers-Schoof 2015). Für viele der potentiellen Herausforderungen, die bei der Implementation von Anrechnungsverfahren auftreten können, sind also bereits Lösungsvorschläge vorhanden, auf die zurückgegriffen werden kann, um die Öffnung für berufserfahrene Zielgruppen voranzutreiben.

Über die prozessbedingten Herausforderungen hinaus wird in Praxisbeispielen häufig über weitere Hürden berichtet, die eine systematische und umfassende Implementation behindern können. Diese Hürden lassen sich auf drei Ebenen beschreiben, der formalen, der Informations- und der Einstellungsebene, die nachfolgend vorgestellt werden. Die formale Ebene umfasst hochschulrechtliche und ressourcenbedingte Hürden (Abschnitt 4.2.1), auf der Informationsebene geht es um Hindernisse, die aus mangelnder Kenntnis der Verantwortlichen resultieren (Abschnitt 4.2.2) und auf der Einstellungsebene werden Haltungen relevanter Personen beschrieben, die eine Implementation behindern können (Abschnitt 4.2.3).

4.2.1 Formale Ebene

Eine zentrale Hürde auf der formalen Ebene ist im Fehlen von Ressourcen zu sehen, die aufgewendet werden müssen, um Anrechnungsverfahren nachhaltig zu implementieren. Dies sind zum einen finanzielle, aber auch zeitliche und sächliche sowie personelle Ressourcen, die notwendig sind, um hochschulinterne Regelungen anzupassen, Vorgehensweisen und Zuständigkeiten festzulegen und Anrechnungsverfahren ein- und durchzuführen (Specht 2015). Beispiele aus der Praxis zeigen, dass finanzielle Ressourcen häufig nicht in hinreichendem Maße zur Verfügung stehen, aber auch die Bereitstellung von personellen beziehungsweise zeitlichen Ressourcen stellt für viele Hochschulen eine Herausforderung dar (Hanak/Sturm 2015b). Zusätzliche Leistungen wie der Aufbau einer Anrechnungsberatung sind außerdem durch die vorhandenen Beschäftigten der Hochschulen häufig nicht zu leisten (Specht 2015). Eine Möglichkeit zur finanziellen Unterstützung bei der Schaffung von Anrechnungsstrukturen bieten (in der Regel projektgebundene) Drittmittel, jedoch besteht hier die Gefahr, dass die Nachhaltigkeit nicht gewährleistet ist, wenn Gelder nur während der Projektlaufzeit zur Verfügung stehen und Anrechnungsverfahren somit zwar eingeführt, aber nicht langfristig weiterentwickelt, ausgebaut und unterhalten werden können. „Es ist daher zwingend notwendig, die Finanzierung über die Laufzeit eines Drittmittelprojektes hinaus zu sichern." (Hanak/Sturm 2015b, S. 9) Nur so sind eine nachhaltige Implementation und in der Folge eine Öffnung der Hochschulen für neue Zielgruppen durch den Einsatz des Instruments der Anrechnung möglich.

Eine weitere formale Hürde für die umfassende Implementation von Anrechnungsmöglichkeiten besteht darin, dass in einigen Hochschulen beziehungsweise Fakultäten oder Studiengängen Inhalte einer beruflichen Erstausbildung nicht berücksichtigt werden. Dies führt dazu, dass die potentielle Zielgruppe stark eingeschränkt wird und letztlich – wenn überhaupt – nur aus den Absolventinnen und Absolventen von Aufstiegsfortbildungen besteht (vgl. Müskens o.J.). Während an einigen Hochschulen auf ihre Gleichwertigkeit hin überprüfte Ausbildungsinhalte angerechnet werden und hier prozedural wie bei allen anderen Kompetenzen verfahren wird, lehnt ein Teil der Hochschulen die Anrechnung von Ausbildungsinhalten grundsätzlich ab.

Dabei gibt es zwei unterschiedliche Haltungen: Einige Hochschulen rechnen grundsätzlich keine Kompetenzen aus einer Erstausbildung an mit der Begründung, Lernergebnisse einer Berufsausbildung und eines Studiums seien nicht gleichwertig (ohne dies allerdings detailliert geprüft zu haben). Bereits durchgeführte Äquivalenzvergleiche, unter anderem an der Technischen Universität Braunschweig, konnten jedoch für einige Ausbildungen und Studiengänge gleichwertige Lernergebnisse in einer Größenordnung von 10 bis 40 Leistungspunkten aufzeigen (ebd.). Andere Hochschulen rechnen Lernergebnisse einer beruflichen Erstausbildung nur dann an, wenn die Studierenden über eine schulische Form der Hochschulzugangsberechtigung verfügen. Hier besteht die Auffassung, dass es sich um eine nicht zulässige ‚Doppelanrechnung' handeln würde, wenn die Ausbildung bereits zu einer Studienberechtigung geführt hat und Kompetenzen aus dieser ebenfalls auf die Studienanforderungen angerechnet würden (ebd.). Die übergeordneten gesetzlichen und politischen Vorgaben schließen dies jedoch nicht grundsätzlich aus. In den Auslegungshinweisen der *Ländergemeinsamen Strukturvorgaben für die Akkreditierung* wird beispielsweise explizit darauf verwiesen, dass auch im Fall einer Zulassung über den Dritten Bildungsweg, bei der die Ausbildung ausschlaggebend für die Hochschulzulassung gewesen ist, Lernergebnisse aus dieser Qualifikationsstufe auf das Studium angerechnet werden können (KMK 2011). Die Einhaltung der entsprechenden Vorgaben der KMK durch die Hochschulen soll wie bereits erwähnt perspektivisch stärker im Rahmen von Akkreditierungsverfahren überprüft werden (Akkreditierungsrat 2014). Zwar wird in den Fällen, in denen Lernergebnisse einer Ausbildung angerechnet werden, aber eine ‚Doppelanrechnung' abgelehnt wird, der überwiegende Teil der beruflich qualifizierten Studierenden erreicht, da die meisten über eine schulische Hochschulzugangsberechtigung verfügen, jedoch werden hier nicht-traditionelle Studierende ohne schulische Studienberechtigung von der Möglichkeit zur Anrechnung ausgeschlossen und somit das vorhandene Potential zur Öffnung der Hochschulen für diese Zielgruppe nicht ausgeschöpft.

4.2.2 Informationsebene

Eine weitere Hürde bei der Implementation von Anrechnungsverfahren besteht darin, dass viele Verantwortliche an Hochschulen nicht oder nicht ausreichend über das Konzept der Anrechnung und dessen Anwendung informiert sind. Außerhalb der geförderten Projekte, die sich mit Anrechnung beschäftigen, herrscht nach wie vor weitgehend Unkenntnis über Begrifflichkeiten, Kriterien für die Gleichwertigkeit, Details zu Anrechnungsverfahren sowie über Ansätze für eine mögliche Implementierung (Hanft et al. 2014; Weichert 2015; Hanak/Sturm 2015a). Dies betrifft vor allem Fach-, Modul- und Prüfungsverantwortliche, die in der Praxis häufig über

Anrechnungsmöglichkeiten entscheiden, aber auch Personen in Leitungsfunktionen, besonders in Hochschulleitungen, Fakultäten sowie in der Verwaltung, die über die Legitimation verfügen würden, Anrechnungsverfahren einzuführen. Hier ist das notwendige Wissen häufig nicht in der notwendigen Breite und Tiefe vorhanden (Hartmann-Bischoff 2015). Durch den insgesamt geringen Kenntnisstand rund um das Thema Anrechnung wird zum einen die Implementation der Verfahren behindert, zum anderen entstehen dadurch auch Unsicherheiten und Vorbehalte gegenüber der Anrechnung.

4.2.3 Einstellungsebene

Neben informationsbedingten und formalen Hindernissen tragen zu einem nicht unerheblichen Teil auch die Einstellungen und Haltungen von verantwortlichen Personen dazu bei, dass der Beitrag der Anrechnung zur Öffnung der Hochschulen derzeit noch eher gering ausfällt. Hochschullehrenden kommt im Prozess der Implementierung eine große Bedeutung zu, da sie diesen beispielsweise durch ihre Einstellungen zu Durchlässigkeit und Anrechnung maßgeblich beeinflussen und prägen können (Völk 2011). Lehrende stehen dem Instrument der Anrechnung jedoch häufig skeptisch gegenüber, wobei die Gründe hierfür vielfältig sind. So lehnen einige die Anrechnung von außerhochschulisch erworbenen Kompetenzen grundsätzlich ab, da sie der Meinung sind, diese entsprächen nicht dem gleichen fachlichen Niveau wie ein Hochschulstudium (Hartmann-Bischoff 2015). Andere befürchten einen Niveau- und Qualitätsverlust, wenn beruflich erworbene Kompetenzen auf die Studienanforderungen angerechnet werden können (Völk 2011). Zum Teil besteht auch die Annahme, ein geregeltes Vorgehen sei unnötig, da Anrechnung informell bereits erfolge – gemeint sind hier zum einen Berufserfahrungen, die als Praktika anerkannt werden, und zum anderen Einzelfallentscheidungen, die jedoch nicht in Prüfungsordnungen verankert sind, sondern ad hoc getroffen werden (Hartmann-Bischoff 2015). Eine Grundskepsis ist bei vielen Fach-, Modul- und Prüfungsverantwortlichen auch mit Blick auf den Aufwand – vor allem bei individuellen Verfahren – anzutreffen, da die Prüfung von Anrechnungsvorhaben in der Regel zusätzlich zu ihren Lehr- und sonstigen Verpflichtungen zu erbringen ist (ebd.; Hanak/Sturm 2015b). Außerdem werden Kapazitätsengpässe als Gegenargument angeführt, wenn es darum geht, beruflich Qualifizierte als neue Zielgruppe zu erschließen (Hanak/Sturm 2015a).

Häufig werden in der Argumentation für eine ablehnende und skeptische Haltung mehr oder weniger formale Gründe ins Feld geführt, es entsteht jedoch der Eindruck, dass diese nicht in erster Linie ausschlaggebend sind, sondern vielmehr eine Kultur der Wertschätzung gegenüber beruflich erworbenen Kompetenzen derzeit noch nicht vorhanden ist (Freitag et al. 2011). Die insgesamt eher skeptische Haltung von Hochschullehrenden dem Instrument der Anrechnung gegenüber wird durch eine Befragung des *International Centre for Higher Education Research*

Kassel (INCHER-Kassel) bestätigt (Schomburg/Flöther/Wolf 2012). Die befragten Hochschullehrenden wurden unter anderem gebeten, konkrete Maßnahmen zur Erhöhung der Durchlässigkeit im Bildungssystem zu bewerten. Insgesamt werden diese zwar mehrheitlich befürwortet, dabei stoßen allerdings Maßnahmen wie der Ausbau weiterbildender sowie berufsbegleitender und Teilzeitangebote auf ein höheres Maß an Zustimmung als die Anrechnung. Auffällig und zugleich maßgeblich für Initiativen zur Implementation von Anrechnungsverfahren sind hierbei die Unterschiede nach Statusgruppen: Wissenschaftliche Mitarbeiterinnen und Mitarbeiter stehen einer Anrechnung in relevantem Maße offener gegenüber als Professorinnen und Professoren, die letztendlich Entscheidungen zur Umsetzung von Anrechnung treffen oder zumindest beeinflussen können. Zu beobachten ist jedoch, dass sich Skepsis und Widerstände auch nach dem Grad der Informiertheit über Hintergründe und Grundsätze von Anrechnung unterscheiden (Hartmann-Bischoff 2015; Hanft et al. 2014). Je mehr Kenntnisse über Anrechnungsverfahren und Implementationsprozesse vorhanden sind, desto geringere Vorbehalte sind bei den beteiligten Akteuren festzustellen.

Insgesamt ist festzuhalten, dass sich eine skeptische bis ablehnende Haltung von verantwortlichen Personen gegenüber der Anrechnung negativ auf die Realisierungschancen einer Öffnung der Hochschulen durch dieses Instrument auswirken kann. Hanak und Sturm (2015a) betonen ebenfalls den Stellenwert von individuellen Einstellungen und vertreten die These, dass nur durch eine Steigerung der Akzeptanz eine Ausweitung von Anrechnungsverfahren erfolgen könne.

5 Fazit: Ungenutzte Potentiale – unüberwindbare Grenzen?

Anrechnung kann und soll – so die zentrale Erwartung – zur Durchlässigkeit zwischen beruflicher und akademischer Bildung sowie zu einer Öffnung der Hochschulen für neue Zielgruppen beitragen, indem Übergänge in akademische Bildungsgänge erleichtert werden. Doch welchen Beitrag kann Anrechnung hier realistischerweise leisten? Dies hängt, so der zentrale Befund dieses Beitrags, zum einen von der Reichweite der eingesetzten Verfahren in Bezug auf die adressierten Zielgruppen und zum anderen von der Implementation der Verfahren in den Hochschulen, die zumindest bisher in besonderer Weise von der Wertschätzung anderer Lernkulturen beeinflusst wird, ab.

Betrachtet man die verschiedenen Anrechnungsmodelle in Hinblick auf ihren möglichen Beitrag zur Öffnung der Hochschulen, so kann festgestellt werden, dass die Verfahren hier unterschiedlich stark ausgeprägte Potentiale aufweisen. Das in Bezug auf den erreichbaren Personenkreis größte Potential bieten individuelle und kombinierte Anrechnungsmodelle, da bei diesen Einzelfälle betrachtet werden sowie über formale Bildungsabschlüsse hinaus informelle und non-formale Kompetenzen berücksichtigt werden können. So kann – innerhalb der gesetzlichen Rahmenbedingungen – der größtmögliche Personenkreis angesprochen werden. Hier sind aber zugleich in der Praxis die größten Herausforderungen zu beobachten, die zum einen aus der Komplexität der Verfahren und dem daraus entstehenden hohen Aufwand resultieren, zum anderen aus der mangelnden Akzeptanz der Anrechnung insgesamt.

Außerdem kann bei der Implementierung und Qualitätssicherung von Anrechnungsverfahren mittlerweile auf vielfältige Erfahrungen aus Förderprogrammen zurückgegriffen werden, die in verschiedenen Leitlinien und Handreichungen dokumentiert sind. Der Weg für die Anrechnung von außerhochschulisch erworbenen Kompetenzen ist somit grundsätzlich geebnet. Dennoch ist Anrechnung noch nicht flächendeckend in den Hochschulen angekommen, sondern bleibt bisher häufig auf einzelne Modellstudiengänge beschränkt. Die zentralen Hürden hierfür können auf der formalen, der Informations- und der Einstellungsebene beschrieben werden, wobei diese stark miteinander verschränkt sind. Einen ganz zentralen Erfolgsfaktor stellen die Einstellungen und Haltungen von verantwortlichen Personen, insbesondere Hochschullehrerinnen und Hochschullehrern dar, denn letztlich sind die Implementation von Anrechnungsverfahren und die Ausschöpfung der Möglichkeiten dieses Instruments in hohem Maße von der Akzeptanz von Einzelpersonen abhängig. Wenn diese fehlt, schwächt dies die mögliche Rolle der Anrechnung bei der Öffnung von Hochschulen.

Insgesamt ist ein deutliches Spannungsfeld zu erkennen: Das Instrument der Anrechnung wird von politischer Seite klar gewollt, stößt jedoch an den Hochschulen häufig auf Ablehnung oder zumindest Skepsis. Während politische Akteure das Instrument der Anrechnung oft als Element zur Öffnung der Hochschulen und der Durchlässigkeit zwischen beruflicher und akademischer Bildung vorantreiben und fördern, ist von Seiten vieler Hochschulen große Zurückhaltung zu spüren. Inwieweit dieser Haltung ausgerechnet über das umstrittene Instrument der Akkreditierung wirksam begegnet werden kann, ist derzeit noch nicht abzusehen. Um das vorhandene Potential zur Öffnung der Hochschulen für berufserfahrene Zielgruppen, das die Anrechnung auf konzeptioneller Ebene erwiesenermaßen hat, besser als bisher zu nutzen, müssten vor allem die Wertschätzung gegenüber beruflich erworbenen Kompetenzen und die Akzeptanz von Anrechnungsmodellen an den Hochschulen gefördert werden. Beispielsweise wäre es denkbar, dass sich die weit verbreitete Skepsis und die bestehenden Vorbehalte durch eine verstärkte Information und Schulung von Hochschullehrerinnen und Hochschullehrern sowie weiteren Personen in verantwortlicher Position langfristig verringern könnten. Dies könnte auch durch eine stärkere Einbindung von Vertreterinnen und Vertretern von außerhochschulischen Bildungseinrichtungen geschehen, die aufgrund ihrer besonderen Praxiskompetenz und ihrer genauen Kenntnis beruflicher Aus- und Fortbildungsgänge Akzeptanz für die Gleichwertigkeit der dort erlangten Kompetenzen schaffen könnten. Solange die relevanten Personen an den Hochschulen der Anrechnung überwiegend eine starke Zurückhaltung entgegen bringen, können die bestehenden Chancen kaum realisiert werden.

Literatur

Akkreditierungsrat (2014): *Anrechnung außerhochschulischer Kenntnisse und Fähigkeiten* (Rundschreiben des Vorsitzenden des Akkreditierungsrates an die Geschäftsführerinnen und Geschäftsführer der Agenturen vom 19.12.2014). Bonn.

ANKOM (2010): *Anrechnungsleitlinie. Leitlinie für die Qualitätssicherung von Verfahren zur Anrechnung beruflicher und außerhochschulisch erworbener Kompetenzen auf Hochschulstudiengänge.* Hannover.

ANKOM (2012): *Kooperationsvereinbarungen zwischen Hochschulen und Einrichtungen der beruflichen Bildung zur Anrechnung von beruflichen Kompetenzen auf Hochschulstudiengänge und zur Förderung der Durchlässigkeit* (Arbeitsmaterial Nr. 4). URL: http://ankom.dzhw.eu/pdf_archiv/M4_Ankom.pdf [10.12.2015].

Banscherus, U. (2010): Lebenslanges Lernen im Bologna-Prozess. In: Wolter, A./Wiesner, G./Koepernik, C. (Hrsg.): *Der lernende Mensch in der Wissensgesellschaft. Perspektiven lebenslangen Lernens.* Weinheim: Juventa. S. 221–237.

Cendon, E./Eilers-Schoof, A./Flacke, L. B./Hartmann-Bischoff, M./Kohlesch, A./Müskens, W./Seger, M.S./Specht, J./Waldeyer, C./Weichert, D. (2015): *Handreichung: Anrechnung, Teil 1. Ein theoretischer Überblick.* Berlin.

Cendon, E./Flacke, L. B./Kohlesch, A. (2015): Zentrale Konzepte und Bezugsrahmen. In: Cendon, E./Eilers-Schoof, A./Flacke, L. B./Hartmann-Bischoff, M./Kohlesch, A./Müskens, W./Seger, M. S./Specht, J./Waldeyer, C./Weichert, D.: *Handreichung: Anrechnung, Teil 1. Ein theoretischer Überblick.* Berlin. S. 26–39.

Duchemin, C./Hawley, J. (2010): *European Inventory on Validation of Non-formal and Informal Learning 2010: Thematic Report – Validation in the Higher Education Sector.* Thessaloniki.

Europäische Bildungsministerinnen und -minister (2002): *Declaration of the European Ministers of Vocational Education and Training, and the European Commission, convened in Copenhagen on 29 and 30 November 2002, on enhanced European cooperation in vocational education and training.* Kopenhagen.

Europäische Bildungsministerinnen und -minister (2003): *„Den Europäischen Hochschulraum verwirklichen" – Kommuniqué der Konferenz der europäischen Hochschulminister am 19. September 2003.* Berlin.

Europäische Bildungsministerinnen und -minister (2005): *„Der Europäische Hochschulraum – die Ziele verwirklichen". Kommuniqué der Konferenz der für die Hochschulen zuständigen europäischen Minister am 19.–20. Mai 2005.* Bergen.

Europäische Kommission (2000): *Arbeitsdokument der Kommissionsdienststellen. Memorandum über Lebenslanges Lernen.* Brüssel.

Europäischer Rat (2000): *Schlussfolgerungen des Vorsitzes. 23. und 24. März 2000.* Lissabon.

Europäische Union (2008): *Empfehlung des europäischen Parlaments und des Rates vom 23. April 2008 zur Einrichtung des Europäischen Qualifikationsrahmens für lebenslanges Lernen* (Amtsblatt C 111/01). Straßburg.

Eurydice Report (2014): *Modernisation of Higher Education in Europe. Access, Retention and Employability.* Brüssel.

Freitag, W. K. (2009): Hochschulen als Orte lebenslangen Lernens in Europa? Anrechnung von außerhalb der Hochschulen erworbenen Kompetenzen auf Hochschulstudiengänge. In: Alheit, P./Felden, H. von (Hrsg.): *Lebenslanges Lernen und erziehungswissenschaftli-*

che Biographieforschung. Konzepte und Forschung im europäischen Diskurs. Wiesbaden: Springer VS. S. 217–229.

Freitag, W. K. (2011): Anrechnung: Eine Analyse der rechtlichen Regelungen in den Hochschulgesetzen der Länder sowie ausgewählter Prüfungsordnungen von Hochschulen. In: Freitag, W. K./Hartmann, A. E./Loroff, C./Stamm-Riemer, I./Völk, D./Buhr, R. (Hrsg.): *Gestaltungsfeld Anrechnung: Hochschulische und berufliche Bildung im Wandel.* Münster: Waxmann. S. 191–217.

Freitag, W. K. (2012): Durchlässigkeit in die Hochschule und der Stellenwert der Anrechnung beruflich erworbener Kompetenzen. In: Kuda, E./Strauß, J./Spöttl, G./Kaßebaum, B. (Hrsg.): *Akademisierung der Arbeitswelt? Zur Zukunft der beruflichen Bildung.* Hamburg: VSA. S. 96–112.

Freitag, W. K./Hartmann, E. A./Loroff, C./Minks, K.-H./Völk, D./Buhr, K. (2011): Gestaltungsfeld Anrechnung: Resümee aus Sicht der wissenschaftlichen Begleitung. In: Freitag, W. K./Hartmann, E. A./Loroff, C./Stamm-Riemer, I./Völk, D./Buhr, K. (Hrsg.): *Gestaltungsfeld Anrechnung. Hochschulische und berufliche Bildung im Wandel.* Münster: Waxmann. S. 239–250.

Hanak, H./Sturm, N. (2015a): *Außerhochschulisch erworbene Kompetenzen anrechnen. Praxisanalyse und Implementierungsempfehlungen.* Wiesbaden: Springer VS.

Hanak, H./Sturm, N. (2015b): Akzeptanz als Instrument zur nachhaltigen Implementierung von Verfahren der Anerkennung und Anrechnung außerhochschulisch erworbener Kompetenzen. In: Gerich, E./Hanak, H./Schramm, H./Strazny, S./Sturm, N./Wachendorf, N. M./Wadewitz, M./Weichert, D.: *Handreichung: Anrechnung, Teil 2. Ein Einblick in die Praxis.* Berlin. S. 5–15.

Hanak, H./Sturm, N. (2015c): *Anerkennung und Anrechnung außerhochschulisch erworbener Kompetenzen. Eine Handreichung für die wissenschaftliche Weiterbildung.* Wiesbaden: Springer VS.

Hanft, A./Brinkmann, K./Gierke, W. B./Müskens, W. (2014): *Anrechnung außerhochschulischer Kompetenzen in Studiengängen. Studie: AnHoSt „Anrechnungspraxis in Hochschulstudiengängen".* Oldenburg.

Hanft, A./Knust, M./Müskens, W./Gierke, W.B. (2008): Vom Nutzen der Anrechnung: Eine Betrachtung aus organisatorischer und ökonomischer Perspektive. In: *Betriebswirtschaftliche Forschung und Praxis.* 60(4). S. 297–312.

Hanft, A./Müskens, W. (2013): Anrechnung beruflicher Kompetenzen auf Hochschulstudiengänge: Ein Überblick. In: Hanft, A./Brinkmann, K. (Hrsg.): *Offene Hochschulen. Die Neuausrichtung der Hochschulen auf Lebenslanges Lernen.* Münster: Waxmann. S. 223–234.

Hartmann-Bischoff, M. (2015): Implementation als dynamischer, sozialer Prozess. In: Cendon, E./Eilers-Schoof, A./Flacke, L. B./Hartmann-Bischoff, M./Kohlesch, A./Müskens, W./Seger, M. S./Specht, J./Waldeyer, C./Weichert, D.: *Handreichung: Anrechnung, Teil 1. Ein theoretischer Überblick.* Berlin. S. 68–78.

Kultusministerkonferenz (KMK, 2002): *Anrechnung von außerhalb des Hochschulwesens erworbenen Kenntnissen und Fähigkeiten auf ein Hochschulstudium (I)* (Beschluss der Kultusministerkonferenz vom 28.06.2002). Bonn.

Kultusministerkonferenz (KMK, 2008): *Anrechnung von außerhalb des Hochschulwesens erworbenen Kenntnissen und Fähigkeiten auf ein Hochschulstudium (II)* (Beschluss der Kultusministerkonferenz vom 18.09.2008). Bonn.

Kultusministerkonferenz (KMK, 2010): *Ländergemeinsame Strukturvorgaben für die Akkreditierung von Bachelor- und Masterstudiengängen* (Beschluss der Kultusministerkonferenz vom 10.10.2003 i.d.F. vom 04.02.2010). Bonn.

Kultusministerkonferenz (KMK, 2011): *Ländergemeinsame Strukturvorgaben für die Akkreditierung von Bachelor- und Masterstudiengängen vom 04.02.2010. Auslegungshinweise* (Handreichung des Hochschulausschusses der Kultusministerkonferenz vom 25.03.2011). Bonn.

Kundolf, S./Maertsch, K. (2013): Anrechnung von beruflich erworbenen Kompetenzen und Qualifikationen bei beruflich qualifizierten Studierenden. In: Agentur für Erwachsenen- und Weiterbildung (Hrsg.): *Beruflich qualifiziert studieren – Herausforderung für Hochschulen. Ergebnisse des Modellprojekts Offene Hochschule Niedersachsen.* Bielefeld: W. Bertelsmann. S. 85–98.

Loroff, C./Stamm-Riemer, I./Hartmann, E. A. (2011): Anrechnung: Modellentwicklung, Generalisierung und Kontextbedingungen. In: Freitag, W. K./Hartmann, E. A./Loroff, C./Stamm-Riemer, I./Völk, D./Buhr, K. (Hrsg.): *Gestaltungsfeld Anrechnung. Hochschulische und berufliche Bildung im Wandel.* Münster: Waxmann. S. 77–117.

Martens, J./Diettrich, A./Wolfgramm, K. [2014]: *Anrechnung von außerhalb der Hochschule erworbenen Kompetenzen. Kosmos – Konstruktion und Organisation eines Studiums in offenen Systemen.* Bericht aus dem Projekt ‚KOSMOS – Konstruktion und Organisation eines Studiums in offenen Systemen' der Universität Rostock.

Mertz, N./Schramm, H./Wadewitz, M. (2015): Praxisbeispiel zum Projekt NOW – Nachfrage- und adressatenorientierte akademische Weiterbildung an der Universität Erfurt. In: Gerich, E./Hanak, H./Schramm, H./Strazny, S./Sturm, S./Wachendorf, N. M./Wadewitz, M./Weichert, D.: *Handreichung Anrechnung, Teil 2. Ein Einblick in die Praxis.* Berlin. S. 26–38.

Mucke, K. (2010): Durchlässigkeit und Anrechnung – Leistungen des DQR. In: Loebe, H./Severing, E. (Hrsg.): *Mobilität steigern – Durchlässigkeit fördern. Europäische Impulse für die Berufsbildung.* Bielefeld: W. Bertelsmann. S. 165–183.

Muckel, P. (2013): Individuelle Anrechnung von Kompetenzen. In: Hanft, A./Brinkmann, K. (Hrsg.): *Offene Hochschulen. Die Neuausrichtung der Hochschulen auf Lebenslanges Lernen.* Münster: Waxmann. S. 259–273.

Müskens, W. (o.J.): *Anrechnung beruflicher Erstausbildungen* (Publikation der Bildungsallianz Mint.online.) URL: https://www.uni-oldenburg.de/fileadmin/user_upload/anrechnungsprojekte/QbAnr_Anrechnung_Ausbildung.pdf [10.12.2015].

Müskens, W./Eilers-Schoof, A. (2015): Kooperationen mit außerhochschulischen Bildungseinrichtungen. In: Cendon, E./Eilers-Schoof, A./Flacke, L. B./Hartmann-Bischoff, M./Kohlesch, A./Müskens, W./Seger, M. S./Specht, J./Waldeyer, C./Weichert, D.: *Handreichung: Anrechnung, Teil 1. Ein theoretischer Überblick.* Berlin. S. 40–51.

Müskens, W./Gierke, W./Hanft, A. (2008): Nicht gleichartig und doch gleichwertig? Kompensation und Niveaubestimmung im Oldenburger Modell der Anrechnung. In: Stamm-Riemer, I./Loroff, C./Minks, K.-H./Freitag, W. (Hrsg.): *Die Entwicklung von Anrechnungsmodellen. Zu Äquivalenzpotenzialen von beruflicher und hochschulischer Bildung* (HIS-Forum Hochschule 13/2008). S. 91–102.

Orr, D./Riechers, M. (2010): *Organisation des Hochschulzugangs im Vergleich von sieben europäischen Ländern* (HIS-Forum Hochschule 11/2010). Hannover.

Papadopoulos, G. (1996): *Die Entwicklung des Bildungswesens von 1960 bis 1990. Der Beitrag der OECD.* Frankfurt am Main: Europäischer Verlag der Wissenschaften.

Riemenschneider, A./Fiebig, M./Weese, A./Kuhnt, G. (2015): Einstieg ins Studium – eine Perspektive nach der Ausbildung? Ein Pilotprojekt zur Anrechnung beruflicher Kompetenzen für die Studiengänge Biologie & Pflanzenbiotechnologie. In: Freitag, W. K./Buhr, R./Danzeglocke, E.-M./Schröder, S./Völk, D. (Hrsg.): *Übergänge gestalten. Durchlässigkeit zwischen beruflicher und hochschulischer Bildung erhöhen.* Münster: Waxmann. S. 387–398.

Schomburg, H./Flöther, C./Wolf, V. (2012): *Wandel von Lehre und Studium an deutschen Hochschulen – Erfahrungen und Sichtweisen der Lehrenden. Projektbericht.* Kassel.

Schubert, B./Narbei, E./Ruge, R./Zimmermann, M. (2015): Die Etablierung individueller Kompetenzanrechnung an der Mathias Hochschule Rheine unter dem Aspekt der nachhaltigen Qualitätsentwicklung. Prozesse – Ergebnisse – Herausforderungen. In: Freitag, W. K./Buhr, R./Danzeglocke, E.-M./Schröder, S./Völk, D. (Hrsg.): *Übergänge gestalten. Durchlässigkeit zwischen beruflicher und hochschulischer Bildung erhöhen.* Münster: Waxmann. S. 365–386.

Seger, M. S./Waldeyer, C. (2014): *Qualitätssicherung im Kontext der Anrechnung und Anerkennung von Lernergebnissen an Hochschulen. Standards für transparente und nachvollziehbare Analyseverfahren und Anrechnungsprozesse.* Aachen: Shaker.

Specht, J. (2015): Strategische und organisatorische Planung. In: Cendon, E./Eilers-Schoof, A./Flacke, L. B./Hartmann-Bischoff, M./Kohlesch, A./Müskens, W./Seger, M. S./Specht, J./Waldeyer, C./Weichert, D.: *Handreichung: Anrechnung, Teil 1. Ein theoretischer Überblick.* Berlin. S. 17–25.

Stamm-Riemer, I./Loroff, C./Hartmann, E. A. (2011): *Anrechnungsmodelle. Generalisierte Ergebnisse der ANKOM-Initiative* (HIS-Forum Hochschule 1/2011). Hannover.

Völk, D. (2011): Anrechnung aus der Perspektive der Hochschullehrenden. In: Freitag, W. K./Hartmann, E. A./Loroff, C./Stamm-Riemer, I./Völk, D./Buhr, R. (Hrsg.): *Gestaltungsfeld Anrechnung. Hochschulische und berufliche Bildung im Wandel.* Münster: Waxmann. S. 177–189.

Wachendorf, N. M. (2015): Die Entwicklung und Implementierung von Verfahren zur Anrechnung hochschulischer und außerhochschulischer Kompetenzen durch eine Anrechnungsrahmenordnung an der Hochschule Niederrhein. In: Gerich, E./Hanak, H./Schramm, H./Strazny, S./Sturm, N./Wachendorf, N. M./Wadewitz, M./Weichert, D.: *Handreichung: Anrechnung, Teil 2. Ein Einblick in die Praxis.* Berlin. S. 16–25.

Weichert, D. (2015): Anrechnungsverfahren. In: Cendon, E./Eilers-Schoof, A./Flacke, L. B./Hartmann-Bischoff, M./Kohlesch, A./Müskens, W./Seger, M. S./Specht, J./Waldeyer, C./Weichert, D.: *Handreichung: Anrechnung, Teil 1. Ein theoretischer Überblick.* Berlin. S. 8–16.

Willms, A./Schwill, U./Friedrich, E. (2015): Studienerfolgsoptimierende Dimensionen des Übergangs. Bestandsaufnahme – Evaluation – Reflexion. In: Freitag, W. K./Buhr, R./Danzeglocke, E.-M./Schröder, S./Völk, D. (Hrsg.): *Übergänge gestalten. Durchlässigkeit zwischen beruflicher und hochschulischer Bildung erhöhen.* Münster: Waxmann. S. 237–254.

Wolter, A. (2010): Die Hochschule als Institution des lebenslangen Lernens. In: Wolter, A./Wiesner, G./Koepernik, C. (Hrsg.): *Der lernende Mensch in der Wissensgesellschaft. Perspektiven lebenslangen Lernens.* Weinheim: Juventa. S. 53–79.

Caroline Kamm, Katharina Lenz, Anna Spexard

Das Potential dualer Studiengänge zur Öffnung der Hochschulen für neue Zielgruppen

1 Einleitung

Ziel des Bund-Länder-Wettbewerbs *Aufstieg durch Bildung: offene Hochschulen* ist es, die Durchlässigkeit zwischen beruflicher und akademischer Bildung zu erhöhen und das Fachkräfteangebot, gerade vor dem Hintergrund des demografischen Wandels, dauerhaft zu sichern. Als Teil der 2008 beschlossenen Qualifizierungsinitiative *Aufstieg durch Bildung* ist mit diesem Anliegen darüber hinaus die bildungspolitische Aufgabe verbunden, die Bildungschancen aller zu verbessern (vgl. den Beitrag von Banscherus/Wolter in diesem Band). Im Rahmen des Wettbewerbs wird die Entwicklung nachfrageorientierter Konzepte für neue Studienangebote gefördert, zu denen auch duale Studiengänge zählen. Unter den geförderten Projekten der ersten Wettbewerbsrunde spielen diese mit weniger als drei Prozent der zu entwickelnden Studienangebote jedoch eher eine untergeordnete Rolle (Hanft et al. 2015).

Das duale Studium wird mit vielfältigen und zum Teil hohen Erwartungen verknüpft. Aufgrund seiner besonderen Merkmale gilt es als ein möglicher Weg, zu einer Öffnung der Hochschulen beizutragen und bestimmten Personengruppen einen beruflichen Aufstieg durch den Erwerb eines akademischen Abschlusses zu ermöglichen (Berthold et al. 2009; BIBB 2012). Durch die Verknüpfung von Theorie und Praxis schlage es eine Brücke zwischen den Bereichen der akademischen und beruflichen Bildung und trage so zur Erhöhung der Durchlässigkeit bei (Kupfer/Köhlmann-Eckel/Kolter 2014). Duale Studiengänge könnten außerdem – so die zentrale Annahme des vorliegenden Beitrags – mit ihren spezifischen Merkmalen, wie beispielsweise der Zahlung einer Vergütung während des Studiums oder einem starken Anwendungsbezug, eine attraktive Studienmöglichkeit für Personen darstellen, die aus finanziellen Gründen oder wegen der befürchteten Praxisferne eines Hochschulstudiums einen Studienverzicht in Erwägung gezogen hätten (beispielsweise Personen aus nicht akademischen Familien) oder die ein ('reguläres') Studium an einer Hochschule abgebrochen haben. Für Personen mit abgeschlossener Berufsausbildung können duale Studiengänge ebenfalls eine Möglichkeit bieten, ihren Bildungsweg mit einem akademischen Abschluss fortzusetzen (Kamm/Lenz/Spexard 2015).

Die wachsende Bedeutung des dualen Studiums – sowohl quantitativ mit einem seit Jahren steigenden Angebot als auch qualitativ mit den genannten Erwartungen an duale Studiengänge – spiegelt sich in der wissenschaftlichen Auseinandersetzung mit dem Thema bislang nur eingeschränkt wider (Wolter et al. 2014; vgl. Hähn 2015). Aktuell gibt es keine Studien, die deutschlandweit alle Fachbereiche, Studienformate und Ausbildungsinstitutionen umfassen, vorhandene Untersuchungen beschränken sich auf bestimmte Regionen, Hochschultypen oder Formate (z.B. Gensch 2014; Krone/Mill 2012; Trautwein et al. 2006; Middendorff et al. 2013). Untersuchungen über Unternehmen, die gemeinsam mit einer Hochschule einen dualen Studiengang anbieten, gibt es ebenfalls nur vereinzelt (Krone/Mill 2014; Krone 2015a; Kupfer/Köhlmann-Eckel/Kolter 2014).

Einen Beitrag zur Schließung der Forschungslücke leistet eine Untersuchung zum dualen Studium im MINT-Bereich[1] (Wolter et al. 2014), die Grundlage für den vorliegenden Beitrag ist. Ausgehend von den Ergebnissen dieser Studie, die neben einer deutschlandweiten Befragung von Studierenden Interviews mit Vertreterinnen und Vertretern von Unternehmen, Hochschulen, Schulen und Berufsberatungsstellen umfasst, wird im Folgenden untersucht, inwieweit Studieninteressierte mit einer beruflichen Qualifikation (unabhängig von der Art ihrer Studienberechtigung), sogenannte ‚Bildungsaufsteigerinnen und -aufsteiger' sowie Studienabbrecherinnen und -abbrecher ‚regulärer' Studiengänge Zielgruppen für das duale Studium darstellen können. Zudem soll diskutiert werden, welche Eigenschaften dualer Studiengänge einer solchen Öffnung für (neue) Zielgruppen gegebenenfalls entgegenstehen. Hier sind beispielsweise der Ruf eines ‚Elitestudiums' oder das begrenzte Ausbaupotential, zum einen aufgrund der Studierendenauswahl durch die Unternehmen, zum anderen durch Einschränkungen des Fächerspektrums, zu nennen.

Zunächst werden die verschiedenen Typen dualer Studiengänge erläutert und deren Entwicklung skizziert (Abschnitt 2). Auf eine kurze Darstellung der Untersuchungsmethodik (Abschnitt 3) folgt die Präsentation der zentralen Ergebnisse: Anhand ausgewählter Befunde werden in einem ersten Schritt die Herausstellungsmerkmale dualer Studiengänge umrissen, die zu einer Öffnung für die genannten Zielgruppen beitragen können (Abschnitt 4). Daran anschließend wird gezeigt, inwieweit diese Gruppen für die duale Studienform geeignet erscheinen beziehungsweise in diesen Studienformen bereits vertreten sind (Abschnitt 5), bevor abschließend Herausforderungen und hemmende Faktoren einer Öffnung diskutiert werden (Abschnitt 6).

2 Das duale Studium – Daten und Fakten

Das duale Studium entstand mit der Gründung der Berufsakademien in Baden-Württemberg in den 1970er Jahren auf Initiative dort ansässiger Großunternehmen. Diese wünschten sich eine praxisorientierte und an ihren Qualifikationsbedarfen orientierte Ausbildung, die durch die enge Kooperation der zwei Lernorte Berufsakademie und Unternehmen realisiert werden sollte (Graf 2013). Zudem bot das duale Studium eine Möglichkeit, die berufliche Bildung zu stärken und die Hochschu-

---

[1] Dieser umfasst die Fachrichtungen Mathematik, Informatik, Naturwissenschaften und Technik.

len von der steigenden Zahl an Studierenden zu entlasten (Wolter 2016). Mit der Zeit entdeckten auch die Fachhochschulen dieses Ausbildungsmodell für sich, seit den 1980er Jahren wurden vermehrt Studiengänge dieser Art eingeführt, teilweise unter anderem Namen wie ‚Studium mit vertiefter Praxis' oder ‚Verbundstudium'. Nach der Wiedervereinigung kam es in einigen der ostdeutschen Bundesländer zur Gründung staatlicher Berufsakademien und anderer Institutionen, die duale Studiengänge anbieten.

In den letzten Jahren erfolgte eine stärkere Integration der Berufsakademien und damit auch der hier erworbenen Abschlüsse in das Hochschulsystem. So wurde die Berufsakademie Baden-Württemberg in eine ‚Duale Hochschule' umgewandelt; in anderen Bundesländern wurden Berufsakademien zum Teil in bestehende Fachhochschulen integriert (Berlin) oder in solche umgewandelt (z.B. im Saarland). Außerdem werden immer mehr duale Studiengänge von privaten Hochschulen und Berufsakademien angeboten (Wolter 2016). Zudem schließen sich Hochschulen zu Interessensverbänden (z.B. *hochschule dual* in Bayern oder *Duale Hochschule Rheinland-Pfalz*) zusammen, um die Kooperation mit den Unternehmen zu organisieren und das duale Studium zu vermarkten.

Die Bezeichnung ‚duales Studium' ist kein geschützter Begriff. Vielmehr firmieren hierunter verschiedene Studienformate, die nur teilweise gemeinsame Charakteristika aufweisen. Diese zunehmende Verbreitung des Begriffs kann als Versuch der anbietenden Hochschulen und Unternehmen gedeutet werden, das duale Studium als eine Art ‚(Qualitäts-)Marke' für besonders praxisnahe und berufsorientierte Studienkonzepte zu etablieren. Die Verschiedenartigkeit der darunter gefassten Angebote lässt in jüngster Zeit Diskussionen über die Qualitätsanforderungen dualer Studienangebote aufkommen. Mit Kriterien der Qualitätssicherung befassen sich zum Beispiel das *Qualitätsnetzwerk Duales Studium* des Stifterverbands für die deutsche Wissenschaft (Meyer-Guckel et al. 2015) und der Wissenschaftsrat (2013). Nach den Kriterien des Wissenschaftsrats sollen grundsätzlich alle dualen Studiengänge dadurch gekennzeichnet sein, dass eine systematische Verknüpfung von theoretischen und praktischen Ausbildungsinhalten stattfindet, indem zwei (teilweise auch drei) Lernorte inhaltlich im Curriculum des Studiengangs und/oder strukturell, also in der Studienorganisation, in einem Studiengang integriert werden (Wissenschaftsrat 2013). Eine Hochschule oder Berufsakademie führt hierbei gemeinsam mit einem Unternehmen oder einer anderen Beschäftigungseinrichtung einen dualen Studiengang durch, in manchen Fällen sind zusätzlich Berufsschulen beteiligt (Wolter et al. 2014). Außerdem ist aus Sicht des Wissenschaftsrats die Wissenschaftlichkeit des Studienangebots eine notwendige Anforderung an duale Studiengänge (Wissenschaftsrat 2013; Meyer-Guckel et al. 2015). Das Kriterium der systematischen Verknüpfung wird von Seiten einiger Hochschulen jedoch kritisch gesehen. Zum einen sei es schwierig, die Integration der Lernorte zuverlässig zu gewährleisten, zum anderen würden dadurch Handlungsspielräume eingeschränkt (Meyer-Guckel et al. 2015). Zudem müssten bei einer Beschränkung auf integrierende Angebote

„Hochschulen ihre Kommunikations- und Werbestrategien teilweise umstellen" und könnten nicht mehr auf das duale Studium als „erfolgreiches Label" mit seiner „wachsenden Anziehungskraft auf Studieninteressierte" (ebd., S. 12) zurückgreifen.

Der Wissenschaftsrat schlägt außerdem eine grundlegende Unterteilung in Angebote der Erstausbildung und der Weiterbildung vor. Weiterbildende Formate richten sich dabei an Personen, die bereits eine berufliche Ausbildung oder ein Studium abgeschlossen haben und anschließend erwerbstätig waren. Im Rahmen der Erstausbildung wird zwischen ausbildungs- und praxisintegrierenden Formaten unterschieden, die Weiterbildung umfasst berufs- und praxisintegrierende Studiengänge (vgl. Tabelle 1). In der ausbildungsintegrierenden Studienform wird neben einem Hochschulabschluss ein anerkannter Berufsabschluss erworben, während in berufs- oder praxisintegrierenden Formaten umfangreichere praktische Tätigkeiten beziehungsweise Praxisanteile systematisch mit einem Hochschulstudium verbunden werden. Zentrales Kriterium aller Varianten ist eine inhaltliche und strukturelle Verbindung theoretischer und praktischer Komponenten.

Tabelle 1: Formate des dualen Studiums

Erstaus-bildung	mit Berufsausbildung	ausbildungsintegrierend
	mit strukturierten, umfangreichen Praxisanteilen	praxisintegrierend
Weiter-bildung	mit Berufstätigkeit	berufsintegrierend
	mit strukturierten, umfangreichen Praxisanteilen	praxisintegrierend

Quelle: in Anlehnung an Wissenschaftsrat 2013, eigene Darstellung

In der Kategorisierung des Bundesinstituts für Berufsbildung (BIBB 2015) und anderer Autorinnen und Autoren (z.B. Mucke 2003) werden neben berufsintegrierenden Studiengängen auch berufsbegleitende Angebote als Format dualer Weiterbildung geführt. Problematisch ist hierbei, dass es sich bei diesen Studiengängen in der Regel nicht um duale Studiengänge handelt beziehungsweise die Zuordnung nicht eindeutig möglich ist, da häufig weder eine Kooperation zwischen Hochschule und Unternehmen noch eine systematische Verknüpfung der Lernorte erfolgt, sondern meist lediglich eine zeitliche Parallelität von Studium und Erwerbstätigkeit vorliegt.

Eine weitere Besonderheit des dualen Studiums ist die Auswahl der Studierenden: In den meisten Fällen wählen die beteiligten Unternehmen und nicht die Hochschulen passende Bewerberinnen und Bewerber auf der Grundlage von Vorstellungsgesprächen und Assessment-Centern aus. Die Studienorganisation ist ein weiteres Spezifikum dualer Studiengänge; die Mehrheit ist in Blockmodellen organisiert, in denen sich Phasen an der Hochschule und im Unternehmen abwechseln. Die genaue Ausgestaltung der Studienorganisation und die Verknüpfung von Theorie und Praxis unterscheiden sich jedoch grundlegend je nach Studienformat, häufig auch zwischen den Studiengängen (Wissenschaftsrat 2013).

Die Entwicklung der Studienvarianten über die letzten Jahre zeigt die zunehmende Bedeutung von dualen Studienangeboten, die umfangreiche Praxisphasen integrieren, aber nicht zu einem Berufsabschluss führen. Immer mehr Hochschulen und Unternehmen entscheiden sich gegen ein ausbildungsintegrierendes Studium und bieten praxisintegrierende Formate an. In der BIBB-Datenbank *AusbildungPlus* sind derzeit mehr als 1.500 Studiengänge der dualen Erstausbildung registriert, in denen mehr als 94.000 Studierende immatrikuliert sind.² Am häufigsten sind darunter Studienformate mit Praxisphasen vertreten (49 Prozent); Studiengänge, die gleichzeitig zu einem Hochschul- und einem Ausbildungsabschluss führen, machen 39 Prozent der Angebote aus. Mischformen beider Formate fallen mit zwölf Prozent ins Gewicht. Zwei Drittel der dualen Studiengänge werden von Fachhochschulen bereitgestellt. Das Angebot der Dualen Hochschule Baden-Württemberg umfasst etwa ein Siebtel aller dualen Studiengänge; sie ist damit in Baden-Württemberg die Hochschule mit den meisten Studierenden und zählt in Deutschland zu einer der größten Einrichtungen des Hochschulsektors. Auf die Berufsakademien entfallen immerhin noch zwölf Prozent, was in Anbetracht der vergleichsweise geringen Anzahl an Einrichtungen (bundesweit etwa 30) eine relativ hohe Zahl ist. Universitäten sind mit einem Anteil von weniger als fünf Prozent dagegen der kleinste Anbieter von dualen Studienformaten. Bei den Fachhochschulen wird der überwiegende Anteil der Studiengänge von öffentlichen Trägern angeboten, bei den Berufsakademien wird dagegen fast die Hälfte des Studienangebots durch private Anbieter bereitgestellt (BIBB 2015).

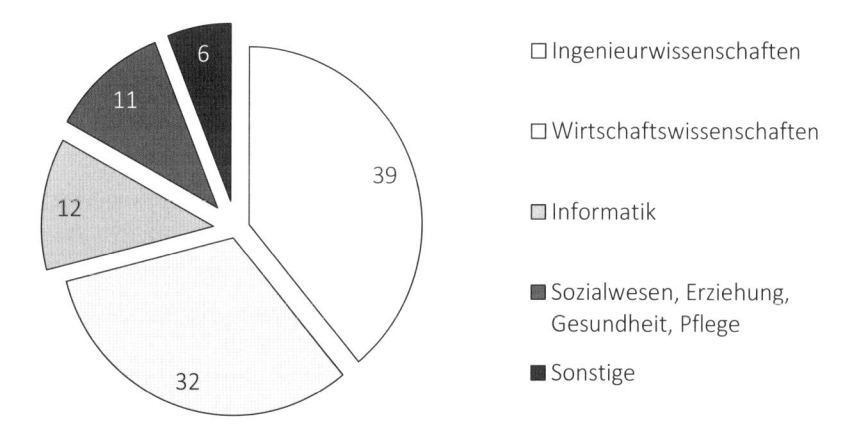

Quelle: BIBB 2015, eigene Darstellung

Abbildung 1: Verteilung dualer Studiengänge nach Fachrichtung, in Prozent

---

2 Siehe http://www.ausbildungplus.de [09.12.2015]. Zu beachten ist, dass die Daten auf freiwilligen Selbstangaben von Hochschulen beruhen, jedoch kein Anspruch auf vollständige Erfassung besteht. Eine genaue Bestimmung der Grundgesamtheit dual Studierender ist deshalb bisher nicht möglich. In der amtlichen Hochschulstatistik werden dual Studierende des tertiären Sektors seit dem Wintersemester 2015/16 erfasst; ab 2017 sollen nach dem Gesetzentwurf zur Änderung des Hochschulstatistikgesetzes auch Berufsakademien aufgenommen werden.

Hinsichtlich der Fächerverteilung besteht eine deutliche Konzentration dualer Studiengänge in den Ingenieurwissenschaften und der Informatik, die zusammen gut die Hälfte des Studienangebots ausmachen (vgl. Abbildung 1). Ein weiteres Drittel entfällt auf die Wirtschaftswissenschaften, während der Bereich Sozialwesen, Erziehung, Gesundheit und Pflege nur etwa ein Zehntel der angebotenen dualen Studiengänge abdeckt. Nicht nur im Hinblick auf den Hochschultyp und die Fachrichtung gibt es Schwerpunkte, auch die regionale Verteilung ist nicht gleichmäßig. Mit Abstand am größten ist das Angebot in Bayern, Nordrhein-Westfalen und Baden-Württemberg (BIBB 2015).

3   Datengrundlage und Untersuchungsmethodik

Als Grundlage zur Beantwortung der zentralen Fragestellungen dieses Beitrags dienen Daten aus dem Forschungsprojekt *Mobilisierung von Bildungspotenzialen für die MINT-Fachkräftesicherung – der Beitrag des dualen Studiums*.[3] Im Rahmen dieser explorativ angelegten Studie wurde ein Untersuchungsdesign gewählt, das quantitative und qualitative Forschungsmethoden verbindet. Neben Auswertungen einer deutschlandweiten Befragung von Studierenden in dualen MINT-Studiengängen werden im Folgenden Befunde aus qualitativen Interviews mit Vertreterinnen und Vertretern von Unternehmen, Hochschulen, Schulen und Einrichtungen der Berufsberatung präsentiert.

Die *Studierendenbefragung* wurde im Wintersemester 2012/2013 mittels eines Onlinefragebogens an Fachhochschulen, Universitäten und Berufsakademien in ganz Deutschland sowie der Dualen Hochschule Baden-Württemberg durchgeführt. Berücksichtigt wurden dabei Studierende in grundständigen dualen MINT-Studiengängen. Insgesamt wurden über 7.000 Studierende zur Teilnahme eingeladen; 1.377[4] Fragebögen von Studierenden an 26 Hochschulen beziehungsweise Berufsakademien gingen in die Auswertung ein. Die dual Studierenden sind zwischen 18 und 49 Jahre alt, der Altersdurchschnitt liegt bei 22,5 Jahren. Mehr als drei Viertel der dual MINT-Studierenden sind männlich (77 Prozent). Knapp ein Viertel (24 Prozent) ist in einer Studienvariante eingeschrieben, bei der neben einem Hochschul- auch ein Ausbildungsabschluss erworben wird.[5] Die übrigen Studierenden (76 Prozent) sind

---

3   Das Projekt wurde von der acatech – Deutsche Akademie der Technikwissenschaften gemeinsam mit der Abteilung Hochschulforschung des Instituts für Erziehungswissenschaften der Humboldt-Universität zu Berlin von Juli 2012 bis August 2014 durchgeführt.

4   Dies entspricht einer Nettorücklaufquote von 19 Prozent. Eine Bestimmung des Anteils an der Grundgesamtheit ist nicht möglich, da zur Anzahl von dual Studierenden in Deutschland nur näherungsweise Angaben vorliegen (BIBB 2013; vgl. Fußnote 2).

5   Für die Auswertungen des vorliegenden Beitrags wird auf eine dichotome Einteilung dualer Formate zurückgegriffen, nachdem eine Einzelfallprüfung der Studierendendaten ergab, dass sich berufsintegrierende und berufsbegleitende beziehungsweise praxisintegrierende Studienvarianten in der Befragung nicht eindeutig voneinander abgrenzen

in Studiengängen immatrikuliert, die umfangreiche Praxisphasen in einem Unternehmen mit einem Hochschulstudium kombinieren. Gut die Hälfte der Befragungsteilnehmenden ist an einer Fachhochschule eingeschrieben. An den Berufsakademien und der Dualen Hochschule Baden-Württemberg studieren insgesamt knapp 45 Prozent der Stichprobe, Universitäten spielen nur eine untergeordnete Rolle.

Im Rahmen *themenzentrierter Interviews* wurden deutschlandweit Studiengangverantwortliche an Fachhochschulen, Universitäten, Berufsakademien und der Dualen Hochschule Baden-Württemberg sowie Vertreterinnen und Vertreter aus großen sowie kleinen und mittleren Unternehmen verschiedener Branchen im MINT-Bereich befragt. Außerdem wurden Personen interviewt, die Schülerinnen und Schüler bei der Suche nach dem passenden Bildungsweg begleiten. An der Befragung beteiligten sich allgemein- und berufsbildende Schulen sowie Berufsberaterinnen und -berater aus Berufsinformationszentren. Insgesamt konnten 64 themenzentrierte Interviews durchgeführt werden, die anschließend nach dem Verfahren der inhaltlich strukturierenden qualitativen Inhaltsanalyse (Mayring 2010; Kuckartz 2012) ausgewertet wurden.

4   Besonderheiten des dualen Studiums

Duale Studiengänge, die ein akademisches Studium mit beruflicher Praxis verbinden, werden von hochschulpolitischer Seite als ein mögliches Instrument zur Öffnung der Hochschulen für neue Zielgruppen angesehen. Zugleich gilt das Modell des dualen Studiums aus Sicht der Wirtschaft als ein Musterbeispiel für bedarfsorientierte, auf die Erfordernisse des späteren Arbeitsplatzes ausgerichtete Studienformate. Im Folgenden soll anhand von empirischen Befunden aus der zuvor vorgestellten Studie der Frage nachgegangen werden, welche Öffnungspotentiale für neue Zielgruppen das duale (MINT-)Studium aufgrund seiner besonderen Studienorganisation bietet. Verbunden mit der Annahme, dass durch diese Studienform Personen angesprochen werden können, die als weniger studienaffin gelten, werden in diesem Abschnitt ausgehend von Erkenntnissen aus der Forschung zum Studienverzicht die Herausstellungsmerkmale des dualen Studiums aus Perspektive von Studierenden und Unternehmen skizziert.

Aktuelle Auswertungen der Studienberechtigtenbefragungen des Deutschen Zentrums für Hochschul- und Wissenschaftsforschung (DZHW) zeigen, dass 20 Prozent der Studienberechtigten des Jahres 2012 ein halbes Jahr nach Schulabschluss kein Studium aufgenommen haben (Schneider/Franke 2014). Die Studien-

lassen. Unterschieden werden nun erstens Studiengänge der akademischen Erstausbildung, in denen parallel ein akademischer und ein beruflicher Abschluss erworben werden können, und zweitens solche, in denen ein Studium mit einer berufspraktischen Tätigkeit verbunden wird. Ob eine Studienvariante eher der Erst- oder der Weiterbildung zuzuordnen ist, ist abhängig vom vorhochschulischen Bildungsweg und damit von der individuellen biografischen Verortung der Studierenden.

entscheidung beziehungsweise der Studienverzicht ist – auch unter Kontrolle anderer Einflussfaktoren – eng mit der Bildungsherkunft verknüpft (Autorengruppe Bildungsberichterstattung 2014).[6] Studienberechtigte, die ein halbes Jahr nach Schulabschluss kein Studium aufgenommen hatten, geben zudem je nach Bildungsherkunft unterschiedliche Gründe als ausschlaggebend für ihren Studienverzicht an (Schneider/Franke 2014). Während Kinder aus nicht-akademisch vorgebildeten Familien häufiger *finanzielle Gründe* anführen – entweder aufgrund angenommener hoher finanzieller Belastungen durch das Studium (22 Prozent mit nicht akademischer vs. 16 Prozent mit akademischer Bildungsherkunft) oder wegen des Wunsches, schnell Geld zu verdienen (19 vs. 15 Prozent) – begründen Studienberechtigte, deren Eltern über einen Hochschulabschluss verfügen, ihre Verzichtsentscheidung häufiger mit dem *fehlenden Praxisbezug* eines Studiums (15 Prozent akademisch vs. 10 Prozent nicht akademisch) (ebd.).

Die dargestellten Studienverzichtsgründe korrespondieren mit den Befunden zu den Vorzügen des dualen Studiums. Von den befragten MINT-Studierenden wird (1.) die Verbindung von Theorie und Praxis als besonders wichtig für die Entscheidung zur Aufnahme eines dualen Studiums eingeschätzt. Daneben bilden (2.) die Finanzierung während des Studiums sowie (3.) die Aussicht auf einen schnellen Berufseinstieg nach Studienabschluss die bedeutsamsten Motive für die Wahl der dualen Studienform (Wolter et al. 2014).

Die *Verknüpfung des Studiums mit der betrieblichen Praxis* ist aus Sicht der Studierenden der zentrale Vorteil dualer Studiengänge. Stärker als andere Studienformen ist das duale Studium auf die Anforderungen am Arbeitsplatz ausgerichtet. Die Verknüpfung der Lernorte Hochschule und Unternehmen ist jedoch mit Herausforderungen für die beteiligten Akteure verbunden. Nicht immer gelingt es, Studien- und Praxisphasen organisatorisch und insbesondere inhaltlich optimal miteinander zu verschränken, sodass die Bewertung der Theorie-Praxis-Verzahnung durch die Studierenden weitaus weniger positiv ausfällt, als es das duale Studienkonzept zu versprechen scheint (Kamm/Lenz/Spexard 2016). Sowohl für die Studierenden als auch für die beteiligten Einrichtungen ist die Zeitersparnis, die sich aus der Parallelität von betrieblicher Ausbildung und Studium ergibt, ein wichtiger Vorteil. Zugleich bringt diese Komprimierung jedoch eine Doppelbelastung mit sich, die hohe Anforderungen an das Zeitmanagement der Studierenden stellt. Das duale Studium spricht somit möglicherweise vorrangig solche Studieninteressierte an, die einerseits anwendungsorientierte Lernformen präferieren und den Kontakt zur Berufswelt bereits im Studium schätzen, sich andererseits aber auch durch hohe Belastbarkeit und Organisationsfähigkeit auszeichnen. Für Studienberechtigte, die sich aufgrund

---

6 So liegt die prognostizierte Wahrscheinlichkeit der Studienaufnahme für Studienberechtigte des Jahres 2012, von denen mindestens ein Elternteil über einen Universitätsabschluss verfügt, bei 82 Prozent und damit um 21 Prozentpunkte höher als für Kinder, deren Eltern einen Lehr- oder keinen Berufsabschluss besitzen (Autorengruppe Bildungsberichterstattung 2014, Abb. F2–4A).

des angenommenen fehlenden Praxisbezuges eines wissenschaftlichen Studiums für eine Berufsausbildung entscheiden, könnte die duale Studienform eine geeignete Alternative darstellen, berufspraktische Erfahrungen zu sammeln und gleichzeitig einen Hochschulabschluss zu erwerben.

Der zweite große Vorzug dualer Studiengänge gegenüber nicht dualen ist aus studentischer Perspektive die *Zahlung einer Ausbildungsvergütung*. Diese bildet für einen Großteil der Studierenden eine wichtige Finanzierungsquelle, ist eines der wichtigsten Studienwahlmotive und stellt mit 89 Prozent Zustimmung der Befragten das wichtigste Kriterium für die Wahl des Praxispartners dar (Wolter et al. 2014). Es ist daher zu vermuten, dass die Ausbildungsvergütung beziehungsweise die Übernahme von Studienkosten durch den Arbeitgeber einen attraktiven Anreiz darstellt, um Studienberechtigte für ein Studium zu gewinnen, die aufgrund von erwartet hohen und häufig überschätzten Ausbildungskosten auf eine Studienaufnahme verzichten.

Ein weiterer Vorteil dualer Studiengänge betrifft aus Sicht der befragten Studierenden die *hohe Übernahmewahrscheinlichkeit* durch den Ausbildungsbetrieb nach dem Studienabschluss und die späteren *Karriereperspektiven*. Der Übergang vom Studium in den Beruf fällt leichter, weil Absolventinnen und Absolventen das Unternehmen bereits kennen und arbeitsplatz- sowie anforderungsnah ausgebildet werden. Unternehmen sehen in dualen Studiengängen ein geeignetes Instrument zur Personalbindung und Fachkräftesicherung, sie stellen dual Studierende in der Regel bedarfsbezogen ein und haben (nicht zuletzt wegen der investierten Kosten) ein Interesse am langfristigen Verbleib im Unternehmen. Durch die strukturelle Verknüpfung der Lernorte Hochschule und Unternehmen ergeben sich für dual Studierende besondere Rahmenbedingungen, da die meisten Befragten vertragliche Regelungen mit der Praxiseinrichtung getroffen haben. Ein Nachteil besteht jedoch darin, dass viele Ausbildungsverträge die berufliche Mobilität nach dem Studium zum Beispiel durch Bindungsklauseln einschränken. Dennoch ist das hohe Ausmaß an beruflicher Sicherheit für viele ein zentraler Grund, ein duales Studium aufzunehmen.

Duale Studienangebote könnten somit aufgrund der drei beschriebenen besonderen Merkmale, über die ‚reguläre' Studiengänge in der Regel nicht verfügen, ein Potential darstellen, Personen für einen akademischen Werdegang zu gewinnen, die eher auf ein Studium verzichtet hätten.

5 Möglichkeiten zur Erhöhung der Durchlässigkeit und (sozialen) Öffnung der Hochschulen durch duale Studiengänge

Im Folgenden soll näher untersucht werden, inwieweit duale Studiengänge zur Erhöhung der Durchlässigkeit zwischen beruflicher und hochschulischer Bildung sowie zu einer Öffnung der Hochschulen beitragen können. Dazu wird zum einen betrachtet, in welchem Maße Personen mit einer vor dem Studium erworbenen beruflichen

Qualifikation, Studieninteressierte aus nicht akademischen Elternhäusern sowie Personen, die ein ‚reguläres' Studium abgebrochen haben, von den oben beschriebenen Besonderheiten des dualen Studiums angesprochen werden können. Zum anderen soll aber auch diskutiert werden, inwieweit Eigenschaften dualer Studiengänge einer Öffnung der Hochschulen für eben diese Personen entgegenstehen könnten. In diesem Abschnitt wird daher zunächst aus Perspektive der Vertreterinnen und Vertreter von Unternehmen, Hochschulen, Schulen und Berufsberatungsstellen untersucht, inwiefern die genannten Zielgruppen für ein duales Studium geeignet oder weniger geeignet erscheinen. Anschließend werden diese Studierendengruppen jeweils – soweit möglich – durch weiterführende Befunde aus der quantitativen Befragung von dual MINT-Studierenden näher beschrieben und analysiert.

Die Interviewaussagen müssen vor dem Hintergrund des jeweiligen Kontextes und der Funktion der Befragten betrachtet und interpretiert werden; so sind beispielsweise Unternehmensvertreterinnen und -vertreter wirtschaftlichen Interessenlagen, Wertvorstellungen oder betrieblichen Zwängen verpflichtet. Durch die Berücksichtigung und Darstellung unterschiedlicher Perspektiven soll jedoch ein möglichst ganzheitliches Bild gezeichnet werden.

5.1 Durchlässigkeit erhöhen – beruflich Qualifizierte im dualen Studium

Aufgrund ihrer Praxisnähe könnten duale Studiengänge besonders solche Personen ansprechen, die vor oder nach Erwerb der Hochschulzugangsberechtigung eine Ausbildung abgeschlossen haben, sich also zunächst für den beruflichen Bildungsweg entschieden haben und durch ein Studium weiter- beziehungsweise höherqualifizieren möchten.

Die Befunde der qualitativen Interviews zeigen, dass berufliche Vorerfahrungen, zum Beispiel in Form einer Berufsausbildung, von den Vertreterinnen und Vertretern nahezu aller Befragtengruppen (mit Ausnahme der Berufsberaterinnen und -berater) grundsätzlich als positiv für das Gelingen eines dualen Studiums herausgestellt werden. Beruflich Erfahrenen werden insbesondere Leistungsbereitschaft, hohe Zielstrebigkeit und Motivation sowie eine gegenüber Abiturientinnen und Abiturienten klarere berufliche Orientierung zugeschrieben. Personen mit fachnaher beruflicher Erfahrung und Qualifikation verfügen aus Sicht der Befragten zudem über ein hohes Maß an fachbezogener Vorbildung und praktischem Verständnis sowie über eine hohe Transfer- und Anwendungskompetenz. Hinsichtlich der sozialen und personalen Kompetenzen werden Berufserfahrene aufgrund ihrer persönlichen Reife, ihrer Integrationsfähigkeit in soziale Gefüge sowie der Fähigkeit zu selbständiger Arbeit besonders geschätzt.

Unterschiedliche Meinungen bestehen vor allem im Hinblick auf die für notwendig erachtete Form der Hochschulzugangsberechtigung von bereits beruflich qualifizierten Personen. Unter den Interviewpartnerinnen und -partnern ist insgesamt – wenn von beruflich Qualifizierten gesprochen wird – eine starke Fokussierung auf Abiturientinnen und Abiturienten mit beruflicher Vorerfahrung zu beobachten. Nicht nur aufgrund der vorhandenen Praxiserfahrung, sondern auch aufgrund der bewussten Entscheidung für das Studium werden Abiturientinnen und Abiturienten mit einer Berufsausbildung von einigen Anbietern dualer Studiengänge sogar als eine Art ‚Elite' betrachtet:

> „Das ist natürlich die Crème. Wenn jemand ein Abitur und danach die berufliche Ausbildung gemacht hat und danach zu uns kommt, dann ist er natürlich für die Firmen sehr wertvoll. Die haben dann schon einen erfahrenen Mitarbeiter, der dann noch das Studium draufsetzt. Das sind jetzt nicht unbedingt diejenigen, die mit den besten Noten rausgehen, aber diejenigen, die von den Firmen eigentlich am meisten geschätzt werden und das zu Recht." (Hochschule 9)

Aber auch Absolventinnen und Absolventen von Fach- oder Berufsoberschulen mit Fachhochschulreife besitzen nach Ansicht von *Vertreterinnen und Vertretern von Schulen, Berufsberatungen und Hochschulen* die geeigneten Voraussetzungen, um ein duales Studium zu bewältigen, da diese sowohl über berufspraktische Qualifikation und Erfahrung als auch über die notwendige schulische Vorbildung verfügen.

Im Hinblick auf beruflich Qualifizierte ohne (Fach-)Abitur als Zielgruppe für duale Studiengänge hingegen zeigen sich innerhalb der Befragtengruppen große Differenzen. Einige Interviewpartnerinnen und -partner sehen diese Studieninteressierten aufgrund der Praxisorientierung, Zielstrebigkeit und Motivation als geeignet an, andere äußern zum Teil große Vorbehalte. Zweifel bestehen vor allem an der Studierfähigkeit dieser Personen – das seit Jahrzehnten, zum Teil gegen empirische Evidenz, vorherrschende Argument gegen eine stärkere Öffnung des Hochschulzugangs für beruflich Qualifizierte ohne schulische Studienberechtigung (vgl. den Beitrag von Dahm/Kerst in diesem Band). So werden fehlende fachliche Vorkenntnisse von Vertreterinnen und Vertretern aller Hochschularten befürchtet, insbesondere in Mathematik und den naturwissenschaftlichen Fächern, zum Teil aber auch in Deutsch oder Fremdsprachen. Des Weiteren werden Studienbewerberinnen und -bewerbern ohne Abitur Defizite in Selbstlernkompetenzen und theoretischer Abstraktionsfähigkeit zugeschrieben.

> „Wenn man zweieinhalb bis drei Jahre lang eine Lehre gemacht hat und gefeilt, gefräst und gebohrt hat und in einem Betrieb gearbeitet hat, dann hat man das nicht mehr so präsent. Bei Fächern mit hohem Abstraktionsprinzip hatten sie es dann schwer und auch nicht so gute Noten. In praxisorientierten Fächern jedoch, Maschinendynamik, in der Fertigungstechnik insbesondere, dort waren die besser. Die wussten, wie ein Drehmeißel aussieht, und konnten schneiden und bestimmen. Da haben sich dann eher die Abiturienten schwergetan […]." (Hochschule 5)

Da in dualen Studiengängen in der Regel die Praxispartner für die Auswahl der Studierenden verantwortlich sind, ist die *Einstellung der Unternehmen* gegenüber der Zielgruppe der beruflich Qualifizierten mit und ohne schulische Hochschulzugangsberechtigung von besonderer Bedeutung. Die Befunde zeigen ein differenziertes Bild zur Weiterqualifizierung von Berufsbildungsabsolventinnen und

-absolventen. Ein Teil der befragten Unternehmensvertreterinnen und -vertreter gibt an, im dualen Studium eine geeignete Form der akademischen (Weiter-)Qualifizierung ihrer Mitarbeiterinnen und Mitarbeiter zu sehen, vor allem, wenn sie über eine schulische Hochschulzugangsberechtigung verfügen. Insbesondere interne Berufsbildungsabsolventinnen und -absolventen sollen so im Unternehmen gehalten werden, aber auch externe Bewerberinnen und Bewerber kommen aufgrund der oben genannten Vorteile infrage. Ein kleiner Teil der Befragten berichtet auch, dass das duale Studium gezielt für Mitarbeiterinnen und Mitarbeiter eingesetzt werde, die nicht über eine schulische Hochschulzugangsberechtigung verfügen.

Der andere Teil der Unternehmensvertreterinnen und -vertreter sieht in beruflich Qualifizierten generell keine Zielgruppe. Einige berichten, dass eher auf junge Abiturientinnen und Abiturienten fokussiert werde. Andere stehen insbesondere der Weiterqualifikation von betriebsintern Ausgebildeten durch ein duales Studium skeptisch gegenüber, da dies mit einer doppelten Investition verbunden sei. Letztere favorisieren eher ein berufsbegleitendes Studium mit Arbeitszeitreduktion, da der Vorteil des dualen Studiums – nämlich die studienbegleitende Einarbeitung der Mitarbeiterin oder des Mitarbeiters in das Unternehmen – entfalle.

> „Da bin ich dann eher skeptisch, denn ich würde dann zweimal in sie investieren. Ich biete ihnen dann einen Teilzeitvertrag an während der Zeit des Studiums, denn sie kennen unser Unternehmen. Aber die Studiengebühren übernehmen wir dann, die studieren dann aber frei." (Unternehmen 3)

Es ist demnach festzuhalten, dass die Eignung von beruflich Qualifizierten als Zielgruppe des dualen Studiums auch innerhalb der Befragtengruppen aus Wirtschaft, Schul- und Hochschulwesen durchaus ambivalent diskutiert und – vor allem in Abhängigkeit von schulischer Vorbildung und beruflichen Erfahrungen – differenziert betrachtet wird. Den Annahmen zu ‚Doppelinvestition' und mangelnder Studierfähigkeit stehen die Befunde aus der Befragung dual MINT-Studierender gegenüber. Auf den ersten Blick erstaunlich ist dabei, dass etwa ein Drittel der befragten Studierenden in Formaten, die der akademischen Erstausbildung zugerechnet werden können, bereits über eine abgeschlossene Berufsausbildung verfügt.[7] Vor dem Hintergrund, dass diese bereits in der Ausbildung berufspraktische Erfahrungen erworben haben, ist dies ein recht hoher Anteil.

---

7   Der Anteil der Studierenden mit Berufsabschluss fällt in der Studie von Gensch (2014), in der dual Studierende in Bayern über alle Fächer hinweg befragt wurden, mit nur 18 Prozent zwar geringer, aber immer noch hoch aus; die Differenz kann auf den höheren Anteil an Studierenden in ausbildungsintegrierenden Studiengängen zurückgeführt werden (68 Prozent gegenüber 24 Prozent in der vorliegenden Stichprobe), in denen signifikant seltener beruflich Qualifizierte studieren. Ein weiterer Grund könnte die unterschiedliche Fächerzusammensetzung sein. In den ‚regulären' Studiengängen lag der Anteil der beruflich qualifizierten Studierenden nach Angaben der Autorengruppe Bildungsberichterstattung (2014) im Jahr 2012 insgesamt bei 22 Prozent, in den Ingenieurwissenschaften mit 26 Prozent leicht höher.

Betrachtet man die Zusammensetzung dieser Gruppe dual Studierender nach ihren schulischen und beruflichen Vorerfahrungen zeigen sich ganz unterschiedliche Zu- und Werdegänge vor Studienaufnahme (vgl. Abbildung 2). Die beruflich Qualifizierten in der Befragung verfügen zu etwa gleichen Anteilen über ein Abitur (46 Prozent) oder eine Fachhochschulreife (44 Prozent), jeder Zehnte von ihnen ist auf dem Dritten Bildungsweg[8] an die Hochschule gelangt. Die Herkunftsberufe sind überwiegend fachaffin zur gewählten Studienrichtung. Ein Viertel der beruflich qualifizierten Studierenden war zwischen Abschluss der Ausbildung und Aufnahme des Studiums berufstätig, davon 77 Prozent mit inhaltlichem Bezug zum gewählten Studienfach. Fast zwei Drittel derjenigen mit Berufserfahrung nahmen ihr Studium aus einem bestehenden Beschäftigungsverhältnis heraus auf, was darauf hindeutet, dass das Studium durch den Arbeitgeber durchaus unterstützt und zur akademischen Weiterqualifizierung sowie zur Unternehmensbindung genutzt wird. Der hohe Anteil beruflich Qualifizierter im dualen MINT-Studium in Verbindung mit einer hohen Affinität zwischen beruflicher Vorerfahrung und Studienrichtung verweist darauf, dass das duale Studium als Form der hochschulischen Weiterbildung und akademischen Erstqualifizierung genutzt wird. Auch die Aussagen einiger Unternehmen unterstützen diese Schlussfolgerung (vgl. Kamm/Lenz/Spexard 2015).

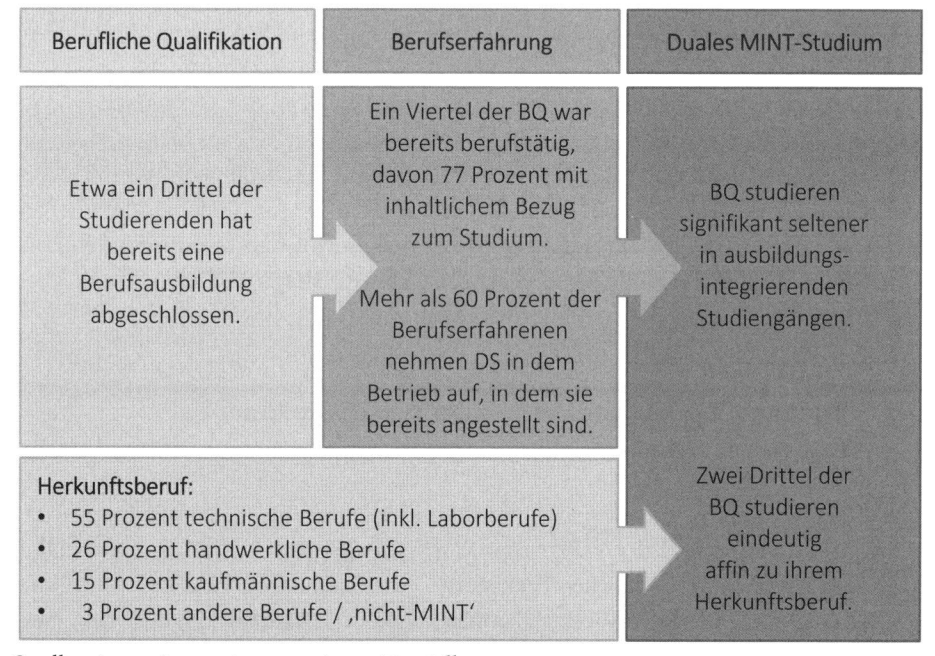

Berufliche Qualifikation	Berufserfahrung	Duales MINT-Studium
Etwa ein Drittel der Studierenden hat bereits eine Berufsausbildung abgeschlossen.	Ein Viertel der BQ war bereits berufstätig, davon 77 Prozent mit inhaltlichem Bezug zum Studium.	BQ studieren signifikant seltener in ausbildungsintegrierenden Studiengängen.
	Mehr als 60 Prozent der Berufserfahrenen nehmen DS in dem Betrieb auf, in dem sie bereits angestellt sind.	
Herkunftsberuf: • 55 Prozent technische Berufe (inkl. Laborberufe) • 26 Prozent handwerkliche Berufe • 15 Prozent kaufmännische Berufe • 3 Prozent andere Berufe / ‚nicht-MINT'		Zwei Drittel der BQ studieren eindeutig affin zu ihrem Herkunftsberuf.

Quelle: eigene Auswertungen, eigene Darstellung

Abbildung 2: Bildungs- und berufsbiografische Aspekte von dual MINT-Studierenden (Abk.: BQ = Beruflich Qualifizierte, DS = Duales Studium)

---

8 Das entspricht einem Gesamtanteil von 3,4 Prozent an allen dual MINT-Studierenden in der Befragung.

Dass das duale Studium ein Potential bietet, um die Durchlässigkeit zwischen beruflicher und akademischer Bildung zu befördern, wird bei Betrachtung der Motive und Berufsziele beruflich Qualifizierter in dualen MINT-Studiengängen bestätigt: Die Befunde der Studierendenbefragung zeigen, dass Personen, die bereits einen beruflichen Abschluss erworben haben, signifikant seltener Alternativen zu ihrem gewählten Studium, beispielsweise ein nicht duales Studium oder eine Aufstiegsfortbildung, in Betracht ziehen, insbesondere solche Personen, die bereits fachlich affin qualifiziert sind oder über Berufserfahrung vor Studienbeginn verfügen. Es handelt sich also um eine sehr bewusste Entscheidung für diese Studienform. Die Sicherung des beruflichen und finanziellen Status, wie der Erhalt eines Einkommens während des Studiums sowie die Aufrechterhaltung des bestehenden Arbeitsverhältnisses, spielt für beruflich Qualifizierte im Vergleich zu Studierenden ohne berufliche Vorerfahrungen eine signifikant größere Rolle. Die Sicherheitsorientierung nimmt zu, wenn die Studierenden nach dem Berufsabschluss bereits berufstätig waren. Als leitende berufliche Ziele lassen sich zum einen gute Verdienstmöglichkeiten, Ansehen und Sicherheit der Berufsposition, Führungsverantwortung und Aufstiegsmöglichkeiten, zum anderen berufliche Selbstverwirklichung, zum Beispiel durch selbständiges Arbeiten und berufliche Optionenvielfalt, identifizieren. Die Entscheidung beruflich Qualifizierter für ein duales Studium wird demnach bestimmt durch eine starke Sicherheitsorientierung und Unternehmensbindung gepaart mit beruflichen Aufstiegsmotiven.

Die in diesem Abschnitt dargelegten Befunde zeigen in der Gesamtschau, dass Personen mit beruflicher Vorerfahrung – wenn auch zum Teil aus Sicht einiger beteiligter Akteurinnen und Akteure aus Unternehmen, Hochschulen oder Berufsberatung mit Einschränkungen – durchaus eine Zielgruppe für duale Studienformate darstellen. Die betriebliche Bindung spielt hierbei als Motiv sowohl für Studieninteressierte im Hinblick auf berufliche Sicherheit und Aufstiegsmöglichkeiten als auch für Unternehmen als Instrument zur Fachkräftesicherung eine zentrale Rolle.

5.2 Bildungsungleichheiten verringern – duales Studium und soziale Öffnung

Das duale Studium könnte wegen seiner Besonderheiten einer Gehaltszahlung während des Studiums und der Praxisnähe Personen ansprechen, die aus finanziellen Gründen oder aus Gründen der Praxisferne eines ‚regulären' Hochschulstudiums einen Studienverzicht in Erwägung gezogen haben (vgl. Abschnitt 4). Vor dem Hintergrund des Ziels einer sozialen Öffnung des Hochschulzugangs rücken somit auch Personen mit einer nicht akademischen Bildungsherkunft und/oder mangelnden finanziellen Ressourcen als potentielle Zielgruppe in den Fokus. Die Interviewpartnerinnen und -partner sehen duale Studiengänge für diese Zielgruppe(n) vor allem aufgrund der realistischen Berufsaussichten und der finanziellen Absicherung während des Studiums als geeignet an.

Bei den befragten dual Studierenden im MINT-Bereich scheint es sich auf den ersten Blick nicht um Personen zu handeln, für die ein anderer als der akademische Bildungsweg in Frage gekommen wäre. Die Befunde zeigen eine hohe Studienaspiration. 80 Prozent der Befragten haben über Alternativen zu ihrem jetzigen Studium nachgedacht, aber nur jeder Neunte hat dabei in Erwägung gezogen, nicht zu studieren.[9] Die hohe Studierneigung korrespondiert mit Ergebnissen anderer Studien zum dualen Studium (Krone 2015b; Gensch 2014). Dennoch spricht es Zielgruppen stärker an, die – beispielsweise aufgrund ihrer Bildungsherkunft – als weniger studienaffin gelten. Hinsichtlich der Bildungsherkunft der befragten dual Studierenden zeigen sich leichte Öffnungstendenzen: Der Anteil der befragten Studierenden mit nicht akademischer Bildungsherkunft liegt bei knapp 60 Prozent. Damit ist er bei den dual MINT-Studierenden um etwa zehn Prozentpunkte höher als in nicht dualen Studiengängen über alle Fächergruppen betrachtet (Middendorff et al. 2013), wenngleich insgesamt ähnliche Herkunftsmuster in dualen und ‚regulären' Studiengängen bestehen (Gensch 2014).[10] Der Anteil der Studierenden mit nicht akademischer Bildungsherkunft liegt bei den Personen, die bereits über eine berufliche Qualifikation verfügen, bei gut zwei Dritteln (68 Prozent), bei den Personen ohne berufliche Vorbildung hingegen nur bei etwas über der Hälfte (56 Prozent). Dies lässt die Schlussfolgerung zu, dass das duale Studium für Personen ohne akademische Bildungsherkunft, die sich zunächst gegen ein Studium und für eine berufliche Ausbildung entschieden haben, eine Art ‚zweiter Chance' auf einen akademischen Bildungsweg darstellt. Zu vergleichbaren Ergebnissen kommen auch die Auswertungen der *Sächsischen Studienberechtigtenbefragung* (Lenz/Wolter/Rosenkranz 2014).

Soziale Öffnungstendenzen zeigen sich auch eingeschränkt in der Bereitschaft zur akademischen Weiterqualifikation, vor allem im Rahmen eines Masterstudiums. ‚Bildungsaufsteigerinnen und -aufsteiger' unter den dual Studierenden weisen ähnlich hohe Weiterqualifizierungsabsichten auf wie die befragten Studierenden aus Familien, in denen ein Elternteil über einen Hochschulabschluss verfügt (38 bzw. 41 Prozent). Eine signifikant höhere Bereitschaft zum Übergang in ein weiterführendes Studium (52 Prozent) geben nur die dual Studierenden an, bei denen beide Elternteile einen Hochschulabschluss besitzen. Jedoch sinkt die Studierbereitschaft nach dem Bachelorabschluss mit zunehmender beruflicher Erfahrung in relevantem Maße. Während etwa die Hälfte (47 Prozent) der Befragten ohne jegliche berufliche Vorerfahrung ein weiteres, überwiegend ein Master- oder MBA-Studium sicher oder sehr wahrscheinlich plant, ist es unter den beruflich Qualifizierten noch etwa ein Drittel (32 Prozent). Von denjenigen, die bereits im Erwerbsleben standen, möchte nur noch ein Fünftel (relativ) sicher weiterstudieren. Daraus lässt sich schließen,

---

9   Zu beachten ist dabei, dass es sich um retrospektive Aussagen nach der Studienaufnahme handelt, wodurch es gegebenenfalls zu Verzerrungen kommen kann.
10 Zu ähnlichen Ergebnissen kommt auch die Untersuchung von Krone (2015b); für Berufsakademien vgl. Berthold et al. (2009).

dass beruflich Qualifizierte mit der Studienaufnahme eher eine wenig zeitintensive Höherqualifizierung auf Bachelorniveau anstreben – etwa um ihren beruflichen Status zu erhalten oder zu verbessern – als dass sie eine wissenschaftliche Orientierung aufweisen. Auch mit einer Aufnahme des Masterstudiums wird, so zeigen die Befunde von Gensch (2014), eher das Motiv einer zusätzlichen Qualifikation für die Praxis als das Ziel eines Einstiegs in eine wissenschaftliche Laufbahn verbunden.

Im Vergleich der Motivlagen bei der Entscheidung für ein duales Studium zeigen sich kaum Unterschiede zwischen ‚Bildungsaufsteigern' und ‚Akademikerkindern'. Im Hinblick auf sicherheitsorientierte Aspekte stimmen Personen, deren Eltern nicht über einen Hochschulabschluss verfügen, allerdings häufiger der Ausage zu, dass für sie der Erhalt eines Einkommens während des Studiums sowie hohe Berufseinstiegschancen bei der Entscheidung für die duale Studienform wichtige Gründe waren. Bei der Wahl des Praxispartners spielt dementsprechend für die dual Studierenden mit nicht akademischer Bildungsherkunft die Übernahmewahrscheinlichkeit eine größere Rolle als für Kinder aus akademisch geprägten Familien; die Zahlung einer Ausbildungsvergütung sowie die Kostenübernahme sind hingegen für alle Befragten gleichermaßen wichtig.

Insgesamt zeigt sich, dass die befragten dual Studierenden kaum eine ausschließlich nicht-akademische Ausbildung in Betracht gezogen hätten. Der nicht unbedeutende Anteil dual Studierender, der sich trotz vorhandener Studienberechtigung zunächst für eine berufliche Ausbildung entschieden hat (sogenannte ‚Doppelqualifizierer', vgl. Abschnitt 5.1 sowie den Beitrag von Kamm/Spexard/Wolter in diesem Band), lässt jedoch den Schluss zu, dass das duale Studienformat durchaus eine attraktive Option zur Erlangung eines akademischen Abschlusses für solche Personen darstellt, die sich zunächst gegen ein Studium entschieden haben. Anhand der Studierendenbefragung lassen sich Hinweise darauf finden, dass das Modell des dualen Studiums Sicherheiten bietet, die zu einer sozialen Öffnung des Hochschulzugangs beitragen können. Finanzielle Absicherung während des Studiums und die Aussicht auf Übernahme in den Ausbildungsbetrieb können den Bildungsaufstieg für Personen aus nicht akademischen Familien möglicherweise erleichtern.

5.3 ‚Zweite Chance' für Studienabbrecherinnen und Studienabbrecher!?

Studienabbrecherinnen und -abbrecher bilden in Deutschland vor allem vor dem Hintergrund der Zielsetzung einer dauerhaften Sicherung des Fachkräfteangebots eine relevante Zielgruppe für duale Studiengänge. Ihre besondere Organisationsform, die sowohl mit Praxisnähe als auch mit beruflicher und finanzieller Sicherheit einhergeht, könnte folglich für Personen, die beispielsweise aufgrund des geringen Praxisbezuges oder aus finanziellen Gründen ihr ‚reguläres' Studium abgebrochen haben, eine Option darstellen, an die Hochschule zurückzukehren und einen akademischen Abschluss zu erwerben. Aufgrund der fehlenden Datenlage zum Wechsel von regulären in duale Studiengänge werden im Folgenden, ausgehend von vorhandenen Befunden der Studienabbruchforschung, Öffnungspotentiale des dualen Studiums für die Ansprache dieser Zielgruppe identifiziert und durch Befunde der qualitativen Interviews ergänzt.

Studienabbruch stellt vor allem in den MINT-Fächern ein großes Problem dar (Heublein et al. 2014). In universitären Bachelorstudiengängen lag die Studienabbruchquote 2012 bei 36 Prozent in den Ingenieurwissenschaften und 39 Prozent in Mathematik und Naturwissenschaften, an Fachhochschulen um jeweils fünf Prozentpunkte darunter (Autorengruppe Bildungsberichterstattung 2014). Obwohl Probleme mit der Bewältigung der Studienanforderungen und Defizite in den Studienleistungen in ingenieur- und mathematisch-naturwissenschaftlichen Studiengängen überproportional häufig für den Studienabbruch ausschlaggebend sind, führen vielfältige Bedingungsfaktoren und Motive zur Abbruchentscheidung (vgl. Heublein et al. 2010). Studienabbruch ist daher nicht ausschließlich auf Leistungsversagen zu reduzieren, vielmehr müssen Abbruchentscheidungen multikausal betrachtet werden (Heublein/Wolter 2011).

Heublein (2014) unterscheidet drei Studienabbruchtypen. Neben Leistungsgründen spielen demnach typischerweise fast ebenso häufig finanzielle Gründe – meist in Verbindung mit mangelnder Vereinbarkeit mit der Erwerbstätigkeit – sowie motivationale Ursachen (auch mit der Absicht einer beruflichen Neuorientierung)[11] eine ausschlaggebende Rolle für den Studienabbruch. Unzureichende Studienbedingungen, insbesondere fehlender Berufs- und Praxisbezug, mangelnde Studienorganisation oder Betreuung, sind selten allein ausschlaggebend, aber als Einflussfaktor auf die Abbruchentscheidung vor allem bei Leistungs- und Motivationsproblemen besonders bedeutsam (Heublein et al. 2010).

Nicht leistungsbezogene Abbruchgründe korrespondieren mit den Besonderheiten dualer Studiengänge (vgl. Abschnitt 4), die solche Risikofaktoren idealerweise abmildern können: Problemen der Existenzsicherung während des Studiums kann durch die Zahlung der Ausbildungsvergütung begegnet werden, die eine höhere finanzielle Sicherheit bietet. Motivationale Abbruchrisiken könnten durch die anwendungsorientierten Tätigkeiten in den Praxisphasen, die Betreuung während des Studiums sowie attraktive Berufsaussichten nach Abschluss des dualen Studiums abgefedert werden. Spielen unzureichende Studienbedingungen eine Rolle, bietet das duale Studium im Idealfall eine individuelle Betreuung durch die Praxisanleiterin oder den Praxisanleiter und – dies gilt insbesondere für Berufsakademien mit kleinen Studierendengruppen – eine stärkere Strukturierung des Studiums bei intensiverer Begleitung.

Dass das duale Studium das Potential bietet, Studienabbrecherinnen und -abbrecher ‚regulärer' Studiengänge (mit nicht leistungsbezogenen Abbruchgründen) zum Abschluss zu führen, wird durch die Befunde der qualitativen Interviews unterstützt. Die Interviewpartnerinnen und -partner (mit Ausnahme der Gruppe der

---

11 Hierunter fällt zum Beispiel auch der Wunsch nach praktischer Tätigkeit, schnell Geld zu verdienen oder nach einem finanziell oder fachlich attraktiveren Arbeitsplatz.

Berufsberaterinnen und -berater) bestätigen den Befund, dass Studienabbrecherinnen und -abbrecher unter bestimmten Bedingungen für ein duales Studium infrage kommen – beziehungsweise stelle das duale Studium gerade für diese Gruppe eine geeignete Alternative dar. Neben der notwendigen Strukturierung von Ausbildungs- und Praxisphasen sowie der engmaschigeren Betreuung biete die duale Studienform für Personen, die sich aufgrund der ‚Theorielastigkeit' des Universitätsstudiums für den Studienabbruch entschieden haben, einen stärkeren Praxis- und Anwendungsbezug. Zudem seien Studienabbrecherinnen und -abbrecher häufig motivierter, verfügten bereits über Studienerfahrungen sowie fachliches Wissen und könnten für Unternehmen somit attraktiv sein.

> „Sie sind dann zum größten Teil erfolgreich, weil sich herauskristallisiert hat, dass die Organisation das Scheitern verursacht hat. Mangelnde Selbstorganisation, die an Universitäten und Fachhochschulen gefordert wird, die ist ja dort wesentlich höher, denn wir machen einen regelmäßigen Stundenplan. Die können aus dem Stundenplan auch nicht ausbrechen. […] Der Einfluss der Praxispartner führt also dazu, dass bestimmte persönliche Nachlässigkeiten eher geformt werden und man dann doch noch einen guten Abschluss erreicht." (Hochschule 6)

Erfolgte der Abbruch aus Gründen der beruflichen Neuorientierung, zum Beispiel um eine falsche Studienfachwahl zu revidieren, bestehen aus Unternehmenssicht ebenfalls keine Vorbehalte. Die Interviewpartnerinnen und -partner betonen, dass durch die von den Unternehmen gezahlte Ausbildungsvergütung auch das Problem der finanziellen Absicherung während des Studiums abgefedert werde.

Zusammenfassend zeigen die Befunde also, dass das duale Studium eine geeignete Möglichkeit darstellen kann, Studienabbrecherinnen und -abbrecher ‚regulärer' Studienformate zu einem Studienabschluss zu führen, sofern der Abbruch nicht aus Leistungsgründen erfolgte.

6 Herausforderungen bei der Öffnung durch duale Studiengänge

Wie die Analysen der vorherigen Abschnitte zeigen, birgt das duale Studium durchaus das Potential, Hochschulen für bestimmte Zielgruppen zu öffnen. Durch seine besonderen Charakteristika bietet es Personen aus nicht akademischen Elternhäusern und beruflich Qualifizierten (vor allem denen mit einer schulischen Studienberechtigung) eine attraktive Studienmöglichkeit und trägt so zur Erhöhung der Durchlässigkeit und zur (sozialen) Öffnung bei. Jedoch gibt es auch Eigenschaften dualer Studiengänge, die einer solchen Öffnung entgegenwirken: (1.) der Ruf, ein Studium für die Leistungsstärksten zu sein, (2.) die mangelnde Transparenz der Angebote und (3.) Beschränkungen beim Ausbau der dualen Studienplätze seitens der Unternehmen.

Mit dem dualen Studium ist die weit verbreitete Behauptung verbunden, es ziehe vor allem die leistungsstärksten Abiturientinnen und Abiturienten, quasi eine Art Elite unter den Studienberechtigten, an (Wolter 2016). Vor allem Abiturientinnen und Abiturienten von allgemeinbildenden Gymnasien werden aufgrund der ihnen zugeschriebenen Leistungsfähigkeit, Karriereorientierung und fachlichen Vorbildung von den befragten Unternehmen als ideale Bewerberinnen und Bewerber angesehen. Das Image eines ‚Elitestudiums' ergibt sich vor allem aus dem Modus der Studienzulassung, die in der Regel nicht über die Hochschule, sondern die ausbildenden Unternehmen erfolgt, denen somit eine Art „Gatekeeper-Funktion' an der Schnittstelle zwischen Abitur und Studium" zukommt (Krone 2015c, S. 23). Im Rahmen von zum Teil umfangreichen Auswahlverfahren können auf diese Weise „die besten Nachwuchskräfte gewonnen werden" (Kupfer 2013, S. 26). Jedoch muss hierbei neben der Fremdselektion durch die Unternehmen auch die individuelle Selbstselektion der potentiellen Bewerberinnen und Bewerber berücksichtigt werden (Wolter 2016).

Die Ergebnisse der Interviews mit Vertreterinnen und Vertretern der Schulen zeigen, dass das duale Studium bei Schülerinnen und Schülern, aber auch bei Lehrerinnen und Lehrern offenbar das Image hat, eine ‚Bestenauslese' zu sein und eine gute Abiturdurchschnittsnote nicht ausreiche, um einen dualen Studienplatz zu erhalten. Dies wirkt nach Aussage der Gesprächspartnerinnen und -partner abschreckend auf die Schülerinnen und Schüler, besonders auf diejenigen, die keinen ‚Einser-Schnitt' vorweisen können.

> „Unsere Schüler sind dabei immer ein bisschen ängstlicher. Ich glaube, viele bewerben sich nicht, weil sie wissen, dass sie dafür ein super Zeugnis brauchen, wenn die dann ein Abi mit 2,7 bis 2,8 machen." (Schule 5)

Die Analyse der Auswahlkriterien der Unternehmen macht deutlich, dass nur bei einem Teil der Unternehmen die Durchschnittsnote das ausschlaggebende Kriterium ist, bei anderen jedoch auch Schülerinnen und Schüler mit einem durchschnittlichen Leistungsbild eine reelle Chance auf einen Studienplatz erhalten. Mangelnde Transparenz der Leistungsvoraussetzungen und Anforderungen der Unternehmen kann allerdings dazu führen, dass sich potentiell Interessierte erst gar nicht bewerben.

Mehr als drei Viertel der befragten dual MINT-Studierenden verfügen über ein Abitur.[12] Zumindest auf Basis der Noten des Schulabschlusses als Indikator lassen sich einige Hinweise auf die tatsächliche Leistungsstärke der dual Studierenden gewinnen: Der Anteil der Personen mit einer Abiturnote besser als 2,0 liegt bei einem Drittel und unterscheidet sich in den untersuchten dualen MINT-Studiengängen somit nicht wesentlich von dem in vergleichbaren nicht dualen Studiengängen (31 Prozent in den Ingenieurwissenschaften, vgl. Ramm/Multrus/Bargel 2011). Abiturientinnen und Abiturienten mit einer sehr guten Abschlussnote (1,4 und besser)

---

12 Ein Fünftel besitzt eine Fachhochschulreife, 3,4 Prozent der Studierenden sind über den Dritten Bildungsweg in das Studium gekommen und haben keine schulische Hochschulzugangsberechtigung.

sind unter den dual Studierenden nur zu weniger als einem Zehntel (neun Prozent) vertreten; über die Hälfte (56 Prozent) besitzt einen Abschluss mit der Note gut.

Die häufig vertretene Meinung der ‚Bestenauslese' im dualen Studium kann allein durch die Abschlussnoten der Studierenden in der Stichprobe nicht bestätigt werden. Die Befunde verweisen auf eher gute bis durchschnittliche Bewerberinnen und Bewerber – selbst wenn berücksichtigt wird, dass die Unternehmen aus einer großen Zahl von Bewerberinnen und Bewerbern die ‚relativ besten' auswählen. Dies korrespondiert mit aktuellen Befunden der *Sächsischen Studienberechtigtenbefragung*, nach der die leistungsstärksten Abiturientinnen und Abiturienten eher zu einem Universitätsstudium tendieren, während der größere Teil derjenigen, die an einem dualen Studium an einer Berufsakademie interessiert sind, einen eher unter- bis durchschnittlichen Leistungsstand aufweise (Wolter 2016).

Wie bereits ausgeführt, hat der Wissenschaftsrat (2013) zwar Kriterien entwickelt, um duale Studiengänge zu identifizieren und zu kategorisieren und somit das Angebot für Studieninteressierte transparenter zu gestalten. In der Praxis bestehen jedoch weiterhin Unklarheiten. Hochschulen bezeichnen Studiengänge teilweise als dual, die den Vorgaben des Wissenschaftsrats nicht entsprechen und auch allgemein ist über die verschiedenen Studienvarianten und die damit zusammenhängenden Möglichkeiten wenig bekannt. Berufsberaterinnen und Berufsberater berichten, dass es bei Schülerinnen und Schülern einen großen *Informationsbedarf* bezüglich der verschiedenen Formate des dualen Studiums gebe, denn diese kennen häufig nur das ausbildungsintegrierende Format. Auch die Interviews mit Vertreterinnen und Vertretern von Schulen und Unternehmen bestätigen den Eindruck, dass die unterschiedlichen Studienformate wenig bekannt sind. Lehrerinnen und Lehrer verbinden mit dem dualen Studium in der Regel ebenfalls zunächst nur die ausbildungsintegrierende Form. Eine stärkere Transparenz und eine bessere Information über die verschiedenen Studienvarianten im Rahmen berufsorientierender Angebote sind deshalb wichtige Voraussetzungen zur Ansprache von Personen, für die ein (duales) Studium auf den ersten Blick nicht in Frage kommt.

Aber auch bei den Unternehmensvertreterinnen und -vertretern zeigten sich Unsicherheiten hinsichtlich der verschiedenen Varianten. Dies könnte den Ausbau dualer Studiengänge auf Seiten der Unternehmen beeinträchtigen, beispielsweise wenn Unternehmensvertreterinnen und -vertreter nur die aufgrund der strengeren inhaltlichen Vorgaben für die Praxisphasen vergleichsweise aufwendigen ausbildungsintegrierenden Formate kennen und sich deshalb gegen eine Einführung dualer Studienplätze entscheiden.

Ein *Ausbau dualer Studiengänge* wird generell als wünschenswert erachtet, gerade in Verbindungen mit den bestehenden Öffnungspotentialen des dualen Formats. Jedoch ist eine Erhöhung der Zahl der Studienplätze weit komplizierter als in klassischen Studiengängen. Denn zum einen muss für jeden Studienplatz auch ein zugehöriger Ausbildungs- beziehungsweise Praxisplatz in einem Unternehmen geschaffen werden. Diese müssen hierfür sowohl über personelle Ressourcen in Form von qualifizierten Praxisbetreuerinnen und -betreuern als auch finanzielle Ressourcen verfügen. Vor allem für kleine und mittlere Unternehmen ist die Sicherstellung einer qualifizierten Vermittlung der betrieblichen Ausbildungsinhalte und Betreuung der dual Studierenden zum Teil mit großen Herausforderungen verbunden. Zum anderen wird das Ausbaupotential dualer Studiengänge durch die mangelnde Eignung zahlreicher – insbesondere universitärer – Fachrichtungen begrenzt, da sich duale Studiengänge durch einen engen Bezug zu klar abgrenzbaren beruflichen Tätigkeitsfeldern auszeichnen (müssen).

7   Das duale Studium: Öffnungspotentiale in begrenztem Rahmen

Vor dem Hintergrund der bildungspolitischen Debatten zur Erhöhung der Durchlässigkeit zwischen beruflicher und akademischer Bildung sowie der Öffnung des Hochschulzugangs für bisher ‚studienferne' Zielgruppen wurde im vorliegenden Beitrag untersucht, welche Rolle das duale Studium bei der Öffnung der Hochschulen und damit bei der Bewältigung der genannten Herausforderungen spielen kann.

Die Auswertungen der Interviews und der Studierendenbefragung zeigen, dass duale Studiengänge durchaus Potentiale für eine solche Öffnung aufweisen und auf verschiedene Weise einen Beitrag zur Erhöhung der Durchlässigkeit zwischen akademischer und beruflicher Bildung leisten können: Zum einen findet im dualen Studium (idealerweise) eine strukturelle Verknüpfung beider Bildungssegmente in einem Curriculum statt, wozu die Verbindung der Lernorte Betrieb und Hochschule wesentlich beiträgt. Zum anderen verweist der hohe Anteil Studierender mit beruflichen Erfahrungen – die von den Interviewpartnerinnen und -partnern unter bestimmten Voraussetzungen als eine potentielle Zielgruppe gesehen werden – darauf, dass duale Studiengänge für diese Personen attraktiv sind, denn es eröffnet ihnen die Gelegenheit, nachdem sie zunächst auf ein Studium verzichtet haben, im Anschluss an eine berufliche Ausbildung einen praxisorientierten akademischen Ausbildungsweg einzuschlagen.

Des Weiteren kann die stärkere Berücksichtigung von Bildungsaufsteigerinnen und -aufsteigern bei der Ansprache von Studieninteressierten für ein duales Studium einen Beitrag leisten, soziale Disparitäten beim Hochschulzugang zu verringern. Der etwas höhere Anteil von Studierenden aus nicht-akademischen Elternhäusern in dualen MINT-Studiengängen deutet darauf hin, dass dieser Studientyp – besonders durch die finanzielle Vergütung und die vergleichsweise hohe Arbeitsplatzsicherheit – eine attraktive Möglichkeit der akademischen Qualifizierung für diese Zielgruppe darstellt, der Effekt darf jedoch auch nicht überschätzt werden. Auch Studienabbrecherinnen und -abbrecher regulärer Studienformate bilden eine interessante Zielgruppe für das duale Studium. Sofern der Abbruch nicht aus leistungsbezogenen Gründen erfolgte, bietet es aufgrund seines hohen Grades an Strukturierung und Anwendungsbezug sowie der Finanzierungsoption über die Ausbildungsvergütung eine Möglichkeit, zu einem Hochschulabschluss zu gelangen.

Ein stärkerer Fokus auf die genannten Zielgruppen kann dazu beitragen, den zukünftigen Fachkräftebedarf zu sichern. Das duale Studium bietet besonders durch die Ansprache beruflich Qualifizierter die Möglichkeit, Berufstätige für ein akademisches Studium zu gewinnen und Fachkräfte entsprechend den sich verändernden Arbeitsmarkterfordernissen weiterzuqualifizieren, ohne dass sie den Kontakt zum Arbeitsmarkt verlieren. Die Annahme, das duale Studium stehe als Ausbildungsoption in Konkurrenz zur (dualen) Berufsausbildung, kann zumindest auf Basis der Studierendendaten, die eine hohe Studierneigung aufzeigen, nicht bestätigt werden. Inwiefern es zu Verdrängungseffekten von Fortbildungs- durch duale Bachelorabsolventinnen und -absolventen kommt, wird derzeit im Rahmen einer Verbleibstudie untersucht.[13]

Neben Potentialen sind jedoch auch Herausforderungen für eine Öffnung durch duale Studiengänge zu beobachten: Bei der Gewinnung der untersuchten Zielgruppen besteht die Gefahr, dass sich potentielle Studieninteressierte von dem Mythos der ‚Bestenauslese' und ‚Leistungselite' abschrecken lassen. Die Vielzahl der unterschiedlichen dualen Studiengänge kann zudem durch mangelnde Transparenz und fehlende Informationen über verschiedene Studienformate dazu führen, dass Personen sich nicht um einen dualen Studienplatz bewerben. Zudem ist das Ausbaupotential dualer Studiengänge begrenzt: Quantitativ, durch die ‚Gatekeeper-Funktion' der Unternehmen, aber auch fachlich auf bestimmte Studienbereiche, die Bezüge zu konkreten Berufsfeldern aufweisen. Abiturientinnen und Abiturienten stellen nach Ansicht der Befragten die Kernzielgruppe dualer Studiengänge dar, das zeigt sich auch in dem hohen Anteil an Studierenden mit Abitur in dualen MINT-Studiengängen. Das propagierte Eliteimage steht jedoch in einem deutlichen Spannungsverhältnis zu den präsentierten Befunden, die auf ein eher durchschnittliches schulisches Leistungsspektrum und etwas höhere Anteile an ‚Doppelqualifizierern' sowie dual Studierenden ohne schulische Hochschulzugangsberechtigung in dualen Studiengängen verweisen. Letztere sind unter anderem aufgrund ihrer inhaltlichen Vorbildung bei einigen Unternehmen beliebt. Dennoch ist das Öffnungspotential durch diese Studienform für beruflich Qualifizierte ohne schulische Studienberechtigung begrenzt, wenn ein Teil der Unternehmen weiterhin Skepsis an der Studierfähigkeit dieser Zielgruppe zeigt. Diese Herausforderungen müssen adressiert werden, wenn das Öffnungspotential des dualen Studiums vollständig ausgeschöpft werden soll.

---

13 Siehe http://www.iaq.uni-due.de/dual/dual-verbleib/index.php [09.12.2015]

Literatur

Autorengruppe Bildungsberichterstattung (Hrsg.) (2014): *Bildung in Deutschland 2014. Ein indikatorengestützter Bericht mit einer Analyse zur Bildung von Menschen mit Behinderungen.* Bielefeld: W. Bertelsmann.

Berthold, C./Leichsenring, H./Kirst, S./Voegelin, L. (2009): *Demographischer Wandel und Hochschulen. Der Ausbau des Dualen Studiums als Antwort auf den Fachkräftemangel.* Gütersloh.

Bundesinstitut für Berufsbildung (BIBB, 2012): *AusbildungPlus in Zahlen. Trends und Analysen 2012.* Bonn.

Bundesinstitut für Berufsbildung (BIBB, 2013): *AusbildungPlus in Zahlen. Trends und Analysen 2013.* Bonn.

Bundesinstitut für Berufsbildung (BIBB, 2015): *AusbildungPlus. Duales Studium in Zahlen. Trends und Analysen 2015.* Bonn.

Gensch, K. (2014): *Dual Studierende in Bayern – Sozioökonomische Merkmale, Zufriedenheit, Perspektiven* (Studien zur Hochschulforschung 84). München.

Graf, L. (2013): *The Hybridization of Vocational Training and Higher Education in Austria, Germany and Switzerland.* Opladen: Budrich.

Hähn, K. (2015): Das Duale Studium – Stand der Forschung. In: Krone, S. (Hrsg.): *Dual Studieren im Blick. Entstehungsbedingungen, Interessenlagen und Umsetzungserfahrungen in dualen Studiengänge*n. Wiesbaden: Springer VS. S. 29–50.

Hanft, A./Pellert, A./Cendon, E./Wolter, A. (Hrsg.) (2015): *Weiterbildung und Lebenslanges Lernen an Hochschulen. Ergebnisse der wissenschaftlichen Begleitung zur ersten Förderphase der ersten Wettbewerbsrunde des Bund-Länder-Wettbewerbs: „Aufstieg durch Bildung: offene Hochschulen".* Oldenburg.

Heublein, U. (2014): Student Drop-out from German Higher Education Institutions. In: *European Journal of Education.* 49(4). S. 497–513.

Heublein, U./Hutzsch, C./Schreiber, J./Sommer, D./Besuch, G. (2010): *Ursachen des Studienabbruchs in Bachelor- und in herkömmlichen Studiengängen. Ergebnisse einer bundesweiten Befragung von Exmatrikulierten des Studienjahres 2007/08* (HIS-Forum Hochschule 2/2010). Hannover.

Heublein, U./Richter, J./Schmelzer, R./Sommer, D. (2014): *Die Entwicklung der Studienabbruchquoten an den deutschen Hochschulen. Statistische Berechnungen auf der Basis des Absolventenjahrgangs 2012* (Forum Hochschule 4/2014). Hannover.

Heublein, U./Wolter, A. (2011): Studienabbruch in Deutschland. Definition, Häufigkeit, Ursachen, Maßnahmen. In: *Zeitschrift für Pädagogik.* 57(2). S. 214–236.

Kamm, C./Lenz, K./Spexard, A. (2015): „Duale Weiterbildung" – Duale Studienformate als Form der Hochschulweiterbildung? In: *Hochschule und Weiterbildung.* 2015(1). S. 32–37.

Kamm, C./Lenz, K./Spexard, A. (2016): Beruflich Qualifizierte in dualen Studiengängen – Grenzgänger zwischen akademischer und beruflicher Bildung. In: Fasshauer, U./Severing, E. (Hrsg.): *Verzahnung beruflicher und akademischer Bildung. Duale Studiengänge in Theorie und Praxis.* Bielefeld: W. Bertelsmann. S. 117–134.

Krone, S. (2015a) (Hrsg.): *Dual Studieren im Blick. Entstehungsbedingungen, Interessenlagen und Umsetzungserfahrungen in dualen Studiengängen.* Wiesbaden: Springer VS.

Krone, S. (2015b): Neue Karrierepfade in den Betrieben: Nachwuchsbindung oder Akademisierung? In: Krone, S. (Hrsg.): *Dual Studieren im Blick. Entstehungsbedingungen, Interes-*

senlagen und Umsetzungserfahrungen in dualen Studiengängen. Wiesbaden: Springer VS. S. 51–88.

Krone, S. (2015c): Das duale Studium. In: Krone, S. (Hrsg.): *Dual Studieren im Blick. Entstehungsbedingungen, Interessenlagen und Umsetzungserfahrungen in dualen Studiengängen.* Wiesbaden: Springer VS. S. 15–28.

Krone, S./Mill, U. (2012): *Dual studieren im Blick: Das ausbildungsintegrierende Studium aus der Perspektive der Studierenden* (IAQ-Report). Duisburg.

Krone, S./Mill, U. (2014): Das ausbildungsintegrierende duale Studium. In: *WSI-Mitteilungen.* 67(1). S. 52–59.

Kuckartz, U. (2012): *Qualitative Inhaltsanalyse. Methoden, Praxis, Computerunterstützung.* Weinheim: Beltz-Juventa.

Kupfer, F. (2013): Duale Studiengänge aus Sicht der Betriebe – Praxisnahes Erfolgsmodell durch Bestenauslese. In: *Berufsbildung in Wissenschaft und Praxis (BWP).* 42(4). S. 25–29.

Kupfer, F./Köhlmann-Eckel, C./Kolter, C. (2014): *Duale Studiengänge – Praxisnahes Erfolgsmodell mit Potenzial? Abschlussbericht zum Entwicklungsprojekt: Analyse und Systematisierung dualer Studiengänge an Hochschulen* (Wissenschaftliche Diskussionspapiere Nr. 152). Bonn.

Lenz, K./Wolter, A./Rosenkranz, D. (2014): *Studierbereitschaft in Sachsen erreicht bislang höchsten Wert. Die Studien- und Berufswahl von Studienberechtigten des Abschlussjahrgangs 2014 in Sachsen. Eine empirische Untersuchung im Auftrag des Sächsischen Staatsministeriums für Kultus.* Dresden.

Mayring, P. (2010): *Qualitative Inhaltsanalyse. Grundlagen und Techniken* (11. Auflage). Weinheim: Beltz.

Meyer-Guckel, V./Nickel, S./Püttmann, V./Schröder-Kralemann, A.-K. (Hrsg.) (2015): *Qualitätsentwicklung im dualen Studium. Ein Handbuch für die Praxis.* Essen.

Middendorff, E./Apolinarski, B./Poskowsky, J./Kandulla, M./Netz, N. (2013): *Die wirtschaftliche und soziale Lage der Studierenden in Deutschland 2012. 20. Sozialerhebung des Deutschen Studentenwerks durchgeführt durch das HIS-Institut für Hochschulforschung.* Bonn.

Mucke, K. (2003): *Duale Studiengänge an Fachhochschulen: Eine Übersicht.* Bonn.

Ramm, M./Multrus, F./Bargel, T. (2011): *Studiensituation und studentische Orientierungen. 11. Studierendensurvey an Universitäten und Fachhochschulen.* Bonn.

Schneider, H./Franke, B. (2014): *Bildungsentscheidungen von Studienberechtigten. Studienberechtigte 2012 ein halbes Jahr vor und ein halbes Jahr nach Schulabschluss* (Forum Hochschule 6/2014). Hannover.

Trautwein, U./Maaz, K./Lüdtke, O./Nagy, G./Husemann, N./Watermann, R./Köller, O. (2006): Studieren an der Berufsakademie oder an der Universität, Fachhochschule oder Pädagogischen Hochschule? In: *Zeitschrift für Erziehungswissenschaft.* 9(3). S. 393–412.

Wissenschaftsrat (2013): *Empfehlungen zur Entwicklung des dualen Studiums* (Positionspapier). Berlin.

Wolter, A. (2016): Der Ort des dualen Studiums zwischen beruflicher und akademischer Bildung: Mythen und Realitäten. In: Fasshauer, U./Severing, E. (Hrsg.): *Verzahnung beruflicher und akademischer Bildung. Duale Studiengänge in Theorie und Praxis.* Bielefeld: W. Bertelsmann. S. 39–60.

Wolter, A./Kamm, C./Lenz, K./Renger, P./Spexard, A. (2014): *Potenziale des dualen Studiums in den MINT-Fächern. Eine empirische Untersuchung.* München: Herbert Utz.

Autorinnen und Autoren

Ulf Banscherus ist wissenschaftlicher Mitarbeiter in der Abteilung Hochschulforschung des Instituts für Erziehungswissenschaften der Humboldt-Universität zu Berlin. Im Rahmen der wissenschaftlichen Begleitung des Bund-Länder-Wettbewerbs *Aufstieg durch Bildung: offene Hochschulen* koordinierte er von 2011 bis 2015 das Teilprojekt *Heterogene Zielgruppen*. Nach dem Studium der Fächer Politikwissenschaft, Soziologie, Wirtschaftspolitik und Kulturwissenschaften an der Universität Münster und der Freien Universität Berlin und dem Abschluss als Diplom-Politologe war er von 2006 bis 2011 Stipendiat im Promotionskolleg *Lebenslanges Lernen* der Hans-Böckler-Stiftung an der Technischen Universität Dresden. Zwischen 2007 und 2009 war er als Projektmitarbeiter im Bereich Hochschulentwicklungsplanung im Sächsischen Staatsministerium für Wissenschaft und Kunst tätig.

Gunther Dahm, M.A., ist wissenschaftlicher Mitarbeiter am Deutschen Zentrum für Hochschul- und Wissenschaftsforschung (DZHW) in Hannover. Nach einem Berufsakademiestudium der Betriebswirtschaftslehre und einer Tätigkeit im Bankbereich studierte er Soziologie, Politikwissenschaft und Philosophie an der Technischen Universität Dresden. Sein Arbeitsschwerpunkt am DZHW liegt im Bereich der Studierendenforschung. Hier beschäftigt er sich insbesondere mit dem Studienverlauf und -erfolg von nicht-traditionellen Studierenden, dem Verhältnis von beruflicher und akademischer Bildung und lebenslangem Lernen.

Rolf Feichtenbeiner ist Student der Erziehungswissenschaften (M.A.) an der Humboldt-Universität zu Berlin. Im Rahmen eines studentischen Forschungsteams (‚Q-Team') war er zwischen Oktober 2013 und März 2015 an der Analyse von Strategien zur Förderung des lebenslangen Lernens an Hochschulen im Bund und in den Ländern beteiligt. Vor seinem Masterstudium absolvierte er den Studiengang Pädagogik/Bildungswissenschaften (B.A.) an der Ludwig-Maximilians-Universität München.

Olga Golubchykova, Kommunikationswissenschaftlerin (B.A.), arbeitet seit Oktober 2013 als studentische Mitarbeiterin in der Abteilung für Hochschulforschung am Institut für Erziehungswissenschaften an der Humboldt-Universität in Berlin. Im Jahr 2015 unterstützte sie Forschungsaktivitäten, vor allem Datenauswertungen, im Rahmen der wissenschaftlichen Begleitung des Bund-Länder-Wettbewerbs *Aufstieg durch Bildung: offene Hochschulen*.

Caroline Kamm, Erziehungswissenschaftlerin und Soziologin M.A., ist seit 2012 wissenschaftliche Mitarbeiterin in der Abteilung Hochschulforschung am Institut für Erziehungswissenschaften der Humboldt-Universität zu Berlin und war im Jahr 2015 in der wissenschaftlichen Begleitung des Bund-Länder-Wettbewerbs *Aufstieg durch Bildung: offene Hochschulen* im Teilprojekt *Heterogene Zielgruppen* tätig. Ihre

Forschungsinteressen liegen im Themenfeld Durchlässigkeit zwischen beruflicher und hochschulischer Bildung. Hierzu forscht sie unter anderem im Rahmen der Projekte *Nicht-traditionelle Studierende zwischen Risikogruppe und akademischer Normalität* und zum dualen Studium sowie zu beruflich qualifizierten Studierenden.

Dr. Christian Kerst, Diplom-Soziologe, ist seit 2002 wissenschaftlicher Mitarbeiter und Projektleiter am Deutschen Zentrum für Hochschul- und Wissenschaftsforschung (DZHW) in Hannover. Er arbeitet dort vor allem an den Beiträgen des DZHW zur nationalen Bildungsberichterstattung (zuletzt *Bildung in Deutschland 2014*) sowie in einem Projekt zu nicht-traditionellen Studierenden. Seine Arbeitsschwerpunkte sind neben dem Bildungsmonitoring der Übergang von Hochschulabsolventinnen und -absolventen in die Erwerbstätigkeit sowie das Verhältnis von hochschulischer und beruflicher Bildung.

Katharina Lenz (geb. Maertsch), M.A., ist Soziologin und promoviert an der Humboldt-Universität zu Berlin in der Abteilung Hochschulforschung des Instituts für Erziehungswissenschaften zu Erwartungen an und Qualifizierungspotentialen von dualen (MINT-)Studiengängen. Seit 2009 beschäftigt sie sich mit bildungswissenschaftlichen Themen, insbesondere mit der Durchlässigkeit zwischen beruflicher und akademischer Bildung, neuen Studiengangsformaten und nicht-traditionellen Zielgruppen. Sie arbeitete als wissenschaftliche Mitarbeiterin im Projekt *Offene Hochschule – Lifelong Learning* an der Technischen Universität Braunschweig und im Rahmen eines Doktorandenvertrags der Volkswagen AG in einem Projekt zum dualen Studium bei der Akademie der Technikwissenschaften (acatech) in Berlin.

Johann Neumerkel, Pädagoge und Erziehungswissenschaftler, B.A., arbeitete von Januar 2015 bis Dezember 2015 als studentischer Mitarbeiter in der Abteilung Hochschulforschung des Instituts für Erziehungswissenschaften der Humboldt-Universität zu Berlin. Er unterstützte im Rahmen der wissenschaftlichen Begleitung des Bund-Länder-Wettbewerbs *Aufstieg durch Bildung: offene Hochschulen* das Teilprojekt *Heterogene Zielgruppen*. Aktuell studiert er den Masterstudiengang Erziehungswissenschaft mit dem Schwerpunkt Erwachsenenbildung/Lebenslanges Lernen/Hochschulforschung an der Humboldt-Universität.

Alexander Otto ist Soziologe und seit 2011 wissenschaftlicher Mitarbeiter der Abteilung Hochschulforschung des Instituts für Erziehungswissenschaften an der Humboldt-Universität zu Berlin. Sein Arbeitsschwerpunkt sind empirische Forschungen zu Studierenden des Dritten Bildungsweges. Seit 2012 ist er unter anderem im Projekt *Nicht-traditionelle Studierende zwischen Risikogruppe und akademischer Normalität* tätig. Er lehrt zum Themenfeld ‚Bildung und soziale Ungleichheit'.

Anne Pickert ist Studentin der Erziehungs- und Sozialwissenschaften an der Humboldt-Universität zu Berlin. Zwischen 2012 und 2015 war sie studentische Mitarbeiterin in der Abteilung Hochschulforschung des Instituts für Erziehungswissenschaften der Humboldt-Universität zu Berlin. Im Rahmen des Teilprojektes *Heterogene Zielgruppen* der wissenschaftlichen Begleitung des Bund-Länder-Wettbewerbs *Aufstieg durch Bildung: offene Hochschulen* unterstützte sie unter anderem Forschungsaktivitäten und Projektveranstaltungen.

Susanne Schmitt, M.A. in Erziehungswissenschaften, ist wissenschaftliche Mitarbeiterin in der Abteilung Hochschulforschung des Instituts für Erziehungswissenschaften der Humboldt-Universität zu Berlin. Im Rahmen der Wissenschaftlichen Begleitung des Bund-Länder-Wettbewerbs *Aufstieg durch Bildung: offene Hochschulen* arbeitete sie von Januar bis Dezember 2015 im Teilprojekt *Heterogene Zielgruppen* mit und unterstützte die geförderten Projekte bei der Entwicklung und Erprobung von Studienangeboten und Unterstützungsmaßnahmen.

Anna Spexard ist seit 2011 wissenschaftliche Mitarbeiterin in der Abteilung Hochschulforschung des Instituts für Erziehungswissenschaften der Humboldt-Universität zu Berlin. Sie studierte Volkswirtschaftslehre und Sozialwissenschaften an der Universität Potsdam und der Universität Bergen/Norwegen. Während des Studiums arbeitete sie als studentische Hilfskraft im Fachbereich Erziehungswissenschaften und Psychologie der Freien Universität Berlin, nach Abschluss des Studiums 2010 war sie am Deutschen Zentrum für Wissenschafts- und Hochschulforschung tätig. Sie arbeitet in Forschungsprojekten zur Öffnung der Hochschulen im internationalen Vergleich, zum dualen Studium und zu beruflich qualifizierten Studierenden. Zudem hat sie am Doktorandenprogramm *Economics of Education* an der Universität Zürich teilgenommen. Ihre Forschungsinteressen sind international vergleichende Hochschulforschung, Lebenslanges Lernen an Hochschulen und bildungsökonomische Fragestellungen.

Prof. Dr. Andrä Wolter ist Bildungs- und Sozialwissenschaftler und seit 2010 Professor für Erziehungswissenschaftliche Forschung zum Tertiären Bildungsbereich an der Humboldt-Universität zu Berlin. Er leitet dort die Abteilung Hochschulforschung im Institut für Erziehungswissenschaften. Zuvor war er an der Universität Oldenburg, dem Institut für Entwicklungsplanung und Strukturforschung an der Universität Hannover, der Technischen Universität Dresden und als Abteilungsleiter für Hochschulforschung beim Hochschul-Informations-System in Hannover tätig. Er war von 2011 bis 2015 Projektleiter in der wissenschaftlichen Begleitung des Bund-Länder-Wettbewerbs *Aufstieg durch Bildung: offene Hochschulen*. Seine Forschungsschwerpunkte sind die Hochschulforschung, das lebenslange Lernen und das Bildungsmonitoring. Er ist Mitglied der Autorengruppe des Nationalen Bildungsberichts.